Das

Reichs-Erbschaftssteuergesetz

vom 3. Juni 1906

nebst

den Ausführungsbestimmungen des Bundesrats

sowie

den Vollzugsvorschriften der Königreiche Preußen, Bayern, Sachsen und Württemberg, der Großherzogtümer Baden und Hessen und des Herzogtums Braunschweig.

Erläutert von

Dr. F. W. R. Zimmermann,

Geheimer Finanzrat zu Braunschweig.

München 1906.

J. Schweitzer Verlag (Arthur Sellier).

Vorwort.

Die vorliegende Bearbeitung hat den Zweck, in die neue Besteuerung der Erbschaften und der Schenkungen unter Lebenden, welche mit dem 1. Juli 1906 allgemein für das Deutsche Reich in Kraft getreten ist, nach deren mannigfach verzweigten Einzelheiten näher einzuführen. Sie soll sowohl den unmittelbar von der bezüglichen Gesetzgebung berührten Behörden und Beamten wie auch den weiteren Kreisen des hier in seiner breiten Masse interessierten Publikums dienen und denselben bei der praktischen Anwendung eine Handhabe für die Erkenntnis der Bedeutung der Regelung in ihren einzelnen Teilen und für die Auslegung der besonderen Vorschriften bieten.

Nach einer kurz das Wesen und die Geschichte der Erbschaftssteuer sowie die Entstehung der neuen bezüglichen Besteuerung des Reichs berührenden Einleitung wird zunächst das Reichs-Erbschaftssteuergesetz vom 3. Juni 1906 textlich wiedergegeben und zu seinen einzelnen Abschnitten und Paragraphen je in einer entsprechenden Reihe von Noten näher erläutert. Bei der engen Anlehnung der Erbschafts- und Schenkungsbesteuerung an das bürgerliche Recht war auf letzteres ein Hauptaugenmerk zu richten. Dabei sind diejenigen Bestimmungen des Bürgerlichen Gesetzbuches, welche für die praktische Anwendung der Steuervorschriften in erster Linie als maßgebend in Betracht kommen, meist nicht nur nach ihrem Inhalt sondern gleich nach ihrem Wortlaut angeführt, weil so die Erklärung in zweifelloser Form und bei gleicher Deutlichkeit durchweg in kürzester Weise geschafft werden konnte.

Nächstdem mußte wie bei jedem Gesetz die Entstehungsgeschichte der neuen Ordnung im Ganzen wie auch speziell in ihren einzelnen Vorschriften einen wichtigen Anhalt für die Auslegung und die Bestimmung der jedesmaligen Tragweite gewähren. Es ist deshalb nach Tunlichkeit auf die Motive zu dem Regierungsentwurf, in denen das Ergebnis der Verhandlungen der Einzelregierungen im Bundesrat zum Ausdruck gelangt, sowie auf die umfassenden Beratungen durch die Kommission des Reichstages, die wiederum in dem betreffenden Kommissionsberichte niedergelegt sind, und auf die dadurch bewirkten Aenderungen und Umgestaltungen an dem Entwurf der Regierungen meist unter aktenmäßiger Wiedergabe hingewiesen.

Neben diesem wesentlich den Charakter der Materialbeschaffung Tragenden sind die Gesetzesvorschriften in ihren Sonderungen und Einzelheiten je nach ihrer Tragweite in den verschiedenen Beziehungen und Abstufungen sachgemäß zu erklären gesucht, wobei einerseits der Wortlaut und die demselben in dem Spezialfall unterzulegende Bedeutung, andererseits die Stellung der bezüglichen Vorschrift im Gesetz und der Zusammenhang mit dem Ganzen des Gesetzes, sowie endlich auch das Verhältnis zu der gesamten Gesetzgebung je nach der Lage der Sache mehr oder weniger vortretend zu berücksichtigen stand. Grundsätzlich ist hier so verfahren, daß in erster Linie eine allgemeine Klärung der gesetzlichen Vorschriften angestrebt ist, um auf diese Weise für die Entscheidung des praktischen Einzelfalls das Material an die Hand zu geben. Als Zweck der Kommentierung ist es nicht angesehen, die zahlreichen eventuell auftauchenden Spezialfälle nach den verschiedenen Richtungen hin herauszugreifen und zur Entscheidung zu stellen, zumal schon in dieser Beziehung eine auch nur annähernde Vollständigkeit nicht zu erreichen sein würde. Die Kommentierung, wie wir sie aufgefaßt haben, soll vielmehr jedem die Möglichkeit der eigenen Beurteilung des einzelnen praktischen Falles bieten und demselben hierfür die nötigen Unterlagen durch eine sachgemäße Zergliederung und Erörterung der gesetzlichen Vorschriften schaffen. Die Berührung gewisser häufig sich wiederholender und deshalb mehr genereller Fälle der Praxis ist dadurch nicht ausgeschlossen.

Die Entscheidungen in Erbschaftssteuerfragen, welche nach der bisherigen einzelstaatlichen Gesetzgebung von den bezüglichen obersten Instanzen getroffen sind, glaubten wir, selbst wenn sie sich mehr auf Generelles bezogen und auf mit dem Reichserbschaftssteuergesetz gleichlautenden Bestimmungen beruhten, doch nicht berücksichtigen zu sollen, weil für sie eine autoritative Bedeutung bezüglich der neuen Reichsgesetzgebung in einer gegen früher nur sehr beschränkten Weise in Frage kommen wird, und die Entscheidungen außerdem mehr oder weniger durch Nebenmomente, welche für die Reichsgesetzgebung weggefallen oder nicht zu berücksichtigen sein würden, bedingt sein konnten.

Wo die gesetzlichen Vorschriften nach ihren zahlreicheren Modulationen eine größere Reihe mehr grundsätzlicher Spezialfälle zuließen, ist durch praktische Beispiele eine nähere Erläuterung gegeben; es ist dieses jedoch mit Rücksicht auf den dadurch beanspruchten breiteren Raum auf die wesentlichsten Fälle beschränkt.

Die bisherige Erbschaftssteuergesetzgebung der einzelnen Bundesstaaten ist bezüglich einiger Hauptfragen allgemein, bezüglich der sämtlichen Einzelvorschriften aber durchweg für die Königreiche Preußen, Bayern, Sachsen und Württemberg, die Großherzogtümer Baden und Hessen sowie das Herzogtum Braunschweig berücksichtigt. Die bezüglichen Angaben sind regelmäßig in einer besonderen Note an den Schluß der betreffenden Einzelerörterung, sei es, daß diese einen Abschnitt, einen Paragraphen, einen Absatz oder auch nur den Teil eines letzteren umfaßte, gestellt.

Was weiter die formelle Ordnung anlangt, so sind die im Gesetz gegebenen Ueberschriften für die einzelnen Paragraphen in fortlaufender Reihe mit Römischen Zahlen gekennzeichnet, um eine größere Uebersichtlichkeit und gleichzeitig auch eine Erleichterung für eine allgemeine Anziehung zu erreichen. Wie gleich hier bemerkt sei, ist in derselben Weise auch bezüglich der Beischriften zu den Paragraphen der vom Bundesrat erlassenen Ausführungsvorschriften verfahren. Die erläuternden Noten sind regelmäßig nach der Wortfolge der betreffenden Gesetzesvorschrift aneinandergereiht.

Die von dem Bundesrat zu dem Erbschaftssteuergesetz erlassenen Ausführungsbestimmungen sind, soweit solches angezeigt erschien, kurz in den Noten berücksichtigt worden. Daneben ist auf dieselben bei jedem Gesetzesparagraphen, für welchen sie eingreifen, im Anschluß an den Gesetzestext durch Anziehung der Paragraphen der Ausführungsbestimmungen verwiesen, wobei die speziell maßgebenden Paragraphen ohne Klammern, die nur nebenher in Betracht kommenden in Klammern angegeben sind.

Dem kommentierten Gesetzestext sind die Ausführungsbestimmungen angeschlossen, welche einerseits von dem Bundesrat, andererseits von den Landesregierungen der sieben Staaten erlassen worden sind, deren Erbschaftssteuergesetzgebung regelmäßig in der Kommentierung Berücksichtigung gefunden hat (Preußen, Bayern, Sachsen, Württemberg, Baden, Hessen, Braunschweig). Es sind diese Ausführungsbestimmungen aber nicht lediglich zum Abdruck gebracht, sondern es ist teils durch generelle Erläuterungen, teils durch entsprechende Hinweise bei den einzelnen Bestimmungen angedeutet, wie dieselben zu dem Gesetz und unter sich in Beziehung stehen, so daß auch bezüglich ihrer die Anwendung im praktischen Gebrauch möglichst erleichtert ist.

Eine besondere Sorgfalt ist endlich auf ein ausführliches Sachregister verwandt, welches sowohl das Gesetz und die dazu gegebenen Noten, wie auch die Ausführungsbestimmungen des Bundesrats und jener sieben Landesregierungen umfaßt. Gerade ein solches genau durchgeführtes Register muß für den praktischen Gebrauch von besonderer Bedeutung sein. Auch in der äußeren Form und Ausstattung ist vorwiegend auf Uebersichtlichkeit und leichte Anwendung für die Praxis Bedacht genommen.

Braunschweig, September 1906.

F. W. R. Zimmermann.

Inhaltsverzeichnis.

Erbschaftsteuer-Ausführungsbestimmungen nach Beschluß des Bundesrats vom 16. Juni 1906.

Muster und Anlagen.

Vollzugsordnungen zum Reichs-Erbschaftssteuergesetz

des Königreichs Preußen, des Königreichs Bayern, des Königreichs Sachsen, des Königreichs Württemberg, des Großherzogtums Baden, des Großherzogtums Hessen und des Herzogtums Braunschweig.

Abkürzungen.

A. siehe BRAusfB.
a. a. O. = am angeführten Orte.
a. E. = am Ende.
a. M. = anderer Meinung.
Bad. EStG. = Gesetz des Großherzogtums Baden, betreffend die Erbschafts- und Schenkungssteuer, vom 14. Juni 1899.
Bayer. EStG. = Gesetz des Königreichs Bayern über die Erbschaftssteuer vom 18. August 1879 in der Fassung vom 11. November 1899.
Bd. siehe BdA.
BdA. oder weiter gekürzt Bd. = Badische Vollzugsvorschriften zum Reichserbschaftssteuergesetz.
Becker Bad. EStG. = Becker, Das Badische Gesetz vom 14. Juni 1899 die Erbschafts- und Schenkungssteuer betreffend. Karlsruhe 1900.
BGB. = Bürgerliches Gesetzbuch für das Deutsche Reich vom 18. August 1896.
BGBl. = Bundes-Gesetzblatt des Norddeutschen Bundes.
Br. siehe BrA.
BrA. oder weiter gekürzt Br. = Braunschweigische Vollzugsvorschriften zum Reichserbschaftssteuergesetz.
Braunschw. EStG. = Gesetz des Herzogtums Braunschweig betreffend die Erbschaftssteuer vom 18. April 1876 und 20. Juni 1892.
BRAusfB. oder weiter gekürzt A. = Ausführungsbestimmungen des Bundesrats — beschlossen unter dem 16. Juni 1906 — zum Reichserbschaftssteuergesetz.
By. siehe ByA.
ByA. oder weiter gekürzt By. = Bayerische Vollzugsvorschriften zum Reichserbschaftssteuergesetz.
d. a. G. = das angeführte Gesetz.
EG. z. BGB. = Einführungsgesetz zum Bürgerlichen Gesetzbuche vom 18. August 1896.
Frommhold Kommentar = Kommentar zum Bürgerlichen Gesetzbuch von Biermann, Frommhold (Erbrecht), Gareis, Niedner, Opet und Oertmann. Berlin 1898/99.
Geyer Württ. EStG. = Geyer, Das Württembergische Gesetz über die Erbschafts- und Schenkungssteuer. Stuttgart 1900.
H. siehe HA.
HA. oder weiter gekürzt H. = Hessische Vollzugsvorschriften zum Reichserbschaftssteuergesetz.
Hamb. EStG. = Erbschaftssteuergesetz der Freien und Hansestadt Hamburg vom 2. März 1903.
Hess. EStG. = Gesetz des Großherzogtums Hessen, betreffend die Erbschafts- und Schenkungssteuer vom 22. Dezember 1900.

HGB. = Handelsgesetzbuch für das Deutsche Reich vom 10. Mai 1897.
Hoffmann Preuß. EStG. = Hoffmann, Die Preußischen Erbschaftssteuergesetze vom 30. Mai 1873, 19. Mai 1891 und 31. Juli 1895. Berlin 1905.
i. A. = im Anfang.
KO. = Konkursordnung für das Deutsche Reich in der Fassung vom 20. Mai 1898.
P. siehe PA.
PA. oder weiter gekürzt P. = Preußische Vollzugsvorschriften zum Reichserbschaftssteuergesetz.
Pfaff Bayer. EStG. = von Pfaff, Das Bayerische Gesetz über die Erbschaftssteuer in der Fassung der Bekanntmachung vom 11. November 1899, bearbeitet von Schmidt. München 1900.
Planck Kommentar = Bürgerliches Gesetzbuch nebst Einführungsgesetz erläutert von Dr. G. Planck. 1. und 2. Auflage. Berlin 1898/1902.
Preuß. AG. z. BGB. = Preußisches Ausführungsgesetz zum Bürgerlichen Gesetzbuch.
Preuß. AG. z. GBO. = Preußisches Ausführungsgesetz zur Grundbuchordnung vom 24. März 1897.
Preuß. EStG. = Gesetz des Königreichs Preußen betreffend die Erbschaftssteuer vom 24. Mai 1891 und 31. Juli 1895.
REStG. = Reichserbschaftssteuergesetz vom 3. Juni 1906.
RGBl. = Reichsgesetzblatt.
RStGB. = Strafgesetzbuch für das Deutsche Reich in der Fassung vom 26. Februar 1876.
S. siehe SA.
SA. oder weiter gekürzt S. = Sächsische (Königl.) Vollzugsvorschriften zum Reichserbschaftssteuergesetz.
Sächs. EStG. = Gesetz des Königreichs Sachsen über die Erbschaftssteuer vom 13. November 1876, 3. Juni 1879 und 9. März 1880.
Schutzgeb.G. = Schutzgebietsgesetz in der Fassung vom 10. September 1900.
s. d. = siehe dort.
StPrO. = Strafprozeßordnung für das Deutsche Reich vom 1. Februar 1877.
v. H. = vom Hundert.
W. siehe WA.
WA. oder weiter gekürzt W. = Württembergische Vollzugsvorschriften zum Reichserbschaftssteuergesetz.
Wahl Sächs. EStG. = Wahl, Das Königl. Sächsische Gesetz über die Erbschaftssteuer vom 13. November 1876 nebst Ausführungsverordnung vom 6. Dezember 1876 und den Abänderungsgesetzen vom 3. Juni 1879 und 9. März 1880.
Württ. EStG. = Gesetz des Königreichs Württemberg, betreffend die Erbschafts- und Schenkungssteuer vom 26. Dezember 1899.
ZPrO. = Zivilprozeßordnung für das Deutsche Reich in der Fassung vom 20. Mai 1898.

Berichtigung: Seite 277, Zeile 13 (Note 3 zu § 60) ist Elsaß-Lothringen zu streichen.

Einleitung.

Wesen und Geschichte der Erbschaftssteuer sowie Entstehung des Reichs-Erbschaftssteuergesetzes.

I. Wesen der Erbschaftssteuer.

1. Unter all den vielen einzelnen Steuerarten gibt es wohl kaum eine, welche wie die Erbschaftssteuer bei ihren weit zurückliegenden ersten Anfängen auf einen derartig kurzen Zeitraum eines Bestehens zurückblicken kann und gleicherzeit sich gerade auch für die neueste Zeit einer stark ausgedehnten Verbreitung zu erfreuen hat. Ebenmäßig ist aber auch unter den gesamten, speziell den bedeutungsvolleren Steuern keine, die theoretisch, was ihr ganzes Wesen und ihre Charakterisierung, ihre innere Begründung und tatsächliche Berechtigung, ihre äußere Form und Ausgestaltung speziell im Verhältnis zu ihrem eigentlichen Gehalt usw. anlangt, so umstritten und so wenig entscheidend geklärt ist, wie die Erbschaftssteuer.

2. So herrscht schon Meinungsverschiedenheit darüber, wie die Erbschaftssteuer in das theoretische Steuersystem einzugliedern sei, wobei allerdings die großen Differenzen in den Ansichten über diesen Aufbau des Steuersystems mit von einem vorwiegenden Einfluß sind. Auf der einen Seite will man sie den direkten Steuern zuzählen, d. h. denjenigen, welche die Grundlage der Steuerkraft, die Steuerquelle, unmittelbar anfassen, auf der anderen Seite dagegen den indirekten Steuern, d. h. denjenigen, welche die Steuerquelle nur mittelbar bei und unter gewissen Umständen, die auf das Vorhandensein einer Steuerkraft schließen

lassen, erfassen, während dritte auch wohl die Erbschaftssteuer eine besondere Mittelstufe zwischen direkten und indirekten Steuern bilden lassen, wie sie bei der zweifelhaften theoretischen Scheidung zwischen direkten und indirekten Steuern schon an sich gegeben sein müsse.

Abweichende Ansichten bestehen darüber, ob die Erbschaftssteuer sich als Vermögenssteuer charakterisiere, weil sie das Vermögen belaste und belasten wolle, oder ob als Erwerbsteuer, weil sie an den Erwerb und zwar speziell auch an den Erwerb durch Anfall ohne eigene persönliche wirtschaftliche Leistung sich anknüpfe, oder ob als Vorteils- und Bereicherungssteuer oder als Verkehrssteuer im weiteren Sinne, weil sie sich unmittelbar an einen außerordentlichen, von der direkten Besteuerung freigelassenen Vermögenszugang angliedert, oder ob sie überhaupt einen eigentlichen Steuercharakter besitze und nicht vielmehr auf ein eng an die gesetzliche Erbfolgeordnung sich anfügendes bzw. in diese einzureihendes Miterbenrecht des Staates aufzubauen sei.

3. Im Anschluß daran ist ferner wiederum die Berechtigung der ganzen Steuer umstritten oder nach verschiedener Richtung hin anerkannt, da ja die Erbschaftssteuer, mag man sie im ganzen auffassen wie man will, in ihrem regelmäßigen Fall tatsächlich stets das Vermögen, welches der Erblasser bis zu seinem Tode angesammelt hat, trifft. Danach wird von den einen die Erbschaftssteuer als volkswirtschaftlich schädigend verworfen, denn sie vermindere stetig das Volksvermögen dadurch, daß sie den Vermögenszuwachs durch Ersparnisse angreife und somit nicht vom Erwerb, sondern vom Kapital zehre. Andere, hier gewissermaßen die Mittelstellung und zwar in ziemlich breiter Front einnehmend, erkennen den Charakter der Steuer als Kapitalsteuer unbedenklich an, glauben aber dem keine so große Bedeutung beimessen zu müssen, da eine Kapitalsteuer im einzelwirtschaftlichen Sinne sich noch nicht notwendig bzw. in dem gleichen Maße als eine solche im volkswirtschaftlichen Sinne darstelle, da die Kapitalsteuer in diesem ihren spezifischen Wesen durch Modulationen in der Erhebung der Erbschaftssteuer selber stärker abzuschwächen sei, da vermöge der durch die Erbschaftssteuer gegebenen entsprechenden Entlastung der Erwerbs- und Verbrauchssteuern auch eine neue Kapitalbildung wiederum in einem gleichen oder doch ähnlichen Verhältnis erleichtert werde, wobei je nach der speziellen Stellungnahme des einzelnen noch mannigfache Sonderheiten in der Beurteilung nach der einen

oder anderen Richtung hin hervortreten. Von einem dritten, in der Hauptsache mehr extremen Standpunkte aus wird endlich gerade der Charakter als Kapitalsteuer als ein besonderer Vorzug für die Erbschaftssteuer betont, denn sie bilde auf diese Weise ein notwendiges und wenigstens in etwas ausgleichendes Korrelat zu dem ihrer Ansicht nach lediglich durch den Staatswillen geschaffenen Erbrecht, dessen Berechtigung nicht oder doch nur bis zu einem gewissen Grade anerkannt werden könne.

4. In ganz dem gleichen Maße gehen aber auch die Ansichten bezüglich der allgemeinen und besonderen Formulierung und Ausgestaltung der Erbschaftssteuer auseinander, wobei allerdings wieder die allgemeine Stellungnahme der Betreffenden zu der Steuer und die Gesichtspunkte, welche im einzelnen für dieselbe als maßgebend erachtet werden, einen wesentlichen und unterschiedlichen Einfluß ausüben mußten. Von diesem Standpunkt aus will man die Erbschaftssteuer möglichst beschränken, sie nur in ganz engen Grenzen zulassen, von jenem ist man andererseits für eine tunlichste Erweiterung, für ein Einbeziehen alles desjenigen, was sich nur irgend darunter bringen läßt; zwischen diesen beiden Extremen sind dann mittlere Standpunkte in größerer Mannigfaltigkeit vertreten. Hier spricht man sich für einen engen Anschluß an die Erbfolgeordnung aus, der in der Abstufung der Steuer nach dem Verwandtschaftsgrade unter einem Ansteigen der Stufenfolge nach den entfernteren Graden zu zum Ausdruck kommen soll, dort will man die Steuer lediglich an den Rechtsakt des Anfalls anknüpfen und jeden Unterschied der Verwandtschaft überhaupt unberücksichtigt lassen. Dann kommt dabei der auch in der Theorie sich geltend machende Streit in Betracht, bis zu welchem Grade der Verwandtschaft rc. die Besteuerung auszudehnen sei, speziell ob die Deszendenten, die Aszendenten, der Ehegatte mit heranzuziehen oder nicht. Es schlägt dahin auch die Verschiedenheit der Ansichten über die Höhe der Erbschaftssteuersätze; die einen wollen die Steuer nur nach einem mäßigen Satz im Verhältnis zur Erbschaftsmasse, die andern dagegen in einem möglichst hohen Prozentverhältnis zu derselben bemessen sehen.

Mannigfacher Art sind daneben noch die Abweichungen der Meinungen in untergeordneteren Beziehungen, die alle herauszuheben uns hier aber zu weit führen würde. Ebensowenig können wir auf alle die vorstehend kurz angedeuteten Verschiedenheiten in der theoretischen Auffassung näher und gar kritisch eingehen.

Wir wollen nur unsere Stellungnahme zu dem grundlegenden Prinzip in der Erbschaftssteuer kurz angeben, die im wesentlichen auf den Ausführungen Schäffle's (Die Steuern, Leipzig 1897 Band II; besonderer Teil; S. 418 ff.) beruht.

5. Die Erbschaftssteuer ist als eine Unterart der Anfallbesteuerung zu den indirekten Steuern zu zählen, weil sie unmittelbar an den Rechtsakt der Vererbung geknüpft ist und lediglich durch diesen überhaupt zur Erscheinung kommen kann. Wenngleich für die Bemessung der Erbschaftssteuer das Gesamtvermögen, aber das Gesamtvermögen einer in der Wirklichkeit nicht mehr existierenden Persönlichkeit, die Grundlage bildet, so ist dieses doch nur von einer nebensächlichen Bedeutung, denn nicht dieses Vorhandensein eines Vermögens, sondern lediglich die Tatsache der Vererbung bildete sowohl den inneren Grund wie auch den äußerlich vortretenden Anlaß für die Besteuerung. Dieses wird aber auch dadurch noch deutlicher zur Erscheinung gebracht, daß die Steuer sich stets nur als eine einmalige Belastung darstellt, wie sie eben durch den unmittelbaren Anschluß an den Rechtsakt des Anfalls ausschließlich gegeben sein kann, und wie sie andererseits aber auch wiederum dartut, daß jener Rechtsakt das wesentlichste in ihrer Begründung bildet.

Wenn wir nun aber die Erbschaftssteuer als eine indirekte Steuer ansehen, so haben wir uns gewissermaßen auch auf den offiziellen deutschen Standpunkt zu der Frage gestellt. Schon allein aus dem Umstande, daß die vereinigten Bundesregierungen den Entwurf eines Erbschaftssteuergesetzes an den Reichstag gebracht haben, geht hervor, daß sie die Erbschaftssteuer als eine indirekte Steuer betrachten, denn es ist stets streng darauf gehalten, daß die direkten Steuern den Einzelstaaten vorbehalten bleiben, das Reich bezüglich seines Finanzbedarfs sich aber auf die indirekte Besteuerung stützen solle, wie solches schon vom Fürsten Bismarck in einer Rede im Reichstag vom 22. Februar 1878 in folgenden Worten, welche auch für die ganze augenblicklich vorgenommene weitere Ausgestaltung der Finanzverhältnisse des Reichs als bedeutungsvoll angesehen werden können, zum Ausdruck gebracht ist: „Sie wissen von mir, daß ich ein Gegner der direkten, ein Freund der indirekten Steuern bin, daß ich auf diesem Gebiete eine umfassende Reform anstrebe, die das Reich aus arm, was es jetzt ist, wirklich reich macht. Mein Ideal ist nicht ein Reich, was vor den Türen der Einzelstaaten seine Matrikularbeiträge einsammeln muß, sondern ein Reich, welches, da es die Hauptquelle guter Finanzen, die indirekten Steuern, unter Verschluß hält, an alle Partikularstaaten imstande wäre, herauszubezahlen; und ich bin überzeugt, daß wir auf dem Wege der Reform dahin gelangen können."

Nach Maßgabe der langhergebrachten und entschiedenen Stellungnahme in der fraglichen Angelegenheit konnte es überflüssig erscheinen, in der Begründung des Erbschaftssteuergesetzes noch ausdrücklich hervorzuheben, daß man der Erbschaftssteuer den Charakter einer indirekten Steuer beilege, und ist solches auch nicht geschehen. Dahingegen ist man bei den Beratungen in der Reichstagskommission regierungsseitig darauf in eingehenderer Weise zurückgekommen; so ist es speziell in der Sitzung der fraglichen Kommission vom 4. April 1906 anerkannt, wie die verbündeten Regierungen den Nachweis erbracht hätten, daß es sich bei der Erbschaftssteuer um eine indirekte Steuer handelte. Dadurch, daß der Reichstag dann dem Ganzen ohne entsprechenden Vorbehalt zugestimmt hat, ist er der Auffassung der Bundesregierungen beigetreten und man wird daher wohl mit vollem Recht die Behauptung aufstellen können, nach dem offiziellen Standpunkt des Deutschen Reichs sei die Erbschaftssteuer eine indirekte Steuer.

6. Ihrem weiteren Spezialcharakter nach gehört die Erbschaftssteuer zu den sogenannten Verkehrssteuern, welche Schäffle auch als Bereicherungssteuern bezeichnet, eine Steuerklasse, die ohne einen genau und vollständig klar bestimmten inneren Abschluß mehrere Gattungen von Steuern umfaßt, welche weder direkte noch Konsumsteuern sind, unter sich selbst zwar verwandt, aber wieder in wesentlichen Zügen verschieden steuersystematisch und steuertechnisch ineinander überlaufen und daher zusammenzufassen sind. Innerhalb der Verkehrssteuern reiht sich die Erbschaftssteuer unter die Anfallsteuern ein, welche auch A. Wagner in Übereinstimmung mit Schäffle als solche heraushebt, und umfaßt diejenige fragliche Besteuerung, welche auf dem Erbanfall — daneben steht die den Glückfall betreffende Besteuerung — beruht. Die Anfallbesteuerung schließt sich unmittelbar an den Rechtsakt des Anfalls an, welcher letztere den inneren Grund und den äußeren Anlaß für die Besteuerung abgibt und damit auch als das eigentlich Charakteristische derselben anzusehen ist. Den Gegenstand der Anfallbesteuerung bilden Vermögenszugänge, aber nur solche Vermögenszugänge, welche nicht aus der Tätigkeit der Anfallerwerber hervorgehen. Diese Vermögenszugänge sind als solche allerdings auch zu den

Einkünften im weiteren Sinne des Wortes zu rechnen; sie bilden aber keineswegs fortlaufende oder regelmäßige Einkünfte, wie sie im wesentlichen der direkten Besteuerung unterstehen, es sind vielmehr ausschließlich außerordentliche Einkünfte, welche hier durch die Anfallbesteuerung erfaßt werden.

7. „Im Wesen der Anfallsteuern liegt auch ihre Berechtigung. Das außerordentliche Einkommen ist steuerfähig, nach Maß und Umständen sogar besonders steuerfähig, und darf nicht bloß, sondern soll der Besteuerung unterzogen werden. Aus dem obersten Grundsatze der Besteuerung, nicht aus modern sozialpolitisch oder alt regal gedachten „Miteigentumsrechte" des Staates ist die Berechtigung der Anfallbesteuerung abzuleiten. Ein solches Recht im Sinne des Erbrechts gibt es nicht, außer soweit der Staat vom Anfallserwerbe letztwillig oder schenkungsweise einen Anteil zugewiesen erhält. Faßt man aber die Besteuerung als ein Recht des Staates auf allgemeinen und verhältnismäßigen Anteil desselben an allem Eigentum und Vermögen auf, so ist das zwar eine zulässige Anschauung, durch welche jede Art von Steuern Begründung findet, aber ein Miteigentumsrecht im erbrechtlich privatrechtlichen Sinne ergibt sich daraus nicht. Das ist ein Anteilsrecht öffentlicher Art, aber ebendeshalb in keiner Weise eine „Verletzung des Privateigentums". In der Anfallbesteuerung erfaßt der Staat und darf nur erfassen, was steuergrundsätzlich schon früher hätte ergriffen werden dürfen, und zu scharf soll man eben in keiner Besteuerung zugreifen, um dem einzelnen die Versorgung seiner Familie zu gestatten (Schäffle, a. a. O. S. 419).

Bezüglich der allgemeinen Berechtigung der Erbschaftssteuer und ihrer speziellen Berechtigung für das Deutsche Reich führt die Begründung zu dem Hauptgesetz über die Reichsfinanzreform, dem Gesetz betr. die Ordnung des Reichshaushalts und die Tilgung der Reichsschuld folgendes an:

„Die Frage der grundsätzlichen Berechtigung der Erhebung einer Abgabe vom Nachlasse (Besteuerung eines unverdienten Vermögenszuwachses, Entgelt für gewährten Rechtsschutz usf.) braucht hier nicht näher erörtert zu werden; jedenfalls ist die Steuer vom finanzwirtschaftlichen Standpunkt aus ebenso gerechtfertigt wie jede andere Abgabe vom Güterumsatz und fast sämtliche größere Staaten haben sie ihren Zwecken, zum Teil in sehr weitgehender Weise, dienstbar gemacht. Für Deutschland würde die Einführung einer gleichmäßigen Erbschaftssteuer für das ganze Reich neben der Beseitigung des in der Begründung zur Anlage 5 des Entwurfs (Erbschaftssteuergesetz) eingehend dargelegten vielgestaltigen Rechtszustandes noch deshalb besonders erwünscht sein, weil die Ausgestaltung des Erbschaftssteuerrechts in engster Beziehung zum bürgerlichen Rechte steht. Nach dem Inkrafttreten des Bürgerlichen Gesetzbuches für das Deutsche Reich erscheint es daher durchführbar und berechtigt, die Vorschriften, nach denen die Erbschaftssteuer innerhalb des Reichs zu erheben ist, auf der Grundlage des bürgerlichen Rechts einheitlich zu regeln, hierbei war es, um einer Umgehung der Erbschaftssteuer vorzubeugen, notwendig, in diese einheitliche Regelung auch die Steuer von Schenkungen unter Lebenden mit einzubeziehen".

II. Geschichte der Erbschaftssteuer.

1. Wie schon hervorgehoben blickt die Erbschaftssteuer trotz ihrer außerordentlichen grundsätzlichen Bestrittenheit in der Theorie für ihre tatsächliche Durchführung doch auf eine im Verhältnis lange Geschichte zurück, wenn diese sich auch keineswegs als eine fortlaufende Entwicklung darstellt. Schon bei den Ägyptern haben wir die ersten Anfänge einer Erbschaftssteuer, welche aber mit dem Untergang der altägyptischen Dynastien wieder ihr Ende erreichen. Eine weitere Aufnahme findet die Erbschaftssteuer dann wenigstens zu Zeiten bereits unter der Römischen Republik, doch sind es in der Hauptsache erst die Römischen Imperatoren, welche dieselbe zu einer weiteren und ständigen Ausbildung bringen; auch diese geht wieder mit dem Römischen Reich zugrunde, so daß also diese ersten Erscheinungen immer nur zu einer vorübergehenden Aufnahme geführt haben.

2. Nach einer verhältnismäßig längeren, aber in den Zeitverhältnissen schon die genügende Begründung findenden Zwischenpause beginnt die andauernde Entwicklung, auf welche der derzeitige Stand sich aufgebaut hat. Zuerst waren es die italienischen Städte, welche als selbständige Staatsgebilde auf die Besteuerung der

Erbschaften griffen, und zwar gewann die Steuer hier etwa in der zweiten Hälfte des sechszehnten Jahrhunderts einen festeren Boden. Noch zu Ende des letzteren Jahrhunderts gelangt dann die Erbschaftssteuer in Holland zur Einführung. Etwa hundert Jahre später beginnt sie aber erst in denjenigen beiden Staaten, welche nach der Jetztzeit hin sie am ausgedehntesten und ertragreichsten ausgestaltet haben, am Ende des siebzehnten Jahrhunderts in England und zu Anfang des achtzehnten in Frankreich, nachdem sie übrigens im Laufe des siebzehnten Jahrhunderts, wenngleich mehr vereinzelt, auch in Deutschland bereits Wurzel gefaßt hatte.

3. Im achtzehnten Jahrhundert namentlich nimmt die Einführung der Erbschaftssteuer eine breitere Grundlage und größere Verallgemeinerung an; zu Mitte des Jahrhunderts etwa kommt Österreich hinzu, gegen das Ende Norwegen, Dänemark, die Schweiz und in der ersten wie zweiten Hälfte desselben speziell auch die größere Zahl der einzelnen deutschen Gebiete; sie setzt sich dann aber auch noch bis in das neunzehnte Jahrhundert hinein fort, nunmehr fast alle größeren Kulturstaaten ergreifend.

4. Die eigentliche tiefere Durchbildung und den planmäßigen Ausbau zu einer unter Umständen äußerst ertragreichen Steuerquelle hat die Erbschaftssteuer aber doch erst im neunzehnten Jahrhundert erfahren und zwar in der Hauptsache in der zweiten Hälfte desselben, als der überall rasch und erheblich steigende Staatsbedarf immer weitergehende Anforderungen an die Finanzen der Staaten stellte und die Aufschließung neuer, die Erweiterung bisheriger Einnahmequellen notwendig machte. Diese weitere Ausgestaltung der Erbschaftssteuer und ihr Auswachsen zu einer mehr oder weniger wesentlichen Steuerquelle hat sich jedoch in den einzelnen Kulturstaaten in einer sehr verschiedenen Weise vollzogen. Wir können natürlich auf diese Verschiedenheit hier nicht näher eingehen, wollen aber dieselbe wenigstens in ihrem Erfolge durch einen Nachweis über den Ertrag in einigen hauptsächlich in Frage kommenden Staaten etwas beleuchten.

Es betrugen nämlich unter Einbeziehung der mit der Nachlaßbesteuerung in eine nähere Verbindung gebrachten Schenkungssteuer die Einnahmen aus der Erbschaftssteuer im Jahre 1901:

in	in tausend Mark	in Mark auf den Kopf der Bevölkerung
Großbritannien mit Irland	380 000	9,17
Frankreich	160 713	4,12
Niederlande	19 452	3,81
Belgien	20 206	3,02
Österreich	23 734	0,91
Italien	29 557	0,91
Dänemark	1 498	0,61
Ungarn	10 793	0,56
Deutschland	27 279	0,48

Ohne weiteres zeigen uns diese Daten die ungemein verschiedenartige Stellungnahme der einzelnen größeren Staaten gegenüber der Erbschaftssteuer. Weitaus obenan steht England, dem die Steuer mehr als 9 Mark auf den Kopf der Bevölkerung bringt; Frankreich, die Niederlande und Belgien bilden die zweite Gruppe mit unter der Hälfte bis zu einem Drittel des Satzes von England; die nunmehr folgenden Staaten, Österreich und Italien, erreichen wiederum noch nicht ein Drittel des Minimums der Vorgruppe, während Deutschland, von Dänemark und Ungarn noch etwas übertroffen, es auf wenig mehr als die Hälfte des Satzes von Österreich und Italien bringt. Nach diesen Daten kann es kein Wunder nehmen, wenn nunmehr auch Deutschland an die weitere Erschließung dieser Einnahmequelle herangetreten ist, welche ohne für den Steuerpflichtigen sonderlich drückend zu wirken, erhebliche und zwar stetig wachsende Erträge zu erbringen imstande ist.

5. Was nun den bisherigen Stand der Erbschaftssteuer in den einzelnen deutschen Bundesstaaten betrifft, so macht sich bezüglich desselben eine ganz ähnliche Verschiedenheit wie unter den vorangeführten größeren europäischen Staaten geltend. Die einzelnen in Frage kommenden Gesetze der Bundesstaaten, welche für die Regelung der Erbschaftssteuer bei Einführung der Reichssteuer in Geltung standen, haben wir in der Anlage zu der Einleitung zusammengestellt. Um die bestehenden Verschiedenheiten in dem Ertrage der Bundesstaaten nachzuweisen, ist in den Motiven zum Erbschaftssteuergesetz bezüglich der einzelnen deutschen Bundesstaaten die Einnahme aus der Erbschafts- und Schenkungssteuer für das Jahr 1904 wie folgt veranschlagt (vgl. Vierteljahrshefte zur Statistik des Deutschen Reichs, Jahrgang 1905, Heft II, S. 165):

für	in tausend Mark	in Mark auf den Kopf der Bevölkerung
Preußen	11 000	0,32
Bayern	3 190,0	0,52
Sachsen	1 880	0,45
Württemberg	900	0,41
Baden	1 425,5	0,76
Hessen	870	0,78
Sachsen-Weimar	147,1	0,41
Mecklenburg-Schwerin	200	0,33
Oldenburg	212	0,53
Braunschweig	235	0,51
Sachsen-Meiningen	39,8	0,16
Sachsen-Altenburg	76,0	0,39
Sachsen-Coburg Sachsen-Gotha	139,0	0,61
Anhalt	79,6	0,25
Schwarzburg-Sondershausen	36,6	0,15
Schwarzburg-Rudolstadt	18,5	0,20
Reuß ä. Linie	12,7	0,19
Reuß j. Linie	26,0	0,19
Schaumburg-Lippe	5,0	0,12
Lippe	42,0	0,30
Lübeck	315,0	3,25
Bremen	850,0	3,78
Hamburg	2 632,4	3,43
Elsaß-Lothringen	2 600,0	1,51
	26 932,2	0,48

Bringt man von dieser Gesamtsumme bei den vorstehend zuletzt genannten vier Staaten, welche eine Steuer von Deszendenten und in gewissem Umfang auch von Ehegatten erheben, als die auf diese Personenklassen entfallende Erbschaftssteuer 1/3 in Abzug, also bei:

Lübeck	105 000	Mk.
Bremen	283 300	„
Hamburg	877 500	„
Elsaß-Lothringen	866 700	„
		2 132,5

so ergibt sich als Gesamteinkommen aus der Erbschaftssteuer, ausschließlich derjenigen von Deszendenten und Ehegatten, der Betrag von . . . . . 25 426,4 in tausend Mk.

Eine bunte Mannigfaltigkeit tritt uns hier aus den zur Vergleichung heranzuziehenden Daten über den auf den Kopf der Bevölkerung entfallenden Steuerbetrag entgegen. Während die Hansestädte ungefähr an den obigen Satz für Frankreich, die Niederlande und Belgien herankommen, Elsaß-Lothringen immerhin nicht unerheblich in seinem bezüglichen Stand über Österreich und Italien herausragt und Baden und Hessen noch etwas über die Mitte zwischen den letzteren Staaten und dem Durchschnitt für das Deutsche Reich hinauskommen, bleibt eine ganze Anzahl namentlich der kleineren Staaten unter der Hälfte des Reichsdurchschnittes zurück, Preußen erreicht nur zwei Drittel desselben.

III. Entstehung des Reichs-Erbschaftssteuergesetzes.

1. Über den verschiedenartigen Ertrag der Erbschaftssteuer und die in den Bundesstaaten bestehenden Abweichungen in der grundsätzlichen Regelung sowie über die Gründe, welche für eine Vereinheitlichung in der fraglichen Beziehung durch eine Reichserbschaftssteuer sprechen, nebst einigen dabei als maßgebend erachteten Einzelgesichtspunkten äußern sich die Motive zum Erbschaftssteuergesetz in folgender Weise:

„In einem Staate, dem Fürstentume Waldeck, werden überhaupt keine, in anderen Staaten nur mäßige Abgaben und nur von Seiten- und Nichtverwandten, in noch anderen wieder hohe Abgaben und auch in der geraden Linie und zum Teil von Ehegatten erhoben. Dabei sind in einigen neueren Gesetzgebungen die Steuersätze gleichzeitig noch nach der Höhe des Erwerbes gestaffelt, während in den meisten Gesetzen ein Unterschied der Steuersätze nur nach der größeren oder geringeren Nähe des Verwandtschaftsverhältnisses zum Erblasser besteht. So ist die Belastung der Erbfälle je nach dem zufälligen Umstand, in welchem Bundesstaate der Erblasser seinen Wohnsitz oder auch nur Aufenthalt genommen hatte oder staatsangehörig war, außerordentlich verschieden. Es ergibt sich, daß auch nicht in zwei Staaten völlig übereinstimmende Besteuerungsgrundsätze bestehen. Dies macht sich um so mehr fühlbar, je mehr von der verfassungsmäßigen Freizügigkeit Gebrauch gemacht wird und je mehr die Zahl der Eheschließungen zwischen Angehörigen verschiedener Bundesstaaten zunimmt. Denn die eigentlichen Träger der Steuer sind die Erben und Vermächtnisnehmer, und die Erbschaftssteuergesetze der Bundesstaaten beschränken insofern ihre Anwendung keineswegs auf das betreffende Staatsgebiet. Es kommt hinzu, daß die Grundsätze über die räumliche Herrschaft der Erbschaftssteuergesetze auch bezüglich des im betreffenden Bundesstaat und des auswärts befindlichen Nachlasses selbst außerordentliche Verschiedenheiten aufweisen und bei dem Übereinandergreifen der Gesetzgebungen Kollisionen nicht zu vermeiden sind. Den hieraus sich ergebenden Unzuträglichkeiten ließe sich zwar wohl auch durch eine reichsgesetzlich zu regelnde Abgrenzung der Steuerhoheit der Bundesstaaten gegeneinander, etwa in der Weise, wie dies rücksichtlich der direkten Staatssteuern durch das Reichsgesetz wegen Beseitigung der Doppelbesteuerung vom 13. Mai 1870 geschehen ist, in wirksamer Weise abhelfen. Bei der Erbschaftssteuer spricht aber noch ein anderer Grund für die Beseitigung des herrschenden vielgestaltigen Rechtszustandes zugunsten eines den ganzen Gegenstand neuordnenden Reichsgesetzes. Dieser Grund liegt in den engen Beziehungen, die zwischen dem Erbschaftssteuerrecht und dem bürgerlichen Rechte bestehen. Da die Ausgestaltung des Erbschaftssteuerrechts im wesentlichen mit von dem geltenden ehelichen Güter- und Erbrechte, namentlich von der gesetzlichen Erbfolgeordnung abhängt, so ist nach dem Inkrafttreten des Bürgerlichen Gesetzbuchs für das Deutsche Reich die Voraussetzung auch für eine einheitliche Ordnung des Erbschaftssteuerrechts gegeben, und nachdem die finanziellen Verhältnisse des Reichs einmal dazu gedrängt haben, dieses an den Einnahmen aus der Erbschaftssteuer zu beteiligen, erscheint es durchführbar und berechtigt, die Vorschriften, nach denen die Erbschaftssteuer innerhalb des Reichs zu erheben ist, auf der Grundlage des bürgerlichen Rechtes einheitlich zu regeln.

Der vorliegende Entwurf läßt bei der Bestimmung des Kreises der steuerpflichtigen Personen entsprechend den meisten deutschen Landesgesetzen, die Deszendenten und Ehegatten von der Steuer frei. Hierbei kam in Betracht, daß gerade in Ansehung dieser Personen die Anschauungen über die Zweckmäßigkeit ihrer Besteuerung in den einzelnen Staaten je nach den wirtschaftlichen Verhältnissen und damit der Wirkung auf die letzteren sehr verschieden sind. Es rechtfertigt sich daher, wenn in dem Reichsgesetze selbst von einer Besteuerung abgesehen und es den Landesgesetzgebungen überlassen wird, die bisherige Besteuerung der bezeichneten Personen aufrecht zu erhalten oder, soweit sie noch nicht bestand, neu einzuführen. Dagegen haben für eine Freilassung auch der Aszendenten, wiewohl diese in den meisten deutschen Gesetzgebungen gleichfalls zu den befreiten Personen gehören, zwingende Gründe nicht anerkannt werden können. Die Beerbung der Abkömmlinge durch die Eltern und Voreltern ist als eine Umkehrung des natürlichen Verlaufs der Dinge regelmäßig ein zufälliges Ereignis, das der einzelne für die Gestaltung seiner wirtschaftlichen Lage nicht in Rechnung ziehen konnte. Ein sehr erhebliches Bedenken dagegen, die Aszendenten von der Erbschaftssteuer frei zu lassen, besteht auch darin, daß eine solche Befreiung namentlich dann, wenn der Steuersatz für die Geschwister ein verhältnismäßig hoher ist, leicht zu einer Umgehung des Gesetzes benutzt werden kann. So ist es bei der Vererbung bedeutender Vermögen zwischen Geschwistern vorgekommen, daß die Beteiligten zur Ersparung der Erbschaftssteuer die Erbschaft im gegenseitigen Einverständnis einem hochbetagten Aszendenten haben anfallen lassen, als dessen Erben die überlebenden Geschwister demnächst die Erbschaft steuerfrei erwerben konnten. Derartige Fälle haben sogar für einzelne Bundesregierungen die Veranlassung gegeben, nachträglich ihre Gesetzgebung zu ändern und hierbei für Geschwister und Eltern gleich hohe Steuersätze vorzusehen.

Was die Bemessung der Steuersätze anlangt, so war hierfür in erster Linie die Rücksicht darauf maßgebend, daß, um den Bedürfnissen des Reichs und der Bundesstaaten gleichmäßig Rechnung zu tragen, ein Gesamtertrag von mindestens 72 Millionen Mark jährlich aus der Erbschaftssteuer erzielt werden muß. Durch eine gleichzeitige Staffelung der Steuer nach der Höhe des einzelnen Erbschaftserwerbes hat entsprechend dem Vorgange der neueren Gesetzgebungen neben dem Grade der Verwandtschaft auch der Grad der Bereicherung und damit der das neuzeitliche Steuerrecht beherrschende Grundsatz Berücksichtigung gefunden, daß dem höheren Maße der Leistungsfähigkeit auch eine stärkere Besteuerung zu entsprechen hat".

2. Wie hier gleichzeitig noch hervorzuheben, erwies es sich bei der eventuellen Einführung einer Reichserbschaftssteuer von vornherein als notwendig, die einheitliche Besteuerung auch auf die *Schenkungen unter Lebenden* auszudehnen. Über die hierfür maßgebenden Gründe und verschiedene Einzelheiten in der fraglichen

Schenkungsbesteuerung enthalten die Motive zu dem Reichs-Erbschaftssteuergesetz das folgende:

„Die für die Besteuerung des Erwerbes von Todes wegen sprechenden finanzwirtschaftlichen Gesichtspunkte treffen in gleicher Weise auch für die Erhebung einer Abgabe von Schenkungen unter Lebenden zu. Die letztere bildet zudem eine notwendige Ergänzung der ersteren, da ohne jene einer Umgehung der Erbschaftssteuer Tür und Tor geöffnet sein würde. Eine Schenkungsabgabe besteht daher auch in fast allen Erbschaftssteuer erhebenden Bundesstaaten. Die Ausgestaltung der Abgabe weist aber auch hier eine ähnliche Mannigfaltigkeit wie in Ansehung der Besteuerung des Nachlasses auf. Insbesondere beschränkt sich ein Teil der Gesetzgebungen darauf, nur diejenigen Schenkungen der Steuer zu unterwerfen, die sich als ein vorweggenommener Erwerb von Todes wegen darstellen, während andere diese Unterscheidung nicht machen. Bei den letzteren bestehen wiederum Verschiedenheiten insofern, als einige von ihnen sämtliche über einen gewissen Betrag hinausgehenden Schenkungen, andere nur die schriftlich beurkundeten, noch andere nur die gerichtlich oder notariell beurkundeten Schenkungen besteuern, und zwar zum Teil nach den für den Urkundenstempel bestehenden Vorschriften. Im Interesse der Einheitlichkeit der Besteuerung, und da eine Begrenzung auf solche Schenkungen, welche in der einen oder der anderen Weise in einer Beziehung zum Tode des Zuwendenden stehen, in der Durchführung erheblichen Schwierigkeiten begegnet, zieht der Entwurf zur Steuer sämtliche Schenkungen unter Lebenden heran, insoweit sie dieser auch im Falle eines Erwerbes von Todes wegen unterliegen würden. Es erscheint dies um so unbedenklicher, als die hiernach der ausschließlichen Verfügung der Bundesstaaten entzogenen Steuererträgnisse aus den nicht auf den Todesfall berechneten Schenkungen unter Lebenden nicht sehr erheblich sein können".

3. Anschließend daran wollen wir hier noch die kurzen Ausführungen, welche die Motive zum Reichserbschaftssteuergesetz über die in dem Gesetz angenommenen Grundsätze bezüglich des **Verfahrens bei der Veranlagung und der Erhebung** der Steuer, sowie über die **Stellungnahme des Reiches zu den Einzelstaaten** in der fraglichen Regelung geben, anfügen:

„Hinsichtlich des bei der Veranlagung und Erhebung der Steuer zu beobachtenden Verfahrens weichen die einzelstaatlichen Gesetzgebungen nicht in gleichem Maße wie hinsichtlich der Steuersätze voneinander ab. Der Entwurf hat sich daher insoweit schon zur Vermeidung einer Rechtsunsicherheit in der Übergangszeit, tunlichst an die bestehenden Gesetze oder doch wenigstens die wichtigeren von ihnen, in deren Auslegung und Durchführung sich bereits eine feste Übung gebildet hat, angeschlossen.

Mit Rücksicht auf die Entwickelung der Erbschaftssteuer in Deutschland soll das Reich am Ertrage lediglich beteiligt werden. Im Hinblick hierauf waren aber besondere Vorschriften zu treffen, um die Interessen des Reiches und der Einzelstaaten angemessen gegeneinander abzugrenzen".

4. Nach Maßgabe der vorerörterten Gesichtspunkte wurde der in längeren Verhandlungen der Ausschüsse des Bundesrates für Zoll- und Steuerwesen, für Handel und Verkehr, für Justizwesen und für Rechnungswesen festgestellte Entwurf für Vorschriften über die Besteuerung der Erbschaften, vereint mit einer Reihe weiterer Steuervorschriften, in dem Rahmen des umfassenden Gesetzentwurfs die Ordnung des Reichshaushaltes und die Tilgung der Reichsschuld betreffend vom Bundesrat in seiner Sitzung vom 25. November 1905 (§ 752 der Protokolle des Bundesrates, Session 1905) einstimmig beschlossen. Daß die deutschen Bundesregierungen mit diesem einmütigem Beschlusse dem Deutschen Reich behufs Regelung seiner finanziellen Stellung ein nicht unerhebliches und gering zu veranschlagendes Opfer gebracht haben, wird nicht zu verkennen sein, wenn man bedenkt, daß damit die sämtlichen Staaten auf die selbständige und uneingeschränckte Regelung einer wesentlichen Steuerquelle, welche sie mit nur einer einzigen Ausnahme, wenngleich in einem sehr verschiedenen Grade, teils in kürzerer teils in längerer Dauer für ihre eigenen Finanzen bereits aufgeschlossen hatten, sowie auf einen eventuellen weiteren Ausbau derselben lediglich nach eigenem Ermessen im wesentlichen verzichtet haben, und daß dieser Verzicht gleichzeitig für eine ganze Reihe wenn nicht die Mehrheit dieser Staaten bald mehr bald minder fühlbare Schwierigkeiten für die Finanzierung des eigenen Staatsbedarfs in der Gegenwart sowohl wie aber namentlich auch für die Zukunft im Gefolge haben muß und eventuell für alle haben kann.

5. Der vom Bundesrat beschlossene Entwurf für die Reichs-Erbschaftssteuer ist sodann mit dem Gesetzentwurf über die Ordnung des Reichshaushaltes und die Tilgung der Reichsschuld sowie den weiteren Anlagen des letzteren an den Reichstag gebracht und

von diesem im Vereine mit den genannten weiteren Entwürfen in der ersten Hälfte Dezember 1905 und in der ersten Hälfte Januar 1906 in elf Sitzungen in erster Lesung beraten und schließlich in der Sitzung vom 13. Januar 1906 einer Kommission von 28 Mitgliedern überwiesen worden. Die Kommission hat sodann den Entwurf unter zweifacher Lesung in sieben Sitzungen durchberaten und an demselben eine Reihe von Abänderungen vorgenommen, auf welche wir im einzelnen soweit erforderlich bei den Noten zu den einzelnen Paragraphen des Gesetzes kommen werden.

Von grundsätzlicher Bedeutung gelangten namentlich die beiden Fragen zur Erörterung, einmal ob man nicht an Stelle des im Regierungsentwurf durchgeführten Systems der Erbanfallsteuer das System der Nachlaßsteuer, nach welchem nicht der einzelne Erbanfall sondern der Nachlaß als Ganzes in steigender Skala nach dem Wert desselben, eventuell unter Befreiung oder Ermäßigung für gewisse nahe Verwandtschaftsklassen, der Steuer unterworfen wird, annehmen solle, und ferner ob nicht behufs einer wesentlichen Steigerung des Ertrages die Deszendenten und Ehegatten mit zu der Steuer heranzuziehen seien. Beide Fragen wurden verneint. Im Verhältnis den größten Teil der Beratungen beanspruchten dann die Steuersätze und die Befreiungen und machten sich dabei die Meinungsverschiedenheiten nach beiden Richtungen hin, Verschärfung der Steuersätze und Verminderung der Befreiungen, Herabgehen mit den Steuersätzen und Erweiterung der Befreiungen, mit mehr oder weniger Entschiedenheit geltend, wobei aber schließlich ein von den Regierungsvorschlägen nicht sehr wesentlich abweichender Kompromißstandpunkt die Oberhand gewann.

Die Steuersätze wurden einerseits für die Geschwisterabkömmlinge ersten und zweiten Grades ermäßigt, andererseits für Schwieger- und Stiefkinder, anerkannte Kinder und an Kindesstatt angenommene Kinder verschärft, was ungefähr einer Ausgleichung entsprechen dürfte. Dahingegen wurde die vom Regierungsentwurf angenommene weitere Staffelung der Steuer nach der Höhe des Erbanfalls nicht nur mit einer größeren Spezialisierung in den einzelnen Stufen durchgeführt, sondern auch für die größeren Beträge auf einen über den Regierungsentwurf hinausgehenden Satz gebracht, wodurch zweifellos eine Verschärfung bezüglich der Steuerverpflichtung gegeben ist. Umgekehrt ist bei den Befreiungen mehr das Bestreben nach Erweiterung der Erleichterungen zum Durchbruch gekommen. Überall wo die Befreiung von einem Minderbetrage des Wertes des Erwerbes abhängig gemacht ist, hat man diese Wertgrenze um etwas in die Höhe gerückt und damit die Befreiung erweitert. Außerdem ist aber auch eine Reihe von einzelnen Befreiungen, meist allerdings wohl von weniger ausschlaggebender Bedeutung, und zwar nicht nur für die eigentliche Erbschaftssteuer, sondern speziell auch für die Schenkungssteuer neu zur Einführung gebracht. Endlich hat man einzelne Befreiungen, wie diejenige für die zum Erblasser in einem Dienstverhältnis stehenden Personen und diejenige für den Erwerb land- und forstwirtschaftlicher Grundstücke immerhin nennenswert erweitert. Ein zu deren materieller Bedeutung wohl kaum im Verhältnis stehender Debatteaufwand wurde in der Kommission sowohl wie später auch im Plenum des Reichstags der Steuerbefreiung des Landesfürsten und der Mitglieder des landesfürstlichen Hauses gewidmet, mit dem Enderfolg, daß die letzteren von der Befreiung ausgeschlossen wurden. Bezüglich der Steuerermäßigungen für Kirchen und kirchliche Zwecke trat namentlich ein schärferer Gegensatz hervor, indem man von der einen Seite diese Ermäßigungen für nicht genügend erachtete, von der anderen Seite sie dagegen ganz zu beseitigen trachtete.

Abgesehen von den Veränderungen in den Steuersätzen und in den Befreiungen sind als nennenswertere und grundsätzliche die folgenden hervorzuheben. Für die Ermittelung des Wertes der Masse ist bei land- und forstwirtschaftlichen Grundstücken eine Bewertung nach dem Ertrage zugelassen und des ferneren ist die Bewertung der Leibrenten und der ihnen gleichstehenden Nutzungen auf Lebenszeit nach der tatsächlichen Dauer derselben in einer eingehenderen und ausgedehnteren Weise geregelt worden. Bezüglich der Steuer für Zuwendungen zu kirchlichen, mildtätigen oder gemeinnützigen Zwecken ist statt des Erwerbers der Beschwerte abweichend von dem allgemeinen Grundsatz haftbar gemacht. Die eidesstattlichen Versicherungen der Steuerpflichtigen &c. sind beseitigt, dagegen ist bei der Erbschaftssteuererklärung die Versicherung gefordert, daß die Angaben nach bestem Wissen und Gewissen gemacht sind. Die Vorschriften über die Stundung sind bezüglich des Erwerbes von Grundstücken erweitert und erleichtert. Es ist die Bestimmung neu getroffen, daß zum Zwecke der Einziehung der Erbschaftssteuer die Zwangsversteigerung des Grundstücks eines deutschen Steuerpflichtigen ohne seine Zustimmung nicht zulässig sein solle. Ausdrücklich ist endlich verlautbart, daß die Ausführungsbestimmungen zu dem Gesetze der Bundesrat zu erlassen habe. Die weiteren Änderungen sind untergeordneter und vorwiegend redaktioneller Art.

Das Plenum des Reichtages verhandelte das REStG. in zweiter Lesung in den 3 Sitzungen vom 9., 10. und 11. Mai 1906, dabei vorwiegend nur die Frage der Nachlaßsteuer, die Deszendenten- und Ehegattensteuer, die Steuersätze und die Befreiungen berührend. Die von der Kommission angenommenen Abänderungen des Regierungsentwurfs fanden durchweg die Billigung des Plenums des Reichstages. In der dritten Lesung, welche am 19. Mai 1906 stattfand, wurden, abgesehen von der noch vorgenommenen Streichung eines durch die früheren Beschlüsse zum Abs. 3 gewordenen Absatzes des § 14 des Regierungsentwurfs (Staffelung der Steuer nach der Höhe des Erbfalls für die die Steuererleichterung des fraglichen Paragraphen genießenden Institute &c.), lediglich die Beschlüsse der zweiten Lesung bestätigt und in der so umgeänderten Form der Gesetzentwurf als Ganzes genehmigt.

6. In der Fassung, wie sie durch die Beratungen mit dem Reichstag festgestellt war, erhielt der Entwurf zum REStG. nunmehr auch die Genehmigung des Bundesrats in der Sitzung desselben vom 25. Mai 1906 (§ 410 der Protokolle des Bundesrats, Session 1906) und wurde so endlich durch die Sanktion des Kaisers zum Reichsgesetz als Anlage 4, Erbschaftssteuergesetz, des Gesetzes, betreffend die Ordnung des Reichshaushalts und die Tilgung der Reichsschuld vom 3. Juni 1906 (RGBl. 1906, S. 654 ff.). Der Zeitpunkt des Inkrafttretens des Gesetzes ist der 1. Juli 1906.

Der Bundesrat hat durch Beschluß vom 16. Juni 1906 (§ 466 der Protokolle des Bundesrats, Session 1906) Ausführungsbestimmungen zu dem REStG. erlassen, welche im Zentralblatt für das Deutsche Reich, Jahrgang XXXIV, 1906, Nr. 30 S. 829 ff. veröffentlicht sind. Dabei wurde Einverständnis darüber erklärt, 1. daß diese und die übrigen Ausführungsbestimmungen zu den Steuergesetzen vom 3. Juni 1906 als unter den besonderen Umständen der zurzeit bestehenden Geschäftslage nur bis auf weiteres erlassen anzusehen sind und, sobald das Bedürfnis dazu hervortritt, einer Nachprüfung und Änderung zu unterwerfen sind; 2. daß ferner über Erlasse der Erbschaftssteuer aus Billigkeitsrücksichten der Bundesrat zu entscheiden habe und daß solche Erlasse von ihm nur mit Zustimmung der beteiligten Landesregierung bewilligt werden sollen.

IV. Anlage.

Die Erbschaftssteuergesetzgebung der Deutschen Bundesstaaten bei Einführung der Reichserbschaftssteuer.

Lfd. Nr.	Bundesstaaten	Bezeichnung der die Erbschaftssteuer betreffenden Landesgesetze
1	2	3
1	Preußen . . .	Gesetz, betreffend die Erbschaftssteuer. Vom 24 Mai 1891 31. Juli 1895.
2	Bayern	Gesetz über die Erbschaftssteuer. Vom 18. August 1879 in der Fassung vom 11. November 1899.
3	Sachsen . . .	Gesetze vom 13. November 1876, 3. Juni 1879 und 9. März 1880.
4	Württemberg . . .	Gesetz, betreffend die Erbschafts- und Schenkungssteuer. Vom 26. Dezember 1899.
5	Baden	Gesetz, betreffend die Erbschafts- und Schenkungssteuer. Vom 14. Juni 1899.
6	Hessen	Gesetz, betreffend die Erbschafts- und Schenkungssteuer. Vom 22. Dezember 1900.
7	Mecklenburg-Schwerin . . .	Verordnung, betreffend die Erhebung einer Erbschaftssteuer. Vom 22. Dezember 1899.
8	Sachsen-Weimar . .	Gesetz über die Erbschafts- und Schenkungssteuer. Vom 22. Juni 1904.
9	Mecklenburg-Strelitz .	Verordnung, betreffend die Erhebung einer Erbschaftssteuer. Vom 11. Mai 1905.
10	Oldenburg . . .	Gesetz für das Herzogtum Oldenburg, betreffend die Erhebung einer Abgabe von Erbschaften usw. Vom 16. Juli 1868 und 21. März 1900. Gesetz für das Fürstentum Lübeck, betreffend die Erhebung einer Abgabe von Erbschaften usw. Vom 20. Juli 1868. Gesetz für das Fürstentum Birkenfeld, betreffend die Erhebung einer Abgabe von Erbschaften usw. Vom 20. Juli 1868.
11	Braunschweig . . .	Gesetz, betreffend die Erbschaftssteuer. Vom 18. April 1876 und 10. Juni 1892.
12	Sachsen-Meiningen .	Gesetz, betreffend die Erbschaftssteuer. Vom 20. Mai 1885.

Lfd. Nr.	Bundesstaaten	Bezeichnung der die Erbschaftssteuer betreffenden Landesgesetze
1	2	3
13	Sachsen-Altenburg .	Gesetz, betreffend die Entrichtung der Erbschaftssteuer. Vom 29. Mai 1879 und 18. Dezember 1885.
14	Sachsen- a) Coburg	Gesetz über die Erbschafts- und Schenkungsabgabe. Vom 22. Dezember 1903.
	Sachsen- b) Gotha .	Gesetz über die Erbschafts- und Schenkungsabgabe. Vom 17. Mai 1902.
15	Anhalt	Erbschaftssteuer- und Schenkungsurkundensteuergesetz. Vom 26. März 1905.
16	Schwarzburg-Sondershausen .	Gesetz, betreffend die Erbschafts- und Schenkungssteuer. Vom 9. Februar 1892.
17	Schwarzburg-Rudolstadt . .	Gesetz über die Entrichtung einer Abgabe von Erbschaften. Vom 6. April 1894 und vorhergehende Gesetze.
18	Waldeck	Erhebt keine Erbschaftssteuer.
19	Reuß, ält. Linie . .	Gesetz, betreffend die Erbschaftssteuer. Vom 3. März 1875.
20	Reuß, jüng. Linie .	Gesetz, die Erbschafts- und Schenkungssteuer betreffend. Vom 25. März 1905.
21	Schaumburg-Lippe .	Gesetz, betreffend die Erbschaftssteuer. Vom 26. April 1880.
22	Lippe	Gesetz, betreffend die Erbschafts- und Schenkungssteuer. Vom 29. Dezember 1869, 12. September 1877 und 20. April 1897.
23	Lübeck . .	Erbschaftssteuer-Gesetz. Vom 30. November 1903.
24	Bremen	Gesetz, betreffend die Erbschafts- und Schenkungsabgabe. Vom 7. Juni 1904.
25	Hamburg	Erbschaftssteuer-Gesetz. Vom 2. März 1903.
26	Elsaß-Lothringen .	Gesetz, betreffend die Erbschaftssteuer. Vom 17. Juni 1900.

Reichs-Erbschaftssteuergesetz

vom 3. Juni 1906

(Reichsgesetzblatt 1906 S. 654 ff.)

I. Gegenstand der Erbschaftssteuer.

Vorbemerkungen zu §§ 1—4.

1. Den Gegenstand der Erbschaftssteuer ordnet das RESt G. materiell im wesentlichen übereinstimmend mit der bisherigen Landesgesetzgebung der einzelnen Bundesstaaten, nach welcher alles, was dem Erben, dem Vermächtnisnehmer usw. aus dem Nachlaß anfällt, prinzipiell der Erbschaftssteuer unterstellt war. Formell sind die Bestimmungen des RESt G. umfassender und genauer wie in den meisten der bisherigen Landesgesetze, so speziell im Preuß. ESt G., im Bayer. ESt G., im Sächs. ESt G., im Württ. ESt G., im Bad. ESt G., im Hess. ESt G. und im Braunschw. ESt G. gefaßt und schließen dadurch, daß sie näher auf Einzelheiten eingehen, von vornherein die Möglichkeit eines Zweifels in höherem Grade aus. Materiell wie formell fügt sich die Regelung enger an das Bürgerliche Gesetzbuch an.

2. Allgemein ist zunächst im ersten Absatz des § 1 der Erwerb von Todes wegen als Gegenstand der Erbschaftssteuer hingestellt. In dem zweiten Absatz des § 1 und den folgenden §§ 2—4 ist sodann eine Reihe von Erwerbsfällen herausgehoben, welche als Erwerb von Todes wegen gelten oder angesehen werden sollen beziehungsweise als solcher steuerlich zu behandeln sind. Unter Erweiterung des allgemeinen Grundsatzes werden endlich aber nach § 60 des Gesetzes auch noch die Schenkungen unter Lebenden der Erbschaftssteuer unterworfen, worüber dort das Nähere.

3. Der Erwerb von Todes wegen umfaßt, was durch Erbfolge, durch Vermächtnis oder als Pflichtteil erworben wird, wie solches im § 1369 des BGB. zum Ausdruck kommt:

„Vorbehaltsgut ist, was die Frau durch Erbfolge, durch Vermächtnis oder als Pflichteil erwirbt (Erwerb von Todes wegen).“

4. Durch Erbfolge wird erworben, wenn mit dem Tode einer Person (Erbfall) deren Vermögen (Erbschaft) als Ganzes auf eine oder mehrere andere Personen (Erben) übergeht; vgl BGB. § 1922. Der Erwerb durch Erbfolge kann entweder kraft Gesetzes (Intestaterbfolge,

oder nach dem Willen des Erblassers sich vollziehen. Die gesetzliche Erbfolge ist im BGB. im § 1924 und folgende geregelt; die Erbfolge nach dem Willen des Erblassers kann wiederum auf einer einseitigen Verfügung von Todes wegen, Testament, oder auf einer zweiseitigen solchen Verfügung, Erbvertrag, beruhen; im BGB. finden sich die näheren Vorschriften über das Testament im § 2064 und folgende, die über den Erbvertrag im § 2274 und folgende.

5. Die Erbfolge kraft Gesetzes (gesetzliche Erbfolge, Intestaterbfolge) tritt ein, soweit eine wirksame Verfügung von Todes wegen fehlt oder soweit der Erwerb des erwählten Erben als nicht erfolgt anzusehen ist. Als gesetzliche Erben beruft das BGB. die Verwandten, den Ehegatten und den Fiskus; nebeneinander kommen nur die ersteren beiden, die Verwandten und der Ehegatte, derart in Betracht, daß der Ehegatte stets neben den Verwandten berufen wird; der Fiskus ist nur in Ermangelung von Verwandten und Ehegatten als gesetzlicher Erbe berufen. Die Berufung der Verwandten beruht auf dem Parentelsystem, d. h. auf dem Grundsatze, daß Verwandte, die mit dem Erblasser die näheren Stammeseltern gemeinsam haben, solche Verwandte ausschließen, welche durch entferntere Stammeseltern mit dem Erblasser verbunden sind. In Anwendung dieses Grundsatzes stellt das BGB. fünf Ordnungen mit der Maßgabe auf, daß ein Verwandter zur Erbfolge nicht berufen ist, so lange ein Verwandter einer vorhergehenden Ordnung vorhanden ist. Innerhalb der drei ersten Ordnungen treten an die Stelle der näheren zur Zeit des Erbfalls nicht mehr lebenden Verwandten die entfernteren Verwandten derselben Ordnung ein; in der vierten und den folgenden Ordnungen entscheidet die Gradesnähe. Wer in den ersten drei Ordnungen verschiedenen Stämmmen angehört, erhält den in jedem dieser Stämme ihm zufallenden Anteil; jeder Anteil gilt als besonderer Erbteil.

Unter den Verwandten sind gesetzliche Erben erster Ordnung die Abkömmlinge des Erblassers, zweiter Ordnung die Eltern des Erblassers und deren Abkömmlunge, dritter Ordnung die Großeltern des Erblassers und deren Abkömmlinge, vierter Ordnung die Urgroßeltern des Erblassers und deren Abkömmlinge, und endlich fünfter und der ferneren Ordnungen die entfernteren Verwandten des Erblassers und deren Abkömmlinge. Neben den Verwandten ist stets der überlebende Ehegatte, dem das BGB. ein volles gesetzliches Erbrecht zuerkennt, berufen und zwar neben Verwandten der ersten Ordnung zu $^{1}/_{4}$, neben solchen der zweiten Ordnung und neben Großeltern zu $^{1}/_{2}$ der Erbschaft; treffen mit letzteren noch Abkömmlinge von solchen zusammen, so erhält der Ehegatte auch von der anderen Hälfte noch das, was nach den Grundsätzen für die dritte Ordnung auf diese Abkömmlinge fallen würde; sind weder Verwandte erster und zweiter Ordnung noch Großeltern vorhanden, so erbt der Ehegatte alles; außer dem

Erbteil erhält der Ehegatte neben Verwandten der zweiten Ordnung oder neben Großeltern noch den sog. Voraus (vgl. Note 3 zu § 1). Ist ein Verwandter oder ein Ehegatte nicht vorhanden, so ist der Fiskus der gesetzliche Erbe, welcher die Erbschaft nicht ausschlagen kann.

6. Das BGB. kennt nur eine Form der einseitigen Verfügung von Todes wegen: die letztwillige Verfügung oder das Testament. Durch Testament kann der Erblasser einmal einen anderen als den gesetzlichen Erben zum Erben bestimmen, ferner einen Verwandten oder seinen Ehegatten von der gesetzlichen Erbfolge ausschließen, ohne einen Erben einzusetzen, ferner einem anderen, ohne ihn als Erben einzusetzen einen Vermögensvorteil zuwenden (Vermächtnis) und endlich den Erben oder einen Vermächtnisnehmer zu einer Leistung verpflichten, ohne einem anderen ein Recht auf die Leistung zuzuwenden (Auflage). Ein Testament kann der Erblasser nur persönlich errichten. Die Fähigkeit zur Errichtung eines Testaments bestimmt sich im allgemeinen durch die über die Geschäftsfähigkeit überhaupt geltenden Vorschriften und können demnach ein Testament nicht errichten die geschäftsunfähigen Personen, die wegen Geistesschwäche, Verschwendung oder Trunksucht entmündigten Personen, sowie Personen, welche sich im Zustande der Bewußtlosigkeit oder vorübergehender Störung der Geistestätigkeit befinden; Personen, welche in der Geschäftsfähigkeit beschränkt sind, bedürfen zur Errichtung eines Testaments der Zustimmung ihres gesetzlichen Vertreters nicht; ein Minderjähriger kann ein Testament erst errichten, wenn er das sechzehnte Lebensjahr vollendet hat.

Das BGB. gibt zwei ordentliche Formen für die Errichtung des Testaments, das öffentliche Testament vor dem Richter oder Notar und das eigenhändige (holographe) Testament. Das öffentliche Testament wird entweder in der Weise errichtet, daß der Erblasser dem Richter oder Notar seinen letzten Willen erklärt, oder in der Weise, daß er eine (offene oder verschlossene) Schrift mit der mündlichen Erklärung übergibt, dieselbe enthalte seinen letzten Willen. Das Privattestament in der ordentlichen Form wird durch eine von dem Erblasser unter Angabe des Orts und des Tages ihrem ganzen Inhalte nach eigenhändig geschriebene und unterschriebene Erklärung errichtet. Daneben sind noch drei außerordentliche Testamentsformen mit nur beschränkter Wirkung zugelassen: das Testament vor dem Gemeindevorsteher bei Gefahr im Verzuge, das Testament in einem wegen Seuchengefahr abgesperrten Orte und das Testament an Bord eines deutschen Schiffes (Seetestament). Die Aufhebung des Testaments geschieht durch Widerruf oder durch Errichtung eines abweichenden neuen Testaments.

Zur Vollstreckung seines letzten Willens kann der Erblasser einen oder mehrere Testamentsvollstrecker ernennen. Gesetzlich umfaßt der

Wirkungskreis des Testamentsvollstreckers neben der Ausführung der letztwilligen Verfügungen des Erblassers auch ohne besondere Anordnung des Erblassers die Auseinandersetzung zwischen den Miterben, zu welchem Zwecke ihm die Verwaltung des Nachlasses eingeräumt ist. In erster Linie bestimmt sich aber der Umfang der Aufgabe des Testamentsvollstreckers stets nach den Anordnungen des Erblassers, welche eine erweiternde oder einschränkende Begrenzung für denselben vornehmen können. Das Rechtsverhältnis zwischen dem Erben und dem Testamentsvollstrecker bestimmt sich zwar im allgemeinen nach den Vorschriften über den Auftrag, jedoch ist die Stellung des Testamentsvollstreckers eine von den Erben unabhängigere; so können letztere namentlich in die Verwaltung desselben nicht eingreifen.

Neben einer Reihe von Auslegungsregeln meist mehr für spezielle Fälle stellt das BGB. bei der Möglichkeit einer verschiedenen Auslegung der Testamentsbestimmungen als Grundsatz auf, daß, wenn der Inhalt einer letztwilligen Verfügung verschiedene Auslegungen zuläßt, im Zweifel diejenige Auslegung vorzuziehen ist, bei welcher die Verfügung Erfolg haben kann. Eingehendere Bestimmungen sind des weiteren über eine große Anzahl einschlagender Einzelheiten getroffen, welche wir hier unberührt lassen müssen.

7. Die zweiseitige Verfügung von Todes wegen ist der Erbvertrag, welchen das BGB. allgemein ohne Beschränkung auf bestimmte Personen (z. B. Eheleute, Verlobte) oder ein bestimmtes höheres Lebensalter der Vertragschließenden zugelassen hat. Ein Erbvertrag kann nur vor einem Richter oder vor einem Notar bei gleichzeitiger Anwesenheit beider Teile unter Beobachtung der für die Errichtung eines öffentlichen Testaments geltenden Vorschriften geschlossen werden, auch ist die persönliche Anwesenheit des Erblassers Vorbedingung; eine erleichterte Form ist für den Erbvertrag zwischen Ehegatten oder zwischen Verlobten, welcher mit einem Ehevertrag in derselben Urkunde verbunden ist, zugelassen. In einem Erbvertrage können vertragsmäßig nur Erbeinsetzungen, Vermächtnisse und Auflagen verfügt werden; außerdem kann aber jeder der Vertragschließenden in dem Erbvertrage einseitig jede Verfügung treffen, welche durch Testament angeordnet werden kann. Der Erbvertrag hat speziell auch deshalb eine besondere Bedeutung, weil er es ermöglicht, verschiedene Zwecke, für welche das BGB. besondere Normen nicht aufstellt, in anderer juristischer Form zu erreichen; es gilt dieses namentlich für das vom BGB. nicht aufgenommene Institut der Einkindschaft, für die Verpfründungsverträge, für die Versorgungsverträge und für die Regelung bäuerlicher Verhältnisse.

8. Der Erwerb durch Vermächtnis bedingt, daß der Erblasser durch Testament oder Erbvertrag einem anderen ohne ihn zum Erben einzusetzen, einen Vermögensvorteil zugewendet hat

(Vermächtnis); vgl. BGB. § 1939. Die näheren Vorschriften über das Vermächtnis enthält das BGB. im § 2147 und folgenden.

9. Das **Vermächtnis** ist die durch Testament oder Erbvertrag angeordnete Zuwendung eines Vermögensvorteils an einen anderen (Bedachten, Vermächtnisnehmer) ohne dessen Erbeinsetzung; auch mehrere können mit einem Vermächtnis bedacht werden und zwar in verschiedener Weise. Beschwert mit einem Vermächtnis kann sowohl der Erbe wie ein anderer Vermächtnisnehmer werden, doch ist im Zweifel ersteres anzunehmen; auch ein Erbe kann mit einem Vermächtnis bedacht werden und gilt solches auch insoweit, als es den Erben selbst beschwert, als Vermächtnis. Da das Vermächtnis eine testamentarische oder erbvertragliche Anordnung ist, so finden im allgemeinen auch die Vorschriften über diese letztwilligen Verfügungen hinsichtlich der Fähigkeit zu solchen Anordnungen, deren Gültigkeit, Anfechtung 2c. auf das Vermächtnis Anwendung Der Erwerb des Vermächtnisses tritt von selbst ein, doch ist Ausschlagung zugelassen; mit der Annahmeerklärung des Bedachten hört dessen Ausschlagungsrecht auf. Der Anfall des Vermächtnisses trifft in der Regel mit dem Erbfall zusammen. Die Zuwendung begründet für den Bedachten nur ein Forderungsrecht gegenüber dem Beschwerten, einen Anspruch auf Leistung des vermachten Gegenstandes seitens des letzteren, nicht ein dinglich oder unmittelbar wirkendes Recht in bezug auf den vermachten Gegenstand. Die Vermächtnisforderung ist Nachlaßverbindlichkeit, der Bedachte also Nachlaßgläubiger.

10. Nach gesetzlicher Vorschrift können den **Pflichtteil** ein Abkömmling, die Eltern und der Ehegatte des Erblassers, wenn sie durch Verfügung von Todes wegen von der Erbfolge ausgeschlossen sind, von dem Erben verlangen; vgl. BGB. § 2303. Das nähere hierüber ist im BGB. im § 2303 und folgende geregelt. Dementsprechend begründet die gesetzlich zuerkannte Berechtigung auf den Pflichtteil nur ein Forderungsrecht gegen den Erben, aber kein Erbrecht. Für die Erbschaftssteuer wird nur der Pflichtteil der Eltern in Betracht kommen können, weil Abkömmlinge und Ehegatten nach § 11 des REStG. von der Steuer befreit sind.

11. Das **Recht des Pflichtteils** beruht darauf, daß nach dem BGB. die Verfügungsfreiheit des Erblassers zu gunsten bestimmter nächster gesetzlicher Erben (der Pflichtteilsberechtigten) insofern beschränkt ist, als diesen Personen kraft Gesetzes ein Recht auf eine bestimmte Quote ihres gesetzlichen Erbteils (auf den Pflichtteil) gewährt ist, der ihnen nur aus besonderen Gründen durch letztwillige Verfügung entzogen werden kann. Das Recht auf den Pflichtteil steht den Abkömmlingen, den Eltern und dem Ehegatten des Erblassers zu. Der Pflichtteil besteht in allen Fällen in der Hälfte des Wertes des gesetzlichen Erbteils; bei der Berechnung wird der Bestand und der Wert des Nachlasses zur Zeit des Erbfalls zugrunde gelegt. Der Pflichtteilsberechtigte hat sich dasjenige, was ihm von dem Erblasser durch Rechtsgeschäft unter Lebenden mit der Bestimmung der Anrechnung zugewendet worden ist, auf den Pflichtteil anrechnen zu lassen. Der Pflichtteilsanspruch ist vererblich und übertragbar. Er begründet für den Pflichtteilsberechtigten aber nur ein Recht darauf, den Wert des Pflichtteils, sei es in Geld sei es in Form eines Erbteils, zu erhalten. Sofern der Pflichtteilsberechtigte als Erbe den Pflichtteil nicht voll und unbeschränkt und ohne Lasten erhält, hat er einen Anspruch auf das fehlende, bezüglich dessen das BGB. für die einzelnen möglichen Fälle besondere Vorschriften trifft. Der Pflichtteilsanspruch gehört zu den Nachlaßverbindlichkeiten; er ist weder ein Erbrecht noch ein gesetzliches Vermächtnis, sondern eine mit dem Erbfalle entstehende gesetzliche Nachlaßforderung. Die Gründe, wegen deren der Erblasser den einzelnen Pflichtteilsberechtigten den Pflichtteil entziehen kann, führt das BGB. besonders auf; dieselben charakterisieren sich durchweg als schwere Verletzungen des zwischen dem Erblasser und dem Pflichtteilsberechtigten bestehenden natürlichen und sittlichen Verhältnisses; eine analoge Ausdehnung auf ähnliche Fälle erscheint nicht zulässig.

§ 1.

Gegenstand der Erbschaftssteuer ist der Erwerb von Todes wegen.

Als Erwerb von Todes wegen gilt, außer demjenigen, was durch Erbfolge, durch Vermächtnis oder als Pflichtteil erworben wird:

1. ein Erwerb, auf welchen die für Vermächtnisse geltenden Vorschriften des bürgerlichen Rechtes Anwendung finden, sowie dasjenige, was durch eine nach den Vorschriften des bürgerlichen Rechtes als Verfügung von Todes wegen zu beurteilende Schenkung erworben wird,
2. ein Erwerb, welcher infolge der Vollziehung einer durch Verfügung von Todes wegen angeordneten Auflage oder infolge der Bewirkung einer Leistung, von welcher der Erblasser einen Erwerb von Todes wegen abhängig gemacht hat, oder, sofern der Erwerb der Genehmigung einer Behörde bedarf, infolge der Vollziehung einer Anordnung dieser Behörde erlangt wird.

Vergl. BRAusfB. §§ 5 (24).

Zu Absatz 2 Ziffer 1.

1. Nach der Natur der Sache mußte dem Erwerb von Todes wegen ohne weiteres ein Erwerb gleichgestellt werden, auf welchen die für Vermächtnisse geltenden Vorschriften Anwendung finden. An sich ist dahin zu rechnen ein Erwerb nach § 1969 des BGB., der sog. Dreißigste:

„Der Erbe ist verpflichtet, Familienangehörigen des Erblassers, „die zur Zeit des Todes des Erblassers zu dessen Hausstande ge„hört und von ihm Unterhalt bezogen haben, in den ersten dreißig „Tagen nach dem Eintritt des Erbfalls in demselben Umfange, „wie der Erblasser es getan, Unterhalt zu gewähren und die Be„nutzung der Wohnung und der Haushaltungsgegenstände zu „gestatten .....

„Die Vorschriften über Vermächtnisse finden entsprechende An„wendung."

Bezüglich dieses Erwerbes ist aber nach § 11 Ziffer 2 ausdrücklich eine Befreiung ausgesprochen.

2. Auch ist hierher der Fall zu rechnen, wo einem Dritten durch letztwillige Verfügung der Betrag zugewendet wird, der einem anteilsberechtigten Abkömmlinge nach Beendigung der fortgesetzten Gütergemeinschaft gebührt, ihm aber entzogen worden ist, was der § 1514 wie folgt zuläßt:

„Jeder Ehegatte kann den Betrag, den er nach § 1512 oder 1513, Absatz 1, einem Abkömmling entzieht, auch einem Dritten durch letztwillige Verfügung zuwenden".

Der § 1512 und der § 1513 Abs. 1 des BGB. beziehen sich auf die Kürzung und Entziehung des berührten Anteils aus der fortgesetzten Gütergemeinschaft. Vergl. auch Planck, Kommentar zum BGB. Anmerkung 2 zu § 1514: „Die Zuwendung ist zwar rechtlich betrachtet kein Vermächtnis; denn ein solches kann nur einem Erben oder Vermächtnisnehmer auferlegt werden (§ 2147). Die Zuwendung hat aber wirtschaftlich die Natur eines Vermächtnisses und die Vorschriften über das Vermächtnis werden entsprechend anzuwenden sein".

3. Des ferneren gehört hierher der Fall des Voraus, welchen der § 1932 des BGB. folgendermaßen regelt:

„Ist der überlebende Ehegatte neben Verwandten der zweiten Ordnung „oder neben Großeltern gesetzlicher Erbe, so gebühren ihm außer „dem Erbteile die zum ehelichen Haushalte gehörigen Gegenstände, „soweit sie nicht Zubehör eines Grundstückes sind und die Hochzeits„geschenke als Voraus. Auf den Voraus finden die für Vermächtnisse „geltenden Vorschriften Anwendung".

4. Daß ein Erwerb, auf welchen die für Vermächtnisse geltenden Vorschriften Anwendung finden, der Steuerpflicht unterliegen solle, ist in den früheren Erbschaftssteuergesetzen der Einzelstaaten kaum in irgend einem Falle besonders zum Ausdruck gebracht. Da in der Regel die Vermächtnisse als steuerpflichtig hingestellt sind, so blieb es immerhin eine Frage der Auslegung, ob man die hier berührten Fälle, welche übrigens auch als „gesetzliche Vermächtnisse" bezeichnet werden, als der Steuerpflicht unterliegend anzusehen habe oder nicht. Für Preußen ist diese Frage teilweise wohl im bejahenden Sinne entschieden und meist vielleicht auch in den übrigen Staaten; vergl. Hoffmann, Preuß. EStG., Note 1b zu § 1, aber auch Note 13d zu § 1; anders wohl in Sachsen, vergl. Wahl, Sächs. EStG. Note 14, Abs. 2 zu Artikel 5.

5. Welche Schenkungen als Verfügungen von Todeswegen zu beurteilen sind, bestimmt der § 2301 des BGB. in folgender Weise:

„Auf ein Schenkungsversprechen, welches unter der Bedingung erteilt „wird, daß der Beschenkte den Schenker überlebt, finden die Vor„schriften über Verfügungen von Todes wegen Anwendung. Das „gleiche gilt für ein schenkweise unter dieser Bedingung erteiltes „Schuldversprechen oder Schuldanerkenntnis der in den §§ 780 und „781 bezeichneten Art.

„Vollzieht der Schenker die Schenkung durch Leistung des zu„gewendeten Gegenstandes, so finden die Vorschriften über Schen„kungen unter Lebenden Anwendung".

Die §§ 780 und 781 des BGB. lauten:

„§ 780: Zur Gültigkeit eines Vertrags, durch den eine Leistung in „der Weise versprochen wird, daß das Versprechen die Verpflichtung „selbständig begründen soll (Schuldversprechen), ist, soweit nicht eine „andere Form vorgeschrieben ist, schriftliche Erteilung des Versprechens „erforderlich".

„§ 781: Zur Gültigkeit eines Vertrags, durch den das Bestehen „eines Schuldverhältnisses anerkannt wird, (Schuldanerkenntnis), ist „schriftliche Erteilung der Anerkennungserklärung erforderlich. Ist „für die Begründung des Schuldverhältnisses, dessen Bestehen an„erkannt wird, eine andere Form vorgeschrieben, so bedarf der „Anerkennungsvertrag dieser Form".

6. Das BGB. hat demnach die früher vielfach umstrittene Schenkung auf den Todesfall (mortis causa donatio) als ein besonderes in der Mitte zwischen Schenkung unter Lebenden und Vermächtnis stehendes Rechtsinstitut beseitigt und trifft lediglich nach dem tatsächlichen Verhältnis die Entscheidung, ob eine Behandlung als Verfügung von Todes wegen oder eine solche als Schenkung unter Lebenden Platz greifen soll. Jedes Schenkungsversprechen ɛc. unter der Bedingung, daß der Beschenkte den Schenker überlebt, ist als Verfügung von Todes wegen zu behandeln, jede durch Leistung des zugewendeten Gegenstandes vollzogene Schenkung als Schenkung unter Lebenden. Im ersteren Fall finden daher auch die für die Verfügungen von Todes wegen gegebenen Formvorschriften Anwendung, während sie im letzteren Fall nicht Platz greifen. Die erbschaftssteuerliche Regelung schließt sich dem eng an; für den ersten Fall ist sie hier im § 1 Absatz 2 Ziffer 1 erfolgt, für den zweiten dagegen kommen die Vorschriften des § 55 des RESt G. in Betracht.

7. Die frühere einzelstaatliche Gesetzgebung unterstellte die Schenkung von Todes wegen durchweg gleichfalls der Erbschaftssteuer, wobei früher der Auslegungsstreit über die mortis causa donatio auch in das steuerliche Gebiet zum Teil mit hineinspielen konnte, was durch den Erlaß des BGB. ausgeschlossen wurde. Das Preuß. EStG. bezeichnet als Gegenstand der Erbschaftssteuer im § 1 unter 1 „Schenkungen von Todes wegen (mit Einschluß der remuneratorischen und der mit einer Auflage belasteten Schenkungen); das Braunschw. EStG. hat im § 1 unter 1 die gleichlautende Vorschrift; ähnlich das Sächs. EStG., welches unter 1 im Artikel 1 „Schenkungen auf den

Todesfall (mit Einschluß der zur Vergeltung von Dienstleistungen und der mit einer Auflage belasteten Schenkungen)" heraushebt. Das Bayer. EStG. unterwirft im Artikel 1 unter a „Schenkungen auf den Todesfall" der Erbschaftssteuer, geht dann aber noch weiter, indem es im Absatz 2 des Artikels bestimmt: „Den Schenkungen auf den Todesfall werden Schenkungen unter Lebenden gleichgeachtet, deren Vollzug bis zum Ableben des Schenkgebers aufgeschoben ist". Die letztere Vorschrift hat in der gleichen Weise auch das Württ. EStG., das sich sonst in seiner Fassung schon ganz an das BGB. anschließt und nach Artikel 1 unter a die Erbschaftssteuer von dem Erwerb „von schenkweise versprochenen Leistungen auf den Todesfall" (§ 2301 Abs. 1 des BGB.) erhebt. Das Bad. EStG. bezeichnet allgemein im § 1 unter 1 den „Anfall von Vermögen von Todes wegen" als Gegenstand der Erbschaftssteuer und umfaßt dadurch auch die Schenkungen von Todes wegen mit, vergl. auch Becker, Bad. EStG. Note 8 zu § 1. Das Hess. EStG. unterwirft „alle sonstigen Erwerbungen die auf Grund von Verfügungen von Todes wegen gemacht werden oder die infolge des Todes einer Person eintreten", der Erbschaftssteuer und fährt fort: „Als Erwerbung auf Grund einer Verfügung von Todes wegen gilt auch der Vermögenserwerb aus einer Schenkung unter Lebenden, deren Vollzug bis zum Ableben des Schenkers aufgeschoben ist".

Zu Absatz 2 Ziff. 2.

8. Die Ziff. 2 des zweiten Absatzes des § 1 gründet sich in ihrem ersten Teil auf die Auflage, deren Begriff der § 1940 des BGB. in folgender Weise angibt:

„Der Erblasser kann durch Testament den Erben oder einen Ver- „mächtnisnehmer zu einer Leistung verpflichten, ohne einem anderen „ein Recht auf die Leistung zuzuwenden (Auflage)."

Die näheren Bestimmungen über die Auflage gibt das BGB. in den §§ 2192—2196.

Von dem Vermächtnis unterscheidet sich die Auflage dadurch, daß sie nur die Verpflichtung zu einer Leistung für den beschwerten Erben oder Vermächtnisnehmer begründet, ohne dem Dritten ein Gläubigerrecht auf die Leistung, einen selbständigen Anspruch auf das Zugewendete zu gewähren. Die Auflage ist demnach nur eine Beschwerung, aber keine Zuwendung einer Bereicherung selbst wenn, wie häufig der Fall, der Vollzug dem Dritten zum Vorteil gereicht. Der dem REStG. zugrunde liegenden Tendenz und der Billigkeit dürfte es aber entsprechen, die Auflagen in denjenigen Fällen, in welchen sie für den Dritten einen Vermögensvorteil bedeuten und ihm einen Erwerb bringen, für die Erbschaftssteuererhebung, ebenso wie unter Nr. 1 des Paragraphen die sog. gesetzlichen Vermächtnisse, den Vermächtnissen gleichzustellen. Hierzu bedurfte es aber einer besonderen gesetzlichen Vorschrift, wie sie hier gegeben ist.

9. In der früheren Erbschaftssteuergesetzgebung der Einzelstaaten ist die Auflage teils der Erbschaftssteuer unterworfen, teils nicht; ersteres ist namentlich in der neueren Gesetzgebung der Fall. So hat das Bayer. EStG. neben den Anfällen von Erbschaften,

Vermächtnissen und Schenkungen auf den Todesfall auch diejenigen, „aus Auflagen auf Zuwendungen dieser Art, die dem Empfänger der Leistung einen Vermögensvorteil zu verschaffen bezwecken“, im Artikel 1 unter a für steuerpflichtig erklärt Das Württ. EStG. bestimmt im Absatz 2 des Artikel 1: „Der Erwerb von Vermögenszuwendungen, welche infolge des Todes einer Person gemäß einer mit einer Verfügung von Todes wegen oder mit einer Schenkung auf den Todesfall verbundenen Auflage (§ 1940 des BGB.) oder Bedingung oder gemäß sonstiger Verfügungen des Erblassers an einen Dritten gelangen, wird dem Erwerb von Vermächtnissen mit der Maßgabe gleichgeachtet, daß die Steuerpflicht durch das Verhältnis des Erwerbers zu dem Erblasser bestimmt wird.“ In dem Bad. EStG. lautet der Anfang des § 2: „Zuwendungen durch eine Auflage, die einer Verfügung von Todes wegen oder einer Schenkung auf den Todesfall beigefügt ist, werden den in § 1 Ziff. 1 bezeichneten Fällen — Anfall von Vermögen von Todes wegen — gleich geachtet.“ Auch das Hess. EStG. unterwirft im Artikel 1 unter Nr. 1 Abs. 2 den „Vermögenserwerb infolge einer dem Erben, dem Vermächtnisnehmer oder dem auf den Todesfall Beschenkten gemachten Auflage“ der Erbschaftssteuer. Nicht erwähnt wird dagegen die Auflage in dem Preuß. EStG., in dem Sächs. EStG. und in dem Braunsch. EStG. und bleibt sie demnach hier von der Erbschaftssteuer befreit, vgl. Hoffmann Preuß. EStG. Note 1c zu § 1; Wahl, Sächs. EStG. Note 12 zu Art. 1.

10. Die Vorschrift am Schlusse des Abs. 2 Nr. 2 bezieht sich auf diejenigen Fälle, in welchen eine Zuwendung zu ihrer Gültigkeit der staatlichen Genehmigung bedarf, wie dies beispielsweise nach Artikel 6 des Preußischen Ausführungsgesetzes zum BGB. (Preußische Gesetz-Samml. 1899 S. 181) der Fall ist. Vor Erteilung einer solchen Genehmigung wird u. a. geprüft, ob der Zuwendende nicht etwa durch übertriebene Freigebigkeit sittliche Pflichten gegen hilfsbedürftige Angehörige verletzt habe, und es wird zutreffendenfalls die Genehmigung von der Bedingung abhängig gemacht, daß der mit der Zuwendung Bedachte diesen Angehörigen gewisse Beträge zukommen läßt. Es entspricht der Billigkeit, die letzteren nicht von dem Bedachten, sondern von den Angehörigen nach ihrem Verhältnisse zum Erblasser versteuern zu lassen; hierzu bedurfte es, da die Angehörigen die Beträge nicht als Erben oder Vermächtnisnehmer erhalten, einer ausdrücklichen gesetzlichen Vorschrift. Nach § 5 der BRAusfB. hat die staatliche Behörde, welche die Genehmigung erteilt, dem Erbschaftssteueramt entsprechende Mitteilung zu machen.

11. In den bisherigen Landesgesetzen über die Erbschaftssteuer ist die vorberührte Sondervorschrift durchweg nicht berührt, speziell nicht in dem PreußEStG. und auch in den übrigen hier regelmäßig besonders herausgehobenen Landesgesetzen.

§ 2.

Als Erwerb von Todes wegen ist außerdem anzusehen:

1. was durch Rechtsgeschäft unter Lebenden mit der Be-

stimmung zugewendet wird, daß es auf den Pflichtteil angerechnet werden soll;

2. was als Abfindung für einen Erbverzicht (§§ 2346, 2352 des Bürgerlichen Gesetzbuchs) oder für die Ausschlagung einer Erbschaft oder eines Vermächtnisses gewährt wird.

Vergl. BRAusfB. § (24).

Zu Ziffer 1.

1. Grundlegend für die Vorschrift unter Nr. 1 des Paragraphen ist der § 2315 des BGB., welcher lautet:

„Der Pflichtteilsberechtigte hat sich auf den Pflichtteil anrechnen zu „lassen, was ihm von dem Erblasser durch Rechtsgeschäft unter „Lebenden mit der Bestimmung zugewendet worden ist, daß es auf „den Pflichtteil angerechnet werden soll."

„Der Wert der Zuwendung wird bei der Bestimmung des Pflichtteils „dem Nachlasse hinzugerechnet. Der Wert bestimmt sich nach der „Zeit, zu welcher die Zuwendung erfolgt ist.

„Ist der Pflichtteilsberechtigte ein Abkömmling des Erblassers, so findet „die Vorschrift des § 2051 Abs. 1 entsprechende Anwendung".

2. In der gleichen Weise wie der als Pflichtteil erhaltene Erwerb selbst sollen auch die fraglichen Zuwendungen zur Erbschaftssteuer herangezogen werden, da sie bei der Bestimmung des Pflichtteils dem Nachlasse hinzugerechnet werden und so nach dieser Richtung hin dem letzteren gleichgestellt sind. Die erbrechtliche Gleichstellung gibt die Berechtigung für die erbschaftssteuerliche. Von größerer Tragweite kann die Bestimmung niemals sein, so lange die Hauptmasse der Pflichtteilsberechtigten von der Erbschaftssteuer befreit bleibt. Durch die Anziehung des § 2051 Abs 1 im letzten Absatz des § 2315 kommt zum Ausdruck, daß, wenn ein Abkömmling, der eine auf den Pflichtteil anzurechnende Zuwendung erhalten hat, vor oder nach dem Erbfall ausfällt, der an seine Stelle tretende Abkömmling verpflichtet ist, sich die Zuwendung auf seinen Pflichtteil anzurechnen. Da Abkömmlinge von der Erbschaftssteuer nach § 11 Ziff. 4 a—c des REStG. befreit sind, so ist die Vorschrift erbschaftssteuerlich zur Zeit ohne Belang. Das letztere ist auch der Fall, wenn, wie es erbrechtlich möglich, der § 2315 mit dem § 2316 des BGB. bei der Berechnung des Pflichtteils gleichzeitig zur Anwendung kommt und ist namentlich die im § 2316 im letzten Absatz unter bestimmter Voraussetzung vorgeschriebene Herabminderung des Wertes der auf den Pflichtteil anzurechnenden Zuwendungen auf die Hälfte in erbschaftssteuerlicher Beziehung stets außer Berücksichtigung zu lassen.

3. In den bisherigen Erbschaftssteuergesetzen der Einzelstaaten und so speziell auch in den hier regelmäßig besonders herausgehobenen fehlt die vorbehandelte Sondervorschrift fast durchweg — nicht aber z. B. in dem von Lübeck, welches auch Abkömmlinge der Erbschaftssteuer unterwirft. Der Grund für dieses durchgängige Fehlen liegt darin, daß die Pflichtteilsberechtigten in den fraglichen Gesetzen entweder sämtlich oder doch zu einem so überwiegenden Teile von der

Erbschaftssteuer befreit sind, daß der Vorschrift keine Bedeutung beizumessen gewesen wäre.

Zu Ziffer 2.

4. Die in der Ziff. 2 des Paragraphen bezüglich des Erbverzichts angezogenen beiden Paragraphen des BGB. lauten:

„§ 2346. Verwandte sowie der Ehegatte des Erblassers können durch „Vertrag mit dem Erblasser auf ihr gesetzliches Erbrecht verzichten. „Der Verzichtende ist von der gesetzlichen Erbfolge ausgeschlossen, „wie wenn er zur Zeit des Erbrechtes nicht mehr lebte; er hat kein „Pflichtteilsrecht. Der Verzicht kann auf das Pflichtteilsrecht be„schränkt werden.

„§ 2352. Wer durch Testament als Erbe eingesetzt oder mit einem „Vermächtnisse bedacht ist, kann durch Vertrag mit dem Erblasser „auf die Zuwendung verzichten. Das Gleiche gilt für eine Zu„wendung, die in einem Erbvertrag einem dritten gemacht ist. Die „Vorschriften der §§ 2347, 2348 finden Anwendung".

5. Die nähere Regelung für den Erbverzicht geben neben den angeführten die §§ 2347—2351 des BGB. Der Verzichtende, welcher unter Vormundschaft steht, bedarf der Genehmigung des Vormundschaftsgerichts; das gleiche gilt für die Regel, wenn er unter väterlicher Gewalt steht. Der Erblasser kann den Vertrag nur persönlich schließen, er bedarf aber, wenn er in der Geschäftsfähigkeit beschränkt ist, nicht der Zustimmung seines gesetzlichen Vertreters. Der Erbverzichtsvertrag bedarf der gerichtlichen oder notariellen Beurkundung, ebenso ein Vertrag, durch welchen ein Erbverzicht aufgehoben werden soll. Verzichtet ein Abkömmling oder Seitenverwandter des Erblassers auf das gesetzliche Erbrecht, so erstreckt sich die Wirkung des Verzichts auf seine Abkömmlinge, sofern nicht ein anderes bestimmt ist. Verzichtet jemand zugunsten eines anderen auf das gesetzliche Erbrecht, so ist im Zweifel anzunehmen, daß der Verzicht nur für den Fall gelten soll, daß der andere Erbe wird. Verzichtet ein Abkömmling des Erblassers auf das gesetzliche Erbrecht, so ist im Zweifel anzunehmen, daß der Verzicht nur zugunsten der anderen Abkömmlinge und des Ehegatten des Erblassers gelten soll.

6. Das Recht der Ausschlagung einer Erbschaft findet seine allgemeine Begründung in dem § 1942 des BGB., welcher folgendes bestimmt:

„Die Erbschaft geht auf den berufenen Erben unbeschadet des Rechtes „über, sie auszuschlagen (Anfall der Erbschaft).

„Der Fiskus kann die ihm als gesetzlichen Erben angefallene Erbschaft „nicht ausschlagen".

Die Ausschlagung der Erbschaft ist sodann in den folgenden §§ 1943—1957 im einzelnen näher bestimmt; desgleichen sind auch in einzelnen Beziehungen die §§ 2306 ff. maßgebend; Sonderheiten finden sich verstreut in einer Anzahl weiterer Paragraphen geordnet. Die Ausschlagung der Erbschaft muß innerhalb einer bestimmten Frist — regelmäßig sechs Wochen, in besonderen Fällen sechs Monate — erfolgen; die Frist läuft in der Regel von dem Zeitpunkt, in welchem der Erbe von dem Anfall und dem Grunde der Berufung Kenntnis erlangt. Die Ausschlagung geschieht durch eine in öffentlich beglaubigter Form abzugebende Erklärung gegenüber dem Nachlaßgericht. Der Erbe kann die Erbschaft ausschlagen, sobald der Erbfall eingetreten ist, er braucht den Beginn der Ausschlagungsfrist nicht abzuwarten. Unter einer Bedingung oder Zeitbestimmung kann die Ausschlagung der Erbschaft nicht erfolgen, auch kann sie nicht auf einen Teil der Erbschaft beschränkt werden. Ist jemand zu mehreren Erbteilen berufen, so kann er, wenn die Berufung auf verschiedenen Gründen beruht, den einen Erbteil annehmen und den anderen ausschlagen; beruht die Berufung jedoch auf demselben Grunde, so gilt die Annahme oder Ausschlagung des einen Erbteils auch für die anderen. Die Ausschlagung erstreckt sich im Zweifel auf alle Berufungsgründe, die dem Erben zur Zeit der Erklärung bekannt sind. Das Recht des Erben, die Erbschaft auszuschlagen, ist vererblich; stirbt der Erbe vor dem Ablauf der Ausschlagungsfrist, so endigt die Frist nicht vor dem Ablauf der für die Erbschaft des Erben vorgeschriebenen Ausschlagungsfrist; von mehreren Erben des Erben kann jeder den seinem Erbteil entsprechenden Teil der Erbschaft ausschlagen

7. Für das Recht zur Ausschlagung eines Vermächtnisses ist in entsprechender Weise der § 2176 des BGB. mit folgendem Wortlaute grundlegend:

„Die Forderung des Vermächtnisnehmers kommt, unbeschadet des „Rechts, das Vermächtnis auszuschlagen, zur Entstehung (Anfall des „Vermächtnisses) mit dem Erbfalle".

Die nähere Regelung erfolgt in der Hauptsache durch den § 2180 des BGB., wobei zum Teil auf die bezüglichen Vorschriften für die Ausschlagung der Erbschaft als gleichfalls Platz greifend verwiesen wird; Spezialregeluugen finden sich auch in den §§ 2307 ff. Das Ausschlagungsrecht ist hier nicht an eine bestimmte Frist gebunden, doch geht es mit der Annahme des Vermächtnisses verloren. Die Ausschlagung erfolgt durch Erklärung gegenüber dem Beschwerten, ohne daß bezüglich der Form etwas besonderes vorgeschrieben ist. Die Erklärung kann erst nach dem Eintritt des Erbfalles abgegeben werden, und ist unwirksam, wenn sie unter einer Bedingung oder einer Zeitbestimmung abgegeben wird; ebensowenig kann sie auf einen Teil des Vermächtnisses beschränkt werden; es ist eine Teilausschlagung unwirksam. Das Ausschlagsrecht ist in der gleichen Weise wie das Ausschlagsrecht der Erbschaft vererblich.

8. Alle die Fälle unter Ziff. 2 des § 2 charakterisieren sich übereinstimmend dadurch, daß dasjenige, was in ihnen der Steuer unterworfen werden soll, tatsächlich wenigstens für die Regel der Erbschaftsmasse im weitesten Sinn, dem eigentlichen Erwerb von Todes wegen entzogen und dadurch von der Erbschaftssteuer befreit sein würde. Hierin ruht die innere Berechtigung, die Steuerpflicht auf die berührten Fälle auszudehnen, wie in der besonderen Vorschrift unter Ziff. 2 des § 2 geschehen. Würde diese Vorschrift fehlen, so könnte das vielfach zur Umgehung der Erbschaftssteuer in einer ungerechtfertigten und deshalb zweifellos auszuschließenden Weise benützt werden.

9. Die Einzelstaaten haben in ihrer bisherigen Gesetzgebung die Fälle der Ziff. 2 des § 2 wohl durchweg unberücksichtigt gelassen,

namentlich ist dieses bei den sämtlichen hier regelmäßig besonders hervorgehobenen Erbschaftssteuergesetzen der Fall; vergl. Hoffmann, Preuß. EStG., Note 14 und 15 zum § 1; Becker, Bad. EStG. Note 8 und 9 zu § 27.

§ 3.

Als Erwerb von Todes wegen sind ferner anzusehen:

1. was durch den Eintritt eines Lehens- oder Fideikommißfalls erworben wird,
2. Bezüge aus Familienstiftungen, sofern sie infolge Todesfalls an den stiftungsmäßig oder gesetzlich dazu Berufenen gelangen, sowie der Erwerb des Vermögens einer solchen Stiftung, sofern das Vermögen infolge Erlöschens der Stiftung an den stiftungsmäßig oder gesetzlich dazu Berufenen gelangt;
3. Vermögensvorteile, die auf Grund eines von dem Erblasser geschlossenen Vertrags unter Lebenden von einem Dritten mit dem Tode des Erblassers unmittelbar erworben werden;
4. was als Abfindung für den Verzicht auf einen Erwerb der unter Nr. 1, 2 bezeichneten Art gewährt wird.

Vergl. BRAusfB. § (24).

Zu Ziffer 1:

1. Auf die Lehen und die Familienfideikommisse findet das BGB. keine Anwendung, denn der Art. 59 des EG. z. BGB. bestimmt:

„Unberührt bleiben die landesgesetzlichen Vorschriften über Familien-„fideikommisse und Lehen, mit Einschluß der allodifizierten Lehen, „sowie über Stammgüter."

Dementsprechend behält nicht nur die bisherige Gesetzgebung der Einzelstaaten in ihrem vollen Umfange Gültigkeit, sondern es ist auch den Einzelstaaten die Freiheit gegeben, noch für die Folge auf dem fraglichen Gebiete gesetzgeberisch regelnd vorzugehen. In der gleichen Weise bleibt aber auch dasjenige, was nach Maßgabe der betreffenden Landesgesetzgebung den bisherigen Rechtsstand der Familienfideikommisse und Lehen im einzelnen begründet, zu Kraft bestehen, so namentlich alle diejenigen bezüglichen Einzelregelungen, welche im Rahmen der Landesgesetzgebung durch Hausgesetze, Familienstatut, Herkommen, Stiftungsurkunden 2c. getroffen wurden.

2. Auf den Lehens- und Fideikommißerwerber geht Eigentum über, aber nur ein beschränktes Eigentum. In welcher Weise und bis zu welchem Grade die Beschränkung stattfindet, bestimmt sich für den einzelnen Fall unter großer Verschiedenheit nach der Landesgesetzgebung und den Regelungen der unter derselben weiter maßgebenden Faktoren.

Der Eigentumsübergang bzw. der Erwerb vollzieht sich bei dem Lehen und dem Familienfideikommisse niemals unter der Gesamtnachfolge, wie sie sonst das Prinzip des Erbrechtes des BGB. bildet, sondern stets nur als eine gesonderte, aus der Masse der Erbschaft ausgeschiedene Erbfolge. Dabei ist aber noch auf die Sonderheit hinzuweisen, daß der Erwerb hier nicht ausschließlich infolge des Todes einer Person, sondern ebenso auch infolge Verzichts, Unfähigkeit, Entsetzung 2c. des früheren Inhabers stattfinden kann, daß es sich tatsächlich also nicht nur um einen Erwerb von Todes wegen, sondern auch um einen solchen unter Lebenden handeln kann. In einzelnen der einzelstaatlichen Erbschaftssteuergesetze war dieses besonders zum Ausdruck gebracht, s. Note 6 zu diesem Paragraphen Württ. EStG. und Hess. EStG. Durch diese Sonderverhältnisse war die Notwendigkeit auch einer Sondervorschrift bedingt.

3. Soweit ein Lehen oder Fideikommiß aus ausländischen Grundstücken besteht, kommt nach § 7 Abs. 2 eine Steuer nicht zur Erhebung.

Bei dem Anfall eines dem Anerbenrecht unterliegenden Grundstücks, (EG. z. BGB. Art. 64) wird die Steuer nicht nach § 3 Abs. 1 Nr. 1, sondern nach § 1 erhoben.

4. Beim Anfall eines Lehens oder Fideikommisses (Majorats, Minorats u. dergl.) ist der Berechnung der nach Vorschrift der §§ 16 ff. zu ermittelnde Wert der anfallenden Nutzungen oder Bezüge zugrunde zu legen. Der Steuersatz ist, wie sich aus § 5 Abs. 2 ergibt, nach dem Verwandtschaftsverhältnisse zwischen dem letzten Inhaber und seinem unmittelbaren Nachfolger zu bemessen. Eine Aufführung der Stammgüter (vgl. Art. 59 des EG. z. BGB.) neben den Fideikommissen ist unterblieben, weil es sich bei den sogenannten Stammgütern entweder um solche Güter handelt, die ihrem Wesen nach, insbesondere mit Rücksicht auf die besondere Erbfolge, als Familienfideikommisse anzusehen sind, oder um solche Güter, die — lediglich mit gewissen Beschränkungen — nach der gewöhnlichen Erbfolge vererbt werden.

5. Wenn dasjenige, was durch den Eintritt eines Lehens- oder Fideikommißfalls erworben wird, steuerpflichtig sein soll, so setzt das demnach den Anfall eines Lehens oder Fideikommisses, also den Uebergang von einem Inhaber auf den anderen voraus. Folgeweise kann bei der Errichtung eines Familienfideikommisses 2c. die Steuerpflicht nicht eintreten, weil hier dem ersten Inhaber der Besitz nicht anfällt, nicht durch Sukzession auf ihn übergeht. Je nach der Lage des Falles kann der Errichtung eine Schenkung, welche als solche der Steuerpflicht unterworfen ist, zugrunde liegen. Erfolgt die Errichtung durch Verfügung von Todes wegen, so handelt es sich zunächst um einen Übergang des bisherigen freien Vermögens des Erblassers an den ersten Inhaber und ist in dieser Rechtsnachfolge die Steuerpflicht begründet; es ist dieses jedoch nicht unbestritten (vgl. Becker, Bad. EStG., Note 19 zu § 1).

6. Die Erbschaftssteuergesetze der Einzelstaaten haben fast durchgehends den Lehens- und Fideikommißerwerb besonders der Steuerpflicht unterstellt, so das Preuß. EStG. in § 1 unter Nr. 2

„Lehens- und Fideikommißanfälle", das Bayer. EStG. in Art. 1 unter b „Anfälle von Nutzungen aus Lehen, Familienfideikommissen, Majoraten, Stamm- und Erbgütern", das Sächs. EStG. in Art. 1 unter 2 „Lehens- und Anwartschafts- (Fideikommiß-) Anfälle," das Württ. EStG. im Art. 1 unter b „Erwerb von Nutzungen aus Familienfideikommissen und Stammgütern, auch im Falle Erwerbes ohne Todesfall", das Bad. EStG. im § 1 unter 2 „Anfall von Familien oder Stammgut", das Hess. EStG. in Art. 1 unter 3 „Familienfideikommiß-Anfälle und Anfälle von landwirtschaftlichen Erbgütern, auch wenn sie ohne Todesfall stattfinden", das Braunschw. EStG. in § 1 unter 2 „Familien-Stammguts-Anfälle".

Zu Ziffer 2:

7. Als eine folgerichtige und notwendige Ergänzung der unter Ziff. 1 ausgesprochenen Steuerpflicht des Erwerbes durch Eintritt eines Lehens- oder Fideikommißfalles ist es anzusehen, wenn unter Ziff. 2 auch die Bezüge aus Familienstiftungen sowie der Erwerb des Vermögens einer solchen Stiftung der Erbschaftssteuer unterworfen werden. Eine gleichmäßige allgemeine steuerliche Behandlung der Familienfideikommisse und der Familienstiftungen wird schon dadurch bedingt, daß beide in der tatsächlichen Ausgestaltung für die einzelnen Fälle ihrem materiellen Inhalte nach vielfach ineinander übergehen; unter den beiden gegebenen Formen für die rechtliche Ausgestaltung finden sich Gebilde, welche nach ihrem ganzen inneren Gehalt und ihrem eigentlichen Gegenstand mehr oder weniger vollkommen übereinstimmend sind; es scheint aber kein genügender Grund gegeben, lediglich auf die verschiedene Form eine Verschiedenheit in der steuerlichen Behandlung zu gründen.

8. Was unter Familienstiftungen zu verstehen, bestimmt das REStG. nicht näher, es greifen hier also wiederum ausschließlich die Vorschriften des BGB. Platz. Die grundlegende Bestimmung trifft das letztere durch den § 80 in der folgenden Weise:

„Zur Entstehung einer rechtsfähigen Stiftung ist außer dem Stiftungs-„geschäfte die Genehmigung des Bundesstaates erforderlich, in dessen „Gebiete die Stiftung ihren Sitz haben soll. Soll die Stiftung „ihren Sitz nicht in einem Bundesstaate haben, so ist die Genehmi-„gung des Bundesrates erforderlich. Als Sitz der Stiftung gilt, „wenn nicht ein Anderes bestimmt ist, der Ort, an welchem die „Verwaltung geführt wird."

Wie und von wem die Genehmigung zu erteilen ist, bestimmt das Landesrecht der einzelnen Bundesstaaten, welches auch sonst hier in weiter Weise eingreift (vgl. § 85 des BGB.) oder eingreifen kann (vgl. § 86 des EG. z. BGB.). Die sonstigen Regelungen über die Stiftungen geben die §§ 81—88 des BGB. Von dem Familienfideikommiß unterscheidet sich die Familienstiftung dadurch, daß sie als ein ausschließlich den Zwecken einer Familie gewidmetes und mit juristischer Persönlichkeit ausgestattetes Vermögen selbst ein Rechtssubjekt bildet, dem gegenüber den Stiftungsberechtigten nur ein Forderungsrecht auf Gewährung der stiftungsmäßigen Leistungen zusteht, welches gegen die Repräsentanten der Stiftung geltend zu machen ist, während bei den Familienfideikommissen die Berufenen als Eigentümer wenn auch nur mit Beschränkung in das Gut berufen werden und durch Sukzession mithin ein dingliches Recht erwerben.

9. Neben den Bezügen aus Familienstiftungen ist auch der Erwerb des Vermögens einer solchen Stiftung unter die Steuerpflicht gestellt. Der bisherigen Landesgesetzgebung gegenüber erweist sich dieses als eine Neuerung, welche aber als durchaus gerechtfertigt erscheinen muß und eine offenbar bislang bestandene Lücke ausfüllt. Es wird sich dabei hauptsächlich um den Fall des Erlöschens der Stiftung handeln, für welchen § 88 des BGB. den Heimfall an die in der Verfassung bestimmten Personen vorschreibt. Rationellerweise wird aber der Erwerb aus diesem Heimfall in der gleichen Weise wie der Bezug aus der Familienstiftung zu behandeln sein, zumal bei der Begründung der Familienstiftung eine Steuerpflicht noch weniger wie bei den Familienfideikommissen (vgl. oben Note 5) gegeben sein kann.

10. Die Steuerpflicht ist hier aber eine beschränktere wie bei den Fideikommissen, sie tritt nur ein, sofern die Bezüge oder das Stiftungsvermögen infolge Todesfalls oder infolge Erlöschens der Stiftung an den stiftungsmäßig oder gesetzlich dazu Berufenen gelangen, wogegen bei dem Familienfideikommiß jeder Erwerb durch Eintritt pflichtig ist (vgl. oben unter Note 2). Es ist demnach eine Steuerpflicht in allen denjenigen Fällen allgemein nicht begründet, in denen die Bezüge ausschließlich durch die besondere Verfügung der Repräsentanten der Stiftung erworben werden, wie bei Stipendien, Aussteuerbeihilfen ꝛc. Des fernern kann aber in den Fällen, in denen durch Verzicht, Entsetzung ꝛc. die Bezüge bei Lebzeiten des Vorberechtigten an den Nachberechtigten gelangen, eine Pflichtigkeit zur Erbschaftssteuer erst mit dem Tode des Verzichtenden ꝛc. eintreten. Vgl. Becker, Bad. EStG., Note 28 zu § 1.

11. Das, was oben in Note 4 bezüglich der Berechnung der Steuer und des Steuersatzes für die Familienfideikommisse gesagt ist, findet in der gleichen Weise auch für die Familienstiftungen Anwendung.

12. Was die bisherige Landesgesetzgebung anlangt, so erklärt das Preuß. EStG. in seinem § 1 unter Ziffer 3 für steuerpflichtig: „Die Anfälle von Hebungen aus Familienstiftungen, welche infolge Todesfalls auf den vermöge stiftungsmäßiger oder gesetzlicher Sukzessionsordnung Berufenen übergehen". Damit fast genau auch in der Form übereinstimmend sind die bezüglichen Regelungen im Sächs. EStG. unter Ziffer 3 des Artikel 1, im Württ EStG. unter c des Art. 1, im Bad. EStG unter Ziffer 3 des § 1 und im Hess. EStG. unter Ziffer 2 des Artikel 1. Nach dem Bayer. EStG. unter c im Artikel 1 sind alle „Anfälle von Bezügen aus Familienstiftungen, welche auf den durch die Sukzessionsordnung Berufenen übergehen" unter Steuerpflicht gestellt und damit die Familienstiftungen den Familienfideikommissen, was den Anfall anlangt, steuerlich gleichbehandelt (vgl oben Note 10 a. E.) Das Braunsch. EStG. berührt den fraglichen Fall nicht, der daher steuerfrei bleibt. In keinem der genannten Gesetze ist der Erwerb des Vermögens einer Familienstiftung besonders für steuerpflichtig erklärt.

Zu Ziffer 3.

13. Die Vorschrift unter Ziffer 3 trifft insbesondere den Fall, in welchem der Erblasser in einem Lebensversicherungsvertrage die Zahlung der Versicherungssumme an einen Dritten bedungen hat, und sind dafür im wesentlichen die §§ 330 und 331 des BGB. maßgebend:

„§ 330. Wird in einem Lebensversicherungs- oder einem Leibrenten-„vertrage die Zahlung der Versicherungssumme oder der Leibrente „an einen Dritten bedungen, so ist im Zweifel anzunehmen, daß der „Dritte unmittelbar das Recht erwerben soll, die Leistung zu fordern. „Das Gleiche gilt, wenn bei einer unentgeltlichen Zuwendung dem „Bedachten eine Leistung an einen Dritten auferlegt oder bei einer „Vermögens- oder Gutsübernahme von dem Übernehmer eine Leistung „an einen Dritten zum Zwecke der Abfindung versprochen wird.

„§ 331. Soll die Leistung an den Dritten nach dem Tode desjenigen „erfolgen, welchem sie versprochen wird, so erwirbt der Dritte das „Recht auf die Leistung im Zweifel mit dem Tode des Versprechens-„empfängers.

„Stirbt der Versprechensempfänger vor der Geburt des Dritten, so „kann das Versprechen, an den Dritten zu leisten, nur dann noch „aufgehoben oder geändert werden, wenn die Befugnis dazu vor-„behalten worden ist."

14. Leistungen, die der Erblasser durch Vertrag zu Gunsten eines Dritten mit der Wirkung bedungen hat, daß dem Dritten das unmittelbare Recht auf die Leistungen zustehe (§ 328 des BGB.), gehören an und für sich nicht zum Nachlasse und sind daher nicht erbschaftssteuerpflichtig. Vgl. Hoffmann, Preuß. EStG. zu § 5, Note 4, II; Wahl, Sächs. EStG. Note 16 zu Artikel 1; Becker, Bad. EStG. Note 9 zu § 11. Um die hier gedachten Fälle der Erbschaftssteuer zu unterwerfen, bedurfte es einer besonderen Vorschrift, wie sie die Ziffer 3 enthält. Der Grund für diese Erklärung der Steuerpflicht ist wohl darin zu sehen, daß in den fraglichen Fällen eine ähnliche Wirkung wie mit den Schenkungen von Todes wegen erzielt wird, da auch hier der begünstigte Dritte mit dem Eintritt des Todes des Versicherungsnehmers unentgeltlich bereichert wird und deshalb eine gleichmäßige steuerliche Behandlung geboten ist.

15. Die bisherigen Erbschaftssteuergesetze der einzelnen Bundesstaaten haben wohl durchweg und so speziell alle diejenigen, welche wir hier regelmäßig anziehen, die fraglichen Fälle nicht besonders unter Steuer gestellt; dieselben waren danach bisher steuerfrei.

Zu Ziffer 4.

16. Die innere Begründung der Bestimmung unter Ziffer 4 entspricht im allgemeinen derjenigen für die Sondervorschrift unter Ziffer 2 des § 2. Wie in letzterer dasjenige, was als Entgelt für eine Entziehung von dem eigentlichen Erwerb von Todes wegen erworben wird, besonders der Steuerpflicht unterworfen wird (vgl. Note 8 zu § 2), so ist hier das Gleiche mit demjenigen geschehen, was

als Abfindung, also in derselben Weise als Entgelt, für den Verzicht auf einen Erwerb der unter den Ziffern 1 und 2 dieses Paragraphen behandelten Art gewährt wird. Die Berechtigung für die Steuerunterstellung ist in demselben Maße wie bei dem früheren Falle gegeben.

17. Die bisherige Landesgesetzgebung kennt die Besteuerung des hier herausgehobenen Erwerbes wohl durchweg nicht, namentlich findet dieselbe sich nicht in den hier besonders angezogenen Erbschaftssteuergesetzen; vgl. übrigens Hoffmann, Preuß. EStG. Note 24 unter c und Note 27 unter c zu § 1 und Becker, Bad. EStG. Note 20 und Note 28 zu § 1.

§ 4.

Für die Steuerpflicht an Kindesstatt angenommener Personen und ihrer Abkömmlinge, soweit sich auf diese die Wirkungen der Annahme an Kindesstatt erstrecken, gelten außerdem folgende besondere Vorschriften:

Als Erwerb von Todes wegen ist auch anzusehen:

1. ein Erwerb, auf welchen die für den Pflichtteilsanspruch geltenden Vorschriften des bürgerlichen Rechtes Anwendung finden;
2. was durch eine Zuwendung unter Lebenden erworben wird, sofern die Zuwendung von dem Erwerber bei einer Erbauseinandersetzung mit anderen Abkömmlingen des Zuwendenden nach gesetzlicher Vorschrift oder auf Grund einer bei der Zuwendung getroffenen Anordnung des letzteren zur Ausgleichung zu bringen sein würde.

Im Falle der Fortsetzung der ehelichen Gütergemeinschaft (§§ 1483 ff. des Bürgerlichen Gesetzbuchs) ist nach der Beendigung der fortgesetzten Gütergemeinschaft der einem anteilsberechtigten Abkömmling an dem Gesamtgute der fortgesetzten Gütergemeinschaft zustehende Anteil Gegenstand der Erbschaftssteuer in gleicher Weise, wie wenn der erstverstorbene Ehegatte zur Zeit der Beendigung der Gütergemeinschaft gestorben und der Anteil an dem Gesamtgute der gesetzliche Erbteil des Abkömmlinges wäre. Als Erwerb von Todes wegen ist auch eine Zuwendung anzusehen, die einem anteilsberechtigten Abkömmling unter Lebenden gemacht wird, soweit die Zuwendung bei der Auseinandersetzung zur Ausgleichung kommen würde, sowie eine Abfindung, die einem Abkömmlinge dafür gewährt wird, daß er vor oder nach dem Eintritt der fortgesetzten Gütergemeinschaft auf seinen Anteil am Gesamtgute verzichtet.

Vergl. BRAusfB. §§ (24, 26).

Zu Absatz 1 und Absatz 2 Ziff. 1.

1. Nach § 10 Abs. 1 Nr. II 6 sind der Erbschaftssteuer auch die an Kindesstatt angenommenen Kinder und deren Abkömmlinge unterworfen, soweit sich auf diese die Wirkungen der Annahme an Kindesstatt erstrecken, vergl. auch Note 37—40 zu § 10. Rücksichtlich der Bestimmung des Gegenstandes der Erbschaftssteuer bedurfte es daher noch besonderer Vorschriften, die sich daraus ergeben, daß dem an Kindesstatt angenommenen Kinde die rechtliche Stellung eines ehelichen Kindes, insbesondere auch hinsichtlich des Erbrechts, gegenüber dem Annehmenden zukommt.

2. Wie nach § 1 Abs. 2 Ziff. 1 dem Erwerbe von Todes wegen ein Erwerb gleichgestellt ist, auf den die für Vermächtnisse geltenden Vorschriften des bürgerlichen Rechtes Anwendung finden, so hat das Gleiche nach der Vorschrift unter Ziffer 1 des Abs. 2 auch zu geschehen hinsichtlich eines Erwerbes, auf welchen die für den Pflichtteilsanspruch geltenden Vorschriften des bürgerlichen Rechtes Anwendung finden. Hierher gehören die Fälle des § 1505 und des § 1511 Abs. 2 des BGB.:

„§ 1505. Die Vorschriften über das Recht auf Ergänzung des Pflicht„teils finden zu Gunsten eines anteilsberechtigten Abkömmlinges ent„sprechende Anwendung; an die Stelle des Erbfalles tritt die Be„endigung der fortgesetzten Gütergemeinschaft, als gesetzlicher Erbteil „gilt der dem Abkömmlinge zur Zeit der Beendigung gebührende „Anteil an dem Gesamtgute, als Pflichtteil gilt die Hälfte des Wertes „dieses Anteils.

„§ 1511, Abs. 2. Der ausgeschlossene Abkömmling kann, unbeschadet „seines Erbrechtes, aus dem Gesamtgute der fortgesetzten Güter„gemeinschaft die Zahlung des Betrages verlangen, der ihm von dem „Gesamtgute der ehelichen Gütergemeinschaft als Pflichtteil gebühren „würde, wenn die fortgesetzte Gütergemeinschaft nicht eingetreten wäre. „Die für den Pflichtteilsanspruch geltenden Vorschriften finden ent„sprechende Anwendung".

Außerdem kommt für die hier in Frage stehenden Kinder gleichmäßig auch die Vorschrift des § 2 Ziff. 1 in Betracht.

Zu Absatz 2, Ziffer 2.

3. Für die Vorschrift unter Ziffer 2 des Absatzes 2 greift namentlich der § 2050 des BGB. Platz, der folgendermaßen lautet:

„Abkömmlinge, die als gesetzliche Erben zur Erbfolge gelangen, sind „verpflichtet, dasjenige, was sie von dem Erblasser bei dessen Leb„zeiten als Ausstattung erhalten haben, bei der Auseinandersetzung „untereinander zur Ausgleichung zu bringen, soweit nicht der Erb„lasser bei der Zuwendung ein Anderes angeordnet hat.

„Zuschüsse, die zu dem Zwecke gegeben worden sind, als Einkünfte „verwendet zu werden, sowie Aufwendungen für die Vorbildung zu „einem Berufe sind insoweit zur Ausgleichung zu bringen, als sie „das den Vermögensverhältnissen des Erblassers entsprechende Maß „überstiegen haben.

„Andere Zuwendungen unter Lebenden sind zur Ausgleichung zu

„bringen, wenn der Erblasser bei der Zuwendung die Ausgleichung „angeordnet hat."

Ob der im Abs. 2 des vorstehenden § 2050 des BGB. bezeichnete Fall vorliegt, wird sich zumeist erst beim Tode des Zuwendenden feststellen lassen.

Nach der im RESt G. gewählten Fassung werden Zuwendungen, die nach gesetzlicher Vorschrift der Ausgleichungspflicht unterliegen, als Erwerb von Todes wegen behandelt, selbst wenn der Zuwendende bei der Zuwendung die Ausgleichung ausgeschlossen hat. Ebenso unterliegen solche Zuwendungen auch dann der Steuer, wenn etwa der Erwerber das einzige Kind des Zuwendenden ist, also im Falle des Todes tatsächlich eine Ausgleichung nicht in Frage kommen würde.

Zu Absatz 3.

4. Sind beim Tode eines Ehegatten gemeinschaftliche Abkömmlinge vorhanden und wird zwischen diesen und dem überlebenden Ehegatten die Gütergemeinschaft fortgesetzt, so gehört der Anteil des verstorbenen Ehegatten am Gesamtgute (§ 1483 des BGB.) nicht zum Nachlasse. Es liegt daher in diesem Falle, soweit das Gesamtgut in Betracht kommt, ein Erwerb von Todes wegen und ein Anlaß zur Erhebung von Erbschaftssteuer nicht vor. Das Gleiche trifft zu, wenn während der Fortsetzung der Gütergemeinschaft einer der mehreren Abkömmlinge stirbt. Das RESt G. verschiebt demgemäß die Steuererhebung auf den Zeitpunkt der Beendigung der fortgesetzten Gütergemeinschaft und ordnet an, daß die Hälfte des alsdann vorhandenen Gesamtguts als Nachlaß des erstverstorbenen Ehegatten angesehen werden soll.

Hieraus folgt, daß im Falle der Beendigung der Gemeinschaft entweder durch Aufhebung seitens des überlebenden Ehegatten (§ 1492 des BGB.) oder durch dessen Wiederverheiratung (§ 1493 daselbst) die Hälfte des Gesamtguts von den steuerpflichtigen Abkömmlingen zu ihrem Teile zu versteuern ist, während bei Beendigung der Gemeinschaft durch den Tod des überlebenden Ehegatten die steuerpflichtigen Abkömmlinge zu ihrem Teile für das Gesamtgut in vollem Umfange die Steuer zu entrichten haben.

5. Die Versteuerung des nicht zum Gesamtgute gehörigen Vermögens erfolgt nach den allgemeinen Vorschriften. Was nicht zu dem Gesamtgute zu rechnen ist, bestimmt sich namentlich nach den §§ 1439, 1440 und 1485 Abs. 2 des BGB. wie folgt:

„§ 1439. Von dem Gesamtgut ausgeschlossen sind Gegenstände, die nicht „durch Rechtsgeschäft übertragen werden können. Auf solche Gegen„stände finden die bei der Errungenschaftsgemeinschaft für das ein„gebrachte Gut geltenden Vorschriften, mit Ausnahme des § 1524, „entsprechende Anwendung.

„§ 1440. Von dem Gesamtgute ausgeschlossen ist das Vorbehaltsgut. „Vorbehaltsgut ist, was durch Ehevertrag für Vorbehaltsgut eines „der Ehegatten erklärt ist oder von einem der Ehegatten nach § 1369 „oder 1370 erworben wird

„§ 1485 Abs. 2. Das Vermögen, das ein gemeinschaftlicher Abkömm„ling zur Zeit des Eintritts der fortgesetzten Gütergemeinschaft hat „oder später erwirbt, gehört nicht zu dem Gesamtgute".

Daneben sind ferner auch die §§ 1483 (speziell Abs. 2) und 1486 des BGB. in Betracht zu ziehen.

6. Die Doppelvorschrift im letzten Satz des § 4 korrespondiert in ihrer inneren Begründung wiederum mit den beiden Vorschriften im § 2 des RESTG. (vergl. auch Note 8 zu § 2). Bezüglich der an einen anteilsberechtigten Abkömmling unter Lebenden gemachten Zuwendungen, welche bei der Auseinandersetzung zur Ausgleichung kommen würden, sind neben dem oben schon angeführten § 2050 des BGB. (vergl. Note 3) auch die §§ 2053 und 2054 des BGB. in Rücksicht zu ziehen. Betreffs der Abfindung, die einem Abkömmling aus dem Gesamtgute der fortgesetzten Gütergemeinschaft dafür gewährt wird, daß er auf seinen Anteil am Gesamtgute verzichtet, ist namentlich auf die §§ 1491, 1501 und 1517 zu verweisen.

7. Die bisherigen Erbschaftssteuergesetze der Einzelstaaten und speziell die, welche hier regelmäßig angezogen werden, haben besondere Regelungen, wie sie der § 4 enthielt, durchweg nicht getroffen und sind daher die berührten Fälle bislang in der Hauptsache steuerfrei geblieben.

II. Räumliche Herrschaft des Gesetzes.

Vorbemerkungen zu §§ 5—9.

1. Bei Regelung der räumlichen Herrschaft des Erbschaftssteuerrechts wichen die deutschen Erbschaftssteuergesetze im einzelnen stärker voneinander ab, wenn sie auch im allgemeinen für die Besteuerung des unbeweglichen Nachlasses die Belegenheit der Sache und im übrigen in der Hauptsache den Wohnsitz des Erblassers entscheidend sein ließen.

Für das RESTG. handelte es sich aber nicht nur darum, die Frage einheitlich zu entscheiden, welches Nachlaßvermögen von dem deutschen Erbschaftssteuerrecht ergriffen wird, sondern auch um die Frage, nach welchen Grundsätzen sich die Zuständigkeit der einzelnen Bundesstaaten zur Erhebung der Abgabe von einem steuerpflichtigen Nachlasse zu richten habe. Die letztere Frage ist an anderer Stelle (§ 33) und zwar in dem Sinne geregelt, daß dafür im wesentlichen der Wohnsitz des Erblassers maßgebend ist. Hinsichtlich der ersteren Frage nimmt der Entwurf die das internationale Privatrecht betreffenden Rechtssätze des BGB. bezüglich des Erbrechts zur Grundlage.

2. Nach letzteren Rechtssätzen wird ein Deutscher, auch wenn er seinen Wohnsitz im Auslande hatte, nach den deutschen Gesetzen beerbt. Ein Ausländer, der zur Zeit seines Todes seinen Wohnsitz im Inlande hatte, wird nach den Gesetzen des Staates beerbt, dem er zur Zeit seines Todes angehörte. Gehört eine Person keinem Staate an, so werden ihre Rechtsverhältnisse nach den Gesetzen des Staates beurteilt, dem sie zuletzt angehört hat, und, wenn sie auch

früher einem Staate nicht angehört hat, nach den Gesetzen des Staates, in welchem sie ihren Wohnsitz oder in Ermangelung eines Wohnsitzes ihren Aufenthalt gehabt hat. Im einzelnen maßgebend sind die Art. 24, 25 und 29 des EG. z. BGB., die folgendermaßen lauten:

„Artikel 24. Ein Deutscher wird, auch wenn er seinen Wohnsitz im „Auslande gehabt, nach den deutschen Gesetzen beerbt.

„Hat ein Deutscher zur Zeit seines Todes seinen Wohnsitz im Aus„lande gehabt, so können die Erben sich in Ansehung der Haftung „für die Nachlaßverbindlichkeiten auch auf die an dem Wohnsitze des „Erblassers geltenden Gesetze berufen.

„Erwirbt ein Ausländer, der eine Verfügung von Todes wegen „errichtet oder aufgehoben hat, die Reichsangehörigkeit, so wird die „Gültigkeit der Errichtung oder der Aufhebung nach den Gesetzen „des Staates beurteilt, dem er zur Zeit der Errichtung oder Auf„hebung angehörte; auch behält er die Fähigkeit zur Errichtung einer „Verfügung von Todes wegen, selbst wenn er das nach den deutschen „Gesetzen erforderliche Alter noch nicht erreicht hat. Die Vorschrift „des Art. 11 Abs. 1 Satz 2 bleibt unberührt.

„Art. 25. Ein Ausländer, der zur Zeit seines Todes seinen Wohn„sitz im Inlande hatte, wird nach den Gesetzen des Staates beerbt, „dem er zur Zeit seines Todes angehörte. Ein Deutscher kann „jedoch erbrechtliche Ansprüche auch dann geltend machen, wenn sie „nur nach den deutschen Gesetzen begründet sind, es sei denn, daß „nach dem Rechte des Staates, dem der Erblasser angehörte, für die „Beerbung eines Deutschen, welcher seinen Wohnsitz in diesem Staate „hatte, die deutschen Gesetze ausschließlich maßgebend sind.

„Art. 29. Gehört eine Person keinem Staate an, so werden ihre „Rechtsverhältnisse, soweit die Gesetze des Staates, dem eine Person „angehört, für maßgebend erklärt sind, nach den Gesetzen des Staates „beurteilt, dem die Person zuletzt angehört hat, und, wenn sie auch früher „einem Staate nicht angehört hat, nach den Gesetzen des Staates, in „welchem sie ihren Wohnsitz und in Ermangelung eines Wohnsitzes „ihren Aufenthalt hat oder zu der maßgebenden Zeit gehabt hat."

In dem angezogenen Satz des zweiten Absatzes des Art. 11 wird zum Ausdrucke gebracht, daß für die Form eines Rechtsgeschäftes die Beobachtung der Gesetze des Ortes, an dem das Rechtsgeschäft vorgenommen wird, genüge.

3. Den vorberührten Grundsätzen entsprechend sind im wesentlichen die Vorschriften der §§ 5 und 6 gefaßt worden. Dabei „sind jedoch teils mit Rücksicht auf die besondere Lage der Deutschen in den Schutzgebieten, teils, um die Ausländer nicht günstiger zu stellen als die Deutschen im Auslande gestellt sind, und endlich, um die Durchführung des Gesetzes zu erleichtern, die nachstehenden Ausnahmen gemacht:

1. Das Vermögen eines Reichsangehörigen, der keine deutsche Staatsangehörigkeit besitzt (§ 9 des SchutzgebG. vom 10. September 1900, RGBl. 1900, S. 815), soll der Erbschaftssteuer nur unterworfen sein, soweit der Erblasser seinen Wohnsitz oder gewöhnlichen Aufenthalt im Inlande hatte und soweit sich sein Vermögen daselbst befindet; anderseits soll das Vermögen eines deutschen Staatsangehörigen, der in einem Schutzgebiete seinen Wohnsitz oder Aufenthalt hat, der in diesem Gesetze vorgesehenen Abgabe nicht unterliegen, soweit es sich in diesem Schutzgebiet befindet.
2. Das Vermögen eines Ausländers soll, soweit es sich im Inlande befindet, zur Steuer herangezogen werden, wenn der Ausländer im Inlande Wohnsitz oder Aufenthalt hat, und selbst wenn letzteres nicht der Fall ist, wenigstens dann, wenn es einem Erwerber anfällt, der zur Zeit des Anfalls im Inlande seinen Wohnsitz hat. Soweit der Ausländer einem auswärtigen Staate angehört, soll sein Vermögen in derselben Weise behandelt werden, wie es in seinem Heimatsstaate mit dem Vermögen eines Deutschen geschehen würde.
3. Die Besteuerung des Grundbesitzes folgt dem Rechte der belegenen Sache." (Motive.)

4. In Ansehung des **unbeweglichen Vermögens** ist der Rechtszustand, welcher durch das RESt G. geschaffen ist, nach den Motiven des Gesetzes der folgende:

„Von inländischen Grundstücken wird die Steuer in jedem Falle, ohne Rücksicht auf Staatsangehörigkeit oder Wohnsitz des Erblassers, erhoben (§ 7 Abs. 1). Umgekehrt bleiben ausländische Grundstücke in jedem Falle von der Steuer befreit (§ 7 Abs. 2). Zubehör und Früchte der Grundstücke (§§ 97, 98 des BGB.) sind im Sinne dieser Vorschriften wie die Grundstücke selbst zu behandeln.

Den Grundstücken stehen Berechtigungen gleich, für welche die sich auf Grundstücke beziehenden Vorschriften gelten (§ 7 Abs. 3). Solche Berechtigungen sind das Erbbaurecht (§ 1017 des BGB.), das Erbpachtrecht mit Einschluß des Büdnerrechts und des Häuslerrechts (Art. 63 des EG. z. BGB.) sowie nach Maßgabe der Landesgesetzgebung Bergwerkseigentum, Schiffsmühlengerechtigkeiten (zu vergleichen Preuß. Allgem. Landrecht II, 15 §§ 229, 230), Fischereigerechtigkeiten Fährgerechtigkeiten, Apothekergerechtigkeiten u. a. m. (zu vergleichen das Preuß. AG. z. BGB. Art. 40, das Preuß. AG. z. GO. Art. 22, 27, 28).

Auf Schiffsparten oder die Schiffe selbst beziehen sich diese Vorschriften nicht, da sie nach dem bürgerlichen Rechte zu den beweglichen Sachen gehören."

5. In Ansehung des **beweglichen Vermögens** gibt das RESt G. nach seinen Motiven den folgenden Rechtszustand:

„Das Vermögen von Reichsangehörigen, die zugleich Angehörige eines Bundesstaates sind, unterliegt der Steuer ohne Rücksicht darauf, ob sich das Vermögen im In- oder Auslande befindet. Nur das in deutschen Schutzgebieten befindliche Vermögen ist, wenn der Erblasser dort seinen Wohnsitz oder gewöhnlichen Aufenthalt hatte, von der Besteuerung ausgenommen. Wird von dem in einem auswärtigen Staate befindlichen Vermögen eines deutschen Staatsangehörigen seitens dieses Staates eine Erbschaftssteuer erhoben, so ist hierauf insofern billige Rücksicht genommen, als die Anrechnung der im Auslande gezahlten Abgabe auf die deutsche Erbschaftssteuer zugelassen ist (§ 5 Abs. 1). Das im Auslande befindliche Vermögen eines Ausländers ist steuerfrei; sein im Inlande befindliches Vermögen unterliegt der Steuer, wenn er seinen Wohnsitz oder, sofern er weder im In- noch im Ausland einen Wohnsitz besaß, seinen gewöhnlichen Aufenthalt in einem Bundesstaate hatte (§ 6 Abs. 1), ferner, auch wenn weder das eine noch das andere der Fall ist, dann, wenn es einem Erwerber anfällt, der zur Zeit des Anfalls im Inlande seinen Wohnsitz hat (§ 6 Abs. 2). Das Gleiche gilt in Ansehung des Vermögens solcher Personen, die, ohne einem Bundesstaat anzugehören, in einem deutschen Schutzgebiete die Reichsangehörigkeit erworben haben (§ 6 Abs. 5). Gehört ein Ausländer einem auswärtigen Staate an, in welchem in Ansehung der Behandlung des Nachlasses eines Deutschen günstigere Bestimmungen als die vorstehenden bestehen, so sollen diese auch deutscherseits angewendet werden (§ 6 Abs. 3).

Zur Vermeidung von Härten einerseits und zur Wahrung voller Gegenseitigkeit anderseits sollen im Verwaltungsweg auch hierüber hinaus Steuererleichterungen zugelassen, ebenso aber auch erschwerende Maßnahmen getroffen werden können (§ 6 Abs. 4).

Die Aufnahme der Anordnung im § 6 Abs. 3 ist, obwohl es ihrer wegen der weitergehenden Vorschrift im Abs. 4 vielleicht nicht bedurft hätte, insbesondere deshalb erfolgt, weil hiermit der Grundsatz, daß der Nachlaß der ausländischen Mitglieder fremder Vertretungen und ihrer Angehörigen der deutschen Erbschaftssteuer entzogen ist, soweit in deren Heimatstaate die deutschen Vertreter und ihre Angehörigen das gleiche Vorrecht genießen, noch ausdrücklich im Gesetze festgestellt wird.

Die Steuerpflichtigkeit des Nachlasses eines Erblassers, der nicht deutscher Staatsangehöriger ist, ist unter gewissen Voraussetzungen von seinem *gewöhnlichen* Aufenthalt abhängig gemacht, weil es nicht gerechtfertigt erschien, den rein zufälligen Umstand des bloß vorübergehenden Sichaufhaltens im Inlande — etwa auf der Durchreise — hierfür entscheidend sein zu lassen.

Staatsangehörigkeit, Wohnsitz und Aufenthalt desjenigen, welchem ein Erwerb von Todes wegen aus einem nach vorstehendem steuerpflichtigen Vermögen anfällt, kommen in den in Rede stehenden Fällen mit der im § 6 Abs. 2 bezeichneten Ausnahme nicht in Betracht".

6. Was die bisherige **Erbschaftssteuergesetzgebung der Bundesstaaten** anlangt, so wollen wir hier nur die allgemeinen bezüglichen Grundsätze derjenigen Erbschaftssteuergesetze, welche wir regelmäßig herausheben, kurz anführen und auf die Einzelheiten, soweit erforderlich, bei den einzelnen Paragraphen unter näherer Anführung der Gesetzesstellen kommen. Vorweg sei bemerkt, daß bezüglich des unbeweglichen Vermögens die Regelung in den sämtlichen fraglichen Gesetzen eine übereinstimmende ist, indem das unbewegliche Vermögen im Inlande überall ohne Einschränkung der Erbschaftssteuer unterworfen ist, während das unbewegliche Vermögen im Auslande in gleicher Weise von der Steuer befreit bleibt. Das bewegliche Vermögen ist der Erbschaftssteuer folgendermaßen unterworfen:

In **Preußen**: sowohl das im Inlande wie das im Auslande befindliche, wenn der Erblasser bei seinem Ableben seinen Wohnsitz in Preußen hatte oder die vorläufige Ausfolgung des Vermögens eines Verschollenen von einem Preußischen Gerichte verfügt worden ist; nur das im Inlande befindliche auch dann, wenn der Erblasser überhaupt keinen Wohnsitz hatte.

In **Bayern**: das im Inlande und im Auslande befindliche, wenn der Erblasser bei seinem Ableben, im Falle der Todeserklärung bei Beginn der Verschollenheit, seinen Wohnsitz in Bayern hatte; nur das im Inlande befindliche auch dann, wenn der Erblasser keinen Wohnsitz hatte.

In **Sachsen** (Königreich): das im Inlande und im Auslande befindliche, wenn der Erblasser bei seinem Ableben sächsischer Staatsangehöriger war; das im Inlande befindliche auch dann, wenn der Erblasser nicht sächsischer Staatsangehöriger war; fällt es dabei an einen Ausländer, so bleibt der Anfall steuerfrei, wenn im Heimatsstaate des Erwerbers die Gegenseitigkeit geübt wird.

In **Württemberg** und im wesentlichen damit übereinstimmend auch in **Hessen**: das im Inlande und im Auslande befindliche Vermögen, wenn der Erblasser bei seinem Ableben, im Falle der Todeserklärung bei Beginn der Verschollenheit, in Württemberg (Hessen) seinen Wohnsitz hatte; das im Inlande befindliche auch dann, wenn der Erblasser einen Wohnsitz überhaupt nicht hatte, ferner dann wenn der Erblasser zwar in einem anderen Staate einen Wohnsitz hatte, der Nachlaß aber an einen in Württemberg (Hessen) wohnhaften Erwerber fällt; das Gleiche gilt, wenn der Erwerber nicht in Württemberg (Hessen) wohnt, aber nach dem Gesetze des Staates, in dem der Erblasser einen Wohnsitz hatte, ein in Württemberg (Hessen) wohnender oder aufhältlicher im gleichen Falle besteuert werden würde.

In **Baden**: das im Inlande und das im Auslande befindliche, wenn der Erblasser zur Zeit des Erbanfalls in Baden seinen Wohnsitz hatte; das im Inlande befindliche auch dann, wenn der Erblasser seinen Wohnsitz nicht in Baden hatte; war der außerhalb Badens verstorbene Erblasser nicht badischer Staatsangehöriger, so ist die Steuerpflicht nur gegeben, wenn der Erwerber in Baden seinen Wohnsitz hat.

In Braunschweig: das im Inlande und das im Auslande befindliche, wenn der Erblasser zur Zeit seines Todes seinen Wohnsitz in Braunschweig hatte.

In den sämtlichen fraglichen Erbschaftssteuergesetzen findet sich im allgemeinen übereinstimmend bezüglich des im Auslande befindlichen beweglichen Vermögens die Vorschrift, daß die in dem auswärtigen Staate von dem dort befindlichen Nachlaßvermögen nachweislich gezahlte Erbschaftssteuer in Anrechnung kommen solle. Desgleichen ist auch in den sämtlichen Staaten mit Ausnahme von Sachsen und Baden dem Ministerium gesetzlich die Ermächtigung erteilt worden, zur Ausgleichung und zur tunlichsten Vermeidung der Doppelbesteuerung sowie zum Teil auch zur Ausübung eines Vergeltungsrechts hinsichtlich der Erhebung der Erbschaftssteuer abweichende Bestimmungen zu treffen.

§ 5.

Bewegliches Vermögen ist der Erbschaftssteuer unterworfen, wenn derjenige, aus dessen Vermögen der Erwerb anfällt (Erblasser), zur Zeit seines Todes oder, sofern der Erwerb bei seinen Lebzeiten anfällt, zur Zeit des Anfalls an den Erwerber ein Deutscher war und zugleich einem Bundesstaat angehörte. Soweit sich das Vermögen im Auslande befindet, wird auf Antrag die in dem auswärtigen Staate erweislich gezahlte Abgabe auf die Erbschaftssteuer angerechnet; soweit es sich in einem deutschen Schutzgebiete befindet, unterliegt es der Erbschaftssteuer nicht, wenn der Erblasser zu der bezeichneten Zeit seinen Wohnsitz oder in Ermangelung eines Wohnsitzes seinen gewöhnlichen Aufenthalt in diesem Schutzgebiete hatte.

In den Fällen des § 3 Nr. 1, 2 ist im Sinne dieses Gesetzes als Erblasser der zuletzt Berechtigte anzusehen.

Vergl. BRAusfB. § (12).

Zu Absatz 1.

1. Eine ausdrückliche Begriffsbestimmung darüber, was unter beweglichem Vermögen zu verstehen sei, gibt das REStG. nicht. In der gleichen Weise ist es ausgeschlossen, hier bezüglich einer solchen wie sonst regelmäßig auf das BGB. zurückzugreifen, denn dieses kennt zwar bewegliches und unbewegliches Vermögen, aber nicht als Begriffe von allgemeiner Bedeutung; es bestimmt vielmehr stets für den einzelnen Fall, welche Rechte bei den in Betracht kommenden Rechtsverhältnissen zu der einen oder der anderen Kategorie gehören, so z. B. bei der Fahrnisgemeinschaft in dem § 1551, dabei in der Regel wie im letzten Fall so verfahrend, daß allein das unbewegliche Vermögen positiv bestimmt wird, das bewegliche dagegen nur durch den Gegensatz dazu zu erklären ist. Es bleibt auch hier nur übrig, das bewegliche Vermögen in letzterer Art festzulegen und als bewegliches Vermögen alles anzusehen, was nicht nach dem § 8 des RESt G. dem unbeweglichen Vermögen zugezählt ist, also alles, abgesehen von den Grundstücken und den Berechtigungen, für welche die sich auf Grundstücke beziehenden Vorschriften gelten (vgl. Note 1 zu § 7). Diese Auslegung lediglich durch den Gegensatz zu dem unbeweglichen Vermögen war übrigens in den bisherigen Erbschaftssteuergesetzen der Einzelstaaten, welche fast durchweg — die von uns regelmäßig hervorgehobenen mit Ausnahme von Baden, welches speziell von beweglichem Vermögen spricht, sämtlich — die bezügliche Regelung für das unbewegliche Vermögen treffen und dem dann die Regelung für das „andere“ oder das „sonstige“ Vermögen anschließen, schon durch die äußere Formulierung gegeben. Auch der letztere Umstand muß darauf hinweisen, daß man hier für die Auslegung im einzelnen möglichst weite Grenzen zu ziehen hat. Wenn man unter Vermögen den Inbegriff der einem Rechtssubjekt zustehenden wirtschaftlichen, also außerhalb der Person liegenden Güter versteht, so wird man zu dem beweglichen Vermögen alle die betreffenden Güter zu rechnen haben, welche sich nicht als Grundstücke oder Berechtigungen, für welche die sich auf Grundstücke beziehenden Vorschriften gelten, charakterisieren. Im einzelnen sind zu dem beweglichen Vermögen zunächst die beweglichen Sachen zu zählen, für welche es übrigens auch im BGB. an einer Begriffsbestimmung mangelt. Außerdem gehören dann zu dem beweglichen Vermögen alle Forderungen sowie Rechte jeder Art und zwar nicht nur die obligatorischen sondern ebensowohl auch die dinglichen, wenn sie nicht zu jenen besonders herausgehobenen Berechtigungen gehören. Endlich kommen auch noch die sogenannten immateriellen Rechte in Frage, wenngleich bei ihnen sich vielfach ein eigentlicher Vermögenswert nur schwer feststellen läßt.

2. Die Qualifikation als Deutscher oder als Angehöriger eines Bundesstaats bestimmt sich nach dem Gesetz über die Erwerbung und den Verlust der Bundes- und Staatsangehörigkeit vom 1. Juni 1870 (BGBl. S. 355 ff.), welches in Württemberg, Baden und Hessen durch den Art. 80 Nr. 24 der Verfassung des Deutschen Bundes vom 15. November 1870 (BGBl. 1870 S. 648) und den Vertrag zwischen dem Norddeutschen Bunde, Baden, Hessen einerseits und Württemberg andererseits betr. den Beitritt Württembergs zur Verfassung des Deutschen Bundes vom 25. November 1870, Art. 2 Nr. 6 (BGBl. 1870 S. 656), in Bayern durch das Gesetz betr. die Einführung norddeutscher Bundesgesetze in Bayern vom 22. April 1871 § 9 (BGBl. 1871, S. 89) und in Elsaß-Lothringen durch die Kaiserliche Verordnung vom 8. Januar 1873 zur Gültigkeit gelangt ist. Die Reichsangehörigkeit, also die Qualifikation als Deutscher, ist mit der

Staatsangehörigkeit in einem Bundesstaate in eine unmittelbare, untrennbare Verbindung gebracht; sie kann, abgesehen von der in Note 5 bei den Schutzgebieten hervorzuhebenden Ausnahme, nur mit der letzteren Staatsangehörigkeit erworben und verloren werden (§ 1 d. a. G.). Die einzelnen Gründe, vermöge deren ein Erwerb (§ 2 ff. d. a. G.) oder ein Verlust (§ 13 ff. d. a. G.) der Staatsangehörigkeit in einem Bundesstaate eintreten kann, sind in dem Gesetze des näheren festgelegt worden. Die Möglichkeit eines gleichzeitigen Besitzes der Staatsangehörigkeit in mehreren Bundesstaaten ist gegeben, da der Staatsangehörige eines Bundesstaates, ohne seine frühere Staatsangehörigkeit aufzugeben, noch die Staatsangehörigkeit eines oder auch mehrerer Bundesstaaten erwerben und diese Mehrheit von Staatsangehörigkeiten auch auf seine Nachkommen übertragen kann.

3. Unter Ausland sind hier alle diejenigen Gebiete und Länder zu verstehen, welche nicht zum Bundesgebiete des Deutschen Reiches also nicht zu den im Artikel 1 der Verfassung des Deutschen Reiches vom 16. April 1871 (BGBl. 1871, Seite 64) aufgeführten, das Bundesgebiet bildenden einzelnen Staaten gehören. Die letzteren bilden das Inland.

4. Gewissermaßen in der Mitte zwischen dem Inland und dem Ausland, keines von beiden voll ausmachend, stehen die deutschen Schutzgebiete. Völkerrechtlich gehören sie zum Deutschen Reich, da sie nach den für jedes einzelne Schutzgebiet erlassenen speziellen Schutzerklärungen (vergl. z. B. Allerhöchsten Erlaß, betreffend die Erklärung des Schutzes über die Samoainseln westlich des 171. Längengrades w. L. vom 17. Februar 1900, RGBl. 1900 S. 135) und dem § 1 des Schutzgebietsgesetzes vom 10. September 1900 (RGBl. S. 813) der Schutzgewalt des Deutschen Reiches unterstehen, welche der deutsche Kaiser im Namen des Reiches ausübt. Staatsrechtlich bilden sie aber keinen Teil des deutschen Bundesgebietes, denn der Artikel 1 der Verfassung des Deutschen Reiches erwähnt sie nicht und findet auf sie keine Anwendung. An und für sich sind daher die deutschen Schutzgebiete nicht als Inland anzusehen und zu behandeln, sofern vielmehr solches für eine bestimmte Angelegenheit Platz greifen soll, ist es besonders festzulegen, wie es gesetzlich z. B. im § 9 Absatz 3 des oben angeführten Schutzgebietgesetzes oder im § 6 Abs. 1 der Seemannsordnung vom 2. Juni 1902 (RGBl 1902, S. 175) geschehen ist, wie es aber auch durch kaiserliche Verordnung nach Maßgabe des § 3 des Schutzgebietsgesetzes beziehungsweise der §§ 19 und 26 des Gesetzes über die Konsulargerichtsbarkeit vom 7. April 1900 (RGBl. 1900, S 213 ff.) — § 26 „Durch Kaiserliche Verordnung kann bestimmt werden, inwieweit die Konsulargerichtsbezirke im Sinne der in den §§ 19, 22 bezeichneten Gesetze als deutsches Gebiet oder Inland oder Ausland anzusehen sind" — geschehen kann. Diese gemischte rechtliche Stellung der deutschen Schutzgebiete bedingte wohl an sich schon eine besondere Berücksichtigung im REStG. und ist eben durch dieselbe die besondere Vorschrift für das in den Schutzgebieten befindliche bewegliche Vermögen zu Ende des ersten Absatzes im § 5 begründet, auf welche oben in Note 3 zu §§ 5—9 schon hingewiesen wurde.

5. In dem schon erwähnten Schutzgebietsgesetz vom 10. September 1900 (s. vor. Note) ist bezüglich der letzteren das Besondere

im ersten und zweiten Absatz des § 9 bestimmt, daß Ausländern, welche sich in den Schutzgebieten niederlassen, sowie Eingeborenen durch Naturalisation die Reichsangehörigkeit von dem Reichskanzler oder von einem durch letzteren hierzu ermächtigten Kaiserlichen Beamten verliehen werden kann und daß auf die Naturalisation und das durch dieselbe begründete Verhältnis der Reichsangehörigkeit die Bestimmungen des Gesetzes über den Erwerb und Verlust der Bundes- und Staatsangehörigkeit vom 1. Juni 1870, sowie Artikel 3 der Reichsverfassung und § 4 des Wahlgesetzes für den deutschen Reichstag vom 31. Mai 1869 entsprechende Anwendung finden sollen. Damit ist entgegen dem Prinzip des Gesetzes über den Erwerb und Verlust der Bundes- und Staatsangehörigkeit die Möglichkeit des Erwerbes ausschließlich der Reichsangehörigkeit ohne und unabhängig von dem Besitz der Staatsangehörigkeit in einem Bundesstaate gegeben. Auch diesem Umstande mußte besonders Rechnung getragen werden und ist solches dadurch geschehen, daß in dem ersten Satz des Absatz 1 des § 5 für den Erblasser die doppelte Qualifikation, daß er Deutscher war und zugleich einem Bundesstaate angehörte, gefordert wurde.

6. Die deutschen Schutzgebiete sind: Deutsch-Ostafrika; Kamerun; Togo; Deutsch-Südwest-Afrika; Marschall-, Brown- und Providence-Inseln; Schutzgebiet von Deutsch-Neu-Guinea einschließlich des Inselgebiets der Karolinen, Palau- und Marianen; Kiautschou; Samoa.

7. Was als Wohnsitz anzusehen ist, bestimmt sich wiederum ausschließlich nach den Vorschriften des BGB. in den nachstehenden §§ 7–11:

„§ 7. Wer sich an einem Orte ständig niederläßt, begründet an diesem „Orte seinen Wohnsitz.
„Der Wohnsitz kann gleichzeitig an mehreren Orten bestehen.
„Der Wohnsitz wird aufgehoben, wenn die Niederlassung mit dem „Willen aufgehoben wird, sie aufzugeben.
„§ 8. Wer geschäftsunfähig oder in der Geschäftsfähigkeit beschränkt „ist, kann ohne den Willen seines gesetzlichen Vertreters einen Wohn- „sitz weder begründen noch aufheben.
„§ 9. Eine Militärperson hat ihren Wohnsitz am Garnisonorte.
„Als Wohnsitz einer Militärperson, deren Truppenteil im Inlande „keinen Garnisonort hat, gilt der letzte inländische Garnisonort des „Truppenteils.
„Diese Vorschriften finden keine Anwendung auf Militärpersonen, „die nur zur Erfüllung der Wehrpflicht dienen oder die nicht selb- „ständig einen Wohnsitz begründen können.
„§ 10. Die Ehefrau teilt den Wohnsitz des Ehemannes. Sie teilt „den Wohnsitz nicht, wenn der Mann seinen Wohnsitz im Auslande „an einem Orte begründet, an den die Frau ihm nicht folgt und „zu folgen nicht verpflichtet ist.
„So lange der Mann keinen Wohnsitz hat oder die Frau seinen „Wohnsitz nicht teilt, kann die Frau selbständig einen Wohnsitz haben.
„§ 11. Ein eheliches Kind teilt den Wohnsitz des Vaters, ein un- „eheliches Kind den Wohnsitz der Mutter, ein an Kindesstatt an-

„genommenes Kind den Wohnsitz des Annehmenden. Das Kind „behält den Wohnsitz, bis es ihn rechtsgültig aufhebt.
„Eine erst nach dem Eintritt der Volljährigkeit des Kindes erfolgende „Legitimation oder Annahme an Kindesstatt hat keinen Einfluß auf „den Wohnsitz des Kindes."

Ueberall wo das RĒStG. vom Wohnsitz spricht, ist für die Begriffsbestimmung der rechtliche Wohnsitz wie er in den angeführten Gesetzesvorschriften formuliert ist, maßgebend.

8. Nicht gesetzlich festgelegt ist, was Aufenthaltsort ist. Es handelt sich dabei um ein rein tatsächliches und als solches wohl kaum zu Zweifeln Anlaß bietendes Verhältnis, welches lediglich durch das rechtliche Verhältnis des Wohnsitzes eingeschränkt und in negativer Weise bestimmt ist. Ein Aufenthaltsort entsteht durch jede Aufenthaltnahme, durch welche ein Wohnsitz nicht begründet wird. Die Dauer der Aufenthaltsnahme ist dabei ohne Einfluß, die Aufenthaltsnahme muß sich nur rein als solche und nicht als Wohnsitz charakterisieren. Unter gewöhnlichem Aufenthalt ist der als augenblicklicher, tatsächlicher Wohnort sich qualifizierende Aufenthaltsort anzusehen.

9. Von den bisherigen Erbschaftssteuergesetzen der Einzelstaaten hat nur das Sächs. EStG. in seinen Art. 7 und 8 übereinstimmend mit dem REStG. die Staatsangehörigkeit in den fraglichen Fällen für die Begründung der Steuerpflicht als maßgebend hingestellt, während die anderen hier regelmäßig angezogenen Landesgesetze statt dessen den Wohnsitz zu Grunde gelegt haben; so das Preuß. EStG. im § 10, das Bayer. EStG. im Artikel 8, das Württ. EStG. im Artikel 3, das Bad. EStG. im § 7, das Hess. EStG. im Artikel 4 und das Braunschw. EStG. im § 7. Die Anrechnung der in einem auswärtigen Staate gezahlten Erbschaftssteuer haben die sämtlichen Erbschaftssteuergesetze an den angeführten Stellen, wenn auch in nicht ganz gleichmäßiger Weise zugelassen Für die Schutzgebiete sind besondere Bestimmungen nirgends gegeben und lag dafür auch weniger Veranlassung vor.

Zu Absatz 2.

10. Bei dem als Erwerb von Todes wegen anzusehenden Anfall der Lehens- oder Fideikommißgüter, sowie der Bezüge oder des Vermögens von Familienstiftungen ist ein Erblasser nicht vorhanden. Gesetzlich mußte daher Bestimmung darüber getroffen werden, wer als Erblasser angesehen werden, beziehungsweise wessen Persönlichkeit für die fraglichen Fälle maßgebend sein solle. Als lediglich der Natur der Sache entsprechend ist es anzusehen, wenn hierbei auf den zuletzt Berechtigten gegriffen ist, da von diesem in einer analogen Weise wie vom Erblasser der Uebergang des Vermögens erfolgt.

11. In den bisherigen Erbschaftssteuergesetzen der Einzelstaaten ist auf das fragliche Sonderverhältnis meist keine Rücksicht genommen, so auch in allen den hier regelmäßig herausgehobenen Gesetzen mit Ausnahme des Hess. EStG., welches in Artikel 4 a. E. dem Erblasser allgemein denjenigen gleichstellt, dessen Tod den Anlaß für den Vermögenserwerb bildet und damit in der Hauptsache die hier berührten Fälle trifft.

§ 6.

Von dem Vermögen eines ausländischen Erblassers wird die Steuer erhoben, wenn er zur Zeit seines Todes oder, sofern der Erwerb bei seinen Lebzeiten anfällt, zur Zeit des Anfalls an den Erwerber seinen Wohnsitz oder in Ermangelung eines Wohnsitzes seinen gewöhnlichen Aufenthalt in einem Bundesstaate hatte, jedoch nur insoweit, als sich das Vermögen im Inlande befindet.

Das im Inlande befindliche Vermögen eines ausländischen Erblassers, welcher zu dem nach Abs. 1 maßgebenden Zeitpunkte weder seinen Wohnsitz noch seinen gewöhnlichen Aufenthalt in einem Bundesstaate hatte, unterliegt der Steuer, wenn es einem Erwerber anfällt, der zur Zeit des Anfalls im Inlande seinen Wohnsitz oder in Ermangelung eines solchen seinen gewöhnlichen Aufenthalt hat. Der Steuerpflichtige hat das Recht des Abzugs einer für denselben Erwerb im Ausland entrichteten Steuer.

Die Steuer wird insoweit nicht erhoben, als in dem Heimatstaate des Erblassers im umgekehrten Falle in Ansehung der von dem Erwerb aus dem Vermögen eines Deutschen zu entrichtenden Erbschaftssteuer Ermäßigung oder Befreiung gewährt wird.

Unter Zustimmung des Bundesrates kann der Reichskanzler zum Zwecke der Ausgleichung oder der Vermeidung einer Doppelbesteuerung Abweichungen von den Vorschriften des Abs. 1 anordnen.

Auf das Vermögen eines Deutschen, der einem Bundesstaate nicht angehörte, finden die Vorschriften der Abs. 1, 2 entsprechende Anwendung.

Zu Absatz 1 und 2.

1. Bezüglich der Begriffsbestimmungen für Ausland, Wohnsitz und Aufenthaltsort in den beiden ersten Absätzen des Paragraphen findet Anwendung, was in den Noten 3, 7 und 8 des vorigen Paragraphen ausgeführt ist. Bezüglich der allgemeinen Grundsätze vgl. oben Note 5 zu den §§ 5—9. Daß auch bezüglich der Vorschrift im Abs. 2 in Ermangelung eines Wohnsitzes der gewöhnliche Aufenthalt maßgebend sein soll, ist durch die Kommission des Reichstages in der Erwägung hinzugefügt worden, „daß, wie im Falle des Abs. 1 des § 8 (jetzt § 6) für den Erblasser neben dem Wohnsitz auch der gewöhnliche Aufenthalt bedeutungsvoll werden kann, ebenso hier

für den Erwerber der gewöhnliche Aufenthalt unter Umständen geeignet sein solle, den Wohnsitz zu ersetzen" (Kommissionsbericht, Drucksachen des Reichstags, 11. Legislatur-Periode, II. Session 1905/1906, Nr. 360, S. 8).

2. Was die Erbschaftssteuergesetze der Einzelstaaten anlangt, so kommen bei dem unmittelbaren und für die Form wesentlich maßgebenden Zusammenhang der hier in den beiden ersten Absätzen gegebenen Regelung mit derjenigen im ersten Absatz des vorigen Paragraphen lediglich die in der Note 9 zum § 5 besonders angeführten Gesetzesstellen in Betracht, auf welche deshalb hier nur Bezug zu nehmen ist. Materiell weichen die einzelstaatlichen Regelungen nach den verschiedensten Richtungen ab, wie es im allgemeinen oben in Note 6 zu den §§ 5—9 gekennzeichnet ist.

Zu Absatz 3.

3. Die nähere Begründung der Vorschrift des Absatzes 3 findet sich oben in Note 5 zu den §§ 5—9. Welche Staaten die bezüglichen Ermäßigungen und Befreiungen gewähren, wird demnächst in Ausführungsvorschriften oder in Rundschreiben des Reichskanzlers (Reichsschatzamt) bekannt zu geben sein.

4. In den Erbschaftssteuergesetzen der Einzelstaaten, speziell in den hier regelmäßig angezogenen, findet sich eine Vorschrift wie die des Abs. 3 des § 6 nicht.

Zu Absatz 4.

5. Ein Bedürfnis, im Verwaltungswege abweichende Ordnungen im einzelnen, wie sie der Abs. 4 des Paragraphen zuläßt, zu treffen, muß anerkannt werden. Eine Beteiligung der Einzelstaaten dabei erscheint durch die Natur der Sache geboten; sie ist in einer ausreichenden Weise dadurch gegeben, daß der Reichskanzler Anordnungen der fraglichen Art nur unter Zustimmung des Bundesrates treffen kann.

6. Die Erbschaftssteuergesetze der Einzelstaaten haben fast durchweg eine dem Abs. 4 des § 6 ähnliche Bestimmung und zwar wird regelmäßig das betreffende Finanzministerium oder Ministerium zu der Anordnung für befugt erklärt vgl. Preuß. EStG. § 11, Bayer. EStG. Art. 9, Württ. EStG. Art. 4, Hess. EStG. Art. 5 und Braunschw. EStG. § 7a; in dem Sächs. EStG. und in dem Bad. EStG. fehlt eine bezügliche Vorschrift.

Zu Absatz 5.

7. Zum Absatz 5 ist zu vergleichen, was oben in den Noten 4, 5 und 6 zu dem § 5 bezüglich der deutschen Schutzgebiete ausgeführt ist. Die Qualifikation als Deutscher ohne die Staatsangehörigkeit in einem Bundesstaat kann nur in den Schutzgebieten erworben werden. Die Gleichstellung des Vermögens eines nur die Reichsangehörigkeit besitzenden Deutschen mit dem Vermögen eines Ausländers rechtfertigt sich durch das oben Ausgeführte.

§ 7.

Von inländischen Grundstücken ist die Erbschaftssteuer zu erheben, ohne Unterschied, ob der Erblasser Deutscher oder Ausländer war und ob er im Inlande seinen Wohnsitz oder gewöhnlichen Aufenthalt hatte oder nicht.

Grundstücke, die sich im Auslande befinden, gehören nicht zur steuerpflichtigen Masse.

Den Grundstücken stehen Berechtigungen gleich, für welche die sich auf Grundstücke beziehenden Vorschriften gelten.

1. Den Gegensatz zu dem beweglichen Vermögen bildet an sich das unbewegliche Vermögen und werden auch im BGB. beide Begriffe regelmäßig einander gegenübergestellt (vgl. z. B. §§ 1549 und 1551 daselbst). Das RESt. gebraucht den Ausdruck unbewegliches Vermögen nicht, obwohl er in den Motiven als Bezeichnung für dasjenige, was im § 7 der Steuer unterworfen wird, sich findet. Der § 7 spricht nur von Grundstücken und von Berechtigungen, für welche die sich auf Grundstücke beziehenden Vorschriften gelten. Lediglich Grundstücke und diese Berechtigungen sind also im Sinne des RESt. als unbewegliches Vermögen anzusehen und bestimmt sich durch den Gegensatz dazu der Begriff des beweglichen Vermögens wie in Note 1 zu § 5 näher ausgeführt worden. Der Begriff des unbeweglichen Vermögens ist demnach erbschaftssteuerlich nicht unerheblich enger begrenzt als im § 1551 des BGB., woselbst er außer den Grundstücken nebst Zubehör noch die Rechte an Grundstücken, mit Ausnahme der Hypotheken, Grundschulden und Rentenschulden, sowie Forderungen, die auf die Uebertragung des Eigentums an Grundstücken oder auf die Begründung oder Uebertragung eines der bezeichneten Rechte oder auf die Befreiung eines Grundstücks von einem solchen Rechte gerichtet sind, umfaßt; demgegenüber ist aber der Begriff des beweglichen Vermögens auch ein entsprechend erweiterter, worauf hier nochmals besonders hinzuweisen ist.

2. Zu dem Grundstücke gehört der Grund und Boden und alles, was mit demselben rechtlich in Verbindung steht. Für die besondere Begriffsabgrenzung ist wiederum das BGB. maßgebend und zwar zunächst in seinen folgenden §§ 94—96;

„§ 94. Zu den wesentlichen Bestandteilen eines Grundstücks gehören die mit dem Grund und Boden fest verbundenen Sachen, „insbesondere Gebäude, sowie die Erzeugnisse des Grundstücks, so „lange sie mit dem Boden zusammenhängen. Samen wird mit dem „Aussäen, eine Pflanze wird mit dem Einpflanzen wesentlicher Be„standteil des Grundstücks. Zu den wesentlichen Bestandteilen eines „Gebäudes gehören die zur Herstellung des Gebäudes eingefügten „Sachen.

„§ 95. Zu den Bestandteilen eines Grundstücks gehören solche Sachen „nicht, die nur zu einem vorübergehenden Zwecke mit dem Grund

„und Boden verbunden sind. Das Gleiche gilt von einem Gebäude „oder anderen Werke, das in Ausübung eines Rechtes an einem „fremden Grundstücke von dem Berechtigten mit dem Grundstücke „verbunden worden ist.
„Sachen, die nur zu einem vorübergehenden Zwecke in ein Gebäude „eingefügt sind, gehören nicht zu den Bestandteilen des Gebäudes.
„§ 96. Rechte, die mit dem Eigentum an einem Grundstücke ver„bunden sind, gelten als Bestandteile des Grundstücks."

3. Nach Maßgabe des letztangeführten Paragraphen sind als Bestandteile der Grundstücke namentlich anzusehen: die Grunddienstbarkeiten (§§ 1018 ff. des BGB.), das zugunsten des jeweiligen Eigentümers eines anderen Grundstücks bestellte Vorkaufsrecht (§ 1094 Abs. 2 des BGB.), die zugunsten des jeweiligen Eigentümers eines anderen Grundstücks bestellten Reallasten (§ 1105, Abs. 2 des BGB.), nicht aber die Nutzungsrechte an Grundstücken und solche Rechte, welche letzteren gleich zu achten sind, so nicht der Nießbrauch (§§ 1030 ff. des BGB.), die beschränkten persönlichen Dienstbarkeiten (§§ 1090 ff. des BGB.), die nicht wie oben qualifizierten dinglichen Vorkaufsrechte (§§ 1094 ff. des BGB.) und Reallasten (§§ 1105 ff. des BGB.), sowie die nach den Art. 113—116 des EG. z. BGB. landesgesetzlich noch zu Kraft bestehenden Grundberechtigungen.

4. Das Zubehör eines Grundstückes gehört rechtlich nicht zu den Bestandteilen desselben, wie es auch keine unbewegliche Sache bildet. An und für sich würde man daher dasselbe hier nicht als unter den Begriff Grundstück fallend anzusehen und es dementsprechend als zum beweglichen Vermögen gehörend zu behandeln haben, wie solches auch unter den bisherigen Landesgesetzen vielfach geschehen (vgl. Hoffmann, Preuß. EStG. Note 3 zu § 9, Wahl, Sächs. EStG. Note 3 zu Art. 8, Becker, Bad. EStG. Note 7 zu § 6; im Gegensatz dazu aber das Württ. EStG. Art. 2, Abs. 3 s. unten Note 9 zu diesem §). In den Motiven zum REStG. ist aber ausdrücklich hervorgehoben, daß Zubehör und Früchte der Grundstücke im Sinne des Gesetzes wie die Grundstücke selbst zu behandeln seien, vgl. oben Note 4 zu §§ 5—9. Da die Bundesregierungen und der Bundesrat diese Begründung beschlossen und seitens des Reichstages hiergegen kein Widerspruch erhoben ist, so ist es wohl als Wille des Gesetzgebers anzunehmen, daß auch das Zubehör hier dem Grundstück zugerechnet werden soll, wenngleich wir nicht verkennen wollen, daß gegen diese Zurechnung sich doch auch manche Bedenken bei der zweifellosen anderen Stellungnahme des bürgerlichen Rechtes geltend machen lassen. Näher bestimmt wird das Zubehör in den nachstehenden §§ 97 und 98 des BGB.:

„§ 97. Zubehör sind bewegliche Sachen, die, ohne Bestandteile der „Hauptsache zu sein, dem wirtschaftlichen Zwecke der Hauptsache zu „dienen bestimmt sind und zu ihr in einem dieser Bestimmung ent„sprechenden räumlichen Verhältnisse stehen. Eine Sache ist nicht „Zubehör, wenn sie im Verkehre nicht als Zubehör angesehen wird.
„Die vorübergehende Benutzung einer Sache für den wirtschaftlichen „Zweck einer anderen begründet nicht die Zubehöreigenschaft. Die „vorübergehende Trennung eines Zubehörstückes von der Hauptsache „hebt die Zubehöreigenschaft nicht auf.

„§ 98. Dem wirtschaftlichen Zwecke der Hauptsache sind zu dienen „bestimmt:

„1. bei einem Gebäude, das für einen gewerblichen Betrieb dauernd „eingerichtet ist, insbesondere bei einer Mühle, einer Schmiede, einem „Brauhaus, einer Fabrik, die zu dem Betriebe bestimmten Maschinen „und sonstigen Gerätschaften;

„2. bei einem Landgute das zum Wirtschaftsbetriebe bestimmte Gerät „und Vieh, die landwirtschaftlichen Erzeugnisse, soweit sie zur Fort„führung der Wirtschaft bis zu der Zeit erforderlich sind, zu welcher „gleiche oder ähnliche Erzeugnisse voraussichtlich gewonnen werden, „sowie der vorhandene, auf dem Gute gewonnene Dünger."

5. Wenn in den Motiven zum RESIG. neben dem Zubehör auch die **Früchte** als gleichwie Grundstücke zu behandeln hingestellt werden (vgl. oben Note 4 zu §§ 5—9), so wird man dieses nach der ganzen Lage der Sache in dem weitgehendsten Sinne und so aufzufassen haben, daß damit alle Früchte, welche von dem Grundstücke gezogen und auf demselben noch befindlich sind, dem Grundstücke gleichgerechnet werden müssen. Zweifellos gehören schon nach dem oben angeführten § 94 des BGB. zum Grundstück diejenigen Früchte desselben, welche noch mit dem Boden zusammenhängen. Sofern man aber erbschaftssteuerlich das Zubehör in das Grundstück einzurechnen hat, werden auch diejenigen Früchte des Grundstückes, welche zwar schon von dem Boden getrennt, aber noch auf oder bei dem Grundstücke vorhanden sind und zur Fortführung der Wirtschaft (vgl. Ziff. 2 des obenangeführten § 98 des BGB.) dienen sollen, als zum Grundstücke gehörig angesehen werden müssen. Darüber hinaus gehören aber Früchte auch erbschaftssteuerlich nicht zum Grundstück. Der Begriff der Früchte bestimmt sich nach dem folgenden § 99 des BGB.:

„§ 99. Früchte einer Sache sind die Erzeugnisse der Sache und die „sonstige Ausbeute, welche aus der Sache ihrer Bestimmung gemäß „gewonnen wird.

„Früchte eines Rechtes sind die Erträge, welche das Recht seiner „Bestimmung gemäß gewährt, insbesondere bei einem Rechte auf „Gewinnung von Bodenbestandteilen die gewonnenen Bestandteile.

„Früchte sind auch die Erträge, welche eine Sache oder ein Recht „vermöge eines Rechtsverhältnisses gewährt."

6. Die im RESIG. **den Grundstücken gleichgestellten Berechtigungen**, für welche die sich auf Grundstücke beziehenden Vorschriften gelten, sind in den Motiven in der Hauptsache schon näher bezeichnet, vgl. oben Note 4 zu §§ 5—9. Allgemein nach Reichsrecht kommt hier wohl nur das Erbbaurecht in Frage, bezüglich dessen das BGB. jene Geltung im § 1017 ausdrücklich vorschreibt. Den Begriff des Erbbaurechts bestimmt der § 1012 des BGB. folgendermaßen.

„Ein Grundstück kann in der Weise belastet werden, daß dem„jenigen, zu dessen Gunsten die Belastung erfolgt, das veräußerliche „und vererbliche Recht zusteht, auf oder unter der Oberfläche des „Grundstücks ein Bauwerk zu haben (Erbbaurecht).

Die weitere Regelung bezüglich des Erbbaurechtes enthalten die folgenden Paragraphen des BGB. bis zum § 1017. Die sonstigen hier noch einschlagenden Berechtigungen beruhen durchweg auf der in der betreffenden Beziehung von dem BGB. nicht berührten oder ausdrücklich in Gültigkeit gelassenen Landesgesetzgebung der Einzelstaaten und werden danach weitergehende charakteristische Verschiedenheiten äußern. Beispielsweise kommen in dieser Richtung in Betracht: für Preußen das Bergwerkseigentum und die selbständigen Kohlenabbaugerechtigkeiten, die Schiffsmühlen- und Fährgerechtigkeiten, die Fischereigerechtigkeiten, die Realgewerbeberechtigungen wie Apothekerprivilegien rc. (vgl. Hoffmann, Preuß. EStG. Note 4 zu § 9); für Bayern das Bergwerkseigentum, das Fischereirecht, Realgewerbeberechtigungen (vgl. Pfaff-Schmidt, Bayer. EStG. Note 3 zu Artikel 7); für Sachsen (Königreich) die vom Staate verliehenen Bergbaurechte an metallischen Mineralien und die Kohlenabbaurechte, die Abbaurechte auf dem Bergrechte nicht unterliegenden Bodenbestandteilen (Ton, Sand, Kalk, Lehm, Porzellanerde usw.), die Fischereirechte, die Fährgerechtigkeiten, sowie unter bestimmten Voraussetzungen die vererblichen und übertragbaren Nutzungsrechte an Grundstücken und die Realgewerbeberechtigungen (vgl. Wahl, Sächs. EStG. Note 4 zu Art. 8); für Baden das Bergwerkseigentum, die an Grundstücken der Murgschifferschaft bestehenden vererblichen und übertragbaren Nutzungsrechte (Waldrechte) (vgl. Becker, Bad. EStG. Note 7 zu § 6).

7. In den Motiven zu dem REStG. ist noch ausdrücklich hervorgehoben, daß die Schiffe und die Schiffsparte — Schiffspart ist nach § 474 des HGB. ein Anteil an einem zum Erwerbe durch die Seefahrt bestimmten Schiffe — nach dem bürgerlichen Rechte zu den beweglichen Sachen gehören. Es entspricht dieses der Natur der Sache. Wenn es auch weder im HGB. noch im BGB. ausdrücklich ausgesprochen ist, so folgt es doch notwendig aus der ganzen bezüglichen Stellungnahme der beiden Gesetze, so namentlich aus dem § 474 des HGB. (RGBl. 1897 S. 336), welcher die allgemeinen Vorschriften über den Seehandel einleitet, und aus der Einreihung des Pfandrechts an Schiffen (§§ 1259 ff.) in dem neunten Abschnitt des dritten Buches „Pfandrecht an beweglichen Sachen und Rechten" unter dem ersten Titel „Pfandrecht an beweglichen Sachen" im BGB. Hierbei ist noch auf die besondere Bedeutung hinzuweisen, welche auch der nachfolgende § 8 für die Schiffe hat, vgl. Note 2 zu dem § 8.

8. Bezüglich der Staatsangehörigkeit (Deutscher, Ausländer) und der Begriffe von Ausland und Inland ist zu vergleichen, was oben in den Noten 2, 3 und 5 zu § 5 ausgeführt ist. Bezüglich der deutschen Schutzgebiete ist in § 7 irgend eine Sondervorschrift nicht getroffen; der in denselben belegene Grundbesitz gilt demnach als im Ausland befindlich und gehört nicht zur steuerpflichtigen Masse.

9. Die bisherigen Erbschaftssteuergesetze der Einzelstaaten stimmen zwar, wie schon oben in Note 6 zu den §§ 5—9 hervorgehoben, bezüglich der Behandlung des unbeweglichen Vermögens, je nachdem es im Inlande oder im Auslande sich befindet, sowohl unter sich wie auch mit dem neuen REStG. vollkommen überein, sie weichen aber doch in der Begrenzung dessen, was zum un-

beweglichen Vermögen zu rechnen ist, in verschiedener Weise voneinander ab. Ganz übereinstimmend mit dem RESt G. grenzen hier das unbewegliche Vermögen ab das Bayer. EStG., welches in dem Artikel 7 von „Grundstücken und denselben gleichstehenden Rechten" spricht und unter letzteren Berechtigungen, wie sie im REStG. besonders hervorgehoben sind, versteht, sodann das Sächs. EStG., das in den Artikeln 7 und 8 „Grundstücke und Gerechtigkeiten", letztere wiederum in dem Sinn wie die Berechtigungen des REStG. (vgl. Wahl, Sächs. EStG., Note 4 zu Artikel 8), hier aufführt, und das Hess. EStG., welches in seinen Artikeln 2 und 3 den Ausdruck „unbewegliches Vermögen" gebraucht, denselben aber im ersteren Artikel nach Maßgabe der Regelung im REStG. näher bestimmt. Das Bad. EStG. zählt im § 6 dem unbeweglichen Vermögen „Grundstücke, diesen gleichstehende Rechte und Nutzungen solcher Grundstücke oder Rechte" zu; es erweitert also die Begrenzung des REStG. um die bezüglichen Nutzungen. Das Preuß. EStG. im § 9 und übereinstimmend damit das Braunschw. EStG. im § 6 scheidet zunächst als unbewegliches Vermögen „Grundstücke und Grundgerechtigkeiten" — unter letzteren wesentlich die Grunddienstbarkeiten, nicht aber die Berechtigungen des REStG. begreifend, vgl. Hoffmann, Preuß. EStG. Note 1 und 4 zu § 9 — aus und fügt dann nur für die inländische Besteuerung auch noch „deren Nutzungen", hiermit Baden gleichkommend, zu. Das Württ. EStG. endlich hat in seinem Artikel 2 den Ausdruck „unbewegliches Vermögen" angewendet und erklärt im Absatz 3 dieses Artikels als darunterfallend: „Die Grundstücke nebst ihrem auf den Erwerber der Hauptsache übergehendem Zubehör, sowie die Rechte an Grundstücken mit Ausnahme der Hypotheken, Grundschulden und Rentenschulden."

§. 8.

Ein Gegenstand, für den von einer deutschen Behörde ein zur Eintragung des Berechtigten bestimmtes Buch oder Register geführt wird, gilt als im Inlande befindlich. Ein Anspruch gilt als im Inlande befindlich, wenn für die Klage ein deutsches Gericht zuständig ist.

1. Die Bestimmungen des § 8 entsprechen wörtlich dem zweiten Absatz des § 2369 des BGB. Dort sind sie gegeben, um die Kompetenz für die Erteilung eines gegenständlich beschränkten Erbscheines, welchen der erste Absatz des § 2369 zuläßt, näher klarzustellen; ihre entsprechende Anwendung für die Verschollenheitserklärung ist im Artikel 9, Abs. 2 des EG. z. BGB., ausgesprochen. Diese Grundsätze allgemein für die Erbschaftssteuer zur Geltung zu bringen, wird nur als zweckentsprechend erachtet werden können; es mußte dazu aber gleicherweise eine besondere Aufnahme in das REStG. erforderlich erscheinen, um jeden Zweifel auszuschließen.

2. Bücher oder Register, wie sie hier in Frage kommen, die zur Eintragung des Berechtigten bestimmt sind und von einer deutschen Behörde geführt werden, sind die Grundbücher, die Schiffsregister, das Reichs- und Staatsschuldbuch, die Patentrolle usw., auch die Handelsregister, sofern ein Handelsgeschäft als Vermögensgegenstand anzusehen ist.

3. Die Zuständigkeit der deutschen Gerichte für eine Klage regelt sich nach den §§ 12 ff. der ZPO. (RGBl. 1898, S. 412 ff.) Ob im Sinne der fraglichen Vorschrift auch dem nur durch Vereinbarung geschaffenen Gerichtsstande die gleiche Bedeutung beizumessen ist, erscheint nicht unzweifelhaft, doch dürfte die Frage wohl mit Planck (Kommentar zum BGB. Note 2 unter b zu § 2369) zu bejahen sein (a. M. Niemeyer, Internationales Privatrecht, S. 123 betreffs des Artikels 9, Abs. 2 des EG. z. BGB.).

4. In den bisherigen Erbschaftssteuergesetzen der Einzelstaaten speziell in den regelmäßig von uns herausgehobenen ist die fragliche Sondervorschrift nicht enthalten.

§. 9.

In den Fällen der §§ 5 bis 8 kommen Schulden und Lasten, welche nur auf einem steuerfreien oder nur auf einem steuerpflichtigen Teile der Masse haften, behufs der Berechnung der Steuer bei demjenigen Teile in Abzug, auf welchem sie haften.

Schulden und Lasten, welche sowohl auf dem steuerfreien als auf dem steuerpflichtigen Teile der Masse haften, kommen von dem letzteren nur nach dem Verhältnisse dieses Teiles zur gesamten Masse in Abzug.

In das Grundbuch eingetragene Schulden, für welche der Eigentümer zugleich persönlich haftet, gelten zunächst als Lasten des Grundstücks und kommen nur rücksichtlich des durch das Grundstück nicht gedeckten Betrags bei der übrigen Masse in Anrechnung.

1. Die Vorschriften der §§ 5 bis 7 können unter Umständen dazu führen, daß das Vermögen eines Erblassers zum Teil steuerfrei, zum Teil steuerpflichtig ist. Wie in solchen Fällen die Schulden und Lasten zum Zwecke der Steuerberechnung zu verteilen sind, ist im § 9 bestimmt.

2. Welche auf der Erbschaftsmasse ruhenden Schulden und Lasten bei der Berechnung der Erbschaftssteuer in Abzug zu bringen sind, ist unten in dem Abschnitt über die Berechnung der Erbschafts-

steuer näher angegeben; das dort Ausgeführte findet nach dieser Richtung hin auch für den § 9 Anwendung. Zu vergleichen sind namentlich die Noten 10 ff. zu § 29.

3. Die Verteilung der abziehbaren Schulden und Lasten auf steuerpflichtige und steuerfreie Erbschaftsmasse, wie sie der § 9 vornimmt, schließt sich lediglich an die tatsächliche Haftung an. Sie entspricht den allgemeinen Grundsätzen, wie sie insgesamt für die Berechnung der Erbschaftssteuer maßgebend sind, und kann danach nur als billig und gerecht anerkannt werden.

4. Die Erbschaftssteuergesetze der Einzelstaaten enthalten meist eine gleiche oder ähnliche Vorschrift wie das REStG. Ganz übereinstimmend zeigt sich das Preuß. EStG. in seinem § 13 und das Braunschw. EStG. in seinem § 8. Bei dem Bayer. EStG. im Artikel 11, dem Sächs. EStG. im Artikel 9 und dem Bad. EStG. im § 10 findet sich insofern eine Abweichung, als der letzte Absatz des REStG. fehlt und statt dessen dem ersten Absatz zugefügt ist, daß „Schulden und Lasten, welche vorzugsweise auf einem steuerfreien oder vorzugsweise auf einem steuerpflichtigen Teile der Masse haften, zunächst bei diesem Teile und erst, soweit sie hierdurch nicht gedeckt werden, bei der übrigen Masse in Abzug" gebracht werden sollen, wodurch allerdings der Hauptsache nach gerade die Fälle jenes dritten Absatzes gedeckt werden (vergl. Pfaff u. Schmidt, Bayer. EStG. Note 2 zu Artikel 11; Becker, Bad. EStG. Note 6 zu § 10). In dem Hess. EStG. fehlt der besagte Absatz 3 gleichfalls, aber ohne daß ein Zusatz zu Absatz 1 wie in den vorbehandelten Gesetzen gemacht ist. Das Württ. EStG. hat eine besondere Vorschrift wie die des § 9 überhaupt nicht.

III. Betrag der Erbschaftssteuer.

Vorbemerkungen zu § 10.

1. Durch den Betrag der Erbschaftssteuer in seinen Einzelheiten wird die Beschwerung der Steuerkraft und damit die allgemeine Tragweite des Gesetzes den Steuerpflichtigen beziehungsweise der Bevölkerung gegenüber bestimmt. Es erscheint deshalb wohl nicht unangebracht die allgemeine Tragweite des REStG. durch einen zahlenmäßigen Vergleich mit der bisherigen Belastung der Bundesstaaten durch die Erbschaftssteuer spezieller zu veranschaulichen. In den Motiven war die nachstehende Zusammenstellung der Erbschaftssteuersätze des Entwurfs mit den bisherigen Sätzen in den Bundesstaaten gegeben, wir haben die Sätze des Gesetzes, wie sie aus den Reichstagsverhandlungen hervorgegangen sind, darin eingeschoben:

	Sätze des Entwurfs vom Hundert	Endgültige Sätze des Gesetzes vom Hundert	Bisherige Sätze in den Bundesstaaten v. Hundert
I. 1. Leibliche Eltern . .	4—8	4—10	1—12
2. Schwieger- und Stiefkinder	4—8	6—15	2—12
3. Volle u. halbbürtige Geschwister . . .	4—8	4—10	1—16
4. Anerkannte uneheliche Kinder . . .	4—8	6—15	2—15
5. An Kindesstatt angenommene Kinder .	4—8	6—15	1 12
II. 1. Großeltern und entferntere Voreltern .	6—12	6—15	1—12
2. Schwieger- u. Stiefeltern	6—12	6—15	2,5—20
3. Abkömmlinge 1. Grades von Geschwistern	6—12	4—10	2—16
III. 1. Geschwister der Eltern	8—16	8—20	3—16
2. Abkömmlinge 2. Grades von Geschwistern	8—16	6—15	2—20
3. Verschwägerte im 2. Grade der Seitenlinie	8—16	8—20	5—20
IV. Andere Verwandte bis zum 6. Grade . .	10—20	10—25	2—20
Entferntere Verwandte und Nichtverwandte	10—20	10—25	5—20

Im einzelnen ist zu der Zusammenstellung noch folgendes zu bemerken. Die Abstufung der Sätze innerhalb der einzelnen Kategorien der Steuerpflichtigen von einem Minimal- zu einem Maximalsatze beruht bei den Sätzen des Entwurfs und bei den endgültigen Sätzen des Gesetzes auf der gleichzeitigen Staffelung der Steuer nach der Höhe des Erbanfalles, welche das RESt G. und zwar schon nach seinem ersten Entwurf zur Einführung gebracht hat. Bei der Abstufung für die bisherigen Sätze in den Bundesstaaten handelte es sich aber um die Verschiedenheit in den meist einheitlichen Sätzen der Bundesstaaten und nur in den Maximalzahlen kommt die Steuerstaffelung nach der Höhe des Erbanfalles, wie sie nur einige Bundesstaaten bislang schon hatten, zum Ausdruck. Die bisherigen Sätze in den Bundesstaaten gravitieren aber stärker nach dem Minimum zu, wobei auch noch zu bemerken, daß in der Zusammenstellung das Minimum eingesetzt ist, soweit in den bezeichneten Verwandtschaftsklassen landesgesetzlich überhaupt eine Steuer erhoben wird. Die Vergleichung wird sich daher vorwiegender auf die in der Zusammenstellung angegebenen Minimalsätze zu stützen haben. Bei einer entsprechenden Berücksichtigung dieses Umstandes und wenn man gleichzeitig auch noch auf die Erbschaftssteuersätze aller der einzelnen Bundesstaaten, welche wir als einzelne hier nicht anführen können, zurückgreift, so zeigt sich doch, daß die Erbschaftssteuer durch das RESt G. für den weitaus größeren Teil des Deutschen Reiches in ihrer Tragweite nicht unerheblich verstärkt ist und daß dementsprechend für die Folge die Steuerkraft des Deutschen Reiches in ihrer Gesamtheit in einem höheren Maße als bisher in Anspruch genommen werden wird.

2. Die Erbschaftssteuer ist aber auch dadurch in dem RESt G. erweitert worden, daß neben und innerhalb der Staffelung der Steuer nach dem Verwandtschafts- und dem Verschwägerungsgrade gleichzeitig auch noch eine Staffelung der Steuer nach der Höhe des Erbanfalls durchgeführt ist. Eine derartige Staffelung der Steuer nach der Höhe des Erbanfalls war bislang nur in fünf deutschen Bundesstaaten (Anhalt, Reuß jüngere Linie, Lübeck, Bremen, Hamburg) und zwar überall erst in jüngerer Zeit zur Einführung gelangt. Der Entwurf, welcher nach seiner Begründung damit neben dem Grad der Verwandtschaft auch dem Grad der Bereicherung und damit dem das neuere Steuerrecht beherrschenden Grundsatz, daß dem höheren Maße der Leistungsfähigkeit auch eine stärkere Besteuerung zu entsprechen habe, Berücksichtigung angedeihen lassen wollte, hatte eine Staffelung nach der Höhe des Erbfalls in 4 Stufen bis auf das Doppelte vorgenommen und, bei einem Betrage von über 50000 Mk. beginnend das Maximum bei einem Betrage von über 500000 Mk. eintreten lassen; hierzu bemerkt der Kommissionsbericht des Reichstags: „Die Progression der Erbschaftssteuer, wie der Regierungsentwurf es wolle, schon bei Anfällen von mehr als 500000 Mk. aufhören zu lassen, erscheine nicht gerechtfertigt; ohne besonders drückend zu werden, lasse sie sich mit gutem finanziellen Erfolge bis zum zweieinhalbfachen steigern. Es werde dann allerdings, wenn ein Verwandter der Klasse IV einen Reinerwerb von mehr als einer Million Mark mache, von ihm eine Erbschaftssteuer in der Höhe von 25 Prozent zu entrichten sein. Eine größere Anzahl von Staffeln zu machen, die Progression sich in Zehnteln statt Vierteln vollziehen zu lassen, sei sowohl innerlich gerechtfertigt als auch finanziell ratsam." Dementsprechend ist die in dem Gesetz enthaltene Staffelung auch mit Herabsetzung der Minimalgrenze angenommen worden. In der weiteren Durchführung dieser Staffelung bis auf das Zweieinhalbfache als Maximum liegt das Wesentlichste der Verschärfung des Gesetzes, welche durch den Reichstag noch herbeigeführt ist, denn die des ferneren auch vom Reichstag bewirkten Verschiebungen in der Staffelung nach dem Verwandtschaftsgrade, welche sich sowohl von oben nach unten

wie auch von unten nach oben bewegt haben, werden sich im wesentlichen mehr oder weniger ausgleichen und haben nach dem Bericht der Reichstagskommission auch nur eine derartige Wirkung haben sollen (vgl. Drucksachen des Reichstags, 11. Legislaturperiode, II. Session 1905/1906 Nr. 360 S 12).

3. Für die Einstellung des Steuerpflichtigen in die bezüglich der Erbschaftssteuersätze speziell abgestuften Kategorien des Verwandtschafts- oder Verschwägerungsgrades ist sein Verhältnis zu dem Erblasser und zwar dieses Verhältnis, wie es im Augenblick des Erbfalls mit rechtlicher Wirkung besteht, bestimmend. Das RESt G. gibt für die Bestimmung des in Frage stehenden Verwandtschaftsverhältnisses weitere Vorschriften nicht und finden daher lediglich die Grundsätze des bürgerlichen Rechtes Anwendung. Es kommt dafür zunächst der erste Absatz des Art. 24 des EG. z. BGB.:

„Ein Deutscher wird, auch wenn er seinen Wohnsitz im Auslande „hatte, nach den deutschen Gesetzen beerbt."

und der erste Satz des Art. 25 daselbst:

„Ein Ausländer, der zur Zeit seines Todes seinen Wohnsitz im „Inlande hatte, wird nach den Gesetzen des Staates beerbt, dem „er zur Zeit seines Todes angehörte."

in Frage. Im gewöhnlichen Fall ist dementsprechend ausschließlich das BGB. maßgebend. Dasselbe bildet aber nicht nur die Richtschnur bezüglich der Begründung und des Bestehens eines Verwandtschafts- oder Verschwägerungsverhältnisses, sondern ebenmäßig auch bezüglich der Rechtswirkung etwaiger Nichtigkeiten und Anfechtbarkeiten in demselben. Wo das RESt G. unter Abweichung von den Grundsätzen des BGB. hier entsprechende Sondervorschriften trifft, wie bezüglich des Erwerbs von Vermögen ohne die Nutzung in den §§ 26 und 27, gehen diese naturgemäß vor und sind in erster Linie zur Anwendung zu bringen (vgl. das zu den genannten Paragraphen unten Ausgeführte). Findet zwischen dem Erblasser und dem Steuerpflichtigen — beziehungsweise auch lediglich dem Erwerber, soweit Steuerfreiheit mit in Frage kommt — ein mehrfaches Verhältnis der Verwandtschaft oder Verschwägerung statt, so ist das für den Steuerpflichtigen (beziehungsweise den Erwerber) günstigste Verhältnis bei der Beurteilung der Steuerpflicht zugrunde zu legen, weil dem Steuerpflichtigen (dem Erwerber) stets das Recht, sich auf dieses Verhältnis zu berufen, zur Seite steht. Bezüglich der Ausschlagung der Erbschaft, wie sich Sachlage und Beurteilung, wer als Erwerber dabei anzusehen, infolge davon besonders gestalten können, vergleiche die Noten 6 und 7 zu § 2. Bezüglich der gemeinschaftlichen Testamente zwischen Ehegatten greift zunächst der § 2269 des BGB. Platz:

„Haben die Ehegatten in einem gemeinschaftlichen Testamente, durch „das sie sich gegenseitig als Erben einsetzen, bestimmt, daß nach dem

„Tode des Ueberlebenden der beiderseitige Nachlaß an einen Dritten „fallen soll, so ist im Zweifel anzunehmen, daß der Dritte für den „gesamten Nachlaß als Erbe des zuletzt versterbenden Ehegatten eingesetzt ist.

„Haben die Ehegatten in einem solchen Testament ein Vermächtnis „angeordnet, das nach dem Tode des Ueberlebenden erfüllt werden „soll, so ist im Zweifel anzunehmen, daß das Vermächtnis dem Bedachten erst mit dem Tode des Ueberlebenden anfallen soll.“

(Vgl. auch Planck, Kommentar zum BGB. Note 4 zu § 2269). Daß bei einem in gleicher Weise abgeschlossenen Erbvertrage zwischen Ehegatten die Vorschrift des § 2269 ebenmäßig Anwendung finde, spricht § 2280 des BGB. aus. Da in steuerlicher Beziehung hier nur das bürgerliche Recht maßgebend ist, so kann auch für die Steuerfestsetzung die fragliche Vorschrift nur in derjenigen Beschränkung, in welcher sie im BGB. zum Ausdruck gebracht ist, Geltung haben; sie kann nicht für alle entsprechend abgeschlossenen gemeinschaftlichen Testamente und Erbverträge — auch die anderer Personen als Ehegatten — Anwendung finden, a. M. nach einer Entscheidung des sächsischen Finanzministeriums Wahl, Sächs. EStG. Note 5 zu Art. 3; für die diesseitige Ansicht vergl. Frommhold, Kommentar zum BGB. Note 2 zu § 2280.

4. Für die Beurteilung des Verwandtschafts- und Schwägerschaftsverhältnisses ist der Zeitpunkt des Erbfalls der bestimmende. Das hat wiederum zur Folge, daß ein bezügliches Verhältnis, welches schon vor dem Erbfall rechtlich zu bestehen aufgehört hat, nicht in Rücksicht zu ziehen ist; gleichgültig ist es dabei, ob das Bestehen durch rechtskräftiges gerichtliches Urteil oder durch Vertrag oder in sonst möglicher Weise in Wegfall gekommen ist. Sofern es sich bezüglich der Verwandtschaft um eine nichtige oder anfechtbare Ehe handelt, kommen die gleichen Grundsätze nur durch die positiven Bestimmungen des BGB. modifiziert zur Anwendung. Ohne eine vorherige Nichtigkeitserklärung kann nach § 1329 des BGB. die Nichtigkeit einer Ehe von jedem Dritten geltend gemacht werden, einmal wenn es sich um eine wegen eines Formfehlers nach § 1324 nichtige Ehe handelt und die Ehe nicht in das Heiratsregister eingetragen worden ist, und ferner ohne Rücksicht auf den Nichtigkeitsgrund, wenn die Ehe durch Tod, Scheidung oder Wiederverheiratung im Falle der Todeserklärung aufgelöst oder infolge durchgeführter Anfechtungsklage — bei Konkurrenz eines Anfechtungsgrundes — bereits als nichtig erklärt worden ist. In dem ersten dieser beiden Fälle tritt die Wirkung, daß die Ehe als nicht geschlossen anzusehen ist, ohne weiteres ein; für die Beurteilung des Verwandtschaftsverhältnisses, bezüglich dessen auch noch der § 1699 Abs. 2 des BGB. in Betracht zu ziehen ist, kann eine solche nichtige Ehe mithin überhaupt nicht in Frage kommen und ist es ohne Einfluß,

ob dieselbe als nichtig erklärt ist, beziehungsweise die Nichtigkeitserklärung vor oder nach dem Zeitpunkt des Erbfalls erfolgt ist. In dem zweiten Fall muß die ohne weiteres geltend zu machende Nichtigkeit der Ehe bereits im Zeitpunkt des Erbfalls bestanden haben, es muß also die Auflösung der Ehe oder die nach Anfechtungsklage ausgesprochene Nichtigkeitserklärung vor dem Zeitpunkt des Erbfalls liegen; sodann bedarf es einer weiteren Nichtigkeitserklärung nicht und ist es gleichgültig, ob eine solche vor oder nach dem Zeitpunkt des Erbfalls erfolgt ist. Im übrigen, also abgesehen von jenen beiden Fällen, ist eine nichtige Ehe nicht ohne weiteres als eine nichtige Ehe zu behandeln, es muß vielmehr die Nichtigkeit infolge der Nichtigkeitsklage durch Urteil festgestellt, die Ehe mithin erst als nichtig erklärt sein. Die Nichtigkeitserklärung bildet hier also die Voraussetzung für den Eintritt der Wirksamkeit der Nichtigkeit. Infolgedessen ist für die Berücksichtigung der Nichtigkeit in steuerlicher Beziehung nicht nur die Nichtigkeitserklärung als solche erforderlich, sondern es ist auch des weiteren der Zeitpunkt dieser Nichtigkeitserklärung maßgebend; liegt dieser Zeitpunkt vor dem Zeitpunkt des Erbfalls, so ist die Nichtigkeit entsprechend zu berücksichtigen, liegt er hinter demselben, so bleibt sie unberücksichtigt. Mit der nichtigen Ehe in der letzten allgemeinen Beziehung steht die anfechtbare Ehe gleich; auch für diese ist die auf Grund der Anfechtung erfolgte Nichtigkeitserklärung das Ausschlaggebende; bis zur Nichtigkeitserklärung ist die anfechtbare Ehe als vollgültig anzusehen; in steuerlicher Beziehung ist daher für die Beurteilung der Ehe nach der einen oder nach der anderen Richtung hin der Zeitpunkt der Nichtigkeitserklärung in der gleichen Weise wie oben maßgebend. (Vgl. Planck, Kommentar zum BGB. Note 1 und 4 zu § 1329 und Note II zum dritten Titel des Abschnitt I des vierten Buches, sowie Note 1 zu § 1343.) Bezüglich des Verschwägerungsverhältnisses kommt das vorstehende ebenmäßig in Betracht, weil durch eine nichtige Ehe, auch wenn die Nichtigkeit auf Anfechtbarkeit beruht, zwar eine Schwägerschaft nicht begründet wird, aber die Nichtigkeit in der gleichen Weise für den regelmäßigen Fall erst durch die Nichtigkeitserklärung zur Wirkung kommen kann, vgl. unten Note 22 zu diesem Paragraphen.

5. Was im übrigen die Erbschaftssteuergesetze der Einzelstaaten anlangt, so sollen die Einzelabweichungen in den Erbschaftssteuersätzen für die hier regelmäßig besonders berücksichtigten Staaten in den Noten zu den Einzelbestimmungen des Paragraphen unten, soweit solches erforderlich erscheint, kurz berührt werden. Bezüglich der formellen Regelung des Betrages der Erbschaftssteuer nehmen zunächst das Preuß. EStG. und das Braunschw. EStG. insofern eine besondere Stellung ein, als sie diese Regelung nicht in einem Paragraphen oder Abschnitt des Gesetzes selbst vornehmen, sondern statt

dessen als Anhang zum Gesetze einen „Tarif, nach welchem die Erbschaftssteuer zu erheben ist“ geben, in welchem neben der Anordnung der einzelnen Betragssätze und den allgemeinen Vorschriften für die Anwendung derselben gleichzeitig auch die Befreiungen von der Erbschaftssteuer mit verlautbart sind. Das Württ. EStG. Art. 6 zeigt die Sonderheit, daß in ihm nicht die Steuersätze selbst, sondern nur ihr Verhältnis (1: 1½: 3: 4) festgelegt ist; der niedrigste (Grund-) Steuersatz, der nach dem Gesetz 2 % vom Werte des Anfalles nicht übersteigen darf, wird für jede Etatsperiode durch Finanzgesetz bestimmt; da aber dieser Grund-Steuersatz bislang tatsächlich immer 2 % gewesen ist, so wird nachstehend in den Einzelnoten nach diesem Satz der gesetzliche Satz für Württemberg ohne weiteres angegeben werden und sei nur hier noch darauf hingewiesen, daß allerdings gesetzlich ein allgemeines Abweichen von diesem Satz, aber nur ein Heruntergehen unter denselben, zulässig gewesen sein würde. Die übrigen Gesetze bestimmen den Betrag der Erbschaftssteuer in einem festen Prozentsatz bzw. nach Pfennigen von einer Mark des Wertes des Anfalles innerhalb ihres eigenen Rahmens und zwar das Bayer. EStG. im Art. 2, das Sächs. EStG. im Art. 3, das Bad. EStG. im § 3 und das Hess. EStG. in den Art. 7—9.

§ 10.

Die Erbschaftssteuer beträgt:

I. vier vom Hundert:
   1. für leibliche Eltern;
   2. für voll- und halbbürtige Geschwister sowie für Abkömmlinge ersten Grades von Geschwistern;

II. sechs vom Hundert:
   1. für Großeltern und entferntere Voreltern;
   2. für Schwieger- und Stiefeltern;
   3. für Schwieger- und Stiefkinder;
   4. für Abkömmlinge zweiten Grades von Geschwistern;
   5. für uneheliche, von dem Vater anerkannte Kinder und deren Abkömmlinge;
   6. für an Kindes Statt angenommene Personen und deren Abkömmlinge, soweit sich auf diese die Wirkungen der Annahme an Kindes Statt erstrecken;

III. acht vom Hundert:
   1. für Geschwister der Eltern;
   2. für Verschwägerte im zweiten Grade der Seitenlinie;

IV. zehn vom Hundert in den übrigen Fällen, soweit es sich nicht um einen Erwerb der im § 12 bezeichneten Art handelt.

Uebersteigt der Wert des Erwerbes den Betrag von
20 000 Mark, so wird das $1^{1}/_{10}$ fache,
übersteigt er den Betrag von

30 000 Mark,	so	wird	das		$1^{2}/_{10}$	fache,
50 000	„	„	„	„	$1^{3}/_{10}$	„
75 000	„	„		„	$1^{4}/_{10}$	„
100 000	„	„	„	„	$1^{5}/_{10}$	„
150 000	„	„	„	„	$1^{6}/_{10}$	„
200 000	„	„	„	„	$1^{7}/_{10}$	„
300 000	„	„	„	„	$1^{8}/_{10}$	„
400 000	„	„	„	„	$1^{9}/_{10}$	„
500 000	„	„	„	„	2	„
600 000	„	„	„	„	$2^{1}/_{10}$	„
700 000	„	„	„	„	$2^{2}/_{10}$	„
800 000	„	„	„	„	$2^{3}/_{10}$	„
900 000	„	„	„	„	$2^{4}/_{10}$	„
1 000 000	„	„	„	„	$2^{5}/_{10}$	„

der im Abs. 1 bestimmten Sätze erhoben.

Die im Abs. 2 geregelte Steigerung beginnt bei den Steuerpflichtigen der I. Klasse erst, wenn der Wert des Erwerbes den Betrag von 50 000 Mark übersteigt, mit dem im Abs. 2 für diesen Wert bestimmten Satze.

Uebersteigt der Wert des Erwerbes eine der im Abs. 2 bezeichneten Wertgrenzen, so wird der Unterschiedsbetrag zwischen dem nach Abs. 2 anzuwendenden höheren Satze und demjenigen der vorangehenden Wertklasse nur insoweit erhoben, als er aus der Hälfte des die Wertgrenze übersteigenden Betrags des Erwerbes gedeckt werden kann.

Zu Absatz 1, I.

6. Zu Ziff. I des Abs. 1 führen die Motive folgendes an:

„Unter Nr. I, 1 sind nur die leiblichen Eltern, nicht auch die Adoptiveltern genannt; letztere würden also nach dem Entwurfe 10 bis 20 vom Hundert zu zahlen haben, während sie nach den bisherigen deutschen Erbschaftssteuergesetzen mit 1 bis 15 vom Hundert belegt sind."

7. Wenn das Gesetz den Ausdruck „leibliche Eltern" gebraucht, so hat es damit nicht etwa dem bürgerlichen Recht gegenüber eine Abweichung oder einen Gegensatz insofern begründen wollen, als dadurch die Abstammung schlechthin, also auch die uneheliche dem Vater gegenüber, als maßgebend hat anerkannt werden sollen. Der fragliche Ausdruck ist hier vielmehr lediglich im Gegensatz zu den Adoptiveltern, welche ausgeschlossen werden sollten, gewählt, wie solches ja auch aus den in der vorigen Note angegebenen Ausführungen der Motive mit Deutlichkeit erhellt. Für den Begriff „leibliche Eltern" sind daher auch hier ausschließlich die Vorschriften des BGB. maßgebend und es gelten als leibliche Eltern nur solche Personen, welche mit dem Erblasser nach bürgerlichem Recht als Eltern verwandt sind.

8. Der Begriff der Verwandtschaft, hier wie im folgenden, bestimmt sich in erster Linie nach dem § 1589 des BGB.:

„Personen, deren eine von der anderen abstammt, sind in gerader „Linie verwandt. Personen, die nicht in gerader Linie verwandt „sind, aber von derselben dritten Person abstammen, sind in der „Seitenlinie verwandt. Der Grad der Verwandtschaft bestimmt sich „nach der Zahl der sie vermittelnden Geburten.

„Ein uneheliches Kind und dessen Vater gelten nicht als verwandt."

9. Durch eheliche Abstammung wird an und für sich und ohne weiteres Verwandtschaft mit Vater und Mutter begründet, sodaß beide hier als leibliche Eltern in Betracht kommen. Voraussetzung der ehelichen Abstammung gibt der § 1591 des BGB.:

„Ein Kind, das nach der Eingehung der Ehe geboren wird, ist ehe„lich, wenn die Frau es vor oder während der Ehe empfangen und „der Mann innerhalb der Empfängniszeit der Frau beigewohnt hat. „Das Kind ist nicht ehelich, wenn es den Umständen nach offenbar „unmöglich ist, daß die Frau das Kind von dem Manne em„pfangen hat.

„Es wird vermutet, daß der Mann innerhalb der Empfängniszeit „der Frau beigewohnt habe. Soweit die Empfängniszeit vor die „Zeit der Ehe fällt, gilt die Vermutung nur, wenn der Mann ge„storben ist, ohne die Ehelichkeit des Kindes angefochten zu haben."

10. Durch eine Auflösung der Ehe durch Scheidung wird eine Veränderung in der Verwandtschaft nicht begründet, dieselbe ist daher hier ohne Einfluß; die geschiedenen Eltern kommen demnach beide als Eltern in Betracht und ist es dabei des weiteren bedeutungslos, ob einer oder beide Ehegatten bei der Scheidung für schuldig erklärt sind.

11. Die Kinder aus nichtigen Ehen sind an und für sich unehelich, es greift hier aber der § 1699 des BGB. ein:

„Ein Kind aus einer nichtigen Ehe, das im Falle der Gültigkeit der „Ehe ehelich sein würde, gilt als ehelich, sofern nicht beide Ehegatten „die Nichtigkeit der Ehe bei der Eheschließung gekannt haben.

„Diese Vorschrift findet keine Anwendung, wenn die Nichtigkeit der „Ehe auf einem Formmangel beruht und die Ehe nicht in das „Heiratsregister eingetragen worden ist."

Da nach den Ausführungen unter Nr. 4 zu diesem Paragraphen bei den nach Maßgabe des letzten Absatzes der vorstehenden Gesetzesbestimmung nichtigen Ehen die Wirkungen der Nichtigkeit ohne weiteres, d. h. ohne formelle Nichtigkeitserklärung, eintreten, so sind die Kinder aus solchen Ehen stets als uneheliche zu betrachten; sofern daher ein solches Erblasser ist, wird nur die Mutter unter der Kategorie leibliche Eltern in Betracht kommen können. In den übrigen Fällen muß stets, um die Nichtigkeit der Ehe in Wirksamkeit treten zu lassen, diese Nichtigkeit zunächst infolge der Nichtigkeitsklage durch Urteil festgestellt sein und ist dabei wiederum der Zeitpunkt der Nichtigkeitserklärung ausschlaggebend; liegt derselbe vor dem Zeitpunkt des Erbfalles, so sind die Wirkungen der Nichtigkeit in steuerlicher Beziehung zu berücksichtigen, liegt derselbe dahinter, so hat solches nicht zu geschehen. Praktisch wird das letztere aber nur in dem Ausnahmefall des ersten Absatzes des § 1699, also wenn die Nichtigkeitserklärung für eine nichtige Ehe erfolgt ist, deren Nichtigkeit beide Ehegatten bei der Eheschließung gekannt haben; ist die Nichtigkeitserklärung vor dem Eintritt des Erbfalles abgegeben, so steht nur die Mutter bezüglich der Kategorie leibliche Eltern in Frage, ist sie nach dem Eintritt des Erbfalles erst abgegeben, aber Vater wie Mutter. Treffen die beiden vorberührten Ausnahmefälle des § 1699 nicht zu, so gilt das Kind aus einer nichtigen Ehe als eheliches; es ist infolgedessen bezüglich eines solchen Kindes dasselbe Verwandtschaftsverhältnis wie bei einer gültigen Ehe begründet, wenn auch das Rechtsverhältnis zwischen Eltern und Kindern hier durch Sondervorschriften des BGB. (§§ 1700 ff.) ein modifiziertes ist. Hierbei hat auch der böse Glaube eines der Eheschließenden keinerlei Bedeutung; war nur einem der Eheschließenden die Nichtigkeit der Ehe bei der Eheschließung bekannt, so übt dieses auf das Verwandtschaftsverhältnis auch dieses Eheschließenden keinen Einfluß aus. In allen Fällen werden also hier Vater und Mutter als leibliche Eltern zu berücksichtigen sein.

12. Bezüglich der unehelichen Kinder greift neben der Vorschrift im zweiten Absatz des oben in Note 8 angeführten § 1589 noch der § 1705 des BGB. Platz:

„Das uneheliche Kind hat im Verhältnis zu der Mutter und zu den „Verwandten der Mutter die rechtliche Stellung eines ehelichen „Kindes."

Aus der Erbschaft eines unehelichen Kindes erwirbt daher nur die Mutter unter der Kategorie leibliche Eltern. Uneheliche Kinder können aber infolge der Legitimation durch nachfolgende Ehe oder durch Ehelichkeitserklärung die volle rechtliche Stellung ehelicher Kinder erlangen, vergl. die beiden folgenden Noten.

13. Für die Legitimation durch nachfolgende Ehe ist der § 1719 des BGB. maßgebend:

„Ein uneheliches Kind erlangt dadurch, daß sich der Vater mit der „Mutter verheiratet, mit der Eheschließung die rechtliche Stellung „eines ehelichen Kindes."

Durch die Legitimation wird demnach auch ein Verwandtschaftsverhältnis zwischen dem legitimierten Kinde und dem Vater begründet. Bei dem Erbfall eines legitimierten Kindes zählt also neben der Mutter auch der Vater zu den leiblichen Eltern; Voraussetzung ist selbstredend, daß die die Legitimation begründende Eheschließung vor dem Erbfall stattgefunden hat; eine Eheschließung nach dem Erbfall bleibt für den letzteren ohne Wirkung.

14. Die allgemeinen Vorbedingungen der Ehelichkeitserklärung gibt der § 1723 des BGB. an:

„Ein uneheliches Kind kann auf Antrag seines Vaters durch eine „Verfügung der Staatsgewalt für ehelich erklärt werden.

„Die Ehelichkeitserklärung steht dem Bundesstaate zu, dem der Vater an„gehört; ist der Vater ein Deutscher, der keinem Bundesstaat angehört, „so steht sie dem Reichskanzler zu.

„Ueber die Erteilung der einem Bundesstaate zustehenden Ehelichkeits„erklärung hat die Landesregierung zu bestimmen."

und des weiteren bestimmt der § 1736:

„Durch die Ehelichkeitserklärung erlangt das Kind die rechtliche „Stellung eines ehelichen Kindes."

Die Ehelichkeitserklärung hat hier dieselbe Wirkung wie die Legitimation. Die Vorbedingung, daß sie vor dem Erbfall eintritt, braucht nicht besonders betont zu werden, da eine Ehelichkeitserklärung nach dem Tode des Kindes nach § 1733 des BGB. ausgeschlossen ist. Folgeweise besteht durch die Ehelichkeitserklärung beim Erbfall auch eine Verwandtschaft zwischen dem für ehelich erklärten Kinde und dem Vater, der letztere gehört gleich der Mutter zu den leiblichen Eltern.

15. Was die bisherigen Erbschaftssteuergesetze anlangt, so waren nach dem Preuß. EStG., dem Sächs. EStG. und dem Braunschw. EStG. die leiblichen Eltern bisher überhaupt frei von der Erbschaftssteuer, nach dem Bayer. EStG. frei bei Anfällen bis 1000 Mk. und bezüglich 20 % des Mehrbetrages, im übrigen steuerpflichtig mit 4 %, nach dem Bad. EStG. frei bis 10000 Mk., darüber hinaus steuerpflichtig mit 1 %, nach dem Hess. EStG. frei bis zu dem Betrage ihrer gesetzlichen Intestaterbportion, weiter steuerpflichtig mit 5 %, nach dem Württ. EStG. allgemein steuerpflichtig mit 2 %.

16. Vollbürtige Geschwister sind solche, die beide Eltern, halbbürtige Geschwister solche, welche nur den Vater oder nur die Mutter gemeinsam haben. Sowohl durch die eheliche wie durch die uneheliche Abstammung wird das Geschwisterverhältnis begründet. Mehrere uneheliche Kinder derselben Mutter sind halbbürtige Geschwister, desgleichen ein voreheliches Kind der Mutter mit den aus einer später abgeschlossenen Ehe derselben entsprossenen Kindern. Infolge der Legitimation durch nachfolgende Ehe erlangt das uneheliche Kind in allen Beziehungen die rechtliche Stellung eines ehelichen Kindes; die Wirkungen der Legitimation erstrecken sich demnach auch auf die Abkömmlinge des Vaters; durch die Legitimation wird ein Geschwisterverhältnis begründet. Letzteres ist dagegen nicht der Fall bei der Ehelichkeitserklärung, weil nach § 1737 Abs. 1 des BGB. die Wirkungen der Ehelichkeitserklärung sich nicht auf die Verwandten des Vaters erstrecken, und ebenso nicht auf die Annahme an Kindesstatt, da auch für diese der § 1763 des BGB. die Wirkung auf die Verwandten des Annehmenden ausschließt. Kinder, welche beide Eltern in die Ehe mitgebracht haben — Kinder des Mannes aus einer früheren Ehe und Kinder der Frau aus einer früheren Ehe oder voreheliche Kinder derselben — sog. zusammengebrachte Kinder, sind nicht miteinander verwandt und stehen in keinem Geschwisterverhältnis. Ebenso sind mehrere uneheliche Kinder desselben Vaters von verschiedenen Müttern nicht miteinander verwandt.

17. Daß neben den voll- und halbbürtigen Geschwistern auch die Abkömmlinge ersten Grades derselben hier unter I, 2 Aufnahme gefunden haben, beruht auf einem Beschluß des Reichstages nach dem Antrage aus dessen Kommission, welche „dafür hielt, daß die Geschwisterkinder steuerlich nicht schlechter zu behandeln seien als wie ihr parens behandelt worden sein würde, wenn er am Leben geblieben wäre" (Drucksachen des Reichstages, 11. Legislatur-Periode, II. Session 1905/1906, Nr. 360, S. 42, vergl. auch S. 12); der Entwurf der Bundesregierungen hatte die Geschwisterkinder unter II gestellt. Als Abkömmlinge ersten Grades kommen eheliche und durch nachfolgende Ehe legitimierte Kinder der männlichen Geschwister, sowie eheliche und uneheliche Kinder der weiblichen Geschwister in Frage; Ehelichkeitserklärung und Annahme an Kindesstatt haben nach den in der vorigen Note angeführten Gesetzesvorschriften keine Wirkung. Unter Geschwistern sind hier wiederum voll- und halbbürtige Geschwister zu verstehen und finden die Ausführungen der vorigen Note in gleicher Weise Anwendung.

18. Die voll- und halbbürtigen Geschwister hatten nach der bisherigen Landesgesetzgebung an Erbschaftssteuer zu entrichten nach dem Preuß. EStG. 2%, nach dem Bayer. EStG. 4%, nach dem Sächs. EStG. 2%, nach dem Württ. EStG. 2%, nach dem Bad. EStG. bis 3000 Mk 3%, darüber 4%, nach dem Hess. EStG. 5% und nach dem Braunschw. EStG. 2,5 %, die Abkömmlinge ersten Grades von Geschwistern nach dem Preuß., dem Bayer., dem Bad., dem Hess. und dem Braunschw. EStG. den gleichen Satz wie die voll- und halbbürtigen Geschwister, nach dem Sächs. EStG. 3%, sowie nach dem Württ. EStG. desgleichen 3%.

Zu Absatz 1, II.

19. Unter den „Großeltern und entfernteren Voreltern" sind die sämtlichen Voreltern getroffen, d. h. diejenigen Personen, von denen der Erblasser mittelbar abstammt. Die eheliche und die uneheliche Abstammung kommt hier in der gleichen Weise wie bei den Eltern in Frage. Beim Erbfall eines ehelichen Kindes können Voreltern väterlicherseits und Voreltern mütterlicherseits vorkommen, bei dem Erbfalle eines unehelichen Kindes nur Voreltern mütterlicherseits. Die volle Wirkung der Legitimation durch nachfolgende Ehe zeigt sich auch hier; die dadurch legitimierten Kinder stehen den ehelichen Kindern bezüglich ihrer Stellung zu den Voreltern gleich; auch auf die Abkömmlinge der legitimierten Kinder findet dieses nach § 1722 des BGB. entsprechend Anwendung, selbst wenn das legitimierte Kind vor der Eheschließung gestorben ist. Bei der Ehelichkeitserklärung ist nach § 1737 eine Wirkung für die Abkömmlinge des für ehelich erklärten Kindes gegeben, sie erstreckt sich jedoch nur bis auf den Vater; letzterer wird daher bei einem Erbfall solcher Abkömmlinge unter der Kategorie der Voreltern in Betracht kommen. Die Wirkungen der Ehelichkeitserklärung erstrecken sich aber nicht auf die Verwandten des

Vaters; die Eltern und Voreltern des Vaters sind deshalb niemals als Voreltern des für ehelich erklärten Kindes und seiner Abkömmlinge anzusehen. Ebensowenig kommt das für ehelich erklärte Kind zu der Frau des Vaters in eine verwandtschaftliche Beziehung, die Frau und ihre Eltern ꝛc. sind daher als Voreltern ausgeschlossen. Dagegen bleibt das Verwandtschaftsverhältnis zwischen dem Kinde und seinen Verwandten nach § 1737 Abs. 2 des BGB. durch die Ehelichkeitserklärung unberührt; die letzteren werden daher als Voreltern entsprechend in Frage kommen können. Die Wirkungen der Annahme an Kindesstatt sind ganz die gleichen wie die der Ehelichkeitserklärung, nur bestimmt der zweite Satz des § 1762 des BGB. dazu folgende Modifikation:

„Auf einen zur Zeit des Vertragsabschlusses schon vorhandenen Abkömmling und dessen später geborene Abkömmlinge erstrecken sich die Wirkungen nur, wenn der Vertrag auch mit dem schon vorhandenen Abkömmlinge geschlossen wird".

20. Nach den bisherigen Landesgesetzen waren die Voreltern von der Erbschaftssteuer überhaupt frei im Preuß. EStG., im Sächs. EStG. und im Braunschw. EStG., bis zum Betrage ihrer gesetzlichen Intestatportion frei, von da ab steuerpflichtig mit 5% im Hess. EStG., mit 6% steuerpflichtig im Bayer. EStG., mit 3% im Württ. EStG. und bis 5000 Mk. mit 1%, über 5000 Mk. mit 2% steuerpflichtig im Bad. EStG.

21. Mit den Schwieger- und Stiefeltern kommt zuerst das Verhältnis der Schwägerschaft in Frage, für welches der § 1590 des BGB. bestimmend ist:

„Die Verwandten eines Ehegatten sind mit dem anderen Ehegatten verschwägert. Die Linie und der Grad der Schwägerschaft bestimmen sich nach der Linie und dem Grade der sie vermittelnden Verwandtschaft.

„Die Schwägerschaft dauert fort, auch wenn die Ehe, durch die sie begründet wurde, aufgelöst ist."

Die Schwägerschaft wird nur durch die Ehe, nicht durch die uneheliche Beiwohnung begründet, so daß also bei dem Erbfall eines unehelichen Kindes zwar der Ehegatte seiner Mutter als Stiefvater, nicht aber die Frau des unehelichen Vaters als Stiefmutter in Frage kommen kann.

22. Die Schwägerschaft setzt eine gültige Ehe voraus, auf eine nichtige Ehe kann sie sich nicht gründen. Es kommt dabei aber auch wiederum in Betracht, daß die Wirkungen der Nichtigkeit nicht immer ohne weiteres, sondern meist erst mit der Nichtigkeitserklärung eintreten; es findet deshalb bezüglich der Schwägerschaft in entsprechender Weise das Gleiche, was bezüglich der Verwandtschaft oben in Note 4 zu diesem Paragraphen ausgeführt wurde, Anwendung; speziell hat der dort angeführte § 1699 des BGB. dieselbe Tragweite bezüglich der Schwägerschaft wie bezüglich der Verwandtschaft.

23. Da die Legitimation durch nachfolgende Ehe dem unehelichen Kinde in allen Beziehungen und mit voller Wirkung die rechtliche Stellung eines ehelichen Kindes gibt, so begründet sie auch zwischen dem Ehegatten des legitimierten Kindes oder eines

Abkömmlings desselben einerseits und dem Vater und der Mutter desselben andererseits ein Schwägerschaftsverhältnis. Beim Erbfall des Ehegatten eines legitimierten Kindes sind daher Vater und Mutter des letzteren in der Kategorie der Schwiegereltern zu berücksichtigen.

24. Durch die Ehelichkeitserklärung wird eine Schwägerschaft nicht herbeigeführt, da der zweite Satz des § 1737 Abs. 1 des BGB. ausdrücklich vorschreibt:

„Die Frau des Vaters wird nicht mit dem Kinde, der Ehegatte des „Kindes wird nicht mit dem Vater verschwägert."

Ebensowenig bewirkt die Annahme an Kindesstatt eine Schwägerschaft nach der Bestimmung des § 1763 des BGB.:

„Die Wirkungen der Annahme an Kindesstatt erstrecken sich nicht „auf die Verwandten des Annehmenden. Der Ehegatte des An„nehmenden wird nicht mit dem Kinde, der Ehegatte des Kindes „wird nicht mit dem Annehmenden verschwägert."

Beim Erbfall eines für ehelich erklärten oder eines an Kindesstatt angenommenen Kindes ist daher die Frau des Vaters oder des Annehmenden nicht als Stiefmutter zu behandeln, beim Tode des Ehegatten eines solchen Kindes der Vater oder der Annehmende nicht als Schwiegervater.

25. Die Erbschaftssteuergesetze der Einzelstaaten behandeln die Schwiegereltern und die Stiefeltern nicht überall in einer übereinstimmenden Weise, doch sind beide überall steuerpflichtig, und zwar die Schwiegereltern nach dem Preuß. EStG. mit 4%, nach dem Bayer. EStG. mit 8%, nach dem Sächs. EStG. mit 4%, nach dem Württ. EStG. mit 4%, nach dem Bad. EStG. mit 6%, nach dem Hess. EStG. mit 8% und nach dem Braunschw. EStG. mit 2,5%, die Stiefeltern dagegen nach dem Preuß. EStG. mit 4%, nach dem Bayer. EStG. mit 4%, nach dem Sächs. EStG. mit 4%, nach dem Württ. EStG. mit 4%, nach dem Bad. EStG. mit 6% nach dem Hess. EStG. mit 8% und nach dem Braunschw. EStG. mit 2,5%.

26. Bezüglich der Schwieger- und Stiefkinder findet lediglich dasjenige, was in den Noten 21—24 des Paragraphen zu den Schwieger- und Stiefeltern ausgeführt worden ist, in entsprechender Weise Anwendung.

27. Die Schwieger- und Stiefkinder (3) sind ebenso wie die unter 5 und 6 aufgeführten unehelichen, von dem Vater anerkannten Kinder und deren Abkömmlinge (5), sowie die an Kindesstatt angenommenen Personen und deren Abkömmlinge, soweit sich auf diese die Wirkungen der Annahme an Kindesstatt erstrecken (6), erst durch den Reichstag aus der Klasse I, in welcher sie der Regierungsentwurf untergebracht hatte, in die Klasse II gesetzt. Der Bericht der Reichstagskommission führt zur Begründung an: „Um den durch die Verschiebung in höhere Klassen entstehenden Steuerausfall auszugleichen, empfehle es sich die in Klasse I Nr. 2,5 und 6 aufgeführten Personen (die hier in Frage stehenden) in die Klasse II zu setzen, zumal auch erhebliche Gründe gegen die Gleichstellung dieser Personen mit Eltern und Geschwistern sprächen. Dazu komme, was die unter 5 und 6 aufgeführten unehelichen, vom Vater anerkannten und adoptierten Kinder anlange, daß zu ihren Gunsten bei § 13 (jetzt § 11) Erleichterungen

vorgeschlagen werden sollten." Die fraglichen Erleichterungen haben demnächst im Gesetz im § 11 Ziffer 4 unter e Aufnahme gefunden.

28. In den Erbschaftssteuergesetzen der Bundesstaaten ist die Steuerpflicht der Schwieger- und Stiefkinder durchweg vorhanden, aber der Höhe nach verschieden begrenzt, so nach dem Preuß. EStG. mit 4%, nach dem Bayer. EStG. mit 4%, nach dem Sächs. EStG. mit 3%, nach dem Württ. EStG. mit 3%, nach dem Bad. EStG. mit 6%, nach dem Hess. EStG. mit 8% und nach dem Braunschw. EStG. mit 2,5%.

29. Die Abkömmlinge zweiten Grades von Geschwistern, bezüglich deren zu dem bereits oben Ausgeführten weiteres nicht hervorzuheben ist, wurden durch den Reichstag aus der ihnen vom Regierungsentwurf angewiesenen Klasse III in die Klasse II mit folgender Motivierung in dem Kommissionsbericht geschoben: „Setze man die Geschwisterkinder aus der zweiten in die erste Klasse, so sei es ein Postulat der Logik, die Abkömmlinge zweiten Grades von Geschwistern aus der dritten in die zweite Klasse zu setzen."

30. Die Erbschaftssteuergesetze der Bundesstaaten zogen die Abkömmlinge zweiten Grades von Geschwistern mit folgenden Sätzen heran: Preuß. EStG. 2%, Bayer. EStG. 4%, Sächs. EStG. 4%, Württ. EStG. 4%, Bad. EStG. bis 3000 Mk. 3%, darüber 4%, Hess. EStG. 8%, Braunschw. EStG. 2,5%.

31. Die Bestimmung, daß uneheliche vom Vater anerkannte Kinder und deren Abkömmlinge nur nach Klasse II steuerpflichtig sein sollen, bedeutet eine Abweichung von dem bürgerlichen Recht. Nach § 1589 Abs. 2 des BGB. gelten ein uneheliches Kind und dessen Vater nicht als verwandt; hieran wird durch die Anerkennung des Vaters, welche nach dem BGB. überhaupt nur für den Beweis der Vaterschaft eine Bedeutung hat, nichts geändert. In erbschaftssteuerlicher Beziehung sind aber die vom Vater anerkannten Kinder und deren Abkömmlinge bestimmten Verwandtenkategorien gleichgestellt; es ist damit in gewisser Weise die uneheliche Abstammung auch dem Vater gegenüber als Verwandtschaft oder als der Verwandtschaft gleichstehend in steuerlicher Beziehung anerkannt.

32. Es kommen hier uneheliche Kinder jeder Art in Betracht, sofern sie nach dem BGB. als uneheliche gelten, also nicht nur die außer oder ohne jede Ehe erzeugten Kinder des Vaters, sondern auch die aus einer nichtigen Ehe desselben, einmal und zwar in diesem Fall ohne weiteres, wenn die Nichtigkeit der Ehe auf einem Formmangel beruht und die Ehe nicht in das Heiratsregister eingetragen ist, sowie ferner, aber hier erst nach der Nichtigkeitserklärung, sofern beide Ehegatten die Nichtigkeit der Ehe bei der Eheschließung gekannt haben; Kinder aus sonst nichtigen Ehen können nicht in Frage kommen, weil sie nach 1699 des BGB. als ehelich gelten. Vgl. oben Note 4 zu diesem Paragraphen.

33. Das REStG. fordert lediglich die Anerkennung des Vaters ohne für diese Anerkennung irgend eine Form vorzuschreiben. Die Anerkennung kann daher in jeder beliebigen Form schriftlich wie mündlich geschehen. Es wird sogar schon als genügend an-

zusehen sein, wenn die Tatsache der Anerkennung aus der ganzen Handlungsweise des Vaters mit Sicherheit festzustellen ist, nach welcher Richtung hin natürlich derjenige, welcher sich darauf beruft, den Beweis zu führen hat.

34. In der Reihe der Aszendenten hinauf kann die Vorschrift nicht über den anerkennenden Vater hinaus zur Anwendung kommen, so daß also die Abkömmlinge des anerkannten Kindes dem anerkennenden Vater gegenüber zwar entsprechend berücksichtigt werden, nicht aber das anerkannte Kind den Eltern und Voreltern des anerkennenden Vaters gegenüber.

35. Als Abkömmlinge des anerkannten Kindes sind nur solche Abkömmlinge in Betracht zu ziehen, welche mit dem anerkannten Kinde nach bürgerlichem Recht verwandt sind, denn eine weitere Abweichung von dem letzteren muß als ausgeschlossen gelten, da sie nicht ausdrücklich verlautbart ist. Als Abkömmlinge sind hier demgemäß zu berücksichtigen die eheliche Abstammung des männlichen anerkannten Kindes, einschließlich der durch nachfolgende Ehe legitimierten, und die gesamte Abstammung des weiblichen anerkannten Kindes. Die Ehelichkeitserklärung und die Annahme an Kindesstatt sind ohne Wirkung.

36. Von den bisherigen Erbschaftssteuergesetzen der Bundesstaaten läßt das Bayer. EStG. die unehelichen vom Vater anerkannten Kinder und deren Abkömmlinge, das Bad. EStG. nur die fraglichen unehelichen Kinder selbst von der Steuer frei; das Preuß. EStG. besteuert die fraglichen Kinder mit 4%, die Abkömmlinge derselben mit 8%, das Württ. EStG. die Kinder mit 3%, die Abkömmlinge mit 8%, das Hess. EStG. die Kinder mit 5%, die Abkömmlinge mit 10%, das Braunschw. EStG. die Kinder mit 2,5%, die Abkömmlinge mit 5% und endlich das Sächs. EStG. Kinder und Abkömmlinge ohne irgend welche Bevorzugung mit 8%.

37. Eine weitere Abweichung von dem bürgerlichen Recht, aber nach der entgegengesetzten Richtung hin wie die vorberührte, da hier an Stelle der Steuerfreiheit eine wenngleich bevorzugte Steuerpflicht gesetzt wird, enthält die Einreihung der an Kindesstatt angenommenen Personen und deren Abkömmlinge, soweit sich auf diese die Wirkungen der Annahme an Kindesstatt erstrecken (in Verbindung mit der Befreiungsvorschrift des § 11 unter 4a) unter Ziff. 6 in die Klasse II. Die Motive des Regierungsentwurfs führen hierzu folgendes an:

„Nach § 1757 des BGB. stehen den an Kindesstatt angenommenen Kindern die Rechte ehelicher Kinder zu. Gleichwohl erschien es nicht angemessen, ihnen auch in bezug auf die Erbschaftssteuer die gleiche Befreiung wie den ehelichen Kindern zu gewähren, wie sie auch nach den meisten der bisherigen Steuergesetze diese Begünstigung nicht genossen haben. Insbesondere war die Befürchtung nicht ganz von der Hand zu weisen, daß die Annahme an Kindesstatt zu einer Umgehung der Erbschaftssteuer benutzt werden könnte. Die an Kindesstatt angenommenen Kinder sind aber wenigstens in die unterste Steuerklasse eingereiht worden. Die gleiche Behandlung hat auch in Ansehung der Abkömmlinge eines an Kindesstatt angenommenen Kindes im Falle des § 1762 des BGB. Platz zu greifen."

38. Für die Annahme an Kindesstatt ist im allgemeinen der § 1741 des BGB. bestimmend:

„Wer keine ehelichen Abkömmlinge hat, kann durch Vertrag mit „einem anderen diesen an Kindesstatt annehmen. Der Vertrag be„darf der Bestätigung durch das zuständige Gericht."

Die weiteren Vorbedingungen und Einzelheiten sind in den §§ 1742 ff. geregelt. Nach § 1749 kann von einem Ehepaar, aber auch nur von einem Ehepaar, ein Kind als gemeinschaftliches Kind angenommen werden. Der § 1757 bestimmt:

„Durch die Annahme an Kindesstatt erlangt das Kind die rechtliche „Stellung eines ehelichen Kindes des Annehmenden.

„Wird von einem Ehepaar gemeinschaftlich ein Kind angenommen „oder nimmt ein Ehegatte ein Kind des anderen Ehegatten an, so „erlangt das Kind die rechtliche Stellung eines gemeinschaftlichen „ehelichen Kindes der Ehegatten."

39. Die bezüglich der Abkömmlinge getroffene Beschränkung beruht auf dem § 1762 des BGB., welcher vorschreibt:

„Die Wirkungen der Annahme an Kindesstatt erstrecken sich auf die „Abkömmlinge des Kindes. Auf einen zur Zeit des Vertrags„abschlusses schon vorhandenen Abkömmling und dessen später ge„borene Abkömmlinge erstrecken sich die Wirkungen nur, wenn der „Vertrag auch mit dem schon vorhandenen Abkömmlinge geschlossen „wird."

40. Wie die Annahme an Kindesstatt nach den § 1763 in ihren Wirkungen auf den Annehmenden beschränkt ist und des weiteren keine Verwandtschaft oder Schwägerschaft begründet, so greift auch die Vorschrift unter Ziff. 6 nur bezüglich des Erbfalls des Annehmenden Platz, nicht aber auch bezüglich des Erbfalls der Eltern oder der Voreltern oder des Ehegatten desselben. Nur wenn nach Maßgabe des oben in Note 38 angeführten § 1757 Abs 2 ein Kind von einem Ehepaar gemeinschaftlich angenommen oder ein Ehegatte ein Kind des anderen Ehegatten angenommen hat, kommt die Vorschrift für den Erbfall beider Ehegatten in Betracht. Sofern es sich um den Erbfall des angenommenen Kindes handelt, kann die Vorschrift überhaupt nicht und so auch nicht bezüglich des Annehmenden in Frage kommen.

41. Von den Erbschaftssteuergesetzen der Einzelstaaten lassen die an Kindesstatt angenommenen Kinder steuerfrei das Bayer. EStG., das Sächs. EStG. und das Bad. EStG., letztere beide jedoch nicht für den Fall, daß im Annahmevertrage das Erbrecht ausgeschlossen ist, für welchen Fall der gewöhnliche Satz der Steuer mit 8 % beziehungsweise 10 % eintritt; steuerpflichtig sind die fragl. Kinder nach dem Preuß. EStG. mit 2 %, nach dem Württ. EStG. mit 3 %, nach dem Hess. EStG. mit 5 % und nach dem Braunschw. EStG. mit 2,5 %.

Zu Abs. 1, III.

42. Als Geschwister der Eltern kommen bei der Kategorie III, 1 ganz in der gleichen Weise wie bei der Kategorie I, 2 Geschwister überhaupt in Frage, also ohne Rücksicht darauf, ob das Geschwister-

verhältnis ein vollbürtiges oder halbbürtiges, ein eheliches oder uneheliches ist. Das oben in der Note 16 Ausgeführte gilt auch hier.

43. Unter Eltern sind wie bei der Kategorie I. 1 die leiblichen Eltern zu verstehen. Das oben in den Noten 7 ff. Ausgeführte findet hier entsprechende Anwendung. Die in Frage stehende Kategorie kann demgemäß bei dem Erbfall eines für ehelich erklärten Kindes sowie eines an Kindesstatt angenommenen Kindes nicht zur Berücksichtigung kommen, wohl aber bei dem Erbfall eines durch nachfolgende Ehe legitimierten Kindes.

44. Die Erbschaftssteuergesetze der Bundesstaaten besteuern den Erwerb der Geschwister der Eltern in folgender Weise: das Preuß. EStG. mit 4%, das Bayer. EStG. mit 6%, das Sächs. EStG. mit 4%, das Württ. EStG. mit 4%, das Bad. EStG. mit 6%, das Hess. EStG. mit 8% und das Braunschw. EStG. mit 5%.

45. Unter Ziffer 2 der Klasse III sind die Verschwägerten im zweiten Grade aber nur die der Seitenlinie herausgehoben. Es fallen demnach nur die Schwäger und Schwägerinnen oder die Geschwister des Ehegatten und die Ehegatten der Geschwister hierher, nicht aber die Eltern der Schwieger- und Stiefeltern und die Abkömmlinge der Schwieger- und Stiefkinder, welche sich zwar als Verschwägerte zweiten Grades, aber nicht als solche der Seitenlinie darstellen.

46. Es kommt hier entsprechend zur Geltung, was oben bezüglich der Schwägerschaft bei den Kategorien II, 2 und 3 ausgeführt wurde, so vorzugsweise die Noten 21—24. Namentlich ist zu beachten, daß es ohne Einfluß ist, ob die Ehe, auf welche die Schwägerschaft sich gründete, aufgelöst ist oder nicht.

47. Ebenso findet aber auch dasjenige Anwendung, was bezüglich der Geschwister bereits anzugeben war, also speziell die Note 16. Auch hier macht es keinen Unterschied aus, ob das Geschwisterverhältnis ein vollbürtiges oder ein halbbürtiges, ein eheliches oder uneheliches ist.

48. Nach den bisherigen Erbschaftssteuergesetzen der Bundesstaaten waren die Verschwägerten zweiten Grades der Seitenlinie durchweg nicht nach einem besonderen Steuersatz, sondern lediglich nach dem für alle nicht speziell herausgehobenen Erbfälle zur Anwendung zu bringenden Normalsatz steuerpflichtig, also nach dem Preuß. EStG., dem Bayer. EStG., dem Sächs. EStG. und dem Württ. EStG. mit 8%, nach dem Bad. EStG. und Hess. EStG. mit 10% und nach dem Braunschw. EStG. mit 5%.

Zu Absatz 1, IV.

49. Sofern nicht die Befreiungen in den nachstehenden Paragraphen in Betracht kommen, fallen in die Klasse IV alle anderen Anfälle, soweit sie überhaupt steuerpflichtig werden können, so die Anfälle an alle Verwandte und Verschwägerte, welche in den Klassen I—III nicht besonders herausgehoben sind, alle Anfälle an Nichtverwandte und Nichtverschwägerte — abgesehen von den unter II, 5 aufgeführten Personen —, sowie auch alle Anfälle an nicht physische Personen, Körperschaften und dergl.

50. Nach dem REStG. ist der für nicht herausgehobene Anfälle geltende Normalsatz der Klasse IV für eine Reihe von Verwandten beziehungsweise Verschwägerten gültig, die nach der früheren Landesgesetzgebung eine Bevorzugung genossen. Abgesehen von weiteren kleineren Unterschieden unterstanden einem niedrigeren Steuersatz als dem allgemeinen Normalsatz die Abkömmlinge von Stiefkindern in den sämtlichen hier regelmäßig herausgehobenen Staaten, die Abkömmlinge der Geschwister bis zum sechsten Grade in Preußen, Bayern, Baden und Braunschweig, und bis zum vierten Grade auch in Sachsen, Württemberg und Hessen, andere Seitenverwandte bis zum sechsten Grade in Preußen und bis zum vierten Grade in Bayern, Württemberg und Baden, sowie zum Teil auch in Sachsen, endlich die Adoptiveltern in Preußen, Bayern, Württemberg, Baden und Hessen.

51. Die bisherigen Erbschaftssteuergesetze der Bundesstaaten hatten folgende Normalsätze: das Preuß. EStG., das Bayer. EStG., das Sächs. EStG. und das Württ. EStG. 8%, das Bad. EStG. und das Hess. EStG. 10% und das Braunschw. EStG. 5%.

Zu Absatz 2.

52. Die Begründung für die in dem Absatz zur Durchführung gebrachte weitere Staffelung der Erbschaftssteuer nach der Höhe des Erbanfalles und für das zur Anwendung gebrachte Maß dieser Staffelung bis zu dem $2\frac{1}{2}$fachen des einfachen Satzes ist oben in Note 2 bereits gegeben.

53. Die Erhöhung des Steuersatzes nach Maßgabe des Abs. 2 tritt nicht etwa schon ein, wenn der Wert der ganzen Erbschaft oder der ganzen steuerpflichtigen Erbschaftsmasse die angeführten Sätze übersteigt, sondern nur dann, wenn solches bezüglich des Gesamterwerbes eines einzelnen Beteiligten der Fall ist, und lediglich bezüglich dieses Gesamterwerbes. Der Erwerb bedeutet hier dasjenige, was nach Maßgabe des § 30 ff. des Gesetzes der Berechnung der Steuer zu Grunde zu legen ist, also den ganzen Erwerb jedes einzelnen Beteiligten, soweit er steuerpflichtig ist; demgemäß finden die Ausführungen zu §§ 28—30 auch hier entsprechende Anwendung.

54. Entscheidend bezüglich der Anrechnung des einzelnen Erwerbes für den einzelnen Beteiligten ist stets nur die gesetzliche Steuerpflicht und nicht etwa die tatsächliche Entrichtung der Erbschaftssteuer, welche nach Verfügung des Erblassers einem gesetzlich nicht zur Steuerzahlung Verpflichteten auferlegt sein kann. Hat beispielsweise aus ein und demselben Erbfall ein Miterbe neben seinem Erbteil zu 80000 Mark noch ein Vermächtnis zu 30000 Mark erworben, für welches letztere aber nach besonderer Verfügung des Erblassers ein anderer damit belasteter Miterbe die Erbschaftssteuer zu entrichten hat, so berechnet sich sein Gesamterwerb auf 110000 Mark; der letztere Betrag ist aber bei Festlegung des Steuersatzes zu Grunde zu legen, so daß dieser nach der Stufe von über 100000 Mark das $1\frac{5}{10}$fache des einfachen Satzes und nicht

etwa gemäß des Erbteils zu 80000 Mark nach der Stufe von über 75000 nur das 1⁴/₁₀ fache beträgt.

55. Die Erbschaftssteuergesetze der hier regelmäßig berücksichtigten Bundesstaaten haben eine Staffelung der Steuer nach der Höhe des Erbanfalls nicht. In denjenigen Bundesstaaten, welche diese Staffelung bereits zur Einführung gebracht hatten, beginnt sie durchweg bei einem Erwerb von mehr als 50000 Mark und zwar in Anhalt, Reuß jüngerer Linie und Bremen mit einer Erhöhung des Normalsatzes um 5%, in Lübeck und Hamburg mit einer Erhöhung um 10%; das Maximum der Erhöhung des Normalsatzes beträgt bei den erstgenannten drei Bundesstaaten 50% und wird in Anhalt bei einem Erwerbe von mehr als 500000 Mark, in Reuß jüngerer Linie bei einem solchen von mehr als 600000 Mark und in Bremen bei einem solchen von mehr als 900000 Mk. erreicht, während es sich bei Lübeck und Hamburg auf 100% stellt und bei einem Erwerbe von mehr als 900000 Mark eintritt.

Zu Absatz 3.

56. Der Absatz 3 des Paragraphen ist dem Gesetz durch die Reichstagskommission bei ihrer zweiten Lesung eingefügt worden, nachdem man die Staffelung nach der Höhe des Erbanfalles schon bei einem Erwerbe von mehr als 20000 Mark — entgegen dem Regierungsentwurfe der mit der Staffelung erst bei einem Erwerb von mehr als 50000 Mark einsetzte — hatte beginnen lassen. Indem man auf diese Weise eine Erleichterung für die Steuerpflichtigen der I. Klasse schaffte, kam man dem allgemeinen Bestreben, die Erbschaftssteuer für die nächsten Verwandten möglichst wenig drückend zu gestalten, entgegen. Vergl. Drucksachen des Reichstags, 11. Legislatur-Periode, II. Session 1905/1906 Nr. 360 S. 41 ff.

Zu Absatz 4.

57. Zu Absatz 4 (nach dem Regierungsentwurf Absatz 3) führen die Motive folgendes aus, wodurch die Vorschrift genügend erklärt erscheint:

„Die Vorschrift des Abs. 3 ist bestimmt, unbillige Härten auszugleichen. Es mußte vermieden werden, daß, wenn der Erwerb die Grenze von 50000, 100000, 300000 oder 500000 Mark übersteigt, der Erwerber weniger erhält als bei einem geringeren Betrage des Anfalls. Beträgt eine Zuwendung an eine der im § 12 Nr. I (jetzt § 10 Nr. I) genannten Personen 501000 Mark, so verbleiben dem Erwerber nach dem Entwurfe 500 Mk. mehr, als wenn ihm nur 500000 Mark ausgesetzt gewesen wären".

IV. Befreiungen. (§§ 11–15.)

§ 11.

Von der Erbschaftssteuer befreit bleiben:

1. ein Erwerb von nicht mehr als 500 Mark;
2. ein Erwerb in Gemäßheit des § 1969 des Bürgerlichen Gesetzbuches;
3. die Befreiung von einer Schuld, sofern der Erblasser sie mit Rücksicht auf die Notlage des Schuldners angeordnet hat und eine Notlage auch durch den Erbfall im wesentlichen nicht beseitigt wird, soweit nicht die Steuer aus der Hälfte eines neben der erlassenen Forderung dem Bedachten zukommenden Anfalls gedeckt werden kann;
4. ein Erwerb, der anfällt:
   a) ehelichen Kindern und solchen Kindern, welchen die rechtliche Stellung ehelicher Kinder zukommt — jedoch mit Ausschluß der an Kindes Statt angenommenen Kinder —, sowie eingekindschafteten Kindern;
   b) unehelichen Kindern aus dem Vermögen der Mutter oder der mütterlichen Voreltern;
   c) Abkömmlingen der zu a, b bezeichneten Kinder;
   d) Ehegatten;
   e) den im § 10 I. 1, II. 1, 5, 6 aufgeführten Personen, sofern der Wert des Erwerbes den Betrag von 10000 Mark nicht übersteigt;
   f) den im § 10 I. 2, II. 2, 3 bezeichneten Personen, sofern er in Kleidungsstücken, Betten, Wäsche, Haus- und Küchengerät besteht, diese Gegenstände nicht zum Gewerbebetrieb oder zum Verkaufe bestimmt waren und der Wert des Erwerbes dieser Art den Betrag von 5000 Mark nicht übersteigt; auf den Abzug der Schulden und Lasten von dem Werte der bezeichneten Gegenstände finden die Vorschriften des § 9 entsprechende Anwendung;
   g) leiblichen Eltern, Großeltern und entfernteren Voreltern, soweit der Erwerb in Sachen besteht, die sie ihren Abkömmlingen durch Schenkung oder Uebergabevertrag zugewandt hatten;

h) Personen, die in einem Dienst- oder Arbeitsverhältnisse zum Erblasser gestanden haben, sofern der Wert des Erwerbes den Betrag von 3000 Mark nicht übersteigt;

5. ein Erwerb, der anfällt Familienstiftungen auf Grund eines in einer Verfügung von Todes wegen bestehenden Stiftungsgeschäfts.

1. Zu § 11 führen die Motive des Regierungsentwurfes folgendes aus:

„Wegen der Befreiung der im § 13 (jetzt § 11) genannten Abkömmlinge und Ehegatten ist auf das in der allgemeinen Begründung Gesagte Bezug zu nehmen. Die im Abs. 1 Nr. 2a erwähnte Einkindschaft ist dem BGB. unbekannt. Doch bleiben Einkindschaftsverträge, die vor dessen Inkrafttreten eingegangen sind, auch ferner in Geltung (vgl. Planck, Anm. 5 zu Art. 209 EG.). Die sonstigen Befreiungsvorschriften im Abs. 1 entsprechen in der Hauptsache dem in den einzelnen Staaten schon jetzt bestehenden Rechtszustande."

2. Unter Ziff. 1 sollte nach dem Regierungsentwurf ein Erwerb von nicht mehr als 300 Mark von der Erbschaftssteuer befreit bleiben. Durch den Reichstag ist die Befreiungsgrenze bis auf 500 Mark erhöht, weil sich eine solche Grenze „aus sozialen Gründen rechtfertige" (Kommissionsbericht). Die Bewertung des Erwerbes hat hier nach denselben Grundsätzen zu geschehen wie die nach dem zweiten Absatz des vorgehenden Paragraphen; das zu diesem Absatz speziell in den Noten 53 und 54 Ausgeführte findet demnach auch hier Anwendung.

3. In den bisherigen Erbschaftssteuergesetzen der Bundesstaaten waren Anfälle bis zu dem nachstehenden Betrage von der Steuer befreit: Preuß. EStG. 150 Mk., Bayer. EStG. 50 Mk., Sächs. EStG. 150 Mk., Württ. EStG. 120 Mk., Bad. EStG. 100 Mk., Hess. EStG. 100 Mk., Braunschw. EStG. 150 Mk.

4. Die Befreiung unter Ziff. 2 ist durch den Reichstag in das Gesetz gebracht. Der § 1969 des BGB. bestimmt über den sog. Dreißigsten:

„Der Erbe ist verpflichtet, Familienangehörigen des Erblassers, die „zur Zeit des Todes des Erblassers zu dessen Hausstande gehört „und von ihm Unterhalt bezogen haben, in den ersten dreißig Tagen „nach dem Eintritte des Erbfalles in demselben Umfange, wie der „Erblasser es getan hat, Unterhalt zu gewähren und die Benutzung „der Wohnung und der Haushaltungsgegenstände zu gestatten. Der „Erblasser kann durch letztwillige Verfügung eine abweichende An„ordnung treffen."

„Die Vorschriften über Vermächtnisse finden entsprechende An„wendung."

Ein gesetzlicher Erwerb nach Maßgabe dieses Paragraphen würde an sich nach § 1 Abs. 2 Ziff. 1 steuerpflichtig sein. Der Reichstag hat den bezüglichen Erwerb aber frei von der Steuer gelassen, „sowohl mit Rücksicht auf den keinesfalls erheblichen Wert des Erwerbes als auch darum, weil die auf die Feststellung der Steuer aufzuwendende Mühe und die damit verbundenen Belästigungen der Beteiligten in keinem richtigen Verhältnisse zu dem finanziellen Aufkommen aus dieser Steuer stehe" (Kommissionsbericht). In den Erbschaftssteuergesetzen der von uns regelmäßig berücksichtigten Bundesstaaten ist eine Befreiung des sog. Dreißigsten von der Steuer nicht ausgesprochen.

5. Auch die Befreiung unter Ziff. 3 hat der Reichstag in das Gesetz gebracht trotz der geltend gemachten Zweifel, ob es nötig sei, diesen Fall besonders im Gesetz zu regeln, und ob nicht der Inhalt des Antrages sich schon aus den §§ 24 und 29 Abs. 2 ergebe. Die von uns regelmäßig berücksichtigten bundesstaatlichen Erbschaftssteuergesetze kennen eine bezügliche Befreiung von der Steuer nicht.

6. Bezüglich der Befreiung unter 4a ist zunächst auf die Note 1 zu diesem Paragraphen Bezug zu nehmen. Ueber das Verhältniß der ehelichen Kinder ist das Nähere oben in Note 9 und 10 zu § 10 ausgeführt. Kinder, welchen die rechtliche Stellung der ehelichen Kinder zukommt, sind einerseits dem Vater und der Mutter gegenüber die durch nachfolgende Ehe legitimierten Kinder (vgl. Note 13 zu § 10) und abgesehen von den besonderen Ausnahmefällen, nach Maßgabe des § 1699 des BGB. die Kinder aus nichtigen Ehen (vgl. Note 11 zu § 10) und andererseits lediglich dem Vater gegenüber die für ehelich erklärten Kinder (vgl. Note 14 zu § 10) und die an Kindesstatt angenommenen Kinder (vgl. Note 38 zu § 10); die letzteren an Kindesstatt angenommenen Kinder sind hier ausgenommen, weil sie nach § 10, II, 6 besonders für steuerpflichtig erklärt worden sind (vgl. Note 37 zu § 10).

7. Die Befreiung unter 4b entspricht dem § 1705 des BGB., nach welchem das uneheliche Kind im Verhältnis zu der Mutter und zu den Verwandten der Mutter die rechtliche Stellung eines ehelichen Kindes hat. (Vgl. auch Note 12 zu § 10).

8. Die Befreiung unter 4d greift allgemein nur Platz, wenn die Ehe eine gültige gewesen ist und bis zum Tode des verstorbenen Ehegatten fortgedauert hat. Dieselbe kann keine Anwendung finden, wenn es sich um eine nach § 1324 wegen eines Formfehlers nichtige Ehe, welche nicht in das Heiratsregister eingetragen ist, handelt und wenn die Ehe vor dem Zeitpunkt des Erbfalls wegen Nichtigkeit oder Anfechtbarkeit rechtskräftig für nichtig oder infolge einer Klage auf Ehescheidung rechtskräftig für aufgelöst erklärt wurde. Bezüglich der nichtigen Ehe vgl. Note 4 zu § 10. Für den Fall, daß auf Grund des § 1575 des BGB. eine Klage auf Aufhebung der ehelichen Gemeinschaft rechtskräftig durchgeführt ist, trifft der § 1586 folgende Bestimmung:

„Wird nach § 1575 die eheliche Gemeinschaft aufgehoben, so treten „die mit der Scheidung verbundenen Wirkungen ein; die Eingehung „einer neuen Ehe ist jedoch ausgeschlossen. Die Vorschriften über „die Nichtigkeit und Anfechtbarkeit der Ehe finden Anwendung, wie „wenn das Urteil nicht ergangen wäre."

Wenn danach auch die Ehe in gewisser beschränkter Beziehung dem Bande nach bestehen bleibt, so sind doch die eintretenden Wirkungen der Scheidung die weitaus überwiegenden. Als dem Sinn der Befreiungsvorschrift bezüglich der Ehegatten entsprechend wird es danach anzusehen sein, wenn hier dem rechtskräftigen Urteil auf Aufhebung der ehelichen Gemeinschaft dieselbe Wirkung wie dem rechtskräftigen Urteil auf Scheidung beigemessen wird. Daß nach § 1933 des BGB. das Erbrecht des überlebenden Ehegatten sowie das Recht auf den Voraus ausgeschlossen ist, wenn der Erblasser zur Zeit seines Todes auf Scheidung wegen Verschuldens des Ehegatten zu klagen berechtigt war und die Klage auf Scheidung oder auf Aufhebung der ehelichen Gemeinschaft erhoben hatte, kann auf die Anwendbarkeit der Befreiungsvorschrift keinen Einfluß ausüben, a. M. Wahl, Sächs. EStG. Note 7 zu Art. 2.

9. Die Befreiungen unter 4 a—d, welche nach dem Regierungsentwurf unverändert in das Gesetz übernommen sind, finden sich auch in der gleichen Weise in den Erbschaftssteuergesetzen der sämtlichen von uns regelmäßig berücksichtigten Bundesstaaten.

10. Die drei Befreiungen unter 4 e—g fehlten im Gesetzentwurf der Bundesregierungen und verdanken dem Reichstag ihre Aufnahme, der dabei von dem Grundgedanken ausging, „daß die engere Familie des Erblassers besondere Schonung verdiene und möglichst vor Deklarationen zu bewahren sei. Deshalb sei vorgeschlagen unter dem Buchstaben e zunächst für leibliche Eltern, Großeltern und entferntere Voreltern einen Erwerb bis zum Werte von 10000 Mk. steuerfrei zu lassen. Es rechtfertige sich dieselbe Vergünstigung den adoptierten Kindern zu gewähren. Nach der Begründung des Entwurfs würden diese Kinder, obwohl sie gesetzlich den ehelichen Kindern gleichstehen, hauptsächlich deshalb steuerlich nicht wie eheliche Kinder behandelt, weil erfahrungsgemäß die Adoption oft zur Umgehung der Erbschaftssteuer benützt wird. Daß aber eine Adoption zum Zwecke der Steuerumgehung vorgenommen werde, sei bei einer Vermögenszuwendung bis zu 10000 Mk. nicht anzunehmen. Was sodann die natürlichen, vom Vater anerkannten, Kinder betreffe, so sei gewiß dagegen nichts einzuwenden, wenn durch die Steuerbefreiung für Zuwendungen an sie bis zu 10000 Mk. ein Anreiz zur Anerkennung solcher Kinder gegeben werde“ (Kommissionsbericht). Bezüglich Feststellung des Verwandtschaftsverhältnisses der betreffenden Personen gilt dasselbe, was dazu in den bezüglichen Noten des § 10 ausgeführt wurde. Die Befreiung tritt nur ein, wenn der Gesamterwerb der genannten Personen den Betrag von 10000 Mk. nicht übersteigt, nicht aber etwa stets für den letzteren Betrag. Eine ähnliche Befreiung aber auf letzterer hier nicht gegebener Grundlage hatten für die leiblichen Eltern das Bayer. EStG., das Bad. EStG. und das Hess. EStG. (vgl. Note 15 zu § 10) sowie bezüglich der Großeltern das Hess. EStG. (vgl. Note 20 zu § 10); im übrigen ist die Befreiung in der Weise den bundesstaatlichen Erbschaftssteuergesetzen nicht bekannt, was übrigens bezüglich der leiblichen Eltern schon durch die allgemeine Befreiung derselben (Note 15 zu § 10) ausgeschlossen war.

11. Eine Bestimmung wie die unter 4 f war in anderer Fassung und Ausdehnung von der Reichstagskommission in erster Lesung angenommen; zur zweiten Lesung wurde eine wesentliche Erweiterung beantragt, die sich aber bei näherer Prüfung als unzweckmäßig

erwies; die Bestimmung enthielt dann die jetzige Form und Beschränkung. Der Kommissionsbericht gibt dazu an: „Danach besteht also jetzt Steuerfreiheit für einen Mobiliarerwerb in der Höhe von 5000 Mk., soweit er anfällt Geschwistern und Geschwisterkindern, Schwieger- und Stiefeltern und Schwieger- und Stiefkindern.“ Wenn auch die Fassung des Gesetzes es immerhin zweifelhaft läßt, so ist doch nach dieser Angabe im Kommissionsbericht gewollt, daß der fragliche Mobiliarerwerb unter allen Umständen von der Steuer befreit bleiben soll, wie solches übrigens auch dem oben angegebenen Grundgedanken, die näheren Verwandten möglichst vor Deklarationen zu bewahren, entsprechen würde. Die bezügliche Befreiung wird also auch für den Fall Platz greifen, daß den genannten Personen aus dem Erbfall noch ein anderweiter Erwerb anfällt, der allein oder in Verbindung mit dem Mobiliarerwerb den Wert von 5000 Mk. übersteigt. Wenn aber der Wert des Mobiliarerwerbs allein über 5000 Mk. hinausgeht, kann die Befreiung keine Anwendung finden. Als Mobiliar können nur die im Gesetz ausdrücklich aufgeführten Gegenstände in Betracht kommen; eine analoge Ausdehnung auf andere Gegenstände ist ausgeschlossen. Bezüglich der Verwandtschaft und der Schwägerschaft ist wiederum dasjenige maßgebend, was oben in den Noten 8 ff. und 21 ff. zu § 10 ausgeführt wurde. In den Erbschaftssteuergesetzen der einzelnen Bundesstaaten findet sich eine gleiche Befreiung nicht.

12. Zu der Befreiung 4 g führt der Bericht der Reichstagskommission an:

„Die Bestimmung unter dem Buchstaben g lehne sich an den Art. 747 Code civil an; den in diesem Artikel aufgeführten Schenkungen seien die Uebergabeverträge gleichgestellt mit Rücksicht auf die namentlich bei der Landbevölkerung des Ostens bestehenden Gepflogenheiten.“ Die Verwandtschaftsverhältnisse bestimmen sich wiederum nach den früheren Ausführungen zu § 10. Wird für einen Erwerb die Steuerbefreiung in Anspruch genommen, so ist von dem die Befreiung Beanspruchenden der Nachweis zu führen, daß er die fraglichen Sachen dem Erblasser durch Schenkung oder Uebergabevertrag zugewendet habe. Nach dem Sinn und dem Wortlaut der Befreiung ist der Begriff „Sachen“ hier nicht im weitesten Sinne zu fassen; vertretbare und verbrauchbare Sachen können nicht in Frage kommen, es kann sich vielmehr stets nur um fest durch sich bestimmte konkrete Gegenstände handeln, die von dem Befreiung Beanspruchenden dem Erblasser als solche entsprechend zugewendet worden sind; soweit letzteres zutrifft, ist aber jede Art von Gegenständen befreit. Die Erbschaftssteuergesetze der von uns regelmäßig berührten Bundesstaaten enthalten eine bezügliche Befreiungsvorschrift nicht.

13. Die Befreiung unter 4 h war in dem Regierungsentwurf auf die Personen, welche dem Hausstande des Erblassers angehört und darin in einem Dienstverhältnisse gestanden haben, sowie auf einen Erwerb von nicht mehr als 1000 Mk. beschränkt. Die Reichstagskommission beschloß in der ersten Lesung, die Steuerbefreiung noch auf einen größeren Kreis von Personen auszudehnen, die zu dem Erblasser in einem persönlichen Dienstverhältnisse gestanden haben, und die Wertgrenze auf 3000 Mk. zu erhöhen. In der zweiten Lesung wurde die jetzige Gesetzesfassung ohne Widerspruch, aber auch ohne im Kommissionsbericht eine weitere Begründung zu finden, angenommen. Das Moment einer besonderen persönlichen Verbindung mit dem Erblasser ist dadurch mehr zurückgedrängt und an die Stelle desselben in der Hauptsache das lediglich der Arbeitsgewährung getreten. Die Befreiung bezieht sich jetzt schlechthin auf alle Personen, welche zu dem Erblasser in einem Dienst- oder Arbeitsverhältnis gestanden haben. Sie findet daher auch Anwendung auf alle diejenigen Personen, welche in einem landwirtschaftlichen, gewerblichen 2c. Betriebe des Erblassers beschäftigt sind; Voraussetzung ist dabei lediglich, daß der Erblasser tatsächlich Dienstherr oder Arbeitgeber gewesen ist. In den sämtlichen von uns regelmäßig berührten bundesstaatlichen Erbschaftssteuergesetzen erscheint eine bezügliche Befreiung, doch wird überall neben dem Dienstverhältnis die Angehörigkeit zum Hausstand des Erblassers gefordert, auch die Wertgrenze durchweg auf 1000 Mk. (Bayer. EStG. 600 Mk., Braunschw. EStG. 900 Mk.) festgesetzt.

14. Die Befreiung unter 5 ist in der zweiten Lesung der Reichstagskommission zugefügt worden. Der Kommissionsbericht sagt dazu folgendes: „Zu beachten ist, daß Ziff. 5 nur von Familienstiftungen, nicht von Stiftungen schlechtweg redet. Bei sonstigen in einer Verfügung von Todes wegen vorgenommenen Stiftungen wird nach § 84 des BGB. angenommen, daß sie schon bei Lebzeiten des Stifters entstanden seien; die ihnen gemachte Zuwendung ist zu versteuern nach § 12 (jetzt § 10) oder nach § 14 (jetzt § 12). Familienstiftungen sind, entsprechend dem gewöhnlichen Sprachgebrauche, Stiftungen, die wesentlich im Interesse der Angehörigen einer oder bestimmter Familien gemacht werden, wenn auch vorübergehend oder subsidiär Bezüge aus der Stiftung an andere Personen gelangen können." In der vom REStG. angenommenen Form haben die Erbschaftssteuergesetze der von uns regelmäßig berücksichtigten Bundesstaaten die Befreiung nicht; sofern die Familienstiftungen im einzelnen Fall als milde anzusehen oder ausdrücklich anerkannt sein sollten, würden sie nach dem Preuß. EStG., dem Bayer. EStG., dem Hess. EStG. und dem Braunschw. EStG. von der Steuer befreit sein, während das Sächs. EStG. die Freiheit speziell ausschließt.

§ 12.

Die Erbschaftssteuer beträgt fünf vom Hundert:

1. für einen Erwerb, der anfällt inländischen Kirchen;
2. für einen Erwerb, der anfällt solchen inländischen Stiftungen, Gesellschaften, Vereinen oder Anstalten, die ausschließlich kirchliche, mildtätige oder gemeinnützige Zwecke verfolgen, sofern ihnen die Rechte juristischer Personen zustehen;
3. für Zuwendungen, die ausschließlich kirchlichen, mildtätigen oder gemeinnützigen Zwecken innerhalb des Deutschen

Reichs oder der deutschen Schutzgebiete gewidmet sind, sofern die Verwendung zu dem bestimmten Zwecke gesichert und die Zuwendung nicht auf einzelne Familien oder bestimmte Personen beschränkt ist;

4. für einen Erwerb, der anfällt Kassen oder Anstalten, welche die Unterstützung der zu dem Erblasser in einem Dienst- oder Arbeitsverhältnisse stehenden Personen, sowie der Familienangehörigen solcher Personen bezwecken. Das Gleiche gilt, wenn der Erwerb anfällt Kassen oder Anstalten, welche die Unterstützung von Personen sowie deren Familienangehörigen bezwecken, die zu einem wirtschaftlichen Unternehmen, bei dem der Erblasser beteiligt war, in einem Dienst- oder Arbeitsverhältnisse stehen.

Unter Kirchen (Abs. 1, Nr. 1) und kirchlichen Zwecken Abs. 1, Nr. 2 und 3) sind alle inländischen öffentlich zugelassenen Religionsgesellschaften, denen die Rechte juristischer Personen zustehen, sowie die Zwecke solcher Religionsgesellschaften zu verstehen.

Vermögensvorteile von nicht mehr als 5000 Mark sind in den Fällen des Abs. 1 von der Erbschaftssteuer befreit.

Die in den Abs. 1, 3 bezeichneten Vergünstigungen können zu Gunsten ausländischer Stiftungen, Gesellschaften, Vereine und Anstalten der im Abs. 1 Nr. 2 bezeichneten Art, zu Gunsten solcher Zuwendungen, die den dort unter Nr. 3 bezeichneten Zwecken im Auslande zu dienen bestimmt sind, und zu Gunsten ausländischer Kassen und Angestellten der dort unter Nr. 4 bezeichneten Art zugestanden werden, sofern der ausländische Staat dem Deutschen Reiche gegenüber die gleiche Rücksicht übt.

Die Entscheidung darüber, ob Zwecke der im Abs. 1 Nr. 2, 3 und im Abs. 4 bezeichneten Art vorliegen, erfolgt durch die Landesregierung.

Vergl. BRAusfB. § (24).

Zu Absatz 1:

1. Der § 12 enthält abgesehen von seinem Absatz 4 nicht eigentlich Steuerbefreiungen, sondern nur Steuererleichterungen. Der Abs. 1, welcher in dem Regierungsentwurf ungeteilt erscheint, ist in der zweiten Lesung der Reichstagskommission in drei Ziffern „der besseren Uebersicht wegen" abgeteilt worden; es ist sodann als Ziffer 4 eine neue Vorschrift eingefügt. Die Motive zum Regierungsentwurf führen zum § 12 folgendes aus:

„Gegenüber den anerkannten Kirchen und Religionsgesellschaften sowie den Anstalten und Unternehmungen zu religiösen, mildtätigen und gemeinnützigen Zwecken hat der Entwurf von einer Besteuerung nach dem vollen Steuerbetrag absehen und mit der Einräumung einer bevorzugten steuerlichen Behandlung der Mehrzahl der deutschen Erbschaftssteuergesetzgebungen folgen zu sollen geglaubt. Nach § 14 (jetzt § 12) soll hiernach unter völliger Freilassung aller Zuwendungen von nicht mehr als 3000 Mark im übrigen nur die Hälfte des an sich in Betracht kommenden Steuersatzes von 10 bis 20 vom Hundert erhoben werden.

Kirchliche Zwecke sind nicht bloß die dem Interesse der inländischen Kirchen dienenden, sondern auch die von den übrigen, mit dem Rechte juristischer Personen ausgestatteten, inländischen Religionsgesellschaften verfolgten Zwecke. Die in verschiedenen deutschen Gesetzen besonders erwähnten Unterrichtszwecke sind im Entwurfe nicht ausdrücklich genannt, weil sie den gemeinnützigen Zwecken zuzuzählen sind."

2. Zu Ziff. 1 ist zu bemerken, daß nunmehr dasjenige, was unter „inländischen Kirchen" zu verstehen ist, im Abs. 2 des Gesetzes näher erläutert worden ist. Das zu diesem Absatz unten in Note 16 Ausgeführte ist zu vergleichen. In der bisherigen bundesstaatlichen Gesetzgebung waren inländische Kirchen und andere Religionsgesellschaften — Fassung und Begrenzung im einzelnen einige Verschiedenheiten zeigend — unbeschränkt von der Erbschaftssteuer befreit nach dem Preuß. EStG., dem Sächs. EStG. und dem Braunschw. EStG., mit verschiedenartiger Beschränkung befreit nach dem Bayer. EStG., dem Württ. EStG. und dem Bad. EStG., nicht befreit nach dem Hess. EStG.

3. Für die unter Ziff. 2 befreiten Stiftungen rc. sind zunächst zwei allgemeine Erfordernisse aufgestellt: sie müssen inländische sein und die Rechte juristischer Personen besitzen. Unter inländischen Stiftungen rc. sind nur diejenigen zu verstehen, welche innerhalb des Deutschen Reiches ihren Sitz haben; die Schutzgebiete können hier nicht in Frage kommen, umsomehr als dieselben nach Beschluß des Reichstages in der folgenden Befreiung unter Ziff. 3 ausdrücklich angezogen sind, während solches bei der vorliegenden Bestimmung nicht geschehen. Juristische Personen können entweder solche des Privatrechtes oder solche des öffentlichen Rechtes sein; nur für die ersteren trifft das BGB. unter der Scheidung in Vereine und in Stiftungen in den §§ 21—88 eine Regelung, welche hier, was Rechtsfähigkeit rc. anlangt, als maßgebend zu beachten ist; für die juristischen Personen des öffentlichen Rechtes ist die Landesgesetzgebung der Bundesstaaten bestimmend und können nur diejenigen Körperschaften, Anstalten rc. als juristische Personen in Frage kommen, welche diese Qualität nach der für sie maßgebenden Landesgesetzgebung tatsächlich besitzen, bzw. auf Grund dieser als juristische Personen anerkannt werden.

4. Stiftungen und Anstalten sind von den Gesellschaften und Vereinen dadurch unterschieden, daß bei ersteren ein sog. Zweckvermögen, bei letzteren eine Vereinigung von Personen die eigentliche Unterlage bildet, welche sodann vermöge einer beson-

deren Organisation, die auf gesetzlichen Vorschriften beruht und diesen entsprechen muß, mit eigener Persönlichkeit ausgestattet ist und dadurch selbständig Rechte und Pflichten erwerben kann.

5. Die Stiftungen rc. müssen, um die Steuererleichterung zu genießen, ausschließlich kirchliche, mildtätige oder gemeinnützige Zwecke verfolgen. Sofern also eine Stiftung rc. neben ihrem Hauptzweck, der ein kirchlicher, mildtätiger oder gemeinnütziger ist, noch einen anderen Zweck nebenher verfolgt, welcher sich nicht als ein kirchlicher, mildtätiger oder gemeinnütziger darstellt, kann die Steuererleichterung nicht Platz greifen. Dabei macht es keinen Unterschied aus, ob der nebenher verfolgte Zweck, dem die Steuererleichterung nicht zugestanden ist, dem befreienden Hauptzweck gegenüber nur in einer ganz untergeordneten oder in einer wesentlicheren Weise in Frage kommt. Notwendig, um die Befreiung auszuschließen, ist es aber, daß es sich bei dem fraglichen Zweck auch um einen wirklich selbständigen Zweck handelt, der sich neben dem Hauptzweck doch als ein Selbstzweck darstellt und nicht etwa nur der Förderung des ersteren dient. Bei einer Konkurrenz zweier Zwecke, von denen jeder die Befreiung begründet, kann selbstverständlich von einem Wegfall derselben nicht die Rede sein.

6. Was unter kirchlichen Zwecken zu verstehen ist, erklärt wiederum der zweite Absatz des Paragraphen. Stiftungen rc. mit mildtätigen Zwecken sind solche, die einer gewissen Bedürftigkeit, die aber noch keineswegs eine Notlage zu sein oder an diese heranzukommen braucht, in irgend einer Weise ausgleichend entgegenzukommen oder auch nur beschränkteren Verhältnissen ohne eine eigentliche Hilfsbedürftigkeit fördernd aufzuhelfen bestimmt sind: wenn auch im allgemeinen dem Begriff der Wohltätigkeit entsprechend, dürfte doch die Mildtätigkeit noch etwas in weitere Grenzen darüber hinausgehen. Daß der mildtätige Zweck einer politisch begrenzten Gesamtheit, auch nur der Gesamtheit einer kleinsten politischen Körperschaft zugute kommen muß, ist nicht erforderlich, er kann auch lediglich einem kleineren Personenkreis wie einem Familienverbande zu dienen haben. Gemeinnützig ist eine Stiftung rc., wenn sie unmittelbar dem allgemeinen Besten zu dienen bestimmt ist, wenn sie Zwecke verfolgt, die der Allgemeinheit förderlich sind und dieser zugute kommen. Eine Beschränkung auf einen kleineren Personenkreis innerhalb der Gemeinheit etwa auf einen Familienverband ist hier ausgeschlossen; dahingegen ist es nicht erforderlich, daß die Stiftung rc. für die Gemeinheit in ihrer weitesten Ausdehnung, wie den Staat oder das Reich, zu wirken bestimmt ist, es genügt vielmehr hier die kleinste örtlich abgeschlossene Gemeinheit, also regelmäßig der Gemeindeverband. Der Begriff der mildtätigen wie der gemeinnützigen Stiftungen rc. bleibt aber immer ein mehr oder weniger fließender vermöge der großen Verschiedenheit der hier möglichen Fälle; er wird sich erst nach und nach in der praktischen Auslegung mehr festlegen. Dem Sinne des ganzen Gesetzes dürfte es aber entsprechen, wenn hier bei der praktischen Auslegung nicht zu enge Grenzen gezogen und die fiskalischen Interessen nicht vorwiegend ins Auge gefaßt werden.

7. Die Erbschaftssteuergesetze der Bundesstaaten

lassen den Erwerb nach Ziff. 2, wenn auch durchweg in einer anderen Begrenzung und Formulierung, sachlich doch in der Hauptsache übereinstimmend überhaupt von der Erbschaftssteuer frei, obwohl im allgemeinen das REStG. bezüglich des Kreises der berücksichtigten Stiftungen 2c. eine Erweiterung bedeutet.

8. Bei der Befreiungsvorschrift unter 3 kommt zunächst, was die Ausschließlichkeit der Zweckbestimmung sowie die Zweckbestimmung als solche anlangt, in entsprechender Weise das oben in den Noten 5 und 6 Ausgeführte in Betracht. Daß die Zuwendungen den fraglichen Zwecken auch innerhalb der deutschen Schutzgebiete gewidmet sein dürfen, ist dem Gesetz wiederum vom Reichstag eingefügt worden, weil die Einschließung der deutschen Schutzgebiete sich aus deren Stellung zum Mutterlande ergebe.

9. Die Vorschrift unter Ziff. 3 ist sodann wiederum an zwei besondere Voraussetzungen geknüpft. Einmal muß die Verwendung zu dem bestimmten Zweck gesichert sein. Wann und wodurch diese Sicherheit gegeben ist, stellt sich als eine lediglich nach den Verhältnissen des einzelnen Falles zu entscheidende Tatfrage dar; die Entscheidung darüber hat die Steuerbehörde nach freiem Ermessen zu treffen und findet dabei der Instanzenzug statt. Sofern die Befreiung zugestanden ist, hat die Steuerbehörde das Recht und die Pflicht, die tatsächliche Verwendung zu dem bestimmten Zweck, wenn sie noch nicht vollständig abgeschlossen sein sollte, weiter entsprechend zu überwachen. Die Zuwendung darf ferner nicht auf einzelne Familien oder bestimmte Personen beschränkt sein. Die Zuwendung muß also der Allgemeinheit, wenn auch nur in ihrer engsten örtlichen Begrenzung, zugute kommen und findet das, was oben in Note 6 bezüglich der gemeinnützigen Stiftungen 2c. ausgeführt wurde, hier auf die Zuwendungen für die sämtlichen genannten Zwecke Anwendung.

10. Die Erbschaftssteuergesetze der Bundesstaaten weisen hier neben einer verschiedenartigen Begrenzung und Formulierung auch eine unterschiedliche Sachbehandlung auf. Im großen und ganzen ist der Stand so, daß das Bayer. EStG. und das Sächs. EStG. die fraglichen Zuwendungen unbeschränkt, das Württ. EStG. und das Hess. EStG. mit Einschränkung von der Steuer überhaupt freilassen, das Preuß. EStG. und das Bad. EStG. sie mit einem bevorzugten Satze besteuern und das Braunschw. EStG. voll zu dem Normalsatz.

11. Die Vorschrift unter Ziff. 4 beruht auf einem Antrag des Berichterstatters der Reichstagskommission, welcher im Kommissionsberichte dazu folgendes anführt: „Die Bestimmung unter 4 habe er dem Tarife zum Preußischen Erbschaftssteuergesetze entnommen. In diesem sei die Befreiung durch die Novelle vom 31. Juli 1895 eingeführt worden; sie bezwecke sozialen Bedürfnissen der Gegenwart abzuhelfen. Der letzte Satz sei von ihm neu hinzugefügt, um in der preußischen Praxis hervorgetretene Mißstände zu beseitigen, die er an einzelnen Fällen veranschaulichte, wie sie bei Hoffmann, die Preußischen Erbschaftssteuergesetze (Guttentagsche Sammlung preußischer Gesetze) 1905, S. 406 mitgeteilt sind."

12. Die Befreiung kann nur für einen Erwerb, der den betreffenden Kassen der Anstalten anfällt, in Frage kommen; er darf also

nicht unmittelbar zum Besten der zu dem Erblasser in einem Dienst- oder Arbeitsverhältnis stehenden Personen bestimmt sein, sondern nur mittelbar dadurch, daß er die Kassen und Anstalten für ihren Unterstützungszweck leistungsfähiger macht. Die Kassen und Anstalten wiederum müssen der Unterstützung der bezeichneten Personen dienen; die Befreiung findet lediglich für Kassen und Anstalten mit Unterstützungszweck statt, die Begrenzung ist demnach eine engere wie bei den vorbehandelten Befreiungen der Stiftungen und Erwerbungen zu mildtätigen Zwecken. Nach der in der vorigen Note angegebenen Entstehungsgeschichte der Befreiung wird man bei der unveränderten Uebernahme aus dem Preuß. EStG. mit dem Ausdruck „Unterstützung" die an sich engere Begrenzung, welche Hoffmann Preuß. EStG. in der Note zu Befreiung 2k des Tarifs (S. 406) gibt, auch für das REStG. als maßgebend erachten müssen: „Aus dem Begriffe des Wortes „Unterstützung" ergibt sich, daß die Kassen oder Anstalten nur Bedürftigen Hilfe leisten dürfen, allerdings auch nach Maßgabe der Lebensstellung der zu Unterstützenden. Dagegen werden Kassen und Anstalten, bei welchen keine Rücksicht auf die Bedürftigkeit genommen wird, z. B. Pensionskassen, aus denen jeder Arbeitnehmer Pension erhält, keine Befreiung genießen."

13. Die Voraussetzung einer besonderen Beziehung zu dem Erblasser in dem Arbeits- oder Dienstverhältnis ist dem Preuß. EStG. gegenüber durch den zweiten Satz absichtlich abgeschwächt worden, so daß die Befreiung nunmehr in weiteren Grenzen Platz greifen kann. Sie wird beispielsweise Anwendung zu finden haben, wenn der Betrieb, für dessen Arbeiter 2c. die Kasse oder Anstalt bestimmt ist, früher im Eigentum des Erblassers gestanden hat, sodann aber von ihm veräußert oder in eine Aktiengesellschaft umgewandelt ist, wenn eine juristische Person Eigentümerin des Betriebes und der Erblasser deren gesetzlicher Vertreter ist 2c.

14. Bezüglich der Art des Dienst- oder Arbeitsverhältnisses ist keinerlei Beschränkung getroffen. Es ist daher ohne Einfluß, ob die Kassen nur für dauernd beschäftigte oder auch für vorübergehend beschäftigte Personen bestimmt sind, ob lediglich für gewöhnliche Arbeiter oder daneben, beziehungsweise auch allein, für mittleres oder höheres Betriebs- und Beamtenpersonal. Unter Familienangehörigen sind hier nur diejenigen zu verstehen, welche einen gesetzlichen Unterhaltsanspruch an den im Dienst- oder Arbeitsverhältnis Stehenden haben, beziehungsweise vor dem Todesfalle desselben gehabt haben.

15. Die übrigen Erbschaftssteuergesetze der Bundesstaaten außer dem Preuß. EStG. enthalten eine Befreiung wie unter Ziffer 4 nicht.

Zu Absatz 2.

16. Die nähere Erklärung, was unter Kirchen und kirchlichen Zwecken zu verstehen, im Absatz 2 des Paragraphen entspricht dem Sinne nach der in den Motiven des Regierungsentwurfs gegebenen Erläuterung (vergl. Note 1 zu diesem Paragraphen). Die Reichstagskommission hielt es für „zweckmäßig, diesen Gedanken im

Gesetz selbst auszudrücken" (Kommissionsbericht) und ist infolgedessen und lediglich aus diesem Grunde der zweite Absatz hier neu eingeschoben.

17. Die nach § 10 Abs. 2 des Gesetzes zur Einführung gebrachte Staffelung der Steuer nach der Höhe des Erbanfalls war schon in dem Regierungsentwurf auch bezüglich des im Abs. 1 des Paragraphen aufgeführten erleichterten Steuersatzes durch einen besonderen Absatz des Paragraphen ausdrücklich angeordnet, sodaß infolgedessen der erleichterte Steuersatz immerhin bis auf 10 beziehungsweise nach der späteren Erweiterung der Staffelung auf 12,5 vom Hundert ansteigen konnte. In der gleichen Weise hatte sodann auch die Kommission des Reichstags die Staffelung beibehalten und desgleichen das Plenum des Reichstags in der zweiten Lesung dementsprechend beschlossen. In der dritten Lesung hat aber das Plenum des Reichstags den die Staffelung anordnenden Absatz beseitigt, so daß also nunmehr die Steuererleichterung des § 12 Abs. 1 stets unverändert und ohne Rücksicht auf die Höhe des Erbanfalls auf 5 vom Hundert sich stellt.

Zu Absatz 3.

18. In dem Regierungsentwurf war eine gänzliche Befreiung von der Erbschaftssteuer hier nur für Vermögensvorteile von nicht mehr als 3000 Mark vorgesehen: der Reichstag nahm eine Erweiterung bis zu der Grenze von 5000 Mark vor, denn solches „sei sowohl innerlich gerechtfertigt als auch zweckmäßig, um eine Uebereinstimmung mit dem Artikel 86 des Einführungsgesetzes zum BGB. herzustellen" (Kommissionsbericht). Nach dem angeführten Artikel 86 sollen die landesgesetzlichen Vorschriften unberührt bleiben, welche den Erwerb von Rechten durch juristische Personen beschränken oder von staatlicher Genehmigung abhängig machen, soweit diese Vorschriften Gegenstände im Werte von mehr als 5000 Mark betreffen.

Zu Absatz 4 und 5.

19. Die Absätze 4 und 5 entsprechen, nur mit denjenigen redaktionellen Aenderungen, welche nach den Umgestaltungen der vorgehenden Vorschriften des Paragraphen notwendig wurden, dem Regierungsentwurf. Eine Gegenseitigkeitsklausel wie im Abs. 5 enthalten auch das Preuß. EStG., das Bayer. EStG. und das Bad. EStG., das letztere beschränkt auf die Staaten des Deutschen Reiches. Bei bestehenden Zweifeln ist der Nachweis der verbürgten Gegenseitigkeit von demjenigen zu erbringen, der sich darauf beruft.

20. Wenn im Abs. 5 die Entscheidung darüber, ob Zwecke der im Abs. 1 Ziffer 2 und 3 sowie im Abs. 4 bezeichneten Art vorliegen, den Landesregierungen vorbehalten ist, so hat dieses zunächst auch die Bedeutung, daß die Landesregierungen die Behörden ihres Staates, welche vorkommendenfalls die Entscheidung zu treffen haben, bestimmen. In letzter Instanz wird regelmäßig die oberste Landesfinanzbehörde zu entscheiden haben, speziell stets dann, wenn bezügliche Sondervorschriften von der Landesregierung nicht getroffen worden sind.

§ 13.

Von der Entrichtung der Erbschaftssteuer befreit sind der Landesfürst und die Landesfürstin.

1. In dem Entwurf der Bundesregierungen war dem § 13 als zweiter Satz des ersten Absatzes und als zweiter Absatz zugefügt: „Das Gleiche gilt von den Mitgliedern des landesfürstlichen Hauses in Ansehung eines Erwerbes aus dem Vermögen anderer Mitglieder dieses Hauses. Auf fürstliche Personen, die hinsichtlich der Steuerfreiheit dem Landesfürsten oder den Mitgliedern des landesfürstlichen Hauses durch Gesetz oder Staatsvertrag gleichgestellt sind, finden die Vorschriften des Abs. 1 entsprechende Anwendung". Die Motive zu dem Paragraphen geben dazu folgende Begründung;

„Die Vorschrift des Abs. 1 gibt im wesentlichen bereits bestehendes Recht wieder. Sie findet ihre Rechtfertigung in der besonderen staatsrechtlichen Stellung der Landesfürsten und ihrer Familien. Die Vorschrift des Abs. 2 betrifft insbesondere die Mitglieder der fürstlichen Familie Hohenzollern, die in Bezug auf Steuerbefreiungen den Mitgliedern des preußischen Königshauses gleichgestellt sind (Vertrag wegen Abtretung der Fürstentümer Hohenzollern-Hechingen und Hohenzollern-Sigmaringen vom 7. Dezember 1849 und Gesetz vom 12. März 1850 — Preuß. GesS. 1850 S. 282 sowie Kabinettsorder vom 14. August 1852 — Preuß. GesS. S. 771 —).

Die Befreiung beschränkt sich dem bestehenden Rechte entsprechend auf das Staatsgebiet des Landesfürsten; eine Erweiterung in Ansehung auch desjenigen Erwerbes, zu dessen Versteuerung ein anderer Bundesstaat zuständig sein würde (§ 35, jetzt § 33), ist nicht vorgesehen.

Sonstige subjektive Befreiungen von der Erbschaftssteuer enthält der Entwurf nicht. Insbesondere ist die Aufrechterhaltung der Steuerprivilegien anderer Personen als der im § 15 (jetzt § 13) genannten Mitglieder von Fürstenhäusern nicht ausgesprochen. Auch eine Befreiungsvorschrift in Ansehung des (Reichs- oder Landes-) Fiskus ist nicht aufgenommen, da eine solche in Anbetracht der Teilung des Ertrags der Steuer zwischen Reich- und Bundesstaaten weder notwendig noch zweckmäßig erschien."

Nachdem in der ersten Lesung der Reichstagskommission der ganze Paragraph abgelehnt worden war, wurde in der zweiten Lesung der erste Satz als einzige Vorschrift des Paragraphen wieder hergestellt, dem der Reichstag im Plenum nach längerer Verhandlung beitrat.

2. Die Befreiung des Landesfürsten und der Landesfürstin ist eine rein persönliche, die auf staatsrechtlichen Gesichtspunkten beruht Sie ist nach Maßgabe des zweiten Absatzes der in Note 1 angeführten Motive auf das Staatsgebiet des Landesfürsten beschränkt, wie solches auch in dem Kommissionsberichte des Reichstags anerkannt worden ist. Sie kann natürlich nur dann in Frage kommen, wenn es sich um Anfälle handelt, welche an den Landesfürsten oder die Landesfürstin gelangen, nicht aber auch bei solchen Anfällen, welche von denselben herrühren.

3. Wenn auch nur einzelne Erbschaftssteuergesetze der Bundesstaaten die Befreiung des Landesfürsten ausdrücklich aussprechen, wie das Sächs. EStG., das gleichzeitig auch die Königin und die königlichen Witwen befreite, das Württ. EStG. und das Hess. EStG., so bestand doch kraft allgemeiner anderweiter Gesetzgebung die Steuerfreiheit in den sämtlichen einzelnen Staaten.

§ 14.

Im Sinne des § 10 Abs. 2, des § 11 Nr. 1, 4 e, f, h und des § 12 Abs. 3 sind mehrere einem Erwerber seitens desselben Erblassers innerhalb fünf Jahren zugefallene Vermögensvorteile der in den §§ 1 bis 3 gedachten Art als ein Erwerb anzusehen, wenn anzunehmen ist, daß die Art und Weise der Zuwendung nur zur Vermeidung des höheren Steuersatzes oder zur Erlangung der Steuerfreiheit gewählt worden ist.

Uebersteigt der Wert des Erwerbes die im § 11 Nr. 1, 4 e, f, h und im § 12 Abs. 3 bezeichneten Beträge, so wird die Steuer nur insoweit erhoben, als sie aus der Hälfte des die Wertgrenze übersteigenden Betrags gedeckt werden kann.

1. Zu dem § 14 geben die Motive des Regierungsentwurfs folgende allgemeine Begründung:

„Die Vorschrift im Abs. 1 soll einer Schädigung der fiskalischen Interessen vorbeugen, die dadurch herbeigeführt werden könnte, daß an Stelle einer steuerpflichtigen Zuwendung mehrere Zuwendungen in Höhe eines steuerfreien Betrags oder an Stelle einer nach einem erhöhten Steuersatze steuerpflichtigen Zuwendung mehrere nach einem niedrigeren Steuersatze steuerpflichtige Zuwendungen gemacht werden.

Die Vorschrift des Abs. 2 beruht auf der gleichen Erwägung wie diejenige des § 12 Abs. 3 (jetzt § 10 Abs. 4). Wäre sie nicht getroffen, so würde beispielsweise von zwei dem Erblasser nicht verwandten Personen, von denen eine mit 300, die andere mit 320 Mk. bedacht ist, die erstere die Summe von 300 Mk. abzugsfrei erhalten; der letzteren dagegen, der nach der Absicht des Erblassers ein höherer Betrag zugewendet werden sollte, würden nach Abzug der Steuer mit 10 vom Hundert nur 288 Mk. zufließen, während ihr nach dem Entwurfe 310 Mk. verbleiben."

2. Die Anziehung auch des § 12 Abs. 3 und die Worte „innerhalb 5 Jahren" sind von der Kommission des Reichstags eingeschaltet, wodurch ein zweiter Satz des ersten Absatzes des Regierungsentwurfes, nach welchem im Falle des § 12 Abs. 3 bezügliche Zuwendungen innerhalb zweier Jahre die entsprechende Wirkung haben sollten, hinfällig wurde. Der Kommissionsbericht sagt dazu, die Aenderung „bezwecke zweierlei:

1. den Fall des § 14, Absatz 3 (jetzt § 12, Absatz 3) bezüglich der Beweislast auf gleiche Linie mit den anderen in diesem Paragraphen erwähnten Fällen zu stellen und
2. einen Zeitraum zu fixieren, innerhalb dessen die mehreren Zuwendungen liegen müssen, damit die Steuerbehörde überhaupt die Behauptung aufstellen dürfe, es handelt sich um einen Versuch der Gesetzesumgehung."

3. Die Vorschrift, welche lediglich auf der erst durch das REStG. zur Durchführung gebrachten Staffelung der Steuer nach der Höhe des Erbanfalles beruht, kann demgemäß in den Erbschaftssteuergesetzen der Bundesstaaten nicht zur Erscheinung kommen.

§ 15.

Soweit Grundstücke, die dauernd land- oder forstwirtschaftlichen Zwecken zu dienen bestimmt sind, einschließlich der dazu gehörenden, denselben Zwecken dienenden Gebäude und des Zubehörs, den Gegenstand des Erwerbes bilden, wird ein Viertel des auf diesen Teil des Erwerbes entfallenden, nach den Vorschriften dieses Gesetzes berechneten Steuerbetrags nicht erhoben.

Für Steuerpflichtige der Klasse I (§ 10 Abs. 1 I) tritt Befreiung von der Steuer ein, soweit im Laufe der dem Anfalle vorhergehenden fünf Jahre die Grundstücke Gegenstand eines nach diesem Gesetze steuerpflichtigen Erwerbes geworden sind. Ermäßigung der Steuer auf die Hälfte tritt ein, soweit der frühere Steuerfall zwar mehr als fünf Jahre, aber nicht über zehn Jahre zurückliegt. Die Befreiung oder Ermäßigung tritt nicht ein, wenn die Grundstücke innerhalb des bezeichneten Zeitraums gegen Entgelt an Personen veräußert worden sind, die nicht dem Veräußerer gegenüber in einem die Befreiung von der Erbschaftssteuer begründenden Verhältnisse stehen.

Auf den Abzug der Schulden und Lasten von dem Werte der Grundstücke finden die Vorschriften des § 9 entsprechende Anwendung.

Vergl. BRAusfB. §§ 15—18.

Zu Absatz 1.

1. Zur allgemeinen Begründung des § 15 führen die Motive des Regierungsentwurfes folgendes an:

„Die Steuerermäßigung für landwirtschaftliche und forstwirtschaftliche Grundstücke verfolgt den Zweck, die schwierige Lage, in welcher sich der Erwerber eines solchen Grundstücks zur Zeit des meist mit der Uebernahme erheblicher Lasten verbundenen Anfalls regelmäßig befinden wird, wenigstens für die von der Steuer nicht befreiten nächststehenden Erben in etwas zu erleichtern. Die Vorschrift erscheint auch noch insofern berechtigt, als der Entwurf für die Wertermittelung ländlicher Grundstücke zum Zwecke der Erbschaftssteuerberechnung davon abgesehen hat, eine ähnliche Auslegungsvorschrift zu geben, wie sie unter Berücksichtigung der ländlichen Erbverhältnisse im § 2049 Bürgerlichen Gesetzbuchs getroffen worden ist. Es erscheint aber hart, wenn der Erbe, der das Gut übernimmt und vielleicht gar nicht daran denkt, es zu veräußern, es vielmehr der Familie erhalten will, den vollen Verkaufswert versteuern soll, wie es gemäß § 18 (jetzt § 16) nach der gewöhnlichen Regel zu geschehen haben würde.

In gleicher Richtung bewegt sich die Vorschrift des Abs. 2 Satz 1, die zu Gunsten der Steuerpflichtigen der Klasse I einer unverhältnismäßigen Belastung des landwirtschaftlichen und forstwirtschaftlichen Grundbesitzes in dem Falle vorbeugen will, wo sich eine Vererbung der Grundstücke innerhalb eines kurzen Zeitraums wiederholt, die wiederholte Erbschaftssteuerentrichtung die erwähnte schwierige Lage des Grundstückserwerbers also in erhöhtem Maße ungünstig beeinflussen müßte. Der Grund für die Steuerermäßigung entfällt aber selbstverständlich, wenn die Grundstücke in der Zwischenzeit zwischen dem ersten und dem zweiten steuerpflichtigen Erwerbsfalle gegen Entgelt veräußert worden sind."

Zu dem Schlußsatz im ersten Absatz der vorstehenden Motive, der sich auf den Regierungsentwurf bezieht, ist zunächst zu bemerken, daß er insofern nicht mehr voll zutreffend ist, als durch die vom Reichstag vorgenommene Aenderung des § 16 bei Grundstücksanfällen der hier in Frage kommenden Art nicht der volle Verkaufswert, sondern ein nach den tatsächlichen Verhältnissen zu berechnender Ertragswert zu Grunde zu legen ist.

2. Nach dem R e g i e r u n g s e n t w u r f war die Ermäßigung um ein Viertel des Steuerbetrages nur für die Steuerflichtigen der Klasse I (§ 10 Abs. 1 Nr. I) ausgesprochen und sollte sodann für diese eine Ermäßigung auf die Hälfte bei dem sich innerhalb zweier Jahre wiederholenden Anfall eintreten. Hierin ist durch die R e i c h s t a g s k o m m i s s i o n in erster und zweiter Lesung eine Erweiterung bis zu der jetzt das Gesetz bildenden Vorschrift vorgenommen und wird dazu im Kommissionsbericht aus der Begründung der Antragsteller folgendes angeführt: „Der erste Absatz ihres Antrages (auf den ersten Absatz des Paragraphen bezüglich) wolle die im Entwurfe ausgedrückte Begünstigung nicht nur den Steuerpflichtigen der Klasse I, sondern allen Erben, zugute kommen lassen. Der Grund für die Begünstigung liege eben nicht sowohl in den Verhältnissen der einzelnen Erben, als in der Besonderheit der landwirtschaftlichen Verhältnisse. Der Absatz 2 erweitere die Frist für die in Absatz 2 des Entwurfs vorgesehene Ermäßigung von zwei auf acht Jahre (durch Kommissionsbeschluß der zweiten Lesung auf zehn ausgedehnt) und wolle für die ersten drei Jahre (nach Beschluß der zweiten Lesung fünf Jahre) nicht nur eine Ermäßigung der Steuer, sondern eine Befreiung von derselben eintreten lassen; hier sei die Beschränkung auf die Steuerpflichtigen der Klasse I gerechtfertigt. Die Ausnahmebestimmung rechtfertige

sich um deswillen, weil durch häufigere Erbschaftssteuerzahlungen in kurzer Aufeinanderfolge der ländliche Grundbesitz leicht zu Grunde gerichtet werde können. In Betracht komme gerade der freie mittlere und kleine Grundbesitz; für den großen gebundenen Besitz schlage ihr Antrag zu § 20 des Entwurfs (§ 18 des Gesetzes, vergl. unten Note 7 zu § 18) eine Milderung vor."

3. Der Regierungsentwurf hatte ferner nur von „land- und forstwirtschaftlichen Grundstücken" gesprochen, ohne dafür im Gesetz eine nähere Erklärung, wie sie jetzt nach Maßgabe eines Beschlusses der Kommission des Reichstages Aufnahme gefunden hat, zu geben. In den Motiven der Regierung wird der Begriff der land- und forstwirtschaftlichen Grundstücke folgendermaßen erläutert:

„In Ansehung der landwirtschaftlichen und forstwirtschaftlichen Grundstücke ist eine Begriffsbestimmung im BGB. nicht gegeben, doch wird der Begriff als feststehend vorausgesetzt (vgl. §§ 591, 592 des BGB., Art. 64, 164 des zugehörigen EG.). Es werden hierzu alle Grundstücke zu rechnen sein, welche zu einem land- oder forstwirtschaftlichen Betriebe bestimmt sind. Zu den landwirtschaftlichen Grundstücken zählen danach u. a. auch die Landgüter (BGB. § 98 Nr. 2); doch kommt es auf die Lage des Grundstücks in Stadt oder Land nicht an. Wie einerseits auch in der Stadt ein landwirtschaftlicher Betrieb denkbar ist, so dienen auch häufig ländliche Grundstücke — Landhäuser als solche, Gebäude der im § 98 Nr. 1 a. a. O. bezeichneten Art u. a. m. — nicht landwirtschaftlichen Zwecken.

Es ist auch der Fall nicht ausgeschlossen, daß der in ländlichem Besitze bestehende Nachlaß eines Erblassers nur zum Teil zu den ländlichen Grundstücken im Sinne des § 17 (jetzt § 15) gehört.

Gebäude sind wie land- oder forstwirtschaftliche Grundstücke zu behandeln, soweit sie zu den Bestandteilen der letzteren gehören (§§ 94, 95 des BGB.)."

Aus dem Kommissionsbericht des Reichstags zu der oben berührten Abänderung ist nur herauszuheben, daß derselbe sagt: „zu den Gebäuden, wovon Abs. 1 (des Gesetzes) rede, gehörten auch die forst- und landwirtschaftlichen Nebenbetrieben (z. B. Brennereien u. dgl.) dienenden Gebäulichkeiten nebst Zubehör (§§ 97 und 98 des BGB.)." Was als land- und forstwirtschaftliches Grundstück hier in Frage kommen soll, ist danach zur Genüge geklärt. Ueber den Begriff des Landgutes vgl. Planck, Kommentar zum BGB. Note 3 zu § 98.

Bei der näheren Regelung der Ermittelung des Ertragswertes geben die BRAusfB. in den §§ 15—18 über verschiedene auch hier einschlägige Einzelfragen eine besondere Bestimmung, so darüber, inwieweit der Obst- und Gartenbau zu den landwirtschaftlichen Zwecken zu rechnen ist (§ 15), wann Grundstücke, bei denen die Ergebnisse des Wirtschaftsbetriebs, wie bei Sand- und Lehmgruben, Stein- oder Kalkbrüchen, Torfstichen 2c. dem Boden unmittelbar entnommen werden, als land- oder forstwirtschaftlichen Zwecken dienende anzusehen sind (§ 16), welche zu den Grundstücken gehörende Gebäude als land- oder forstwirtschaftlichen Zwecken dienend betrachtet werden müssen (§ 17 Abs. 1), wie der Begriff des Zubehörs zu einem Grundstück sich näher bestimmt (§ 17, Abs. 2) und endlich inwiefern land- oder forstwirtschaftlich genutzte Grundstücke auch als Bauland in Frage kommen können (§ 18). Es sind hierzu auch die Noten 16, 17 und 18 zu § 16 zu vergleichen.

4. Wie zu verfahren, wenn land- und forstwirtschaftliche Grundstücke neben anderem Vermögen Gegenstand des Erwerbes sind, erläutern die Motive des Regierungsentwurfes in folgender Weise:

„Nach § 30 (jetzt § 28) wird die Erbschaftssteuer nach dem ganzen Erwerbe jedes einzelnen Beteiligten berechnet. Bilden daher den Gegenstand des Erwerbes eines einzelnen Beteiligten neben einem land- oder forstwirtschaftlichen Grundstücke noch andere Vermögensstücke, so würde die Erbschaftssteuer, insbesondere auch unter Berücksichtigung der im § 12 Abs. 2 (jetzt § 10 Abs. 2) vorgesehenen erhöhten Steuersätze, von dem Werte des gesamten Erwerbes zu berechnen sein, und nur von dem hiernach auf das Grundstück verhältnismäßig entfallenden Teile der Erbschaftssteuer ein Viertel und im Falle des § 17 Abs. 2 (jetzt § 15 Abs. 2) die Hälfte unerhoben bleiben. Es würde also, wenn im Falle des § 17 Abs. 1 (jetzt § 15 Abs. 1) der Bruder des Erblassers ein landwirtschaftliches Grundstück im Werte von 90000 Mark und daneben andere Vermögenswerte im Betrage von 60000 Mark erbt, die Erbschaftssteuer nach Höhe von 6 vom Hundert von 150000 Mark, also mit 9000 Mark, zu berechnen sein. Von den hiernach auf das Grundstück entfallenden drei Fünfteln des Erbschaftssteuerbetrags, mithin von 5400 Mark würde ein Viertel oder 1350 Mark unerhoben zu bleiben haben."

Die Ermittlung des Wertes und die Berechnung des Steuerbetrages im einzelnen und im ganzen hat also zunächst genau nach den dafür in nachstehendem gegebenen allgemeinen Grundsätzen zu geschehen. Für die Wertermittlung der land- und forstwirtschaftlichen Grundstücke ist der zweite Absatz des § 16 maßgebend.

Zu Absatz 2:

5. Steuerpflichtige der Klasse I sind die leiblichen Eltern, die voll- und halbbürtigen Geschwister und die Abkömmlinge ersten Grades von Geschwistern. Bezüglich der Bestimmung der Verwandtschaft greift lediglich dasjenige Platz, was oben zu § 10 in den Noten 6 ff. ausgeführt worden ist.

6. Die Befreiung bzw. die weitergehende Steuerermäßigung für die Steuerpflichtigen der Klasse I nach Abs. 2 des Paragraphen kann überhaupt erst in Frage kommen, wenn das betreffende land- oder forstwirtschaftliche Grundstück zum zweiten Male unter dem REStG. Gegenstand eines steuerpflichtigen Erwerbes geworden ist. Der steuerpflichtige Erwerb unter der bisherigen Erbschaftssteuergesetzgebung eines Bundesstaates kann, wenn wiederum ein steuerpflichtiger Erwerb unter dem REStG. vor Ablauf des Zeitraums von fünf bzw. zehn Jahren nach jenem ersten Erwerb stattfindet, die Befreiung bzw. weitergehende Steuerermäßigung nicht begründen. Ebensowenig würde solches aber auch möglich sein, wenn der erste innerhalb der betreffenden Zeit liegende Erwerb sich zwar unter dem REStG., aber als ein steuerfreier vollzogen hätte, denn

auch die Steuerpflichtigkeit des ersten Erwerbes ist Voraussetzung für die Anwendbarkeit der Vorschrift des Abs. 2 des Paragraphen.

7. Nach dem Regierungsentwurf sollte die weitere Begünstigung der Steuerpflichtigen der Klasse I überhaupt nicht eintreten, wenn die Grundstücke innerhalb der maßgebenden Zeit gegen Entgelt veräußert wurden. Durch die Kommission des Reichstages ist hier dem Gesetz eine Ausnahme bezüglich derjenigen entgeltlichen Veräußerungen, welche an die dem Veräußerer gegenüber in einem die Befreiung von der Erbschaftssteuer begründenden Verhältnisse stehenden Personen erfolgten, eingefügt, ohne daß in dem Kommissionsberichte eine Begründung für diese Abänderung gegeben wäre. Als Personen, welche dem Veräußerer gegenüber in einem die Befreiung von der Erbschaftssteuer begründenden Verhältnisse stehen, können hier nur solche Personen in Frage kommen, welche eine volle Steuerbefreiung dem Veräußerer gegenüber genießen würden, also nur die nach Maßgabe des § 11 Ziff. 4 a—d voll befreiten Deszendenten und Ehegatten; die Befreiung nach Ziff 4 e—h übt keinen Einfluß aus.

Zu Absatz 3:

8. Die Vorschrift des Abs. 3 hat eine praktische Bedeutung nur, wenn es sich im Fall des Abs. 2 um eine vollständige Befreiung von der Erbschaftssteuer für das land- oder forstwirtschaftliche Grundstück neben anderem steuerpflichtigen Vermögen handelt. Es kommen sodann die Ausführungen zu § 9 in Betracht.

9. Die Erbschaftssteuergesetze der Bundesstaaten kennen eine Vorschrift wie die des § 15 nicht.

V. Ermittelung des Wertes der Masse.

Vorbemerkungen zu §§ 16—20.

1. Bezüglich der Ermittelung des Wertes der Masse sind in dem Gesetz zunächst unter dem mit dieser Beischrift bezeichneten Abschnitt die Grundsätze für die regelmäßigen Erbschaftserwerbfälle gegeben und dem sind sodann in eigenen Abschnitten die für gewisse Sonderfälle anzuwendenden Grundsätze nachgestellt, so die bei bedingtem Erwerb (VI), die bei bedingter Belastung (VII), die für unsichere Rechte (VIII) und die beim Erwerb von Vermögen ohne die Nutzung (IX).

2. In den Bestimmungen für die regelmäßigen Fälle, welche den vorliegenden Abschnitt begreifen, ist wiederum der allgemeine Grundsatz für die Wertermittlung, welcher Wert derselben zugrunde zu legen und der Wert welches Zeitpunkts zugrunde zulegen, an die Spitze gestellt (§ 16) und danach sind Spezialvorschriften bezüglich der auf bestimmte Zeit beschränkten Nutzungen oder Leistungen (§ 17),

bezüglich der Leibrenten ꝛc. (§ 18), bezüglich der von der Lebenszeit mehrerer Personen abhängenden Nutzungen (§ 19) und bezüglich des regelmäßigen Ansatzes bei der Nutzung eines Geldbetrages (§ 20) gegeben.

3. Die Grundsätze über die Ermittlung des Wertes der Masse, wie sie hier in dem RESt G. zum Ausdruck gebracht sind, stimmen, abgesehen vielleicht von der teilweisen Zulassung eines Ertragswertes nach Absatz 2 des § 16, im wesentlichen mit den Vorschriften überein, welche in der fraglichen Beziehung in den bislang in Geltung stehenden Steuergesetzen der Einzelstaaten gegeben sind, wie demnächst bei den Einzelbestimmungen näher nachgewiesen werden wird.

§ 16.

Der Ermittelung des Betrags der Masse wird der Wert zur Zeit des Anfalls zu Grunde gelegt.

Bei Grundstücken der im § 15 Abs. 1 bezeichneten Art wird der Ertragswert zu Grunde gelegt. Als Ertragswert gilt das Fünfundzwanzigfache des Reinertrags, den die Grundstücke nach ihrer bisherigen wirtschaftlichen Bestimmung bei ordnungsmäßiger Bewirtschaftung nachhaltig gewähren können.

Vergl. BRAusfB. §§ 14—22.

Zu Absatz 1.

1. Unter dem Betrag der Masse ist der Geldbetrag derselben zu verstehen, welcher zunächst als Grundlage für die weitere Steuerfestsetzung zu ermitteln ist; denn die Steuer ist nach Prozentsätzen zu dem Geldbetrage der Erbschaftsmasse festzulegen und naturgemäß auch in Geld zu entrichten. Demgemäß ist auch „Wert" hier zunächst gleichbedeutend mit Geldwert, da Geld allein den allgemeinen und offiziell anerkannten Maßstab für die Ausgleichung der einen Wert in sich schließenden Gegenstände und Verhältnisse bildet.

2. Was im übrigen unter Wert zu verstehen ist, gibt das RESt G. nicht näher an. Auch auf das BGB. können wir nicht zurückgreifen, da auch dieses, obwohl es häufig von Wert spricht, eine Begriffsbestimmung dafür nicht gibt. Es fehlt uns also ein rechtlicher Begriff des Wertes und wir haben uns lediglich an den wirtschaftlichen Begriff zu halten und zwar an denjenigen Begriff, welcher dem Wert im praktischen, wirtschaftlichen Leben regelmäßig sowie allgemein und in erster Linie beigelegt wird. Darnach ist der Wert aber durchweg mit dem Tausch- oder Verkaufswert identisch. Als Geldwert, wie er hier nur in Frage kommt, umfaßt also der Wert diejenige Geldsumme, welche aus einem Gegenstand oder Verhältnis zu einem bestimmten maßgebenden Zeitpunkt unter normaler, lediglich durch die regelmäßigen Eigenschaften des Gegenstandes oder Verhältnisses sich bestimmender Sachlage für jedermann zu erzielen ist, be-

ziehungsweise für welche jedermann den Gegenstand unter normalen Verhältnissen an einen dritten abgeben würde oder abgeben könnte. In der Regel wird man diesen Wert durch Schätzung d. h durch genaue Abwägung aller einzelnen maßgebenden Umstände und demnächstiger Bemessung nach ihrer zu berücksichtigenden Tragweite festzustellen haben und kann man insofern auch von einem Schätzungswert sprechen.

3. In erster Linie ist zu berücksichtigen, daß es sich stets nur um einen objektiven Wert handeln kann, also um einen Wert, welchen der Gegenstand 2c. als solcher und an und für sich, gleichgültig in wessen Besitz er sich befindet oder kommt, hat, welchen derselbe also auch für jedermann in demselben Maße haben muß. Es ist der Wert, den der Gegenstand 2c. abstrakt im wirtschaftlichen Verkehr auf dem Markte repräsentiert. Darunter ist aber nicht zu verstehen, daß nur ein Durchschnittswert in Rücksicht gezogen werden darf; es sind vielmehr im Gegenteil bezüglich des einzelnen Gegenstandes alle Momente zu berücksichtigen, welche auf den Wert erhöhend oder vermindernd wirken, sofern sie nur diese Wirkung bleibend, allgemein und für jedermann haben. Beispielsweise ist bei einem Grundstück die größere oder geringere Fruchtbarkeit, bei einer beweglichen Sache deren bessere oder schlechtere Qualität und Nutzbarkeit für ihren eigentlichen Zweck entsprechend in Rechnung zu ziehen.

4. Demgegenüber muß also alles dasjenige außer Betracht bleiben, was lediglich als subjektives Moment im besonderen Fall einen Einfluß auf die Höhe des Wertes ausübt, also alles dasjenige, was den Wert eines bestimmten Gegenstandes nur dadurch erhöht oder vermindert, daß gerade diejenige Person, welche den Gegenstand tatsächlich erwirbt, in den Besitz desselben gelangt. So wenn jemand ein Grundstück erhält, welches er besonders nutzbringend zu einem nur in seiner Person oder in seinen früher schon vorhandenen Besitzverhältnissen gegebenen Zweck gebrauchen kann und deshalb höher wie jeder andere bewerten muß. Oder es ist jemand im Besitz einer Reihe von zusammengehörigen Einzelgegenständen, welche wiederum auch als Ganzes einen besonderen Wert repräsentieren, und erhält nun den einzigen ihm aus dieser Reihe noch fehlenden Einzelgegenstand, sodaß er nunmehr die Reihe vollständig hat und durch diese Vervollständigung gleichzeitig auch noch den höheren Wert, welchen die Reihe als ein vollständiges Ganzes hat, erwirbt. Es folgt hieraus speziell auch, daß man nicht sagen kann, jede Bereicherung aus einem Anfall sei unter Steuerpflicht gestellt, denn eine Bereicherung liegt auch in jenen subjektiven Momenten, welche bei der Berechnung der Erbschaftssteuer nicht mit in Ansatz gebracht werden dürfen. Ein eigenartiges subjektives Moment bildet sodann der sogen. Affektionswert, welcher darauf beruht, daß jemand, sei es aus diesem sei es aus jenem Grunde, eine besondere Vorliebe für einen Gegenstand besitzt und denselben lediglich um dieserhalben höher einschätzt.

5. Als Wert im Sinne des RESt G. ist aber nur der ordentliche, der bleibende oder normale Wert anzusehen, mithin derjenige Wert, den ein Gegenstand vermöge seiner regelmäßigen Eigenschaften und seines bleibenden Zustandes für eine seinem Wesen

entsprechende Zeitdauer besitzt. Dadurch ist aber keineswegs ein Wechsel in der Höhe des Wertes, ein Auf- und Niedersteigen desselben ausgeschlossen, nur muß natürlich dieser Wechsel auch wieder in den regelmäßigen und normalen Verhältnissen liegen. Letzteres tritt uns am deutlichsten ausgesprochen in dem Börsen- oder Markt-Wert beziehungsweise -Preis entgegen, worunter derjenige Wert oder Preis zu verstehen ist, welcher für eine Sache bestimmter Gattung und Art von durchschnittlicher Güte an dem Handelsplatze, wo sie einen Markt hat, und in dessen Handelsbezirke zu einer gewissen Zeit im Durchschnitt gewährt wird. Der Börsen- und Marktwert ist stetig ein mehr oder weniger schwankender; wo er aber anwendbar ist, muß man ihn ansetzen. Ebenso steht es mit dem Kurswert, d. i. dem Börsenpreis für Wertpapiere. Aber auch bezüglich sonstiger Gegenstände kann ein Wechsel im Wert in völlig normaler Weise eintreten, dem entsprechend Rechnung zu tragen ist. Es sei in dieser Richtung nur auf die Verschiebung in den Grundstückpreisen hingewiesen.

6. Nicht in Betracht zu ziehen sind auf der anderen Seite die außerordentlichen Werte, das sind diejenigen, welche nur vorübergehend durch außerordentliche Umstände gegeben und daher nicht als bleibende zu betrachten sind. In gewissem Sinne wird man als hierunter fallend auch jene subjektiven Momente ansehen können, welche wir oben in Note 4 schon erörtert haben. Im übrigen ist hier alles herzurechnen, was einem Gegenstand nur vorübergehend zu einem gewissen Zeitpunkt einen höheren oder niederen Wert verleiht, einen Wert, der gegenüber der dauernden Beschaffenheit der Sache nicht zu halten ist.

7. Der innere Wert d. i. derjenige Wert, welchen ein Gegenstand ausschließlich bezüglich seiner Substanz ohne Rücksicht auf seine Ausgestaltung und sonstigen Umstände hat, wird regelmäßig nicht als ausschlaggebend anzusehen sein, wenn er auch nebenher als bestimmend mit in Betracht kommen kann. Die Bewertung muß sich auf alle die dauernden Eigenheiten und Eigenschaften, welche zur Zeit der Bewertung vorhanden sind, erstrecken; sie muß die äußere Ausgestaltung und alles, was dadurch für Brauchbarkeit &c. erreicht worden ist, ebenso wie den inneren Gehalt berücksichtigen. Dementsprechend kommt beispielsweise für einen durch Verarbeitung hergestellten Gegenstand nicht der Materialwert, sondern der Gebrauchswert des Gegenstandes, der Wert, den er durch die Verarbeitung erlangt hat, in Betracht. Daß stets der dauernde Wert der Verarbeitung zu berücksichtigen, ist aber auch bis in die letzten Konsequenzen durchzuführen; es gilt auch da, wo der Materialwert gegenüber der Verarbeitung so gut wie ganz verschwindet. Gleichzeitig ist aber auch noch auf die Qualität der Verarbeitung Rücksicht zu nehmen, sofern dadurch ein bleibender höherer Wert für einen Gegenstand geschaffen wird. Danach wird also namentlich auch der Kunstwert mit in Betracht kommen müssen. Beispielsweise wird bei einem künstlerisch ausgestalteten Goldgefäß nicht der Goldwert, auch nicht der durch die Verarbeitung als solche erzielte Gebrauchswert, sondern der Kunstwert, der durch die künstlerische Ausgestaltung bedingt ist, in Rechnung gezogen werden müssen. In weiterer Konsequenz führt dieses auch dazu, daß Werte, welche lediglich

auf gewissen Eigenheiten des Güterverkehrs beruhen und eigentlich nur durch diese zur Entstehung kommen, eine gewisse Dauer vorausgesetzt ebenmäßig Berücksichtigung zu finden haben. Hierher fallen speziell der Altertumswert und der Sammlungswert, welche beide voll in Ansatz kommen müssen. Bei letzterem kann es sogar vorkommen, wie z. B. bei Briefmarken, daß ein Gegenstand denjenigen Wert, der ihm nach Maßgabe seines Zwecks innewohnte, bereits völlig verloren hat, aber als Sammlungsgegenstand wieder einen anderen unter Umständen weit höheren Wert gewonnen hat.

8. Der Ertragswert d. i. derjenige Wert, welcher lediglich nach Maßgabe des Reinertrages bemessen wird, der aus einem Gegenstand zu der gegebenen Zeit tatsächlich erzielt wird beziehungsweise zu erzielen ist, kommt regelmäßig nicht in Frage, schon weil er nicht alle Momente, welche für die Wertbestimmung maßgebend sind, berücksichtigt und aus diesem Grunde sich für die Regel geringer stellen wird. Kraft der eine Ausnahme von der allgemeinen Regel bildenden Vorschrift im Abs. 2 des Paragraphen ist aber der Ertragswert in besonderen dort hervorgehobenen Fällen zur Anwendung zu bringen, vergleiche unten Note 15 ff.

9. Der Wert, wie ihn das RErbStG. nach seiner allgemeinen Vorschrift im Abs. 1 auffaßt, stimmt demnach durchweg mit dem überein, was man früher als „gemeiner Wert" zu bezeichnen pflegte. Das BGB. kennt hierfür nur den einfachen Ausdruck „Wert" und dem hat sich das RErbStG. angeschlossen. Der Anregung statt der Worte „der Wert" „der gemeine Wert (Verkaufswert)" zu setzen, um dadurch zum bestimmten Ausdruck zu bringen, daß der außerordentliche Nutzen, den eine Sache nur unter gewissen Verhältnissen oder nur für gewisse Personen gewähren kann, sowie der Wert der besonderen Vorliebe nicht zu berücksichtigen ist, wurde daher nicht stattgegeben, weil durch das Wort „Wert" schon das gleiche zum Ausdruck gebracht werde. Dahingegen haben aber die BRAusfB. im § 14 auf den Ausdruck wieder zurückgegriffen, indem sie ausdrücklich sagen, der Ermittelung des Betrags der Masse sei der „gemeine Wert" zugrunde zu legen, und weiter erklären: „Unter dem gemeinen Wert ist der Verkaufs- oder Verkehrswert zu verstehen, der durch den Preis bestimmt wird, welcher im gewöhnlichen Geschäftsverkehre nach der Beschaffenheit des Gegenstandes ohne Rücksicht auf andere ungewöhnliche oder persönliche Verhältnisse zu erzielen ist". Dieses deckt sich vollkommen mit unseren vorgehenden Ausführungen.

10. **Wann der Anfall erfolgt**, bestimmt sich wiederum nach den betreffenden Grundsätzen des BGB. Bezüglich der Erbschaft kommt hier einesteils der erste Absatz des § 1922:

„Mit dem Tode einer Person (Erbfall) geht deren Vermögen (Erbschaft) „als Ganzes auf eine oder mehrere andere Personen (Erben) über."

andernteils der erste Absatz des § 1942:

„Die Erbschaft geht auf den berufenen Erben unbeschadet des Rechtes „über, sie auszuschlagen (Anfall der Erbschaft)."

in Betracht. Dementsprechend hat das BGB. den Grundsatz „Der Tote erbt den Lebendigen" angenommen. Der Anfall erfolgt mit dem Tode des Erblassers und gleichzeitig vollzieht sich kraft Gesetzes, von Rechts wegen, der Erbschaftserwerb, ohne daß es dazu einer besonderen Antrittshandlung oder Erklärung bedarf. Vermöge des zugelassenen Ausschlagungsrechts ist der Erbschaftserwerb allerdings zunächst nur ein vorläufiger, der dann aber durch Annahme oder Versäumung der Ausschlagsfrist zum endgültigen wird. Für die Bestimmung des Zeitpunkts des Anfalls in erbschaftssteuerlicher Beziehung ist der letztere Umstand im allgemeinen indifferent. Uebereinstimmend ist übrigens auch die Regelung des Anfalls des Vermächtnisses, für welchen der § 2176 des BGB. in Frage kommt:

„Die Forderung des Vermächtnisnehmers kommt, unbeschadet des „Rechtes, das Vermächtnis auszuschlagen, zur Entstehung (Anfall des „Vermächtnisses) mit dem Erbfalle."

und die des Anfalls des Pflichtteils, den Abs. 1 des § 2317 bestimmt:

„Der Anspruch auf den Pflichtteil entsteht mit dem Erbfalle."

In beiden Fällen ist der Zeitpunkt des Anfalls der Regel nach der des Erbfalls, also der des Todes des Erblassers. Das Ausschlagungsrecht beim Vermächtnis hat die gleiche Bedeutung wie bei der Erbschaft.

11. An und für sich setzt jeder Anfall die Existenz des Erwerbers zur Zeit des Anfalls voraus. Nach dieser Richtung hin sind aber zwei Sonderbestimmungen als Ausnahmefälle herauszuheben, nämlich einmal der Abs. 2 des § 1923 des BGB.:

„Wer zur Zeit des Erbfalls noch nicht lebte, aber bereits erzeugt „war, gilt als vor dem Erbfall geboren."

und ferner der § 84 des BGB.:

„Wird die Stiftung erst nach dem Tode des Stifters genehmigt, so „gilt sie für die Zuwendungen des Stifters als schon vor dessen Tod „entstanden."

In beiden Fällen erfolgt der Anfall tatsächlich erst nach dem Tode des Erblassers (mit der Geburt beziehungsweise Genehmigung), er ist dann aber nach Maßgabe der vorbezeichneten Gesetzesvorschriften auf den Tod des Erblassers in seinen Wirkungen zurückzubeziehen. Letzteres hat gleicherweise auch in erbschaftssteuerlicher Beziehung Platz zu greifen, auch für die Wertermittelung zu der Erbschaftssteuer bestimmt der Tod des Erblassers den Zeitpunkt des Anfalls. Ob es sich um den Anfall einer Erbschaft oder den eines Vermächtnisses handelt, macht hierfür keinen Unterschied aus; vergl. Planck, Kommentar zum BGB. Note 1 zu § 84, Note 2 zu § 2176.

12. Für Fälle, in denen als Ausnahme von der allgemeinen Regel nach den Bestimmungen des BGB. der Anfall nicht mit dem Tode des Erblassers eintritt wie bei dem bedingten oder zeitlich ungewissen Erwerb (BGB. §§ 2074, 2177, 2178) und dem Erwerb des Nacherben (BGB. § 2139) oder des Nachvermächtnisnehmers (BGB. § 2191) trifft das RESTG. in den §§ 21, 23, 27 besondere Bestimmungen. Nicht unter die vorerwähnten besonderen Regelungen fällt übrigens eine Zeitbestimmung, welche sich nach sachgemäßer Auslegung als ein dies certus an certus quando charakterisiert und dementsprechend nur als eine Betagung anzusehen ist; im Fall einer solchen findet lediglich eine Wertermittelung nach dem allgemeinen Grundsatz des § 16 statt, vgl. Note 5 zu § 23.

13. Die Wertermittelung ist also regelmäßig für den Augenblick des Todes des Erblassers vorzunehmen. Die Notwendigkeit, gesetzlich einen festen Zeitpunkt für die Wertermittelung zu bestimmen, ist schon dadurch gegeben, daß der Wert durchweg kein stetig festliegender und unveränderlicher ist, sondern vielmehr fortgesetzt durch neue Einflüsse berührt und dadurch zu einem zeitlich wechselnden wird. Bei der Wertermittelung sind alle diejenigen dieselbe beeinflussenden Umstände, welche in dem maßgebenden Zeitpunkte schon vorhanden waren, in einer entsprechenden Weise zu berücksichtigen und gilt dieses ebensowohl für die Werterhöhungen wie für die Wertverminderungen. Andererseits sind alle bezüglichen werterhöhend oder wertvermindernd wirkenden Umstände, welche erst nach dem entscheidenden Augenblicke eintreten, außer acht zu lassen. Demgemäß ist bei Wertpapieren ein Kursrückgang zu berücksichtigen, wenn er unmittelbar vor dem Tode des Erblassers eintritt, nicht aber, wenn er unmittelbar nach demselben sich vollzieht; allein entscheidend ist der Kurswert im Augenblick des Todes des Erblassers. Bei Lotterielosen oder Anteilscheinen aus Prämienanleihen ist derjenige Wert in Ansatz zu bringen, den die fraglichen Lose oder Anteilscheine beim Tode des Erblassers bereits haben, Kurswert oder der Wert, zu welchem sie im wirtschaftlichen Leben zu veräußern sind, nicht aber ein Gewinn, welcher auf Los oder Anteilschein erst nach dem für die Wertfestsetzung entscheidenden Augenblick entfällt. In jenem Kurs- oder Veräußerungswert kann sich die Aussicht auf den Gewinn, die mehr oder weniger große Gewinnchance allerdings schon ausprägen und ist dann dementsprechend zu berücksichtigen, da es sich hierbei um eine im entscheidenden Augenblick bereits vorhandene Qualifikation handelt, welche auch im regelmäßigen wirtschaftlichen Verkehr stets nach Vorhandensein berücksichtigt wird. Bei einem Prämienanlehen mit zeitlich getrennter Serien- und Nummernziehung ist danach ein beim Tode des Erblasser bereits in der Serie gezogener Anteilschein zu dem besonderen Kurs- oder Veräußerungswert, den er als bereits in der Serie gezogen hat und der in der Regel höher, oft erheblich höher als der Kurswert der nicht in der Serie gezogenen Anteilscheine zu sein pflegt, in Ansatz zu bringen und ist es dabei von keinem Einfluß, ob bei der nach dem Tode des Erblassers erfolgenden Nummernziehung ein höherer Gewinn oder nur der hinter dem früheren Kurswert durchweg und häufig stark zurückbleibende Normalsatz auf den Anteilschein entfällt. Auch hierin zeigt es sich schon, daß bei der Wertermittelung für einen bestimmten Zeitpunkt doch auch Momenten, die erst in der Zukunft zur eigentlichen und vollen Wirkung gelangen, in gewisser Weise bereits Rechnung zu tragen ist; es ist dabei aber vorausgesetzt, daß für den allgemeinen wirtschaftlichen Verkehr das fragliche Moment immer schon eine feste den Wert beeinflussende Bedeutung hat und daß die Bewertung nur nach Maßgabe dieser bereits vorhandenen Bedeutung stattfindet. Wenn beispielsweise durch eine vor dem Tode des Erblassers eintretende Verkehrsverschiebung ein bisher lediglich landwirtschaftlich genutztes Grundstück des Erblassers die Qualifikation als Baustelle erworben hat, so ist dieses bei der Wertermittelung zu berücksichtigen, wenngleich beim Tode des Erblassers noch keine Veränderung in der Benutzung des Grundstücks eingetreten war und eine tatsächliche Verwertung als Baugrund sich erst später vollzieht.

14. Ueber den **Ort**, auf welchen sich die Wertermittelung zu beziehen hat, trifft das Gesetz keine Bestimmung. Nach der ganzen Lage der Sache kann allgemein und in erster Linie nur derjenige Ort in Frage kommen, welcher rechtlich für den vererbten Gegenstand zc. entscheidend ist; die Persönlichkeit des Erblassers sowohl wie die des Erwerbers bleibt dabei außer Betracht. Bei körperlichen Gegenständen und solchen gleichstehenden Verhältnissen wird sich die Wertermittelung regelmäßig auf den Ort, an welchem sich die Gegenstände zc. befinden, zu beziehen haben, bei Rechten auf den Ort, an welchem sie auszuüben sind, beziehungsweise an welchem die Leistung zu erfolgen hat.

Zu Absatz 2:

15. Der Absatz 2 des § 16 war in dem Regierungsentwurf nicht enthalten; letzterer kannte nur einen Wert, welcher für alle der Erbschaftssteuer unterliegenden Gegenstände zur Anwendung gebracht werden sollte, den Wert, wie er in den vorstehenden Noten 2 bis 9 näher charakterisiert worden ist. Der Absatz 2, welcher für land- und forstwirtschaftliche Grundstücke den Ertragswert zu dem maßgebenden macht, ist von der Kommission des Reichstages in das Gesetz gebracht. Zur Begründung wurde dafür namentlich angeführt: „bei land- und forstwirtschaftlichen Grundstücken, die ihrer Natur nach dazu bestimmt seien, zur Bewirtschaftung zu dienen, nicht aber Verkaufsobjekte zu sein, sei es an sich richtig, den Wert nach dem Ertrage zu bestimmen. Auf diesem Standpunkt stehe auch das BGB., welches im § 2049 eine Anordnung des Erblassers, daß einer der Miterben das Recht haben solle, ein zum Nachlasse gehörendes Landgut zu übernehmen, im Zweifel dahin ausgelegt wissen will, daß das Landgut nach seinem Ertragswerte angesetzt werden solle. . . . Das zur Beratung stehende Erbschaftssteuergesetz fuße in seinem materiellen Inhalte auf dem Erbrechte des BGB.; es müßten also besonders zwingende Gründe nachgewiesen werden, wenn von erbrechtlichen Bestimmungen des BGB. hier abgewichen werden solle. Solche Gründe ließen sich aber nicht vorbringen. Unrichtig sei die Behauptung, daß die Ermittelung des Ertragswertes schwieriger sei, als die des Verkaufswertes; gerade das Gegenteil sei der Fall. Noch irriger sei die Annahme, daß die Zugrundelegung des Ertragswertes als solche eine Begünstigung der Landwirtschaft darstelle; es komme dabei darauf an, das wievielfache des Ertrages als Ertragswert gelten solle . . ." Trotz mannigfacher namentlich regierungsseitig vorgebrachter Gegengründe behielt diese Auffassung die Oberhand und der Abs. 2 ist zum Gesetz erhoben.

16. **Grundstücke der in § 15 Abs. 1 bezeichneten Art** sind diejenigen Grundstücke, welche dauernd land- und forstwirtschaftlichen Zwecken zu dienen bestimmt sind, einschließlich der dazu gehörenden denselben Zwecken dienenden Gebäude und des Zubehörs. Vgl. Note 3 zu § 15. Die BRAusfB. geben hierzu in den §§ 15 und 16 eine Erläuterung. Sie bestimmen zunächst (§ 15), daß zu den landwirtschaftlichen Zwecken der Obst- und Gartenbau nur zu rechnen sei, sofern er in unmittelbarer wirtschaftlicher Verbindung mit einem landwirtschaftlichen Betrieb erfolge, und des ferneren (§ 16), daß Grundstücke, bei denen die Ergebnisse des Wirtschaftsbetriebs dem Boden unmittelbar entnommen werden, wie Sand-, Lehm-, Tongruben, Stein-, Schiefer-, Kalk- oder Kreidebrüche, Torfstiche usw., zu den Grundstücken, welche land- und forstwirtschaftlichen Zwecken zu dienen bestimmt sind, nur dann zu zählen seien, wenn die Ausbeutung in unmittelbarer Verbindung mit einem Land- oder Forstwirtschaftsbetrieb erfolge.

17. Von besonderer Bedeutung ist es, daß die Grundstücke **dauernd land- und forstwirtschaftlichen Zwecken dienen** müssen, um nach dem Ertragswert zu der Steuer herangezogen zu werden. Der Bericht der Reichstagskommission (a. a. O. S. 20) sagt dazu: „Endlich solle der Ertragswert nur für solche Grundstücke maßgebend sein, die **dauernd** land- und forstwirtschaftlichen Zwecken zu dienen bestimmt seien; damit fielen aus die Spekulationsgrundstücke, wenn sie auch zeitweilig noch landwirtschaftlich benutzt würden. Ob ein Grundstück unter die eine oder die andere Kategorie falle, sei leichter im Einzelfalle zu sagen als durch eine gesetzliche Definition außer Zweifel zu stellen." Danach kann der Abs. 2 dem nicht entgegenstehen, was oben in Note 13 a. E. in dem Beispiel angeführt ist. Die BRAusfB. erklären im § 18 besonders, daß die Vorschrift des § 16 Abs. 2 des Gesetzes auf land- oder forstwirtschaftlich genutzte Grundstücke, deren gemeiner Wert durch ihre Lage als Bauland bestimmt wird, keine Anwendung findet, wenn sich nicht aus den Umständen ergibt, daß die Grundstücke dauernd land- oder forstwirtschaftlichen Zwecken zu dienen bestimmt sind.

18. Daß die fraglichen **Grundstücke einschließlich der dazu gehörenden denselben Zwecken dienenden Gebäude und des Zubehörs** nach dem Ertrage für die Steuer zu bewerten sind, daß also auch Gebäude und Zubehör wie die Grundstücke selbst zu behandeln, läßt die Entstehungsgeschichte der Vorschrift nicht zweifelhaft. Ursprünglich waren die Grundstücke entsprechend näher bezeichnet und ist erst in der zweiten Lesung der Reichstagskommission die Bezugnahme auf § 15 Abs. 1 statt dessen eingefügt. Der Komissionsbericht bemerkt aber dazu (a. a. O. S. 50): „Unter Grundstücken der in § 17 Abs. 1 (jetzt § 15) bezeichneten Art seien also zu verstehen Grundstücke, die dauernd land- und forstwirtschaftlichen Zwecken zu dienen bestimmt sind, einschließlich der dazu gehörigen denselben Zwecken dienenden Gebäude und des Zubehörs." Nach § 17 Abs. 1 der BRAusfB. sind zu den land- oder forstwirtschaftlichen Zwecken dienenden Gebäuden außer den dem land- oder forstwirtschaftlichen Betriebe dienenden Wohn- und Wirtschaftsgebäuden auch solche Gebäudeanlagen zu rechnen, die dem Betriebe eines land- oder forstwirtschaftlichen Nebengewerbes (Brennerei, Brauerei usw.) dienen, sofern der Betrieb des gewerblichen Unternehmens in unmittelbarer Verbindung mit dem land- oder forstwirtschaftlichen Wirtschaftsbetriebe des Landguts, zu dem sie gehören, erfolgt, insbesondere die zu verarbeitenden Rohstoffe ausschließlich oder doch in der Hauptsache jenem Wirtschaftsbetriebe entnommen oder die Erzeugnisse oder Rückstände

in diesem verwendet werden. Weiter bestimmt sodann der Absatz 2 des § 17 der BRAusfB., daß zu dem Zubehör bei einem Landgute zu rechnen sind das zum Wirtschaftsbetriebe bestimmte Gerät und Vieh, die landwirtschaftlichen Erzeugnisse, soweit sie zur Fortführung der Wirtschaft bis zu der Zeit erforderlich sind, zu welcher gleiche oder ähnliche Erzeugnisse voraussichtlich gewonnen werden, sowie der auf dem Gute vorhandene Dünger, ferner speziell bei Gebäuden, die zu einem landwirtschaftlichen Nebenbetriebe dauernd eingerichtet sind, die zu dem Betriebe bestimmten Maschinen und sonstigen Gerätschaften, soweit sie nicht schon als Bestandteile der Gebäude in Betracht kommen. Vergl. auch Note 3 und 4 zu § 7.

19. Ertragswert ist, wie schon oben in Note 8 angeführt, im allgemeinen derjenige Wert, welcher lediglich nach Maßgabe des Reinertrages bemessen wird, der aus einem Gegenstand zu der gegebenen Zeit tatsächlich erzielt wird, bzw. zu erzielen ist. In welcher Weise der Reinertrag aus dem Grundstück hier zugrunde gelegt werden soll, ist in dem zweiten Satz des Absatzes bestimmt worden.

20. Als Reinertrag soll in Frage kommen, was die Grundstücke nach ihrer bisherigen wirtschaftlichen Bestimmung bei ordnungsmäßiger Bewirtschaftung nachhaltig gewähren können. Es entspricht dieses, und zwar nach der ausgesprochenen Absicht der Reichstagskommission, welche eine volle Uebereinstimmung mit dem bürgerlichen Recht hier erzielen wollte (vgl. Kommissionsbericht a. a. O. S. 20), dem § 2049 Abs. 2 des BGB., welcher lautet:

„Der Ertragswert bestimmt sich nach dem Reinertrage, den das „Landgut nach seiner bisherigen wirtschaftlichen Bestimmung bei „ordnungsmäßiger Bewirtschaftung nachhaltig gewähren kann."

„Danach ist nicht der tatsächliche Ertrag maßgebend, den das Landgut während einer gewissen Reihe von Jahren im Durchschnitt abgeworfen hat, sondern es soll der Ertrag ermittelt werden, den das Gut bei ordnungsmäßiger Bewirtschaftung nachhaltig gewähren kann ... Bei der Schätzung ist davon auszugehen, daß das Gut seiner bisherigen wirtschaftlichen Bestimmung erhalten bleibt, wodurch jedoch die Berücksichtigung einer Ertragserhöhung, die sich durch zweckmäßige Aenderungen in der Bestellung 2c. erreichen läßt, nicht ausgeschlossen wird." (Planck, Kommentar z. BGB. Note 3 zu § 2049.) Darüber, wie bei der Berechnung des Reinertrages im einzelnen zu verfahren ist, geben die BRAusfB. in den §§ 19—22 die näheren Anweisungen, auf welche hier nur verwiesen aber nicht näher eingegangen zu werden braucht.

21. In dem Gesetz ist sodann der Ertragswert auf das Fünfundzwanzigfache des Reinertrages festgesetzt. Wie aus der Begründung der ganzen Bestimmung ausdrücklich herausgehoben, hat man eine Begünstigung der Landwirtschaft nicht gewollt. „Das Elsaß-Lothringische Gesetz nehme als Ertragswert das Zwanzigfache des Jahresertrages, der Antrag in Uebereinstimmung mit dem preußischen Anerbenrechte für Westfalen das Fünfundzwanzigfache an. Bei dieser Multiplikation könnte von einer Bevorzugung nicht gesprochen werden." (Kommissionsbericht a. a. O. S. 20). Es hat dieses immerhin Bedeutung für die praktische Durchführung, die sich demnach

lediglich an die tatsächlichen Verhältnisse zu halten und nicht etwa die für den Steuerpflichtigen günstigen Momente besonders zu berücksichtigen hat.

22. Die bisherigen Erbschaftssteuergesetze der Bundesstaaten stimmen materiell mit dem im RESt G. angenommenen allgemeinen Grundsatz in der Hauptsache überein. Formell haben sie allerdings fast durchweg den „gemeinen Wert" in die fragliche Gesetzesvorschrift eingestellt, so Preuß. EStG. im § 14, Bayer. EStG. im Art. 12, Württ. EStG. im Art. 10, Bad. EStG. im § 12, wobei in Klammer noch Verkaufswert zugefügt ist, Hess. EStG. im Art. 14 und Braunschw. EStG. im § 9. Eine Regelung wie die im Abs. 2 des § 16 des REStG. findet sich in den bundesstaatlichen Gesetzen nicht, nur lassen Württemberg und Baden den Ertragswert da maßgebend sein, wo er nach den Bestimmungen des BGB. der Auseinandersetzung von Erben zugrunde zu legen ist. Für bestimmte Fälle wendet Baden außerdem ohne weiteres den Verkaufspreis an. Während Preußen, Baden, Braunschweig wie das REStG. von der „Zeit des Anfalles" sprechen, haben Bayern, Württemberg, Hessen statt dessen den „Tod des Erblassers." Das Sächs. EStG. hat in seinem Art. 4 die Wertermittelung eingehender nach fünf besonderen Paragraphen näher spezifiziert, aber auf grundsätzlich gleicher Stellung.

§ 17.

Bei Nutzungen oder Leistungen, die entweder ausdrücklich oder durch anderweitige die Dauer begrenzende Umstände auf bestimmte Zeit beschränkt sind, ist der Gesamtwert unter Abrechnung der Zwischenzinsen durch Zusammenzählung der einzelnen Jahreswerte zu berechnen. Der Gesamtwert darf den zum gesetzlichen Zinssatze kapitalisierten Jahreswert nicht übersteigen. Bei immerwährenden Nutzungen wird das Fünfundzwanzigfache des einjährigen Betrags, bei Nutzungen von unbestimmter Dauer, sofern nicht die Vorschriften der §§ 18, 19 Anwendung finden, das Zwölfundeinhalbfache des einjährigen Betrags als Wert angenommen.

Vergl. BRAusfB. § 23.

Zu Satz 1 und 2.

1. Für die Wertermittelung bei Nutzungen oder Leistungen die auf eine bestimmte Zeit beschränkt sind, gibt der § 17 besondere Vorschriften, die sich aber sachgemäß an die grundsätzliche Regelung im § 16 anschließen. Daß in diesen Fällen der Wert zur Zeit des Anfalls nicht lediglich dadurch ermittelt werden kann, daß die Jahreswerte der betreffenden Nutzungen oder Leistungen für die bestimmte Zeitdauer, auf welche sie bewilligt worden sind, einfach zusammensummiert werden, liegt wohl auf der Hand, denn eine Leistung oder Nutzung, auf welche jemand erst nach einem gewissen Zeitraum

— maßgebend bei den nachfolgenden Jahren — Anspruch hat, kann nicht den gleichen Wert haben, wie die sofort zu erfüllende Leistung oder Nutzung. Das Gesetz bestimmt daher, daß nach der Zusammenzählung der Jahreswerte die Zwischenzinsen abgerechnet werden sollen.

2. Das Gesetz nimmt eine auf bestimmte Zeit beschränkte Nutzung oder Leistung nicht nur dann an, wenn eine ausdrückliche Zeitbestimmung in festen Terminen vorgenommen ist, sondern auch schon dann, wenn durch anderweitige die Dauer begrenzende Umstände eine Beschränkung auf Zeit getroffen ist. Die Vorschrift in den beiden ersten Sätzen des § 17 findet demnach nicht nur auf Fälle, in denen eine terminlich abgegrenzte Zeitfrist, eine Anzahl von Jahren &c. vorgeschrieben ist, Anwendung, sondern auch auf solche Fälle, in denen den ersteren gegenüber die Dauer allerdings insofern zunächst noch unbestimmt ist, als der Endpunkt statt auf einen festen Jahrestermin auf ein bestimmtes Ereignis gestellt ist, dessen Eintritt einerseits mit Sicherheit zu erwarten, andererseits zeitlich schon im voraus abschätzbar ist. Zu den Fällen der letzteren Art ist beispielsweise zu rechnen, wenn eine Rente bis zur Ablegung eines Examens oder bis zur Erlangung einer Erwerbsstellung, oder für die Zeit eines Studiums, oder für die Zeit einer bestimmten Berufsstellung, oder für die Dauer eines Rechtsstreits vermacht worden ist (vergl. Hoffmann, Preuß. EStG. Note 2b zu § 15). Dahingegen muß stets eine Behandlung nach der im letzten Satz des § 17 enthaltenen Vorschrift eintreten, wenn die Zeitdauer der Nutzung oder Leistung im Augenblick des Anfalles nach den obwaltenden Verhältnissen noch nicht bestimmbar ist

3. Ueber den Zinsfuß, welcher bei der Abrechnung der Zwischenzinsen zur Anwendung zu bringen ist, bestimmt das RESt G. nichts. Es greift demnach der § 246 des BGB. über die Höhe der gesetzlichen Zinsen Platz:

„Ist eine Schuld nach Gesetz oder Rechtsgeschäft zu verzinsen, so sind „vier vom Hundert für das Jahr zu entrichten, sofern nicht ein „anderes bestimmt ist."

Die gesetzliche vierprozentige Verzinsung stimmt mit der nachfolgenden Vorschrift im § 20, nach welcher der einjährige Betrag der Nutzung eines Geldbetrages mangels anderer Bestimmung zu vier vom Hundert anzunehmen ist, überein.

4. Das RESt G. hat davon abgesehen den steuerpflichtigen Kapitalwert der auf bestimmte Zeit beschränkten Nutzungen und Leistungen, wie er sich für die vollen Jahre bei der Zusammenzählung der einzelnen Jahreswerte und der Abrechnung der vierprozentigen Zwischenzinsen ergibt, in einer Hilfstabelle, welche dann für die tatsächliche Wertermittelung die Grundlage zu bilden hätte, in das Gesetz einzureihen, wie solches meist in den Landesgesetzen der Bundesstaaten geschehen ist. Zweckentsprechender dürfte es auch scheinen, eine derartige Hilfstabelle, wenn man sie überhaupt für erforderlich erachtet, in die Ausführungsvorschriften zu dem Gesetze aufzunehmen, da die Bestimmung selbst, nach welcher zu verfahren, schon so wie so genügend im Gesetz zum Ausdruck gebracht ist und es sich bei der Hilfstabelle nur um einen Anhalt oder um eine Er-

leichterung für die Berechnung handelt. Solches ist dann auch durch die BRAusfB. geschehen, welche im § 23 vorschreiben, daß der Kapitalwert der auf bestimmte Zeit beschränkten Nutzungen und Leistungen nach der beigefügten Hilfstafel zu ermitteln sei und gleichzeitig als Anlage 6 eine „Hilfstafel über den gegenwärtigen Kapitalwert einer Rente oder Nutzung im Werte von 1 Mark auf eine bestimmte Anzahl von Jahren behufs Berechnung der davon zu entrichtenden Erbschaftssteuer" geben.

5. Die Jahreswerte (volle wie unvollständige) und die Zwischenzinsen, welche abzusetzen sind, müssen genau für die bestimmte Zeit, auf welche die Nutzung oder Leistung beschränkt worden ist, angesetzt und berechnet werden, denn es ist keinerlei Abrundung auf größere Zeitabschnitte im Gesetz vorgeschrieben und kann daher auch nicht zur Anwendung gebracht werden. Speziell ist es nicht zulässig eine Abrundung auf volle Jahre sei es zugunsten sei es zuungunsten des Steuerpflichtigen mangels einer ausdrücklichen gesetzlichen Anordnung dafür vorzunehmen, vergl. auch Hoffmann, Preuß. EStG. Note 2 zu § 18, a. M. Becker, Bad. EStG. Note 5 zu § 18, allerdings wesentlich gestützt auf den Umstand, daß die dem Bad. EStG. einverleibte Hilfstabelle (vergl. die vorige Note) den Wert der Nutzungen &c. nur nach Jahresbeträgen angibt, ein Grund, der für das REStG. in Wegfall kommt, da die Hilfstafel hier nicht zum Gesetz gehört.

6. Die Bestimmung im zweiten Satz, daß der Gesamtwert den zum gesetzlichen Zinssatze kapitalisierten Jahreswert nicht übersteigen darf, ist wohl wesentlich aus dem als triftig anzuerkennenden Grunde getroffen, um den steuerpflichtigen Gesamtwert der auf bestimmte Zeit beschränkten Nutzungen und Leistungen nicht über den für immerwährende Nutzungen anzunehmenden Gesamtwert hinaus kommen zu lassen. In den Motiven ist eine Begründung nicht gegeben.

7. Die Wertermittelung und die sich darauf gründende Berechnung der Erbschaftssteuer (§ 28), sowie die danach wieder erfolgende Festsetzung der Steuer in dem Erbschaftssteuerbescheid (§ 45) ist hier und in den folgenden Fällen dieses Paragraphen wie auch in denen der §§ 18—23, abgesehen von der im zweiten Absatz des § 18 ausdrücklich festgesetzten Ausnahme, stets als endgültig anzusehen, so daß es keinen Einfluß mehr ausüben kann, wenn im Fall des ersten Satzes unseres Paragraphen der die Dauer begrenzende Umstand tatsächlich nach kürzerer oder nach längerer Frist, wie bei der Schätzung angenommen war, eintritt, sowie entsprechendes sich in den Fällen der anderen Paragraphen vollzieht. Nach Lage der Sache muß die Endgültigkeit in dem Augenblicke eintreten, wo der Erbschaftssteuerbescheid unanfechtbar wird. Rückerstattungen bereits gezahlter Erbschaftssteuer sind in diesen Fällen ebenso wie auch etwaige Nachforderungen von seiten der Erbschaftssteuerämter ausgeschlossen.

8. Die Erbschaftssteuergesetze der einzelnen Bundesstaaten haben meist in der Hauptsache die gleiche grundsätzliche Regelung. Auch formell im wesentlichen übereinstimmend ist die Anordnung im Preuß. EStG. § 18, im Bayer. EStG. Art. 14, im Bad. EStG.

§ 18, im Hess. EStG. Art. 17 und im Braunschw. EStG. § 13, nur daß durchweg die Hilfstabelle (vergl. oben Note 4) eingeschaltet und an Stelle der fehlenden Bestimmung im zweiten Satz vorgeschrieben ist, daß, wenn die Dauer der Nutzung zc. noch außerdem durch die Lebenszeit einer oder mehrerer Personen beschränkt ist, der nach den besonderen Vorschriften für die Leibrenten zc. sich berechnende Kapitalwert nicht überschritten werden dürfe. Das Württ. EStG. Art. 11 unter Ziff. 5 und das Sächs. EStG. Art. 4, § 5, Abs. 2 weichen in der Fassung etwas ab.

Zu Satz 3.

9. Immerwährende Nutzungen sind solche, welche in ihrem Bestande von dem Leben und Sterben des Nutzungsberechtigten oder des zur Leistung Verpflichteten unabhängig sind, welche mithin auf den Rechtsnachfolger des Nutzungsberechtigten wie des zur Leistung Verpflichteten übergehen. Als solche können beispielsweise in Frage kommen Grunddienstbarkeiten (BGB. § 1018 ff.), Reallasten (BGB. § 1105 ff.), die Geldrente zur Entschädigung für den Ueberbau in das Nachbargrundstück (BGB. § 912 ff.).

10. Nutzungen von unbestimmter Dauer sind solche, bei denen der künftige Wegfall gewiß, der Zeitpunkt dieses Wegfalls aber so ungewiß ist, daß die Dauer der Nutzung von vornherein auch nicht annähernd abgeschätzt werden kann. In dem letzteren Umstande liegt das unterscheidende Moment von den im ersten Satz des Paragraphen berührten Nutzungen, welche durch besondere die Dauer begrenzende Umstände auf bestimmte Zeit beschränkt sind, vergl. oben Note 2 zu diesem Paragraphen. Die Entscheidung darüber, ob die Wertermittelung im einzelnen Fall nach den Grundsätzen für Nutzungen von unbestimmter Dauer oder nach denen für Nutzungen von bestimmter Dauer stattzufinden hat, ist lediglich nach dem vorbezeichneten Unterscheidungsmoment (von vornherein Schätzungsmöglichkeit der Dauer oder nicht) zu treffen und ohne Rücksicht auf das etwaige verschiedenartige Ergebnis (höhere oder niedere Steuersumme); denn das Gesetz hat seine Bestimmungen schlechthin getroffen und weder das fiskalische Interesse noch das des Steuerpflichtigen in den Vordergrund gestellt.

11. Während der erste Satz des Paragraphen von Nutzungen oder Leistungen spricht, sind in dem letzten Satz nur Nutzungen herausgehoben. Diese verschiedenartige Formulierung findet sich in den bisherigen Erbschaftssteuergesetzen der Bundesstaaten nicht, welche durchweg auch von immerwährenden und nach der Dauer unbestimmten Leistungen sprechen. In den Motiven ist ein Grund für diese Abweichung nicht angegeben. Es ist anzunehmen, daß eine sachliche Aenderung in der Besteuerung nicht beabsichtigt ist, man vielmehr die nochmalige Aufführung der Leistungen, die hier so wie so von Nutzungen kaum abzuscheiden sind beziehungsweise denen durchweg Nutzungen gegenüberstehen werden, bei der durch das REStG. vorgenommenen Zusammenziehung der beiden Bestimmungen in einen Paragraphen nicht für erforderlich erachtet hat.

12. Zu den Nutzungen von unbestimmter Dauer gehören auch diejenigen, deren Dauer durch die Lebenszeit einer oder mehrerer Personen bedingt ist. Für diese Nutzungen sind aber in den folgenden §§ 18 und 19 besondere Vorschriften getroffen, so daß die Bestimmungen des § 17 auf sie keine Anwendung finden.

13. Die Festlegung des Wertes der immerwährenden Nutzung auf das Fünfundzwanzigfache ihres einjährigen Betrages entspricht einer Kapitalisierung des letzteren Betrages nach Maßgabe des gesetzlichen Zinsfußes zu 4%. Die gleiche Kapitalisierung und ebenmäßig die Bewertung der Nutzungen von unbestimmter Dauer zur Hälfte der immerwährenden Nutzungen findet auch nach § 9 der ZPO. statt, wo nach dem Gesetze über die Gerichtsverfassung die Zuständigkeit der Gerichte von dem Werte des Streitgegenstandes abhängt.

14. Das oben in Note 7 zu diesem Paragraphen Gesagte über die Endgiltigkeit der Wertermittelung sowie der Steuerberechnung und der Steuerfestsetzung in dem Erbschaftssteuerbescheid findet auch auf die Fälle des letzten Satzes des § 17 uneingeschränkte Anwendung.

15. Die Erbschaftssteuergesetze der Einzelstaaten haben die gleiche Bestimmung im wesentlichen auch in derselben Fassung, so das Preuß. EStG. im § 15, das Bayer. EStG. im Art. 13, das Sächs. EStG. im § 5 des Art 4, aber mit der Modifikation, daß die Steuer nur auf das Zwanzigfache beziehungsweise zehnfache gesetzt ist, das Württ. EStG. unter Ziffer 4 des Artikel 11, das Bad. EStG. im § 15, das Hess. EStG. im Artikel 15, Absatz 4 und das Braunschw. EStG. im § 10, welches dabei aber eine ähnliche Ausnahme wie das REStG. im zweiten Absatz des § 18 zuläßt.

§ 18.

Der Wert von Leibrenten oder anderen auf die Lebenszeit einer Person beschränkten Nutzungen, einschließlich des im § 3 Nr. 1 bezeichneten Erwerbes, wird nach dem Lebensalter der Person, mit deren Tode das Bezugsrecht erlischt, berechnet, und zwar wird als Wert bei einem Alter

1.				bis	zu	25	Jahren	das	20	fache,
2.	von	mehr	als 25	bis	zu	35	Jahren	das	18	fache,
3.	„	„	„ 35	„	„	45	„	„	16	„
4.	„	„	„ 45	„	„	55	„	„	14	„
5.	„	„	„ 55	„	„	65	„	„	12	„
6.	„	„	„ 65	„	„	70	„	„	10	„
7.	„	„	„ 70	„	„	75	„	„	8	„
8.	„	„	„ 75	„	„	80	„	„	6	„

9. „ „ „ 80 Jahren das 4fache des Wertes der einjährigen Nutzung angenommen.

Ist jedoch die Nutzung oder Leistung
im Falle des Abs. 1 Nr. 1 schon innerhalb eines Zeitraums von 10 Jahren,
im Falle des Abs. 1 Nr. 2 schon innerhalb eines Zeitraums von 9 Jahren,
im Falle des Abs. 1 Nr. 3 schon innerhalb eines Zeitraums von 8 Jahren,
im Falle des Abs. 1 Nr. 4 schon innerhalb eines Zeitraums von 7 Jahren,
im Falle des Abs. 1 Nr. 5 schon innerhalb eines Zeitraums von 6 Jahren,
im Falle des Abs. 1 Nr. 6 schon innerhalb eines Zeitraums von 5 Jahren,
in den Fällen des Abs. 1 Nr. 7 bis 9 schon innerhalb eines Zeitraums von 4 Jahren

nach dem Anfall erloschen, so wird ihr Wert nach Maßgabe der wirklichen Dauer bestimmt und die gezahlte Steuer bis auf den diesem Werte entsprechenden Betrag erstattet. In gleicher Weise wird, wenn die steuerpflichtige Masse um den nach Abs. 1 berechneten Wert einer Nutzung oder Leistung geringer veranlagt war, im Falle des früheren Erlöschens der Nutzung oder Leistung ein entsprechender Steuerbetrag nacherhoben.

Vergl. BRAusfB. §§ (26) (29).

Zu Absatz 1.

1. Die Leibrente regelt das BGB. in den § 759—761 ohne eine Begriffsbestimmung dafür zu geben. Nach der deutschrechtlichen Entwickelung umfaßt die Leibrente das Recht einer Person auf bestimmte, periodisch wiederkehrende Leistungen zum Unterhalt seitens eines Dritten. Unter den anderen auf die Lebenszeit einer bestimmten Person beschränkten Nutzungen ist wohl die wesentlichste der im BGB. in den §§ 1030—1089 geregelte Nießbrauch, welchen deshalb die bisherigen Landesgesetze der Bundesstaaten hier vielfach besonders herausheben. Neben den im REStG. hier speziell aufgeführten Lehens- und Fideikommißanfällen wird ebenso der Erwerb lebenslänglicher Nutzungen aus Familienstiftungen in Frage kommen. Auf Grund des § 27 des REStG. fällt auch die Vorerbschaft im Falle der Einsetzung eines Nacherben (§§ 2100 ff. des BGB.) hierher. Ebenmäßig werden die Vorschriften für Leibgedinge, Leibzuchten, Altenteile rc., wie sie nach Art. 96 des EG. z. BGB. der Landesgesetzgebung der Bundesstaaten vorbehalten sind, je nach Umständen Anwendung zu finden haben.

2. Die Vorschriften des Paragraphen sind stets zur Anwendung zu bringen, gleichgültig ob die Nutzung auf die Lebenszeit des

Berechtigten beschränkt ist oder auf die Lebenszeit eines Dritten, ob die Nutzung schon bei Lebzeiten des Erblassers bestanden hat oder erst durch den Anfall zur Entstehung gelangt.

3. Für die Berechnung des Lebensalters sind die Bestimmungen des BGB. (§§ 186 ff.) und zwar vorzugsweise der zweite Absatz des § 187 maßgebend:

„Ist der Beginn eines Tages der für den Anfang einer Frist maß„gebende Zeitpunkt, so wird dieser Tag bei der Berechnung der Frist „mitgerechnet. Das Gleiche gilt von dem Tage der Geburt bei der „Berechnung des Lebensalters."

Demgemäß ist der Geburtstag selbst als voller Tag mitzurechnen und das Lebensjahr gilt als vollendet mit dem Ablauf des vor der Wiederkehr des Geburtsdatums, des Geburtstages in diesem Sinn, liegenden Tages. Vgl. Planck. Kommentar zum BGB. Anmerkung 2 zu § 187.

4. Maßgebend ist in allen Fällen das Lebensalter der betreffenden Person in dem Zeitpunkt des Anfalls, wie solches durch den § 16 des RESt G. geboten erscheint. Auch hierbei ist es ohne Einfluß, ob die Nutzung auf die Lebensdauer des Berechtigten oder die eines Dritten beschränkt ist.

5. Die Sätze, welche beiden einzelnen ausgeschiedenen Altersklassen Anwendung finden sollen, sind einerseits nach der mutmaßlichen Lebensdauer, wie sie durch die Statistik über die Bewegung der Bevölkerung und die darauf beruhenden Berechnungen festgestellt beziehungsweise danach anzunehmen ist, und andererseits nach dem durch die Zeitlage bedingten durchschnittlichen Nutzungswert, wie er in dem allgemeinen und üblichen Zinsfuß zum Ausdruck kommt, bestimmt, so daß der zu ermittelnde Wert tunlichst dem Kapitalwert der Nutzung zur Zeit des Anfalls gleichkommt. Wie sich schon in den Erbschaftssteuergesetzen der Bundesstaaten eine Bewegung der Einzelsätze nach oben mit Rücksicht auf die Veränderung in jenen beiden Momenten für die neuere Zeit geltend macht, so ist auch in dem REStG. gegenüber den meisten der zuletzt in Kraft gewesenen landesgesetzlichen Bestimmungen eine durchgehende Erhöhung in den Einzelsätzen vorgenommen. Es hat damit der inzwischen wiederum eingetretenen Verschiebung Rechnung getragen werden sollen; zugrunde gelegt sind die Sätze des erst im Jahre 1903 erlassenen Hamb. EStG., das sich auf die neuesten Erfahrungen der Lebensversicherungsgesellschaften gestützt hat.

6. Abgesehen von der schon berührten (vgl. Note 5 zu diesem Paragraphen) durchgängigen geringeren Bemessung der Einzelsätze und der speziellen Heraushebung der Nießbrauchsrechte (vgl. Note 1 zu diesem Paragraphen) stimmen die Erbschaftssteuergesetze der Einzelstaaten im wesentlichen materiell und formell mit dem REStG überein, so Preuß. EStG. § 16, Bayer. EStG. Art. 14, Württ. EStG. Ziff. 4 des Art. 11, Bad. EStG. § 16, Hess. EStG. Art. 16, Braunschw. EStG. § 11; nur das Sächs. EStG. behandelt im § 5 des Art. 4 die Nutzungen auf Lebenszeit in der gleichen Weise wie die Nutzungen auf bestimmte Zeit.

Zu Absatz 2.

7. Während im allgemeinen auch bezüglich der Vorschrift im § 18 die Wertermittelung nach der Steuerberechnung und der Steuerfestsetzung in dem Erbschaftssteuerbescheid als endgültig anzusehen ist und damit das in Note 7 zu § 17 Ausgeführte Platz greift, ist in dem Abs. 2 des § 18 eine Ausnahme für den Fall zugelassen, daß die Nutzung schon innerhalb eines gewissen kürzeren Zeitraumes nach dem Anfall erlischt; in diesem Falle tritt Wertermittelung nach der wirklichen Dauer ein. Die Landesgesetze, welche die Ausnahme gleichfalls haben, beschränken sie durchweg nur allgemein auf das Erlöschen innerhalb eines Jahres nach dem Anfall. Der Regierungsentwurf wollte, ohne eine nähere Begründung dafür zu geben, eine Berechnung der Rente nach der wirklichen Dauer eintreten lassen, wenn die Nutzung oder Leistung innerhalb eines Zeitraums von vier Jahren nach dem Anfalle erlösche. Um dem dieser Verbesserung (gegenüber der früheren Landesgesetzgebung mit dem nur einjährigem Zeitraum) zugrunde liegenden Gedanken weiter auszuspinnen, wie der Kommissionsbericht nur bemerkt, hat die Reichstagskommission die nunmehr im Gesetz verlautbarte weitergehende Abstufung, nach welcher die wirkliche Dauer im äußersten Falle bis zu einem Zeitraum von zehn Jahren Berücksichtigung finden soll, angenommen.

8. Die Ausnahmebestimmung kann nur auf die im ersten Absatz des § 18 geregelten Fälle, also nur für die auf Lebenszeit einer bestimmten Person beschränkten Nutzungen, Anwendung finden, nicht aber auch auf die vorher geregelten unbestimmten Nutzungen oder die durch Abschätzung bestimmbaren. Es ist dieses als die sachgemäße Folge daraus anzusehen, daß die Ausnahmevorschrift lediglich an die Regelung im § 18 angegliedert und in derselben keinerlei Bezugnahme auf den vorgehenden Paragraphen zum Ausdruck gebracht ist, woraus auf den Willen des Gesetzgebers, die Ausnahme auch auf den anderen Paragraphen gelten zu lassen, ein Schluß gezogen werden könnte. Es kommt hinzu, daß der folgende Paragraph inhaltlich vollkommen mit der Vorschrift im ersten Satz des § 18 zusammenhängt, daß also die Ausnahmebestimmung in keiner Weise allein steht, sondern in ein zusammenhängendes Ganze eingefügt ist. A. M. bezüglich der gleichformulierten preußischen Bestimmung Hoffmann, Preuß. EStG. Note 2 zu § 15 und Note 5 zu § 16.

9. Für den Beginn der Frist, welcher stets durch den Anfall bestimmt wird, ist hier der erste Absatz des § 187 des BGB. maßgebend:

„Ist für den Anfang einer Frist ein Ereignis oder ein in den Lauf „eines Tages fallender Zeitpunkt maßgebend, so wird bei der Be„rechnung der Frist der Tag nicht mitgerechnet, in welchen das Er„eignis oder der Zeitpunkt fällt."

Das Ende der Frist regelt sich sodann nach Abs. 2 und 3 des § 188 des BGB.:

„Eine Frist, die nach Wochen, nach Monaten oder nach einem mehrere „Monate umfassenden Zeitraume — Jahre, halbes Jahr, Vierteljahr „— bestimmt ist, endigt im Falle des § 187 Abs. 1 mit dem Ablauf

„desjenigen Tages der letzten Woche oder des letzten Monats, welcher „durch seine Benennung oder seine Zahl dem Tage entspricht, in „den das Ereignis oder der Zeitpunkt fällt . . .
„Fehlt bei einer nach Monaten bestimmten Frist in dem letzten Monate „der für ihren Ablauf maßgebende Tag, so endigt die Frist mit dem „Ablaufe des letzten Tages dieses Monats."

Die Frist läuft demnach stets mit dem Datumstage des Anfalls ab, nur wenn es sich um den 29. Februar handelt und dieser in dem entscheidenden Jahr fehlt, mit dem 28. Februar. Ohne Einfluß ist es dabei, ob der Endtag ein Sonn- oder Feiertag ist, da hier die Bestimmung des § 193 des BGB. nicht Platz greift. Die Frist ist naturgemäß strikt zu interpretieren; erlischt die Nutzung nur einen Tag später, so kann die Ausnahmevorschrift keine Anwendung finden.

10. Nach der Regierungsvorlage, in welcher der letzte Satz des Abs. 2 fehlte, konnte die Ausnahmebestimmung nur bezüglich des mit der Nutzung Bedachten, nicht auch bezüglich des mit derselben Beschwerten Platz greifen. Nunmehr findet aber nach Maßgabe des fraglichen Satzes die Ausnahmebestimmung in ihren Folgen sowohl auf den mit der Nutzung Bedachten wie auf den mit der Nutzung Beschwerten eine entsprechende Anwendung. Die vom Reichstag vollzogene Einfügung des Schlußsatzes begründet der Kommissionsbericht folgendermaßen: „Der Antrag ziehe die logische Konsequenz aus der in erster Lesung zum § 20 (jetzt § 18) beschlossenen Aenderung. Wenn beispielsweise jemand ein Haus und ein anderer, der 20 Jahre alt ist, die Nutznießung daran durch Verfügung von Todes wegen erwerbe, so berechne sich die Steuer des Nießbrauchs nach § 20 (jetzt 18) Ziff. 1 unter Zugrundelegung einer Masse, die dem Zwanzigfachen des Wertes der einjährigen Nutzung entspricht. Bei der Besteuerung des Eigentümers des Hauses werde die steuerpflichtige Masse um den Wert des Nießbrauches vermindert. Sterbe nun der Nießbraucher nach neun Jahren, so werde dessen Erben gemäß den Beschlüssen der ersten Lesung auf Antrag die zu viel erhobene Steuer erstattet. Der neue Antrag wolle nun verhindern, daß in solchem Falle für den Fiskus ein ungerechtfertigter Ausfall entstehe und verfüge deshalb, daß der steuerpflichtigen Masse des Hauseigentümers nachträglich wieder zugesetzt werde, was sich als zu Unrecht früher abgezogen herausstelle, und daß von dem Mehrbetrage der Masse der entsprechende Steuerbetrag nacherhoben werde. Anders verlaufe die Sache selbstverständlich, wenn der steuerpflichtige Hauseigentümer von dem ihm im § 28 Abs. 2 (jetzt § 26 Abs. 2) gewährten Rechte Gebrauch machend die Aussetzung der Versteuerung bis zum Erlöschen des Nießbrauchs verlangt habe."

11. Die vorbehandelte Ausnahmevorschrift findet sich nicht in allen Erbschaftssteuergesetzen der Einzelstaaten, so nicht im Bayer. EStG., im Sächs. EStG. und im Hess. EStG., mit der oben in Note 7 zu diesem Paragraphen hervorgehobenen Beschränkung der Frist auf ein Jahr aber in dem Preuß. EStG., im Württ. EStG., im Bad. EStG. und im Braunschw. EStG. an den in Note 6 zu diesem Paragraphen angegebenen Stellen.

§ 19.

Hängt die Dauer der Nutzungen von der Lebenszeit mehrerer Personen ab, so ist, wenn das Bezugsrecht mit dem Tode der zuerst versterbenden Person erlischt, das Lebensalter der ältesten Person, wenn das Bezugsrecht mit dem Tode der letztversterbenden Person erlischt, das Lebensalter der jüngsten Person maßgebend.

1. Der § 19 zieht lediglich eine weitere Konsequenz aus dem im vorigen Paragraphen im einzelnen zur Anwendung gebrachten naturgemäßen Grundsatz, daß die mutmaßliche Lebensdauer mit dem zunehmenden Alter abnimmt, indem er von der Annahme ausgeht, daß von zwei Personen verschiedenen Alters die ältere zuerst, die jüngere aber zuletzt sterben wird, und dementsprechend je nach der einen oder anderen Seite des Falls das Lebensalter der älteren oder der jüngeren Person für die Wertermittelung maßgebend sein läßt.

2. Die Bestimmung kann nur Platz greifen, sofern es sich um ein und dieselbe Nutzung handelt, welche von der Lebensdauer mehrerer Personen abhängig gemacht ist, wobei es aber wiederum gleichgültig ist, in welcher Weise dieses Abhängigmachen durchgeführt ist, ob dabei von vornherein nur eine Nutzung oder mehrere in Frage kommen, beispielsweise ob eine einheitliche Nutzung zwei Ehegatten bis zum Tode des zuletzt Versterbenden vermacht ist oder getrennt lebenslänglich dem A die Nutzung eines bestimmten Gutes und dem B die Nutzung eines bestimmten Gutes, aber mit der Bestimmung, daß beim Tode des A dessen Nutzung an B und beim Tode des B dessen Nutzung an A für die Lebensdauer fallen solle.

3. Regelmäßig wird die Vorschrift nur für die Wertermittlung bezüglich der Beschwerung des Erben ꝛc. durch die Nutzung zur Anwendung gebracht werden, da nur bezüglich dieser stets eine einheitliche Feststellung in Frage kommen kann. Nach § 28 soll die Erbschaftssteuer nach dem ganzen Erwerbe jedes einzelnen Beteiligten für diesen besonders berechnet werden; es ist demgemäß die Wertermittlung der Nutzung als Nutzung oder Bereicherung für jeden Beteiligten je nach den bezüglich desselben in Betracht zu ziehenden Sonderverhältnissen vorzunehmen, wobei jene Vorschrift durchweg gegenstandslos sein wird. Die Wertermittelung bezüglich der Beschwerung ist regelmäßig eine endgültige, sofern nicht die Ausnahmevorschrift im zweiten Absatz des § 18 zur Anwendung zu bringen ist; vgl. das in der Note 7 zu § 17 und in der Note 10 zu § 18 Ausgeführte.

4. In einem Falle ist die Vorschrift des § 19 nicht nur für den Beschwerten, sondern auch für den mit der Nutzung Bedachten zu berücksichtigen, nämlich dann, wenn die einem einzigen Berechtigten vermachte Nutzung von der Lebenszeit mehrerer anderer Personen abhängig gemacht ist, beispielsweise wenn jemand von einem Dritten eine Nutzung für die Lebenszeit seiner

Eltern vermacht würde. In diesem Falle ist die Wertermittelung bezüglich der Bereicherung ganz die gleiche, wie bezüglich der Beschwerung; beide sind endgültig, sofern später nicht die Ausnahmebestimmung des Abs. 2 des § 18 in Wirkung treten sollte. Die Durchführung des Beispiels mag dieses näher veranschaulichen: Der Erblasser vermacht seinem Neffen A 60000 Mk. mit der Auflage, einem nicht verwandten Dritten B jährlich 200 Mk. für die Lebenszeit seiner Eltern (Vater 60 Jahre alt, Mutter 50 Jahre alt) zu zahlen. Da die Rente bis zu dem Tode der zuletzt versterbenden Person zu gewähren ist, berechnet sie sich nach dem Lebensalter der jüngsten Person, der Mutter, also auf das 14fache = 2800 Mk. Es hat demnach an Erbschaftssteuer zu entrichten:

der Erbe 4% von 57200 Mk. (60000 — 2800 Mk.) = 2288 Mk.
der Nutzungsberechtigte 10% von 2800 Mk = 280 Mk.

Uebereinstimmend bleibt hier Wertermittelung und Steuerfestsetzung bestehen, wenn nicht der Vater und die Mutter schon innerhalb eines Zeitraums von 7 Jahren nach dem Anfalle versterben sollten. Von der Lebensdauer der Mutter hängt nach Maßgabe des § 19 die Wertermittelung ab, der tatsächliche Bezug, der für die Ausnahmebestimmung des § 18 Abs. 2 in Frage kommt, gleichzeitig auch von der Lebensdauer des Vaters. Wenn die Mutter zwar vor Ablauf von 7 Jahren verstirbt, der Vater aber beim Tode der Mutter noch am Leben ist, so erlischt die Nutzung noch nicht und folgeweise ist auch § 18 Abs. 2 nicht anwendbar; demnach kann also eine Aenderung der ersten Wertermittlung und Steuerfestsetzung nur eintreten, wenn auch der Vater innerhalb des fraglichen Zeitraumes verstirbt.

5. Die Wertermittelung der Nutzung für den Nutzungsberechtigten hat hier stets getrennt von der Wertermittelung bezüglich der Beschwerung zu geschehen und sind dabei neben dem § 18 einschließlich der Ausnahmebestimmung im zweiten Absatz desselben auch die nachfolgenden §§ 21—23, soweit sie nach Lage der Sache zur Berücksichtigung kommen können, als maßgebend zu betrachten und alle die für jeden einzelnen in Frage kommenden Sonderverhältnisse entsprechend in Rechnung zu ziehen. Wird nach dem obigen Beispiel zwei Ehegatten gemeinsam eine Nutzung bis zum Tode des zuletzt versterbenden vermacht, so ist die Wertermittelung darauf zu gründen, daß jedem der Ehegatten die lebenslängliche Nutzung zu der einen Hälfte des Gesamtbetrages unbedingt und zu der anderen Hälfte unter der aufschiebenden Bedingung, daß er den anderen Ehegatten überlebe, vermacht ist. Zunächst hat also jeder der Ehegatten einen Wert zu versteuern, der sich nach der Hälfte des einjährigen Nutzungswertes, vervielfältigt mit dem im § 18 für sein Lebensalter festgestellten Satz, berechnet. Die letztere Wertermittelung ist endgültig, wenn nicht einer oder beide Ehegatten bereits innerhalb eines solchen Zeitraums vom Anfall an versterben würden, daß die Ausnahmebestimmung des § 18 Abs. 2 Platz greifen und Wertermittelung nach der tatsächlichen Dauer unter Rückerstattung der darüber hinaus gezahlten Steuer eintreten würde. Beim Tode des zuerst versterbenden Ehegatten tritt dann die weitere Wertermittelung und Versteuerung für die dem Ueberlebenden unter der oben bezeich-

neten aufschiebenden Bedingung vermachte zweite Hälfte der Nutzung gemäß der Vorschrift im Abs. 1 des § 18 ein, für welche das derzeitige Lebensalter des Ueberlebenden bestimmend ist; auch für diese zweite Wertermittelung und Versteuerung würde aber wieder die Ausnahmebestimmung des § 18 Abs. 2 Geltung finden. Wird nun aber zwei Ehegatten gemeinsam eine Nutzung bis zum Tode des zuerst versterbenden vermacht, so handelt es sich, was die Nutzungsberechtigung, die Bereicherung der Ehegatten, anlangt, auch hier nicht um einen einheitlichen Anfall, für welchen die Vorschrift des § 19 Platz greifen könnte. Auch hier erwirbt jeder Ehegatte selbständig die Hälfte der Nutzung und ist dieser Anfall von dem eigenen Leben des Erwerbers lediglich so wie jeder andere Anfall einer Nutzung abhängig. Jedem der beiden Ehegatten ist aber seine Nutzungshälfte unter einer auflösenden Bedingung, Tod des anderen Ehegatten, angefallen, doch bleibt diese auflösende Bedingung, weil es sich um eine Nutzung von unbestimmter Dauer handelt, nach der Vorschrift des Abs. 2 des § 21 unberücksichtigt. Der Wert der Nutzung bestimmt sich daher für jeden Ehegatten nach seinem Lebensalter auf Grund der näheren Ordnung des § 18, dessen zweiter Absatz für den Fall, daß der entscheidende Tod des einen Ehegatten innerhalb der dort gesetzten maßgebenden Frist nach dem Anfall eintreten sollte, für beide Ehegatten übereinstimmend zur Anwendung gebracht werden müßte. Setzten wir als Beispiel einen anderen Fall, wo dem A die Nutzung eines bestimmten Gutes und dem B die Nutzung eines bestimmten Gutes unter gegenseitiger Substitution lebenslänglich vermacht worden, so würde dieser im Erfolg ganz dem erstberührten Fall gleichen, nur daß statt der Nutzungshälften hier selbständige Einzelnutzungen von vornherein in Frage kommen. Würde hier statt der Substitution gesagt sein, daß beide Nutzungen beim Tode des zuerst Versterbenden das Ende erreichen sollten, so wäre das Gleiche wie zu zweit beim ersten Fall gegeben.

6. Zur näheren Erläuterung wollen wir die oben genannten Hauptbeispiele zahlenmäßig bezüglich der Beschwerung und bezüglich der Bereicherung durchführen.

Erster Hauptfall: Der Erblasser vermacht seinem Neffen A 100000 Mk. mit der Auflage, den mit ihm nicht verwandten Eheleuten B (60 Jahre alt) und C (50 Jahre alt) jährlich 500 Mk. bis zum Tode des zuletzt Versterbenden auszubezahlen. Nach Maßgabe der letzteren Anordnung bestimmt sich die Beschwerung für den Erben nach dem Lebensalter des jüngsten Ehegatten, bei 50 Lebensjahren also auf das 14fache der jährlichen Gesamtnutzung = 7000 Mk. B erhält die halbe Nutzung zu 250 Mk. und bestimmt sich deren Wert nach seinen 60 Lebensjahren auf das 12fache = 3000 Mk; C bekommt gleichfalls eine Nutzung von 250 Mk., deren Wert sich bei dem Lebensalter von 50 Jahren auf das 14fache = 3500 Mk. berechnet. An Erbschaftssteuer hat demnach zunächst zu entrichten:

der Erbe A	4% von	93000 Mk.	=	3720 Mk.
der Nutzungsberechtigte B	10% von	3000 Mk.	=	300 Mk.
der Nutzungsberechtigte C	10% von	3500 Mk.	=	350 Mk.

Damit ist die Sache aber weder für den Erben noch für die Nutzungsberechtigten abgeschlossen; Wertermittelung und Steuerfestsetzung sind noch nicht endgültig, sie können sich nach Maßgabe des § 18 Abs. 2 durch die tatsächliche Lebensdauer der Nutzungsberechtigten ändern. Wir wollen dabei vier Unterfälle scheiden.

Erster Unterfall: B stirbt nach 10 Jahren, C nach 20 Jahren. Die Besteuerung des Erben bleibt unberührt, weil hier der § 18 Abs. 2 nicht Platz greift. Bezüglich der Besteuerung der von B genossenen Nutzung tritt eine Veränderung nicht ein. Die C hat die ihr beim Tode des B anfallende zweite Hälfte der Nutzung nach ihrem derzeitigen Lebensalter (60 Jahre), mithin 250 Mk. mit dem 12 fachen = 3000 Mk. zu versteuern. Es hat also noch zu entrichten an Erbschaftssteuer:

die Nutzungsberechtigte C 10% von 3000 Mark = 300 Mk.

Damit ist die Sache endgültig abgeschlossen, da die C erst nach weiteren 10 Jahren verstirbt.

Zweiter Unterfall: B stirbt nach 2 Jahren 73 Tagen, C nach 10 Jahren. Auch hier kann sich die Besteuerung des Erben nicht ändern, da die Nutzung insgesamt erst nach 10 Jahren also nicht innerhalb eines Zeitraumes erlischt, daß nach § 18 Abs. 2 die Wertermittelung nach der wirklichen Dauer zulässig erscheinen würde. Für die Nutzung des B greift jetzt die Ausnahmevorschrift des § 18 Abs. 2 Platz, ihr Wert bestimmt sich nur nach Maßgabe der wirklichen Dauer von $2^1/_5$ Jahr also auf 550 Mk., dem eine Steuer von 55 Mk. entsprechen würde. Beim Anfall der Nutzungshälfte des B hat die Nutzungsberechtigte C das 55. Lebensjahr noch nicht erreicht, es ist demnach für den zweiten Anfall ganz der gleiche Satz wie für den ersten zur Anwendung zu bringen. Demnach ist

1. auf die frühere Erbschaftssteuer zurückzuzahlen:
   anläßlich der Nutzung des B 300 Mk. — 55 Mk. = 245 Mk.
2. an Erbschaftssteuer ferner zu entrichten:
   von der Nutzungsberechtigten C 10% von 3500 = 350 Mk.

Auch hier hat damit die Sache ihre endgültige Erledigung gefunden, da die Nutzungsberechtigte C länger als 7 Jahre über den zweiten Anfall hinaus am Leben verbleibt.

Dritter Unterfall: B stirbt nach 10 Jahren, C nach 12 Jahren 73 Tagen. Beim Ableben des B vollzieht sich die Sache zunächst genau in der gleichen Weise wie im ersten Unterfall. Die Besteuerung der von B genossenen Nutzung ist endgültig abgeschlossen; aus dem Anfall der B'schen Nutzung hat an Erbschaftssteuer ferner zu entrichten:

die Nutzungsberechtigte C 10% von 3000 Mk. = 300 Mk.

Damit ist aber der Steuerfall zwar für den Erben, da die Gesamtnutzung über die für ein Eintreten des § 18 Abs. 2 maßgebende Zeit hinaus gedauert hat, endgültig, nicht aber für die Nutzungsberechtigte C erledigt. Da die C $2^1/_5$ Jahr nach dem zweiten Anfall verstirbt, so greift bezüglich des letzteren die Ausnahmevorschrift des § 18 Abs. 2 ein; die Nutzung ist nur nach der wirklichen Dauer zu bewerten also mit 250 Mk. $\times\, 2^1/_5$ = 550 Mk., für welchen Wert die Steuer 55 Mk. beträgt. Es sind mithin zurückzuzahlen

von der anläßlich des zweiten Anfalls an C entrichteten Erbschaftssteuer
300 Mk. — 55 Mk. = 245 Mk.

Erst damit hat der Steuerfall seinen Abschluß gefunden.

Vierter Unterfall: B verstirbt nach 2 Jahren, C nach 4 Jahren. Beim Tode des B ändert sich die Besteuerung des B und es tritt die weitere Versteuerung für den Anfall an C ein, die Besteuerung des Erben bleibt zunächst unberührt. Die Steuer des B wird nach der tatsächlichen Dauer, also nach einem Wert von 500 Mk. (2 × 250 Mk.) mit 50 Mk. (10% von 500 Mk.) berechnet. Es ist demnach

1. an Steuer zurückzuerstatten aus dem Anfall B: 300 Mk. — 50 Mk. = 250 Mk.
2. an Steuer zu entrichten aus dem neuen Anfall C 10% von 3500 Mk. = 350 Mk.

Beim Tode der C ist die Gesamtnutzung innerhalb eines Zeitraumes von 7 Jahren nach dem Anfall erloschen, es ändert sich damit nach § 18 Abs. 2 auch die Besteuerung des Erben; der Wert der Gesamtnutzung ist jetzt für 4 Jahre also auf 2000 Mk. zu berechnen und nur in dieser Höhe erscheint der Erbe belastet, er hätte also 100000 Mk. — 2000 Mk. = 98000 Mk. mit 4% oder mit 3920 Mk. zu versteuern; da er bislang nur 3720 Mk. Steuer entrichtet hat, wird er 200 Mk. nachzuzahlen haben. Für den ersten Anfall der C kommt eine 4jährige, für den zweiten eine 2jährige Dauer in Betracht, da für beide Anfälle der § 18 Abs. 2 Platz greift; der Gesamtwert der C'schen Nutzung berechnet sich danach auf 1000 Mk. + 500 Mk. = 1500 Mk. während sie einen Wert von 7000 Mk. (zweimal 3500 Mk.) versteuert hat. Für 1500 Mk. beträgt die Steuer 150 Mk., gezahlt sind 700 Mk. (zweimal 350 Mk.), es sind mithin 550 Mk. (700 Mk. — 150 Mk.) an Steuer zu erstatten.

Zweiter Hauptfall: Der Erblasser vermacht seinem Neffen A 80000 Mk. mit der Auflage, den ihm nicht verwandten Eheleuten B (60 Jahre alt) und C (40 Jahre alt) jährlich 300 Mk. bis zum Tode des zuerst Versterbenden auszuzahlen. Die Beschwerung des Erben bestimmt sich hier nach dem Lebensalter des ältesten Ehegatten; sie ist demnach bei 60 Lebensjahren auf das 12fache der gesamten Jahresnutzung, auf 12 × 300 Mk. = 3600 Mk. zu bewerten. B bekommt die Hälfte der Nutzung zu 150 Mk. Jahresbetrag; der Wert derselben ist nach seinem Lebensalter gleichfalls auf das 12fache zu berechnen, so daß sich 150 Mk. × 12 = 1800 Mk. ergibt. Für die der C anfallende halbe Nutzung von 150 Mk. Jahresbetrag ist deren Lebensalter bestimmend, der Wert beläuft sich demnach auf das 16fache oder 150 Mk. × 16 = 2400 Mk. An Erbschaftssteuer ist zu entrichten:

von dem Erben A	4% von	76400 Mk.	=	3056 Mk.
von dem Nutzungsberechtigten B	10% von	1800 Mk.	=	180 Mk.
von der Nutzungsberechtigten C	10% von	2400 Mk.	=	240 Mk.

Auch hier ist die Sachlage eine ähnliche; je nach dem Ableben der Nutzungsberechtigten sind zwei Unterfälle zu scheiden.

Erster Unterfall: B stirbt nach 12 Jahren, C später.

Beide Nutzungen erlöschen mit dem Tode des B und zwar für B, weil die Nutzung mit seinem Tode für ihn unter allen Umständen erlöschen müßte und für C, weil die auflösende Bedingung, unter welcher ihm die Nutzung vermacht war (Tod des B), eingetreten ist. Da aber bei der hier in Frage kommenden Nutzung von unbestimmter Dauer der auflösenden Bedingung nach Maßgabe der ausdrücklichen

Vorschrift im zweiten Absatz des § 21 eine weitere Wirkung nicht beizumessen ist, so bleibt der bisherige Stand vollkommen unverändert; der Steuerfall erscheint mit der ersten oben bezeichneten Regelung abgeschlossen.

Zweiter Unterfall: B stirbt nach 2 Jahren 73 Tagen, C später.

Beide Nutzungen erlöschen mit dem Tode des B, also schon innerhalb des für die Wirkung des § 18 Abs. 2 maßgebenden Zeitraumes nach dem Anfall. Für beide Nutzungen ist daher die Ausnahmebestimmung des § 18 Abs. 2 zur Anwendung zu bringen und der Wert der Nutzung nach Maßgabe der wirklichen Dauer von $2^1/_5$ Jahr zu bestimmen; das ist in beiden Fällen auf 150 Mk. $\times$ $2^1/_5$ = 330 Mk., sodaß sich die Steuer zu 10% auf 33 Mk. berechnet. Zum Abschluß des Steuerfalls ist dementsprechend an Steuer zurückzuerstatten:

aus der B'schen Nutzung 180 Mk. — 33 Mk. = 147 Mk.
aus der C'schen Nutzung 240 Mk. — 33 Mk. = 207 Mk.

Entsprechend wird aber auch hier die Besteuerung des Erben beeinflußt. Von dem Erbteil wird nur der Wert der Nutzung nach der tatsächlichen Dauer abzurechnen sein, das Erbeil bewertet sich darnach auf 80000 Mk. — 330 Mk., also auf 79670 Mk., von welcher Summe die Steuer 3186 Mk. betragen würde. Der Erbe hat bislang nur 3056 Mk. an Steuer entrichtet, er wird also noch 130 Mk. (3186 Mk. — 3056 Mk.) nachzuzahlen haben.

7. Die Vorschrift des § 19 hat bezüglich der Wertermittelung der Beschwerung auch für diejenigen Fälle Geltung, in denen dieselbe Nutzung nacheinander mehreren Personen lebenslänglich vermacht wird. Die Beschwerung stellt sich auch für diese Fälle als ein einheitliches Ganzes dar, das von der Lebenszeit mehrerer Personen abhängt, es ist damit die Vorbedingung für die Anordnung des § 19 gegeben. Maßgebend wird in diesen Fällen stets nur das Lebensalter der jüngsten Person sein können. Von einer Anwendbarkeit auf die Nutzungsberechtigten kann niemals die Rede sein, weil es sich hier um selbständige Anfälle derselben Nutzung an mehrere Personen nacheinander — also in keiner Weise um etwas Einheitliches — handelt, welche sich zeitlich nacheinander eventuell nach Eintritt der aufschiebenden Bedingung vollziehen und dementsprechend je bei dem Anfall ausschließlich nach dem derzeitigen Lebensalter des Nutzungsberechtigten zu bewerten sind.

8. Eine analoge Ausdehnung des Grundsatzes des § 19 auf alle Nutzungen von unbestimmter Dauer erscheint gegenüber der bestimmten Fassung des Paragraphen und der ausdrücklichen Beschränkung desselben auf die von der Lebenszeit bestimmter Personen abhängigen Nutzungen nicht zulässig; a. M. jedoch Hoffmann, Preuß. EStG., Note 2 zu § 17.

9. Ueberwiegend findet sich in den Erbschaftssteuergesetzen der Einzelstaaten eine gleiche Bestimmung wie die des § 19, wenn auch teilweise in etwas anderer Fassung, so im Preuß. EStG. § 17, im Bayer. EStG. Artikel 14 Abs. 2, im Württ. EStG. Artikel 11 unter Ziffer 4 Abs. 3, im Bad. EStG. § 17, im Hess. EStG. Artikel 16, Abs. 2 und im Braunschw. EStG. § 12. Das Sächs. EStG. hat die Vorschrift nicht.

§ 20.

Der einjährige Betrag der Nutzung eines Geldbetrags ist, wenn er nicht anderweit feststeht, zu vier vom Hundert anzunehmen.

1. Das REStG. bestimmt hier nur einen festen Wertsatz für die Nutzung eines Geldbetrages, während die bezüglichen Vorschriften der Landeserbschaftssteuergesetze durchweg weiter gingen und teils von Vermögen, auch mit Unterscheidung von beweglichem und unbeweglichem, teils von Geldkapitalien sprechen. Die Vorschrift kann also jetzt nur da Platz greifen, wo es sich um die Nutzung eines lediglich in einer Geldsumme ausgeworfenen beziehungsweise lediglich auf eine solche gestellten Erbschaftsanteils handelt. Die vorgenommene Beschränkung muß aber als durchaus sachgemäß erscheinen, denn nur für den vorbezeichneten Fall war das Bedürfnis für die Anordnung eines festen Wertsatzes vorhanden. Nicht in Betracht kommen für die Vorschrift die Nutzungen von in sich bestimmten Rechten, wenn letztere auch auf Geld gehen und in einem Geldbetrage zum Ausdruck gebracht werden, so die Nutzung einer bestimmten Hypothek, einer bestimmten Grundschuld, eines bestimmten Darlehns 2c., auch die Nutzung bestimmter, wenn auch nur generell in der Art bezeichneter Wertpapiere wie Aktien, Kuxe, Gesellschaftsanteile 2c. Materiell wird dem übrigens weniger Bedeutung beizumessen sein, da alle die vorbezeichneten in Wegfall kommenden Nutzungen durchweg in ihrem Jahresbetrage schon anderweit feststehen und so auch durch den in die Vorschrift aufgenommenen Vorbehalt „wenn er nicht anderweit feststeht" beseitigt sind.

2. Der Betrag der Nutzung des Geldbetrages ist auch hier in Uebereinstimmung mit der Höhe der gesetzlichen Zinsen, welche der § 246 des BGB. (vergl. Note 3 zu § 17) regelt, festgelegt.

3. Die sonstigen Nutzungswerte sind in der gleichen Weise wie die Werte der Erbschaftsmasse selbst zu ermitteln und ist für das Verfahren der § 43 maßgebend.

4. Die Erbschaftssteuergesetze der Einzelstaaten haben durchweg eine dem § 20 entsprechende Vorschrift, dabei sprechen das Preuß. EStG. § 19, das Württ. EStG. Artikel 11 Ziffer 3 — dieses unter gleichzeitiger Herabsetzung des Satzes auf drei vom Hundert für Grundstücksnutzungen —, das Bad. EStG. § 19 und das Braunschw. EStG. § 14 von Geldkapital, das Sächs. EStG. Art. 4 § 5 Abs. 4 von Kapital schlechthin und das Bayer. EStG. Artikel 16 sowie das Hess. EStG. Artikel 18 von Vermögen mit Scheidung von beweglichem und unbeweglichem Vermögen und einer geringeren Bewertung (drei vom Hundert) der Nutzung des letzteren.

VI. Bedingter Erwerb. § 21.

§ 21.

Vermögen, dessen Erwerb von dem Eintritt einer aufschiebenden Bedingung abhängt, unterliegt der Besteuerung erst bei dem Eintritte der Bedingung; für den Steuerbetrag muß jedoch auf Verlangen des Erbschaftssteueramts (§ 34) Sicherheit geleistet werden.

Vermögen, das unter einer auflösenden Bedingung erworben ist, wird, abgesehen von den Nutzungen von unbestimmter Dauer (§§ 17 bis 19), wie unbedingt erworbenes behandelt. Tritt die Bedingung ein, so wird die gezahlte Steuer bis auf den der wirklichen Bereicherung entsprechenden Betrag erstattet.

Vergl. BRAusfB. §§ (10) (26) (28) (29).

1. Wie in anderen ähnlichen Fällen hat das REStG. auch bei dem **bedingten Erwerb** über die rechtliche Seite keinerlei Bestimmung getroffen, sondern sich lediglich auf die Regelung der Steuerpflicht beschränkt. Auch hier kommen daher, was die rechtliche Seite, den Begriff, die Wirkung, die Zulässigkeit der Bedingung 2c. anlangt, ausschließlich die Vorschriften des BGB. und zwar sowohl die allgemeinen in den §§ 158—163 als auch die besonderen erbrechtlichen wie in den §§ 2074—2076, 2104—2106, 2139, 2162, 2177, 2178 in Betracht. Den Begriff der Bedingung als solcher bestimmt das BGB. nicht. Bedingung ist die einer Willenserklärung zugefügte Beschränkung des Inhaltes, daß eine Rechtswirkung mit dem Eintritt eines wenigstens subjektiv ungewissen Ereignisses beginnen (aufschiebende Bedingung) oder endigen (auflösende Bedingung) soll. In erster Linie maßgebend ist der § 158 des BGB.:

„Wird ein Rechtsgeschäft unter einer aufschiebenden Bedingung vor„genommen, so tritt die von der Bedingung abhängig gemachte „Wirkung mit dem Eintritt der Bedingung ein.
„Wird ein Rechtsgeschäft unter einer auflösenden Bedingung vor„genommen, so endigt mit dem Eintritte der Bedingung die Wirkung „des Rechtsgeschäfts; mit diesem Zeitpunkte tritt der frühere Rechts„zustand wieder ein."

Dem in diesem Paragraphen ausgesprochenen Grundsatz schließt sich das REStG. bei der Regelung der Steuerpflicht und Steuerbestimmung in dem bezüglichen Fall allgemein an, indem es Steuerpflicht und Steuerbestimmung durchweg gleichzeitig mit der Rechtswirkung eintreten läßt.

2. Charakteristisch für die hier in Frage kommenden Fälle ist, daß es sich in der Regel um **zwei unter sich in Wechselwirkung zusammenhängende Erwerbe eines und desselben Gegenstandes** oder eines im wesentlichen gleichen oder

gleichbestimmten Gegenstandes durch zwei oder mehrere Personen nach einander handelt, für welche steuerlich wiederum eine unterschiedliche Behandlung einzutreten hat. Die rechtliche Grundlage für die Bestimmung des gegenseitigen Verhältnisses hat das BGB. in der Nacherbfolge beziehungsweise dem Nachvermächtnis gegeben, der dann wiederum die Vorerbfolge entspricht (BGB. §§ 2100—2146, § 2191). Danach gestaltet sich die rechtliche Lage regelmäßig so, daß bei dem aufschiebend bedingten Erwerbe sowohl wie bei dem auflösend bedingten Erwerbe der erste Erwerber ohne Rücksicht auf seinen Berufungsgrund (gesetzliche, testamentarische, vertragsmäßige Erbfolge) als Vorerbe, der zweite oder spätere Erwerber dagegen als Nacherbe eintritt. Der Vorerbe beziehungsweise Vorvermächtnisnehmer erwirbt stets mit dem Erbfall, also beim Tode des Erblassers (BGB. § 1922, § 2176), der Nacherbe beziehungsweise Nachvermächtnisnehmer mit dem Eintritte des Falles der Nacherbfolge (BGB. § 2139, § 2177). Hieraus sind die weiteren Konsequenzen für den Eintritt und den Umfang der Steuerpflicht zu ziehen.

3. Da abgesehen von festbestimmten Ausnahmefällen Voraussetzung für den Anfall das Leben des zu demselben Berufenen zur Zeit des Anfalles bildet, so ist es auch regelmäßig Vorbedingung für die Nacherbfolge nach einer Bedingung, daß beim Eintritt derselben der zu ihr Berufene am Leben ist (vgl. BGB. § 2074). Das Gleiche greift aber auch stets bezüglich der Besteuerung bei der Nacherbfolge nach einer Bedingung Platz; der Berufene muß den Eintritt der Bedingung erlebt haben, erst dann findet die Besteuerung statt. Eine gewisse Berücksichtigung der Nacherbfolge nach einer Bedingung schon beim Eintritt des Erbfalles ist hinsichtlich der Besteuerung aber doch insoferne gegeben, als von der Steuerbehörde eine Sicherheitsleistung verlangt werden kann. Eine Ausnahme von der allgemeinen Regel tritt nur ein, wenn der Erblasser dem bedingt Bedachten von vornherein eine vererbliche Anwartschaft auf die Zuwendung ausdrücklich eingeräumt hat. Der bedingten Zuwendung ist hier eine festere Form gegeben, nach der sie auf den Erben übergeht; das Leben des zuerst Bedachten beim Eintritt der Bedingung ist nicht mehr eine Voraussetzung des Anfalls. Auch hier schließt sich die Besteuerung an, aber nur insoweit, als das Erfordernis des Lebens des zuerst Bedachten beim Eintritt der Bedingung wegfällt. Im übrigen nimmt sie auf die fester begründete, vererbliche Anwartschaft keine Rücksicht. Demgemäß wird beim Erbfall die Anwartschaft noch nicht zur Steuer herangezogen, wenn sie vielleicht auch einen besonderen Grund für das Verlangen einer Sicherheitsleistung abgeben kann. Ebenso bleibt es steuerlich unberücksichtigt, wenn die Anwartschaft von dem zuerst Bedachten weiter vererbt wird; die ganze Besteuerung setzt erst bei dem tatsächlichen Eintritt der Bedingung, also bei dem Anfall, ein.

4. Der Zeitpunkt des Eintritts der Bedingung ist für die Bestimmung der infolge desselben eintretenden Nacherbfolge der allein maßgebende und zwar ganz in der gleichen Weise wie für den einfachen, unbedingten Erwerb von Todes wegen der Augenblick des Anfalls; jedes Zurückbeziehen auf letzteren Augenblick

ist ausgeschlossen. Für die Bewertung hat dieses zunächst die Folge, daß dabei der allgemeine Wert, wie er sich zu dem späteren Zeitpunkt des Bedingungseintrittes stellt und nicht der zur Zeit des Anfalles zu Grunde gelegt wird, daß also beispielsweise bei Wertpapieren die inzwischen eingetretene Kurserhöhung oder Kursverminderung, wie und soweit sie in dem Kurs im Zeitpunkt des Bedingungseintritts sich ausdrückt, Berücksichtigung findet. Ebenso ist aber auch jeder Veränderung, welche an einem bestimmten Gegenstand in der Zwischenzeit zwischen Anfall und Bedingungseintritt eingetreten ist, in vollem Maße Rechnung zu tragen, gleichgültig, ob es sich dabei um eine Verbesserung oder Verschlechterung, um eine Substanzvermehrung oder -Verminderung handelt.

5. Der erste Erwerber ist bei dem bedingten Erwerb regelmäßig wie der Vorerbe zu behandeln. Dem entspricht es wiederum, daß für die Wertermittlung seines Erwerbes nur die Verhältnisse im Zeitpunkt des Anfalls ganz wie bei dem unbedingten Erwerb zu Grunde gelegt werden müssen. Da sich die tatsächliche Bereicherung des ersten Erwerbers in Anbetracht der Ungewißheit des Bedingungseintrittes beim Anfall nicht feststellen läßt, dagegen immerhin die Möglichkeit gegeben ist, daß der bedingte Erwerb durch Ausfall der Bedingung zu einem unbedingten wird, so hat man in steuerlicher Hinsicht als den einfachsten Ausweg auf die letztere Möglichkeit zurückgegriffen und behandelt hier den Vorerben zunächst wie den Erben schlechthin, also ganz ohne Rücksichtnahme auf die gesetzte Bedingung; er hat den Erwerb zu versteuern, als wenn er ein unbedingter wäre. Tritt später die Bedingung ein, so läßt sich die Bereicherung des Vorerben genau ermitteln und wird die Erbschaftssteuer hierauf zurückgeführt, indem das über die Bereicherung hinaus an Steuer Entrichtete zurückerstattet wird. Die Bereicherung und deren steuerpflichtiger Wert bestimmt sich hier, da das Gesetz von „wirklicher Bereicherung" spricht, genau nach den tatsächlichen Verhältnissen. Im normalen Fall wird die Bereicherung der vollen Nutzung oder dem Nießbrauch des bedingt erworbenen Gegenstands für die Zeit vom Anfall bis zum Bedingungseintritt entsprechen und wird dementsprechend die Wertermittlung vorzunehmen sein. Es ist dabei aber nicht ausschließlich der Nutzungswert zur Zeit des Anfalls zu Grunde zu legen, sondern es ist vielmehr auch jeder Veränderung in diesem Wert, welche innerhalb der Bezugszeit nach oben oder nach unten eingetreten ist, entsprechend Rechnung zu tragen, ebenso wie sonstige besondere Umstände, die sich in der fraglichen Zeit bezüglich der Nutzung geltend gemacht haben, zu berücksichtigen sind. Der Rückerstattungsanspruch ist unabhängig von der Person des Steuerpflichtigen, welcher die Steuer entrichtet hat; falls letzterer vor Eintritt der Bedingung verstorben ist, geht der Anspruch auf seine Erben über.

6. Die gesetzlichen Vorschriften über den bedingten Erwerb finden nicht nur für diejenigen Fälle Anwendung, in welchen der Erwerb durch eine Verfügung des Erblassers zu einem bedingten wird, sondern in der gleichen Weise auch für diejenigen, in denen die Bedingung auch schon für den Erblasser bestand und derselbe einen davon abhängigen Besitz oder

Anspruch hinterlassen hat. Von den beiden Seiten, die wir oben als Nacherbfolge und Vorerbfolge nebeneinander zu berühren hatten, kommt in den letzteren Fällen stets nur die eine erbschaftssteuerlich in Betracht, denn nur bei einer kann es sich überhaupt um einen Anfall von Todes wegen handeln, während die andere lediglich als Rechtsverhältnis unter Lebenden in Betracht kommt, das als solches nicht steuerpflichtig sein kann.

7. Für die Nutzungen von unbestimmter Dauer greifen ausschließlich die Bestimmungen der §§ 17—19 Platz. Es hat dieses namentlich auch für die Rückerstattung der Steuer bei Eintritt der Bedingung Bedeutung. Dieselbe kann nicht in Frage kommen, selbst wenn die Nutzungen von unbestimmter Dauer an und für sich den Gegenstand einer auflösend bedingten Zuwendung bilden; eine Rückerstattung ist vielmehr nur da möglich, wo die besonderen Umstände des § 18 Abs. 2 zutreffen.

8. Eine Bedingung kann ohne weiteres auch in einer Zeitbestimmung enthalten sein und zwar in den Fällen eines dies incertus an certus quando (ungewisser Eintritt, aber bestimmter Zeitpunkt) und eines dies incertus an incertus quando (ungewisser Eintritt und unbestimmter Zeitpunkt), die sich in der Form einer Zeitbestimmung lediglich als Bedingungen charakterisieren. Für diese Fälle sind auch in steuerlicher Beziehung die Vorschriften über den bedingten Erwerb zur Anwendung zu bringen, ohne daß im Gesetze solches besonders auszusprechen ist, wie es allerdings in einigen der bisherigen Erbschaftssteuergesetze der Bundesstaaten, so im Württ. EStG. und dem Bad. EStG. geschehen ist. Vgl. Note 6 und Note 9 zum § 23.

9. Die Bestimmung des § 21 kann nicht in Frage kommen, wenn es sich um einen zur Zeit des Erbfalles schon als solchen feststehenden Erwerb handelt, der zwar eine gewisse Möglichkeit oder Aussicht auf einen späteren größeren Erwerb in sich schließt, gleichzeitig aber schon zur Zeit des Anfalls einen im wirtschaftlichen Verkehr feststehenden oder auch durch Schätzung zu ermittelnden Wert, in dem jene Aussicht oder Möglichkeit auf größeren Erwerb zum Ausdruck kommt, darstellt, wie solches bei Lotterielosen, den Anteilscheinen der Prämienanleihen und dergleichen der Fall ist. Vgl. oben Note 13 zu § 16.

10. Die Erbschaftssteuergesetze der Einzelstaaten regeln durchweg den bedingten Erwerb in einer mit dem REStG. im wesentlichen übereinstimmenden Weise, so das Preuß. EStG. § 22, das Bayer. EStG. Artikel 17, das Sächs EStG. Artikel 11, das Württ. EStG. Artikel 12, das Bad. EStG. § 20, das Hess. EStG. Art. 19, das Braunschw. EStG. § 17.

VII. Bedingte Belastung. §§ 22, 23.

§ 22.

Lasten, die den Wert der steuerpflichtigen Masse vermindern, werden, soweit sie von dem Eintritt einer aufschiebenden Bedingung abhängen, nicht berücksichtigt. Tritt die Bedingung ein, so wird die gezahlte Steuer bis auf den der veränderten Rechtslage entsprechenden Betrag erstattet.

Lasten, deren Fortdauer von einer auflösenden Bedingung abhängt, werden, sofern sie nicht nach den in den §§ 17 bis 19 enthaltenen Grundsätzen behandelt werden können, wie unbedingte in Abzug gebracht. Tritt die Bedingung ein, so wird ein entsprechender Steuerbetrag nacherhoben. Das Erbschaftssteueramt kann Sicherheitsleistung für diesen Anspruch fordern.

Für zweifelhafte Lasten gilt das gleiche wie für Lasten, die von einer aufschiebenden Bedingung abhängen.

Vergl. BRAusfB. §§ (10) (26) (28) (29).

Zu § 22 allgemein.

1. Bei der bedingten Belastung, d. i. der den Wert der steuerpflichtigen Masse vermindernden Belastung, welche von einer aufschiebenden oder von einer auflösenden Bedingung abhängig ist, liegen die Verhältnisse und die auf dieselben sich gründende Regelung im allgemeinen zwar analog denen bei dem bedingten Erwerb, aber doch mit einigen Aenderungen. Der der Belastung gegenüberstehende Erwerb stellt sich stets als ein bedingter Erwerb dar und ist demnach regelmäßig nur nach den für diesen maßgebenden Grundsätzen steuerlich zu behandeln. Sofern nun aber der durch die Belastung beschwerend betroffene Erwerb, der hier die andere Seite ausmacht, in Frage kommt, liegt immer zur Zeit des Erbfalls ein Erwerb schon vor; unbestimmt und unbestimmbar ist dabei zur Zeit des Erbfalls nur, um wie viel der Wert des Erwerbes durch die bedingte Belastung verringert wird. Da die Höhe der durch die Belastung gegebenen Wertminderung erst mit dem Eintritt der Bedingung zu bestimmen ist, so haben wir auch hier eine vorläufige Steuerregelung (beim Anfall) und eine endgültige (beim Bedingungseintritt). Irgend eine Veranlassung, die bedingte Belastung grundsätzlich anders zu behandeln wie die unbedingte, liegt nicht vor und da für letztere lediglich das Verhältnis im Augenblick des Erbfalls das bestimmende ist, so muß auch bei der bedingten Belastung die gleiche Behandlung eintreten. Bei der endgültigen Steuerregelung für die bedingte Belastung ist daher stets auf die Zeit des Erbfalles zurückzugreifen und die Wertermittlung auf diese zurückzubeziehen.

2. Die Bestimmungen des § 22 gelten nicht nur für bedingte Belastungen, welche vom Erblasser durch letztwillige Verfügung einem Bedachten auferlegt worden sind, sondern auch für solche, welche schon bei Lebzeiten des Erblassers durch Rechtsgeschäft unter Lebenden begründet waren und vor beziehungsweise beim Tode des Erblassers bereits auf dem Nachlaß ruhten. Es greift hier das in Note 6 zu dem vorigen Paragraphen Ausgeführte Platz. Der der bedingten Belastung im letzteren Fall gegenüberstehende Erwerb kann in steuerlicher Beziehung nicht in Betracht kommen, da es sich im fraglichen Falle nicht um einen Erwerb von Todes wegen handelt.

3. Die von einer ohne weiteres eine Bedingung in sich schließenden Zeitbestimmung (dies incertus an certus quando, dies incertus an incertus quando) abhängig gemachte Belastung ist in der gleichen Weise steuerlich zu behandeln wie der bezügliche Erwerb und wird in dieser Beziehung auf das in Note 8 zum vorigen Paragraphen Ausgeführte Bezug zu nehmen sein. Vgl. auch Note 6 zu § 23.

4. Die bezügliche Regelung in den Erbschaftssteuergesetzen der Einzelstaaten stimmt auch hier im wesentlichen mit der des REStG. überein, so das Preuß. EStG. § 23, Bayer. EStG. Art. 18, Sächs. EStG. Artikel 11 Abs. 3 und 4, Württ. EStG. Artikel 12 Abs. 3, Bad. EStG. § 21, Hess. EStG. Artikel 20, Braunschw. EStG. § 18.

Zu Absatz 1.

5. Ist die Last von dem Eintritt einer aufschiebenden Bedingung abhängig, so wird die steuerpflichtige Masse beim Erbfall immer doch nur mit dieser Belastung erworben; die Belastung ist, wenn auch nur als bedingte, im Augenblicke des ersten Anfalls vorhanden und dementsprechend steuerlich zu berücksichtigen. Durch die aufschiebende Bedingung ist es nun ausgeschlossen, schon zur Zeit des Anfalls zu bestimmen, ob und inwieweit die steuerpflichtige Masse durch die Last in ihrem Wert vermindert wird; dadurch kann aber nur die tatsächliche Bewertung zeitlich beeinflußt werden, nicht der für die Bewertung maßgebende Zeitpunkt, der immer der des Anfalls, also der des Erbfalls bleibt. Tritt die Bedingung ein, so ist es nunmehr möglich, die Wertermittelung bezüglich der Last vorzunehmen und hat dieselbe sodann stattzufinden. Dabei ist aber lediglich die Sachlage zur Zeit des Anfalls in Rechnung zu ziehen und nicht die zur Zeit des Bedingungseintritts, es sind mithin Veränderungen in dem Jahreswert der Belastung, welche in der Zeit von dem Erbfall bis zum Bedingungseintritt sich vollzogen haben, außer Betracht zu lassen, gleichgültig ob die Veränderungen nach oben oder nach unten wirken.

6. Bezüglich der steuerlichen Behandlung im fraglichen Fall ist vorgeschrieben, daß eine Wertermittelung und dementsprechend Steuerfestsetzung und Steuereinziehung beim Erbfall zunächst nur von der vollen steuerpflichtigen Masse stattzufinden habe; die Last bleibt unberücksichtigt. Es steht dieses mit dem tatsächlichen Verhältnis im Einklang, nach dem beim Erbfall zunächst in gewisser Weise ein voller Erwerb der steuerpflichtigen Masse eintritt. Läßt sich später infolge der Entscheidung über die Bedingung übersehen und bestimmen, ob und in welchem Umfang eine Wertminderung

vermöge der Last gegeben ist, so wird die gezahlte Steuer „bis auf den der veränderten Rechtslage entsprechenden Betrag" erstattet. Bei der späteren Wertermittelung, welche dann zu der endgültigen Steuerregelung führt, sind demnach keineswegs auch die in der Zwischenzeit zwischen Erbfall und Bedingungsvollzug eingetretenen Veränderungen in den tatsächlichen Verhältnissen wie Verschiebung in dem Einzelwert der Last, Veränderung in den Persönlichkeiten und die dadurch gleichzeitig mögliche Veränderung in dem maßgebenden Verwandtschaftsverhältnis zum Erblasser ꝛc. zu berücksichtigen, sondern nur die Veränderungen in der Rechtslage, die sich lediglich auf die nunmehr eingetretene rechtliche Entscheidung bezüglich der Last nach Maßgabe des Eintritts der Bedingung beziehen. In der Ausdrucksweise des REStG. kommt dieses klar und bestimmt zur Geltung.

Zu Absatz 2.

7. Kommt eine Last, deren Fortdauer von einer auflösenden Bedingung abhängt, in Frage, so tritt auch hier beim Erbfall bereits der Erwerb mit der Belastung ein. Dadurch, daß diese Belastung eine auflösend bedingte ist, wird nicht der Erwerb als solcher für die Folge beeinflußt, sondern es handelt sich auch hier wiederum nur darum, daß die Wertminderung durch die Last, welche hier aber von vornherein gegeben und beim Erbfall an und für sich schon vorhanden ist, sich nicht im voraus abschätzen läßt, sondern daß dazu erst nach Entscheidung über die Bedingung die Möglichkeit geschaffen ist. Dementsprechend können auch hier bei der späteren Wertermittelung für die endgültige Steuerregelung nur die tatsächlichen Verhältnisse im Augenblick des Erbanfalls und nicht die zur Zeit des Bedingungseintritts maßgebend sein.

8. Die steuerliche Behandlung entspricht dem Vorstehenden und stellt sich hier in gewisser Beziehung als das Umgekehrte von dem Verfahren im Fall der aufschiebend bedingten Last dar. Bei der ersten vorläufigen Wertermittelung und Steuerfestsetzung beim Erbanfall wird die Last wie eine unbedingte in Abzug gebracht, weil ja in dem Augenblicke der Erwerb mit dem vollen zeitlichen Betrage der Last beschwert ist. Ist später mit der Entscheidung über die Bedingung die Möglichkeit einer genauen Wertschätzung der Last eingetreten, so ist der „entsprechende Steuerbetrag" nachzuerheben. Der Betrag, welcher nachzuerheben ist, wird in der Weise ermittelt, daß von dem zunächst in Abzug gebrachten vollen Werte der Last als einer dauernden diejenige Summe abzusetzen ist, die sich als Wert der Belastung für die Dauer vom Erbfall bis zum Bedingungseintritt nach Maßgabe der Verhältnisse zur Zeit des Erbfalles ergibt; der Unterschied zwischen dem letzteren Werte und dem ersteren bildet die Grundlage für die nachzuerhebende Steuer.

9. Entspricht die unter einer auflösenden Bedingung auferlegte Last einer Nutzung von unbestimmter Dauer, so ist der Fall nach ausdrücklicher Vorschrift nicht nach den Grundsätzen des § 22, sondern nach denen der §§ 17—19 zu behandeln. Danach ist in diesen Fällen die erste Wertermittelung und Steuerfestsetzung ꝛc. stets eine endgültige, sofern nicht die Ausnahmebestimmung des § 18 Abs. 2 zur Anwendung zu bringen ist. Vgl. auch Note 7 zu § 21.

Zu Absatz 3.

10. Die Vorschrift des dritten Absatzes des Paragraphen, welche zweifelhafte Lasten den von einer aufschiebenden Bedingung abhängenden gleichstellt, beruht auf der Erwägung, daß das tatsächliche Verhältnis, wie es für die Besteuerung in Rücksicht zu ziehen ist, bei den zweifelhaften Lasten ein ganz ähnliches wie bei den von einer aufschiebenden Bedingung abhängenden ist und daß deshalb eine gleichmäßige steuerliche Behandlung beider gerechtfertigt erscheinen muß. Das oben bezüglich der Lasten unter aufschiebender Bedingung Ausgeführte gilt demnach auch für zweifelhafte Lasten.

§ 23.

Die Vorschriften der §§ 21, 22 finden entsprechende Anwendung, wenn der Erwerb oder die Last von einem Ereignis abhängt, das nur hinsichtlich des Zeitpunkts seines Eintritts ungewiß ist.

Vergl. BRAusfB. §§ (10) (26) (28) (29).

1. Ist der Erwerb von Todes wegen oder eine Last desselben von einem Zeitpunkt, sei es direkt durch Bezeichnung eines Kalenderpunktes oder indirekt durch Beziehung auf ein künftiges Ereignis oder die Vollendung einer gewissen Dauer eines Zustandes abhängig gemacht, so ist für die Bestimmung der Tragweite immer dasjenige maßgebend, was im einzelnen Fall mit der Einstellung des Zeitpunktes gewollt und beabsichtigt ist. Dieses festzulegen, ist Sache der freien Auslegung. Die für die Beurteilung der Tragweite des Zeitpunktes gegebenen Möglichkeiten scheiden sich, soweit sie gerade hier in Frage kommen, am zweckmäßigsten nach der in letzter Zeit unter dem gemeinen Recht üblich gewordenen Einteilung in dies certus an certus quando (gewisser Eintritt zu einem bestimmten Zeitpunkt), dies certus an incertus quando (gewisser Eintritt zu einem unbestimmten Zeitpunkt), dies incertus an certus quando (ungewisser Eintritt aber bestimmter Zeitpunkt), dies incertus an incertus quando (ungewisser Eintritt und unbestimmter Zeitpunkt).

2. Eine gesetzliche Grundlage für die Bedeutung der Einstellung eines Zeitpunktes gibt uns das BGB. nur allgemein in dem § 163:

„Ist für die Wirkung eines Rechtsgeschäfts bei dessen Vornahme ein „Anfangs- oder Endtermin bestimmt worden, so finden im ersteren „Falle die für die aufschiebende, im letzteren Falle die für die auf„lösende Bedingung geltenden Vorschriften der §§ 158, 160, 161 „entsprechende Anwendung."

Aber auch für die Anwendbarkeit dieser Gesetzesvorschrift ist wiederum die Absicht des den Anfangstermin Einstellenden zunächst maßgebend, die eine zweifache sein kann; es kann entweder der Eintritt der durch das Rechtsgeschäft bezweckten rechtlichen Wirkung selbst oder nur deren Geltendmachung hinausgeschoben werden sollen; nur auf den ersteren Fall bezieht sich aber der § 163 des BGB. (Vergl. Planck, Kommentar zum BGB. Note 1—3 zu § 163.)

3. Für die Auslegung bei den Verfügungen auf den Todesfall von besonderer Bedeutung und deshalb hier speziell hervorzuheben ist es aber noch, daß die Auslegungsregel des § 2074 des BGB.:

„Hat der Erblasser eine letztwillige Zuwendung unter einer auf-
„schiebenden Bedingung gemacht, so ist im Zweifel anzunehmen,
„daß die Zuwendung nur gelten soll, wenn der Bedachte den Eintritt
„der Bedingung erlebt."

für letztwillige Zuwendungen, welche unter Bestimmung eines Anfangstermins gemacht sind, nicht gilt (vergl. Planck, Kommentar zum BGB. Note 2 zu § 2074; Frommhold, Kommentar zum BGB. Note 3 zu § 2074). Die Absicht des Erblassers ist auch hier allein maßgebend und es ist unbeschränkt Sache der freien Auslegung, diese Absicht festzustellen. Hauptsächlich wird dieses wesentlich sein bei der Entscheidung der Frage, ob ein dies certus an certus quando oder ein dies incertus an certus quando in denjenigen Fällen vorliegt, in welchen lediglich ein Anfangstermin unter Bezeichnung eines Kalenderpunktes gesetzt ist. Demgemäß gelangt hier die Anwartschaft auf eine Zuwendung, welche, wenn der Bedachte nur den Erbfall erlebt hat, auf den Rechtsnachfolger weiter vererbt wird, zu einer größeren Bedeutung. Man wird stets mit besonderer Sorgfalt zu prüfen haben, ob der Erblasser bei seiner Zuwendung eine solche Anwartschaft hat begründen wollen, ob sein Wille gewesen ist, daß nur für den Fall, wenn der Bedachte auch den gesetzten Anfangstermin erlebt hat, die Zuwendung wirksam sein, andernfalls aber als nicht geschehen betrachtet werden soll, oder daß bereits, wenn der Bedachte nur den Erbfall erlebt hat, also mit diesem Erbfall selbst, die Zuwendung zur Wirkung kommen und danach dem Bedachten sofort eine vererbliche Anwartschaft auf dieselbe zustehen solle. Vergl. namentlich auch bezüglich der Vererbung der Anwartschaft Note 3 zu § 21.

4. In gleicher Weise wie bei der Anwendbarkeit des § 163 des BGB. oben Note 2 zu diesem Paragraphen hervorgehoben, liegt hier bezüglich des Anfangstermins für die praktische Entscheidung des einzelnen Falles der Schwerpunkt darin, ob nach dem Inhalt der auszulegenden Bestimmung anzunehmen ist, daß für den befristeten Erwerb oder die befristete Last die Wirkung sofort oder erst später zur Entstehung gelangen, daß der Anfall mit dem Erbfall oder mit dem Eintritt des Termins erfolgen soll. In den nachstehenden Noten 5—8 wollen wir die Folgen der verschiedenen Möglichkeiten näher berühren, wobei es aber stets die Voraussetzung bildet, daß für den einzelnen Fall das Vorhandensein der betreffenden Möglichkeit durch Auslegung der maßgebenden Absicht festgestellt ist. Denn durch rein äußerliche Momente in den Bestimmungen selbst lassen sich die Möglichkeiten nicht von einander scheiden, weil jene äußeren Momente vielfach ineinander übergreifen und in sich einen verschiedenen inneren Kern haben können.

5. Der dies certus an certus quando enthält weder eine Bedingung noch eine eigentliche Befristung, wie sie hier als solche in Frage kommt, sondern lediglich eine Betagung. Die Sondervor-

schriften über Bedingung und Befristung finden keine Anwendung. Das betreffende Rechtsverhältnis kommt sofort beim Erbfall zur Entstehung und ist nur in seiner Geltendmachung hinausgeschoben; es stellt sich nur als ein betagtes dar. Dementsprechend hat hier die Wertermittelung ausschließlich nach dem allgemeinen Grundsatz des § 16 und zwar endgültig beim Anfall stattzufinden. Ein Bedürfnis zu anderweiter besonderer Regelung kann nicht entstehen. Vgl. Note 12 zu § 16.

6. Der dies incertus an certus quando und der dies incertus an incertus quando schließen beide, soweit sie hier in Betracht kommen können, stets auch eine Bedingung ein, denn beide machen eine Rechtswirkung von dem Eintritt eines ungewissen Ereignisses abhängig, wie solches die Voraussetzung der Bedingung. Beide sind daher, weil gleichzeitig eine Bedingung enthaltend, ohne weiteres nach den Vorschriften über den bedingten Erwerb und die bedingte Belastung zu behandeln, ohne daß es dazu einer besonderen gesetzlichen Anordnung bedürfte. Vgl. Note 8 zu § 21 und Note 3 zu § 22.

7. Der dies certus an incertus quando kann, weil sein Eintritt gewiß ist, unter keinen Umständen als Bedingung angesehen werden, er enthält vielmehr lediglich eine Terminsbestimmung, deren Zeitpunkt ungewiß ist. Mit Rücksicht auf letzteren Umstand zeigt allerdings die ganze Sachlage hier eine gewisse Aehnlichkeit mit der der Bedingung und ist aus dieser Erwägung der § 23 des REStG. hervorgegangen, welcher ausdrücklich bestimmt, daß auf den dies certus an incertus quando die Sondervorschriften über den bedingten Erwerb und die bedingte Belastung entsprechend Anwendung finden sollen, wie solches auch gegenüber dem § 163 des BGB., der wesentlich gerade für den dies certus an incertus quando Platz greift, schon so wie so begründet sein mußte. Dementsprechend ist der dies certus an incertus quando kraft besonderer gesetzlicher Anordnung als Bedingung in erbschaftssteuerlicher Beziehung zu behandeln.

8. Die entsprechende Anwendung für den dies certus an incertus quando bezieht sich auf alle Einzelheiten, wie sie in den §§ 21 und 22 geregelt sind, und so namentlich auch darauf, daß bei den Nutzungen von unbestimmter Dauer, sowohl wenn sie für den Erwerb, wie auch, wenn sie für die Belastung in Frage kommen, nicht die Vorschriften der §§ 21 und 22, sondern die der §§ 17 bis 19 Geltung finden.

9. Wie schon oben (vergl. Note 8 zu § 21) angedeutet, haben einzelne der Erbschaftssteuergesetze der Bundesstaaten bei der Regelung des bedingten Anfalles und der bedingten Belastung neben der aufschiebenden und der auflösenden Bedingung auch den bestimmten oder unbestimmten Anfangs- und Endtermin ausdrücklich mit hervorgehoben, so das Württ. EStG., das Bad. EStG. und das Hess. EStG. an den Note 10 zu § 21 und Note 4 zu § 22 angeführten Stellen, während meist die gleiche formelle Regelung wie im RESt G. sich findet, so im Preuß. EStG. § 24, im Bayer. EStG. Artikel 19 und im Braunschw. EStG. § 19; das Sächs. EStG. berücksichtigt die Zeitbestimmung überhaupt nicht besonders. Ein materieller Unterschied ist in der Verschiedenheit der formellen Regelung nicht begründet.

VIII. Unsichere Rechte. §§ 24, 25.

§ 24.

Ungewisse oder unsichere Rechte und andere zur sofortigen Wertermittelung nicht geeignete Gegenstände kommen mit ihrem mutmaßlichen Werte in Ansatz, den der Steuerpflichtige in Vorschlag zu bringen hat. Findet keine Einigung statt, so kann das Erbschaftssteueramt von dem ihm angemessen erscheinenden Werte die Steuer einziehen und die Berichtigung des Wertansatzes sowie die entsprechende Nachforderung oder Erstattung der Steuer bis zum Ausgange derjenigen Verhandlungen vorbehalten, von welchen die Bezahlung der Forderung oder die Wertermittelung abhängt.

Vergl. BRAusfB. §§ (26) (29).

1. Ungewisse Rechte sind solche Rechte, bei denen es zur Zeit des Erbfalls aus irgend einem Grunde zweifelhaft ist, ob sie überhaupt bestehen oder nicht bestehen, bei denen aber in meist absehbarer, wenn auch nicht bestimmbarer Zeit jener Zweifel nach der einen oder anderen Seite gehoben werden wird. Gelangen ungewisse Rechte später zur gewissen Existenz, so handelt es sich dabei aber stets um eine Existenz, welche an und für sich schon zur Zeit des Erbfalls gegeben war, so daß für die erst später zu gewissen gewordenen Rechte doch immer nur der erste Anfall in rechtlicher wie in steuerlicher Beziehung in Frage kommen kann. Derartige ungewisse Rechte sind namentlich bestrittene Rechte, bestrittenes Eigentumsrecht, bestrittene Forderung ꝛc.

2. Bei den unsicheren Rechten ist es beim Erbfall unzweifelhaft, daß sie bestehen, dagegen wiederum aus irgend einem Grunde zweifelhaft, ob und in welchem Betrage sie eingehen werden. Auch bei ihnen kommt der letztere Zweifel nach Ablauf einer gewissen, von vornherein meist nicht bestimmbaren Zeit zur Entscheidung. Da die unsicheren Rechte als Rechte schon zur Zeit des Erbfalls bestehen, so kann für sie, obwohl der tatsächliche Erwerb aus dem Rechte erst später eintritt, doch immer nur der Zeitpunkt des Erbfalls rechtlich und steuerlich maßgebend sein, auch kann es sich bei ihnen lediglich um einen ersten Anfall handeln. Unsichere Rechte sind beispielsweise die lediglich nach Umfang oder Betrag bestrittenen Rechte, Rechte gegen einen zahlungsunfähigen oder im Konkurs befindlichen Schuldner, Rechte, denen die Klagbarkeit nach dem BGB. versagt ist, wie Forderungen aus Spiel- und Wettverträgen ꝛc.

3. Für die anderen zur sofortigen Wertermittelung nicht geeigneten Gegenstände braucht lediglich ein zur Zeit des Erbfalls und noch eine weitere Frist nachher bestehender Umstand in Frage zu kommen, welcher eine genaue Abschätzung auf sicherer

Grundlage zur Zeit ausschließt, während in der Folge allerdings die nötigen Unterlagen für eine solche gegeben sein können, beziehungsweise gegeben sein werden. Auch hier ist immer nur der Zeitpunkt des Erbfalls und ein alleiniger erster Anfall in Rücksicht zu ziehen. Als hierher gehörig sind anzuführen Nutzungsrechte, deren Jahreswert zunächst noch nicht bestimmbar ist, sowie die, welche in unbestimmbaren Zwischenräumen wiederkehren, unvollendete wissenschaftliche oder künstlerische Werke rc.

4. Bei der Ermittelung des mutmaßlichen Wertes sind alle diejenigen Umstände, welche auf die tatsächliche Realisierbarkeit der fraglichen Rechte rc. schon von Einfluß sind, soweit sie feststehen oder nach den Aussichten, welche sie in dem regelmäßigen Lauf der Dinge gewähren können, entsprechend zu berücksichtigen. Was und in welcher Tragweite das Einzelne dabei in Rechnung zu ziehen ist, bleibt dem gewissenhaften Ermessen der Steuerbehörde überlassen, die in erster Linie auch hier das fiskalische Interesse zu wahren hat, dabei aber auch nicht unberücksichtigt lassen darf, daß eine sofortige endgültige steuerliche Regelung des Erbfalls in gewisser Weise auch dem fiskalischen Interesse entspricht, wie ja die ganze Anordnung des § 24 mit auf diesem letzteren Gesichtspunkte beruht.

5. Wird eine Einigung über den mutmaßlichen Wert erzielt und demgemäß die Steuerberechnung und Steuerfestsetzung vorgenommen, so ist damit eine endgültige Ordnung des Erbfalls in der fraglichen Beziehung erzielt. Ob und in welcher Weise, beziehentlich in welcher Richtung die Unsicherheiten und Zweifel, welche bezüglich der fraglichen Rechte rc. bestanden, gehoben werden, bleibt vollkommen indifferent; mag bei der Wertfestsetzung rc. der tatsächlichen Entwicklung gegenüber der Wert zu hoch oder zu niedrig gegriffen sein, es findet weder Rückerstattung der Steuer noch eine Nacherhebung derselben statt; auch ist das Maß der Abweichung zwischen angenommenem und wirklichem Wert dabei ohne jeden Einfluß.

6. Wird eine Einigung über den mutmaßlichen Wert nicht erzielt, so hat die Steuerbehörde die Befugnis zu sofortiger Einziehung der Steuer von dem ihr als angemessen erscheinenden Wert unter dem Vorbehalt definitiver Berichtigung nach dem Eintritt der Entscheidung bezüglich der fraglichen Rechte rc. Nach dem Wortlaut des § 24 ist der Steuerbehörde aber nur die Befugnis zu sofortiger Einziehung der Steuer eingeräumt, nicht auch die Verpflichtung zu solcher auferlegt. Die Steuerbehörde kann daher, wenn sie solches in dem einzelnen Fall für zweckentsprechend erachtet, auch die ganze fragliche Regelung vorläufig aussetzen und wie sonst die Berichtigung bis zum Eintritt der vollen Entscheidung verschieben. Das letztere wird aber wohl mehr den Ausnahmefall bilden auch schon nach dem ganzen Gehalt der Bestimmung des § 24.

7. Bei der nach dem Fallen der Entscheidung eintretenden Berichtigung des vorläufigen Wertansatzes, welche nach beiden Seiten hin, zugunsten und zuungunsten des Fiskus wie des Steuerpflichtigen, mit Nacherhebung von Steuer wie mit Rückerstattung von solcher, je nach der Lage des einzelnen Falles vorzunehmen ist, wird die Ermittelung des tatsächlichen Wertes in ihren maßgeben-

den Einzelheiten stets auf den Zeitpunkt des Erbfalls zurückzuführen sein, weil hier lediglich der erste Anfall das Entscheidende bildet und die spätere Festsetzung auf den Wert als solchen keinen Einfluß ausüben darf.

8. Eine Sicherheitsleistung bezüglich der eventuell vom Steuerpflichtigen nachzuerhebenden Steuer kann nicht gefordert werden, weil das Gesetz hier eine solche nicht vorschreibt, während es in anderen Fällen stets bezügliche Bestimmung trifft. Dieses greift auch dann Platz, wenn die Steuerbehörde die ganze Regelung der Steuer bis zum Eintritt der vollen Entscheidung verschiebt.

9. Die Erbschaftssteuergesetze der Einzelstaaten stimmen auch bezüglich dieser Vorschrift meist mit dem REStG. überein: so haben im wesentlichen die gleiche Fassung — nur die ungewissen Rechte sind nicht erwähnt (vgl. Note 5 zu § 25) und statt der „Rechte" sind „Forderungen" genannt — das Preuß. EStG. im § 25 Abs. 1, das Bayer. EStG. im Artikel 20 Abs. 1, das Sächs. EStG. im Artikel 4 § 2 Abs. 2, das Hess. EStG. Artikel 15 Abs. 2 und das Braunschw. EStG. § 20 Abs. 1. Das Württ. EStG. Art. 12 Abs. 4 und das Bad. EStG. § 13 Abs 2 kennen hier die vorläufige Steuerfestsetzung nicht.

§ 25.

Sind bei der Berechnung der Steuer unbekannte Ansprüche der Masse oder an die Masse außer Berücksichtigung geblieben, so hat, wenn sie später zur Verwirklichung gelangen, die der veränderten Sachlage entsprechende Ausgleichung durch Nacherhebung oder Erstattung der Steuer zu erfolgen.

Vergl. BRAusfB. § (29).

1. Für die Anwendbarkeit des Paragraphen genügt allein der tatsächliche Umstand, daß Ansprüche der Masse oder an die Masse bei der Berechnung der Steuer unbekannt geblieben sind, d. h. speziell der Steuerbehörde unbekannt geblieben sind, denn diese hat die Berechnung der Steuer auf Grund der ihr bekannten Tatsachen vorzunehmen. Der Grund, weshalb dieses geschehen, ist dabei gleichgültig; namentlich ist die Frage, ob und inwieweit dem Erwerber ein Verschulden beizumessen sein könnte, für die Berechnung der Steuer ohne Einfluß; eventuell wird daneben die Strafvorschrift des § 50 Platz greifen müssen. In der Regel wird es sich bei den unbekannten Ansprüchen um solche handeln, von deren Vorhandensein auch der Erbe bei der ersten Regelung der Steuerfrage keine Kenntnis hatte, wie beispielsweise versteckte Wertgegenstände, Wertpapiere, Schuldurkunden, welche erst nachträglich aufgefunden werden 2c.

2. Die Steuerpflicht kann durch das spätere Bekanntwerden des Anspruchs nicht beeinflußt werden. Der Anfall gilt auch hier regelmäßig als im Augenblick des Erbfalls erfolgt; dementsprechend ist der letztere Zeitpunkt für die Berechnung der Steuer der maßgebende, die spätere Berechnung muß auf diesen zurückbezogen werden. Handelt es sich um einen bedingten Anspruch, so finden die Sondervor-

schriften über bedingten Erwerb und bedingte Belastung gleicherweise Anwendung.

3. Die allgemeine Anmeldepflicht des steuerpflichtigen Erwerbes von Todes wegen nach § 36 des RESt G. bezieht sich auch auf diejenigen Ansprüche, welche dem Erben zunächst unbekannt geblieben waren und tritt mit der erlangten Kenntnis ein.

4. Die der veränderten Sachlage entsprechende Ausgleichung erfolgt auch hier nach beiden Seiten hin; es wird sowohl die bei der ersten Festsetzung zu viel gezahlte Steuer erstattet, wie die derzeit zu wenig entrichtete Steuer nacherhoben.

5. Die Erbschaftssteuergesetze der Einzelstaaten weichen hier fast durchweg insofern ab, als sie die ungewissen Ansprüche (vergl. Note 9 zu § 24) mit den unbekannt gebliebenen Ansprüchen zusammenstellen, dabei berücksichtigen das Preuß. ESt G. § 25 Abs. 2 und das Braunschw. ESt G. § 20 Abs. 2 nur die Ansprüche an die Masse und dementsprechend eine Rückerstattung der Steuer, während das Bayer. ESt G. Art. 20 Abs. 2, das Sächs. ESt G. Art. 5 Abs. 4, das Bad. ESt G. § 11 Abs. 4 und das Hess. ESt G. Artikel 21 die Ansprüche der Masse und die Ansprüche an die Masse in gleicher Weise behandeln; im Württ. ESt G. fehlt eine bezügliche Bestimmung.

IX. Erwerb von Vermögen ohne die Nutzung.

Vorbemerkungen zu §§ 26 und 27.

1. Die bezüglich des Erwerbs von Vermögen ohne die Nutzung in den §§ 26 und 27 gegebenen Sondervorschriften beziehen sich ausschließlich auf den Erwerber des mit dem Nutzungsrechte beschwerten Vermögens, auf den Substanzerwerber, nicht aber auf den Erwerber der Nutzung. Der Nutzungsberechtigte kann speziell das dem Substanzerwerber eingeräumte Wahlrecht für den Versteuerungsmodus nicht in Anspruch nehmen; es gelten für ihn vielmehr lediglich die allgemeinen Vorschriften über den Zeitpunkt des Erwerbes und die sich daran unmittelbar anschließende Wertermittelung, Steuerberechnung und Steuerfestsetzung.

2. Vorbedingung für die Anwendbarkeit der Sondervorschriften ist weiter, daß dem Substanzerwerber die Nutzung des Vermögens d. h. regelmäßig die volle Nutzung des Vermögens entzogen ist. Für den Begriff der Nutzung ist wiederum der § 100 des BGB. maßgebend:

„Nutzungen sind die Früchte einer Sache oder eines Rechtes sowie „die Vorteile, welche der Gebrauch der Sache oder des Rechtes „gewährt."

In der Hauptsache wird es sich hier stets um den Nießbrauch handeln, dessen Begriff der § 1030 Abs. 1 des BGB. folgendermaßen bestimmt:

„Eine Sache kann in der Weise belastet werden, daß derjenige, zu „dessen Gunsten die Belastung erfolgt, berechtigt ist, die Nutzungen „der Sache zu ziehen (Nießbrauch)."

Daneben wird möglicherweise auch noch das Nutzungspfandrecht, bei dem nach § 1213 des BGB. der „Pfandgläubiger berechtigt ist, die Nutzungen des Pfandes zu ziehen," in Frage kommen können, während die ehemännliche Nutznießung (BGB. § 1363) und die elterliche Nutznießung (BGB. § 1649) als Erwerb von Todes wegen außer Betracht stehen wird. Ist das Vermögen nicht mit dem Nutzungsrecht eines Dritten, sondern in einer anderen Art wie beispielsweise mit der Zahlung einer Rente, einer Leistung beschwert, so greifen die hier in Frage stehenden Sondervorschriften nicht Platz, sondern nur die allgemeinen Regelungen und damit namentlich die sofortige Besteuerung beim Erwerb. Das Verhältnis dieser anderweiten Belastung zu dem Vermögen, beispielsweise die Höhe einer auferlegten Rentenzahlung gegenüber dem Wert und dem Erträgnis des Vermögens, bleibt dabei grundsätzlich ohne Einfluß. Andererseits ist es aber auch für die Anwendbarkeit der Sondervorschriften ohne Bedeutung zu erachten, wenn die als solche zweifellos gegebene Vermögensnutzung in einzelnen Beziehungen wiederum beschränkt ist, wie ja auch der § 1030 Abs. 2 bezüglich des Nießbrauches bestimmt:

„Der Nießbrauch kann durch den Ausschluß einzelner Nutzungen be„schränkt werden."

Indifferent sind selbstredend auch einerseits die Modalitäten, unter welchen die Abtrennung der Nutzung von dem Vermögen vorgenommen ist, ob das Nutzungsrecht dem Dritten auf bestimmte Zeit, auf unbestimmte Zeit oder auf Lebenszeit eingeräumt ist, und andererseits der Rechtsgrund, auf welchem die Abtrennung beruht, ob sie beim Tode des Erblassers durch eine letztwillige Verfügung oder schon bei Lebzeiten desselben durch Rechtsgeschäft unter Lebenden existent geworden ist.

3. Eine weitere Voraussetzung für die Anwendbarkeit der Sondervorschriften ist es, daß tatsächlich auch ein Erwerb des von der Nutzung getrennten Vermögens, also ein Anfall desselben, stattgefunden hat. Ist der Erwerb von einer aufschiebenden Bedingung, oder von dem hinsichtlich des Zeitpunktes ungewissen Eintritt eines Ereignisses abhängig gemacht, so greifen nicht die Sondervorschriften, sondern die allgemeinen Vorschriften der §§ 21 und 23 Platz. Im übrigen ist es auch hier ohne Bedeutung, aus welchem Grunde der der Erbschaftssteuer unterliegende Erwerb eines Vermögens ohne Nutzung sich vollzieht, ob der Erwerber als Erbe, als Vermächtnis-

nehmer, infolge einer Schenkung von Todes wegen, infolge einer durch Auflage verordneten Leistung, als Erbe eines für tot erklärten Verschollenen rc. berufen ist.

4. Die Sondervorschriften setzen ferner für ihre Anwendbarkeit voraus, daß der Erwerber des von der Nutzung getrennten Vermögens eine für den betreffenden Fall steuerpflichtige Person ist. Es folgt dieses aus dem Wortlaut der Vorschriften selbst, der immer nur von einem steuerpflichtigen Erwerb handelt, und ist auch ohne weiteres in der Natur der Sache gegeben. Ist der erste Erwerber steuerfrei, so kommen die fraglichen Vorschriften nicht in Betracht, weil die Besteuerung überhaupt unterbleibt. Stirbt nun aber dieser erste steuerfreie Erwerber vor der Vereinigung der Nutzung mit dem Vermögen und hinterläßt das von der Nutzung getrennte Vermögen einem Erben, welcher im Verhältnis zu ihm steuerpflichtig ist, so kommen bei diesem Erbfall die Sondervorschriften zur Anwendung, weil es sich nunmehr erneut um einen Erwerb von Vermögen ohne die Nutzung und zwar durch einen Steuerpflichtigen handelt; selbstredend bestimmt sich hier die Steuerpflicht und der Steuersatz nicht nach dem Verhältnis des zweiten Erwerbers zum ursprünglichen Erblasser, sondern nach dem Verhältnis dieses zweiten Erwerbers zu dem ersten Erwerber, der für den zweiten Fall der Erblasser ist.

5. Endlich ist es auch noch eine Vorbedingung für das Platzgreifen der Sondervorschriften, daß die Nutzung des Vermögens einem Dritten oder mehreren anderen Personen zusteht. Ist der Nutzungsberechtigte zugleich Erwerber des Vermögens unter einer Bedingung, so ist die Steuerpflicht beziehungsweise die Besteuerung nicht nach den fraglichen Sondervorschriften. sondern ausschließlich nach dem § 21 zu regeln.

§ 26.

Vermögen, dessen Nutzung einem andern als dem Steuerpflichtigen zusteht, wird um den nach den Vorschriften der §§ 17 ff. berechneten Wert der Nutzung geringer veranlagt.

Der Steuerpflichtige kann verlangen, daß die Versteuerung bis zum Erlöschen des Nutzungsrechts ausgesetzt bleibt. In diesem Falle findet die Vorschrift des Abs. 1 keine Anwendung. Das Erbschaftssteueramt kann die Leistung einer Sicherheit für die zu entrichtende Erbschaftssteuer fordern.

Wenn im Falle des Abs. 2 das mit dem Nutzungsrechte belastete Vermögen vor dem Erlöschen des Nutzungsrechts im Wege der Erbfolge auf eine andere Person übergeht, so wird die Erbschaftssteuer für diesen Uebergang nicht erhoben, vielmehr tritt die gleiche Behandlung ein, wie wenn derjenige, dem das Vermögen zur Zeit des Erlöschens des Nutzungsrechts gehört, das Vermögen unmittelbar von dem ursprünglichen Erblasser erworben hätte.

Vergl. BRAusfB. §§ (10) (26) (28).

Zu Absatz 1.

1. Nach dem im § 29 Abs. 1 aufgestellten Grundsatze soll die Erbschaftssteuer nur von demjenigen Betrage berechnet werden, um welchen der Erwerber durch den Anfall bereichert worden ist. Dem entspricht es, daß hier nach der Vorschrift des Abs. 1 der Wert des Vermögens ohne die Nutzung um den Wert der Nutzung geringer veranlagt werden soll. Die Wertermittelung ist hier also eine zweifache; es ist einerseits der Wert des Vermögens als solcher und andererseits der Wert der Nutzung festzustellen.

2. Der Wert des Vermögens ist ganz ohne Rücksicht darauf, daß die Nutzung von dem Vermögen abgetrennt ist, zu ermitteln, genau so, als wenn es sich um ein unbelastetes Vermögen handelte. Alle den Wert beeinflussenden Umstände 2c., sei dieser Einfluß werterhöhend oder wertvermindernd, sind dabei wie sonst zu berücksichtigen und zwar nach ihrer vollen Tragweite. Der für die Wertermittelung maßgebende Zeitpunkt ist der des Erbfalls, der Augenblick des Todes des Erblassers.

3. Bezüglich der Nutzung regelt sich die Wertermittelung nach den dafür in den §§ 17 ff. besonders gegebenen Vorschriften. Für den einzelnen Fall sind dabei wieder in erster Linie die Modalitäten ausschlaggebend, unter denen die Nutzung von dem Vermögen abgetrennt worden ist, so speziell ob die Abtrennung auf bestimmte Zeit oder auf unbestimmte Zeit oder auf Lebenszeit des Nutzungsberechtigten erfolgt ist 2c. Ueber die allgemeine Zulässigkeit der Modalitäten ist Note 2 zu den §§ 26 u. 27 zu vergleichen. Ingleichen sind auch alle sonstigen Umstände, welche den Wert der Nutzung beeinflussen können, in entsprechender Weise zu berücksichtigen und findet hier überhaupt das oben in den Noten zu den §§ 17 ff. Ausgeführte Anwendung. Sofern die allgemeine Nutzung in zulässiger Weise durch Ausschluß einer einzelnen Nutzung beschränkt ist (vgl. oben Note 2 zu §§ 26 und 27), ist hierauf entsprechend Rücksicht zu nehmen.

4. Die schließliche Wertfeststellung gestaltet sich dann so, daß von dem für das volle Vermögen ermittelten Wert (oben Note 2) der für die Nutzung ermittelte Wert (oben Note 3) in Absatz gebracht und der Restbetrag als der Wert des Vermögens ohne die Nutzung angesetzt wird. Nach diesem Restbetrag wird also die Steuer berechnet und festgestellt. Ist durch die entsprechende Entrichtung der Steuer der Abschluß erreicht, so ist der bezügliche Steuerfall damit endgültig erledigt und es ist ohne Einfluß, ob nach der weiteren zeitlichen Entwicklung der für die Nutzung berechnete und angenommene Wert sich als zu hoch oder als zu niedrig — gleichgültig bis zu welchem Grade — erweist. Eine Ausnahme hiervon tritt nur im

Falle des § 18 Abs. 2 ein, wenn eine Leibrente wegen vorzeitigen Erlöschens geringer zu bewerten ist und dementsprechend eine Rückerstattung der für die Nutzung gezahlten Steuer nachträglich stattfindet; hier ist nach der ausdrücklichen Bestimmung im letzten Satze des angeführten Absatzes auch bezüglich der Besteuerung der Masse, also in unserem Fall des Vermögens ohne Nutzung, eine entsprechende Ausgleichung nachträglich durch Nacherhebung der Steuer vorzunehmen.

Zu Absatz 2.

5. Der zweite Absatz, welcher die materiell wesentlichste Bestimmung des Paragraphen enthält, gibt dem Steuerpflichtigen das Recht auf Aussetzung der Versteuerung bis zum Erlöschen des Nutzungsrechts. Die Zulassung dieses Rechts auf Aussetzung der Versteuerung beruht darauf, daß bei dem Erwerb des Vermögens ohne die Nutzung mit dem Erbfall zwar sofort ein endgültiger Erwerb und damit die Steuerpflicht begründet wird, daß aber dieser Erwerb materiell zunächst eine Bedeutung kaum oder doch nur in untergeordneter Weise hat und namentlich eine Bereicherung, aus welcher ohne weiteres der Steuerbetrag bestritten werden könnte, regelmäßig nicht enthält, während sonst prinzipiell eine solche Bereicherung gerade die Grundlage für die Besteuerung überhaupt bildet (vgl. auch das in der Einleitung unter I, 6 u. 7 Ausgeführte). Die dem schließlichen Erwerb entsprechende, derartige auch tatsächliche Bereicherung des Erwerbers tritt erst mit dem Erlöschen des Nutzungsrechts ein und mußte es demnach billig erscheinen, dem Steuerpflichtigen das Recht, die Versteuerung bis zu diesem Zeitpunkt zu verschieben, einzuräumen. Diesem inneren Grunde entspricht es auch, daß die Aussetzung der Versteuerung nicht allgemein zugelassen, sondern daß nur ein Recht des Steuerpflichtigen, eine solche Aussetzung zu verlangen, konstituiert ist. Demgemäß steht der Steuerbehörde aus dem alleinigen Grunde, weil es sich um den Anfall eines Vermögens ohne die Nutzung handelt, ein Recht, die Versteuerung auszusetzen, nicht zu; sie würde ein derartiges Recht auch hier nur aus den besonderen Gründen haben, nach welchen ein Zurücksetzen der Versteuerung allgemein für sie gerechtfertigt sein würde.

6. Wählt der Steuerpflichtige die sofortige Versteuerung, so tritt das regelmäßige Verfahren des Abs. 1 des § 26 nach Maßgabe der oben in den Noten 1 bis 4 gegebenen Ausführungen ein. Die Besteuerung ist endgültig und ist der Steuerfall mit Abschluß dieses Verfahrens durch Steuerentrichtung erledigt, sofern nicht nach der Ausnahmevorschrift des § 18 Abs. 2 letzter Satz wegen Herabsetzung des Nutzungswerts einer Leibrente rc. auf den tatsächlichen Ertrag derselben eine Nacherhebung der entsprechenden Steuer von dem zunächst ohne Nutzung vererbten Vermögen zugelassen ist.

7. Der endgültige Abschluß des Steuerfalls bei der sofortigen Versteuerung zeigt seine materielle Hauptwirkung bei der Weitervererbung des Vermögens ohne die Nutzung, solange es tatsächlich noch Vermögen ohne Nutzung geblieben ist. Tritt eine Vererbung des Vermögens vor der Vereinigung mit der Nutzung ein,

so handelt es sich um einen selbständigen neuen Steuerfall, welcher wiederum ganz den Vorschriften des § 26 unterliegt. Maßgebend ist dabei ausschließlich das Verhältnis des zweiten Erwerbers zu seinem Erblasser, also zu dem ersten Erwerber. Es bestimmt sich danach zunächst, ob Steuerpflicht vorhanden ist oder nicht. Liegt Steuerpflicht vor, so hat der zweite Erwerber in der gleichen Weise wie der erste Erwerber die Wahl zwischen sofortiger Versteuerung und Aussetzung derselben. Bei der sofortigen Versteuerung hat sich die Wertermittelung auf den neuen Anfall also auf den Zeitpunkt des Todes des ersten Erwerbers zu beziehen. Wählt der zweite Erwerber die Aussetzung der Versteuerung, so hat er bei dem Erlöschen des Nutzungsrechts die Steuer nach derselben Weise zu entrichten wie sein Erblasser, der erste Erwerber, wenn letzterer den Zeitpunkt des Erlöschens erlebt hätte, nur bestimmt sich der Steuersatz nicht nach dem Verhältnis des ersten Erwerbers zum ersten Erblasser, sondern nach dem Verhältnis des zweiten Erwerbers zum ersten Erwerber und gleichzeitigem zweiten Erblassers. Ohne allen Einfluß ist es dabei auch, wenn nach dem Tode des ersten Erwerbers noch eine Nacherhebung von Steuer aus dem ersten Anfall nach Maßgabe des letzten Satzes des § 18 Abs. 2 notwendig wird. Diese Nacherhebung bedeutet hier nur eine allgemeine Belastung der Erbschaftsmasse und ist derselben dementsprechend Rechnung zu tragen; der Besteuerungsmodus für das Vermögen ohne Nutzung anläßlich des zweiten Anfalls kann dadurch nicht berührt werden.

8. Wählt der Steuerpflichtige die **Aussetzung der Versteuerung bis zum Erlöschen des Nutzungsrechts**, so wird die Verwirklichung der Steuerpflicht von dem Zeitpunkte des An- oder Erbfalls auf den Zeitpunkt des Erlöschen des Nutzungsrechts verschoben und zwar in der Weise, daß der letztere Zeitpunkt nach jeder Richtung hin voll an die Stelle des ersteren tritt. Die Nutzung besteht nicht mehr und bleibt deshalb ganz außer Betracht, es handelt sich jetzt lediglich um das Vermögen, das durch die Vereinigung mit der Nutzung aus einem Vermögen ohne Nutzung zu einem vollen Vermögen geworden ist. Für die Bewertung des Vermögens als eines vollen ist der Zeitpunkt des Erlöschens des Nutzungsrechts der bestimmende und nicht etwa der Zeitpunkt des Anfalls, welcher hier ganz ausscheidet. Demnach wird auch ein Steuersatz zugrunde gelegt, wie er sich nach dem Verhältnis des tatsächlichen Erwerbers zu dem ersten Erblasser ergibt, so daß also in dem Falle einer Weitervererbung vor der Vereinigung der Nutzung mit dem Vermögen nicht das Verhältnis des ersten Erblassers zu dem ersten Erwerber, sondern das Verhältnis jenes zu dem zweiten oder weiteren Erwerber, welcher im Augenblicke der Vereinigung von Vermögen und Nutzung als der Steuerpflichtige erscheint, maßgebend ist. Die Steuer ist nur so zu entrichten, als wenn der Anfall im Augenblicke des Erlöschens des Nutzungsrechts stattgefunden hätte, so daß also eine Verzinsung für die Zeit der Aussetzung nicht in Frage kommen kann.

9. Die **Aussetzung der Versteuerung** kann nicht ohne weiteres erfolgen, sie geschieht nur auf Verlangen. Es bedarf dazu also eines **Antrags des Steuerpflichtigen an die Steuer-**

behörde. Irgend welche gesetzliche Vorschriften sind für die fragliche Beantragung nicht getroffen und finden danach nur die allgemeinen bezüglich jedes Antrags zu stellenden Erfordernisse Anwendung. Der Antrag muß von dem Steuerpflichtigen selbst oder dem berechtigten Vertreter oder dem ordnungsmäßig Bevollmächtigten desselben ausgehen; hat ein Dritter den Antrag gestellt, so muß er erst durch die Einwilligung des Steuerpflichtigen oder eines Vertreters desselben bekräftigt werden; ob diese Einwilligung eine ausdrückliche zu sein hat, oder auch eine stillschweigende sein kann, wird je nach den Verhältnissen des einzelnen Falls zu bestimmen sein, da in der Lage der Sache kein Grund gegeben ist, eine stillschweigende Einwilligung vollständig auszuschließen. Eine Frist für die Stellung des Antrags ist gesetzlich nicht vorgeschrieben; der Steuerpflichtige hat demnach das Recht der Antragstellung bis zur Erledigung des Steuerfalls, welche sich erst durch die Steuerentrichtung vollzieht. Das Recht der Antragstellung noch bis zur Erledigung des Steuerfalls durch Steuerentrichtung muß aber als dem Steuerpflichtigen unter allen Umständen gleichmäßig zustehend angesehen werden. Es kann deshalb auch nicht verloren gehen, wenn die Versteuerung sich aus irgend welchen Gründen ohne ein Verschulden des Steuerpflichtigen verzögert und inzwischen eine Vereinigung der Nutzung mit dem Vermögen tatsächlich bereits stattgefunden hat. Auch in diesem Falle steht dem Steuerpflichtigen noch das Wahlrecht zu zwischen der sofortigen Versteuerung, die auf den Anfall unter Berücksichtigung des derzeit anzunehmenden Nutzungswerts zurückzubeziehen wäre, und der Aussetzung der Versteuerung, für welche der Zeitpunkt des hier bereits eingetretenen Erlöschens der Nutzung und der volle Wert des Vermögens ohne Berücksichtigung der Nutzung maßgebend sein müßte und die sich hier tatsächlich auch als eine sofortige Versteuerung darstellen würde; a. M. Hoffmann, Preuß. EStG. Note 3a zu § 27. Ist der Antrag auf Aussetzung der Versteuerung ordnungsmäßig gestellt, so ist die Frage, ob sofortige Versteuerung oder Aussetzung stattfinden soll, damit endgültig entschieden; eine Zurücknahme des Antrags ist nicht zugelassen und erscheint deshalb unstatthaft.

10. Das Recht die Aussetzung der Versteuerung zu verlangen, ist ohne jede Beschränkung allen Steuerpflichtigen, denen ein Vermögen ohne die Nutzung anfällt, zugesprochen; es kann also jeder Steuerpflichtige für sich dieses Recht geltend machen, In Konsequenz hiervon und der weiteren Vorschrift in § 28 Abs. 1, daß die Erbschaftssteuer für jeden einzelnen Beteiligten nach dessen Erwerbe besonders zu berechnen ist, wird also in dem Falle, daß mehrere steuerpflichtige Personen gemeinsam ein Vermögen ohne die Nutzung von Todes wegen erwerben, jedem einzelnen derselben das Recht, Aussetzung der Steuer für sich und seinen Anteil zu verlangen, zustehen und er kann dieses Recht ausüben, ohne daß er dabei irgend wie von seinen Miterben und deren bezüglichen Entschließungen abhängig ist. Auf diese Weise ist es möglich, daß bezüglich desselben Vermögens ohne Nutzung zu einem Teile eine sofortige Versteuerung, zu dem anderen Teile eine Aussetzung der Versteuerung stattfindet.

11. Bei der Aussetzung der Versteuerung ist aber eine gewisse sofortige Inanspruchnahme des Steuerpflichtigen insofern zugelassen, als eine Sicherheitsleistung für die demnächst zu entrichtende Erbschaftssteuer verlangt werden kann. Ob die Sicherheit im einzelnen Fall zu leisten ist, entscheidet die Steuerbehörde. Dieselbe bestimmt in gleicher Weise, in welcher Höhe die Sicherheit bestellt werden soll; selbstredend darf die Sicherheit nur im Verhältnis zu dem später zu entrichtenden Steuerbetrage gefordert und dabei über das höchstmögliche Maximum dieses Betrages nicht hinausgegangen werden. Ohne Einfluß für die Forderung einer Sicherheitsleistung ist es, ob der Steuerpflichtige sofort beim Erbanfall aus der Masse einen tatsächlichen Erwerb hat oder nicht, da die Forderung der Sicherheitsleistung im Gesetz unbedingt ausgesprochen ist, während die früheren Erbschaftssteuergesetze der Einzelstaaten fast durchweg eine Sicherheitsleistung aus der Masse forderten. Bezüglich der Sicherheitsleistung trifft der § 28 der BRAusfB. nähere Anordnungen.

12. Wird das Vermögen ohne Nutzung vor dem Erlöschen der letzteren weiter vererbt, so bleibt die Aussetzung der Versteuerung bestehen, denn der Steuerfall als solcher wird dadurch nicht geändert. Dem neuen Erwerber steht namentlich ein Wahlrecht in bezug auf die Versteuerungsart — sofortige Versteuerung oder Aussetzung — nicht zu; die Entscheidung in dieser Richtung ist beim ersten Anfall endgültig getroffen. Der neue Erwerber tritt hier lediglich an die Stelle seines Erblassers. Vereinigt sich die Nutzung mit dem Vermögen, so ist so zu verfahren, als ob der letzte Erwerber unmittelbar von dem Erblasser erworben hätte; es liegt dieses in der Natur der Sache und entspricht dem oben Note 3 zu § 21 Ausgeführten, ist aber ausdrücklich auch noch in dem dritten Absatz des § 26 verlautbart. Für die Wertermittelung ist der Wert im Zeitpunkt der Vereinigung von Nutzung und Vermögen maßgebend, den Steuersatz bestimmt das Verhältnis des letzten Erwerbers zum ursprünglichen Erblasser und nicht etwa das Verhältnis des letzten Erwerbers zu seinem Erblasser, dem vorgehenden Erwerber.

Zu Absatz 3.

13. Der dritte Absatz des Paragraphen trifft bei Aussetzung der Versteuerung eine Sonderbestimmung für den Fall, daß das mit dem Nutzungsrechte belastete Vermögen vor dem Erlöschen des Nutzungsrechts weitervererbt wird. Es soll dann für diesen Uebergang Erbschaftssteuer nicht erhoben werden. Dieses steht im Einklang mit dem, was oben in Note 3 zu § 21 ausgeführt wurde. Weiter soll die gleiche Behandlung eintreten, wie wenn derjenige, dem das Vermögen zur Zeit des Erlöschens des Nutzungsrechts gehört, das Vermögen unmittelbar von dem ursprünglichen Erblasser erworben hätte; hierauf und auf die dadurch bedingten Folgen ist in der vorigen Note schon hingewiesen. Die Vorschriften greifen nicht nur für die erste Weitervererbung des mit dem Nutzungsrechte belasteten Vermögens Platz, sondern in der gleichen Weise auch für jede etwa noch folgende, wie schon aus der Fassung des letzten Satzes des Absatzes hervorgeht.

14. Wird bei ausgesetzter Versteuerung das Vermögen ohne Nutzung durch Rechtsgeschäft unter Lebenden veräußert, so hat dieses auf die Steuerpflicht keinen Einfluß; es finden auch die Vorschriften des dritten Absatzes des Paragraphen keine Anwendung. Der Veräußerer bleibt als Steuerpflichtiger nach wie vor verhaftet und nach seiner Person, seinem Verhältnis zum Erblasser bestimmt sich der Steuersatz. Handelt es sich um eine Schenkung unter Lebenden, so wird diese ohne Rücksicht auf den früheren Steuerfall und ohne eine Aenderung desselben wiederum besonders steuerlich zu behandeln sein.

15. Zur Erläuterung des praktischen Unterschiedes zwischen sofortiger Versteuerung und Aussetzung der Versteuerung wollen wir ein Beispiel einfügen.

Der Erblasser A hat seinem Vater B ein Kapital von 10000 Mk., dem mit ihm nicht verwandten 50 Jahre alten C aber die lebenslängliche Nutzung dieses Kapitals vermacht.

I. Regelmäßiger Fall, B erlebt die Vereinigung von Nutzung und Vermögen.

1. Sofortige Versteuerung:

B hat zu versteuern 10000 Mk. abzüglich des Wertes der Nutzung, der sich auf 400 Mk. × 14 = 5600 Mk. berechnet.

Die Steuer beträgt also 4% von 4400 Mk. (10000—5600) oder 176 Mk. C hat den Wert der Nutzung also 5600 Mk. mit 10% zu versteuern, also 560 Mk. zu zahlen. Die Versteuerung ist endgültig, sofern nicht der § 18 Abs. 2 Platz greift. Stirbt C drei Jahre nach dem Erbfall, so ist nur der Wert der Nutzung nach deren tatsächlicher Dauer (400 Mk. × 3) oder 1200 Mk. mit 120 Mk. zu versteuern und es würden demnach an Steuer 560 Mk. — 120 Mk. oder 440 Mk. zurückerstattet.

Von B wird nach dem Schlußsatz des Abs. 2 des § 18 eine entsprechende Steuer nacherhoben. Von dem Kapitalwert zu 10000 Mk. ist nur ein Nutzungswert von 1200 Mk. (3 × 400 Mk.) abzusetzen, so daß nunmehr ein Betrag von 8800 Mk. (10000—1200) mit 4% oder mit 352 Mk. zu versteuern ist; demnach wird von B eine Steuer von 352 Mk. — 176 Mk. oder von 176 Mk. nachzuerheben sein.

2. Aussetzung der Versteuerung.

Die Versteuerung der Nutzung vollzieht sich für C in der gleichen Weise wie unter 1 und übt auch der Tod des C die gleiche Wirkung auf die Nutzungsversteuerung aus. Dieses trifft auch für alle weiter noch zu berührenden Fälle zu und wird deshalb die Nutzungsversteuerung im folgenden nicht weiter besonders berücksichtigt werden.

B hat erst im Zeitpunkte des Erlöschens der Nutzung die Erbschaftssteuer zu entrichten und zwar vom derzeitigen vollen Kapitalwerte, also bei einem Gleichbleiben desselben 4% von 10000 Mk. oder 400 Mk. Ob der Tod des C früher oder später erfolgt, übt in dieser Beziehung keinen Einfluß aus und namentlich wird die

Steuerpflicht des B hier durch eine Steuerermäßigung für die Nutzung nach Maßgabe des § 18 Abs. 2 nicht berührt.

II. Erster Vererbungsfall. B stirbt vor dem Erlöschen der Nutzung und vererbt das mit dem Nutzungsrechte beschwerte Vermögen auf seinen Bruder D weiter.

1. Sofortige Versteuerung.

Der frühere Steuerfall wird nicht berührt; soweit noch Verpflichtungen aus demselben in Frage kommen können (Nachzahlung von Steuer nach Maßgabe des § 18 Abs. 2) ruhen dieselben als Last auf der Gesamterbschaftsmasse. Es liegt wiederum der Erwerb eines Vermögens ohne Nutzung von B für D vor und bildet dieser Erwerb einen neuen Steuerfall, der selbständig ganz in der gleichen Weise wie der erste unter I nur nach dem Verhältnis von D zu B zu behandeln ist und für welchen D wiederum Wahl zwischen sofortiger Versteuerung oder Aussetzung derselben zusteht. Wählt D erstere und ist B zwei Jahre nach seinem Erbfall verstorben, so daß also die Altersstufe für die Bewertung der Nutzung nicht verändert ist, so hat er ganz die gleichen Steuersätze wie unter I, 1 B zu entrichten, nur daß für die Wirkung des Abs. 2 des § 18 eine entsprechende Aenderung nach der hier sich vom zweiten Erbfall ab berechnenden Dauer eintritt.

2. Aussetzung der Versteuerung.

Es ist kein neuer Steuerfall gegeben. D tritt lediglich in die Steuerpflicht des B ein, die sich aber insofern für ihn zu einer selbständigen gestaltet, als sein Verhältnis zu A für den Steuersatz maßgebend wird. Für den Erwerb des Vermögens ohne Nutzung von B hat D eine Erbschaftssteuer nicht zu entrichten. Erlischt die Nutzung, so hat D die Steuer nach dem derzeitigen Kapitalwert und seinem Verhältnis zu A zu entrichten, also bei gleichbleibendem Kapitalwert mit 8% von 10000 Mk. oder 800 Mk. Im übrigen greift alles das zu I, 2 Ausgeführte Platz.

III. Zweiter Vererbungsfall. Auch D stirbt vor dem Erlöschen der Nutzung und vererbt das mit dem Nutzungsrecht beschwerte Vermögen auf den weder mit ihm noch mit dem A verwandten E.

1. Sofortige Versteuerung (beim Anfall und ersten Vererbungsfall).

Auch der weitere Vererbungsfall ist auf die früheren Steuerfälle ohne Einfluß. Es liegt ein dritter Steuerfall vor, der ebenmäßig wie die früheren als selbständiger zu behandeln ist. Es findet das unter II, 1 Ausgeführte auch hier volle Anwendung. Wählt E sofortige Versteuerung, so hat er, falls auch D vier Jahre nach A verstorben und sonach die für die Wertermittelung der Nutzung maßgebende Altersstufe nicht verändert ist, 10% von 4400 Mk. (10000 — 5600) oder 440 Mk. an Steuer zu entrichten.

2. Aussetzung der Versteuerung (beim Anfall beziehungsweise erst beim ersten Vererbungsfall).

Hier tritt gleichfalls kein neuer Steuerfall ein; E übernimmt die Steuerpflicht des D, nur daß jetzt sein, des E, Verhältnis zu A, dem ersten Erblasser, (nicht etwa zu D) für dieselbe bestimmend wird. Es gilt alles zu II, 2 Ausgeführte auch hier. Vollzieht sich die Vereinigung von Vermögen und Nutzung, so hat E als mit A nicht verwandt, 10% von dem vollen Kapitalwert zu 10000 Mk., also 1000 Mk. an Steuer zu entrichten.

16. Die Erbschaftssteuergesetze der Bundesstaaten haben durchweg materiell die gleiche Vorschrift, wenn auch die Fassung meist eine etwas abweichende ist, so das Preuß. EStG. § 27 Abs. 1, das Bayer. EStG. Artikel 22, das Sächs. EStG. Artikel 13 Abs. 1 und 2, das Württ. EStG. Artikel 13, Abs. 2 und 3, das Bad. EStG. § 22, das Hess. EStG. Artikel 23 und das Braunschw. EStG. § 22, Abs. 1.

§ 27.

Bei der Einsetzung eines Nacherben (§§ 2100 ff. des Bürgerlichen Gesetzbuchs) wird der Vorerbe als Nießbraucher, der Nacherbe als Erbe des herauszugebenden Vermögens behandelt.

Ist die Einsetzung des Nacherben auf dasjenige beschränkt, was beim Tode des Vorerben noch vorhanden sein wird, so haben sowohl der letztere von dem vollen Betrage des Erwerbes als der Nacherbe von dem vollen Betrage des an ihn herauszugebenden Vermögens nach ihrem Verhältnisse zum Erblasser die Steuer zu entrichten. Die von dem Vorerben entrichtete Steuer wird für den Teil der Erbschaft, für den der Nacherbe steuerpflichtig ist, auf Antrag insoweit erstattet, als sie den Betrag übersteigt, den der Vorerbe als Nießbraucher geschuldet haben würde. Diese Vorschriften finden auch Anwendung, wenn der Vorerbe zur freien Verfügung berechtigt ist.

Dem Falle der Nacherbfolge steht der Fall des Nachvermächtnisses gleich.

Vergl. BRAusfB. § (26) (29).

Zu § 27 insgesamt.

1. Die Nacherbfolge, deren rechtlicher Ordnung der dritte Titel des 3. Abschnittes im fünften Buch des BGB. gewidmet ist, wird im § 27 in steuerlicher Beziehung geregelt. Dabei wird die gewöhnliche Nacherbfolge, welche der erste Absatz behandelt, von der Nacherbfolge auf den Ueberrest, der der zweite Absatz dient, geschieden. Ein dritter Absatz endlich stellt das Nachvermächtnis der Nacherbfolge gleich.

2. Die rechtliche Grundlage für die Nacherbfolge bildet der § 2100 des BGB.:

„Der Erblasser kann einen Erben in der Weise einsetzen, daß dieser „erst Erbe wird, nachdem zunächst ein anderer Erbe geworden ist „(Nacherbe)."

Rechtlich wird danach der Nacherbe erst Erbe mit dem Zeitpunkt oder dem Ereignis, mit welchem nach der Bestimmung des Erblassers die Nacherbfolge eintreten soll, oder mit dem Tode des Vorerben (Eintritt der Nacherbfolge); er erlangt aber doch bereits beim Erbfalle ein festes Recht auf die Nacherbfolge, welches er, sofern nicht ein anderer Wille des Erblassers anzunehmen ist, auf seine Erben überträgt, auch wenn er nur den Erbfall und nicht den Eintritt der Nacherbfolge erlebt hat. Der Vorerbe ist wirklicher Erbe und ist sein Recht nur durch die Anwartschaft des Nacherben, mit Rücksicht auf welche ihm gesetzlich einzelne Beschränkungen auferlegt sind, gebunden, sonst ist grundsätzlich seine Stellung zunächst die gleiche, die er haben würde, wenn die Nacherbfolge nicht angeordnet wäre.

Zu Absatz 1.

3. Die steuerliche Regelung der gewöhnlichen Nacherbfolge weicht im Grundsatz von der rechtlichen ab, indem im ersten Absatz des § 27 für dieselbe ausdrücklich bestimmt ist, daß der Vorerbe als Nießbraucher, der Nacherbe als Erbe des herauszugebenden Vermögens zu behandeln sei. Obwohl der Vorerbe rechtlich wahrer Erbe ist, wird er steuerlich doch nur als Nießbraucher angesehen und ebenso gilt der Nacherbe in steuerlicher Beziehung schon beim Erbfall als Erbe, während er rechtlich solches erst mit dem Eintritt der Nacherbfolge wird. Für die praktische Durchführung der Besteuerung ergibt sich daraus, daß lediglich die Vorschriften des § 26 für die gewöhnliche Nacherbfolge Platz greifen. Steuerlich ist für den Vorerben allein die Nutzung der Erbschaft maßgebend, welche er sofort beim Erbfall und zwar abgesehen von dem möglichen nachträglichen Einfluß des § 18 Abs. 2 endgültig zu versteuern hat; für die Wertermittelung finden die Vorschriften der §§ 17 ff. je nach den für den Eintritt der Nacherbfolge im speziellen Falle getroffenen Anordnungen Anwendung; ebenso gilt das oben in Note 3 zu § 26 Ausgeführte auch für die Vorerbschaft. Der Nacherbe wird steuerlich sofort beim Erbfall wie der Erbe eines Vermögens ohne die Nutzung behandelt; dabei stehen ihm selbstredend alle Rechte, welche dem letzteren nach dem § 26 eingeräumt sind, in der gleichen Weise zu, und so namentlich auch das Recht, zwischen sofortiger Versteuerung und Aussetzung der Versteuerung bis zum Eintritt der Nacherbfolge nach freiem Ermessen zu wählen; im einzelnen greift alles, was in den Noten 1—15 zu dem § 26 oben enthalten ist, entsprechend auch hier Platz.

4. Abgesehen von dieser abweichenden allgemeinen steuerlichen Behandlung der gewöhnlichen Nacherbfolge bestimmt sich die Nacherbfolge als solche ausschließlich nach der rechtlichen Grundlage, welche ihr durch das BGB. gegeben ist. So macht es auch in steuerlicher Beziehung keinen Unterschied aus, ob es sich um eine sogen. effektive Nacherbfolge, welche auf einer bezüglichen Willenskundgebung des Erblassers beruht (§ 2100 des BGB.), oder um eine sogen. konstruktive Nacherbfolge handelt, wenn ohne ausdrückliche Anordnung des

Erblassers nach gesetzlicher Vorschrift eine Nacherbfolge anzunehmen ist (§§ 2101—2105 des BGB.). Maßgebend sind auch für die Erbschaftssteuer die Bestimmungen des BGB. über den Eintritt der Nacherbfolge (§ 2106), über die Vererblichkeit der Rechte des Nacherben (§ 2108), über die zeitlich beschränkte Wirksamkeit der Nacherbfolge (§ 2109), über den Umfang des dem Nacherben zustehenden Rechtes (§ 2110, 2111) 2c.

5. Vorbedingung für die Anwendbarkeit des Absatzes 1 des Paragraphen ist es, daß beim Erbfall bereits die Anwartschaft des Nacherben, welche denselben nach rechtlicher Vorschrift zusteht, tatsächlich begründet ist. Hängt die Anwartschaft von einer aufschiebenden Bedingung oder von dem hinsichtlich des Zeitpunktes ungewissen Eintritt eines Ereignisses ab, so kann auch in erbschaftssteuerlicher Beziehung kein Anfall zur Zeit des Erbfalls angenommen werden und es kommen lediglich die Vorschriften der §§ 21 und 23 zur Anwendung. Vgl. oben Note 3 zu §§ 26 und 27.

6. Darf der Vorerbe einen Teil der Erbschaft zurückbehalten, so handelt es sich bezüglich dieses Teils der Erbschaft um einen regelrechten Erwerb eines vollen Vermögens sofort beim Erbfall. Für diesen Teil der Erbschaft kann mithin der § 27 nicht in Frage kommen. Da die gemeinrechtlichen Vorschriften über die Quarta Falcidia und Quarta Trebellianica, welche den beschwerten Erben und Universalfideikommissar gegen Ueberschwerung Schutz boten, im BGB. keine Aufnahme gefunden haben, so hat der fragliche Fall die frühere vorwiegendere Bedeutung verloren.

Zu Absatz 2.

7. Die Nacherbfolge auf den Ueberrest, der in rechtlicher wie in steuerlicher Beziehung, kraft beider nach ausdrücklicher Anordnung, die Vorerbschaft zu freier Verfügung gleichsteht ordnet der § 2137 des BGB.:

„Hat der Erblasser den Nacherben auf dasjenige eingesetzt, was von „der Erbschaft bei dem Eintritte der Nacherbfolge übrig sein wird, so „gilt die Befreiung von allen im § 2136 bezeichneten Beschränkungen „und Verpflichtungen als angeordnet.

„Das Gleiche ist im Zweifel anzunehmen, wenn der Erblasser be„stimmt hat, daß der Vorerbe zur freien Verfügung über die Erb„schaft berechtigt sein soll“.

8. Bezüglich der Nacherbfolge auf den Ueberrest schließt das REStG. die steuerliche Regelung wiederum an die des BGB. an und zeigt auch die weitere Uebereinstimmung, daß die Vorerbschaft zu freier Verfügung der Nacherbschaft auf den Ueberrest gleichgestellt wird. Der Vorerbe wie der Nacherbe werden hier als Erben ganz nach den allgemeinen Regeln mit dem Zeitpunkt ihres Erwerbes, welcher beim Vorerben mit dem Erbfall, beim Nacherben mit dem Eintritt der Nacherbfolge gegeben ist, besteuert. Maßgebend für Wertermittelung und Versteuerung ist also in jeder Beziehung das Verhältnis, wie es in den letzteren entscheidenden Zeitpunkten besteht; es wird alles, aber auch nur das, was je in dem fraglichen Augenblick vorhanden ist, voll versteuert; dabei wird auch der Wert des betreffenden Augenblicks

zugrunde gelegt und für den Steuersatz ist das Verhältnis zwischen dem Erblasser und dem tatsächlichen Erwerber bestimmend, also für den Fall einer Vererbung der Nacherbfolgeschaft das Verhältnis des Rechtsnachfolgers des Nacherben zum ersten Erblasser. Der Einfluß der Steuerfreiheit und der Steuerpflichtigkeit bestimmt sich nach den Ausführungen in Note 4 zu den §§ 26 und 27.

9. Die Vorschrift des Abs. 2 bezieht sich aber nur „auf den Fall, in welchem der Nacherbe auf das beim Tode des Vorerben noch vorhandene Vermögen eingesetzt ist. Ist die Einsetzung auf dasjenige beschränkt, was zu einem andern Zeitpunkt als beim Tode des Vorerben (z. B. bei dessen Wiederverheiratung) noch vorhanden sein wird, so greift die Vorschrift im Abs. 1 Platz" (Motive). Ist durch Rechtsgeschäft unter Lebenden eine ähnliche Rechtslage wie bei der Nacherbfolge in den Ueberrest geschaffen, so kann die Vorschrift gleicherweise keine Anwendung finden.

10. Die getrennte Versteuerung des vollen Anfalls des Vorerben und des Nacherben muß für diejenige Erbschaftsmasse, welche tatsächlich an den Nacherben gelangt, zu einer Doppelbesteuerung führen. Die darin zu sehende Unbilligkeit will der zweite Satz unseres Absatzes ausgleichen, obwohl ein solcher Ausgleich in den meisten bisherigen Landesgesetzen über die Erbschaftssteuer eine Aufnahme nicht gefunden hatte. Die Motive sagen in dieser Beziehung: „Die Einsetzung des Nacherben in der im § 29 Abs. 2 (jetzt § 27 Abs. 2) bezeichneten Weise wird häufig nur zu dem Ende geschehen, um dem Vorerben für eine wirtschaftlich angemessene Verwaltung des Erbschaftsvermögens die nötige Bewegungsfreiheit zu gewähren, und es wird in diesen Fällen ebenso häufig der Wille der Erblassers wie das Bestreben des Vorerben selbst durchaus darauf gerichtet sein, dem ihnen etwa verwandtschaftlich nahestehenden Nacherben das Vermögen im vollen Umfange zu erhalten. In diesen Fällen erscheint es unbillig, den vollen Betrag des jedesmaligen Erbanfalls zur Steuer heranzuziehen. Im Abs. 2 Satz 2 ist daher Vorsorge getroffen, daß von dem auf den Nacherben überkommenen Nachlaß im ganzen nicht mehr an Steuer entrichtet wird, als zu zahlen gewesen sein würde, wenn der Nacherbe auf diesen Nachlaß als Erbe und der Vorerbe als Nießbraucher eingesetzt gewesen wäre."

11. Von dem Nacherben kann eine Sicherheitsleistung bezüglich des von ihm demnächst zu erwartenden steuerpflichtigen Erwerbes nicht gefordert werden, da sie nicht besonders vorgeschrieben ist und auch im Gegensatz zu der ganzen steuerlichen Behandlung der Nacherbfolge im fraglichen Fall stehen würde. Vgl. auch Note 3 zu § 24.

Zu Absatz 3.

12. Bezüglich des Nachvermächtnisses trifft der § 2191 des BGB. Anordnung:

„Hat der Erblasser den vermachten Gegenstand von einem nach dem „Anfalle des Vermächtnisses eintretenden bestimmten Zeitpunkt oder „Ereignis an einem Dritten zugewendet, so gilt der erste Vermächtnis„nehmer als beschwert.

„Auf das Vermächtnis finden die für die Einsetzung eines Nacherben „geltenden Vorschriften des § 2102, des § 2106 Abs. 1, des § 2107 „und des § 2110 Abs. 1 entsprechende Anwendung."

13. Das Nachvermächtnis ist steuerlich in jeder Beziehung ebenso wie die Nacherbfolge zu behandeln. Für das gewöhnliche Nachvermächtnis gilt demnach der Abs. 1 des Paragraphen und finden in gleicher Weise die Ausführungen in den Noten 3 bis 6 zu diesem Paragraphen entsprechende Anwendung, während für das Nachvermächtnis auf den Ueberrest der Abs. 2 und die Ausführungen in den Noten 8 bis 11 in Frage kommen.

14. Die Erbschaftssteuergesetze der Bundesstaaten enthalten durchweg, wenn auch zum Teil in etwas anderer Fassung, eine entsprechende Vorschrift, so das Preuß. EStG. § 27 Abs. 2, das Bayer. EStG. Artikel 23, das Sächs. EStG. Artikel 13 Abs. 3 und 4, das Württ. EStG. Artikel 13 Abs. 1, das Bad. EStG. § 23, das Hess. EStG. Artikel 24 und das Braunschw. EStG. § 22 Abs. 2. Eine Rückerstattung eines Teils der entrichteten Steuer an den Vorerben, wie sie in Abs. 2 vom REStG. angeordnet ist, kennt von den angeführten Landesgesetzen nur das Bayer. EStG.

X. Berechnung der Erbschaftssteuer. §§ 28—30.

§ 28.

Die Erbschaftssteuer wird nach dem ganzen Erwerbe jedes einzelnen Beteiligten für diesen besonders unter Berücksichtigung seines Verhältnisses zum Erblasser berechnet.

Der Steuerbetrag wird auf volle Mark nach unten abgerundet.

Zu Absatz 1.

1. Die Notwendigkeit, für jeden einzelnen Beteiligten die Erbschaftssteuer besonders zu berechnen, ergibt sich ohne weiteres schon daraus, daß der Steuersatz, nach welchem der Einzelne die Erbschaftssteuer zu entrichten hat, sich je nach seinem Verhältnis zu dem Erblasser bestimmt, und daß mithin an der Gesamterbschaftsmasse eines Erblasses eine Beteiligung verschiedener Personen zu ganz verschiedenen Steuersätzen möglich sein kann.

2. Für jeden Beteiligten ist bezüglich seines gesamten Erwerbes die Berechnung in Eins zu machen. Es ist gleichgültig, ob es sich dabei um mehrere Erwerbe aus verschiedenen Rechtsgründen, zugleich aus Erbschaft und Vermächtnis, aus Erbvertrag und Vermächtnis rc. handelt. Prinzipiell wird die einheitliche Berechnung auch Anwendung finden können bzw. Anwendung zu finden haben, wenn es sich um zeitlich auseinanderliegende steuerpflichtige Anfälle derselben Persönlichkeit handelt, doch wird es sich dabei nach den besonderen Verhältnissen des einzelnen Falles bestimmen, ob und inwieweit die einheitliche Berechnung zweckmäßig oder geboten erscheint.

3. Die Motive zum REStG. führen zum Abs. 1 folgendes an: „Bei Bestimmung des Steuersatzes wird nicht auf ein Verhältnis zurückgegriffen werden können, das durch gerichtliches Urteil oder durch Vertrag schon vor dem Anfalle des Erwerbes zu bestehen aufgehört hat. Namentlich wird ein Erwerb, der nach erfolgter Trennung einer Ehe oder nach aufgehobener Einkindschaft anfällt, lediglich nach demjenigen Abgabensatze versteuert werden müssen, der ohne Rücksicht auf das aufgehobene Verhältnis anwendbar sein würde.

Als Trennung der Ehe in diesem Sinne wird auch die Aufhebung der ehelichen Gemeinschaft (§ 1575 BGB.) anzusehen sein."

Zu Abs. 2.

4. Die Abrundung auf volle Mark nach unten ist nur für den Steuerbetrag, nicht auch für die Wertermittelung vorgeschrieben. Hat ein Erblasser beispielsweise 10334 Mk. an 10 Personen, welche die Erbschaftssteuer mit sechs vom Hundert zu entrichten haben, gemeinschaftlich zu gleichen Teilen vermacht, so hat jeder Einzelne die Erbschaftssteuer für seinen Anteil zu 1033,40 Mk. zu bezahlen, also volle 62 Mk. und nicht etwa nur die Erbschaftssteuer von 1033 Mk., die sich auf 61,98 Mk. also abgerundet auf nur 61 Mk. berechnen würde.

5. Die Erbschaftssteuergesetze der Einzelstaaten haben die gleiche Vorschrift, nur ist die Abrundung des Steuerbetrages teils eine andere, teils fehlt sie ganz, vgl. Preuß. EStG. § 28 (keine Abrundung), Bayer. EStG. Art. 25 (andere Abrundung), Sächs. EStG. Art. 14 (andere Abrundung), Württ. EStG. Art. 9 (keine Abrundung), Bad. EStG. § 26 (keine Abrundung), Hess. EStG. Art. 26 (keine Abrundung), Braunschw. EStG. § 23 (keine Abrundung).

§ 29.

Die Erbschaftssteuer wird von dem Betrage berechnet, um welchen der Erwerber durch den Anfall bereichert worden ist.

Die infolge des Anfalls durch Vereinigung von Recht und Verbindlichkeit oder von Recht und Belastung erloschenen Rechtsverhältnisse gelten als nicht erloschen.

Bei der Feststellung des Wertes des Nachlasses kommen behufs der Berechnung der von einem Erben zu entrichtenden Erbschaftssteuer als Nachlaßverbindlichkeiten insbesondere auch in Abzug die Kosten der Beerdigung des Erblassers einschließlich der Kosten der landesüblichen, kirchlichen und bürgerlichen Leichenfeierlichkeiten und der Kosten eines angemessenen Grabdenkmals, die gerichtlichen und außergerichtlichen Kosten der Regelung des Nachlasses und der für die Masse geführten Rechtsstreite. Die Erbschaftssteuer wird nicht in Abzug gebracht.

Zu § 29 insgesamt.

1. Der Paragraph 29 stellt es als zweiten Grundsatz für die Berechnung der Erbschaftssteuer auf, daß nur derjenige Betrag, um welchen der Erwerber durch den Anfall bereichert worden ist, den Gegenstand der Besteuerung bilden und der Steuerberechnung zugrunde gelegt werden solle. Es entspricht dieses vollkommen der allgemeinen Charakterisierung der Erbschaftssteuer, welche wir in der Einleitung I, 5 und 6 gaben, daß die Erbschaftssteuer eine Unterart der zu den Verkehrssteuern und damit auch zu den indirekten Steuern gehörenden Anfallsteuern bilde, weil sie sich unmittelbar an den Rechtsakt des Anfalls angliedert und in diesem den inneren Grund und den äußeren Anlaß der Besteuerung findet, daß aber den Gegenstand der Besteuerung bei der Erbschaftssteuer immer nur ein Vermögenszugang, also eine Bereicherung des Anfallerwerbers, abgeben könne, welcher nicht aus der eigenen Tätigkeit des letzteren hervorgehe und nicht zu den ordentlichen, sondern nur zu den außerordentlichen Einkünften zu rechnen sei.

Zu Absatz 1.

2. Die erste Voraussetzung für die Berechnung der Steuer oder für die tatsächliche Steuerpflicht ist also die Bereicherung des Anfallerwerbers, und zwar muß sich eine Bereicherung als Endergebnis des gesamten Anfalls, also nach entsprechender Ausgleichung der auf dem Anfall beruhenden Berechtigungen und Verpflichtungen, herausgestellt haben. Damit ist es ausgeschlossen, daß für den Erben eines überschuldeten Nachlasses eine Erbschaftssteuer berechnet wird. Andererseits kann aber auch bei einem überschuldeten Nachlaß ein einzelner Anfallerwerber, wie z. B. der Vermächtnisnehmer, sofern der Erbe den Nachlaß angetreten hat, als durch seinen Anfall bereichert zur Steuer herangezogen werden, weil die Steuer nicht für die Gesamterbmasse in Eins, sondern nach Maßgabe des § 28 für den Erwerb jedes einzelnen Beteiligten zu berechnen ist. Dementsprechend kann aber auch bei einem weitaus nicht überschuldeten Gesamtnachlaß der einzelne Anfallerwerber durch Ueberlastung seines Erwerbes von der Besteuerung ausgeschlossen sein. Eine Bereicherung kann nicht in Frage kommen, wenn die Zuwendung mehr eine scheinbare und deshalb für den Erwerber tatsächlich ohne Bedeutung ist, wie bei der Zuwendung eines Gegenstandes, der dem Bedachten bereits gehört, ihm eventuell vom Erblasser bereits früher übereignet war, auf den er bereits anderweit einen fälligen Rechtsanspruch hat, oder wenn sie sich von vornherein als eine unwirksame darstellen muß, z. B. weil der Bedachte auf den Gegenstand derselben schon früher endgültig verzichtet hatte oder aus besonderem Grunde von dem tatsächlichen Erwerb unbedingt ausgeschlossen war.

3. Die Bereicherung des Anfallerwerbers muß sich gleichzeitig als ein wirklicher Vermögenszugang, als der Zugang eines Vermögens, d. h. eines in Geld schätzbaren Wertes, darstellen. Die Erbschaftssteuer wird stets nach einem Geldbetrage, in einem Prozentverhältnis zu einem solchen, berechnet und daher muß die Be-

reicherung auch in einem Geldbetrage ausdrückbar sein, um zur Steuer veranlagt werden zu können. Jeder durch den Anfall bewirkte Erwerb, der sich nicht in Geld schätzen läßt, bleibt für die Berechnung der Erbschaftssteuer gänzlich außer Betracht, nach aktiver Seite sowohl als nach passiver Seite; es gehören hierher namentlich kirchliche und politische Rechte, auch Familienrechte, soweit sie für einen Anfall überhaupt in Frage kommen können. Andererseits ist aber auch jeder in Geld schätzbare Vorteil, welchen der Bedachte durch den Anfall erlangt, sofern der Wert nicht rein subjektiver Natur ist (vgl. oben Note 4 zu § 16), bei der Berechnung der Erbschaftssteuer zu berücksichtigen, ein Gesichtspunkt, auf welchem namentlich auch die spezielle Vorschrift des Absatz 2 dieses Paragraphen beruht.

4. Um der Berechnung für die Erbschaftssteuer zu unterliegen, muß die Bereicherung durch Anfall herbeigeführt sein, weil nur der Erwerb von Todes wegen den Gegenstand der Erbschaftssteuer (§ 1 des Gesetzes) bildet, ein Erwerb von Todes wegen sich aber nur auf den Erbfall beziehungsweise den Anfall gründen kann. So bleibt beispielsweise die elterliche oder eheliche Nutznießung, welche an dem minderjährigen Kindern oder einer Ehefrau vermachten Vermögen dem Vater oder Ehemann nach Maßgabe familienrechtlicher oder familiengüterrechtlicher Gesetzesbestimmung (BGB. § 1649, § 1363) zusteht, bei der Berechnung der Erbschaftssteuer nach jeder Richtung hin außer Betracht; der Vater beziehungsweise Ehemann kann zur Erbschaftssteuer nicht herangezogen werden, weil für ihn der Erwerb der Nutznießung, als nicht auf dem Anfall, sondern auf familienrechtlicher beziehungsweise familiengüterrechtlicher Gesetzesbestimmung beruhend, sich nicht als ein Erwerb von Todeswegen charakterisiert; die Kinder beziehungsweise die Ehefrau haben aber den vollen Wert des ihnen vermachten Vermögens ohne irgend welche Rücksicht auf die Nutznießung zu versteuern, denn diesen haben sie durch den Anfall erworben, wogegen die Nutznießung nicht auf dem Anfall beruht und demnach von dem Anfallwert nicht in Abzug gebracht werden kann. Ebenso liegt die Sache, wenn der Bedachte über Nachlaßgegenstände, ohne eine rechtliche Verpflichtung dazu zu haben, nach den besonderen, nur in moralisch bindender Form zum Ausdruck gebrachten Intentionen des Erblassers verfügt; auch hier kann es nicht in Frage kommen, von denjenigen, welchen der Bedachte die Nachlaßgegenstände zugewendet hat, eine Erbschaftssteuer zu erheben, letztere trägt nur der Bedachte, der allein die fraglichen Gegenstände durch Anfall erworben hat. Das Gleiche würde gelten, wenn der Erbe, welchem die Auszahlung eines Vermächtnisses an einen Dritten auferlegt ist, den Betrag dieses Vermächtnisses nach eigenem Willen erhöht, selbstredend aber nur bezüglich dieser eigenwilligen Erhöhung.

5. Die Berechnung der Erbschaftssteuer soll gemäß dem § 28 des Gesetzes nach dem ganzen Erwerbe jedes einzelnen Beteiligten erfolgen und ist danach diejenige Bereicherung der Berechnung zugrunde zu legen, welche sich als der ganze Erwerb des Beteiligten aus dem Anfall ergibt. Diese als ganzer Erwerb sich darstellende Bereicherung kann aber erst nach vollständiger Ausgleichung der positiven und der negativen Seite des Anfalls, der Gegenrechnung

der Aktiva und der Passiva nach Maßgabe der im einzelnen vorzunehmenden Wertermittlung, zur Erscheinung kommen. Danach sind auf der einen Seite als Aktiva alle Vermögenswerte, d. h. in Geld schätzbare Werte, welche dem Bedachten aus dem Anfalle zugeflossen sind, in Rücksicht zu ziehen, mag es sich dabei um körperliche Sachen, um Forderungen, um Rechte oder um sonstige wirtschaftliche, in Geld ausdrückbare Vorteile handeln, während auf der anderen Seite als Passiva alles dasjenige in Betracht kommt, was dem Bedachten durch den Anfall an Verpflichtungen auferlegt ist, auch hier natürlich unter der Voraussetzung der Schätzbarkeit in Geld; es fallen hierher alle Nachlaßverbindlichkeiten (BGB. §§ 1967 ff.), zu denen speziell gehören einerseits alle Schulden und Lasten, welche schon bei Lebzeiten des Erblassers auf dem Erwerbe ruhten und mit dem Anfalle auf den Bedachten übergehen, und andererseits alle Verpflichtungen, die dem Bedachten durch den Erblasser anläßlich des Anfalls auferlegt und von ihm mit und durch den Anfall zu erfüllen sind, wie Vermächtnisse, Auflagen rc., sowie endlich auch die gesetzlich dem Erben auferlegten Verpflichtungen, wie die Erfüllung des Pflichtteilanspruchs, Tragung der Kosten der standesmäßigen Beerdigung des Erblassers rc. Maßgebend für dasjenige, was im einzelnen zu den Aktivis und Passivis des Anfalls zu rechnen ist, sind in erster Linie die Vorschriften des bürgerlichen Rechtes, wie sie speziell das BGB. gibt. Die Ausgleichung zwischen den Aktivis und Passivis bestimmt sich wiederum nach der Wertermittelung, welche für jeden Posten gesondert vorzunehmen ist, sofern nicht eine Zusammenfassung nach den besonderen Verhältnissen möglich oder geboten erscheint. Bei der Wertermittelung sind zunächst die dafür im REStG. selbst §§ 16 ff. aufgenommenen Vorschriften zu beachten; im übrigen hat eine sachgemäße Abschätzung und Wertbemessung zu erfolgen, welche den Umständen des besonderen Falls nach Tunlichkeit Rechnung zu tragen und sich des weiteren auch an die gesetzlichen Bestimmungen in den §§ 37 ff. in entsprechender Weise zu halten hat. Den entscheidenden Zeitpunkt, auf welchen die Wertermittelung im einzelnen sowie die Ausgleichung zwischen Aktivis und Passivis zurückzubeziehen ist, bildet stets der des Anfalls, also der Augenblick des Todes des Erblassers.

6. Die Erbschaftssteuergesetze der einzelnen Bundesstaaten haben durchweg neben einer allgemeinen Ordnung, wie im Abs. 1, noch besonders hervorgehoben, einerseits daß in die steuerpflichtige Masse auch alle zu dem Nachlaß gehörigen F o r d e r u n g e n oder die ausstehenden Forderungen einzurechnen seien, andererseits daß von der steuerpflichtigen Masse alle S c h u l d e n und Lasten, welche mit und wegen derselben übernommen werden, in Abzug kommen sollten. Das REStG. hat ein solches Hervorheben für nicht erforderlich gehalten, da sachlich die bezügliche Bestimmung auch schon ohne weiteres als durch den Abs. 1 des Paragraphen gegeben zu erachten ist und neben der allgemeinen Ordnung des letzteren nur das bürgerliche Recht nach Maßgabe des BGB. Anwendung finden soll. Um so mehr hat man sich bei der Bestimmung im einzelnen rein an das letztere zu halten.

7. Die B e g r ü n d u n g des REStG. führt zu diesem Paragraphen folgendes aus: „Der steuerpflichtigen Masse ist auch der W e r t d e r

Forderungen und Rechte hinzuzurechnen, die der Masse gegen den Erwerber selbst zustehen oder die ihm erst mit dem Anfall erlassen werden.

Dagegen kommen in Abzug nicht bloß die Schulden und Lasten, die auf dem Vermögen des Erblassers ruhten, z. B. die im Entwurfe nicht besonders erwähnten Kosten seiner letzten Krankheit, sondern auch die nach dem Tode des Erblassers erwachsenen Schulden und Lasten des Nachlasses, zu denen u. a. auch die im Abs. 3 bezeichneten Kosten gehören.

Als abzugsfähig sind in dem Entwurfe zur Vermeidung von Weiterungen die Kosten der Beerdigung als solche, also nicht bloß die Kosten der standesgemäßen Beerdigung (BGB. § 1968, KO. § 224 Nr. 2) bezeichnet.

Die Kosten eines Rechtsstreits unter den Erbbeteiligten selbst kommen für die Ermittelung der steuerpflichtigen Masse nicht in Betracht.

8. In der Feststellung der Aktiva des Nachlasses machen besondere Schwierigkeiten die Forderungen bezüglich der Frage, ob und in welcher Höhe sie zu berücksichtigen sind. Grundsätzlich ist dabei folgendes als mit den obigen allgemeinen Ausführungen im Einklang stehend beziehungsweise lediglich auf denselben beruhend zu beachten:

a) Die Forderung muß beim Tode des Erblassers bereits und noch als Anspruch bestanden haben, die Forderung muß im maßgebenden Zeitpunkt, dem des Anfalls, existent sein. Es ist dieses eine naturgemäße Vorbedingung. Auf der einen Seite fallen danach aus der steuerpflichtigen Masse alle diejenigen Forderungen aus, welche beim Erbfall noch nicht entstanden waren, und auf der anderen Seite alle diejenigen, welche in dem fraglichen Augenblick bereits erloschen waren und dem Erblasser nicht mehr zustanden. Demnach ist die Forderung auf einen Lotteriegewinn in die steuerpflichtige Masse nur dann einzurechnen, wenn der Gewinn bereits vor dem Erbfall gezogen war, nicht aber, wenn die Ziehung erst nach dem Erbfall stattfand. Ebenso steht es auch bezüglich der Anteilscheine aus einem Prämienanlehen, bei denen Serienziehung und Prämienziehung maßgebend sein kann; der Prämiengewinn kommt nur in Frage, wenn er vor dem Erbfall gezogen ist, die Wertsteigerung für einen in der Serie gezogenen Anteilschein, wenn die Serienziehung dem Erbfall vorherging; vergl. Note 13 zu § 16. Ist eine Forderung vor dem Tode des Erblassers durch Zahlung oder Aufrechnung oder sonst getilgt oder hat der Erblasser sie bereits bei Lebzeiten abgetreten, so kann dieselbe für die steuerpflichtige Masse nicht weiter in Betracht kommen. Eine Ausnahme bildet hier die Vorschrift im Abs. 2 des Paragraphen für diejenigen Forderungen des Erblassers, welche der Anfallerwerber beim Anfall schuldet. Verjährte Forderungen werden an sich zu der steuerpflichtigen Masse zu zählen sein; durch die Verweigerung der Leistung seitens des Verpflichteten (BGB. § 222) verlieren sie aber den Wert und würden insofern außer Betracht bleiben.

b) Die Forderung muß in einem wirklichen Anspruch, in einem Recht bestehen. Lediglich Aussichten oder Hoffnungen auf das

Entstehen einer Forderung oder auf eine Forderung, sowie gewöhnliche Anwartschaften ohne irgend welchen Anspruch müssen daher für die steuerpflichtige Masse unberücksichtigt bleiben. Anders verhält es sich jedoch mit denjenigen Anwartschaften, welche schon einen gewissen Anspruch in sich schließen, welche auf den Rechtsnachfolger übertragbar und vererblich sind; diese sind, soweit sie einen wirklichen Anspruch enthalten, in die Masse einzustellen, vergl. Note 4 und 5 zu § 27. Genügend für die Einrechnung in die steuerpflichtige Masse ist es aber, daß die Forderung vom bürgerlichen Recht irgendwie als rechtlicher Anspruch anerkannt ist, und nicht erforderlich, daß dieselbe sich danach auch als eine volle klagbare Verbindlichkeit darstellt. Forderungen, denen das BGB. wesentlich nur die Klagbarkeit versagt, wie die aus Spiel- und Wettverträgen (BGB. § 762), die aus staatlich nicht genehmigten Lotterie- oder Ausspielungsverträgen (BGB. § 763) rc., sind zu der steuerpflichtigen Masse zu zählen, aber selbstredend nur entsprechend dem ihnen anhaftenden Mangel.

c) Die Forderung muß tatsächlich zum Nachlaß gehören. Das bedingt, daß sie dem Erblasser zugestanden hat und von diesem vererbt und auf den Nachlaß übertragen ist. Es können demgemäß rein persönliche Forderungen des Erblassers, welche nicht vererblich sind, für die steuerpflichtige Masse nicht in Frage kommen, ebensowenig Forderungen, welche dem Erblasser nicht zugestanden haben, auch wenn sie anläßlich des Erbfalls aber lediglich für dritte Personen zur Geltung gekommen sind. Zu den letzteren Forderungen gehören namentlich die Ansprüche der Erben gegeneinander aus der Ausgleichungspflicht (BGB. §§ 2050 ff.) und die Ansprüche aus einem vom Erblasser zugunsten eines Dritten geschlossenen Vertrage (BGB. §§ 328 ff.). Einen wesentlichen Fall der letzteren Ansprüche bildet unter Umständen die Forderung aus einem vom Erblasser abgeschlossenen Lebensversicherungsvertrag, vergl. darüber die folgende Note.

9. Für die Forderungen aus einem vom Erblasser abgeschlossenen Lebensversicherungs- oder Leibrentenvertrage sind wiederum zunächst die Vorschriften des BGB. maßgebend, welche die §§ 330—332 enthalten:

„§ 330. Wird in einem Lebensversicherungs- oder einem Leibrenten„vertrage die Zahlung der Versicherungssumme oder der Leibrente „an einen Dritten bedungen, so ist im Zweifel anzunehmen, daß der „Dritte unmittelbar das Recht erwerben soll, die Leistung zu fordern. „Das Gleiche gilt, wenn bei einer unentgeltlichen Zuwendung dem „Bedachten eine Leistung an einen Dritten auferlegt oder bei einer „Vermögens- oder Gutsübernahme von dem Uebernehmer eine Leistung „an einen Dritten zum Zwecke der Abfindung versprochen wird.

„§ 331. Soll die Leistung an einen Dritten nach dem Todes des„jenigen erfolgen, welchem sie versprochen wird, so erwirbt der Dritte „das Recht auf die Leistung im Zweifel mit dem Tode des Ver„sprechensempfängers.

„Stirbt der Versprechensempfänger vor der Geburt des Dritten, so „kann das Versprechen, an den Dritten zu leisten, nur dann noch „aufgehoben oder geändert werden, wenn die Befugnis dazu vor„behalten worden ist.

„§ 332. Hat sich der Versprechensempfänger die Befugnis vorbehalten, „ohne Zustimmung des Versprechenden an die Stelle des in dem „Vertrage bezeichneten Dritten einen Anderen zu setzen, so kann dies „im Zweifel auch in einer Verfügung von Todes wegen geschehen.“

Nach Maßgabe dieser Vorschriften ist als der regelmäßige Fall anzunehmen, daß Forderungen aus einem Lebensversicherungs- oder Leibrentenvertrage des Erblassers zugunsten eines Dritten nicht zu der steuerpflichtigen Masse gehören und demnach bei Berechnung der Erbschaftssteuer außer Ansatz bleiben müssen; denn es handelt sich in der Regel um das Recht des Dritten, welches er unmittelbar aus dem Vertrage bereits erworben hat und nicht etwa erst durch den Nachlaß erhält, welcher letztere vielmehr gänzlich unbeteiligt ist und mit der Forderung aus dem Lebensversicherungsvertrage gar nicht in Verbindung kommt. Eine Aenderung hierin tritt auch nicht für den Fall des § 332 des BGB. ein, wenn der Erblasser in einer Verfügung von Todes wegen ohne Zustimmung des Versprechenden an die Stelle des im Vertrage bezeichneten Dritten einen Anderen setzt oder auch wenn er von vornherein die Bezeichnung des Dritten sich für seinen letzten Willen vorbehalten hat und sie in diesem vollzieht, denn auch in diesen Fällen erwirbt der Dritte ein unmittelbares Recht aus dem Vertrage, so daß die ihm zustehende Forderung nicht für den Nachlaß in Frage kommen kann; a. M. Wahl, Sächs. EStG. Note 16 zu Artikel 1. Nur sofern aus dem Lebensversicherungs- und Leibrentenvertrage bzw. in den vorbehandelten Fällen auch aus der Personalbezeichnung des durch den Vertrag Begünstigten in der Verfügung von Todes wegen mit Deutlichkeit der Wille des Erblassers erhellt, daß dem Dritten ein unmittelbares Recht aus dem Vertrage noch nicht zustehe, sondern daß er ein solches erst mit und durch den Erbfall erwerben solle, nur dann gehört auch die Forderung aus dem Lebensversicherungs- und Leibrentenvertrage mit zu dem Nachlaß, zu der steuerpflichtigen Masse, nur dann ist sie bei der Berechnung der Erbschaftssteuer in der entsprechenden Weise zu berücksichtigen. Voraussetzung für die vertragsmäßige Begründung eines unmittelbaren Rechtes für den Dritten ist es aber, daß in dem einzelnen Fall ein Dritter der Persönlichkeit nach fest und bestimmt gegeben ist, daß er mit Sicherheit aus dem allgemeinen Kreis der Personen ausgeschieden ist. Danach muß also der Erblasser in dem Lebensversicherungsvertrage bzw. in der eine Ergänzung desselben bildenden Verfügung von Todes wegen die Persönlichkeit, zu deren Gunsten der Vertrag abgeschlossen sein solle, bestimmt bezeichnet haben, wobei aber eine besonders formelle Bezeichnung der Persönlichkeit mit allen Attributen derselben nicht erforderlich erscheint, sondern nur eine derartige, durch welche die bestimmte Persönlichkeit als solche zweifellos herausgehoben ist und welche den allgemeinen Grundsätzen des bürgerlichen Rechts für die Erwerbung eines unmittelbaren Anspruchs Genüge leistet. Hat der Erblasser in dem Lebensversicherungsvertrage nur unbestimmt zugunsten seiner Erben, seiner Rechtsnachfolger die Vereinbarung getroffen, so kann von einem Dritten, dem unmittelbar aus eigenem Rechte die Forderung aus dem Vertrage zustehen würde, nicht die Rede sein; für die Erben oder Rechtsnachfolger kann nur ein Erwerb aus dem Nachlaß in Frage kommen und deshalb ist in diesen Fällen die Forderung aus dem Lebensversicherungsvertrage bei der Berechnung der Erbschaftssteuer nicht außer Betracht zu lassen. Ebenmäßig ist das letztere und noch unzweifelhafter gegeben, wenn der Erblasser in dem Lebensversicherungsvertrage eine Persönlichkeit, zu deren Gunsten er abgeschlossen sein solle, überhaupt nicht bezeichnet hat. In allen denjenigen Fällen, in welchen die Forderung aus dem Lebensversicherungs- oder Leibrentenvertrage nicht in die steuerpflichtige Masse einzubeziehen ist, wird aber besonders zu prüfen sein, ob dabei nicht eine Schenkung in Frage kommt, wie solches wohl die Regel bilden dürfte.

10. Die für die steuerpflichtige Masse zu berücksichtigenden Passiven sind in der gleichen Weise wie die Aktiven festzustellen. Die Passiven umfassen die sämtlichen Nachlaßverbindlichkeiten, wie sie in den §§ 1967—1969 des BGB. näher hervorgehoben sind:

„§ 1967. Der Erbe haftet für die Nachlaßverbindlichkeiten.
„Zu den Nachlaßverbindlichkeiten gehören außer den vom Erblasser „herrührenden Schulden die den Erben als solchen treffenden Ver„bindlichkeiten, insbesondere die Verbindlichkeiten aus Pflichtteils„rechten, Vermächtnissen und Auflagen.
„§ 1968. Der Erbe trägt die Kosten der standesmäßigen Beerdigung „des Erblassers.
„§ 1969. Der Erbe ist verpflichtet, Familienangehörigen des Erblassers, „die zur Zeit des Todes des Erblassers zu dessen Hausstande gehört „und von ihm Unterhalt bezogen haben, in den ersten dreißig Tagen „nach dem Eintritte des Erbfalls in demselben Umfange, wie der „Erblasser es getan hat, Unterhalt zu gewähren und die Benutzung „der Wohnung und der Haushaltsgegenstände zu gestatten. Der „Erblasser kann durch letztwillige Verfügung eine abweichende An„ordnung treffen.
„Die Vorschriften über Vermächtnisse finden entsprechende Anwendung.“

Die Nachlaßverbindlichkeiten umfassen danach einerseits die vom Erblasser herrührenden Schulden und andererseits die den Erben als solchen treffenden Verbindlichkeiten.

11. Bezüglich der vom Erblasser herrührenden Schulden findet das Gleiche, was bei den Aktivis bezüglich der Forderungen oben in der Note 8 ausgeführt wurde, Anwendung. Die Schuld muß zur Zeit des Erbfalls ihrem Wesen nach existent gewesen sein; da jedoch der Erbe auch für diejenigen Schulden haftet, welche der causa nach vom Erblasser herrühren, aber erst später entstanden sind (vgl. Planck, Kommentar zum BGB., Note 2a zu § 1967), so werden auch diese von der steuerpflichtigen Masse in Abzug zu bringen sein. Der Schuld muß eine rechtliche Verpflichtung zur Bezahlung gegenüberstehen; Zahlungen, welche der Erbe ohne eine solche rechtliche Verpflichtung mit Rücksicht auf Sitte oder auf eine gewisse moralische Verpflichtung macht, können nicht als abziehbar in Betracht kommen, auch wenn sie dem Sinne des Erblassers entsprechen sollten; sofern der Erbe verjährte Ansprüche tilgt, gilt dieses nicht, da hier immer noch ein Anspruch vorhanden war und dem Erben lediglich das Recht, die Leistung zu verweigern, zustand, ein Recht, von dem er nach freiem

Ermessen Gebrauch machen und damit die Entscheidung auch bezüglich der Steuerpflicht nach der einen oder nach der andern Seite hin treffen kann. Die Schuld muß tatsächlich zum Nachlaß gehören und diesen verpflichten; es darf sich dabei um keine rein persönliche Schuld des Erblassers, welche unvererblich ist, handeln, auch nicht um eine Schuld, die der Erbe für sich erst übernommen, wenn er beispielsweise ein bestimmtes Vermächtnis um einen festen Betrag zu erhöhen versprochen hat oder dergleichen.

12. Die den Erben als solchen treffenden Verbindlichkeiten sind zum Teil in dem § 1967 des BGB. allgemein hervorgehoben — Verbindlichkeiten aus Pflichtteilsrechten, Vermächtnissen und Auflagen — zum Teil in den beiden folgenden §§ 1968 und 1969 speziell bestimmt — Beerdigungskosten, Unterhaltspflicht für Familienangehörige des Erblassers. Daneben können in Betracht kommen die Kosten der Testamentseröffnung, die Kosten der gerichtlichen Sicherung des Nachlasses, die Kosten einer Nachlaßpflegschaft oder Nachlaßverwaltung, die Kosten des Aufgebots der Nachlaßgläubiger, die Kosten der Inventarisierung, die Kosten des Nachlaßkonkurses, sowie die gegenüber einem Nachlaßpfleger, einem Testamentsvollstrecker oder einem Erben, der die Erbschaft ausgeschlagen hat, aus der Geschäftsführung dieser Personen entstandenen Verbindlichkeiten Die bezüglich der Schulden des Erblassers maßgebenden Grundsätze sind auch hier nach Lage der Sache entsprechend in Anwendung zu bringen.

Zu Absatz 2.

13. Der Absatz 2 des § 29 stellt bezüglich eines besonderen Falles für die steuerliche Behandlung einen von dem bürgerlichen Recht in gewisser Beziehung abweichenden Grundsatz auf. Wenn durch den Anfall eine Vereinigung von Recht und Verbindlichkeit oder von Recht und Belastung herbeigeführt wird, wie solches der Fall ist, wenn Erbe und Erblasser für Recht und Verbindlichkeit oder für Recht und Belastung einander gegenüberstehen, so erlischt nach bürgerlichem Recht das bezügliche Rechtsverhältnis ohne weiteres und kann demnach für den Nachlaß als solches nicht weiter in Frage kommen; es kann einerseits nicht von einem Erwerbe des Erben und andererseits nicht von einer Belastung der Erbschaft die Rede sein. Dennoch ist die Vereinigung von Recht und Verbindlichkeit oder von Recht und Belastung für die durch den Erbfall herbeigeführte Umgestaltung in der wirtschaftlichen Lage der Beteiligten im ganzen immerhin von einer tatsächlichen Bedeutung und sie übt in Wirklichkeit auch einen Einfluß nach der aktiven oder nach der passiven Seite hin auf die Bereicherung des Erben, also auf das für die Steuerpflicht nach Abs. 1 des Paragraphen wesentliche Moment, aus. Danach konnte es aber nur gerechtfertigt erscheinen, eine Steuerpflicht durch eine besondere gesetzliche Vorschrift, wie sie der Abs. 2 des Paragraphen gibt, zu begründen oder zweifellos außer Frage zu stellen. Uebrigens läßt auch das BGB. für eine Reihe von Einzelheiten in der gleichen Weise, wie das REStG. generell in steuerlicher Beziehung, die durch Vereinigung von Recht und Verbindlichkeit oder von Recht und Belastung erloschenen Rechtsverhältnisse als nicht erloschen gelten, so nach den Vorschriften in den §§ 1976, 1991, 2143, 2175, 2377; die bezügliche Bestimmung des RESTG. bewegt sich danach keineswegs vollkommen außerhalb des Rahmens des bürgerlichen Rechts.

14. Die weitere Behandlung der durch Vereinigung von Recht und Verbindlichkeit oder von Recht und Belastung an sich erloschenen aber für die Besteuerung nicht als erloschen geltenden Rechtsverhältnisse, wie die Wertermittelung für dieselben, die Berechnung der Erbschaftssteuer rc. vollzieht sich ganz in der gleichen Weise wie bei den übrigen regelrechten Aktivis und Passivis der steuerpflichtigen Masse; es finden lediglich die allgemeinen Regeln ohne alle Einschränkung je nach den Sonderheiten des einzelnen Falles Anwendung und gilt das bezüglich dieser Ausgeführte auch hier.

Zu Absatz 3.

15. In dem Abs. 3 des § 29 werden einzelne bestimmte Verbindlichkeiten als bei Berechnung der Steuer abzugsfähig besonders herausgehoben. Zweck dieses Heraushebens ist wohl wesentlich eventuell mögliche Zweifel von vornherein auszuschließen. Voraussetzung für die Anwendbarkeit der Bestimmung bleibt es dabei aber immer, daß es sich im einzelnen Fall auch tatsächlich um eine Nachlaßverbindlichkeit handelt und greift dementsprechend das oben Note 11 zu diesem Paragraphen Ausgeführte auch hier Platz. Ist beispielsweise kraft der besonderen Rechtslage des Falles ein Dritter am Nachlaß überhaupt nicht Beteiligter zur Tragung der Beerdigungskosten des Erblassers verpflichtet, so kann der Nachlaß dafür überhaupt nicht in Frage kommen und selbstredend der bezügliche Aufwand des Dritten von der steuerpflichtigen Masse nicht in Abzug gebracht werden.

16. Eine Erweiterung dem bürgerlichen Recht gegenüber enthält der Abs. 3 des Paragraphen bezüglich der Beerdigungskosten und zwar in doppelter Beziehung, einmal nämlich, indem er schlechthin von „Kosten der Beerdigung des Erblassers" spricht, während nach § 1968 des BGB. der Erbe nur die „Kosten der standesmäßigen Beerdigung des Erblassers" zu tragen hat (vergl. oben Note 10 zu diesem Paragraphen). Diese Ausdehnung ist zur Vermeidung von Weiterungen vorgenommen, wie schon in der Begründung ausgeführt worden, vergl. oben Note 7. Die zweite Erweiterung liegt in der Zufügung der Worte „einschließlich der Kosten der landesüblichen, kirchlichen und bürgerlichen Leichenfeierlichkeiten und der Kosten eines angemessenen Grabdenkmals"; sie ist erst durch den Reichstag bei der kommissarischen Beratung vorgenommen. Nach dem Kommissionsbericht des Reichstags war der durch Annahme gebilligte Zweck der Aenderung, „Differenzen der Behörden mit den Steuerpflichtigen, wie sie in der Praxis oft beobachtet worden seien, für die Zukunft möglichst auszuräumen"; auch war bei dem Antrag ferner betont, „daß es dringend wünschenwert sei, daß die Erbschaftsämter im Wege der Instruktion angewiesen würden, jede unnötige Belästigung der Steuerpflichtigen durch allzu kleinliches Vorgehen zu vermeiden".

17. Die Erbschaftssteuergesetze der Bundesstaaten haben durchweg materiell die gleiche Vorschrift wie das RESTG.; formell heben sie meist, wie schon oben Note 6 bemerkt, die Einrechnung der Erbschaftsforderungen in die steuerpflichtige Masse und den Absatz der Nachlaßverbindlichkeiten von derselben besonders heraus, auch führen einzelne noch einige Nachlaßverbindlichkeiten, die das REStG. nicht erwähnt, speziell mit an. Die bezügliche Bestimmung findet sich im Preuß. EStG. § 5, im Bayer. EStG. Art. 5, im Sächs. EStG. Art. 5, im Württ. EStG. Art. 10, im Bad. EStG. § 11, im Hess. EStG. Art. 10 und im Braunschw. EStG. § 2.

§ 30.

Ist eine Zuwendung unter einer Auflage gemacht, die in Geld veranschlagt werden kann, so ist die Zuwendung nur insoweit steuerpflichtig, als sie den Wert der Leistung übersteigt.

1. Der § 30 hat die jetzige Fassung erst durch den Reichstag erhalten. In dem Entwurf der Bundesregierungen lautete er: „Ist eine Zuwendung unter einer Auflage gemacht, die in Geld veranschlagt werden kann, so kommt der Wert der Leistung von der Zuwendung in Abzug." Vom Reichstage ist die Fassung in der fraglichen Weise geändert, um klarzustellen, „daß die Steuerbehörde beweispflichtig ist, wenn sie behaupten will, daß in dem hier vorgesehenen Falle der Wert der Zuwendung den Wert der Leistung des Bedachten übersteigt" (Kommissionsbericht).

2. In der Begründung des Gesetzes ist zu diesem Paragraphen folgendes ausgeführt:

„Die Vorschrift findet auf den einem Testamentsvollstrecker als Vergütung für seine Tätigkeit durch Verfügung von Todes wegen zugewandten Betrag Anwendung; letzterer ist somit steuerpflichtig, wenn und insoweit nach den Umständen angenommen werden kann, daß der Wert der Zuwendung denjenigen der Leistung übersteigt."

3. Als Zuwendung kann hier jeder Erwerb von Todes wegen in Frage kommen und ist es ebenmäßig gleichgültig, auf welchen oder auf einen wie gearteten Gegenstand sich die Zuwendung bezieht. Die Wertermittelung für den bezüglichen Erwerb hat vollständig nach den allgemeinen Regeln zu erfolgen.

4. Bezüglich der Auflage kommt wiederum dasjenige, was oben in Note 8 zu § 29 ausgeführt wurde, in einer entsprechenden Weise zur Anwendung. Die Auflage muß einmal durch den Anfall begründet und mit demselben existent werden. Die Auflage muß ferner die rechtliche Verpflichtung zur Erfüllung für den mit der Zuwendung Bedachten enthalten; sofern der Erblasser keine rechtliche Verpflichtung auferlegt, sondern nur die Erwartung oder den Wunsch auf Erfüllung der Auflage ausgesprochen hat, greift die Bestimmung des § 30 nicht Platz; der Bedachte kann die Auflage lediglich nach seinem freien Willen erfüllen, wenn er dieses aber tut, so kann er den Wert von der Zuwendung nicht in Abzug bringen. Die Auflage muß endlich vom Erblasser bestimmt bezeichnet sein und einen Vermögenswert enthalten, d. h. sie muß in Geld abschätzbar sein. Im übrigen kann die Auflage sowohl ein Tun wie auch ein Unterlassen zum Gegenstande haben

und sind Beschränkungen in dieser Beziehung nicht gegeben; wenn in der Begründung der Gesetzesvorschrift nur die Zuwendung an den Testamentsvollstrecker herausgehoben ist (vergl. oben Note 2), so hat damit keineswegs gesagt sein sollen, daß diese den einzigen hier möglichen Fall abgeben könne; es ist vielmehr lediglich ein Hauptfall herausgegriffen. Speziell der Auflage der Testamentsvollstreckung stehen beispielsweise gleich die Auflagen zur Unterhaltung und Pflege von Gräbern, zur Verrichtung von Gebeten, zum Lesen von Messen rc.

5. Die Auflage als solche bestimmt sich im übrigen nach den Vorschriften des BGB., dessen § 1940 folgende Begriffsbestimmung gibt:

„Der Erblasser kann durch Testament den Erben oder einen Ver- „mächtnisnehmer zu einer Leistung verpflichten, ohne einem Anderen „ein Recht auf die Leistung zuzuwenden (Auflage)."

Die Zulässigkeit der Auflage im Erbvertrag spricht sodann der § 1941 des BGB. aus. Die weiteren Einzelheiten bezüglich der Auflage sind endlich im fünften Titel des Abschnitts III des fünften Buches des BGB. in den §§ 2192—2196 gegeben.

6. Der Wert der Zuwendung und der Wert der Auflage sind je für sich zu ermitteln und festzustellen und sodann gegeneinander auszugleichen. Nur der Ueberschuß des Wertes der Zuwendung über den Wert der Auflage ist steuerpflichtig. Bezüglich der Befreiungsvorschrift des § 11 Nr. 1 (Befreiung eines Erwerbes von nicht mehr als 500 Mk.) ist lediglich dieser Ueberschuß als der tatsächliche Erwerb maßgebend und nicht etwa der Gesamtwert der Zuwendung ohne den Abzug.

7. Die Erbschaftssteuergesetze der Einzelstaaten sprechen in der durchweg in ihnen enthaltenen bezüglichen Bestimmung nicht von Auflagen, sondern von Zuwendungen zur Vergeltung für Leistungen, welche mit dem Anfall übernommen werden, so das Preuß. EStG. § 6, das Bayer. EStG. Artikel 6, das Sächs. EStG. Artikel 6, das Württ. EStG. Artikel 10 Abs. 2, das Bad. EStG. § 11 Abs. 3 unter b, das Hess. EStG. Artikel 11 und das Braunsch. EStG. § 3.

XI. Haftung für die Erbschaftssteuer.

Vorbemerkungen zu §§ 31 und 32.

1. Die Haftung für die Steuer hat das REStG. auf einer breiten, den Staat mit seiner Steuerforderung möglichst sichernden Grundlage geregelt und dabei die weitgehendsten Kautelen aus der bisherigen Landesgesetzgebung über die Erbschaftssteuer übernommen. In erster Linie kommt dabei natürlich der Erwerber des steuerpflichtigen Anfalls — und nach Spezialvorschrift in dem besonderen Fall einer Zuwendung der im § 12 Abs. 1 Nr. 3 bezeichneten Art an dessen Stelle der mit der Zuwendung Beschwerte — in Betracht, welcher als Steuerpflichtiger dem Staat für die Steuer auf-

zukommen und nach jeder Richtung hin bezüglich des richtigen Eingangs der Steuer zu haften hat. Neben dem steuerpflichtigen Erwerber haftet aber für die Steuer noch: einmal uneingeschränkt die ganze steuerpflichtige Masse, sodann in der Höhe des Wertes des aus der Erbschaft Empfangenen der Erbe, beziehungsweise auch der Miterbe als Gesamtschuldner, und endlich, aber nur bedingungsweise und subsidiär, der gesetzliche Vertreter sowie der Bevollmächtigte der Steuerpflichtigen und die weiter im § 32 aufgeführten, an der Erbschaftsregelung beteiligten Personen.

2. Eine besondere Regelung der Haftung für die Erbschaftssteuer war namentlich dadurch geboten, daß an sich der Steuerforderung des Staates nur die persönliche, wenn auch öffentlich rechtliche Verpflichtung des Erwerbers des steuerpflichtigen Anfalls vermöge der unmittelbaren gesetzlichen Anknüpfung der Steuer an den Erwerb gegenübersteht und die Steuer als solche zu den Nachlaßverbindlichkeiten nicht zählt, wie ja schon der Schlußsatz des § 29 Abs. 3 zum Ausdruck bringt; danach kann aber an sich eine unmittelbare Beitreibung der Steuer aus dem Nachlaß nicht möglich erscheinen.

§ 31.

Die Erbschaftssteuer ist von dem Erwerber, bei einer Zuwendung der im § 12 Abs. 1 Nr. 3 bezeichneten Art jedoch von dem mit der Zuwendung Beschwerten zu entrichten. Im letzteren Falle kann die Steuer, sofern sich nicht aus der Anordnung ein anderes ergibt, auf die Zuwendung angerechnet werden. Für die Steuer haftet die ganze steuerpflichtige Masse; auf Verlangen muß aus dieser in den Fällen der §§ 21 bis 23 Sicherheit geleistet werden.

Neben dem Erwerber oder dem mit der Zuwendung Beschwerten (Abs. 1) haftet der Erbe in der Höhe des Wertes des aus der Erbschaft Empfangenen für die Steuer als Gesamtschuldner. Sind mehrere Erben vorhanden, so haftet jeder in gleicher Weise auch für die von den Miterben zu entrichtende Steuer. Auf Nachforderungen erstreckt sich diese Haftung nicht.

Absatz 1.

1. Der Steuerpflichtige bezüglich der Erbschaftssteuer ist der Erwerber des steuerpflichtigen Anfalls, dessen Steuerpflicht sich ganz nach den allgemeinen Grundsätzen bestimmt. Der Erwerber ist daher der alleinige Schuldner der Erbschaftssteuer, er ist ein Schuldner kraft öffentlich-rechtlicher Verbindlichkeit, wie sie durch das Erbschaftssteuergesetz konstituiert worden ist. Die notwendige

Folge hiervon ist, daß der Erwerber dem Staat gegenüber stets und unbedingt allein zur Zahlung der Steuer verpflichtet wird und bleibt, daß mithin letztwillige Verfügungen des Erblassers oder Vereinbarungen der an einer Erbschaft Beteiligten, durch welche eine anderweite Regelung bezüglich der Entrichtung der Erbschaftssteuer festgestellt worden ist, an jener Verpflichtung des Erwerbers als einer öffentlich-rechtlichen nichts ändern und den Staat in keiner Weise beschränken oder binden können. Letztwillige Verfügungen und Vereinbarungen der fraglichen Art sind als solche, sofern ihnen nicht sonst ein Mangel anhaftet, in privatrechtlicher Beziehung vollkommen rechtsgültig und können demnach auch einen privatrechtlichen Anspruch des Steuerpflichtigen gegen die mit der Steuerzahlung Beschwerten auf Schadloshaltung begründen; sie sind aber dem Staat gegenüber, welcher sich nur an den Steuerpflichtigen zu halten hat und zu halten braucht, ohne Rechtswirkung.

2. Die Pflicht des Erwerbers zur Entrichtung der Steuer stellt sich aber als eine vollgültige persönliche Verbindlichkeit desselben dar, welche mit dem Nachlaß als solchem in einer weiteren Verbindung nicht steht und mithin vom letzteren auch vollständig unabhängig ist. Der Anspruch auf Erfüllung der Verbindlichkeit richtet sich demnach nicht nur gegen das aus Nachlaß Erworbene oder gar nur gegen das von dem so Erworbenen noch Vorhandene, sondern ohne weitere Beschränkung auch gegen das gesamte Vermögen des Erwerbers, also auch gegen dasjenige, was er außer dem Nachlaß noch besitzt. Bei einer eventuellen zwangsweisen Durchführung seiner Steuerforderung kann der Staat ohne weiteres auf das übrige Vermögen des Erwerbers greifen, ebenso aber auch auf das zum Nachlaß gehörige Vermögen, soweit es bereits Vermögen des Erwerbers geworden ist; handelt es sich um einen Steueranspruch gegen einen Miterben, so wird man sich an das Nachlaßvermögen des letzteren erst nach erfolgter Auseinandersetzung, bis zu welcher nach § 2032 des BGB. der Nachlaß gemeinschaftliches Vermögen der Erben ist, vorher aber nur an den Anteil am Gesamtnachlaß halten können. Ob der Erwerb auf Erbschaft, oder auf Vermächtnis, oder auf sonstigem Grund beruht, macht keinen Unterschied aus, der Grundsatz ist stets entsprechend zur Anwendung zu bringen. Von dem Vermächtnisnehmer kann beispielsweise die Steuer aus dem bisherigen Vermögen desselben, oder aus dem ihm bereits überantworteten Vermächtniserwerb, oder durch Pfändung des Vermächtnisanspruchs beigetrieben werden.

3. Die Steuer ist von dem Erwerber zu entrichten. Das tatsächliche Vorhandensein eines Erwerbers und zwar eines bestimmten Erwerbers, da es sich um eine persönliche Verpflichtung handelt, ist also stets die Voraussetzung für die Entstehung der Verpflichtung zur Steuerentrichtung. Ist die Person des Erwerbers noch nicht gewiß, weil die Annahme der Erbschaft noch nicht feststeht oder weil der Erbe unbekannt ist, so ist ein Verpflichteter für die Steuerentrichtung noch nicht gegeben. Wird die Erbschaft bzw. das Vermächtnis innerhalb der gesetzten Frist rechtsgültig ausgeschlagen, so kann in dem regelmäßigen Fall, wenn es sich lediglich um eine

Ausschlagung — also um eine reine Ausschlagung ohne weitere Bestimmung oder um eine Ausschlagung lediglich zugunsten der nächsten Berechtigten, an die der Anfall schon kraft Gesetzes auch ohne diese Bestimmung gelangen würde, — handelt, von einem Erwerb des Anfalls und dem Entstehen einer Verpflichtung zur Steuerentrichtung nicht die Rede sein. Anders stellt sich aber die Sache, wenn die Ausschlagung zugunsten eines Dritten, an den der Anfall beim Wegfall des Ausschlagenden nicht ohne weiteres gesetzlich kommen würde, vorgenommen wird; hier liegt in der modifizierten Ausschlagung ein Erwerb des Anfalls durch den Ausschlagenden verbunden mit einer Schenkung des letzteren an den Dritten; dementsprechend ist in diesem Falle der Ausschlagende als Erwerber anzusehen und zur Entrichtung der Steuer verpflichtet. Da das Recht des Erben, die Erbschaft auszuschlagen, nach § 1952 Abs. 1 des BGB. vererblich ist, so haben, wenn ein Erbe vor Ablauf der Ausschlagungsfrist ohne Erklärung über die Ausschlagung verstirbt, die Erben dieses Erben, sofern sie die eigene Erbschaft annehmen und von dem auf sie übergegangenen Ausschlagungsrecht bezüglich der früheren Erbschaft keinen Gebrauch machen, eine doppelte Steuerpflicht zu erfüllen, nämlich einmal die Steuerpflicht, welche ihrem Erblasser aus dem an ihn gelangten Anfall durch den Nichtgebrauch des Ausschlagungsrechts entstanden sein würde und welche auf sie übergegangen bzw. mit ihrem Nichtgebrauch des Ausschlagungsrechts perfekt geworden ist, nach Maßgabe des Verhältnisses ihres Erblassers zu dem ursprünglichen Erblasser, und sodann die Steuerpflicht aus dem gesamten Anfall von ihrem Erblasser nach Maßgabe ihres Verhältnisses zu diesem Erblasser; der Vermögenszuwachs, auf den sich die erstere Steuerpflicht bezieht, der Anfall des ersten Erblassers an den zweiten, ist in den letzteren Gesamtanfall einzurechnen, jedoch ist dabei das nach der erstberührten Steuerpflicht zu zahlende, da es aus einer Nachlaßverbindlichkeit gezahlt wird und dementsprechend den zweiten Anfall kürzt, in Absatz zu bringen, weil der § 29 Abs. 3 Schlußsatz keine Anwendung finden kann. Wenn es sich in gleicher Weise um ein Vermächtnis handelt, so tritt dieselbe Sachbehandlung ein, da nach § 2180 Abs. 3 des BGB. die für die Ausschlagung einer Erbschaft geltende Vorschrift des § 1952 Abs. 1 bei Vermächtnissen entsprechende Geltung hat.

4. Die Ausnahmebestimmung, daß bei einer Zuwendung der in § 12 Abs. 1 Nr. 3 bezeichneten Art (Zuwendungen, die ausschließlich kirchlichen, mildtätigen oder gemeinnützigen Zwecken innerhalb des Deutschen Reiches oder der deutschen Schutzgebiete gewidmet sind, sofern die Verwendung zu dem bestimmten Zweck gesichert und die Zuwendung nicht auf einzelne Familien oder bestimmte Personen beschränkt ist) die Erbschaftssteuer nicht von dem Erwerber, sondern von dem mit der Zuwendung Beschwerten zu entrichten ist, und die daran sich unmittelbar anschließende Bestimmung des zweiten Satzes im Abs. 1 des Paragraphen, daß in dem letzteren Fall die Steuer, sofern sich nicht aus der Anordnung ein anderes ergibt, auf die Zuwendung angerechnet werden könne, sind durch den Reichstag in das Gesetz eingeschaltet worden. Nach dem Kommissionsbericht (Drucksachen des Reichstags, 11. Legislaturperiode, II. Session 1905/06,

Nr. 360, S. 51) ist vom Berichterstatter zur Rechtfertigung folgendes bemerkt: „In den Fällen des § 14 Nr. 3 (jetzt § 12 Abs. 1 Nr. 3) handle es sich um Zuwendungen für die im Zeitpunkt der Steuererhebung vielfach konkrete Destinatäre nicht vorhanden seien; es empfehle sich daher aus praktischen Gründen, hier in erster Linie dem Fiskus gegenüber an Stelle der Destinatäre den mit der Zuwendung Beschwerten haften zu lassen. Der zweite Satz, der dem Beschwerten die Befugnis gebe, die Steuer, sofern sich nicht aus der Anordnung ein anderes ergebe, von der Zuwendung abzuziehen, enthalte allerdings eine materielle Rechtsvorschrift, die streng genommen nicht in das Steuergesetz gehöre, um Zweifel auszuschließen aber doch hier aufgenommen sei."

5. In dem in der vorigen Note berührten Ausnahmefall tritt der mit der Zuwendung Beschwerte vollständig an die Stelle des Erwerbers; er wird zum Steuerpflichtigen und hat die gleiche Pflicht zur Steuerentrichtung wie der Erwerber; er haftet nach seiner persönlichen öffentlichen Verbindlichkeit in dem gleichen Umfang wie dieser für die Steuer. Das oben in der Note 2 zu diesem Paragraphen Ausgeführte greift hier bezüglich des mit der Zuwendung Beschwerten ebenso Platz.

6. Die Bestimmung, daß für die Steuer die ganze steuerpflichtige Masse haften solle, steht in einem gewissen Widerspruche zu der sonst in steuerlicher Beziehung vorgeschriebenen getrennten Behandlung jedes einzelnen Anfalls oder Erwerbes (vergl. §§ 28, 29), indem hier die Steuer für den ganzen Erbfall der gesamten steuerpflichtigen Masse aus demselben als Ganzes gegenübergestellt wird. Von einer steuerpflichtigen Masse und einer Haftung derselben kann aber nur die Rede sein, wenn und solange eine solche, und zwar als solche, vorhanden ist. Die Haftung, soweit sie nicht bereits namentlich bezüglich der demnächst zu berührenden Sicherstellungen geltend gemacht ist, fällt also mit der Teilung der Erbschaft und der Ausantwortung der einzelnen Vermögensteile an die Berechtigten weg; es kommt sodann die im Abs. 2 geregelte Haftung der Erben zur praktischen Geltung. Die Haftung hört auch auf, sobald ein einzelner Erbschaftsgegenstand rechtsgültig von der Masse abgetrennt, beispielsweise veräußert oder an einen Vermächtnisnehmer ausgeantwortet ist. Die Haftung begründet aber kein dingliches, gegen jeden Dritten wirksames Recht, desgleichen kein Absonderungsrecht im Konkurse und wird deshalb nur von geringerer praktischer Bedeutung gehalten werden können.

7. Die Haftung umfaßt die ganze steuerpflichtige Masse. Sie ist danach einerseits auf die steuerpflichtige Masse beschränkt. Dementsprechend ist sie, wie schon aus der Natur der Sache folgt, für jeden Erwerb, welcher nach den Bestimmungen in den §§ 5—9 des RESt G. über die räumliche Herrschaft desselben der Erbschaftssteuer überhaupt nicht unterliegt, ausgeschlossen. Sie ist aber ebenso auch ausgeschlossen für den nach § 11 (bzw. auch § 13) des RESt G. von der Erbschaftssteuer befreit bleibenden Erwerb, der sich als steuerfreie Masse darstellt, da im § 11 die Befreiung von der Steuer, wenn sie auch materiell an den Anfall an bestimmte Personen geknüpft ist, doch auf den Erwerb

als solchen gestellt ist; daß die befreite Masse der Haftung nicht unterliege, ist vom Berichterstatter der Reichstagskommission zur Erläuterung des Paragraphen ausdrücklich hervorgehoben (vergl. Drucksachen des Reichstags, 11. Legislaturperiode, II. Session 1905/1906, Nr. 360, S. 51); a. M. für den bisherigen Stand in Preußen, allerdings auf Grund des besonderen in das RESt G. nicht übernommenen Wortlaut des Preuß. EStG., Hoffmann, Preuß. EStG. Note 2 zu § 29. Der Haftung unterliegt aber andererseits die ganze steuerpflichtige Masse, so daß es im übrigen keinen Unterschied ausmacht, an wen der Erwerb der einzelnen Vermögensteile kommt und beispielsweise die den Erben anfallenden Vermögensteile für die Steuer der Vermächtnisnehmer sowie umgekehrt Vermögensanfälle der Vermächtnisnehmer für die Steuer der Erben haften.

8. Die Haftung bezieht sich stets nur auf die Steuer und nicht auch auf sonstige Verpflichtungen des Steuerpflichtigen oder des Erwerbers gegen den Staat, z. B. nicht auf die gegen Steuerpflichtigen oder Erwerber verhängten Strafen.

9. Die Haftung der ganzen steuerpflichtigen Masse ist ausdrücklich auf die Sicherheitsleistung ausgedehnt, welche von der Steuerbehörde bei dem bedingten Erwerb nach § 21 Abs. 1 und bei der bedingten Belastung nach § 22 Abs. 2 verlangen kann. Die Haftung der ganzen steuerpflichtigen Masse ist hier von einer besonderen Bedeutung, weil die individuelle Steuerpflicht hier erst später und nach ungewisser Zeitdauer eintritt. Die Einzelheiten bezüglich der Sicherheitsleistung sind durch die BRAusfB. im § 28 geordnet.

10. Von den Erbschaftssteuergesetzen der Einzelstaaten hat der größere Teil im wesentlichen die gleiche Bestimmung über die Belastung des Erwerbers mit der Steuer — die Belastung des mit einer Zuwendung Beschwerten in dem besonderen Fall fehlt dagegen — und die Haftung der steuerpflichtigen Masse für dieselbe, so das Preuß. EStG. § 29 Abs. 1, das Bayer. EStG. Art. 26, Abs. 1 und 2, das Sächs. EStG. Art. 15, das Hess. EStG. Art. 26 und Art. 27 je Satz 1 und das Braunschw. EStG. § 24, Abs. 1. In dem Württ. EStG. und dem Bad. EStG. ist die Haftung der steuerpflichtigen Masse nicht ausgesprochen; das Württ. EStG. Art. 9 Abs. 2 hat dagegen eine persönliche Haftung der Inhaber, Nutzungsberechtigten oder Verwalter bis zum Betrag der in ihren Händen befindlichen Bestandteile des steuerpflichtigen Vermögens; das Bad. EStG. § 27 Abs. 2 und 3 kennt eine weitergehende Belastung des mit einer Zuwendung Beschwerten, der Rechtsnachfolger der Erwerber 2c.

Zu Absatz 2.

11. Nach der Vorschrift des Abs. 2 haften neben dem Erwerber auch die Erben für die Steuer. Die Haftung ist hier für die Erben als solche ohne weitere Einschränkung aber auch nur für diese ausgesprochen. Dementsprechend bezieht sich hier die Haftung auf die sämtlichen Erben und es macht keinen Unterschied aus, ob der Erwerb derselben steuerpflichtig oder von der Steuer befreit ist, wie solches auch besonders in der Erläuterung des Berichterstatters der Reichstagskommission bemerkt, aber auch wohl nicht bestritten ist (vergl. Drucksachen des Reichstags an dem in Note 7 angeführten Ort, desgl. Hoffmann, Preuß. EStG. Note 3a zu § 29). Die Haftung ist aber anderseits auf die Erben beschränkt und erstreckt sich nicht auf sonstige Erwerber von Todes wegen wie Vermächtnisnehmer, Erwerber einer Schenkung von Todes wegen 2c.

12. Die Erben haften neben dem Erwerber als Gesamtschuldner. Es ist wiederum für die Haftung namentlich der § 421 des BGB. maßgebend, der lautet:

„Schulden mehrere eine Leistung in der Weise, daß jeder die ganze „Leistung zu bewirken verpflichtet, der Gläubiger aber die Leistung „nur einmal zu fordern berechtigt ist (Gesamtschuldner), so kann der „Gläubiger die Leistung nach seinem Belieben von jedem der Schuldner „ganz oder zu einem Teile fordern. Bis zur Bewirkung der ganzen „Leistung bleiben sämtliche Schuldner verpflichtet."

Die Erben haften demnach nicht nur als Bürgen, sondern als Selbstschuldner; sie haften als Gesamtschuldner nicht nur im Verhältnis zu einander, sondern nach dem Wortlaut der Gesetzesbestimmung auch im Verhältnis zu dem eigentlich Steuerpflichtigen, dem nach Abs. 1 in erster Linie zur Entrichtung der Steuer verpflichteten Erwerber. Als Gesamtschuldner entbehren die Erben der Einrede der Vorausklage und der Teilung.

13. Die Haftung der Erben ist dem Umfange nach eine beschränkte und zwar auf die Höhe des Wertes des aus der Erbschaft Empfangenen. Die Haftung bezieht sich also nicht auf das aus der Erbschaft Empfangene selbst, sondern auf den Wert desselben. Folgeweise macht es keinen Unterschied aus, ob der Erbe noch etwas von der Erbschaftsmasse besitzt oder nicht, und wieviel er aus derselben noch besitzt. Die Haftung erstreckt sich in der gedachten Höhe auch auf das sonstige Vermögen des Erben. Für die Berechnung des Wertes des aus der Erbschaft Empfangenen ist der Zeitpunkt des Anfalls maßgebend; die steuerfreien Anfälle sind dabei in der gleichen Weise zu berücksichtigen wie die steuerpflichtigen.

14. Die Haftung der Erben besteht bezüglich der Steuer — aber auch nur für diese, es gilt wiederum das in Note 8 Ausgeführte — für jeden Erwerb aus demselben Erbfall. Es ist mithin für die Haftung in einer ähnlichen Weise, wie oben in Note 7 am Schluß ausgeführt, ohne Einfluß, ob es sich um den Erwerb eines anderen Erben, eines Vermächtnisnehmers, eines Erwerbers einer Schenkung von Todes wegen 2c. handelt. Die Haftung bezieht sich auch auf denjenigen Erwerb, für welchen die Steuerpflicht erst nach dem Zeitpunkt des Erbfalls eintritt, so auf den bedingten Erwerb, den Erwerb des Vermögens ohne die Nutzung, kraft ausdrücklicher Bestimmung im letzten Satz des Absatzes aber nicht auf Nachforderungen, vergl. unten Note 17.

15. Die selbstverständliche Voraussetzung für die Haftung eines Erben ist, daß derselbe tatsächlich auch bereits Erbe geworden ist. Zeitlich beginnt die Haftung daher erst mit der Annahme der Erbschaft, beziehungsweise mit dem Ablauf der Ausschlagungsfrist. Der Nacherbe wird erst mit dem Eintritt des Falles der Nacherbfolge Erbe und beginnt deshalb auch erst mit diesem Zeitpunkte die Haftung für ihn, welche sich sodann aber auf die ganze noch ausstehende Erbschaftssteuer, also auch auf die bereits früher fällig gewordene, bezieht. Der Vorerbe ist nach dem bürgerlichen Recht stets Erbe, er wird jedoch nach der Sondervorschrift des § 27 des RESt G. bezüglich der Wertermittelung 2c. seines Erwerbes als Nießbraucher behandelt. Diese letztere, eine Abweichung vom bürgerlichen Recht enthaltene Sondervorschrift geht aber keineswegs so weit, zu bestimmen, daß der Vorerbe stets in steuerlicher Beziehung nur als Nießbraucher angesehen werden solle; ihrem ganzen Charakter nach wird sie auch nicht ausdehnend ausgelegt werden können. Für den § 31 Abs. 2 hat man, da er unbeschränkt von Erben spricht, lediglich das bürgerliche Recht als maßgebend anzunehmen, dementsprechend liegt auch dem Vorerben die Haftung für die Steuer nach § 31 Abs. 2 ob; a. M. Becker, Bad. EStG. Note 7 zu § 28.

16. Wenn in dem zweiten Satz des Absatzes noch besonders vorgeschrieben, daß unter Miterben jeder in gleicher Weise auch für die von den Miterben zu entrichtende Steuer zu haften habe, so ist dieses nur eine folgerichtige Konsequenz der Hauptbestimmung über die Haftung des Erben. Es finden hierauf die Ausführungen in den vorigen Noten entsprechende Anwendung.

17. Im letzten Satz des Absatzes ist endlich noch bestimmt, daß sich die Haftung auf Nachforderungen nicht beziehen solle. Nachforderungen sind solche Steuerfestsetzungen, welche erst nachträglich zur Einbesserung der ursprünglichen bereits abgeschlossenen Steuerfestsetzung sei es wegen vorgekommener Fehler im Verfahren (unrichtige Wertermittelung, unrichtige Steuerberechnung 2c.) sei es wegen nachträglich erst bekannt gewordener Tatsachen (wie im Fall des § 25) vorgenommen sind. Die Bestimmung ist wohl aus dem Grunde getroffen, um die Haftung der Erben nicht zu sehr auszudehnen und mit der ersten Steuerfestsetzung zu einem festen Abschluß zu bringen.

18. Von den Erbschaftssteuergesetzen der Einzelstaaten haben die Haftpflicht der Erben wesentlich in der gleichen Weise wie das REStG. nur ohne den Ausschluß der Haftung für Nachforderungen das Preuß. EStG § 29 Abs. 2, das Bayer. EStG. Art. 26 Abs. 3, das Hess. EStG. Art. 28 (unter Heranziehung auch des in den Besitz der Erbschaft gelangten Erbschaftskäufers zur Haftung) und das Braunschw. EStG. § 24 Abs. 2 (unter Vorbehalt eines bestimmten Regresses auf Miterben 2c.). Im Sächs. EStG. fehlt die Anordnung einer bezüglichen Haftung. Das Württ. EStG. Art. 9 Abs. 3 und das Bad. EStG. § 28 Abs. 1 lassen den Erben (Baden auch den Erbschaftskäufer) nur für die Versteuerung derjenigen Anfälle haften, die sie vor Entrichtung oder Sicherstellung der Steuer an die Beteiligten ausgeantwortet haben.

§ 32.

Gesetzliche Vertreter sowie Bevollmächtigte der Steuerpflichtigen, Testamentsvollstrecker, Nachlaßpfleger und Verwalter von Familienstiftungen haften persönlich für die Steuer, wenn sie die Erbschaft, einzelne Erbteile, Vermächtnisse, Schenkungen,

Bezüge aus der Familienstiftung usw. vor der Berichtigung oder Sicherstellung der darauf entfallenden Erbschaftssteuer ausantworten und die Betreibung von den Steuerpflichtigen nicht erfolgen kann.

Auf Nachforderungen erstreckt sich diese Haftung nicht.

Die Vorschriften der Abs. 1, 2 finden in den Fällen des § 6 auf diejenigen, in deren Gewahrsam sich das Vermögen des Erblassers befindet, entsprechende Anwendung.

1. Die Haftung für die Erbschaftssteuer nach § 32 trifft nur die im ersten Absatz des Paragraphen speziell aufgeführten Personen, deren Kreis sodann für einen bestimmten Fall durch den dritten Absatz noch erweitert wird. Eine analoge Anwendung und Ausdehnung der Haftung auf andere Personen ist ausgeschlossen; es kann namentlich nicht daran gedacht werden, die Haftung auf einen jeden zu erstrecken, welcher Nachlaßgegenstände irgendwie in Gewahrsam hatte.

2. Gesetzliche Vertreter der Steuerpflichtigen sind diejenigen Personen, welche ohne weiteres durch Gesetz zur Vertretung berufen sind, welche ihre Vertretungsbefugnis auf das Gesetz stützen, so beispielsweise nach § 1630 des BGB. der Vater für ein eheliches Kind, desgleichen die Mutter nach § 1686, der Vormund für den Mündel nach § 1793 des BGB., der Pfleger nach § 1915 des BGB. 2c. In gleicher Weise kommen aber auch hier in Betracht die gesetzlichen Vertreter der Körperschaften des öffentlichen Rechts, der juristischen Personen, der Genossenschaften, Handelsgesellschaften 2c.

3. Bevollmächtigte der Steuerpflichtigen sind diejenigen Personen, welche durch den Willen der Vertretenen mit der Vertretung betraut sind, welche ihre Vertretungsbefugnis auf den Willen der Vertretenen stützen. Bezüglich der Erteilung der Vollmacht ist der § 167 des BGB. maßgebend:

„Die Erteilung der Vollmacht erfolgt durch Erklärung gegenüber „dem zu Bevollmächtigenden oder dem Dritten, dem gegenüber die „Vertretung stattfinden soll.

„Die Erklärung bedarf nicht der Form, welche für das Rechtsgeschäft „bestimmt ist, auf das sich die Vollmacht bezieht."

Die Haftung trifft aber nicht etwa nur den oder die Bevollmächtigten der Gesamtheit der Steuerpflichtigen eines Erbfalls, sondern auch jeden Sonderbevollmächtigten des einzelnen Steuerpflichtigen, sofern er sich als ein wirklicher Vertreter desselben darstellt und nicht nur einen besonderen Auftrag desselben, wenn auch bezüglich der Steuer, zu erfüllen hat. Bei einer Geschäftsführung ohne Auftrag (BGB. § 677) findet die Vorschrift keine Anwendung.

4. Die Haftung als Testamentsvollstrecker bezieht sich auf jeden, der nach den Vorschriften des BGB. (§§ 2197 ff.) gültig als Testamentsvollstrecker bestellt ist. Daß der Testamentsvollstrecker auch tatsächlich mit der Nachlaßverwaltung betraut ist, bildet keine Voraussetzung für das Eintreten der Haftung, wie solches in einzelnen

der früheren Erbschaftssteuergesetze, z. B. dem Bad. EStG. speziell vorgeschrieben war. Andererseits ist aber ein Nachlaßverwalter (§ 1985 des BGB.) lediglich als solcher nicht nach dem Paragraphen verhaftet, sofern er nicht als gesetzlicher Vertreter des Steuerpflichtigen in Frage kommt.

5. Als Nachlaßpfleger haftet nur derjenige, der nach dem bürgerlichen Recht als solcher sich darstellt. Bestimmend ist dafür der § 1960 des BGB.:

„Bis zur Annahme der Erbschaft hat das Nachlaßgericht für die „Sicherung des Nachlasses zu sorgen, soweit ein Bedürfnis besteht. „Das Gleiche gilt, wenn der Erbe unbekannt oder wenn ungewiß „ist, ob er die Erbschaft angenommen hat.

„Das Nachlaßgericht kann insbesondere die Anlegung von Siegeln, „die Hinterlegung von Geld, Wertpapieren und Kostbarkeiten sowie „die Aufnahme eines Nachlaßverzeichnisses anordnen und für denjenigen, welcher Erbe wird, einen Pfleger (Nachlaßpfleger) bestellen.

„Die Vorschrift des § 1958 findet auf den Nachlaßpfleger keine „Anwendung."

6. Wer als Verwalter einer Familienstiftung anzusehen ist, bestimmt sich im einzelnen Fall nach den Satzungen der betreffenden Stiftung, welche wiederum auf Stiftungsurkunde, Stiftungsstatut ꝛc. beruhen können. Haftbar ist stets nur der rechtlich und rechtmäßig zur Verwaltung Berufene, nicht aber ein Geschäftsführer ohne Auftrag. Regelmäßig wird der Vorstand der Familienstiftung zur Verwaltung derselben berufen sein und kommt hierfür in Betracht, daß nach § 86 des BGB. auf Stiftungen die für Vereine getroffene Vorschrift des § 26 Anwendung findet, welche lautet:

„Der Verein muß einen Vorstand haben. Der Vorstand kann aus „mehreren Personen bestehen.

„Der Vorstand vertritt den Verein gerichtlich und außergerichtlich; „er hat die Stellung eines gesetzlichen Vertreters. Der Umfang seiner „Vertretungsmacht kann durch die Satzung mit Wirkung gegen Dritte „beschränkt werden."

7. Die Haftung der in dem Paragraphen bezeichneten Personen ist eine persönliche. Sie erstreckt sich auf das gesamte Privatvermögen der Betreffenden und ist vollständig unabhängig davon, ob sie noch etwas von der Erbschaftsmasse besitzen oder einen Erwerb aus der Erbschaft bezogen haben. Vgl. auch Note 13 zu § 31.

8. Die Haftung nach § 32 ist nur eine bedingte, und zwar insofern bedingt, als sie nur eintritt, wenn die haftpflichtigen Personen die Erbschaft ꝛc. vor der Berichtigung oder Sicherstellung der darauf entfallenden Erbschaftssteuer ausgeantwortet haben. Das Entstehen der Haftung setzt also ein bestimmtes Handeln der betreffenden Personen voraus, welches den steuerlichen Interessen zuwiderläuft und deshalb als pflichtwidrig hingestellt wird. Kommen mehrere Personen gleichzeitig für die Haftung nach § 32 in Frage, so haften sie an und für sich gemäß der Vorschrift des § 840 des BGB. als Gesamtschuldner; für die Haftung des Einzelnen, die eigene wie die als Gesamtschuldner, bildet es aber immer die Voraussetzung, daß bezüglich seiner das besagte Handeln beziehungsweise die rechtliche Verantwortlichkeit

für dasselbe tatsächlich vorliegt. Ist letzteres bezüglich eines der Betreffenden nicht der Fall, so trifft ihn auch die Haftung nicht, weder für sich selbst noch als Gesamtschuldner.

9. Die Haftung ist hier aber auch nur eine subsidiäre, indem sie nur eintritt, wenn die Beitreibung von dem Steuerpflichtigen nicht erfolgen kann. Nach dem Wortlaut des Gesetzes muß es für den Eintritt der Haftung als genügend angesehen werden, daß feststeht, die Beitreibung könne von dem Steuerpflichtigen nicht erfolgen, und es erscheint nicht erforderlich, daß auch tatsächlich die Beitreibung für sämtliche Steuerpflichtige fruchtlos durchgeführt ist. Als Steuerpflichtige sind aber im Sinne des § 32 auch die nach § 31 für die Steuer haftpflichtigen Personen anzusehen und muß auch von diesen die Beitreibung der Steuer nicht erfolgen können, bevor die Haftung nach § 32 eintritt.

10. Die Haftung bezieht sich auch hier lediglich auf die Steuer und nicht etwa auch auf Nebenforderungen wie Strafen ꝛc. vgl. Note 8 zu § 31. Nach dem zweiten Absatz des Paragraphen ist sie speziell für Nachforderungen ausgeschlossen und gilt in dieser Beziehung das in Note 17 zu § 31 Ausgeführte auch hier.

11. Zu dem letzten Absatz des Paragraphen ist in den Motiven folgendes aufgeführt:

„Der Abs. 3 bezweckt die Sicherung der Steuererhebung von dem im Inlande befindlichen Vermögen im Falle des § 6. Hiernach wird beispielsweise ein inländisches Bankgeschäft, bei welchem der ausländische Erblasser Wertpapiere hinterlegt hatte, diese nicht ausfolgen dürfen oder wenigstens einen Betrag in Höhe der möglicherweise darauf entfallenden Steuer zurückhalten müssen, solange nicht das zuständige Erbschaftssteueramt erklärt hat, daß Bedenken gegen die Ausfolgung nicht bestehen."

12. Die Erbschaftssteuergesetze der Einzelstaaten haben, wenn auch formell etwas anders gestaltet, doch materiell im wesentlichen die gleiche Bestimmung, nur ist meist die Haftung keine subsidiäre und für Steuernachforderungen nicht ausgeschlossen, sowie häufiger auch statt des Nachlaßpflegers der Nachlaßverwalter aufgeführt, so im Preuß. EStG. § 30, im Bayer. EStG. Art. 27, im Sächs. EStG. Art. 16, im Württ. EStG. Art. 9 Abs. 3, im Hess. EStG. Art. 29 und im Braunschw. EStG. § 25; das Bad. EStG. § 29 steht dem REStG. am nächsten.

XII. Zuständigkeit für Erhebung und Verwaltung der Erbschaftssteuer.

Vorbemerkungen zu §§ 33—35.

1. Da in der gleichen Weise wie bei den übrigen Reichssteuern die eigentliche Verwaltung auch bei der Erbschaftssteuer den Bundesstaaten überlassen bleibt, so waren hier in großen Zügen nur allgemeine Vorschriften zu treffen, wie sie zur Erzielung der notwendigen Einheitlichkeit und zur Vermeidung von Differenzen zwischen den Verwaltungen der einzelnen Bundesstaaten notwendig erscheinen mußten. Speziell ist im § 33 die Zuständigkeit der einzelnen Bundesstaaten für die Erhebung der Erbschaftssteuer gegeneinander abgegrenzt, im § 34 ist der notwendige Instanzenzug im allgemeinen vorgeschrieben und im § 35 werden endlich die für die Gleichmäßigkeit in der praktischen Durchführung erforderlichen Kontrollen vorgeschrieben.

2. Die Erbschaftssteuergesetze der Einzelstaaten enthalten durchweg, wenn auch meist nur allgemein gehaltene, Vorschriften über die Verwaltung der Steuer, so das Preuß. EStG. im § 31, das Bayer. EStG. im Art. 28, das Sächs. EStG. im Art. 17, das Württ. EStG. im Art. 14, das Bad. EStG. im § 30, das Hess. EStG. im Art. 40 und das Braunschw. EStG. im § 26.

§ 33.

Für die Erhebung der Erbschaftssteuer ist der Bundesstaat zuständig, in welchem der Erblasser zur Zeit seines Todes oder, sofern der Erwerb bei seinen Lebzeiten anfällt, zur Zeit des Anfalls an den Erwerber seinen Wohnsitz gehabt hat. Hatte der Erblasser in mehreren Bundesstaaten einen Wohnsitz, so ist der Staat zuständig, in welchem der Wohnsitz liegt, an dem er sich zuletzt aufgehalten hat.

Soweit die Steuer von einem Grundstücke (§ 7 Abs. 1, 3) zu entrichten ist, ist der Bundesstaat zuständig, in welchem sich das Grundstück befindet.

Hatte der Erblasser keinen Wohnsitz im Inlande, so ist im Falle des § 5 Abs. 1 der Bundesstaat, welchem er angehört hat, in den Fällen des § 6 Abs. 1, 5 der Bundesstaat, in welchem er seinen gewöhnlichen Aufenthalt gehabt hat, für die Erhebung der Steuer zuständig. Im Falle des § 6 Abs. 2 ist für die Zuständigkeit der Wohnsitz oder der Aufenthalt des Erwerbers maßgebend.

Bestehen zwischen mehreren Bundesstaaten Meinungsverschiedenheiten über ihre Zuständigkeit, so bestimmt auf Anrufen eines dieser Bundesstaaten der Bundesrat den für die Erhebung der Steuer zuständigen Staat.

Vergl. BRAusfB. § (12).

1. Zu dem § 33 führen die Motive folgendes aus:

„§ 35 (jetzt § 33) übernimmt den der Mehrzahl der bestehenden deutschen Erbschaftssteuergesetzgebungen eigenen Grundsatz, daß für die Erhebung der Erbschaftssteuer der Bundesstaat zuständig ist, in welchem der Erblasser zur Zeit des Anfalls des steuerpflichtigen Erwerbes seinen Wohnsitz gehabt hat, oder, soweit es sich um Grundstücke oder diesen gleichgestellte Berechtigungen handelt, der Bundesstaat, in welchem der Gegenstand des Erwerbes sich befindet. Hierbei ist unter Wohnsitz der Wohnsitz im Sinne des Bürgerlichen Gesetzbuchs (§ 7 ff.) verstanden. Hatte der Erblasser in mehreren Bundesstaaten einen Wohnsitz, so soll die Entscheidung der Zuständigkeit davon abhängen, an welchem der mehreren Wohnsitze sich der Erblasser zuletzt aufgehalten hat. Der hiernach in Betracht kommende Staat wird also auch dann zuständig sein, wenn der Erblasser zwar in dem anderen Staate aber an einem Orte verstorben ist, der nicht sein Wohnsitz war.

Die durch § 35 Abs. 2 (jetzt § 33 Abs. 2) gegebene Möglichkeit, daß rücksichtlich desselben Erbschaftserwerbes mehrere Bundesstaaten zu ihrem Teile an der Erhebung der Erbschaftssteuer beteiligt sind, soll an der einheitlichen Berechnung der Erbschaftssteuer selbst nichts ändern. Gehört also zu der von einem Beteiligten zu versteuernden Erbmasse ein landwirtschaftliches Grundstück, das in einem anderen als dem für die sonstige Erschaftssteuerregelung zuständigen Bundesstaate liegt, und übersteigt der Wert des Grundstücks erst zusammen mit dem sonstigen Erwerbe den Betrag von 50000 Mk., so ist gleichwohl der sich aus letzterem Betrag nach § 12 Abs. 2 (jetzt § 10 Abs. 2) ergebende Steuersatz bei der Berechnung der Erbschaftssteuer auch in Ansehung dieses Grundstücks in Anwendung zu bringen, und es hat im übrigen die Berechnung in der gleichen Weise, wie dies zu § 17 (jetzt § 15) des Gesetzes erläutert worden ist, zu geschehen.

Die Frage, wo eine Person ihren Wohnsitz hat, oder ob eine Mehrheit von Wohnsitzen vorliegt, ist nach Lage der tatsächlichen Verhältnisse nicht immer leicht zu entscheiden. Soweit sich hieraus oder aus sonstigen Gründen Meinungsverschiedenheiten zwischen mehreren Bundesstaaten über ihre Zuständigkeit ergeben, soll nach Absatz 4 auf Anrufung eines von ihnen der Bundesrat den zur Erhebung der Steuer zuständigen Staat bestimmen. Dagegen hat für den Steuerpflichtigen selbst ein Recht, in dieser Beziehung die Entscheidung des Bundesrats anzurufen, nicht begründet werden sollen.

Für die Ausnahmefälle, in denen eine Steuer zu entrichten ist, ohne daß der Erblasser im Inland einen Wohnsitz hat, wird die Zuständigkeit zur Steuererhebung durch den Abs. 3 geregelt."

2. Bezüglich des Begriffs des Wohnsitzes nach dem BGB. ist das in Note 7 zu § 5 Ausgeführte zu vergleichen, über Aufenthaltsort die Note 8 zum § 5.

§ 34.

Die Verwaltung des Erbschaftssteuerwesens wird durch die von der Landesregierung hierzu bestimmten Steuerstellen (Erbschaftssteuerämter) geführt. Diese unterstehen anderen, gleichfalls von der Landesregierung zu bestimmenden Behörden (Oberbehörden) und letztere der obersten Landesfinanzbehörde.

Vergl. BRAusfB. § 1.

1. Zu dem § 34 führen die Motive folgendes an:

„§ 36 (jetzt § 34) erhält, um den Uebergang in den neuen gesetzlichen Zustand ohne Schwierigkeit sich vollziehen zu lassen, für die Bundesstaaten, welche bereits eine Erbschaftsabgabe besitzen, die bisherige Organisation der zu ihrer Erhebung zuständigen Behörden im wesentlichen aufrecht. Unter den im Entwurfe sogenannten Erbschaftssteuerämtern sind die Behörden erster, unter den Oberbehörden diejenigen zweiter Instanz zu verstehen. Wo solche Behörden noch nicht bestehen, wären sie neu zu errichten oder ihre Geschäfte andern bereits vorhandenen Amtsstellen zu übertragen. Daß den gedachten Behörden die Bezeichnung als „Erbschaftssteueramt" oder „Oberbehörde" beigelegt werde, ist nach dem Entwurfe nicht erforderlich. In dritter Instanz würde in jedem Falle die oberste Landesfinanzbehörde zu entscheiden haben. Im übrigen soll der Landesverwaltung freiestes Ermessen darüber eingeräumt bleiben, in welcher Weise sie die im Gesetze vorgesehenen drei Instanzen ordnen will."

2. Die näheren Vorschriften über die Einzelheiten der behördlichen Organisation für die Erhebung der Erbschaftssteuer sind in den Ausführungsvorschriften der einzelnen Bundesstaaten von diesen selbst zu treffen. Sie haben sich natürlich in dem vom § 34 gegebenen Rahmen zu bewegen.

§ 35.

Die Reichsbevollmächtigten für Zölle und Steuern haben in Ansehung der Verwaltung der Erbschaftssteuer dieselben Rechte und Pflichten, welche ihnen in Ansehung der Zölle und Verbrauchssteuern beigelegt sind.

In denjenigen Staaten, in welchen die Geschäfte der Oberbehörde für die Erbschaftssteuer anderen Behörden als den Zolldirektivbehörden übertragen sind, werden der Umfang und die Art der Tätigkeit der Reichsbevollmächtigten vom Reichskanzler im Einvernehmen mit der beteiligten Bundesregierung geregelt.

Unter Zustimmung des Bundesrats kann der Reichskanzler die Wahrnehmung der Geschäfte der Reichsbevollmächtigten, soweit das Erbschaftssteuerwesen in Betracht kommt, anderen Beamten übertragen.

Vergl. BRAusfB. § (40).

1. Zum § 35 führen die Motive aus:

„An dem Ertrage der nach diesem Gesetze veranlagten Steuer hat gemäß § 2 Abs. 2 des Entwurfs eines Gesetzes, betreffend die Ordnung des Reichshaushalts und die Tilgung der Reichsschuld, das Reich Teil. Aus diesem Grunde und zur Sicherung eines einheitlichen Verfahrens stellt sich, während grundsätzlich die einzelne Bundesregierung für ihr Verwaltungsgebiet die endgültige Entscheidung in Erbschaftssteuerfragen behalten soll, eine gewisse Mitwirkung auch der übrigen Bundesregierungen beziehungsweise des Bundesrats sowie der Reichsverwaltung bei der Ausführung des Gesetzes als notwendig heraus.

Der Entwurf schlägt daher vor (§ 37 Abs. 1 — jetzt § 35 Abs. 1), den Reichsbevollmächtigten für Zölle und Steuern die Befugnis zur Ueberwachung der Einhaltung des gesetzlichen Verfahrens, die ihnen für die Zölle und Verbrauchssteuern gemäß Artikel 36 der Reichsverfassung beigelegt und für die Reichsstempelabgaben auf Grund besonderer Vereinbarungen zwischen den einzelnen Regierungen und dem Reichskanzler eingeräumt ist, auch bezüglich der Erbschaftssteuer zu übertragen.

In denjenigen Fällen, in welchen, wie in dem weitaus größten Teile des Reichs, die Erbschaftssteuerverwaltung in zweiter Instanz den Zoll- und Steuer-Direktivbehörden, denen die Reichsbevollmächtigten beigeordnet sind, zusteht, läßt sich die Maßnahme ohne jede Schwierigkeit, durch Ausdehnung der für die Zölle geltenden Bestimmungen auf die vorliegende Steuer, durchführen. Soweit andere Behörden — z. B., wie dies vereinzelt der Fall, die Bezirksregierungen — damit betraut sind, werden die bezeichneten Bestimmungen entsprechend geändert werden müssen. Dies bleibt jedoch, da hierbei auf die jeweiligen besonderen Verhältnisse Rücksicht genommen werden muß, besser der Ordnung im Verwaltungswege vorbehalten (§ 37 Abs. 2 — jetzt § 35 Abs. 2); für die Regelung der Angelegenheit bieten die in Ansehung der Reichsstempelabgaben hierüber getroffenen Bestimmungen eine geeignete Unterlage.

Der Umstand, daß die derzeitigen Reichsbevollmächtigten in der Hauptsache nur auf dem Gebiete der Zölle und Verbrauchssteuern beschäftigt gewesen sind, könnte es vielleicht zweckmäßig erscheinen lassen, für die Wahrnehmung der hier in Rede stehenden Geschäfte neben den Reichsbevollmächtigten und mit den gleichen Befugnissen wie diese andere Beamte abzuordnen, die mit dem Erbschaftssteuerwesen besonders vertraut sind. Um diese Möglichkeit offen zu halten, ist die Vorschrift des § 37 Abs. 3 (jetzt § 35 Abs. 3) aufgenommen worden. Eine solche Maßnahme würde jedenfalls nur im Einvernehmen mit den Bundesregierungen zu treffen sein; eintretendenfalls würde es sich wohl empfehlen, den bezeichneten Beamten erheblich größere Dienstbezirke zuzuweisen, als den derzeitigen Reichsbevollmächtigten für Zölle und Steuern.

Im Wege der Ausführungsverordnung könnte ferner der Reichsfinanzverwaltung — in weiterer Ausgestaltung einer ähnlichen Vorschrift in Nr. 74 Abs. 2 der Ausführungsbestimmungen zum Reichsstempelgesetze — vielleicht die Befugnis eingeräumt werden, auch ohne besonderen Anlaß die Akten der Landes-Erbschaftssteuerbehörden einzufordern." Vergl. zu letzterem § 40 Abs. 4 der BRAusfB.

XIII. Anmeldung des Erwerbes. § 36.

§ 36.

Jeder, dem ein steuerpflichtiger Erwerb von Todes wegen (§ 1 bis 4) anfällt, ist verpflichtet, ihn binnen einer Frist von drei Monaten oder, wenn er sich bei dem Beginne der Frist im Ausland aufhält, binnen einer Frist von sechs Monaten nach erlangter Kenntnis von dem Anfalle dem zuständigen Erbschaftssteueramte schriftlich anzumelden.

Einer Anmeldung bedarf es nicht, wenn der Erwerb auf einer von einem deutschen Gericht oder einem deutschen Notar eröffneten Verfügung von Todes wegen beruht.

Vergl. BRAusfB. §§ (11) 12 (13) 34.

Zu Absatz 1.

1. Jeder, dem ein steuerpflichtiger Erwerb von Todes wegen anfällt, ist zur Anmeldung desselben verpflichtet. In der gleichen Weise wie nach § 28 die Berechnung der Erbschaftssteuer für jeden Beteiligten besonders vorgenommen werden muß, ist hier auch jedem einzelnen Erwerber die Anmeldepflicht auferlegt. Dieselbe trifft also nicht etwa nur den oder die Erben, sondern ebenmäßig auch die Vermächtnisnehmer, die Pflichtteilsberechtigten und überhaupt jeden Erwerber von Todes wegen. Die dadurch gegebene Zersplitterung und weitere Verzweigung der Anmeldepflicht wird in der praktischen Durchführung vermöge der Vorschrift im § 39 im wesentlichen wieder aufgehoben und entsprechend vereinfacht werden.

2. Nur derjenige, dem ein steuerpflichtiger Erwerb anfällt, ist zur Anmeldung verpflichtet. Ein Erwerb, der wegen einer sachlichen oder persönlichen Befreiung in dem Einzelfall nicht steuerpflichtig ist, braucht nicht angemeldet zu werden. Daß durch den gewählten Wortlaut diese Einschränkung hat getroffen werden sollen, ergibt sich speziell auch aus der Fassung des § 42, nach welchem zur Auskunfterteilung in Erbschaftssachen, für die sachgemäß doch die weitere Grenze zu ziehen ist, jeder, dem ein Erwerb von Todes wegen — also nicht nur ein steuerpflichtiger — anfällt, verpflichtet wird. Daß aber nur derjenige zur Anmeldung verpflichtet sein solle, dem

ein steuerpflichtiger Erwerb von Todes wegen zufällt, ist bei den Kommissionsverhandlungen des Reichstags ausdrücklich auch von dem Vertreter des Reichsschatzamtes anläßlich eines zu § 37 gestellten Antrags hervorgehoben worden, vergl. Drucksachen des Reichstages 11. Legislatur-Periode II. Session 1905/1906 Nr. 360 S. 52. Sofern jemand die Anmeldung unterläßt, weil er den Erwerb irrtümlich für steuerfrei hält, hat er selbstredend die Folgen der unterlassenen Anmeldung entsprechend zu tragen.

3. Der Erwerb, der anfällt, ist anzumelden. Die Anmeldepflicht wird also durch den Anfall begründet; es ist nicht erforderlich, daß auch schon ein tatsächlicher Erwerb stattgefunden, daß die Anfallgegenstände in Besitz genommen ꝛc. Da es sich hier lediglich um eine Anmeldung behufs Genügung der Steuerpflicht handelt, so bestimmt sich der Anfall nach den besonderen Grundsätzen des RESt G. auch da, wo sie von dem bürgerlichen Recht abweichen. Der Nacherbe wird demnach in der gleichen Weise wie der Erwerber eines Vermögens ohne die Nutzung sogleich mit dem Vorerben, der als Nutznießer gilt, anmeldepflichtig und auch sonst sind die Grundsätze der §§ 21 ff. als maßgebend anzuwenden, wozu das zu diesen Paragraphen Ausgeführte zu vergleichen ist.

4. Die Anmeldepflicht entsteht aber nicht mit dem Anfall, sondern erst in dem Augenblick, in welchem der Bedachte Kenntnis von dem Anfall erhält. Eine Rechtsvermutung, daß diese Kenntnis innerhalb einer bestimmten Zeit nach dem Anfall erlangt sein werde, spricht das REStG. nicht aus, obgleich die bisherigen Landesgesetze wie z. B. das Preuß. EStG., das Sächs. EStG., das Bad. EStG. eine derartige Rechtsvermutung enthalten. Um aus einer Versäumnis der Anmeldepflicht Folgen ziehen zu können, wird daher die Steuerbehörde ꝛc. nachweisen müssen, daß und wann der Bedachte Kenntnis von dem Anfall erlangt habe. Die Berechnung der Frist hat nach den §§ 186 ff. des BGB. zu erfolgen, vergl. auch das in Note 10 zu § 18 Ausgeführte.

5. Unter Ausland sind hier die nicht zum Bundesgebiet des Deutschen Reiches gehörigen Länder zu verstehen, vergl. Note 3 zu § 5. Nach dem Ausdruck kann es zweifelhaft bleiben, wohin die deutschen Schutzgebiete zu rechnen sind; man muß sie aber hier dem unbedingten Ausland gleichrechnen, weil der innere Grund für eine längere Fristbewilligung bei ihnen in dem gleichen Maße wie bei letzterem zutrifft.

6. Die Anmeldung hat bei dem zuständigen Erbschaftssteueramt zu geschehen. Für die Bestimmung der Zuständigkeit sind zunächst die §§ 33 und 34 des REStG. mit dem § 12 Abs. 2 der BRAusfB. maßgebend, des weiteren die Ausführungsvorschriften der Einzelstaaten. Die Anmeldung bei einem nicht zuständigen Erbschaftssteueramt kann an sich den Pflichtigen von seiner Verpflichtung nicht befreien, doch wird sie tatsächlich regelmäßig von der unzuständigen Stelle an die zuständige weitergegeben und so zu einer ordnungsmäßigen gemacht werden; vergl. BRAusfB. § 12 Abs. 3.

7. Die Verpflichtung zur Anmeldung liegt demjenigen, dem anfällt, persönlich ob, er hat derselben persönlich nachzukommen.

Sofern er sich dazu eines Bevollmächtigten oder Vertreters bedient, trägt er die volle Verantwortung und wird nicht entlastet, wenn der Bevollmächtigte oder Vertreter auch gegen den Auftrag die Anmeldung mangelhaft ausführt oder sie unterläßt. Für geschäftsunfähige, in der Geschäftsfähigkeit beschränkte und für juristische Personen sind die gesetzlichen Vertreter ohne weiteres verpflichtet.

8. Die Anmeldung, über deren allgemeinen Inhalt der § 12 Abs. 5 und 6 der BRAusfB. nähere Bestimmung trifft, ist schriftlich zu machen. Hierfür ist wiederum der § 126 des BGB. Abs. 1 und 3 maßgebend:

„Ist durch Gesetz schriftliche Form vorgeschrieben, so muß die Urkunde „von dem Aussteller eigenhändig durch Namensunterschrift oder mittelst „gerichtlich oder notariell beglaubigten Handzeichens unterzeichnet „werden.

„Die schriftliche Form wird durch die gerichtliche oder notarielle „Beurkundung ersetzt."

Der schriftlichen Anmeldung gleichzuachten ist es, wenn das zuständige Erbschaftssteueramt über die mündliche Erklärung des Pflichtigen eine Verhandlung zu Protokoll aufnimmt und diese vom Pflichtigen unterschreiben läßt. Vergl. Note 4 zu § 37. Die BRAusfB. haben die Erklärung zu Protokoll der schriftlichen Anmeldung ausdrücklich im § 12 Abs. 1 gleichgestellt.

Zu Absatz 2.

9. Die in Abs. 2 des Paragraphen ausgesprochene Befreiung von der Anmeldepflicht trifft ohne Ausnahme alle diejenigen, denen nach der von einem deutschen Gericht oder einem deutschen Notar eröffneten Verfügung von Todes wegen ein Erwerb anfällt. Nicht befreit wird ein Pflichtteilsberechtigter, welcher der Verfügung entgegen Ansprüche erhebt. „Unter den im § 36 Abs. 2 genannten Gerichten sind auch diejenigen nicht gerichtlichen Behörden zu verstehen, die nach landesgesetzlicher Vorschrift für die dem Nachlaßgericht obliegenden Verpflichtungen zuständig sind (vergl. Art. 147 Abs. 1 des EG. z. BGB.)" (Motive). Der angeführte § 147 Abs. 1 läßt die landesgesetzlichen Vorschriften unberührt bestehen, nach welchen für die dem Vormundschaftsgericht oder dem Nachlaßgericht obliegenden Verrichtungen andere als gerichtliche Behörden zuständig sind.

10. Die Erbschaftssteuergesetze der Einzelstaaten kennen zwar durchweg die Anmeldepflicht, haben sie aber im einzelnen speziell auch bezüglich der gesetzten Fristen mit mannigfachen Unterschieden geregelt, die speziell zu berühren aber kein weiteres Interesse haben dürfte. Die bezüglichen Vorschriften finden sich im Preuß. EStG. § 32, im Bayer. EStG. Art. 30, im Sächs. EStG. Art. 18, im Württ. EStG. Art. 15, im Bad. EStG. § 32, im Hess. EStG. Art. 42 und im Braunschw. EStG. § 27.

XIV. Erbschaftssteuererklärung.

Vorbemerkungen zu §§ 37—43.

1. Die Vorschriften über die Erbschaftssteuererklärung und das an dieselbe sich anschließende Verfahren sind in dem RErbStG. nach Tunlichkeit zu vereinfachen und für die Steuerpflichtigen zu erleichtern gesucht, wenngleich sie sich im allgemeinen an das bestehende Recht wie die übrigen Bestimmungen des Gesetzes anschließen. So ist es als eine im Interesse der Steuerpflichtigen getroffene Erleichterung anzusehen, daß keine allgemeine, stets Platz greifende Pflicht zur Abgabe einer Erbschaftssteuererklärung konstituiert ist (vgl. Note 1 zu § 37), daß ein weiteres Minimum für die Abgabefrist gesetzlich festgelegt ist (vgl. Note 2 zu § 37), daß die eidesstattlichen Versicherungen in Wegfall gekommen sind (vgl. Note 13 zu § 37), daß bei Zweifeln über die Wertangaben zunächst stets ein Einigungsverfahren bezüglich der Bewertung des Erwerbes einzutreten hat (vgl. Note 1 ff. zu § 43) ꝛc. Aus den Ausführungen zu den einzelnen Paragraphen wird dieses noch weiter erhellen.

§ 37.

Auf Verlangen des Erbschaftssteueramts und innerhalb einer von diesem zu bestimmenden Frist hat der zur Anmeldung eines Erwerbes von Todes wegen Verpflichtete dem Amte eine Erbschaftssteuererklärung einzureichen. Die Frist muß mindestens einen Monat betragen. Die Erklärung muß ein vollständiges Verzeichnis der zu der steuerpflichtigen Masse gehörenden Gegenstände unter Angabe ihres Wertes und der in Abzug zu bringenden Verbindlichkeiten oder Lasten sowie eine Darlegung der für die Steuerpflicht in Betracht kommenden Verhältnisse enthalten.

Für die Erklärung kann ein besonderes Muster vorgeschrieben werden.

Die Erbschaftssteuererklärung ist unter der Versicherung zu erstatten, daß die Angaben nach bestem Wissen und Gewissen gemacht sind.

Vergl. BRAusfB. §§ 13, 35.

Zu Absatz 1.

1. Die Einreichung einer Erbschaftssteuererklärung wird von dem RErbStG. nicht ohne weiteres jedem, dem ein steuerpflichtiger Erwerb von Todes wegen anfällt, zur Pflicht gemacht, wie solches z. B. von dem bisherigen Preuß. EStG., dem Hess. EStG. und dem

Braunschw. EStG. geschieht, sondern es wird vielmehr nach dem Vorgang in dem bisherigen Bayer. EStG. und Sächs. EStG. das Verlangen einer Erbschaftssteuererklärung in das Ermessen des Erbschaftssteueramts gestellt. Es ist hierdurch eine nicht unwesentliche Erleichterung für die Steuerpflichtigen bedingt. In welchen Fällen das Erbschaftssteueramt von der Berechtigung zum Einfordern einer Erbschaftssteuererklärung Gebrauch machen will oder Gebrauch machen zu müssen glaubt, unterliegt lediglich seinem freien Urteil. Nach Maßgabe der Anmeldung hat das Erbschaftssteueramt in jedem Falle die einschlagenden Verhältnisse näher zu prüfen; wenn danach zur gründlichen Klärung der Sachlage in steuerlichem Interesse, das hierbei in erster Linie in Frage kommt, die Einreichung einer Erbschaftssteuererklärung notwendig erscheint, so hat das Erbschaftssteueramt eine solche anzuordnen. Die BRAusfB. geben hierfür im § 13 einen näheren Anhalt. Gegen die die Einreichung einer Erbschaftssteuererklärung anordnende Verfügung des Erbschaftssteueramts kann der Betroffene unter Vorbringung besonderer Gründe vorstellig werden oder auch beschwerend im Instanzenwege vorgehen.

2. Die Frist, innerhalb welcher die Erbschaftssteuererklärung einzureichen ist, hat das anordnende Erbschaftssteueramt zu bestimmen. Es wird die Festsetzung je nach den verwickelteren oder einfacheren Verhältnissen des einzelnen Falles für einen längeren oder kürzeren Zeitraum zu treffen haben. Nach ausdrücklicher Gesetzesvorschrift soll die Frist aber mindestens einen Monat betragen; diese Vorschrift ist vom Reichstag eingefügt, weil man nach dem Kommissionsbericht der Ansicht war, „daß eine gesetzliche Mindestfrist für die Deklaration, die nach Bedarf zu erstrecken sei, im Interesse der Steuerpflichtigen eingeführt werden müsse.“ Die Fristfestsetzung ist von dem Erbschaftssteueramt in der Verfügung, mit welcher die Erbschaftssteuererklärung verlangt wird, zu treffen. Auf entsprechendes Ansuchen eine Verlängerung der zunächst von ihm bestimmten Frist eintreten zu lassen, muß das Erbschaftssteueramt nach Lage der Sache und nach allgemeinem Grundsatz als befugt angesehen werden, wenn auch das REStG. eine besondere Vorschrift nach dieser Richtung hin, wie beispielsweise das Bayer. EStG., nicht vorgesehen hat. Die Berechnung der gesetzten Frist erfolgt nach den allgemeinen Grundsätzen, wozu das in Note 10 zu § 18 und in Note 4 zu § 36 Ausgeführte zu vergleichen ist.

3. Verlangt werden kann die Erbschaftssteuererklärung von dem zur Anmeldung eines Erwerbes von Todes wegen Verpflichteten. Da nach § 36 die Anmeldung nur bezüglich eines steuerpflichtigen und nicht auch bezüglich eines steuerfreien Erwerbes gefordert wird (vgl. Note 2 zu § 36), so erscheint das Verlangen einer Erbschaftssteuererklärung nur bezüglich eines steuerpflichtigen Erwerbes zulässig, wie solches auch bei den Kommissionsverhandlungen des Reichstags von dem Vertreter des Reichsschatzamts nach den Ausführungen in der oben bezeichneten Note ausdrücklich herausgehoben ist. Sofern bezüglich der Steuerpflicht Zweifel bestehen, wird die Erbschaftssteuererklärung aber gleicherweise gefordert werden können, um die Zweifel zu heben (vgl. BRAusfB. § 13 Abs. 2).

4. Die Erbschaftssteuererklärung ist mit einem Verzeichnis der steuerpflichtigen Masse rc. beim Erbschaftssteueramte einzureichen; sie ist dementsprechend schriftlich abzugeben. In den Motiven ist aber besonders gesagt: „Der Einreichung der Erbschaftssteuererklärung (§ 39 [jetzt 37] Abs. 1 Satz 1 des Gesetzes) steht die Abgabe dieser Erklärung zu Protokoll des Erbschaftssteueramts gleich." In die Motive ist diese Bemerkung, welche übrigens die BRAusfB. § 13 Abs. 5 zur Bestimmung erhoben haben, wohl lediglich nur deshalb aufgenommen, weil einzelne der bisherigen Landesgesetze z. B. das Bayer. EStG. eine Erklärung zu Protokoll hier ausdrücklich zulassen. Aus der Hervorhebung der Motive zu § 37 kann aber nicht ohne weiteres gefolgert werden, daß das Gesetz für die Anmeldung eine Erklärung zu Protokoll habe ausschließen wollen; nach allgemeinen Grundsätzen ist auch hier eine Erklärung zu Protokoll des Erbschaftssteueramts für zulässig zu erachten; vgl. Note 8 zu § 36.

5. Ebenso wie nach Lage der Sache und ohne daß solches im Gesetz besonders hervorgehoben zu werden brauchte, das Verlangen einer Erbschaftssteuererklärung nur ein zuständiges Erbschaftssteueramt stellen kann, ebenso hat aber auch der Anmeldepflichtige dem bezüglichen Verlangen eines jeden zuständigen Erbschaftssteueramtes Folge zu leisten. Wenn Zweifel über die Zuständigkeit entstanden sind, sei es wegen einer unvollständigen ersten Feststellung der Sachlage, sei es wegen Meinungsverschiedenheiten nach Maßgabe des letzten Absatzes des § 33, und es ist sodann nach voller Klärung der Sachlage bzw. Bestimmung des Bundesrats die Zuständigkeit endgültig festgelegt, so hat der Anmeldepflichtige dem Verlangen des danach zuständigen Erbschaftssteueramtes auf eine Erbschaftssteuererklärung stattzugeben, auch wenn er die bezügliche Anmeldung seines steuerpflichtigen Erwerbes bei einem anderen Erbschaftssteueramte gemacht hatte. Das gleiche ist der Fall, wenn der Anmeldepflichtige seine Anmeldung an ein nicht zuständiges Erbschaftssteueramt gesendet und das letztere die Anmeldung an das zuständige abgegeben hatte. Eine entsprechende Aufklärung über die Zuständigkeit wird in derartigen besonderen Fällen aber dem Anmeldepflichtigen beim Verlangen der Erbschaftssteuererklärung von dem Erbschaftssteueramte gegeben werden müssen; vgl. BRAusfB. § 12 Abs. 3. Eine Erbschaftssteuererklärung zu Protokoll wird nur das zuständige Erbschaftssteueramt entgegenzunehmen haben.

6. Eine Erbschaftssteuererklärung kann von jedem Anmeldepflichtigen, also von jedem, dem ein steuerpflichtiger Erwerb von Todes wegen anfällt, verlangt werden, mithin nicht nur vom Erben, sondern auch vom Vermächtnisnehmer, dem Erwerber aus einer Schenkung von Todes wegen rc., sofern nur das Erbschaftssteueramt solches nach Lage der Sache für geboten erachtet. Es findet hier vollständig dasjenige Anwendung, was bezüglich der Anmeldung oben in Note 1 zu § 36 ausgeführt wurde.

7. Das in die Erbschaftssteuererklärung aufzunehmende oder derselben gesondert beizufügende vollständige Verzeichnis der zu der steuerpflichtigen Masse gehörenden Gegenstände muß im großen und ganzen einer Inventur des bezüglichen Anfalls

entsprechen. Aus der weitergehenden Fassung des Satzes 3 des ersten Absatzes des § 37 läßt sich schon ersehen, daß eine Erbschaftssteuererklärung nach dem Willen des Gesetzes und entsprechend der oben hervorgehobenen allgemeinen Tendenz desselben, wenngleich sie von jedem Anmeldepflichtigen verlangt werden kann (vergleiche die vorstehende Note), doch nur in den weniger durchsichtigen und an sich verwickelteren Fällen, bei denen eine Reihe verschiedener und eventuell verschiedenartiger Umstände zur Berücksichtigung kommt, also namentlich von dem oder den Erben, tatsächlich verlangt werden soll. Das Verzeichnis muß alle die einzelnen Aktiva und Passiva genau mit ihrer Bewertung und den sonst in steuerlicher Beziehung wesentlichen Umständen enthalten, so daß daraufhin die Wertermittelung und die Steuerberechnung von dem Erbschaftssteueramte vorgenommen werden kann. Eine genaue Beschreibung der einzelnen Nachlaßgegenstände erscheint dabei nur soweit erforderlich als danach eine Wertprüfung stattfinden kann. Die weiteren Einzelheiten werden im Wege der Ausführungsverordnung zu regeln sein; das Muster 5 der BRAusfB. bietet für dieselben den nötigen Anhalt.

8. Wenn in das Verzeichnis nach dem Wortlaut des Gesetzes „die zu der steuerpflichtigen Masse gehörenden Gegenstände" aufgenommen werden sollen, so bezieht sich solches regelmäßig bzw. in erster Linie immer doch nur auf die steuerpflichtige Masse des gesamten Anfalls des bezüglichen Anmeldepflichtigen. Sofern jedoch der Anfall durch andere Anfälle bedingt oder irgendwie für die Besteuerung bedeutungsvoll beeinflußt wird, hat sich das Verzeichnis auch auf diese Anfälle in allen ihren bedeutungsvollen Einzelheiten zu erstrecken. So hat speziell der Erbe die Beschwerung seines Anfalls mit Vermächtnissen 2c. in dem Verzeichnis seiner Erbschaftssteuererklärung entsprechend zum Ausdruck zu bringen und gewinnt dadurch der nachfolgende § 39 des Gesetzes wesentlich an Bedeutung.

9. Die Wertangabe in der Erbschaftssteuererklärung hat keine definitiv bestimmende Bedeutung, sondern sie soll nur zu einem Anhalt für das Erbschaftssteueramt dienen, dem die endgültige Wertermittelung ebenso wie die Steuerberechnung obliegt und das darüber auf Grund weiterer freier Prüfung zu entscheiden hat.

10. Die Frage, ob eine Erbschaftssteuererklärung nach den Verhältnissen des einzelnen Falls als genügend zu erachten ist, hat das Erbschaftssteueramt zu entscheiden. Erachtet das Erbschaftssteueramt die Erbschaftssteuererklärung als ungenügend, so kann es das Verlangen nach einer solchen wiederholen; es würde in diesem Fall die erste Einreichung einer Erbschaftssteuererklärung nicht weiter in Betracht kommen, so daß die Strafbestimmung des § 49 von neuem Platz greifen würde. Leidet die Erbschaftssteuererklärung nur an geringeren Mängeln, so wird eine bezügliche Ergänzung derselben zu fordern oder nach Maßgabe des § 42 Abhilfe zu schaffen sein.

11. Irgendwelche sich auf den Anfall oder einzelne Gegenstände desselben beziehende Urkunden, Dokumente 2c. sind an und für sich nach der Vorschrift des Gesetzes der Erbschaftssteuererklärung nicht beizugeben. Es steht aber selbstredend dem Anmeldepflichtigen eine derartige Beifügung frei, sofern er davon eine sichere und zweckmäßige

Klärung der Sache erwartet. Erachtet das Erbschaftssteueramt die Vorlegung der sich auf den Erwerb beziehenden Urkunden für notwendig, so kann es dieselbe nach Maßgabe des § 42 Abs. 2 verlangen.

Zu Absatz 2.

12. Nach dem zweiten Absatz des Paragraphen soll für die Erbschaftssteuererklärung ein besonderes Muster vorgeschrieben werden können. In erster Linie wird es Sache des Bundesrats, dem nach § 62 der Erlaß der Ausführungsbestimmungen zu dem Gesetze zusteht, sein, mit den Ausführungsbestimmungen ein derartiges Muster vorzuschreiben. Sofern aber der Bundesrat von dieser seiner Befugnis keinen Gebrauch macht, werden auch die obersten Landesfinanzbehörden zur Anordnung eines bezüglichen Musters für ihren Bezirk befugt erscheinen, denn einerseits behält das Gesetz das Vorschreiben eines Musters keineswegs den Ausführungsbestimmungen vor, sondern spricht nur allgemein von der Zulässigkeit eines solchen, andererseits ist das Vorschreiben eines Musters eine reine und dabei doch mehr oder weniger untergeordnete Verwaltungsmaßregel, zu welcher an und für sich auch die obersten Landesfinanzbehörden berechtigt sein dürften. Diese Frage ist aber zurzeit ohne praktische Bedeutung, da der Bundesrat in seinen Ausführungsbestimmungen § 13 Abs. 3 selbst ein Muster vorgeschrieben hat.

Zu Absatz 3.

13. Der dritte Absatz des Paragraphen ist von dem Reichstag auf den Vorschlag von dessen Kommission dem Gesetze eingefügt. Der Kommissionsbericht (Drucksachen des Reichstags, 11. Legislaturperiode, II. Session 1905/1906, Nr. 360, S. 26) sagt dazu, man halte „auf Grund der bisherigen praktischen Erfahrungen dafür, daß von dem Verlangen einer eidesstattlichen Versicherung abgesehen werden könne, die §§ 46 und 55 demnach zu streichen seien, wenn man im Anschlusse an das Preußische Einkommensteuergesetz (§ 24) allgemein eine Versicherung nach bestem Wissen und Gewissen für die Deklarationen vorschreibe". Der § 46 des Regierungsentwurfs berechtigte in Uebereinstimmung mit der Mehrheit der bisherigen Landesgesetze (vergl. die folgende Note 14) das Erbschaftssteueramt, denjenigen, welchen ein Erwerb von Todes wegen anfällt eine Versicherung an Eidesstatt über die Richtigkeit und Vollständigkeit der eingereichten Erbschaftssteuererklärung oder einzelner Teile der Erklärung und der geforderten weiteren Angaben abzunehmen, und zwar konnte diese eidesstattliche Versicherung vor dem Erbschaftssteueramt selbst oder vor einer ersuchten Behörde — für die Amtsgerichte war die Verpflichtung dazu besonders ausgesprochen — abgegeben werden. Der § 56 enthielt dann eine Strafbestimmung für denjenigen, welcher der Verpflichtung zur Abgabe der eidesstattlichen Versicherung innerhalb der ihm bestimmten Frist nicht genügt. Beide Paragraphen des Entwurfs sind nach Einfügung des Abs. 3 des § 37, mit welcher wie mit der weiteren Folge sich der Vertreter der Reichsregierung von vornherein einverstanden erklärte, aus dem Gesetz fortgelassen.

14. Von den Erbschaftssteuergesetzen der Einzelstaaten kennen das Württ. EStG. und das Bad. EStG. die Erbschaftssteuererklärung überhaupt nicht, sie schließen sich vielmehr an die vom Nachlaßgericht vorzunehmende amtliche Inventarisation des Nachlasses an, beziehungsweise ordnen eine solche in weiterem Maße an, Württ. EStG. Art. 16 und 18, Bad. EStG. §§ 35—37. Die übrigen Erbschaftssteuergesetze, deren Abweichungen im einzelnen schon oben an den betreffenden Stellen berührt wurden, regeln die Erbschaftssteuererklärung an folgenden Orten: Preuß. EStG. § 35, Bayer. EStG. Art. 32, Sächs. EStG. Art. 20, Hess. EStG. Art. 44, Braunschw. EStG. § 30. Die Vorschrift über die Berechtigung, eidesstattliche Versicherungen zu verlangen, beziehungsweise über die Bestrafung bei Nichtabgabe einer verlangten bezüglichen Versicherung haben das Preuß. EStG. im § 39 beziehungsweise im § 45, das Bayer. EStG. im Art. 34 beziehungsweise im Art. 42, das Sächs. EStG im Art. 22 beziehungsweise Art 29, das Bad. EStG. (für das Nachlaßgericht) im § 39 beziehungsweise § 58, das Hess. EStG. im Art. 47 beziehungsweise Art. 56 und das Braunschw. EStG. im § 34 beziehungsweise § 40.

§ 38.

Die in den §§ 36, 37 bezeichneten Verpflichtungen gelten auch für Testamentsvollstrecker, Nachlaßpfleger und gesetzliche Vertreter der Erwerber in Ansehung der ihrer Verwaltung unterliegenden Gegenstände. Die im § 36 bezeichneten Fristen beginnen für diese Personen nicht vor der Uebernahme der Verwaltung.

Vergl. BRAusfB. §§ (11) 12, 13 Abs. 3.

1. Der § 38 korrespondiert in gewisser Beziehung mit dem § 32 des REStG. Wie im letzteren bestimmten Persönlichkeiten neben dem Erwerber eine Haftung für die Erbschaftssteuer, wenn auch in beschränkterer Weise, auferlegt wird, so verpflichtet der § 38 einen hier allerdings enger gezogenen Kreis von Personen neben demjenigen, dem ein steuerpflichtiger Erwerb von Todes wegen anfällt, zur Anmeldung und zur Erbschaftssteuererklärung, aber auch nur mit einer bestimmten Beschränkung.

2. Eine Verpflichtung zur Anmeldung und zur Erbschaftssteuererklärung wird nach § 38 nur für den Testamentsvollstrecker, für den Nachlaßpfleger und für die gesetzlichen Vertreter der Erwerber begründet. Eine analoge Ausdehnung der Gesetzesvorschrift auf andere ähnlich stehende Personen ist nicht zulässig, vergl. auch Note 1 zu § 32. Bezüglich des Testamentsvollstreckers ist zu vergleichen Note 4 zu § 32, bezüglich des Nachlaßpflegers Note 5 zu § 32, bezüglich der gesetzlichen Vertreter Note 2 zu § 32.

3. Die betreffende Verpflichtung ist im § 38 nur in Ansehung der der Verwaltung der fraglichen Persönlichkeiten unterliegenden Gegenstände gegeben. Diese Beschränkung ist als durchaus sachgemäß zu erachten, denn nur hinsichtlich der berührten Gegenstände liegt eine unmittelbare Beziehung der betreffenden Persönlichkeiten zu dem Erbfall vor und ist es für die Persönlichkeiten ohne weiteres möglich, der Verpflichtung zur Anmeldepflicht und zur Erbschaftssteuererklärung nachzukommen. In gleicher Weise liegt es in der Natur der Sache, daß die bezüglich der Anmeldung im § 36 gesetzten Fristen für die nach § 38 verpflichteten Personen nicht vor der Uebernahme der Verwaltung beginnen können, wie es der zweite Satz des Paragraphen noch ausdrücklich hervorhebt.

4. Im übrigen gelten aber alle die Einzelvorschriften, welche im § 36 für die Anmeldung und im § 37 für die Erbschaftssteuererklärung getroffen sind, auch für die hier verpflichteten Personen und finden danach die bezüglichen Ausführungen in den Noten zu diesen Paragraphen entsprechend Anwendung.

5. Die Erbschaftssteuergesetze der Einzelstaaten weichen, wie oben schon nach großen Zügen in ausreichender Weise erwähnt, gerade auch bezüglich der hier in Frage stehenden Vorschrift nach mannigfacher Richtung von dem REStG. ab. Die etwa korrespondierende Bestimmung findet sich im Preuß. EStG. im § 37 unter Ziffer 1, im Bayer. EStG. im Artikel 32, Abs. 2 und im Artikel 35, im Sächs. EStG. im Artikel 20 Abs. 2 und 3, im Württ. EStG. im Artikel 15 Abs. 3 und 6, im Bad. EStG. im § 32 Abs. 2, im Hess. EStG. im Artikel 42 Abs. 1 und im Artikel 45 Abs. 1 unter a und Abs. 2, im Braunschw. EStG. im § 32 Abs. 1 unter Ziffer 1 und Absatz 2.

§ 39.

Sind mehrere Personen zur Erstattung der Anmeldung verpflichtet, so kommt die von einem Verpflichteten bewirkte Anmeldung auch den übrigen zustatten, sofern der diesen angefallene Erwerb daraus erkennbar ist.

Vergl. BRAusfB. §§ (11) 12.

1. Die Bestimmung des § 39 soll Platz greifen, wenn „mehrere Personen zur Erstattung der Anmeldung verpflichtet“ sind. Eine Berücksichtigung lediglich des Wortlauts der Gesetzesvorschrift kann, vielleicht sogar in erster Linie, zu der Auslegung führen, daß die Verpflichtung der mehreren Personen bezüglich ein und derselben Anmeldung, also auch ein und desselben Erwerbes, vorliegen müsse. Es würde sodann die Bestimmung wesentlich nur in Frage kommen, wenn die nach § 36 verpflichteten Personen mit den nach § 38 verpflichteten zusammentreffen, also in einer verhältnismäßig so untergeordneten Weise, daß dafür der Erlaß einer besonderen Vorschrift kaum gerechtfertigt erscheinen dürfte. Da aber ihrem inneren Zweck nach die Vorschrift in der gleichen Weise wie die im Abs. 2 des § 36 zu einer Erleichterung der Anmeldepflicht im ganzen und zu einer Beschränkung der Zahl der Anmeldungen dienen soll, so wird man die obigen Worte in einem weiteren Sinne dahin aus-

zulegen haben, daß es sich dabei nur um mehrere zu einer Anmeldung verpflichtete Personen aus ein und demselben Erbfall — also nicht Anfall oder Erwerb — handeln solle. Diese Auslegung ist nach dem Wortlaut des Schlusses des Paragraphen als durchaus zulässig zu erachten. Sie entspricht zudem im wesentlichen auch dem derzeitigen bezüglichen Stand der Erbschaftssteuergesetzgebung in den Einzelstaaten, einen Stand, den zu ungunsten der Steuerpflichtigen zu verschärfen das RESt G. keineswegs eine Tendenz zeigt. Nur bei dieser Auslegung gewinnt die Bestimmung selbst eine Bedeutung, wie sie für deren Erlaß überhaupt als notwendig bezeichnet werden müßte. Vergl. auch § 13 Abs. 3 der BRAusfB.

2. Nach den Ausführungen in voriger Note findet die Vorschrift des § 39 also Anwendung, wenn ein aus einem Erbfall Anmeldepflichtiger die Anmeldung auch für die übrigen aus dem fraglichen Erbfall Pflichtigen — sämtlich oder zum Teil — macht. In der Praxis wird es sich dabei namentlich um den Fall handeln, wenn ein Erbe, der ja die Beschwerungen seines Erwerbes so wie so aufzuführen hat, gleichzeitig die Anmeldungen bezüglich der ganzen Erbschaft, also auch für die Vermächtnisnehmer 2c., macht. Die Pflicht des eigentlich Anmeldepflichtigen als solche wird durch die Bestimmung des § 39 zunächst nicht berührt; speziell wird sie nicht eingeschränkt oder vermindert. Macht beispielsweise der Dritte die Anmeldung für den Pflichtigen nicht rechtzeitig, so treffen die Folgen lediglich den Pflichtigen, welcher ebenmäßig auch bei einer unvollständigen Anmeldung zur Ergänzung herangezogen werden kann. Nimmt der Anmeldepflichtige — und zwar nach Lage der Sache auch mit voller Berechtigung — an, ein anderer aus dem Erbfall gleichfalls Pflichtiger, etwa der Erbe, werde für ihn die Anmeldung machen, letzterer versäumt solches aber, so ist der eigentlich Anmeldepflichtige allein für diese Versäumnis dem Erbschaftssteueramt gegenüber verantwortlich. Eine Rechtswirkung auf die Verpflichtung des eigentlich Anmeldepflichtigen wird nur ausgeübt, wenn die Anmeldung von dem Dritten sachgemäß und rechtzeitig erstattet wird; in diesem Falle wird der eigentlich Anmeldepflichtige von seiner Verpflichtung, weil derselben Genüge geleistet ist, befreit.

3. Zu beachten ist ferner, daß für denjenigen, welcher die Anmeldung an Stelle des eigentlich Anmeldepflichtigen erstattet, irgend eine Pflicht nicht besteht und auch durch die Bestimmung des § 39 nicht hat begründet werden sollen; demselben ist lediglich die Befugnis, für einen Andern mit entsprechender Rechtswirkung anzumelden, eingeräumt worden. Daraus folgt wiederum, daß der ohne Verpflichtung Anmeldende aus seiner Anmeldung für einen Dritten nicht verantwortlich, und zwar auch nicht etwa nur subsidiär verantwortlich werden kann, natürlich sofern nicht die Anmeldung ein besonderes, an sich durch dieselbe nicht gegebenes Verschulden in sich schließt. Speziell wird derselbe wegen nicht rechtzeitiger Anmeldung für den Dritten niemals strafbar werden.

4. Die Anmeldung, welche ein Nichtpflichtiger für den Pflichtigen erstattet, muß vollständig sein und den allgemeinen Anforderungen entsprechen; es findet hier das zu § 36 Aus-

geführte in entsprechender Weise Anwendung. Irgendwelche besondere Anforderungen speziell hinsichtlich der Form sind bezüglich der Anmeldung für einen Dritten nicht zu stellen; nach dem Gesetz genügt es, daß der dem Dritten angefallene Erwerb aus der Anmeldung erkennbar ist. Danach erscheint eine vollständige Verbindung der eigenen Anmeldung mit der für den Dritten unbedingt zulässig, wenn daraus der Erwerb des Dritten nur entsprechend zu erkennen ist.

5. Die Erbschaftssteuergesetze der Einzelstaaten haben fast durchweg, wenn auch meist in etwas anderer Fassung, eine gleiche Bestimmung wie das REStG., so das Preuß. EStG. im § 33, das Bayer. EStG. im Artikel 30 Abs. 2, das Sächs. EStG. im Artikel 19, das Bad. EStG. im § 34, das Hess. EStG. im Artikel 42 Abs. 5 und das Braunschw. EStG. im § 28; das Württ. EStG. enthält hier in seinem Artikel 16 Abs. 1 eine mehr abweichende Regelung.

§ 40.

Den Erbschaftssteuerämtern sind seitens der nachbenannten Behörden und Beamten die folgenden Mitteilungen zu machen:

1. seitens der Standesämter
   von den eingetretenen Sterbefällen,
2. seitens der Gerichte
   von den ergangenen Todeserklärungen,
3. seitens der Gerichte und Notare
   von den von ihnen beurkundeten Schenkungen und den von ihnen eröffneten Verfügungen von Todes wegen,
4. seitens der Gerichte und Verwaltungsbehörden
   von den zu ihrer Kenntnis gelangenden Zuwiderhandlungen gegen die Vorschriften dieses Gesetzes.

Vergl. BRAusfB. §§ 2, 3, 4, (6) (7) (8) 31.

1. Der § 40 regelt die Mitwirkung, welche den Erbschaftssteuerämtern bei der Erhebung der Erbschaftssteuer von den sonst nicht mit dieser Erhebung betrauten anderen Behörden zuteil werden muß, um eine allgemeine ausnahmslose Durchführung der Steuererhebung zu ermöglichen. Als solche zur Mitwirkung berufene Behörden kommen namentlich die Standesbeamten und die Gerichte in Frage. Mit Rücksicht darauf, daß die Anordnung der Mitwirkung der in Betracht kommenden Behörden immerhin in das allgemeine Verwaltungsrecht und die bestehende Verwaltungsordnung der einzelnen Bundesstaaten eingreifen mußte, war es notwendig, die Verpflichtung der fraglichen Behörden zur Mitwirkung im Gesetz selbst festzulegen, während bislang die bezügliche Mitwirkung vielfach nur in den Ausführungsvorschriften anzuordnen stand und tatsächlich angeordnet worden ist. Auf Grund der gesetzlich normierten Mitwirkungs=

pflicht erscheint der Bundesrat zweifellos befugt, die näheren Anordnungen hierfür in den Ausführungsvorschriften zu treffen. Wenn aber in dem § 40 festgelegt ist, daß bestimmte Behörden den Erbschaftssteuerämtern bestimmte Mitteilungen zu machen haben, so hat dieses keineswegs die Bedeutung, daß die Erbschaftssteuerämter weitere Mitteilungen oder Mitteilungen von anderen Behörden nicht verlangen könnten. In einem derartigen beschränkenden Sinne darf die fragliche Gesetzesvorschrift nicht aufgefaßt werden; den Erbschaftssteuerämtern muß vielmehr neben derselben uneingeengt die Befugnis, andere Behörden requisitionsweise in Anspruch zu nehmen, zuerkannt werden, soweit eine derartige Inanspruchnahme zur Erledigung der Erbschaftsbesteuerung erforderlich wird; die in Anspruch genommenen Behörden werden dem nach Maßgabe der allgemeinen Aushilfs- und Interessenunterstützungspflicht der öffentlichen Organe Folge zu geben haben; vergl. auch BRAusfB. § 5.

2. Wesentlich muß es zunächst erscheinen, daß die Erbschaftssteuerämter von jedem Sterbefalle Kenntnis erhalten, um danach zu prüfen, ob ein steuerpflichtiger Anfall begründet ist oder nicht. Diese Kenntnis ist aber sachgemäß nur durch die mit der amtlichen Verlautbarung der Sterbefälle betrauten Standesbeamten zu erlangen und folgeweise sind diese zu der Mitteilung der eingetretenen Sterbefälle verpflichtet worden. Wie diese Mitteilungen im einzelnen zu machen sind, bestimmen die BRAusfB. im § 2 unter Beigabe eines besonderen Formulars für eine Totenliste. Für die Erbschaftssteuerämter muß es von Interesse sein, und gleichzeitig auch zur Vereinfachung des ganzen Verfahrens dienen, wenn die zu gebenden Mitteilungen von vornherein in einzelnen Beziehungen über dasjenige, was von den Standesbeamten in dem Sterberegister zu verlautbaren ist, hinausgehen; demgemäß enthalten die Totenlisten auch einige Fragen, die nicht ohne weiteres aus dem Sterberegister zu beantworten sind. Da es aber nicht angängig erscheint, den Standesbeamten mit einer außerhalb seiner eigentlichen Dienstverrichtungen liegenden Tätigkeit zu belasten, so ist er zur Beantwortung der letzteren Fragen nur verpflichtet, soweit er es aus eigenem Wissen oder infolge Befragung des den Sterbefall Anmeldenden vermag; weitere besondere Ermittelungen anzustellen hat er nicht nötig, doch steht natürlich nichts entgegen, wenn er sich dem freiwillig im Interesse der Sache unterzieht.

3. In der gleichen Weise wie die Sterbefälle können aber auch die Todeserklärungen die Möglichkeit zu einem steuerpflichtigen Anfall bieten; es sind deshalb auch die Gerichte verpflichtet, von den ergangenen Todeserklärungen den Erbschaftssteuerämtern Mitteilung zu machen. Verpflichtet zu den Mitteilungen sind diejenigen Gerichte, welche die Todeserklärung ausgesprochen haben. Zu machen sind die Mitteilungen dem zuständigen Erbschaftssteueramt und zwar sofort nach Erlaß des bezüglichen Urteils. Die BRAusfB. geben in ihrem § 3 näheres.

4. Von besonderer Bedeutung für die Erbschaftssteuerämter sind weiter die Eröffnungen von Verfügungen von Todes wegen und die Beurkundungen der Schenkungen, daher

die Anordnung, daß Gerichte und Notare über die von ihnen beurkundeten Schenkungen und die von ihnen eröffneten Verfügungen von Todes wegen Mitteilung zu machen haben. Die Mitteilung geschieht durch Uebersendung von Abschriften der eröffneten Verfügungen von Todes wegen und der beurkundeten Schenkungen, welche gleicherweise alsbald nach Eröffnung beziehungsweise Beurkundung zu erfolgen hat. In den BRAusfB., welche das Nähere hierüber in den §§ 4 und 31 bestimmen, ist die Verpflichtung der Gerichte und Notare auch auf die Mitteilung derjenigen für die Erbschaftssteuer erheblichen Umstände ausgedehnt, welche ihnen bei Gelegenheit der Eröffnung einer Verfügung von Todes wegen bekannt werden; auch ist ihnen auferlegt, sofern der Urkundeninhalt einer Schenkung das Verwandtschaftsverhältnis zwischen dem Schenker und dem Beschenkten, sowie den Wert der Schenkung nicht ergibt, solches durch Befragen der Schenker festzustellen und deren Angaben dem Erbschaftssteueramt zugehen zu lassen.

5. Endlich sind die Gerichte sowie die Verwaltungsbehörden noch ausdrücklich verpflichtet worden, von den zu ihrer Kenntnis gelangenden Zuwiderhandlungen gegen die Vorschriften des Erbschaftssteuergesetzes den Erbschaftssteuerämtern Nachricht zu geben, welche daraufhin das weitere behufs Bestrafung 2c. zu veranlassen haben. Nach Lage der Sache wird man den Begriff der Verwaltungsbehörde hier in weitem Sinne zu fassen und darunter nicht nur die staatlichen Verwaltungsbehörden, sondern in gleicher Weise auch alle kommunalen Verwaltungsbehörden zu verstehen haben. Eine ähnliche Vorschrift über eine weitergehende Anzeigepflicht von Zuwiderhandlungen findet sich übrigens auch in anderen Gesetzen, so speziell in dem Reichsstempelgesetz, neue Fassung vom 14. Juni 1900 § 50 (Reichsgesetzblatt 1900, S. 287).

6. Die Erbschaftssteuergesetze der Bundesstaaten weichen in der fraglichen Beziehung sowohl von dem RESt G., wie unter sich in stärkerem Maße ab, und zwar ebenso in materieller wie in formeller Beziehung. Dem RESt G. am nächsten steht das Hess. ESt G. mit der weitergehenden Ordnung der Mitteilungspflicht in seinem Artikel 41; das Preuß. ESt G. § 31 und übereinstimmend damit das Braunschw. ESt G. § 26 sprechen allgemein eine Verpflichtung der Standesbeamten und Gerichte, die materiell den Vorschriften unter 1, 2 und 3 des § 40 des RESt G. gleichkommt, aus; das Bayer. ESt G. verpflichtet im Artikel 29 Abs. 1 an Stelle der Standesbeamten die Gemeinden zur Anzeige der Todesfälle, enthält sodann aber in dem Absatz 2 des Artikel 29 und im Artikel 31 etwa mit den Ziffern 2 und 3 des § 40 des RESt G. übereinstimmende Vorschriften; das Württ. ESt G. und das Bad. ESt G. haben infolge des engeren Anschlusses der Besteuerung an die gerichtliche Nachlaßinventarisation bezügliche Vorschriften nicht ausdrücklich verlautbart, doch enthält die Vollzugsverordnung zum Bad. ESt G. in den §§ 25 ff. ähnliche Vorschriften wegen Mitteilung an das Nachlaßgericht (Notar); das Sächs. ESt G. gibt nur im Art. 17 Abs. 2 eine zum Teil dem § 40 des RESt G. entsprechende Vorschrift, wie sie mit der für das Königreich Sachsen angeordneten Erhebung der

Erbschaftssteuer durch die Gerichte im Einklang steht, im übrigen kommt die Geschäftsordnung für die Königl. Sächsischen Justizbehörden in Frage; vergl. Wahl, Sächs. EStG. Note 2 zu Artikel 17.

§ 41.

Die Gerichte und die Notare haben den Erbschaftssteuerämtern auf Verlangen die Einsicht in die den Nachlaß betreffenden Verhandlungen zu gestatten.

1. Nach seinem Wortlaut legt der § 41 den Gerichten und Notaren nur eine Verpflichtung bezüglich der den Nachlaß betreffenden Verhandlungen auf. Da aber nach § 56 Abs. 1 des Gesetzes die Vorschriften über die Erbschaftssteuer auch auf die Erhebung und Verwaltung der Schenkungssteuer, soweit nicht ein anderes bestimmt ist, Anwendung finden sollen, so wird man mangels einer bezüglichen Ausnahmebestimmung anzunehmen haben, daß die Verpflichtung auch darauf geht, die Einsicht in die eine Schenkung betreffenden Verhandlungen zu gestatten, wenngleich hierfür auch vielleicht seltener ein Bedürfnis gegeben sein sollte. Für eine gegenteilige Ansicht würde allerdings geltend gemacht werden können, daß in dem vorhergehenden § 40 unter Ziff. 3 der Schenkungen besonders Erwähnung geschehen, was hier im § 41 aber unterblieben sei; dem glauben wir auf eine solche Tragweite nicht beilegen zu dürfen, daß dadurch die an sich gegebene Erweiterung der Verpflichtung hätte ausgeschlossen werden sollen.

2. Von den hier regelmäßig berührten Erbschaftssteuergesetzen der Einzelstaaten haben nur das Bayer. EStG. Art. 31 und das Hess. EStG. Art. 41 Abs. 2 und zwar ersteres in engeren, letzteres in weiteren Grenzen die bezügliche Verpflichtung ausdrücklich hervorgehoben, während man bei den übrigen Erbschaftssteuergesetzen zum Teil ein Bestehen der gleichen Verpflichtung aus allgemeinen Vorschriften als gegeben annehmen kann.

§ 42.

Jeder, dem ein Erwerb von Todes wegen anfällt, ist zur Erteilung der von dem Erbschaftssteueramte geforderten Auskunft über die den Erwerb betreffenden tatsächlichen Verhältnisse insoweit verpflichtet, als diese für die Festsetzung der Steuer von dem an ihn selbst oder an andere Beteiligte gelangenden Erwerb erheblich sind. Diese Vorschrift findet auf die im § 38 bezeichneten Personen entsprechende Anwendung.

Auf Verlangen müssen dem Erbschaftssteueramte die sich auf den Erwerb beziehenden Urkunden zur Einsicht vorgelegt werden.

Das Erbschaftssteueramt entscheidet nach freier Ueberzeugung darüber, ob die von dem Steuerpflichtigen behaupteten Schulden sowie die von ihm behaupteten Umstände, auf Grund deren Abzüge von der Masse gemacht oder Teile aus der Masse ausgeschieden werden sollen, vorhanden sind.

Zur Befolgung seiner Anordnungen kann das Erbschaftssteueramt die Verpflichteten durch Ordnungsstrafen anhalten, auch kann das Amt die zur Erledigung der Anordnungen erforderlichen Maßregeln auf Kosten der Säumigen treffen. Die einzelne Ordnungsstrafe darf den Betrag von dreihundert Mark nicht übersteigen.

Vergl. BRAusfB. §§ (11) (37).

Zu Absatz 1.

1. Eine Auskunft nach Maßgabe des § 42 zu erteilen ist jeder, dem ein Erwerb von Todes wegen anfällt, verpflichtet. Die Verpflichtung trifft danach einerseits jeden Erwerber ohne Rücksicht auf den Rechtsgrund des Erwerbes, also nicht etwa nur den Erben, sondern in der gleichen Weise auch den Vermächtnisnehmer, Pflichtteilsberechtigten rc.; in dieser Beziehung findet auch das in Note 1 zu § 36 Ausgeführte Anwendung. Andererseits ist aber die Verpflichtung hier nicht wie bei der Anmeldung (vergl. Note 2 zu § 36) oder wie bei der Erbschaftssteuererklärung (vergl. Note 3 zu § 37) auf den steuerpflichtigen Erwerb beschränkt; sie bezieht sich vielmehr in dieser Beziehung auf jeden Erwerb, auf den steuerpflichtigen sowohl wie auf den steuerfreien. Daß auch der steuerfreie Erwerb hier einbezogen ist, hat seinen guten praktischen Grund, denn es kann für das Erbschaftssteueramt sehr wohl das Bedürfnis entstehen, auch einen steuerfreien Erwerber bezüglich seines Anfalls um Auskunft anzugehen, sei es, daß noch ein Zweifel besteht, ob die Steuerfreiheit als solche anzuerkennen, sei es, daß über steuerpflichtige Belastungen nähere Angaben notwendig erscheinen.

2. Die Auskunft ist nur auf Anfordern des Erbschaftssteueramtes zu erteilen. Das Verhältnis ist hier also ein ähnliches wie bei der Erbschaftssteuererklärung und greift im allgemeinen auch das in Note 1 zu § 37 Ausgeführte Platz. Anfordern kann berechtigt nur das zuständige Erbschaftssteueramt; es ist in dieser Beziehung auf die Ausführungen in Note 5 zu § 37 zu verweisen.

3. Dem Erbschaftssteueramt ist die Befugnis der Auskunftsforderung zu einem doppelten Zweck beigelegt. Es kann einmal dadurch die Anmeldung ergänzen und infolgedessen die Erbschaftssteuererklärung unnötig machen; es kann sodann aber auch ferner die Erbschaftssteuererklärung selbst entsprechend vervollständigen und dadurch eventuell die sonst notwendige Abgabe einer neuen Erbschaftssteuererklärung vermeiden. Wann, wie und in welchem Umfange das Erbschaftssteueramt von der ihm beigelegten Befugnis Gebrauch machen will, hat es nach freiem Ermessen zu entscheiden, soweit nicht durch die

Vorschrift selbst Beschränkung (vergl. die nachstehenden Noten 4—6) getroffen ist; im großen und ganzen treffen auch hier die bezüglichen Ausführungen in Note 1 zu § 37 zu.

4. Eine Auskunft kann nur bezüglich desjenigen Erwerbes gefordert werden, der dem Befragten selbst anfällt, wie der Wortlaut der Vorschrift zweifellos ergibt. Von einem an einem ausgedehnteren Erbfall Beteiligten kann demnach nicht eine Auskunft über alle Einzelheiten des Erbfalls verlangt werden, sondern lediglich über diejenigen, welche seinen Erwerb betreffen. Letzteres ist dann jedoch nach Lage der Sache in einem weiteren Sinne aufzufassen, so daß die Auskunftspflicht nicht etwa nur auf den eigentlichen Erwerb, die durch denselben herbeigeführte Bereicherung, sondern auch auf alle diesen Erwerb irgendwie beeinflussenden Umstände in vollem Umfang auszudehnen ist, sich also auch auf die Belastung des Erwerbes mit Vermächtnissen, mit Auflagen rc. erstreckt und in dieser Weise auch fremden Erwerb berühren kann. Gerade in letzterer Richtung kann die Auskunftsforderung möglichenfalls einen besonderen Wert für das Erbschaftssteueramt zur Ergänzung und Nachprüfung der Anmeldung des anderen Erwerbers haben.

5. Eine Auskunft darf nur über die tatsächlichen Verhältnisse, welche den Erwerb betreffen, von dem Erwerber verlangt werden. Nur auf die Angabe von Tatsachen erstreckt sich danach die Verpflichtung zur Auskunft. Die wesentlichste Folge hiervon ist, daß Wertangaben bezüglich seines Erwerbes von dem Erwerber nicht gefordert werden dürfen, wohl aber die Angaben über alle diejenigen tatsächlichen Unterlagen, auf Grund deren der Wert abgemessen werden kann. Nach dieser Richtung hin ist also die Auskunftspflicht enger begrenzt als die Erbschaftssteuererklärung, welcher die Wertangabe nach ausdrücklicher Gesetzesvorschrift beizufügen ist.

6. Auch bezüglich der tatsächlichen Verhältnisse braucht aber eine Auskunft nur insoweit erteilt zu werden, als sie für die Festsetzung der Steuer von dem an den Befragten oder an andere Beteiligte gelangenden Erwerb erheblich sind; die Auskunftspflicht besteht also nur bezüglich des für die Steuerfestsetzung Erheblichen. Die Entscheidung darüber, was für die Festsetzung der Steuer als erheblich anzusehen ist, steht wiederum dem Erbschaftssteueramte zu. Daß besonders im Gesetz gesagt ist, auch über Verhältnisse, welche für die Steuerfestsetzung von dem an andere Beteiligte gelangenden Erwerbe erheblich sind, könne Auskunft gefordert werden, bestätigt wiederum dasjenige, was oben am Schluß der Note 4 ausgeführt ist.

7. Nach der ausdrücklichen Vorschrift im letzten Satz des Abs. 1 soll die Auskunftspflicht auch die im § 38 bezeichneten Personen, also den Testamentsvollstrecker, den Nachlaßpfleger und den gesetzlichen Vertreter des Erwerbers, in entsprechender Weise treffen. Neben den soeben in den Noten 4 bis 6 behandelten Beschränkungen greift hier aber die weitere Beschränkung des § 38 Platz. Eine Verpflichtung zur Auskunftserteilung besteht für die fraglichen Personen nur bezüglich der ihrer Verwaltung unterliegenden Gegenstände und ist in dieser Beziehung das in Note 3 zu § 38 Ausgeführte

auch hier maßgebend. Durch analoge Ausdehnung noch für weitere Personen eine Auskunftspflicht zu begründen, erscheint ausgeschlossen, vergl. Note 2 zu § 38 und Note 1 zu § 32.

Zu Absatz 2 und 3.

8. In dem Regierungsentwurf waren dem einzigen Satz des Abs. 2 noch die Worte angefügt: „insbesondere Verfügungen von Todes wegen, Erwerbsurkunden sowie die Beweismittel über Massenschulden und andere Ansprüche, auf Grund deren Abzüge von der Masse gemacht oder Teile der Masse ausgeschieden werden sollen", während der jetzige Abs. 3 fehlte. Die Aenderung in die jetzige Fassung ist von der Kommission des Reichstags in der zweiten Lesung vorgenommen und dazu im Kommissionsbericht (Drucksachen des Reichstags, 11. Legislaturperiode, II. Session 1905/1906, Nr. 360, S. 53) ausgeführt: „Abs. 1 unterscheide sich von der Vorlage nur dadurch, daß die hier angeführten Beispiele, weil doch nicht erschöpfend, weggelassen seien. Abs. 2 bezwecke die Einführung des Grundsatzes der freien Beweiswürdigung in das Erbschaftssteuererhebungsverfahren; dieser Grundsatz werde selbstverständlich nicht auf dem Wege von Ausführungsbestimmungen wieder beseitigt werden können."

9. Die Vorlage der fraglichen Urkunden kann von allen denjenigen Personen verlangt werden, welche zur Auskunftserteilung nach dem ersten Absatz des Paragraphen verpflichtet sind, mithin einerseits von jedem, dem ein Erwerb von Todes wegen anfällt, und andererseits auch von den im § 38 bezeichneten Personen. Zum Ausdruck gebracht ist dieses allerdings in dem Absatz 2 nicht, es geht aber aus der ganzen Stellung des Absatzes und dem unmittelbaren Anschluß desselben an den Absatz 1 hervor. Danach wird das in den Noten 1 und 7 oben Ausgeführte auch hier entsprechend Anwendung zu finden haben. Voraussetzung wird selbstredend immer sein, daß derjenige, von dem die Vorlage einer Urkunde gefordert wird, dieselbe auch tatsächlich im Besitz hat, beziehungsweise über dieselbe eine Verfügungsgewalt hat. Sofern er selbst nur zur Einsichtnahme berechtigt ist, muß er verpflichtet erscheinen, das Erbschaftssteueramt in dieses Recht eintreten zu lassen.

10. Es kann nur die Vorlage der Urkunden selbst zur Einsicht gefordert werden. Die Verpflichtung erstreckt sich demnach lediglich auf die Vorlage, nicht etwa auch auf eine weitere Tätigkeit des Verpflichteten in bezug auf die Urkunde, namentlich nicht auf eine solche Tätigkeit, welche für den Verpflichteten irgendwie mit Kosten verknüpft sein würde, wie das Nehmen von Abschriften, Anfertigung von Uebersetzungen fremdsprachiger Urkunden 2c. Erachtet das Erbschaftssteueramt Maßnahmen der letzteren Art für notwendig, so hat es die Kosten derselben zu tragen. Will der Verpflichtete seiner Verpflichtung durch Eingabe einer vorschriftsmäßig beglaubigten Abschrift der Urkunde nachkommen, so wird dem in der Regel nichts entgegenstehen, sofern nicht im einzelnen Fall ein besonderes Interesse des Erbschaftssteueramts, gerade die Urkunde selbst einzusehen, vorliegt.

11. Nur die Vorlage solcher Urkunden kann verlangt werden, welche sich auf den Erwerb beziehen. Erwerb ist in

demselben Sinne aufzufassen, wie beim ersten Absatz, so daß das in Note 4 oben Ausgeführte entsprechend auch hier Platz greift. Die Verpflichtung erstreckt sich aber auf alle Urkunden, welche sich auf den Erwerb beziehen; die Aufführung bezüglicher Urkunden im Regierungsentwurf war nur eine beispielsweise und keine erschöpfende, wie der Bericht der Reichstagskommission hervorhebt; immerhin sind damit die großen Hauptkategorien getroffen. Bemerkt sei noch, daß die Vorlage von Standesurkunden — Bescheinigungen über Geburten, Eheschließungen, Todesfälle — nicht gefordert werden kann, weil diese als auf den Erwerb sich beziehend nicht angesehen werden können.

12. Der Absatz 3 ist schon in der Begründung des Berichts der Reichstagskommission entsprechend erläutert. Das Erbschaftssteueramt soll die tatsächlichen Verhältnisse, welche für die Abgrenzung der steuerpflichtigen Masse im einzelnen Fall von Bedeutung sind, lediglich nach bestem Wissen und Gewissen würdigen und dabei nicht durch äußere Formalien und schematisch zwingende Vorschriften irgendwie eingeengt werden; es hat nach freier Ueberzeugung die Entscheidung zu treffen.

Zu Absatz 4.

13. Durch die Vorschrift des vierten Absatzes wird das Erbschaftssteueramt in Stand gesetzt, die Forderungen, welche es nach den beiden ersten Absätzen des Paragraphen stellen kann, gegen die Verpflichteten mit Erfolg durchzuführen. Ueber den inneren Unterschied der hier zugelassenen Ordnungsstrafe von der im § 49 angeordneten bemerkt der Bericht der Reichstagskommission (a. a. O. S. 53) folgendes: „Die in dem Absatz 3 des § 44 (jetzt Absatz 4 des § 42) der Vorlage erwähnte Ordnungsstrafe hat ein völlig anderes Wesen als die Ordnungsstrafe des § 53 (jetzt § 49). Sie gehört dem Verwaltungszwangsverfahren, nicht dem Verwaltungsstrafverfahren an. Ihre Festsetzung erfolgt daher auch nicht im Wege des Strafbescheides (StPO. §§ 459 ff.), sondern durch eine einfache Verwaltungsverfügung, die seitens der zuständigen Verwaltungsinstanz gegebenenfalls auch wieder zurückgenommen werden kann. Der Rechtsweg ist ausgeschlossen. Der Berichterstatter hatte ursprünglich beabsichtigt, den sachlichen Unterschied zwischen den beiden Ordnungsstrafen dadurch zum Ausdruck zu bringen, daß er die Ordnungsstrafe des § 44 Abs. 3 (jetzt § 42 Abs. 4) „Verwaltungsstrafe“ bezw. „Zwangsstrafe“ nennen wollte (Antrag Nr. 101 XII 2). Hiervon nahm er indessen Abstand mit Rücksicht auf die Terminologie anderer Reichsgesetze.“ Den bis auf den Schluß richtigen Ausführungen wäre weiteres nicht hinzuzufügen. Zu bedauern ist nur, daß der Berichterstatter der Reichstagskommission seine Absicht, den inneren Unterschied der beiden sogenannten Ordnungsstrafen durch eine andere Bezeichnung im § 42 Abs. 4 Rechnung zu tragen, nicht weiter verfolgt hat, namentlich da der Grund, welcher ihn hierzu veranlaßt hat, der tatsächlichen Unterlage entbehrt. Die Terminologie der bisherigen Reichsgesetze über die indirekte Besteuerung kann als entgegenstehend nicht angesehen werden, da in den fraglichen Gesetzen bei Zulassung von Zwangsmaßnahmen und exekutivischen Maßregeln der Ausdruck

„Ordnungsstrafen" nicht gebraucht wird, sondern lediglich allgemein von Geldstrafen gesprochen wird, so im Branntweinsteuergesetz § 31, im Zuckersteuergesetz § 57, im Schaumweinsteuergesetz § 21 und auch in den mit dem REStG. gleichzeitig erlassenen Gesetzen über die Aenderung des Brausteuergesetzes Artikel I § 37a und über die Zigarettensteuer § 22. Wenn daher das REStG. die Ordnungsstrafe in dem berührten doppelten Sinn hat, so stellt sich dieses gerade als etwas Außerordentliches, den übrigen Reichsgesetzen nicht Entsprechendes, dar. Es wäre nur erwünscht gewesen, wenn hier irgendwie Abhilfe geschaffen wäre, um so mehr als der Begriff der Ordnungsstrafe sich zu einem festeren, in sich geschlossenen, für die indirekte Besteuerung ausgebildet hat.

14. Die beiden Zwangsmaßnahmen des Absatz 4 — Ordnungsstrafe und Anordnung der erforderlichen Maßregeln auf Kosten des Säumigen — setzen eine ordnungsmäßige Verfügung des Erbschaftssteueramts an den Verpflichteten, einer bestimmten und genau bezeichneten Verpflichtung binnen einer gewissen Frist nachzukommen, voraus. Die Verfügung wird entweder schriftlich abzugeben, oder, wenn mündlich dem Verpflichteten eröffnet, zu Protokoll zu verlautbaren sein; bei schriftlicher Verfügung ist die Zustellung zu bescheinigen. Aus der Verfügung des Erbschaftssteueramts muß der Verpflichtete deutlich und ohne Zweifel ersehen können, welchen Verpflichtungen im einzelnen er nachkommen soll. Daß eine Frist für die Erfüllung der Verpflichtungen gesetzt wird, bei deren Versäumen sodann die Zwangsmaßnahmen eintreten, liegt in der Natur der Sache.

15. Das Erbschaftssteueramt hat frei darüber zu entscheiden, in welcher Weise es von den beiden Zwangsmaßnahmen Gebrauch machen will. Es kann sofort zur Anordnung der erforderlichen Maßregeln auf Kosten des Säumigen greifen, es kann eine oder mehrere Ordnungsstrafen vorhergehen lassen, es kann endlich aber auch gleichzeitig Ordnungsstrafe und Anordnung der Maßregeln eintreten lassen. Werden mehrere Ordnungsstrafen anläßlich desselben Verpflichtungsfalls verhängt, so darf nach dem letzten Satz des Paragraphen die Einzelstrafe über den Betrag von 300 Mk. nicht hinausgehen; der Gesamtbetrag der Strafen ist aber an diese Grenze nicht gebunden und kann im äußersten Fall eine Höhe erreichen, wie sie durch die Multiplikation des Maximalbetrages der Einzelstrafe (300 Mk.) mit der Zahl der Straffälle sich ergibt.

16. Der tatsächlichen Durchführung der beiden Zwangsnahmen hat eine ausdrückliche Androhung derselben in einer Verfügung des Erbschaftssteueramts an den Verpflichteten vorauszugehen. Bezüglich der Ordnungsstrafen ergibt sich dieses aus dem Wortlaut des Gesetzes; denn mit Ordnungsstrafen jemand zu etwas anhalten kann man nur, wenn man ihm als Folge der Nichterfüllung die Ordnungsstrafe bezeichnet, sie ihm also bei Nichterfüllung androht. Dadurch, daß die Anordnung der betreffenden Maßregeln auf Kosten des Säumigen in dem gleichen Satz mit der Ordnungsstrafe verbunden ist, läßt sich aber auf den Willen des Gesetzgebers, daß beide in der gleichen

Weise zu behandeln seien, schließen; es erscheint deshalb auch hier die Androhung Erfordernis. Bezüglich der Verfügung des Erbschaftssteueramts gilt entsprechend dasselbe, was in Note 14 oben ausgeführt wurde. Der regelmäßige Fall wird sein, daß von dem Erbschaftssteueramt die Androhung der Zwangsmaßnahmen mit der Verfügung, der Verpflichtung nachzukommen, verbunden wird. Das Erbschaftssteueramt ist aber auch befugt, wenn es die letztere Verfügung ohne eine bezügliche Androhung erlassen hat, in einer besonderen Verfügung nachträglich die Zwangsmaßnahmen anzudrohen, ohne dabei an eine bestimmte Frist von Abgabe der ersten Verfügung an gebunden zu sein.

17. Ebenso wie gegen die Verfügung, welche die Verpflichtung auferlegt und gegen die Verfügung, welche die Androhung einer Zwangsmaßnahme enthält, im Instanzenwege vorgegangen werden kann, ebenso ist auch bezüglich der Durchführung der Zwangsmaßnahmen, also gegen die Einziehung der Ordnungsstrafen und der durch die selbständige Ausführung der Maßregeln entstandenen Kosten, nur ein Vorgehen im Verwaltungsinstanzenzuge vermittelst Beschwerde an die Oberbehörde und die oberste Landesfinanzbehörde zulässig; es ist solches auch schon im allgemeinen in dem Bericht der Reichstagskommission (vgl. Note 13 oben) ausgedrückt. Dieses ist die naturgemäße Folge davon, daß es sich hier lediglich um Verwaltungszwangsmaßnahmen und nicht um Bestrafungen handelt. Ebenmäßig gründet sich darauf auch die Zulässigkeit der Rücknahme der bereits angeordneten Zwangsmaßnahmen durch die anordnende Verwaltungsbehörde. Ueberzeugt sich das Erbschaftssteueramt nachträglich, daß im einzelnen Fall die Durchführung der angeordneten Zwangsmaßnahmen zu unbilligen Härten führen würde, so erscheint es berechtigt, selbständig die Zwangsmaßnahme zurückzuziehen, sofern die Sache noch nicht an eine höhere Instanz gelangt ist, beziehungsweise noch bei dieser höheren Instanz sich befindet.

18. Die Einziehung der verwirkten Ordnungsstrafen und der dem Erbschaftssteueramt durch die selbständige Ausführung der Maßregeln entstandenen Kosten von dem Pflichtigen hat im Verwaltungszwangsverfahren zu erfolgen; es sind dafür die bezüglichen Verwaltungsgesetze der einzelnen Bundesstaaten maßgebend, nach denen sich auch die Verwendung der Strafen bestimmt. Das Eintreten einer Ordnungsstrafe nach § 42 Abs. 4 schließt, zufolge des besonderen Charakters dieser Ordnungsstrafe nicht als Strafe sondern als Zwangsmaßnahme, ein gleichzeitiges Strafverfahren nach § 49 nicht aus.

19. Die Erbschaftssteuergesetze der Bundesstaaten haben durchweg eine im ganzen auf gleicher Grundlage stehende Vorschrift wie das RESTG., wenn sie auch im einzelnen materiell wie formell verschiedene Abweichungen zeigen, die hier aufzuführen aber nicht von Interesse sein dürfte; die fragliche Vorschrift findet sich im Preuß. EStG. § 38, im Bayer. EStG. Art. 33, im Sächs. EStG. Art. 21, im Württ. EStG. Art. 17 und 38, im Bad. EStG. § 38, Hess. EStG. Art. 46 und im Braunschw. EStG. § 33.

§ 43.

Trägt das Erbschaftssteueramt Bedenken, die Wertangabe (§ 37) als richtig anzunehmen, so hat es hiervon dem Steuerpflichtigen unter Bezeichnung der beanstandeten Punkte und unter Bestimmung einer angemessenen Frist zur Gegenerklärung Mitteilung zu machen. Erfolgt innerhalb der gesetzten Frist keine Gegenerklärung oder führen die Verhandlungen nicht zu einer Einigung, so ist das Erbschaftssteueramt befugt, selbstständig den Wert zu ermitteln und danach die Steuer zu erheben.

Die Kosten der Wertermittelung fallen dem Steuerpflichtigen zur Last, wenn der ermittelte Wert den von dem Steuerpflichtigen angegebenen Wert um mehr als ein Drittel übersteigt. Die etwa gezahlten Kosten werden erstattet, wenn im Verwaltungsweg oder im Rechtswege die Ermäßigung des Wertes auf einen Betrag erfolgt, bei dem die Verpflichtung zum Kostenersatze nicht begründet sein würde.

Vergl. BRAusfB. §§ (37).

Zu Absatz 1.

1. Der § 43 Abs. 1 ordnet an, daß für den Fall einer Beanstandung der von dem Steuerpflichtigen ꝛc. gemachten Wertangaben durch das Erbschaftssteueramt das letztere nicht ohne weiteres zu der selbständigen Wertermittelung schreiten, sondern zunächst versuchen solle, eine Einigung über den Wert des Anfalls mit dem Steuerpflichtigen herbeizuführen. Die Regierungsvorlage hatte eine kürzere Fassung, in welcher aber auch auf eine Einigung Bezug genommen war. Die Kommission des Reichstages hat die jetzige Fassung des Gesetzes gewählt, „um den Sinn des Abs. 1 der Vorlage, daß eine Einigung mit dem Steuerpflichtigen zu versuchen sei, außer Zweifel zu setzen“ (Kommissionsbericht, a. a. O. S. 53).

2. Voraussetzung für das Eintreten der fraglichen Vorschrift ist, daß das Erbschaftssteueramt Bedenken trägt, die Wertangabe als richtig anzunehmen. Es muß also eine Wertangabe vorliegen und damit gleicherzeit eine Erbschaftssteuererklärung abgegeben sein, da nur in dieser die Wertangabe verlangt werden kann. Dadurch, daß hier im Gesetz hinter Wertangabe der von der Erbschaftssteuererklärung handelnde § 37 angezogen ist, hat noch besonders zum Ausdruck gebracht werden sollen, daß eine sozusagen offizielle Wertangabe in der Erbschaftssteuererklärung hier gefordert wird. Hat der Steuerpflichtige bei der Anmeldung oder bei einer Auskunftserteilung nach Maßgabe des § 42 Wertangaben, zu denen er gesetzlich nicht verpflichtet war, gemacht, so kann das Erbschaftssteueramt diese Wertangaben allerdings berücksichtigen und bei dagegen bestehenden Bedenken mit dem Steuerpflichtigen darüber verhandeln;

diese Verhandlungen sind aber lediglich als Sachermittelungsverhandlungen des Erbschaftssteueramts und nicht als ein Einigungsverfahren nach § 43 anzusehen; das Erbschaftssteueramt ist in diesem Falle in der Lage, sowohl von vornherein wie in jedem weiteren Stadium ohne weiteres selbständig die Wertermittelung vorzunehmen und hat speziell der Steuerpflichtige keinerlei Recht die Einleitung eines Einigungsverfahrens nach § 43 auf Grund seiner Wertangaben zu verlangen. Ein solches Recht steht ihm aber zu, sobald die Wertangabe auf Grund formeller Verpflichtung in der Erbschaftssteuererklärung und damit unter der Versicherung besten Wissens und Gewissens gemacht ist.

3. Die Wertangabe, welche zu Bedenken Veranlassung gibt, kann von jedem, der zu der Abgabe einer Erbschaftssteuererklärung verpflichtet und im Einzelfall von der Behörde zu dieser Verpflichtung herangezogen ist, erfolgt sein, um die Vorschrift des § 43 zu begründen. Sie braucht daher nicht von dem Steuerpflichtigen selbst herzurühren, sondern kann ebensogut von den nach § 38 beschränkt zur Abgabe einer Erbschaftssteuererklärung verpflichteten Personen ergangen sein, also dem Testamentsvollstrecker, dem Nachlaßpfleger und dem gesetzlichen Vertreter der Erwerber.

4. Das Einigungsverfahren nach Maßgabe des § 43 ist aber von dem Erbschaftssteueramte immer nur mit dem Steuerpflichtigen selbst einzuleiten, wie solches das Gesetz selbst ausdrücklich vorschreibt. Der berechtigte innere Grund dafür ist, daß ausschließlich der Steuerpflichtige hier als Interessent in Frage kommen kann und daher notwendigerweise für die Verhandlungen die allein gegebene Person ist. Ist der Steuerpflichtige geschäftsunfähig oder in der Geschäftsfähigkeit beschränkt, so haben seine gesetzlichen Vertreter ihn auch in dem Einigungsverfahren ihrer Befugnis gemäß zu vertreten. Das gleiche trifft zu, wenn es sich um eine steuerpflichtige juristische Person handelt.

5. Das Einigungsverfahren ist durch eine Verfügung des Erbschaftssteueramtes an den Steuerpflichtigen einzuleiten, in welcher die Bedenken gegen die Wertangabe nach ihren einzelnen Punkten genau anzugeben und soweit nötig zu begründen sind; eventuell wird auch gleich ein Einigungsvorschlag mit der Verfügung verbunden sein können. Die Frist, welche für die Gegenerklärung in der Verfügung zu setzen ist, kann das Erbschaftssteueramt nach freiem Ermessen unter Würdigung der ganzen Sachlage bestimmen; die gesetzlichen Fristen des Erbschaftssteuergesetzes, welche der besonderen dabei in Frage kommenden Umstände wegen meist verhältnismäßig weit gegriffen sind, brauchen und haben dabei nicht unbedingt als Anhalt zu dienen. Erfolgt innerhalb der gesetzten Frist eine Gegenerklärung, so ist darüber weiter zu verhandeln. Wie diese Verhandlungen zu führen und wie weit sie auszudehnen, steht wieder im Ermessen des Erbschaftssteueramts, das sich dabei wesentlich je nach der im einzelnen Fall vorhandenen Aussicht auf Einigung leiten lassen wird.

6. Die durch die Verhandlungen mit dem Steuerpflichtigen erzielte Einigung, welche sich indirekt gleichzeitig auch als eine Einigung über den Steuerbetrag darstellt, hat in gewisser Beziehung

hier den Charakter eines Vergleichs nach Maßgabe des § 779 des BGB., wenn auch in einem unvollkommeneren und abgeschwächteren Maße wie die Pauschversteuerung, die der nächste Paragraph ordnet. Es wird entsprechend aber doch das in Note 7 zu dem § 44 Ausgeführte auch hier Geltung haben.

7. Ist eine Einigung mit dem Steuerpflichtigen infolge Verstreichens der gesetzten Frist ohne Gegenerklärung oder infolge fruchtlosen Verlaufs der Verhandlungen nicht erzielt, so tritt die selbständige Wertermittelung seitens des Erbschaftssteueramts ein. Das Erbschaftssteueramt hat die Wertermittelung auf Grund der gegebenen Unterlagen unter Beobachtung der besonderen gesetzlichen Vorschriften und der in den BRAusfB. in den §§ 14 bis 23 enthaltenen Direktiven vorzunehmen und kann im übrigen dabei nach freiem Ermessen verfahren. Namentlich steht ihm die Entscheidung darüber zu, ob bezüglich spezieller Wertfeststellung im einzelnen Fall weitere Sachverständige zuzuziehen, Gutachten einzuholen sind 2c.

Zu Absatz 2.

8. In dem Regierungsentwurf waren die Kosten der Wertermittelung dem Steuerpflichtigen schon auferlegt, wenn der ermittelte Wert den von ihm angegebenen Wert um mehr als zehn vom Hundert übersteigt. In der Kommission des Reichstags war zunächst beantragt, den ganzen Abs. 2 zu streichen, denn „die in Abs. 2 der Vorlage angeordnete Sukkumbenzstrafe empfehle sich nicht, weil ihr Eintritt nicht an Böswilligkeit oder grobes Verschulden des Steuerpflichtigen geknüpft sei." Dagegen wurde aber regierungsseitig geltend gemacht: „Es werde bei den Steuerpflichtigen immer die Neigung vorhanden sein, den der Steuer zugrunde liegenden Wert möglichst niedrig anzugeben. Der Behörde erwüchsen durch derartige zu niedrige Angaben Kosten für weitschichtige Untersuchungen, für die sich kein Ersatz fände. Es sei auch vielleicht im Interesse aller in Frage kommenden Personen, wenn durch die im Abs. 2 angedrohte Auferlegung der Ermittelungskosten die Steuerpflichtigen zu einer genaueren Wertangabe veranlaßt würden, da dann die Erbschaftssteuerämter hinsichtlich der Beanstandung der Wertangaben milder zu Werke gehen könnten." (Kommissionsbericht a. a. O. S. 53 und 54). Der Abs. 2 wurde danach beibehalten und nur die Begrenzung für die Kostenauferlegung auf eine Differenz von ein Drittel statt auf eine solche von zehn vom Hundert gesetzt.

9. Unter den Kosten der Wertermittelung, welche eventuell dem Steuerpflichtigen zur Last fallen, sind die sämtlichen baren Aufwendungen, welche anläßlich der Wertermittelung beim Erbschaftssteueramt oder sonst entstanden sind, zu verstehen. Ein Ersatz für die Tätigkeit des Erbschaftssteueramtes selbst oder die etwa requirierten Behörden kann dabei nicht in Frage kommen Die Berechnung und Festsetzung der Kosten hat durch das Erbschaftssteueramt zu geschehen, welches dem Steuerpflichtigen eine entsprechende Auflageverfügung, die wiederum im Instanzenzuge anfechtbar ist, zugehen läßt. Die Einziehung der Kosten erfolgt im Verwaltungs-

zwangsverfahren und gilt auch hier das in Note 18 zu § 42 Ausgeführte.

10. Die Kosten der Wertermittelung können nur von dem Steuerpflichtigen selbst eingezogen werden, nicht aber etwa auch von den nach den §§ 31 und 32 des Gesetzes für die Erbschaftssteuer sonst noch haftenden Personen, da die Haftung der letzteren sich lediglich auf die Steuer selbst erstreckt (vergl. Note 8 zu § 31 und Note 10 zu § 32). Kommen für den Anfall, bezüglich dessen die Kosten der Wertermittelung entstanden sind, mehrere Steuerpflichtige in Frage, so sind zunächst für die fraglichen Kosten nur diejenigen haftbar, mit welchen keine Einigung zu erzielen war, während die, mit welchen eine Einigung erreicht wurde, frei bleiben. Die mehreren haftbaren Steuerpflichtigen haben die Kosten je nach ihrem Anteil an dem Anfall zu tragen.

11. Von den Erbschaftssteuergesetzen der Bundesstaaten haben die gleiche Vorschrift wie das REStG., nur unter einer anderen Begrenzung für den Eintritt der Kostentragungspflicht, das Preuß. EStG. § 21 und das Braunschw. EStG. § 16, während die andern hier regelmäßig berührten Erbschaftssteuergesetze nichts dergleichen bestimmen.

XV. Pauschversteuerung. § 44.

§ 44.

Die oberste Landesfinanzbehörde ist ermächtigt, auf Antrag des Steuerpflichtigen von der genauen Ermittelung der Masse und der Vorlegung eines Verzeichnisses (§ 37) ganz oder zum Teil abzusehen und einen Pauschbetrag für die Erbschaftssteuer anzunehmen, auch die Pauschversteuerung solcher Anfälle, deren Versteuerung sonst noch ausgesetzt bleiben müßte, zu gestatten.

1. Die Pauschversteuerung, in der bisherigen bundesstaatlichen Gesetzgebung Aversionalversteuerung, Steuerabfindung, Abfindungsversteuerung, Abkommenversteuerung genannt, bedarf als eine ausnahmsweise Versteuerungsform mit abgekürztem Verfahren im Einzelfall der Genehmigung der obersten Landesfinanzbehörde. Letztere kann die Pauschversteuerung nach freiem Ermessen erteilen oder versagen; der Steuerpflichtige hat kein Recht, dieselbe zu verlangen. Ueber das Verfahren enthalten weder das Gesetz noch die BRAusfB. nähere Bestimmungen. Nach Lage der Sache ist die Pauschversteuerung bei dem Erbschaftssteueramte zu beantragen beziehungsweise von diesem zu veranlassen und zu instruieren und demnächst im Instanzenwege zur Entscheidung der obersten Landesfinanzbehörde zu bringen.

2. Nach dem Gesetz sind zwei verschiedene Fälle der Pauschversteuerung zugelassen, einmal eine solche auf Antrag des Steuerpflichtigen, ohne daß dabei bezüglich des Anfalls besondere Bedingungen vorgeschrieben wären, und sodann eine solche ohne Antrag des Steuerpflichtigen bezüglich solcher Anfälle, deren Versteuerung sonst noch ausgesetzt bleiben müßte.

3. Die Pauschversteuerung auf Antrag des Steuerpflichtigen wird, da es sich dabei stets um ein ausnahmsweises Versteuerungsverfahren handelt, auch mangels einer speziellen gesetzlichen Vorschrift doch immer eines besonderen Grundes bedürfen, der regelmäßig in den außerordentlichen Schwierigkeiten bestehen dürfte, welche eine Versteuerung im ordentlichen Verfahren bereiten würde. Solche Schwierigkeiten können durch außerordentliche und verwickelte Verhältnisse, welche für die steuerpflichtige Masse in tatsächlicher oder in rechtlicher Beziehung bestehen und welche eine Ermittelung des Bestandes und des Wertes im einzelnen in einer ungewöhnlichen Weise hemmend beeinflussen müssen, gegeben sein. Das Vorhandensein außerordentlicher Umstände wird stets die Vorbedingung für die Gewährung der Pauschversteuerung bilden. Ob für letztere der vorgebrachte Grund genügt, entscheidet lediglich die oberste Landesfinanzbehörde. Da die besonderen Schwierigkeiten für die Bestandesaufnahme und die Wertermittelung in der Regel nicht allein den Steuerpflichtigen, sondern in einem ähnlichen Grade auch das Erbschaftssteueramt treffen werden, so ist auch für letzteres ein Interesse an der Pauschversteuerung meist vorhanden. Daß aber ein solches behördliches Interesse stets gegeben sein müßte, um die Pauschversteuerung zu begründen, kann nicht als notwendig erscheinen; denn in der ausdrücklichen Gewährung des Antragsrechts an den Steuerpflichtigen liegt, daß seine Interessen hier in erster Linie in Betracht kommen sollen.

4. Den Antrag auf Pauschversteuerung kann nur der Steuerpflichtige oder sofern derselbe geschäftsunfähig oder in der Geschäftsführung beschränkt ist, sein gesetzlicher Vertreter stellen. Der Antrag wird von vornherein entsprechend zu begründen sein; es ergibt sich daraus die Notwendigkeit, daß er schriftlich einzubringen ist. Der Antrag muß die tatsächlichen Unterlagen, nach welchen die Zulassung der Pauschversteuerung sich rechtfertigt, enthalten, des weiteren aber auch die Unterlagen für die Festsetzung oder Vereinbarung eines Pauschbetrages für die Erbschaftssteuer. Ausreichendes und vollständiges Material in beiden Beziehungen beizubringen muß im Interesse des Antragstellers liegen, da er nur dadurch auf einen Erfolg seines Antrags rechnen kann. Hält das Erbschaftssteueramt den Antrag in einzelnen Punkten einer Ergänzung bedürftig, so kann es den Antragsteller zu einer solchen anhalten. Zu dem Zweck wie auch sonst steht ihm die volle Befugnis nach § 42 des Gesetzes stets auch gegenüber dem Antragsteller zu, da die Stellung des Antrags auf Pauschversteuerung die allgemeine Verpflichtung zur Auskunfterteilung für den Antragsteller nicht beseitigen kann, während nach Lage der Sache allerdings anzunehmen ist, daß der Antrag auf Pauschversteuerung die Verpflichtung zur Abgabe einer Erbschaftssteuererklärung zum mindesten

insoweit aufschiebend beeinflußt, als die Erbschaftssteuererklärung erst wieder verlangt werden kann, wenn der Antrag auf Pauschversteuerung abgelehnt ist; wird dem Antrage stattgegeben, so ist damit die Verpflichtung zur Erbschaftssteuererklärung ohne weiteres beseitigt. Die Auskunftspflicht nach § 42 bleibt aber auch nach zugelassener Pauschversteuerung bestehen, sofern es sich um Tatumstände handelt, welche der Steuerbehörde die Berechtigung, die Pauschversteuerung aufzuheben beziehungsweise Nachforderungen zu stellen, geben (vgl. unten Note 7).

5. Sofern ihm ein entsprechender Grund zur Seite steht, ist jeder Steuerpflichtige berechtigt, den Antrag auf Pauschversteuerung zu stellen, also nicht etwa nur der Erbe, sondern in der gleichen Weise der Vermächtnisnehmer, der Erwerber einer Schenkung von Todes wegen 2c. In dieser Richtung greift das in Note 1 zu § 36 und Note 6 zu § 37 Ausgeführte auch hier Platz. Nach dem Gesetz braucht der Antrag auf Pauschversteuerung sich nicht einmal auf den ganzen Anfall des Steuerpflichtigen zu beziehen, sondern letzterer ist auch berechtigt, nur einen Teil des Anfalls für den Antrag herauszugreifen, wenn nur für diesen entsprechende Verhältnisse vorliegen. Ebenso wird es aber auch als zulässig erscheinen, daß sich mehrere oder die sämtlichen Steuerpflichtigen eines Erbfalls zu dem Antrag auf Pauschversteuerung vereinigen, wenn für die Gesamtheit ihrer Anfälle oder die Erbschaft als Ganzes Schwierigkeiten, wie sie für die Begründung des Antrags erforderlich sein würden, geltend zu machen sind.

6. Die Pauschversteuerung ohne Antrag des Steuerpflichtigen ist auf solche Anfälle, deren Versteuerung sonst noch ausgesetzt bleiben müßte, beschränkt, also auf Anfälle, bei denen der Erwerb von dem Eintritt einer aufschiebenden Bedingung abhängt nach § 21 und auf Anfälle des Vermögens ohne die Nutzung nach § 26. Eine Berechtigung zu einer Antragstellung ist bezüglich dieser Fälle jedoch für den Steuerpflichtigen bei dem Vorhandensein entsprechender Gründe nicht ausgeschlossen; es ist hier aber auch das Erbschaftssteueramt seinerseits berechtigt, die Pauschversteuerung nach eigenem Ermessen einzuleiten. Gegen den Willen des Steuerpflichtigen kann die Pauschversteuerung selbst in diesen Fällen nicht durchgeführt werden, da sie stets eine Einigung mit dem Steuerpflichtigen voraussetzt. Auch in diesen Fällen wird die Pauschversteuerung immer nur ausnahmsweise eintreten können. Das Erbschaftssteueramt wird dieselbe nur einleiten dürfen, wenn ganz besondere Verhältnisse vorliegen, durch welche das Hinausschieben der Versteuerung gegen das Interesse des Fiskus sein würde, sei es, daß für die spätere Versteuerung besondere Schwierigkeiten durch inzwischen mögliche Verdunklung der Sachlage voraussichtlich entstehen würden, sei es, daß eine Unsicherheit bezüglich des Steuereingangs zu befürchten wäre oder sonst dergleichen. Regelmäßig wird in diesen Fällen das Interesse des Steuerpflichtigen an der Pauschversteuerung mit dem des Erbschaftssteueramts mehr oder weniger übereinstimmen, so daß immer auch eine Unterlage für eine Vereinbarung, wie sie die Pauschversteuerung voraussetzt, gefunden werden dürfte.

7. Die genehmigte Pauschversteuerung ist rechtlich als ein Vergleich zwischen der Steuerbehörde und dem Steuerpflichtigen über die von diesem zu erlegende Erbschaftssteuer aufzufassen. Der Kommissionsbericht des Reichstags (a. a. O. S. 54) enthält in dieser Beziehung folgendes: „Der Berichterstatter bemerkte, daß nach seiner Auffassung die zwischen dem Steuerfiskus und dem Steuerpflichtigen getroffene Einigung, auf Grund derer die Annahme des Pauschbetrages erfolgt, den Charakter eines Vergleichs im Sinne des § 779 des BGB. habe. Ein Vertreter der Reichsregierung bestätigte die Richtigkeit dieser Auffassung." Der angezogene, für den Vergleich im Sinne des Privatrechts maßgebende § 779 des BGB. lautet:

„Ein Vertrag, durch den der Streit oder die Ungewißheit der Parteien über ein Rechtsverhältnis im Wege gegenseitigen Nachgebens beseitigt wird (Vergleich), ist unwirksam, wenn der nach dem Inhalt des Vertrags als feststehend zugrunde gelegte Sachverhalt der Wirklichkeit nicht entspricht und der Streit oder die Ungewißheit bei Kenntnis der Sachlage nicht entstanden sein würde.

„Der Ungewißheit über ein Rechtsverhältnis steht es gleich, wenn die Verwirklichung eines Anspruchs unsicher ist."

Bezüglich der rechtlichen Wirkungen der Pauschversteuerung finden die vorstehenden Vorschriften des bürgerlichen Rechts analoge Anwendung. Es hat dieses namentlich Bedeutung für die Frage, ob und wann einerseits eine ganze oder besonders teilweise Rückerstattung des bezahlten Pauschbetrages von der Steuerbehörde an den Steuerpflichtigen, andererseits eine Nachforderung der Steuerbehörde gegen den Steuerpflichtigen Platz greifen kann. Beides, Rückerstattung wie Nachforderung, wird für die Regel ausgeschlossen sein und kann nur eintreten, wenn der Vergleich nach dem § 779 des BGB. sich als unwirksam erweist. Eine solche Unwirksamkeit kann aber nicht in Frage kommen, wenn sich lediglich die unbestimmten und ungewissen Verhältnisse, welche den Grund für die Pauschversteuerung gebildet haben, später klären und sich dadurch der gezahlte Pauschbetrag den nunmehrigen klaren tatsächlichen Verhältnissen gegenüber als zu hoch oder als zu niedrig — gleichgültig auch in welchem Grade — erweisen sollte; denn in diesem Falle hat die Ungewißheit, welche die Voraussetzung des Vergleichs bildet, zur Abschlußzeit vorgelegen und damit ist der rechtlichen Vorbedingung genügt, eine Unwirksamkeit nach dieser Richtung hin ausgeschlossen. Eine Aenderung des Pauschbetrages zugunsten oder zuungunsten des Steuerpflichtigen kann demnach nur dann sich vollziehen, wenn die Grundlage der Pauschversteuerung der Wirklichkeit nicht entspricht und die Ungewißheit bei Kenntnis der Sachlage überhaupt nicht entstanden sein würde, ein Fall, der bei den besonderen Verhältnissen der Pauschversteuerung wohl nur selten eintreten wird, aber doch immerhin möglich sein kann. Daß bei arglistiger Täuschung (§ 123 des BGB.), wenn der Steuerpflichtige wissentlich falsche Angaben gemacht oder die tatsächlichen Verhältnisse entstellt hat, die Pauschversteuerung angefochten und aufgehoben werden kann, bedarf wohl kaum der Hervorhebung.

8. Die regelmäßig berührten Erbschaftssteuergesetze der Bundesstaaten lassen mit Ausnahme des Hess. EStG. durchweg

eine Pauschversteuerung in ähnlicher Weise wie das RESt G. wenngleich mit abweichender Bezeichnung (vergl. oben Note 1) zu, so das Preuß. ESt G. im § 40, das Bayer. ESt G. im Art. 37, das Sächs. ESt G. im Art. 24, das Württ. ESt G. im Art. 22, das Bad. ESt G. im § 40 und das Braunschw. ESt G. im § 35.

XVI. Erbschaftssteuerbescheid. §§ 45, 46.

§ 45.

Ist die Erbschaftssteuer berechnet, so erteilt das Erbschaftssteueramt einen Erbschaftssteuerbescheid, welcher den Betrag der steuerpflichtigen Masse, die einzelnen Erwerbsanfälle, das Verhältnis der Erwerber zum Erblasser und die Beträge der von ihnen zu entrichtenden Steuer angibt und zugleich die Anweisung zur Entrichtung der Steuer innerhalb einer zu bestimmenden Frist enthält. Die Frist muß mindestens einen Monat betragen. Der Steuerbescheid muß die Punkte bezeichnen, in denen er von der Steuererklärung abweicht.

Die Verzögerung der Auseinandersetzung der Erben darf die Entrichtung der Steuer nicht aufhalten, soweit diese aus dem Nachlaß entnommen werden kann.

Vergl. BRAusfB. §§ 24, 25, 36.

Zu Absatz 1.

1. Der Erbschaftssteuerbescheid bildet den eigentlichen Abschluß des aus Bestandes-, Steuerpflicht- und Wertermittelung sowie Berechnung der Steuer sich zusammensetzenden Steuerfeststellungsverfahrens. Derselbe ist nach gesetzlicher Vorschrift formell auszufertigen, wofür die BRAusfB. im § 24 bzw. durch Muster 7 und 8 die nähere Anweisung geben. In gewisser Uebereinstimmung mit den Vorschriften des § 37 über die Erbschaftssteuererklärung ist der Erbschaftssteuerbescheid einheitlich und ungetrennt für den ganzen Erbfall in Eins auszufertigen, natürlich unter Ausscheidung der einzelnen Anfälle nach Beteiligten innerhalb des Bescheides selbst.

2. Der Inhalt des Erbschaftssteuerbescheides ist gesetzlich in einer Weise festgelegt, daß aus dem Bescheide alle für die Steuerfestsetzung maßgebenden Momente zu ersehen sind und damit dem Steuerpflichtigen die Möglichkeit der vollen Nachprüfung gegeben ist. Das Muster in den BRAusfB. trägt dem in den Einzelheiten Rechnung, indem es einzelne Rubriken für den bzw. die Erwerber, für das Verhältnis des Erwerbers zum Erblasser, für den

Betrag des steuerpflichtigen Erwerbes im einzelnen und im ganzen, für den Steuersatz nach § 10 Abs. 1 des Gesetzes (%), für den Skalasatz nach § 10 Abs. 2 des Gesetzes (nach der Höhe des Erwerbes), für den im ganzen zu erhebenden Prozentsatz und für den Steuerbetrag vorschreibt. Daneben ist ferner der Betrag, auf welchen die steuerpflichtige Masse im ganzen festgestellt worden ist, anzugeben, auch sind die Punkte einzeln zu bezeichnen, in welchen der Steuerbescheid von der Steuererklärung abweicht; das Erfordernis der letzteren Angabe ist von der Kommission des Reichstags dem Gesetz eingefügt, ohne daß der Kommissionsbericht näheres zur Begründung anführt. Nach Maßgabe dieser Unterlagen enthält der Erbschaftssteuerbescheid endlich die Anweisung zur Entrichtung der Steuer an eine bestimmte Zahlstelle (die zur Empfangnahme der Zahlung zuständige Kassenstelle) innerhalb einer bestimmten Frist. Daß eine Frist in den Erbschaftssteuerbescheid gesetzt werden muß, sowie die fernere Gesetzesvorschrift, daß diese Frist mindestens einen Monat betragen soll, ist wiederum durch die Kommission des Reichstags ohne nähere Begründung im Kommissionsbericht aufgenommen. Ueber die Frist bestimmen die BRAusfB. nichts; dieselbe ist demnach dem freien Ermessen des Erbschaftssteueramts überlassen, welches sie je nach den besonderen Verhältnissen des einzelnen Falls unter Berücksichtigung der gesetzlichen Mindestdauer von einem Monat zu treffen hat.

3. Die Zustellung des Erbschaftssteuerbescheids erfolgt in erster Linie an den Testamentsvollstrecker, sofern ein solcher ohne Beschränkung der Verwaltungsbefugnis auf einzelne Gegenstände bestellt ist und die Verwaltung übernommen hat, oder an den Nachlaßpfleger, wenn ein solcher bestellt und in die Verwaltung eingetreten ist, andernfalls an den Erben ohne Rücksicht darauf, ob er für seine Person steuerpflichtig ist oder nicht. Sind mehrere Erben vorhanden, so kann das Erbschaftssteueramt nach freier Wahl an einen derselben zustellen, falls nicht einer von ihnen die Berichtigung der Erbschaftssteuer übernommen hat, an den sodann auch die Zustellung zu erfolgen hat. Hinsichtlich eines steuerpflichtigen Erwerbes, der nicht aus dem Nachlaß anfällt (§ 1 Abs. 2 Nr. 2, §§ 2, 3, 4 Abs. 2 und 3 des Gesetzes) ist der Erbschaftssteuerbescheid dem Erwerber zuzustellen. Die Zustellung hat nach den in dem betreffenden Bundesstaate für amtliche Zustellungen in Verwaltungssachen maßgebenden Vorschriften zu geschehen. Vgl. BRAusfB. § 24 Abs. 1, 2 und 4, auch Note 5 zu § 46.

4. Wenn die besonderen Verhältnisse solches bedingen, kann das Erbschaftssteueramt neben dem Erbschaftssteuerbescheid auch einem einzelnen Erwerber beziehungsweise im Falle des § 12 Abs. 1 Nr. 3 des Gesetzes dem mit der Zuwendung Beschwerten einen als solchen zu bezeichnenden Auszug aus dem Bescheid, für welchen die BRAusfB. gleichfalls ein Muster (8) geben, zustellen. War eine Erbschaftssteuererklärung abgegeben und weicht der Steuerbescheid von der Erklärung ab, so ist der Erbschaftssteuerbescheid oder ein Auszug aus demselben stets auch demjenigen zuzustellen, der die Erklärung abgegeben hat; vgl. BRAusfB. § 24 Abs. 3.

5. Kommt ein Steuerpflichtiger der Anweisung zur Entrichtung der Steuer innerhalb der gesetzten Frist nicht nach, so ist gegen ihn das Verwaltungszwangs- oder Verwaltungsvollstreckungsverfahren zur Anwendung zu bringen. Hierfür sind die bezüglichen gesetzlichen Vorschriften der einzelnen Bundesstaaten maßgebend. Die Beschwerde gegen den Erbschaftssteuerbescheid hält das Vollstreckungsverfahren nicht auf (vgl. Note 9 zu § 46). Eine Strafe oder besondere nachteilige Folge ist mit der Versäumung der Zahlungsfrist nicht verbunden.

Zu Absatz 2.

6. Der Absatz 2 des § 45 setzt das Vorhandensein einer Nachlaßmasse und zwar einer verfügbaren Nachlaßmasse voraus. Für die Bestimmung kommt einerseits der § 31 Abs. 1, nach welchem die ganze steuerpflichtige Masse für die Erbschaftssteuer haftet, und anderseits namentlich aber auch der § 48 in Frage, nach welchem die Versteigerung eines Grundstückes zum Zwecke der Einziehung der Erbschaftssteuer, wenn der Steuerpflichtige ein Deutscher ist, ohne seine Zustimmung nicht zulässig ist. Daß, wenn der Absatz 2 von „Nachlaß" spricht, nur der steuerpflichtige Nachlaß gemeint sein kann, liegt in der Natur der Sache.

7. Die Erbschaftssteuergesetze der Bundesstaaten haben die Mitteilung des Steuerbetrages an den Steuerpflichtigen teils in ähnlich formaler Weise wie das REStG. geordnet, so das Preuß. EStG. im § 41, das Württ. EStG. im Artikel 23, das Hess. EStG. im Artikel 48 und das Braunschw. EStG. im § 36, teils haben sie die formale Seite weniger bestimmt geregelt wie das Bayer. EStG., für welches hier Artikel 38 in Betracht kommt, das Sächs. EStG. Artikel 25 und das Bad. EStG. § 42.

§ 46.

Die Beschwerde gegen den Steuerbescheid ist binnen einer Frist von zwei Monaten bei dem Erbschaftssteueramt anzubringen. Es genügt auch die Einlegung bei der Oberbehörde (§ 34). Die Frist beginnt mit der Zustellung des Bescheids. Ueber die Beschwerde entscheidet, sofern ihr nicht das Erbschaftssteueramt abhilft, die Oberbehörde.

Gegen die Entscheidung der Oberbehörde ist das Rechtsmittel der weiteren Beschwerde zulässig. Die weitere Beschwerde ist binnen einer Frist von zwei Monaten seit der Zustellung einzulegen. Sie kann bei der Oberbehörde, bei dem Erbschaftssteueramte oder bei der obersten Landesfinanzbehörde eingelegt werden.

Ueber die weitere Beschwerde entscheidet, soweit ihr nicht die Oberbehörde abhilft, die oberste Landesfinanzbehörde.

Verspätete Beschwerden sind zuzulassen, wenn die Steuerbehörde zu der Annahme gelangt, daß der Beschwerdeführer ohne sein Verschulden verhindert war, die Frist einzuhalten.

Der Steuerbescheid und die auf Beschwerde ergehende Entscheidung der Oberbehörde müssen, sofern die Oberbehörde der Beschwerde nicht abhilft, eine Belehrung über das dagegen zulässige Rechtsmittel enthalten.

Die Beschwerde und die weitere Beschwerde haben keine aufschiebende Wirkung.

Zu Absatz 1—3.

1. Das RESt G. läßt gegen den Erbschaftssteuerbescheid sowohl ein Beschwerdeverfahren im Verwaltungswege, wie auch nach erfolgter Entrichtung oder Stundung der Steuer den Rechtsweg unbeschränkt zu, ohne daß die beiden Wege sich gegenseitig ausschließen oder sonstwie beeinflussen. Das Beschwerdeverfahren im Verwaltungswege regelt der § 46 im Anschluß an den sonst gegebenen Instanzenzug, indem er zunächst gegen den Erbschaftssteuerbescheid die Beschwerde an die Oberbehörde und gegen die Entscheidung der letzteren die weitere Beschwerde an die oberste Landesfinanzbehörde gibt. Die speziell in den einzelnen Bundesstaaten als Beschwerdeinstanz fungierenden Behörden sind nach § 34 des Gesetzes von den Landesregierungen zu bestimmen.

2. Der § 46 ist von der Kommission des Reichstages in verhältnismäßig ausgedehnterer, aber nicht weittragender Weise gegen den Regierungsentwurf umgestaltet worden. Meist sind die Aenderungen nur redaktioneller Natur und bedürfen einer besonderen Heraushebung nicht. Die materiellen Aenderungen werden zu den einzelnen Punkten berührt werden, vgl. unten Note 4 ꝛc.

3. Darüber, wer zur Beschwerdeführung berechtigt sein soll, gibt das RESt G. keine nähere Vorschrift. Die Beschwerde ist darnach uneingeschränkt für jeden, der durch den Erbschaftssteuerbescheid belastet wird oder belastet werden kann, gegeben. In erster Linie steht das Beschwerderecht dem Steuerpflichtigen, dessen Steuerpflicht durch den Steuerbescheid festgelegt ist, zu und wird für diesen wieder, sofern er geschäftsunfähig oder in der Geschäftsführung beschränkt ist, desgleichen wenn es sich um eine juristische Person handelt, auch der gesetzliche Vertreter berechtigt erscheinen. Berechtigt zur Beschwerde erscheinen des ferneren aber auch diejenigen, welche nach Maßgabe der §§ 31 und 32 des Gesetzes für die Erbschaftssteuer zu haften haben, aber nur insoweit als ihre bezügliche Haftung in Frage kommen kann. Ob auch der Testamentsvollstrecker lediglich als solcher die Beschwerde einlegen kann, hängt davon ab, inwieweit für seine Verwaltungsbefugnis die Grenzen gezogen sind.

4. Der Grund zur Beschwerde kann aus jedem einzelnen Moment des Erbschaftssteuerbescheides, sofern dasselbe irgendwie für die Berechnung und Festsetzung der Erbschaftssteuer von Bedeutung

ist, entnommen werden. Ebenmäßig kann sich die Beschwerde sowohl darauf richten, daß eine Erbschaftssteuerpflicht überhaupt nicht vorliege, wie darauf, daß sie nicht in der angesetzten Höhe vorliege. Die Beschwerde sowohl wie die weitere Beschwerde sind in jedem einzelnen Fall entsprechend zu begründen und mit den bezüglichen Nachweisen zu versehen, erfordern auch nach Lage der Sache eine schriftliche Form, welche eventuell für einfacher liegende Fälle durch eine Erklärung zu Protokoll des Erbschaftssteueramts, aber nur in dessen Einverständnisse und ohne einen Zwang für dasselbe, zu ersetzen sein dürfte. Bezüglich der Anbringung beziehungsweise Einlegung ist weitgehendste Freiheit gegeben; sie kann für die Beschwerde bei dem Erbschaftssteueramte oder bei der Oberbehörde, für die weitere Beschwerde bei dem Erbschaftssteueramte oder bei der Oberbehörde oder bei der obersten Landesfinanzbehörde, also stets bei allen berührten Instanzen erfolgen. Daß die Einlegung je auch bei den entscheidenden Stellen (Oberbehörde, bzw. oberste Landesfinanzbehörde) geschehen kann, ist durch die Kommission des Reichstages in das Gesetz gekommen.

5. Die Beschwerde und die weitere Beschwerde sind innerhalb der gesetzlichen Frist von zwei Monaten anzubringen, beziehungsweise einzulegen. Die Fristen beginnen mit der Zustellung des Erbschaftssteuerbescheides oder der Beschwerdeentscheidung der Oberbehörde. Die Zustellung hat demgemäß in einer Form zu erfolgen, durch welche der Zeitpunkt der erfolgten Zustellung in rechtsverbindlicher Weise festgelegt wird; die näheren Vorschriften in dieser Beziehung haben die Landesregierungen zu treffen, vergl. Note 3 zu § 45. Bezüglich des Laufs der Frist gilt das zu § 18 in Note 3 und 9 Ausgeführte. Mit Ablauf der Frist ist jedwedes Recht zur Beschwerdeführung im Verwaltungswege, abgesehen von der nach Absatz 4 des Paragraphen besonders zugelassenen Ausnahme, ausgeschlossen.

6. Den Behörden, deren Entscheidungen im Beschwerdewege angefochten werden, ist gesetzlich die Befugnis eingeräumt, vor Weitergabe der Beschwerde in den zu letzterer Anlaß bietenden Punkten selbst Abhilfe zu schaffen. Es ist dadurch eine nicht unwesentliche Vereinfachung des Verfahrens erzielt, weil auf diese Weise die fraglichen Behörden in die Lage gesetzt sind, etwaige Irrtümer oder falsche Auffassungen in ihren Entscheidungen, die sie nachträglich als solche erkennen, ohne Weiterungen selbst einzubessern. Ueber die Art und Weise, wie im einzelnen Fall den Beschwerdepunkten abzuhelfen ist, entscheidet die zur Abhilfe berechtigte Behörde; sie kann auch eine Vereinbarung mit dem Beschwerdeführer treffen, auf Grund welcher dieser die Beschwerde zurückzieht. Voraussetzung ist immer eine wirksame Abhilfe, d. h. eine Abhilfe, durch welche der Beschwerdeführer voll befriedigt wird, beziehungsweise sich für befriedigt erklärt. Daß auch die Oberbehörde eine derartige Abhilfe noch treffen kann, ist von der Kommission des Reichstags dem Gesetz eingefügt.

Zu Absatz 4.

7. Die Zulassung verspäteter Beschwerden erfolgt nur, wenn der Beschwerdeführer ohne sein Verschulden verhindert

war, die Frist einzuhalten. Die Bestimmung greift ebenso für die Beschwerde wie für die weitere Beschwerde Platz. Einen formellen Beweis für die Verhinderung, die Frist einzuhalten, hat der Beschwerdeführer nicht zu erbringen; nach dem Wortlaut des Gesetzes genügt es, wenn er der Steuerbehörde die Verhinderung glaubhaft macht, die Behörde zu der Ueberzeugung von der Verhinderung bringt. Unter Steuerbehörde ist hier diejenige Behörde zu verstehen, die für die Entscheidung über die betreffende Beschwerde zuständig ist, also bei der Beschwerde die Oberbehörde, bei der weiteren Beschwerde die oberste Landesfinanzbehörde.

Zu Absatz 5.

8. Daß eine Belehrung über die zulässigen Rechtsmittel in den Erbschaftssteuerbescheid und die auf Beschwerde ergehende Entscheidung der Oberbehörde aufzunehmen sei, ist erst durch die Kommission des Reichstages in das Gesetz gekommen. Das den BRAusfB. beigegebene Muster für den Erbschaftssteuerbescheid trägt dem entsprechend Rechnung und hat die Belehrung in den Vordruck aufgenommen.

Zu Absatz 6.

9. Eine aufschiebende Wirkung hat die Beschwerde und die weitere Beschwerde — letztere auch wohl schon ohne weiteres als notwendige Folge der für erstere erlassenen Vorschrift — nicht. Das Verwaltungsvollstreckungsverfahren, welches nach Ablauf der für die Steuerzahlung im Erbschaftssteuerbescheid gesetzten Frist einzutreten hat (vergl. Note 5 zu § 45), wird demnach durch die Beschwerde nicht aufgehalten. Ob die Einreichung der Beschwerde Veranlassung zu einer Stundung bieten kann, wird nach den besonderen Verhältnissen des einzelnen Falles zu beurteilen sein.

10. Die Erbschaftssteuergesetze der Einzelstaaten weisen hier mannigfache Abweichungen auf. Das Preuß. EStG. hat keinerlei besondere Vorschrift über die Beschwerden im Verwaltungswege gegen den Erbschaftssteuerbescheid. Den vollen Instanzenzug im Verwaltungswege und bei Verwaltungsbehörden (Oberbehörde und oberste Landesfinanzbehörde) haben das Württ. EStG. Artikel 24, das Bad. EStG. § 45 und das Braunschw. EStG. § 37; daneben den Rechtsweg vor dem Verwaltungsgerichtshof hat das Württ. EStG. gegen die Entscheidung der obersten Landesfinanzbehörde, das Bad. EStG. und das Braunschw. EStG. schon gegen die Entscheidung der Oberbehörde neben der Beschwerde an die oberste Landesfinanzbehörde. Das Bayer. EStG. Artikel 38 und das Hess. EStG. Artikel 49 haben die Beschwerde an eine obere Verwaltungsbehörde zugelassen, dagegen dann aber allein die weitere Beschwerde an den Verwaltungsgerichtshof. Das Sächs. EStG. endlich kennt nach Artikel 26 nur eine Beschwerde an das Finanzministerium.

XVII. Stundung. § 47.

§ 47.

In den Fällen, in denen die sofortige Einziehung der Steuer mit erheblichen Härten für den Steuerpflichtigen verbunden sein würde, ist die Steuer, nötigenfalls gegen Sicherheitsleistung, zu stunden, auch die Entrichtung in Teilbeträgen zu gestatten.

Soweit der Erwerb aus Grundstücken besteht, ist dem Steuerpflichtigen, nötigenfalls gegen ausreichende Sicherung, nach Maßgabe des von ihm zu stellenden Antrags die Abführung der Steuer in höchstens zehn Jahresteilbeträgen zu gestatten, sofern nicht seine Vermögensverhältnisse eine mit sofortiger Einziehung der Steuer verbundene Härte ausschließen. Die Stundungsbewilligung kann zurückgenommen werden, wenn die Voraussetzungen der Stundung wegfallen. Als ausreichende Sicherheitsleistung gilt die Eintragung einer Sicherungshypothek für die Steuerforderung auf die bezeichneten Grundstücke, sofern der Hypothek andere Rechte als die zur Zeit des Anfalls bestehenden nicht vorgehen. Soweit die Bestellung einer Hypothek an einem Grundstück in der Art zulässig ist, daß Befriedigung aus dem Grundstücke lediglich im Wege der Zwangsverwaltung gesucht werden muß, genügt die Bestellung einer solchen Hypothek.

Vergl. BRAusfB. § 27.

Zu § 47 insgesamt.

1. Die Motive zum Regierungsentwurf, welcher übrigens nur den ersten Absatz des jetzigen § 47 enthielt und in demselben lediglich vorschrieb, daß bei erheblichen Härten die Steuer, nötigenfalls gegen Sicherheitsleistung, gestundet und insbesondere die Entrichtung von Teilbeträgen gestattet werden könne, führen bezüglich der Stundung nur folgendes an: „Die Stundung der Abgabe gemäß § 50 (jetzt § 47) hängt von dem Ermessen der Steuerbehörde ab, die auch über die Art der Sicherheitsleistung zu befinden hat und hierbei insbesondere an die entsprechenden Vorschriften des bürgerlichen Rechtes (§ 232 des BGB.) nicht gebunden ist." Der § 232 des BGB. bezieht sich auf die Sicherheitsleistung und bestimmt, auf welche Weise dieselbe zu bewirken ist.

2. Durch die Kommission des Reichstages hat einmal der jetzige Absatz 1 des § 47 eine andere Fassung erhalten und ist ferner der Absatz 2 neu hinzugefügt. Die allgemeine Begründung für diese Aenderungen gibt der Kommissionsbericht (a. a. O. S. 28),

wie nachsteht: „Absatz 1 des § 50 (jetzt § 47) stelle die Regel auf, Absatz 2 gewähre eine Vergünstigung für den unbeweglichen Besitz und zwar nicht nur für land- und forstwirtschaftlichen Grundbesitz. Nach Absatz 1 habe die Steuerbehörde pflichtgemäß darüber zu entscheiden, ob die sofortige Einziehung der Steuer mit erheblichen Härten für den Steuerpflichtigen verbunden sein würde. Bejahe sie diese Frage, so müsse sie Stundung gewähren und zwar für so lange, bis die Einziehung der Steuer, ohne zu erheblichen Härten zu führen, erfolgen könne. Regelmäßig werde die Härte vermieden werden können durch Gewährung von angemessenen Teilzahlungen. Aus diesem Grunde gebe Absatz 1 der Steuerbehörde ausdrücklich die Ermächtigung, solche zu gewähren. Eine Sicherheitsleistung soll nur dann — also nicht regelmäßig — verlangt werden, wenn sich nach den besonderen Umständen des Falles eine solche als notwendig erweist. Wenn auch Absatz 1 im Gegensatze zu Absatz 2 keine Fristbestimmung enthalte, so sei doch nicht anzunehmen, daß in der Praxis Fälle vorkommen würden, wo die Steuerbehörde über den Zeitraum von 10 Jahren hinaus stunden würde.

Auf einem wesentlich anderen Standpunkte bewege sich die Bestimmung des Absatzes 2. Hier handele es sich nicht darum, im Einzelfalle konkrete Härten bei der Steuereinziehung zu vermeiden, sondern darum, dem Grundvermögen als solchem eine bevorzugte Stellung vor dem mobilen Kapitale zu gewähren. Die innere Berechtigung hierfür liege darin, daß der immobile Besitz sich der Steuer nicht entziehen könne, während beim mobilen Kapital Schiebungen und Verheimlichungen möglich seien; dazu komme, daß in der Regel — und diese, nicht die denkbaren Ausnahmen müßten den Ausschlag geben — der Erbe unbeweglichen Vermögens weniger in der Lage sei, sich die zur Steuerzahlung erforderlichen Gelder zu verschaffen als der Erbe von mobilem Kapital. Deshalb sei in Absatz 2 bestimmt, daß der Steuerpflichtige, soweit sein Erwerb in Grundvermögen bestehe, Zahlung in Raten bis zu 10 Jahren verlangen könne; diesem Anspruche auf Teilzahlungen stehe aber gegenüber die Verpflichtung, stets ausreichende Sicherheit zu leisten, und als solche soll immer eine Sicherungshypothek, eventuell in der Form der Revenuenhypothek (Art. 60 des EG. zum BGB.), von der Steuerbehörde angenommen werden müssen."

3. Für die Fassung des Absatz 2 des § 47, welche zunächst eine andere war, wurden mehrfache Vorschläge gemacht, die aber sämtlich nach der einen oder anderen Richtung hin Bedenken boten. Der Staatssekretär des Reichsschatzamtes machte deshalb bei der zweiten Lesung geltend, es scheine ihm besser, wenn die Angelegenheit nicht durch das Gesetz selbst, sondern durch eine von ihm abzugebende Erklärung geregelt werde, die für die vom Bundesrat zu erlassenden Ausführungsbestimmungen maßgebend sein solle. Demgegenüber hielt es doch die Kommission für wünschenswert, daß das, was gesetzlich geregelt werden könne, auch gesetzlich geregelt werde, da die Bundesratsbestimmungen Gesetzeskraft nicht hätten und ihnen genügende Festigkeit nicht innewohne. Es gelangte die jetzige Fassung des Gesetzes zur Annahme, nachdem der Staatssekretär des Reichs-

schatzamtes sich dahin geäußert, daß die von ihm abgegebene Erklärung auch für den Fall dieser Annahme gelten solle. Die Erklärung des Staatssekretärs des Reichsschatzamtes lautet:

„Im Hinblick auf die besonderen Verhältnisse des Grundbesitzes geht die Regierung von der Auffassung aus, daß bei einem erbschaftssteuerpflichtigen Erwerbe von Grundstücken oder von Berechtigungen, für welche die sich auf Grundstücke beziehenden Vorschriften gelten, der Fall des § 50 Abs. 1 (jetzt § 47) der Regel nach, ohne daß es noch eines besonderen Nachweises der dort bezeichneten tatsächlichen Voraussetzung bedarf, als gegeben anzusehen ist.

Auch wenn daher der Abs. 2 des § 50 (jetzt § 47) in der Fassung der Kommissionsbeschlüsse erster Lesung nicht bestehen bleibt, wird die Regierung dem § 50 (jetzt § 47) die Auslegung geben, daß bei einem erbschaftssteuerpflichtigen Erwerbe der vorbezeichneten Art die Erbschaftssteuerbehörden der Regel nach ohne weiteres gehalten sind, einem Antrag auf Stundung und auf Gestattung der Abführung der Steuer in Jahresteilbeträgen gegen Bestellung ausreichender Sicherheit stattzugeben. Es bestehen regierungsseitig auch keine Bedenken, daß die Entrichtung der Jahresteilbeträge bei vorhandenem Bedürfnisse bis auf einen Zeitraum von 10 Jahren erstreckt werden dürfe. Die Gestattung von Teilzahlungen zu versagen, muß aber allerdings für Fälle vorbehalten werden, wo nach den besonderen Verhältnissen die Annahme, daß die sofortige Einziehung der Steuer mit Härten verbunden sein würde, als ausgeschlossen angesehen werden muß. Dies könnte z. B. zutreffen bei Grundstücken, die offenkundig Spekulationszwecken dienen oder auch in dem Falle, daß der steuerpflichtige Erwerb neben dem Grundbesitz erhebliches Barvermögen umfaßt. Ebenso muß vorbehalten bleiben, die Stundungsbewilligung im Falle eines Verkaufs des Grundstücks vor Ablauf der Stundungsfrist zurückzuziehen. Doch würde auch von einer solchen Zurückziehung nur Gebrauch gemacht werden, wenn die Fortgewährung billigerweise nicht gerechtfertigt erscheint.

Als ausreichende Sicherheitsleistung wird die Eintragung einer Sicherungshypothek für die Steuerforderung auf die in Rede stehenden Grundstücke angesehen werden, sofern der Hypothek andere Rechte als die zur Zeit des Anfalls bestehenden nicht vorgehen. Soweit die Bestellung einer Hypothek an einem Grundstück in der Art zulässig ist, daß Befriedigung aus dem Grundstücke lediglich im Wege der Zwangsverwaltung gesucht werden muß, wird die Bestellung auch einer solchen Hypothek für genügend erachtet werden." Vergl. Kommissionsbericht a. a. O. S. 55 ff.

Zu Absatz 1.

4. Ob eine Stundung der Steuer oder eine Entrichtung derselben in Teilbeträgen zu gestatten ist, bestimmt sich nicht nach dem Ermessen der Steuerbehörde. Eine Stundung oder Entrichtung von Teilbeträgen ist für den gewöhnlichen Fall ausgeschlossen, da das Gesetz nach dieser Richtung hin keinerlei Bestimmung, wie solches sonst bei den indirekten Reichssteuern regelmäßig geschehen ist, trifft und damit den Einzelstaaten die Verpflichtung zu sofortiger Einziehung und entsprechender Abführung an das Reich auferlegt ist. Stundung und Entrichtung in Teilbeträgen muß aber von der Steuerbehörde gewährt werden, sofern die sofortige Einziehung der Steuer mit erheblichen Härten für den Steuerpflichtigen verbunden sein würde; in diesen Fällen besteht ein Zwang für die Gewährung, dem sich die Steuerbehörde nicht entziehen kann, und mithin auf der anderen Seite ein Recht des Steuerpflichtigen auf Stundung oder Entrichtung in Teilbeträgen.

5. Daß der zu Gewährung von Stundung und Entrichtung in Teilbeträgen verpflichtende beziehungsweise berechtigende Fall tatsächlich vorliegt, ist von dem Steuerpflichtigen nachzuweisen, wobei es sich wiederum wie beim § 46 Abs. 3 (vgl. Note 7 zu § 46) nicht um einen strikten vollen Beweis, sondern lediglich darum handeln kann, daß der Steuerbehörde die Ueberzeugung von dem Vorhandensein der betreffenden Umstände verschafft wird. Voraussetzung ist, daß die sofortige Einziehung der Steuer mit erheblichen Härten verbunden sein würde. In der Kommission des Reichstages hat man über die Weglassung des Wortes „erheblich" verhandelt, derselben aber nicht stattgegeben, weil man dafür hielt, „daß mit jeder Steuereinforderung eine gewisse Härte für den Steuerpflichtigen verbunden sei und daß daher bei Weglassung des „erheblich" eigentlich in allen Fällen eine Stundung eintreten müsse." (Kommissionsbericht a. a. O. S. 55.) Hiermit ist aber für die Auslegung ein Anhalt geboten. Das Vorhandensein erheblicher Härten ist anzunehmen, wenn die sofortige Einziehung der Steuer über das gewöhnliche und durchschnittliche Maß jeder Steuereinziehung hinaus mit Schwierigkeiten verknüpft sein würde. Die Entscheidung darüber, ob ein derartiger Zustand gegeben ist, steht der Steuerbehörde zu und zwar zunächst dem Erbschaftssteueramt, sofern nicht landesgesetzlich eine andere Regelung getroffen wird. Gegen die Entscheidung ist ein Vorgehen im Instanzenzuge zulässig.

6. Bei Gewährung von Stundung und Entrichtung von Teilzahlungen ist nach dem Gesetz nötigenfalls Sicherheitsleistung zu verlangen. Die BRAusfB. bestimmen hierzu im § 27 Abs. 1, daß Stundung und Bewilligung von Teilzahlungen in der Regel nur gegen Sicherheitsleistung zulässig sein solle. In welcher Art für gestundete Erbschaftssteuer Sicherheit zu leisten ist, wird, soweit das Gesetz nicht ein anderes vorschreibt, durch die oberste Landesfinanzbehörde bestimmt. Die letztere hat ferner anzuordnen, inwieweit es zur Stundung ohne Sicherheitsleistung der Genehmigung der Oberbehörde oder der obersten Landesfinanzbehörde bedarf. Sofern nicht in dieser Beziehung besondere Regelungen getroffen werden, kommen die bestehenden bezüglichen landesgesetzlichen Vorschriften zur Anwendung.

7. Die Frage, ob gestundete Erbschaftssteuerbeträge von dem Steuerpflichtigen zu verzinsen seien, kam in der Kommission des Reichstages zur Erörterung und erklärte dazu der Staatssekretär des Reichsschatzamtes, „eine Verzinsung gestundeter Steuerbeträge werde bei den übrigen Steuerzweigen im Reiche nicht gefordert und es sei auch im vorliegenden Falle eine solche Verzinsung

nicht vorgesehen“ (Kommissionsbericht a. a. O. S. 56). Die BRAusfB. § 27 Abs. 2 bestimmen, daß eine Verzinsung der gestundeten Steuerbeträge nicht stattfinde.

8. Nach den BRAusfB. § 27 Abs. 3 ist die Gewährung von Teilzahlungen an die Bedingung zu knüpfen, daß bei dem Ausbleiben auch nur einer Teilzahlung die sofortige Beitreibung der ganzen noch rückständigen Steuerschuld erfolgen wird. Die Beitreibung hat jedoch erst zu geschehen, wenn eine Mahnung zur Entrichtung der fälligen Teilzahlung erfolglos geblieben ist.

Zu Absatz 2.

9. Wenn es sich um den Erwerb von Grundstücken handelt, müssen Teilzahlungen nach der Vorschrift des Abs. 2 stets zugelassen werden, sofern nicht die Vermögensverhältnisse des Steuerpflichtigen eine mit sofortiger Einziehung der Steuer verbundene Härte ausschließen. Auch bezüglich der Gewährung dieser Vergünstigung besteht für die Steuerbehörde demnach ein gesetzlicher Zwang. Dem Sinne nach soll die Vorschrift des Abs. 2 eine Erweiterung der des Abs. 1 bilden; die letztere findet daher bei dem Grundstückserwerb neben der erstgenannten Anwendung und wird nicht etwa durch solche ausgeschlossen.

10. Die Vergünstigung des Abs. 2 bezieht sich auf Grundstücke schlechthin, demnach auf Grundstücke jedweder Art und nicht nur in Uebereinstimmung mit § 15 des Gesetzes auf diejenigen, welche dauernd land- oder forstwirtschaftlichen Zwecken zu dienen bestimmt sind. Im Sinne der Erklärung des Staatssekretärs des Reichsschatzamtes (vergl. oben Note 3) schreiben aber die BRAusfB. im § 27 Abs. 4 vor: „In dem Falle des § 47 Abs. 2 des Gesetzes ist die Gewährung von Teilzahlungen zu versagen, wenn nach den obwaltenden Verhältnissen die Annahme ausgeschlossen ist, daß die sofortige Einziehung der Steuer mit Härten verbunden sein würde. Dies wird der Regel nach z. B. bei Grundstücken, die offenkundig Spekulationszwecken dienen, sowie dann zutreffen, wenn der steuerpflichtige Erwerb neben dem Grundbesitze Barvermögen umfaßt, aus welchem die Steuer ohne irgendwelche Härte gedeckt werden kann. Im Falle des Verkaufs eines Grundstücks vor Ablauf der Stundungsfrist ist die Stundungsbewilligung zurückzuziehen, falls nicht etwa die Fortgewährung billigerweise gerechtfertigt erscheint.“ Durch letztere Vorschrift ist der zweite Satz in der Gesetzbestimmung näher ergänzt, nach welcher die Stundungsbewilligung zurückgenommen werden kann, wenn die Voraussetzungen der Stundung wegfallen.

11. Im Abs. 2 ist die Stellung eines Antrags des Steuerpflichtigen ausdrücklich vorgeschrieben; ein solcher Antrag wird aber auch im Fall des Abs. 1 regelmäßig erforderlich sein. Eine besondere Form ist nicht angeordnet, doch wird schriftliche Anbringung oder zu Protokoll des Erbschaftssteueramts, sofern solches dazu bereit ist, notwendig sein. In dem Antrage ist die Vorbedingung der Bewilligung in gleicher Weise wie bei Abs. 1 (vergl. oben Note 5 i. A.) nachzuweisen, auch werden in demselben die Wünsche des Steuerpflichtigen

über die Einrichtung der Teilzahlung nach Zahl und Höhe der Jahresleistungen vorzubringen sein.

12. Die Vergünstigung ist auf die Zulassung von höchstens zehn Jahresteilbeträgen beschränkt. Wie weit im einzelnen Fall bis an diese Grenze zu gehen ist, bestimmt das Erbschaftssteueramt nach den besonderen Verhältnissen des Falls. Ueber die Höhe der einzelnen Teilzahlung sind keine Vorschriften getroffen; das Erbschaftssteueramt hat also freie Hand; es kann, wie wohl regelmäßig, die Gesamtsteuer gleichmäßig auf die zugelassenen Jahresraten verteilen, es kann aber auch die Jahresraten in verschiedener Höhe festsetzen, wenn die Umstände des Falles solches erwünscht erscheinen lassen. Die Gewährung der Teilzahlungen ist auch hier an die Bedingung zu knüpfen, daß bei dem Ausbleiben einer Teilzahlung die sofortige Beitreibung der ganzen noch rückständigen Steuerschuld erfolgen werde, vergl. oben Note 8.

13. In den beiden letzten Sätzen des Abs. 2 sind besondere Vorschriften bezüglich der Sicherheitsleistung getroffen, welche als reichsgesetzliche selbstredend der im übrigen hier zur Anwendung zu bringenden Regelung der einzelnen Bundesstaaten vorgehen und diese entsprechend modifizieren. Da es sich um Sonderbestimmungen handelt, ist eine analoge Anwendung auf andere Fälle, speziell auf den Abs. 1, ausgeschlossen.

14. Für den Begriff der Sicherheitshypothek ist § 1184 des BGB. maßgebend mit folgendem Wortlaut:

„Eine Hypothek kann in der Weise bestellt werden, daß das Recht des „Gläubigers aus der Hypothek sich nur nach der Forderung bestimmt „und der Gläubiger sich zum Beweise der Forderung nicht auf die „Eintragung berufen kann (Sicherungshypothek).

„Die Hypothek muß im Grundbuch als Sicherungshypothek bezeichnet „werden."

Es sind darnach diejenigen für die Hypotheken im allgemeinen geltenden Vorschriften bezeichnet, welche bei der Sicherungshypothek nicht Platz greifen sollen. Unter diesen Vorschriften findet sich aber die des § 1147 nicht, die folgendermaßen lautet:

„Die Befriedigung des Gläubigers aus dem Grundstück und den „Gegenständen, auf die sich die Hypothek erstreckt, erfolgt im Wege „der Zwangsvollstreckung."

Die Mittel der Zwangsvollstreckung sind die Zwangsversteigerung und die Zwangsverwaltung. Wenn nun aber auch an und für sich beide Vollstreckungsarten dem Gläubiger einer Sicherungshypothek gegeben sind, so wird für eine Sicherungshypothek anläßlich der Erbschaftssteuer in unserem Falle die erstere, die Zwangsversteigerung, doch nur in einer sehr beschränkten Weise in Frage kommen können, weil hier der nachfolgende § 48 eingreift, der zum Zwecke der Einziehung der Erbschaftssteuer die Zwangsversteigerung eines Grundstücks, wenn der Steuerpflichtige ein Deutscher ist, ohne seine Zustimmung nicht zuläßt. Im regelmäßigen Fall wird hier demnach die Möglichkeit einer Zwangsversteigerung an die Zustimmung des Steuerpflichtigen gebunden sein. Mit Rücksicht hierauf ist aber zwischen der nach dem § 1184 des BGB. zugelassenen gewöhnlichen Sicherungshypothek und der in der nachstehenden Note zu behandelnden sogenannten Revenuenhypothek bezüglich einer Sicherheitsleistung nach dem Absatz 2 des § 47 kein großer Unterschied vorhanden.

15. Der letzte Satz des Paragraphen hat seine Grundlage im Art. 60 des EG. zum BGB., der folgendes bestimmt:

„Unberührt bleiben die landesgesetzlichen Vorschriften, welche die Bestellung einer Hypothek, Grundschuld oder Rentenschuld an einem Grundstücke, dessen Belastung nach den in den Art. 57—59 bezeichneten Vorschriften nur beschränkt zulässig ist, dahin gestatten, daß der Gläubiger Befriedigung aus dem Grundstücke lediglich im Wege der Zwangsverwaltung suchen kann."

Damit sind also die landesrechtlichen Vorschriften über die Revenuenhypotheken auch nach dem Inkrafttreten des BGB., welches selbst die Revenuenhypothek nicht kennt, in Gültigkeit geblieben. Soweit solches nun für die einzelnen Bundesstaaten zutrifft, genügt für die Sicherheitsleistung wegen der Erbschaftssteuer aus dem Erwerb des Grundstücks die Bestellung nur einer solchen Revenuenhypothek. Diese Zulassung wird man um so mehr als gerechtfertigt ansehen müssen, als nach den Ausführungen in der vorigen Note 14 mit der gewöhnlichen Sicherungshypothek des BGB. bezüglich der Erbschaftssteuer tatsächlich in der großen Mehrheit der Fälle für den Staat keine weitergehende Sicherstellung zu erlangen ist, indem die Zwangsverwaltung, welche für die Revenuenhypotheken als einziges Mittel der Zwangsvollstreckung besteht, auch bei den Sicherungshypotheken des BGB. infolge der Vorschrift des § 48 des REStG. meist nur allein in Frage kommen kann.

16. Die Erbschaftssteuergesetze der Bundesstaaten enthalten über die Zulassung der Stundung und der Entrichtung von Teilbeträgen durchweg keinerlei Vorschrift, wenn auch eine solche in den Ausführungsvorschriften, wie beispielsweise in Württemberg (vergl. Anweisung des K. Steuerkollegiums, Abteilung für direkte Steuern, betreffend die Ausführung des Erbschafts- und Schenkungssteuergesetzes §§ 15, 22) oder nach ministerieller Verfügung wie z. B. in Preußen (vergl. Hoffmann, Preuß. EStG. Note 3 zu § 41) angeordnet ist.

XVIII. Zwangsvollstreckung. § 48.

§ 48.

Wenn der Steuerpflichtige ein Deutscher ist, so ist zum Zwecke der Einziehung der Erbschaftssteuer die Zwangsversteigerung eines Grundstücks ohne seine Zustimmung nicht zulässig.

1. Die Vorschrift des § 48 ist durch die Kommission des Reichstages dem Gesetze eingefügt. Die Begründung gibt der Kommissionsbericht (a. a. O. S. 29) folgendermaßen: „Nach § 57 des

Entwurfs (jetzt § 52) sei im Anschlusse an § 47 des Preuß. EStG. die Zwangsversteigerung von Grundstücken zum Zwecke der Eintreibung verwirkter Steuerstrafen, wenn der Bestrafte ein Deutscher sei, ohne seine Zustimmung nicht zulässig; per argumentum a majore ad minus empfehle es sich, dieses Verbot auf die Beitreibung der Steuer auszudehnen."

2. Von Bedeutung wird hier namentlich die Frage sein, ob die Vorschrift des § 48 auch dann Anwendung finde, wenn für die Erbschaftssteuer Sicherheit mit einem Grundstück bestellt ist und es sich um die Realisierung dieser Sicherheit handelt. Es wird dabei wiederum zu unterscheiden sein, ob das Grundstück zur Erbschaftsmasse gehört und lediglich für die aus dem Erwerb desselben sich begründende Erbschaftssteuer haftet, mithin der Fall des Absatz 2 des § 47 gegeben ist, oder ob das Grundstück, gleichgültig, ob es zur Erbschaftsmasse selbst gehört oder nicht, für eine an sich nicht auf ihm haftende Erbschaftssteuer zur Sicherheit dient. Im ersteren Fall ist die Anwendbarkeit der Vorschrift des § 48 wohl zweifellos, vgl. Note 14 zu § 47; aber auch für den letzteren Fall wird man nach Maßgabe einerseits der ganz allgemeinen Fassung der Vorschrift — die Zwangsversteigerung ist „zum Zwecke der Einziehung der Erbschaftssteuer" für unzulässig erklärt —, andrerseits der Stellung des § 48 — derselbe ist unmittelbar den Vorschriften über die Stundung angeschlossen — die Anwendbarkeit annehmen müssen, zumal dieses auch dem ganzen Sinn und inneren Grunde der Vorschrift selber entsprechen dürfte. Allerdings wird der volle Zweck der Sicherheitsleistung, die unbedingte Möglichkeit einer sofortigen Einbringung des Steuerbetrages in dem entsprechenden Augenblick zu schaffen, durch die Anwendbarkeit der Vorschrift mehr oder weniger in Frage gestellt. Dem wird aber von der Steuerbehörde bei Annahme eines Grundstückes als Sicherheit für eine an sich nicht auf ihm haftende Erbschaftssteuer entsprechend Rechnung getragen werden müssen und dürfte es unter Umständen für die Steuerbehörden geboten erscheinen, sich bei einer derartigen Sicherheitsannahme von vornherein der Zustimmung des Steuerpflichtigen zu einer eventuellen Zwangsversteigerung zu versichern. Nur scheinbar ist der Widerspruch gegen den § 48, der möglicherweise in einem solchen Verfahren erblickt werden könnte; denn bei einer Sicherstellung kommt stets in erster Linie das Interesse dessen, der gesichert werden soll, — in unserem Fall der Staat — in Betracht und das Interesse des Pflichtigen, dem der § 48 ganz allgemein dient, muß für diesen Spezialfall zurücktreten.

3. Weiterer Erläuterung wird die Vorschrift nicht bedürfen. Was unter einem Deutschen zu verstehen, ist in Note 2 zu § 5 erklärt

4. Die Erbschaftssteuergesetze der Bundesstaaten enthalten eine Vorschrift wie die des § 48 nicht, nur das Sächs. EStG. Art. 31 macht die zwangsweise Versteigerung eines Grundstücks zur Beitreibung von rückständigen Steuerbeträgen von der Genehmigung des Finanzministeriums abhängig.

XIX. Strafen.

Vorbemerkungen zu §§ 49, 50.

1. In Uebereinstimmung mit den übrigen Reichsgesetzen über die indirekte Besteuerung — mit Ausnahme des Gesetzes über die Wechselstempelsteuer vom 10. Juni 1869, welches nach seinem § 15 nur eine Strafe und zwar die härtere sog. Defraudestrafe kennt — scheidet auch das RESt.G. zwei Arten von Straftaten und danach Strafen. Die eine Art der Straftaten bedingt regelmäßig die Absicht, die Steuer zu hinterziehen, (Defraude) und ist mit einer Strafe, die lediglich als Geldstrafe bezeichnet wird, belegt. Die andere Art der Straftaten charakterisiert sich mehr als eine Ordnungswidrigkeit, als eine Pflichtverletzung ohne den Dolus der Steuerhinterziehung und wird mit einer als Ordnungsstrafe bezeichneten Strafe belegt, eine Bezeichnung, welche sich durch die Reichssteuergesetzgebung, der sich dann vielfach auch die Landessteuergesetzgebung angeschlossen hat, mehr oder weniger zu einem festen selbständigen Begriff gestaltet hat Die Ordnungsstrafe als Zwangsmaßnahme, wie sie der § 42 Abs. 4 des Gesetzes anordnet, ist von der eigentlichen Ordnungsstrafe als Strafmittel grundsätzlich geschieden, vergl. oben Note 13 zu § 42.

2. Die bisherigen Reichsgesetze über die indirekte Besteuerung scheiden sich wiederum je nach der Art und Weise, wie sie die durch die Absicht der Steuerhinterziehung charakterisierte Straftat äußerlich im einzelnen formulieren, in zwei Gruppen Die erste Gruppe stellt von vornherein und schlechthin die Defraude als solche, also die absichtliche Steuerhinterziehung, unter Strafe und gibt sodann in weiteren Einzelbestimmungen durchweg eine Reihe besonderer und als solche gekennzeichneter Handlungen oder Unterlassungen, durch welche ohne weiteres für die fragliche Besteuerungsart der Tatbestand der Defraude begründet sein soll. Zu dieser Gruppe gehört die Mehrzahl der bisherigen Reichssteuergesetze nämlich das Gesetz betreffend die Erhebung einer Abgabe von Salz vom 12. Oktober 1867 (RGBl. 1867 S. 41 ff.) mit seinen §§ 11—14, das Gesetz wegen Erhebung der Brausteuer vom 31. Mai 1872 (RGBl. 1872 S. 153 ff.) mit seinen §§ 27—34, das Gesetz betreffend die Besteuerung des Tabaks vom 16. Juli 1879 (RGBl. 1879 S. 245 ff.) mit seinen §§ 32—39, das Gesetz betreffend die Besteuerung des Branntweins, neue Redaktion vom 17. Juni 1895 (RGBl. 1895 S. 276 ff.) mit seinen §§ 17—24, das Zuckersteuergesetz vom 27. Mai 1896 (RGBl. 1896 S. 117 ff.) mit seinen §§ 43—50 und das Schaumweinsteuergesetz vom 9. Mai 1902 (RGBl. 1902 S. 155 ff.) mit seinen §§ 16—18. Die zweite Gruppe stellt lediglich, ohne dabei von einer Absicht der Steuer-

hinterziehung überhaupt zu sprechen, gewisse mit der fraglichen Steuerart in Verbindung stehende und danach näher charakterisierte Handlungen oder Unterlassungen unter Strafe und ist nur aus der nachfolgenden Regelung der Ordnungsstrafen, für welche bei den gleichen und ähnlichen Handlungen oder Unterlassungen das Fehlen der Absicht der Steuerhinterziehung die zum Ausdruck gebrachte Voraussetzung bildet, sowie auch aus der Härte des Strafmaßes, der Höhe der angedrohten Geldstrafen zu ersehen, daß es sich hier nicht um Defraudationsstrafen handeln soll. Diese zweite Gruppe umfaßt zunächst das Gesetz betreffend die Wechselstempelsteuer im Norddeutschen Bunde vom 10. Juni 1869 (BGBl. 1869 S. 193 ff.), welches sich wie schon hervorgehoben noch dadurch auszeichnet, daß ihm die Ordnungsstrafe überhaupt fehlt, in seinen §§ 15 und 16, ferner das Gesetz betreffend den Spielkartenstempel vom 3. Juli 1878 (RGBl. 1878 S. 133 ff.) in seinen §§ 10—15 und endlich das Reichsstempelgesetz, neue Redaktion vom 14. Juni 1900 (RGBl. 1900 S. 275 ff.) in seinen §§ 19—21, 27, 38 und 39. Das REStG. schließt sich nach der Fassung seiner Strafbestimmungen in den §§ 49 und 50 der zweiten kleineren Gruppe der Reichssteuergesetze an.

3. In den Erbschaftssteuergesetzen der Bundesstaaten sind die Strafbestimmungen, was die Strafhandlungen, betrifft im großen und ganzen in sachlicher Uebereinstimmung mit dem REStG. geordnet und nur Abweichungen, soweit solches durch Sonderheiten in der Erhebungsweise bedingt war, vorhanden. Für die Defraudestrafe ist durchweg nur ein fester Satz, der teils das zweifache, teils aber auch das vierfache der hinterzogenen Steuer beträgt, ausgeworfen. Die Ordnungsstrafe neben der Defraudestrafe haben die sämtlichen hier regelmäßig berührten einzelstaatlichen Gesetze; sie normieren sie zum Teil mit einem höheren zum Teil mit einem niedrigeren Maximalsatze. Regelmäßig findet sich in den Gesetzen eine besondere Strafe, wenn jemand der Verpflichtung zur Abgabe der eidesstattlichen Versicherung auf wiederholte Aufforderung innerhalb der gesetzten Frist nicht nachkommt, eine Bestimmung, welche der Regierungsentwurf des REStG. in gleicher Weise enthielt, die dann aber mit Beseitigung der eidesstattlichen Versicherung in Wegfall kommen mußte, vergl. Note 13 zu § 37. Die formelle Regelung zeigt mancherlei Verschiedenheiten, auf die hier einzeln hinzuweisen aber kein Interesse bieten dürfte. Die Strafbestimmungen finden sich im Preuß. EStG. in den §§ 43—45, im Bayer. EStG. in den Artikeln 41—44 und Artikel 47, im Sächs. EStG. in den Artikeln 28—30, im Württ. EStG. in den Artikeln 33—37, im Bad. EStG. in den §§ 54—59, im Hess. EStG. in den Artikeln 54—56 und Artikel 59 und im Braunschw. EStG. in den §§ 38—40.

§ 49.

Ist die gesetzliche Verpflichtung zur Einreichung der Erbschaftssteueranmeldung oder Erbschaftssteuererklärung innerhalb der vorgeschriebenen Frist nicht erfüllt, so unterliegt der Verpflichtete einer Geldstrafe im zwei- bis vierfachen Betrage der Erbschaftssteuer von dem betreffenden Erwerb oder, wenn der Betrag der Steuer nicht ermittelt werden kann, einer Geldstrafe bis zu 20000 Mark.

Ist nach den obwaltenden Umständen anzunehmen, daß die rechtzeitige Erfüllung der Verpflichtung nicht in der Absicht, die Erbschaftssteuer zu hinterziehen, unterlassen worden ist, so tritt statt der im Abs. 1 vorgesehenen Strafe eine Ordnungsstrafe bis zu 150 Mark ein.

Die gleiche Ordnungsstrafe tritt ein für Zuwiderhandlungen gegen die Vorschriften dieses Gesetzes oder die zu seiner Ausführung erlassenen Bestimmungen, die im Gesetze mit keiner besonderen Strafe bedroht sind.

Die Einziehung der Steuer erfolgt unabhängig von der Bestrafung.

Zu Absatz 1.

1. Lediglich durch die Versäumung der gesetzlichen Pflicht zur Einreichung der Erbschaftssteueranmeldung oder Erbschaftssteuererklärung innerhalb der vorgeschriebenen Frist wird der Tatbestand der Straftat des Absatz 1 erfüllt. An und für sich wird daher bei jeder Versäumnis der fraglichen Art Bestrafung nach Absatz 1 einzutreten haben und ist es dabei ohne Einfluß, ob die Versäumnis eine vorsätzliche gewesen ist oder nicht. Speziell nicht erforderlich ist es, daß dem Versäumenden die Absicht einer Steuerhinterziehung nachgewiesen ist, da für den einfachen Tatbestand der Versäumung, welcher die Bestrafung begründet, diese Absicht in keiner Weise in Frage kommt. Nur dadurch, daß im Absatz 2 des Paragraphen gesagt ist „statt der im Absatz 1 vorgesehenen Strafe“ solle bei Mangel der Hinterziehungsabsicht nur die Ordnungsstrafe eintreten, gewinnt diese Absicht für den Absatz 1 überhaupt Bedeutung. Diese Bedeutung geht aber nur dahin, daß eine Bestrafung nach Absatz 1 ausgeschlossen sein soll, wenn nach den obwaltenden Umständen der Mangel der Steuerhinterziehungsabsicht bei der unter Strafe gestellten Pflichtversäumnis anzunehmen ist. Es wird daher stets Sache des Versäumenden sein, in dieser Beziehung den Nachweis zu erbringen, um sich von der Bestrafung zu befreien. Er hat also entweder geradezu zu beweisen, daß er die Absicht der Steuerhinterziehung bei seiner Versäumnis nicht gehabt habe, beziehungsweise nicht gehabt haben könne, oder er hat zum Mindesten solche Umstände nachzuweisen, die auf den Mangel einer solchen Absicht schließen lassen.

Gelingt ihm der letztere Nachweis nur unvollkommen, kann er der urteilenden Behörde die Ueberzeugung davon, daß ihm bei seiner Pflichtversäumung die Absicht der Steuerhinterziehung gefehlt habe, nicht verschaffen, so wird immer eine Bestrafung nach Absatz 1 einzutreten haben.

2. Eine Nichterfüllung der oben berührten gesetzlichen Verpflichtung liegt aber auch dann vor, wenn der Pflichtige die Erbschaftssteueranmeldung oder die Erbschaftssteuererklärung zwar eingereicht, aber in einer vollkommen ungenügenden Weise eingereicht hat, wenn das Erbschaftssteueramt denselben hiervon mit der Auflage einer neuen Einreichung Mitteilung gemacht, und wenn er nunmehr dieser Auflage keine Folge leistet. In der Praxis wird dieser Fall weniger bei der Erbschaftssteueranmeldung, leichter aber bei der Erbschaftssteuererklärung eintreten, vergl. dazu Note 10 zu § 37. Wenn auch in der Regel in diesem Falle tatsächlich nicht die Defraudestrafe nach Abs. 1, sondern nur die Ordnungsstrafe nach Abs. 2 begründet sein wird, so ist dieses doch keineswegs ohne weiteres gegeben und es wird immer der Nachweis, daß die Hinterziehungsabsicht gefehlt habe, noch zu erbringen sein, ein Nachweis, der nur durch die ungenügende Einreichung mehr oder weniger wesentlich erleichtert wird. Aehnlich ist die Sachlage, wenn lediglich die vorgeschriebene Frist versäumt, die Erbschaftssteueranmeldung oder die Erbschaftssteuererklärnng verspätet eingereicht wird. Auch hier wird es sich immer noch um die Erbringung des mehrfach berührten Nachweises handeln, der aber wieder infolge der tatsächlich noch erfolgten Einreichung mit weniger Schwierigkeiten für die Regel zu führen sein wird. In beiden Fällen ist jedoch trotzdem die Möglichkeit vorhanden, daß der nötige Nachweis mißlingt und folgeweise Bestrafung nach Abs. 1 eintritt.

3. Die Gesetzesvorschrift bezieht sich auf zwei gesonderte Straftaten: die Versäumung der Verpflichtung zur Erbschaftssteueranmeldung und die Versäumung der Verpflichtung zur Erbschaftssteuererklärung. In der gleichen Weise wie die erstere Verpflichtung unabhängig von der zweiten ist, ebenso ist die Bestrafung wegen der einen Versäumung auch unabhängig von der anderen. Es handelt sich hier um zwei selbständige Verpflichtungen, deren Versäumung je den besonderen Tatbestand für eine Bestrafung bildet, so daß auch zwei vollkommen selbständige Vergehungen gegeben sind. Folgeweise kann bezüglich desselben Anfalls ein Steuerpflichtiger wegen beider Vergehungen zur Rechenschaft gezogen werden, denn es stehen hier zwei getrennte und in sich selbständige strafbare Handlungen in Frage, von denen jede für sich abzuurteilen ist.

4. Notwendige Voraussetzung für das Eintreten einer Bestrafung ist, daß tatsächlich eine gesetzliche Verpflichtung zur Einreichung der Erbschaftssteueranmeldung oder der Erbschaftssteuererklärung vorhanden gewesen ist. In dieser Beziehung ist es namentlich von Bedeutung, daß der Erwerb, welcher die Grundlage für Anmeldung und Erklärung bildet, ein steuerpflichtiger sein muß, da nur, wenn solches der Fall, die fragliche gesetzliche Verpflichtung gegeben sein kann. Es greift hier das oben in Note 2 zu § 36 und

in Note 3 zu § 37 Ausgeführte Platz. Daß die Bestrafung nur bei einem steuerpflichtigen Erwerbe eintreten soll, folgt außerdem schon aus dem äußeren Umstande, daß die Strafe selbst nach dem Betrage der Erbschaftssteuer von dem betreffenden Erwerbe zu bestimmen ist. Als verpflichtete Personen können für die Bestrafung aber neben demjenigen, welchem ein steuerpflichtiger Erwerb von Todes wegen anfällt, in Gemäßheit des § 38 des Gesetzes auch der Testamentsvollstrecker, der Nachlaßpfleger und der gesetzliche Vertreter der Erwerber, soweit sie in Ansehung der ihrer Verwaltung unterliegenden Gegenstände zu der Erbschaftssteueranmeldung und der Erbschaftssteuererklärung verpflichtet sind, in Betracht kommen.

5. Da das Gesetz die Strafe selbst in eine unmittelbare Beziehung zu dem Betrage beziehungsweise zu der Ermittelung der Erbschaftssteuer setzt, so kann die Bestrafung erst nach dem Abschluß des Steuerfestsetzungs oder -Ermittelungsverfahrens erfolgen; denn erst wenn der Betrag der maßgebenden Erbschaftssteuer bestimmt ist, oder wenn es feststeht, daß dieser Betrag nicht zu ermitteln ist, kann die Strafe der Höhe nach überhaupt ausgeworfen werden.

Zu Absatz 2.

6. Die Ordnungsstrafe nach Abs. 2 setzt den gleichen objektiven Tatbestand wie die Defraudestrafe des Abs. 1 voraus; bei ihr kommt aber das subjektive Moment hinzu, daß der seine gesetzliche Verpflichtung Versäumende die Absicht der Steuerhinterziehung nicht gehabt hat. Ueber das letztere Moment muß Klarheit geschaffen sein und zwar ist hierzu der Säumige verpflichtet, da andererseits seine Bestrafung nach Abs. 1 Platz greifen würde; vergl. oben Note 1. Demnach müssen sich die Bestrafung nach Abs. 1 und die nach Abs. 2 stets gegenseitig ausschließen. Es trifft dieses aber immer nur für je dieselbe der beiden hier in Eins geregelten Vergehungen (vergl. oben Note 3) zu, also einerseits nur für die Versäumung der Verpflichtung zur Erbschaftssteueranmeldung, andererseits nur für die Versäumung der Verpflichtung der Erbschaftssteuererklärung, so daß mithin die Möglichkeit einer Defraudestrafe bezüglich der ersteren Versäumung und einer Ordnungsstrafe bezüglich der zweiten aus ein und demselben Anfall immerhin gegeben sein kann.

7. Die Ordnungsstrafe hat voll den Charakter einer wirklichen Strafe, welche in dem nach § 51 des Gesetzes sich bestimmenden Strafverfahren zu erledigen ist; sie unterscheidet sich dadurch von der als Ordnungsstrafe bezeichneten Zwangsmaßnahme des § 42 (vergl. Note 13 zu § 42). Die Ordnungsstrafe findet sich in der gleichen Weise und unter derselben Bezeichnung, die sich dadurch gewissermaßen schon zu einem eigenen und selbständigen Begriff für die Bestrafung steuerlicher Vergehungen herausgebildet hat, in den sämtlichen Reichsgesetzen über die indirekte Besteuerung mit Ausnahme des Wechselstempelsteuergesetzes, so im Salzabgabengesetz von 1867 in den §§ 13 und 15, im Brausteuergesetz von 1872 in den §§ 35 und 36, im Spielkartenstempelgesetz von 1878 in den §§ 11, 12 und 16, im Tabaksteuergesetz von 1879 in den §§ 40 und 41, im Branntwein-

steuergesetz von 1895 in den §§ 26 und 27, im Zuckersteuergesetz von 1896 in den §§ 51—53, im Reichsstempelgesetz von 1900 im § 44 und im Schaumweinsteuergesetz von 1902 im § 19.

8. Der **Mindestbetrag der Ordnungsstrafe** ist nach § 27 des RStGB., da es sich um eine Uebertretung handelt, 1 Mk. Die Ordnungsstrafe bedeutet als solche eine wesentliche Milderung gegenüber der Defraudestrafe; sie wird daher im einzelnen Fall stets zu einem geringeren Satze, wie die Defraudestrafe betragen würde, auszuwerfen sein. Im übrigen ist sie für jeden Fall nach der Schwere der der Versäumnis zugrunde liegenden Nachlässigkeit zu bemessen.

Zu Absatz 3.

9. Wenn im Absatz 3 die gleiche Ordnungsstrafe wie im Absatz 2 für **Zuwiderhandlungen gegen die Vorschriften des Gesetzes** 2c., welche sonst nicht besonders unter Strafe gestellt sind, angedroht wird, so handelt es sich dabei gleicherweise um eine eigentliche Strafe, welche ausschließlich im Strafverfahren nach § 51 zu erledigen ist, und nicht etwa um eine Zwangsmaßnahme. Ordnungsstrafen als Zwangsmaßnahmen sind lediglich im Fall des § 42 zulässig. Das oben in Note 7 zu Abs. 2 Ausgeführte trifft auch hier zu.

10. Eine Strafbestimmung wie die des Absatzes 3 findet sich in sachlich vollständiger, meist sogar wörtlicher Uebereinstimmung wiederum in fast sämtlichen **Reichsgesetzen über die indirekte Besteuerung**, so im Salzabgabengesetz im § 15, im Brausteuergesetz im § 35, im Spielkartenstempelgesetz im § 16, im Tabaksteuergesetz im § 40, im Branntweinsteuergesetz im § 26, im Zuckersteuergesetz im § 52, im Reichsstempelsteuergesetz im § 44 und im Schaumweinsteuergesetz im § 19.

Zu Absatz 4.

11. Daß **neben der Bestrafung** auch die **Einziehung der hinterzogenen Steuer** zu erfolgen hat, entspricht einem bei der indirekten Besteuerung allgemein durchgeführten und meist auch in den Reichsgesetzen besonders verlautbarten Grundsatz. Die Festsetzung und Einziehung der Steuer hat nicht im Strafverfahren, sondern in dem regelmäßigen Steuerfestsetzungs- und -erhebungsverfahren zu geschehen.

§ 50.

Die Vorschriften des § 49 finden Anwendung auf denjenigen, welcher wissentlich zu einem steuerpflichtigen Erwerbe gehörende Gegenstände, zu deren Angabe er verpflichtet ist, verschweigt oder über die Tatsachen, welche die Steuerpflichtigkeit, die Höhe des Steuersatzes oder des Steuerbetrags bestimmen, wissentlich unrichtige Angaben macht.

Eine Bestrafung findet jedoch nicht statt, wenn der Verpflichtete vor erfolgter Strafanzeige oder bevor eine Untersuchung gegen ihn eingeleitet ist, aus freien Stücken seine Angaben berichtigt.

Zu Absatz 1.

1. Für beide Vergehungen, welche der § 50 als solche hinstellt, die Unterlassung einer Angabe und die Erstattung einer unrichtigen Angabe, ist es Voraussetzung, daß eine Verpflichtung zu den Angaben der Steuerbehörde gegenüber vorhanden gewesen ist. Jemand, der überhaupt zu bezüglichen Angaben durch die Bestimmungen des Erbschaftssteuergesetzes nicht besonders herangezogen ist, kann auch durch diese besondere erbschaftssteuerliche Strafbestimmung nicht getroffen werden. Daß bezüglich der zweiten Straftat, unrichtige Angabe, die Verpflichtung nicht speziell im Gesetz hervorgehoben wird, ist ohne weitere Bedeutung; die Verpflichtung ist auch bei ihr Voraussetzung. Der Kreis der der Strafbestimmung unterliegenden Personen ist hier aber ein weiterer als nach dem § 49, da außer den durch letzteren betroffenen Personen auch alle diejenigen, auf welche der § 42 des Gesetzes Anwendung finden kann, in Betracht kommen; nach dieser Richtung hin ist das in den Noten 1 bis 7 zum § 42 Ausgeführte zu vergleichen.

2. Eine weitere Voraussetzung der Strafbarkeit ist, daß die Unterlassung der Angabe beziehungsweise die unrichtige Erstattung derselben wissentlich geschehen ist. Der Betreffende muß im ersteren Fall gewußt haben, daß die von ihm verschwiegenen Gegenstände zu einem steuerpflichtigen Erwerbe gehörten, und im zweiten Fall, daß die Tatsachen sich nicht so, wie er angegeben, verhalten haben. Daß er dieses gewußt hat, bildet aber einen notwendigen Bestandteil der Straftat und ist daher von der Anklage nachzuweisen.

3. Die Angabe, welche unterlassen beziehungsweise unrichtig gemacht ist, muß die Besteuerung zu beeinflussen an sich geeignet gewesen sein; daß ein derartiger Einfluß tatsächlich stattgefunden, also wirklich eine unrichtige Besteuerung herbeigeführt ist, bildet keine Voraussetzung der Bestrafung. Die letztere kann vielmehr, abgesehen von dem im zweiten Absatz geregelten Ausnahmefall, auch eintreten, wenn das Unterlassen oder die unrichtige Erstattung der Angabe infolge anderer Umstände tatsächlich ohne allen Einfluß auf die Besteuerung geblieben ist. Der Einfluß, der auf die Besteuerung an sich ausgeübt werden kann, braucht aber keineswegs ein den Fiskus benachteiligender zu sein. In dem ersteren Fall, dem Verschweigen eines zu einem steuerpflichtigen Erwerbe gehörenden Gegenstandes, wird allerdings nur ein für den Fiskus nachteiliger Einfluß in Frage kommen können. Im zweiten Fall kann aber eine unrichtige Angabe der die Steuerpflichtigkeit, die Höhe des Steuersatzes oder des Steuerbetrages bestimmenden Tatsachen sehr wohl auch die Folge haben, daß die Entscheidungen über die Steuerpflicht zu hoch gegriffen werden. In diesem Fall ist aber ebenmäßig nach dem Gesetz die Strafbarkeit begründet, nur muß hier die Absicht einer Steuerhinterziehung von vornherein

ausgeschlossen erscheinen und es wird regelmäßig nur eine Ordnungsstrafe Platz zu greifen haben.

4. Auf die beiden im § 50 herausgehobenen Vergehungen sollen die Vorschriften des § 49 Anwendung finden. Demgemäß ist auch bei ihnen sowohl eine Defraudestrafe wie eine Ordnungsstrafe zulässig. Das unterscheidende Moment bezüglich des Eintritts einer von beiden ist hier ebenmäßig die Absicht der Steuerhinterziehung. Die Absicht bildet aber insofern keine Voraussetzung der Defraudestrafe, als das Vorhandensein derselben nicht nachgewiesen zu werden braucht, um die Defraudestrafe zu begründen. Die letztere ist vielmehr an sich gegeben, wenn der Beschuldigte nicht nachweist, daß er die Hinterziehungsabsicht nicht gehabt haben kann oder nicht gehabt hat. Nur wenn seitens des Beschuldigten ein dementsprechender Nachweis erbracht wird, kann die Ordnungsstrafe Anwendung finden. Das in Note 1 zu § 49 Ausgeführte hat hier in gleicher Weise Geltung. Da hier stets ein wissentliches Unterlassen oder Handeln des Verpflichteten in Frage steht, so wird allerdings in den meisten Fällen auch eine Defraudeabsicht vorliegen und die Belegung mit einer Ordnungsstrafe nur seltener Anwendung finden.

5. Auch hier ist die Strafe selbst nicht durch festliegende Geldbeträge, sondern in einem Verhältnis zu der von dem Erwerb zu entrichtenden Steuer durch das Gesetz begrenzt. Es trifft also ebenmäßig das in Note 5 zu § 49 Ausgeführte zu. Die Bestrafung kann in der Regel erst nach Abschluß des Steuerfestsetzungs- und -ermittelungsverfahrens durchgeführt werden. Maßgebend ist hier derjenige Erwerb, welcher durch das Verschweigen oder die unrichtigen Angaben des Kontravenienten berührt wird. Meist wird es sich wohl um Teilbeträge des Erbfalls oder auch um einzelne besondere Anfälle handeln, deren Wert eventuell speziell zu ermitteln sein würde, um dadurch den notwendigen Anhalt für das Strafmaß im einzelnen Fall zu gewinnen.

6. Eine Bestrafung wegen Verschweigens kann nur in dem einen Falle erfolgen, wenn zu einem steuerpflichtigen Erwerbe gehörige Gegenstände nicht angegeben sind. Sofern der Verpflichtete in einer Erbschaftssteueranmeldung oder in einer Erbschaftssteuererklärung Angaben, die für die Feststellung der Steuer wesentlich sind, nicht macht, kann er nur zu einer Ergänzung angehalten werden, verfällt aber nicht der Strafbestimmung des § 50.

7. Eine Bestrafung wegen unrichtiger Angaben kann nur erfolgen, wenn die Angaben über Tatsachen der bezeichneten Art gemacht worden sind. Tatsachen, welche die Steuerpflichtigkeit, die Höhe des Steuersatzes oder des Steuerbetrages bestimmen, sind namentlich die Staatsangehörigkeit des Erblassers, das Verwandtschaftsverhältnis des Erwerbers zu dem Erblasser, das Vorhandensein eines Dienst- oder Arbeitsverhältnisses zum Erblasser, das Alter bei Nutzungsberechtigten, der Zweck eines Grundstücks 2c. Wertangaben sind keine Angaben über Tatsachen (vergl. Note 5 zu § 42); eine Unrichtigkeit bezüglich derselben kann also keine Bestrafung nach sich ziehen, wenngleich durch den Wert des Erwerbes der Steuersatz mit bestimmt sein kann wie nach Maßgabe des Absatzes 2 des § 10. Dieses trifft aber wiederum nur

bei wirklichen Wertangaben, sofern sie lediglich die Bewertung eines Gegenstandes enthalten und diesen selbst nicht berühren, zu. Dementsprechend ist es beispielsweise nicht als eine der Strafbestimmung nicht unterliegende Wertangabe anzusehen, wenn der Betrag eines Barvermögens zu niedrig angegeben wird, wenn die Zahl eines bestimmten Wertpapiers, das in der Erbschaftsmasse vertreten ist, gegen den tatsächlichen Bestand herabgesetzt ist 2c. Ebenso ist es stets als unrichtige Angabe einer Tatsache anzusehen, wenn jemand Qualifikationen, welche den Wert eines Gegenstandes der Erbschaftsmasse bedingen, in einer falschen Weise darstellt.

8. Der Absatz 4 des § 49 findet auch bezüglich der Bestrafungen nach § 50 statt; auch hier erfolgt die Einziehung der Steuer unabhängig von der Bestrafung.

Zu Absatz 2.

9. Der Absatz 2 ist sachlich neu von der Kommission des Reichstags in das Gesetz eingefügt. Nach dem Regierungsentwurf sollte Straffreiheit eintreten, wenn der Verpflichtete auf erforderte eidesstattliche Versicherung seine Angaben berichtigte. In Konsequenz der Beseitigung der eidesstattlichen Versicherungen (vergl. Note 13 zu § 37) hätte der Absatz nunmehr wegfallen müssen; statt dessen hat ihm aber ohne eine nähere Begründung dafür die Reichstagskommission die jetzige Fassung, welche an und für sich eine vollkommen neue Bestimmung enthält, gegeben. Eine gleiche oder ähnliche Vorschrift, zum Teil mit der Abweichung, daß statt der Straffreiheit stets nur eine Ordnungsstrafe eintreten solle, fand sich in verschiedenen Erbschaftssteuergesetzen der Bundesstaaten, so beispielsweise im Württ. EStG. Artikel 37 (Straffreiheit), im Bad. EStG. § 57 (Straffreiheit), im Bayer. EStG. Artikel 41 (Ordnungsstrafe), im Sächs. EStG. Artikel 28 (Ordnungsstrafe) und im Hess. EStG. Artikel 55 (Ordnungsstrafe). In den bisherigen Reichsgesetzen über die indirekte Besteuerung kommt eine derartige Bestimmung nicht vor.

10. Die Berichtigung der Angaben ist hier in einem weiteren Sinne aufzufassen, so daß die beiden im ersten Absatz berührten Straffälle davon getroffen werden; sie umfaßt demnach sowohl die Nachholung der unterlassenen Angaben, wie die Richtigstellung der falsch gemachten Angaben. Die Berichtigung der Angaben muß dem zuständigen Erbschaftssteueramt beziehungsweise demjenigen Erbschaftssteueramt gegenüber erfolgt sein, bei welchem die Erbschaftssteueranmeldung oder die Erbschaftssteuererklärung eingereicht ist. Eine besondere Form ist nicht vorgeschrieben; die Berichtigung muß jedoch derart auch der Form nach sein, daß das Erbschaftssteueramt daraufhin seinerseits eine entsprechende Berichtigung im Steuerfestsetzungsverfahren eintreten lassen kann.

11. Der Verpflichtete muß aus freien Stücken zu der Berichtigung seiner Angaben gekommen sein. Er darf namentlich nicht in irgend einer Weise von dem Erbschaftssteueramt dazu veranlaßt sein. Aus welchem inneren Grunde er die Berichtigung vornimmt, ist dabei ohne Bedeutung. So hat es speziell wiederum keinen Einfluß, ob er nach besonderen Umständen die Befürchtung hegen mußte,

das Erbschaftssteueramt habe von dem Fehlen oder der Unrichtigkeit seiner Angaben bereits Kenntnis erlangt oder werde eine solche Kenntnis voraussichtlich erlangen; er darf nur nicht durch das Erbschaftssteueramt direkt und zu dem fraglichen Zweck veranlaßt sein, eine derartige Befürchtung zu hegen.

XX. Strafverfahren. § 51.

§ 51.

Hinsichtlich des Verwaltungsstrafverfahrens, der Strafmilderung und des Erlasses der Strafe im Gnadenwege sowie hinsichtlich der Strafvollstreckung und der Verjährung der Strafverfolgung kommen, auch für die von der Zollgrenze ausgeschlossenen Gebietsteile, die sich auf die Zollstrafen beziehenden Vorschriften mit der Maßgabe zur Anwendung, daß an die Stelle der Hauptzollämter und Zolldirektivbehörden die Erbschaftssteuerämter und Oberbehörden (§ 34) treten.

Die festgesetzten Geldstrafen fallen der Staatskasse des Bundesstaats zu, von dessen Behörden die Strafentscheidung getroffen ist.

1. Die sich auf die Zollstrafen beziehenden Vorschriften sind in dem Vereinszollgesetze vom 1. Juli 1869 (BGBl. 1869 S. 317 ff.) gegeben. Bezüglich des Verwaltungsstrafverfahrens kommt zunächst der § 165 des Vereinszollgesetzes in Betracht, welcher bestimmt:

„Hinsichtlich des Strafverfahrens verbleibt es bei den Bestimmungen „der Landesgesetze".

Daneben ist dann ferner der § 6 des EG. z. StPO. vom 1. Februar 1877 (RGBl. 1877 S. 346 ff.) maßgebend, welcher nach seinem hier Interesse bietenden Inhalt bestimmt:

„Die prozeßrechtlichen Vorschriften der Landesgesetze treten für alle „Strafsachen, deren Entscheidung in Gemäßheit des § 3 nach den „Vorschriften der Strafprozeßordnung zu erfolgen hat, außer Kraft, „insoweit nicht in der Strafprozeßordnung auf sie verwiesen ist. „Unberührt bleiben die landesgesetzlichen Bestimmungen:

„1. . . .

„2. . . .

„3. über das Verfahren im Verwaltungswege bei Uebertretungen, „wegen deren die Polizeibehörden zum Erlaß einer Strafverfügung „befugt sind, und bei Zuwiderhandlungen gegen die Vorschriften „über die Erhebung öffentlicher Abgaben und Gefälle, insoweit nicht „die §§ 453, 454, 455 und 459—463 der StPO. abändernde Be„stimmungen treffen."

Von den letztangeführten Paragraphen der Strafprozeßordnung sind hier nur die §§ 459—463 maßgebend, welche im sechsten Buch dieser Ordnung, Besondere Arten des Verfahrens, den dritten Abschnitt, Ueber das Verfahren bei Zuwiderhandlungen gegen die Vorschriften über die Erhebung öffentlicher Abgaben und Gefälle, umfassen. Geltung haben demnach für das Verfahren bezüglich der Strafbestimmungen des Erbschaftssteuergesetzes die Landesgesetze der einzelnen Bundesstaaten, welche für das Strafverfahren bei Zuwiderhandlungen gegen die Zoll- bzw. Steuergesetze erlassen sind, und sind diese Landesgesetze lediglich durch die Vorschriften der vorbezeichneten Paragraphen der Strafprozeßordnung modifiziert, mit denen sie aber durchweg speziell in Einklang gebracht sind. Die danach maßgebenden Landesgesetze sind für Preußen das Verwaltungsstrafgesetz vom 27. Juli 1897 (Gesetz-Sammlung 1897 S. 237 ff.), für Bayern das Gesetz zur Ausführung der Reichsstrafprozeßordnung vom 18. August 1879 (Gesetz- und Verordnungsblatt 1879 S. 781 ff.) in seinen Artikeln 86 ff., für Sachsen das Gesetz, das Verfahren in Verwaltungsstrafsachen betreffend vom 8. März 1879 (Gesetz- und Verordnungsblatt 1879 S. 87 ff.), für Württemberg das Gesetz, betreffend das Verfahren der Verwaltungsbehörden bei Zuwiderhandlungen gegen die Zoll- und Steuergesetze vom 25. August 1879 (Regierungs-Blatt 1879 S. 259 ff.), für Baden die Verordnung vom 25. Oktober 1879, das Finanz- und Polizeistrafverfahren der Finanzbehörden betreffend (Gesetz- und Verordnungsblatt 1879 S. 789 ff.), für Hessen das Gesetz, betreffend die Einführung des Verwaltungsstrafbescheides bei Zuwiderhandlungen gegen die Vorschriften über die Erhebung öffentlicher Abgaben und Gefälle vom 20. September 1890 (Regierungsblatt 1890 S. 193 ff.) und für Braunschweig das Gesetz, betreffend das Verwaltungsstrafverfahren bei Zuwiderhandlungen gegen die Zollgesetze und die sonstigen Vorschriften über indirekte Reichs- und Landesabgaben vom 16. August 1903 (Gesetz- und Verordnungs-Sammlung 1903 Nr. 46 S. 353 ff.).

2. Das Recht der Strafmilderung und des Erlasses der Strafe im Gnadenwege ist ein Hoheitsrecht, das nach den Grundsätzen des Staatsrechtes überall dem Staatsoberhaupt zusteht, wie solches auch regelmäßig in den Verfassungsurkunden der einzelnen Bundesstaaten ausdrücklich verlautbart ist, so beispielsweise in der Preußischen Verfassung Artikel 49, der Bayerischen Verfassung Artikel VIII § 4, der Sächsischen Verfassung § 52, der Württembergischen Verfassung § 97, der Braunschweigischen neuen Landschaftsordnung § 208. Die Reichsgesetzgebung hat hier in keiner Weise eingegriffen, vielmehr hat sie die gegebene rechtliche Lage in der Strafprozeßordnung speziell dadurch anerkannt, daß sie dort nach § 484 in den Sachen, in denen das Reichsgericht in erster Instanz erkannt hat, das Begnadigungsrecht dem Kaiser überträgt und im § 485 die Vollstreckung eines Todesurteils erst zuläßt, wenn die Entschließung des Staatsoberhauptes und in Sachen, in denen das Reichsgericht in erster Instanz erkannt hat, die Entschließung des Kaisers ergangen ist, von dem Begnadigungsrechte keinen Gebrauch machen zu wollen.

3. Die Strafvollstreckung ist durchweg gleichzeitig mit dem Verwaltungsstrafverfahren geregelt und kommen dafür demnach die in Note 1 oben angeführten Landesgesetze in Frage.

4. Bezüglich der Verjährung der Strafverfolgung greift wieder das Vereinszollgesetz vom 1. Juli 1869 (RGBl. 1869 S. 317 ff.) mit seinem § 164 Abs. 1 Platz, welcher folgendermaßen lautet:

„Die Vergehen der Kontrebande und der Defraudation (§§ 134 und „135) verjähren in drei Jahren, Ordnungswidrigkeiten (§§ 151 und „152) in einem Jahre, von dem Tage an gerechnet, an welchem sie „begangen sind."

Demgemäß verjähren die nach § 49 Abs. 1 abzuurteilenden und die nach § 50 mit der Defraudestrafe zu belegenden Straftaten in drei Jahren, während die nach § 49 Abs. 2 und 3 abzuurteilenden und die nach § 50 mit der Ordnungsstrafe zu belegenden Straftaten schon in einem Jahre verjähren. Die Verjährungsfrist beginnt in den Fällen des § 49 Abs. 1 und 2 mit dem Ablauf der zur Einreichung der Erbschaftssteueranmeldung oder Erbschaftssteuererklärung vorgeschriebenen Frist, in den Fällen des § 49 Abs. 3 mit dem Tage, an welchem die Zuwiderhandlung begangen ist, und in den Fällen des § 50 mit dem Tage, an welchem die Angaben, welche durch Verschweigen oder Unrichtigkeit die Strafbarkeit begründeten, der Behörde gegenüber gemacht beziehungsweise schriftlich bei derselben eingegangen sind. Im übrigen finden die allgemeinen Vorschriften über die Verjährung, wie sie im Reichsstrafgesetzbuche gegeben sind, Anwendung.

5. Da das REStG. für das Gesamtgebiet des Deutschen Reiches zu Kraft bestehen soll, so war es notwendig, hier die von der Zollgrenze ausgeschlossenen Gebietsteile besonders herauszuheben, weil für diese die angezogene Zollgesetzgebung an sich keine Geltung hat. Die von der Zollgrenze ausgeschlossenen Gebietsteile sind die Freihäfen Hamburg, Kuxhaven, Bremerhaven, Geestemünde, Emden, die Insel Helgoland, das Zollausschlußgebiet Bremen und einige badische Gemeinden an der Grenze gegen die Schweiz.

6. Die Bestimmung des Absatz 2, nach welcher die festgesetzten Geldstrafen der Staatskasse des Bundesstaates zufallen, von dessen Behörden die Strafentscheidung getroffen ist, hat ihre innere Begründung darin, daß nach § 33 des Gesetzes für die Erhebung der Erbschaftssteuer die Bundesstaaten zuständig sind. Ueber die Verwendung der Strafen hat die Landesgesetzgebung Bestimmung zu treffen.

7. Die Bestimmungen des § 51 über das Strafverfahren und die Vereinnahmung der Strafen entsprechen im wesentlichen den bezüglichen Vorschriften in den sonstigen Reichsgesetzen über die indirekte Besteuerung. Ueber die Verjährung hat in dem größeren Teile der letzteren eine besondere Verlautbarung stattgefunden, so im Wechselstempelsteuergesetz § 17, im Brausteuergesetz §§ 40—42, im Spielkartenstempelgesetz § 20, im Tabaksteuergesetz § 45, im Branntweinsteuergesetz § 35, im Zuckersteuergesetz § 61 und im Schaumweinsteuergesetz § 27.

8. Die Erbschaftssteuergesetze der Bundesstaaten haben meist in einer besonderen Vorschrift auf die für das Strafverfahren zur Anwendung kommenden landesgesetzlichen Bestimmungen rc. verwiesen, so das Preuß. EStG. im § 48, das Bayer. EStG. im Ar-

tikel 45, das Sächs. EStG. im Artikel 35, das Hess. EStG. im Artikel 57 und das Braunschw. EStG. in dem § 42, der dann allerdings durch das Verwaltungsstrafgesetz selbst abgeändert wurde; keinen solchen Hinweis enthalten das Württ. EStG. und das Bad. EStG. Ueber die Verjährung der Strafverfolgung enthalten mit Ausnahme des Württ. EStG. die sämtlichen bezüglichen Landesgesetze besondere Vorschriften, so das Preuß. EStG. im § 50 Abs. 4, das Bayer. EStG. im Artikel 46, das Sächs. EStG im Artikel 33, das Bad. EStG. im § 60, das Hess. EStG. im Artikel 60 und das Braunschw. EStG. im § 44 Abs. 4.

XXI. Umwandlung der Geldstrafen. § 52.

§ 52.

Die Umwandlung einer nicht beizutreibenden Geldstrafe in eine Freiheitsstrafe findet nicht statt. Auch ist, wenn der Verurteilte ein Deutscher ist, die Zwangsversteigerung eines Grundstücks ohne seine Zustimmung nicht zulässig.

1. Nach dem Grundsatz des RStGB. (vergl. §§ 28 ff. desselben) ist eine nicht beizutreibende Geldstrafe auf eine entsprechende gesetzlich näher festgelegte Weise in eine Freiheitsstrafe umzuwandeln. Auch das Vereinszollgesetz vom 1. Juli 1869 hat in seinem § 162 den gleichen Grundsatz, welcher sodann ebenfalls in denjenigen Reichsgesetzen über die indirekte Besteuerung, welche den Charakter der Gebrauchs- und Verbrauchssteuern tragen, zur Annahme gelangt und abgesehen von dem Schaumweinsteuergesetze speziell verlautbart ist, so im Salzabgabengesetz § 17, im Brausteuergesetz § 39, im Spielkartenstempelgesetz § 17, im Tabaksteuergesetz § 44, im Zuckersteuergesetz § 10 und im Branntweinsteuergesetz § 34. Dagegen ist in denjenigen Reichsgesetzen der indirekten Besteuerung, welche unter die Verkehrssteuern fallen, die Umwandlung einer nicht beizutreibenden Geldstrafe in eine Freiheitsstrafe ausdrücklich ausgeschlossen worden, so im Wechselstempelsteuergesetz § 15 und im Reichsstempelgesetz § 47. Da die Erbschaftssteuer als eine indirekte Steuer zu den Verkehrssteuern im weiteren Sinne zu zählen ist (vergl. Einleitung I 2, 5 und 6), so ist sie folgerichtig auch hier jenen letzteren Reichssteuern gleichgestellt und bezüglich ihrer Bestrafungen die Umwandlung in Freiheitsstrafe ausgeschlossen.

2. Die Bestimmung des zweiten Satzes des § 52, daß die Zwangsversteigerung eines Grundstücks ohne die Zustimmung des Verurteilten, sofern dieser ein Deutscher ist, nicht zulässig sein solle, findet sich gleichfalls in dem Wechselstempelsteuergesetz wie in dem Reichsstempelgesetz in den eben angeführten Paragraphen, wodurch sich ohne weiteres auch die Aufnahme in das REStG. erklären dürfte;

vergl. dazu aber auch Note 1 zu § 48. Die übrigen Reichsgesetze der indirekten Besteuerung enthalten eine gleiche Vorschrift nicht.

3. Von den Erbschaftssteuergesetzen der Bundesstaaten haben in der gleichen Weise die beiden vorberührten Vorschriften das Preuß. EStG. § 47 und das Braunschw. EStG. § 41; die Umwandlung der Geldstrafe in Freiheitsstrafe schließen aus das Sächs. EStG. Art. 31 und das Hess. EStG. Art. 58; das Sächs. EStG. a. a. O. gestattet die zwangsweise Versteigerung eines Grundstücks zur Beitreibung von Geldstrafen nur mit Genehmigung des Finanzministeriums.

XXII. Kosten. § 53.

§ 53.

Das Verfahren in Erbschaftssteuerangelegenheiten ist kosten-, gebühren- und stempelfrei. Für das Strafverfahren bewendet es bei den sonst geltenden Vorschriften.

Vergl. BRAusfB. § 37.

1. Die im § 53 ausgesprochene Kosten- und Gebührenfreiheit des Verfahrens in Erbschaftssteuerangelegenheiten bezieht sich nach § 37 der BRAusfB. auf das gesamte Steuerermittelungsverfahren, einschließlich des Beschwerdeverfahrens und des Verfahrens wegen Erstattung der Erbschaftssteuer. Auch ist zu den Kosten des Verfahrens die Postgebühr zu rechnen, welcher die Sendungen der Steuerbehörden an die Steuerpflichtigen unterliegen; sie fällt daher den letzteren nicht zur Last. Dagegen haben die Steuerpflichtigen die Postgebühr für die von ihnen an die Steuerbehörden zu richtenden Sendungen zu tragen.

2. Daß das Verfahren in Erbschaftssteuerangelegenheiten stempelfrei — selbstredend würden hier sowohl Reichs- wie Landesstempelpflicht in Frage kommen — bleibt, liegt wohl in der Natur der Sache; denn die Stempelsteuer, welche wiederum für ein anderes Steuerverfahren erhoben wird, würde sich tatsächlich nur als eine Erhöhung oder ein Zuschlag für die andere Steuer darstellen.

3. Die Befreiung von Kosten und Stempel bezieht sich nur auf diejenigen amtlichen Handlungen ꝛc., welche notwendig und in erster Linie dem Steuerermittelungsverfahren dienen, sofern letzteres der Fall aber nicht nur auf die amtlichen Handlungen ꝛc. des Erbschaftssteueramts und der sonstigen Steuerbehörden, sondern ebenmäßig auch auf die anderer Behörden. Ist die Ausfertigung einer Urkunde für die Auseinandersetzung der Erben oder zu sonstigem Zweck notwendig, so tritt Kosten- und Stempelbefreiung nicht ein, auch wenn die Urkunde später im Steuerverfahren mit zur Benutzung kommt. Ebenso sind auch beglaubigte Aktenauszüge und Abschriften, welche das Erbschaftssteueramt unabhängig von dem

Steuerermittelungsverfahren rc. eventuell zu erteilen in die Lage kommt, weder kosten= noch stempelfrei.

4. Die Befreiung greift nicht Platz bezüglich derjenigen Kosten, Gebühren und Stempel, welche durch die zwangsweise Beitreibung der Erbschaftssteuer von dem Verpflichteten erwachsen. Hier sind die Kosten rc. lediglich dadurch entstanden, daß der Verpflichtete seiner Verpflichtung nicht ordnungsmäßig nachgekommen ist, und es ist dadurch gerechtfertigt, daß er diese Kosten rc. zu tragen hat, ebenso wie ihm auch in den Fällen des § 42 Abs. 4 und des § 43 Abs. 2 des Gesetzes die Verpflichtung auferlegt ist, Kosten, die lediglich durch ihn ungerechtfertigterweise veranlaßt sind, zu tragen.

5. Auch auf die Kosten rc., welche durch das Strafverfahren begründet sind, soll die Befreiung nach der ausdrücklichen Vorschrift im zweiten Satz des Paragraphen keine Anwendung finden; es bewendet bezüglich dieser vielmehr bei den sonst geltenden Vorschriften. Es kommen hier also die landesgesetzlichen Regelungen in Frage, welche oben in Note 1 zu § 51 berührt sind.

6. Die Erbschaftssteuergesetze der Bundesstaaten haben durchweg eine ähnliche Befreiungsvorschrift wie das RESt.G., wenn dabei auch kleinere materielle wie formelle Abweichungen hervortreten, so das Preuß. EStG. § 49, das Bayer. EStG. Art. 48, das Sächs. EStG. Artikel 39, das Württ. EStG. Art. 21, das Bad. EStG. § 43, das Hess. EStG. Art. 61 und das Braunschw. EStG. § 43.

XXIII. Verjährung der Erbschaftssteuer. § 54.

§ 54.

Der Anspruch der Staatskasse auf die Erbschaftssteuer verjährt in zehn Jahren. Die Frist beginnt mit dem Schlusse des Jahres, in welchem der Anspruch auf die Steuer entstanden ist, im Falle einer Sicherheitsleistung für die Steuer jedoch nicht vor dem Ablaufe des Jahres, in welchem die Sicherheit erlischt.

1. Der Anspruch des Fiskus auf die Erbschaftssteuer hat seine rechtliche Grundlage lediglich in dem Erbschaftssteuergesetz. Die Bestimmungen des letzteren sind daher stets in erster Linie für diesen Anspruch maßgebend. Wenn das Erbschaftssteuergesetz im allgemeinen bezüglich der rechtlichen Verhältnisse auf das bürgerliche Recht zurückgreift und sich demselben in seiner Ordnung stillschweigend oder ausdrücklich anschließt, so hat dieses doch nur insoweit eine Bedeutung, als ein solches Zurückgreifen und Anschließen tatsächlich gewollt ist. Ueberall wo das Erbschaftssteuergesetz nach Maßgabe der für dasselbe in Frage kommenden besonderen Umstände eine von den Bestimmungen des BGB. abweichende Regelung trifft,

kommt diese für die Beurteilung des Anspruchs des Fiskus auf die Erbschaftssteuer in ihrem vollen Umfange und nicht die anderweite Bestimmung des BGB. in Betracht.

2. Der Anspruch des Fiskus auf die Erbschaftssteuer entsteht nicht stets ohne weiteres mit dem Erwerbe von Todes wegen oder dem gesetzlich letzteren gleichgestellten Erwerbe, wenn auch für den Erwerb die Steuerpflicht im Prinzip bereits begründet ist. Der Anspruch auf die Steuer gelangt vielmehr erst mit dem Zeitpunkte zur Entstehung, zu welchem der Erwerb gesetzlich der Besteuerung unterworfen wird; erst von diesem Zeitpunkte an hat der Fiskus oder die Staatskasse den Anspruch auf die Erbschaftssteuer. In den meisten Fällen wird allerdings dieser Zeitpunkt mit dem Erwerb, also mit dem Anfall oder dem Augenblick des Erbfalls, zusammenfallen; die bedeutungsvollen Ausnahmen zeigen die Ausführungen in der Note 6—10 zu diesem Paragraphen.

3. Den Begriff des Anspruchs, wie er im allgemeinen nach dem bürgerlichen Recht für die Verjährung in Frage kommt, bestimmt der § 194 Abs. 1 des BGB. in folgender Weise:

„Das Recht, von einem anderen ein Tun oder ein Unterlassen zu „verlangen (Anspruch), unterliegt der Verjährung."

4. Der Beginn der Verjährungsfrist ist im Anschluß an den § 201 des BGB. auf den Schluß des Kalenderjahres gestellt; er erfolgt darnach stets mit dem 1. Januar. Die Berechnung der Frist regelt sich nach dem § 187 Abs. 2 und dem § 188 des BGB., und ist auf das in den Noten 3 und 9 zu § 18 Ausgeführte Bezug zu nehmen.

5. Das Jahr, mit welchem die Verjährungsfrist zu laufen beginnt, bestimmt sich, abgesehen von dem Fall einer Sicherheitsbestellung, durch das Entstehen des Anspruchs auf die Steuer. Maßgebend ist also der Zeitpunkt des Entstehens des Anspruchs und kommt hierfür zunächst im allgemeinen dasjenige in Betracht, was in den Noten 1 und 2 oben ausgeführt wurde. Für die Regel entsteht der Anspruch auf die Erbschaftssteuer mit dem steuerpflichtigen Erwerb selbst, also mit dem Zeitpunkt des Anfalls oder Erbfalls. Demgemäß ist auch regelmäßig das Jahr, in welchem der Anfall oder Erbfall liegt, das für den Lauf der Verjährungsfrist maßgebende. Von dieser Regel sind aber einige wichtige Ausnahmen hervorzuheben, die mit dem bürgerlichen Recht teils im Einklang stehen, teils nicht.

6. Vermögen, dessen Erwerb von dem Eintritt einer aufschiebenden Bedingung abhängt, unterliegt nach der Vorschrift des § 21 des Gesetzes der Besteuerung erst bei dem Eintritt der Bedingung. Dementsprechend entsteht der Anspruch auf die Steuer auch erst zu diesem Zeitpunkte und in weiterer Folge beginnt gleichfalls der Lauf der Verjährung erst mit dem Eintritt der Bedingung. Die vorberührte Vorschrift des § 21 über die aufschiebende Bedingung findet aber in Gemäßheit des § 23 des Gesetzes entsprechende Anwendung auch dann, wenn der Erwerb von einem Ereignis abhängt, das nur hinsichtlich des Zeitpunktes seines Eintrittes ungewiß ist (dies certus an incertus quando vergl. Note 7 zu § 23). Auch hier

entsteht danach der Steueranspruch erst mit dem Eintritt des Ereignisses und es beginnt folgeweise die Verjährungsfrist ebenmäßig erst nach diesem Zeitpunkt zu laufen. Da der dies incertus an incertus quando und der dies incertus an certus quando sich stets als Bedingungen charakterisieren, so findet auf sie das für die aufschiebende Bedingung Vorgeschriebene ohne weiteres gleichfalls Anwendung, also Beginn der Verjährungsfrist entsprechend dem Eintritt des Ereignisses (vergl. Note 6 zu § 23). Anders verhält es sich mit dem dies certus an certus quando; bei ihm tritt mangels besonderer Vorschrift der Anfall sofort ein, und gleicherzeit erwächst auch der Anspruch auf die Steuer; die Verjährung beginnt demnach nach Maßgabe des Zeitpunkts des Anfalls, also mit dem Schlusse des Jahres des Erbfalls (vgl. Note 5 zu § 23 und Note 12 zu § 16).

7. Bei dem Erwerb eines Vermögens ohne die Nutzung kann der Erwerber der Substanz nach § 26 des Gesetzes die Aussetzung der Versteuerung bis zum Erlöschen des Nutzungsrechtes verlangen. Macht er von diesem Rechte Gebrauch, so wird der an sich schon entstandene Anspruch der Staatskasse auf die Steuer hinfällig und gelangt erst mit dem Zeitpunkt des Erlöschens des Nutzungsrechtes wieder zur Entstehung. Entsprechend dem letzteren Zeitpunkt kann daher in diesem Falle auch die Verjährungsfrist erst zu laufen beginnen.

8. Bei der Einsetzung eines Nacherben soll nach § 27 des Gesetzes der Vorerbe als Nießbraucher, der Nacherbe als Erbe des herauszugebenden Vermögens behandelt werden. Es tritt hier also für den regelmäßigen Fall (bezüglich der Ausnahme siehe folgende Note) ganz das gleiche ein wie bei dem Erwerb eines Vermögens ohne die Nutzung. Der Steueranspruch des Fiskus gegen den Vorerben entsteht sofort mit dem Anfall und kann hierin auch für die Folge keine Veränderung eintreten; die Verjährung läuft ohne Veränderung von dem Schluß des Jahres des Erbfalls an. Auch gegen den Nacherben entsteht sofort ein Anspruch auf die Steuer; dieser Anspruch wird aber hinfällig, wenn der Nacherbe von seinem Rechte, die Aussetzung der Versteuerung bis zum Erlöschen des Nutzungsrechts zu verlangen, Gebrauch macht; im letzteren Fall beginnt also die Verjährungsfrist erst nach Maßgabe des Erlöschens des Nutzungsrechts, wie solches auch in der vorhergehenden Note ausgeführt ist.

9. Handelt es sich aber um eine Nacherbfolge auf den Ueberrest oder um eine Vorerbschaft zu freier Verfügung (vergl. Note 1 und Note 7 zu § 27), so gilt auch in steuerlicher Beziehung der Vorerbe wie der Nacherbe als Erbe und zwar erwirbt der Vorerbe mit dem Erbfall, der Nacherbe aber erst beim Eintritt der Nacherbfolge. Der Anspruch auf die Steuer entsteht gegen den Vorerben dementsprechend im Zeitpunkt des Erbfalls und gegen den Nacherben im Zeitpunkt des Eintritts der Nacherbfolge; beide Zeitpunkte sind folgeweise auch für den Beginn der beiden verschiedenen Verjährungen entscheidend.

10. Hat bei ungewissen oder unsicheren Rechten oder anderen zur sofortigen Wertermittelung nicht geeigneten Gegenständen mangels einer Einigung über den Wert auf Grund des § 24 des Gesetzes das Erbschaftssteueramt nach eigenem Ermessen die Steuer ausgeworfen und dabei entsprechende Nachforderungen bis zum Ausgang derjenigen Verhandlungen vorbehalten, von welchen die Wertermittelung abhängt, so hat bezüglich dieser Nachforderungen der Anspruch auf die Steuer als bis zum letzteren Zeitpunkt hinausgeschoben beziehungsweise aufgehoben zu gelten und kommt erst zu diesem Zeitpunkt wieder zur Entstehung, so daß der Lauf der Verjährung erst nach ihm einsetzt. Das gleiche greift auch Platz, wenn das Erbschaftssteueramt für die ganze Erbschaftsmasse ein derartiges Verfahren eintreten läßt oder wenn wegen besonderer Umstände die Versteuerung einer Erbschaftsmasse bis zum Eintritt eines bestimmten Ereignisses oder bis zu einem bestimmten Zeitpunkte hinausgeschoben werden muß.

11. Ueber die Unterbrechung der Verjährung trifft das Gesetz, abgesehen von der Regelung wegen der Sicherheitsleistung (vergl. folgende Note), keine Bestimmung. Nach Lage der Sache wird daher eine Unterbrechung der Verjährung nur eintreten, wenn der Anspruch auf die Steuer dem Verpflichteten gegenüber von der Steuerbehörde geltend gemacht wird. Eine einseitige Handlung der Steuerbehörde, die anläßlich des Anspruchs vorgenommen wird, kann nicht als zur Unterbrechung der Verjährung genügend angesehen werden, da das Gesetz den Anspruch ohne alle Rücksicht auf derartige Handlungen der Verjährung unterstellt. Es muß dem Verpflichteten gegenüber die Absicht der Steuerbehörde, den Anspruch auf die Steuer zur Durchführung zu bringen, ausdrücklich oder durch eine entsprechende ihm gegenüber vorgenommene Handlung verlautbart werden. Eine solche Verlautbarung liegt schon in der Uebersendung der Belehrung über die Pflichten des Erwerbers eines steuerpflichtigen Anfalls, wie solche nach § 11 Abs. 1 der BRAusfB. durch das Erbschaftssteueramt, wenn es eine Steuerpflicht als vorliegend ansieht, zu erfolgen hat, sofern nur der Anlaß der Uebersendung — das für die fragliche Belehrung zu § 11 vorgeschriebene Muster 4 der BRAusfB. schreibt eine bezügliche Angabe vor — in der übersandten Belehrung mit entsprechender Deutlichkeit, und damit der Wille, den bestimmten Anspruch durchzuführen, zum Ausdruck gebracht ist. Die Uebersendung der Belehrung ist die erste offizielle Handlung der Steuerbehörde in dem Steuerermittelungs- und -festsetzungsverfahren dem Pflichtigen gegenüber und bildet daher die Einleitung und den Beginn dieses Verfahrens. Mit diesem dem Verpflichteten zur Kenntnis gebrachten Beginn muß aber die Verjährung als unterbrochen angesehen werden.

12. Bezüglich der Wirkung der Sicherheitsleistung trifft das Gesetz sodann noch eine besondere Bestimmung. Danach unterbricht eine Sicherheitsleistung die Verjährung; für die Zeit, während welcher Sicherheit bestellt ist, ruht die Verjährung, sie ruht sogar eventuell noch über diese Zeit hinaus bis zu dem Ablauf desjenigen Jahres, in welchem die Sicherheit erlischt. Der Lauf der Verjährung nimmt hier stets mit dem 1. Januar des auf das Erlöschen der Sicherheit folgenden Jahres seinen Anfang und findet wegen der Fristberechnung lediglich das oben in Note 4 Ausgeführte Anwendung.

13. Die Erbschaftssteuergesetze der Bundesstaaten geben zum Teil besondere Vorschriften über die Verjährung der Erbschaftssteuer, die in den Einzelheiten verschiedentlich abweichen, so das Preuß. EStG. im § 50, das Sächs. EStG. im Art. 32, das Württ. EStG. im Art. 25 und das Braunschw. EStG. im § 44, zum Teil enthalten sie solche Vorschriften nicht, so das Bayer. EStG., das Bad. EStG. und das Hess. EStG.

XXIV. Schenkungen unter Lebenden.

Vorbemerkungen zu §§ 55 und 56.

1. Die Motive zum Regierungsentwurf geben folgende allgemeine Begründung für die Gleichbehandlung der Schenkungen unter Lebenden mit dem Erwerb von Todes wegen hinsichtlich der Steuerpflicht:

„Der mit der Besteuerung der Schenkungen unter Lebenden in erster Linie verfolgte Zweck, einer Umgehung der Erbschaftssteuer wirksam zu begegnen, läßt sich nur erreichen, wenn die Besteuerung nach denselben Grundsätzen wie diejenige des Erwerbes von Todes wegen geordnet wird. Der Entwurf tut dies in der Weise, daß er die Schenkungen unter Lebenden der gleichen Steuer unterwirft, wie den Erwerb von Todes wegen (§ 60 — jetzt § 55 —). Das besagt, daß auf Schenkungen unter Lebenden nicht nur die gleichen Steuersätze wie auf jenen, sondern auch alle sonstigen für die Erbschaftssteuer getroffenen materiellen Vorschriften, wozu auch diejenigen über die Bestrafung von Zuwiderhandlungen gehören, Anwendung finden, soweit nicht etwas anderes bestimmt ist oder aus dem Begriffe der Schenkung sich ergibt."

2. In der Kommission des Reichstages wurde gerade auch über die Besteuerung der Schenkungen unter Lebenden eingehender verhandelt. Ueber die Beratungen in der ersten Lesung gibt der Kommissionsbericht (Drucksachen des Reichstags, 11. Legislaturperiode II. Session 1905/06, Nr. 360 S. 32) folgendes an:

„Mit Rücksicht auf die Höhe der beschlossenen Steuersätze sei zu befürchten, daß die Erbschaftssteuer in vielen Fällen durch Schenkungen unter Lebenden umgangen werden würde, wenn sie nicht durch eine Schenkungssteuer ergänzt würde. Die Schenkungssteuer könne aber ihren Zweck nur dann ganz erreichen, wenn sie der Erbschaftssteuer vollständig nachgebildet werde, mit anderen Worten, wenn auf die Schenkungen unter Lebenden grundsätzlich nicht nur die gleichen Steuersätze wie auf den Erwerb von Todes wegen, sondern auch die sonstigen, für die Erbschaftssteuer geltenden materiellen Grundsätze angewendet würden. Dies sei auch der Standpunkt des Entwurfes.

Es sei zuzugeben, daß die Schenkungssteuer in einzelnen Fällen zu Unbequemlichkeiten führen könne; das sei aber kein hinreichender Grund für ihre Ablehnung, die den finanziellen Erfolg des Gesetzes in Frage stellen würde. Eigentliche Härten würden durch die Befreiungen des § 61 (jetzt § 56), namentlich wenn diese noch weiter ausgestaltet würden, ferngehalten werden.

Bei der Besprechung der Schenkungssteuer wurden von mehreren Abgeordneten die gegen eine solche Steuer bestehenden Bedenken, deren Vorhandensein auch von einem Regierungsvertreter zugegeben wurde, ausführlich gewürdigt; indessen kam schließlich die Mehrheit zu der Ueberzeugung, daß die Schenkungssteuer zur Sicherung des finanziellen Erfolges des Gesetzes unentbehrlich sei. Während dann aber die Mehrheit der Kommission mit dem Berichterstatter darin einig war, daß es sich empfehle, die gegen die Schenkungssteuer sprechenden Bedenken durch eine weitere Ausgestaltung der Befreiungsvorschriften des § 61 Abs. 2 (jetzt § 56 Abs. 2) möglichst abzuschwächen, hielt eine Minderheit die Befreiungen überhaupt für unnötig und sprach sich deshalb für die Streichung des § 61 Abs. 2 (jetzt § 56 Abs. 2) aus."

In der zweiten Lesung wurde sodann der Antrag eingebracht nur diejenigen Schenkungen unter Lebenden der Steuerpflicht zu unterwerfen, welche durch ein zum Zwecke der Beurkundung der Schenkung dienendes Schriftstück nachgewiesen würden, oder eventuell neben der vorgenannten Besteuerung auch noch diejenigen Schenkungen, welche der Erblasser innerhalb der letzten zwei Jahre vor seinem Tode gemacht habe, allgemein, also auch ohne Beurkundung, der Erbschaftssteuer zu unterstellen. Zur Rechtfertigung wurde von einem der Antragsteller nach dem Kommissionsbericht (a. a. O. S. 58) folgendes ausgeführt:

„Der zu § 60 (jetzt § 55) eingebrachte Antrag und Eventualantrag solle die durch Besteuerung der Schenkung unter Lebenden entstehenden Unzuträglichkeiten beseitigen oder tunlichst mildern. Die Gleichstellung der Schenkung unter Lebenden mit der Erbschaft lasse sich nicht anders begründen als mit der Sorge wegen Umgehung der Erbschaftssteuer. Hier sei aber zu berücksichtigen, daß der Gesetzentwurf in Uebereinstimmung mit den Kommissionsbeschlüssen Ehegatten und Kinder von der Erbschaftssteuer frei lasse. In weniger nahen Verhältnissen sei die Gefahr einer Umgehung der Erbschaftssteuer durch Schenkung unter Lebenden verschwindend gering. Die beste Gewähr liege in dem natürlichen menschlichen Egoismus, der es in der Regel ausschließen werde, daß jemand bei Lebzeiten ein großes Opfer bringe, damit nach seinem Tode andern verhältnismäßig fernstehenden Personen ein kleines erspart werde. Dagegen würden durch die allgemeine Besteuerung der Schenkung unter Lebenden ganz formlos sich vollziehende Akte des innersten Privatlebens der fiskalischen Aufsicht unterstellt, und die Nötigung für den Beschenkten, alsbald den Wert des Geschenkes festzustellen, wirke als Verstoß gegen Takt und gute Sitten.

Soweit man der Besteuerung der Schenkung eine fiskalische Bedeutung überhaupt beimesse, sei ein sehr wichtiger Gesichtspunkt, daß alle flüchtigeren Vermögenswerte sich ihr entziehen könnten, so daß schließlich eine einseitige Besteuerung des Immobiliarbesitzes übrig bleiben werde. Dabei brauche nicht einmal die Absicht der Hinterziehung vorausgesetzt zu werden. Vielfach würden sich die Beteiligten der Steuerpflicht gar nicht bewußt sein. In allen solchen Fällen werde der Mobiliarbesitz steuerfrei ausgehen, der Immobiliarbesitz aber von den Behörden herangezogen werden.

Das größte Bedenken aber sei, daß die Besteuerung der Schenkung das Publikum zur Defraude geradezu erziehe. Das Gefühl, daß die Besteuerung moralisch berechtigt sei, werde sich im Volke schwerlich ausbilden. Es gehöre ein sehr hoher Grad von staatsbürgerlichem Pflichtgefühl dazu, um sich selbst zu einer hohen Steuer anzumelden, wo nach Lage der Dinge die Gefahr der Entdeckung nahezu ausgeschlossen sei und der Pflichtige sein Gewissen damit beruhigen könne, daß wahrscheinlich alle anderen Verpflichteten sich der Steuer gleichfalls entzögen. Der Redner berief sich auf Adolf Wagner, Finanzwissenschaft Band III § 242, und verlas zum Teil die dort enthaltene abfällige Kritik der Schenkungssteuer."

Gegen den fraglichen Antrag und Eventualantrag wurden aber sowohl aus der Kommission wie auch regierungsseitig gewichtigere Bedenken geltend gemacht. Namentlich hielt man es mit Rücksicht darauf, daß die Schriftlichkeit nur vereinzelt nach dem BGB. (§ 518) für Schenkungen erforderlich ist, nicht für angebracht, dieselbe als Voraussetzung der Steuerpflichtigkeit einzuführen. Auch der Vorschlag, die Steuerpflicht auf die innerhalb der letzten zwei Jahre vor dem Tode des Erblassers von diesem gemachten Schenkungen zu beschränken, fand in der Kommission keinen Beifall und so wurde die Regierungsvorlage, für welche das gleiche wie bei der ersten Lesung spezieller angeführt wurde, schließlich unverändert angenommen, wie sie dann für die Folge Gesetz geworden ist.

3. Die bisherige **Landesgesetzgebung in den Bundesstaaten** weist bezüglich der Besteuerung von Schenkungen unter Lebenden wiederum eine große Mannigfaltigkeit auf. Zunächst hat ein Teil der Bundesstaaten, nämlich Württemberg, Baden, Hessen, Sachsen-Weimar, Sachsen-Coburg, Sachsen-Gotha, Schwarzburg-Sondershausen und Bremen, die Schenkungen unter Lebenden bezüglich der Besteuerung mehr oder weniger vollkommen dem Erwerb von Todes wegen gleichgestellt und meist eine bezügliche Regelung ohne weiteres mit dem

Erbschaftssteuergesetz verbunden, wie zum Teil auch schon aus der Bezeichnung der letzteren Gesetze (vergl. oben Einleitung IV, Anlage) hervorgeht; bei Baden wird allerdings der von vornherein eingenommene bezügliche prinzipielle Stand dadurch wesentlich durchbrochen, daß Schenkungen von beweglichen Sachen und von Rechten, die nicht notariell beurkundet wurden, von der Schenkungssteuer befreit sind; in Württemberg wird die Schenkungssteuer nur erhoben bei Schenkungen von unbeweglichem Vermögen, das sich innerhalb Württembergs befindet, und bei solchen von beweglichem Vermögen, wenn der Beschenkte in Württemberg einen Wohnsitz hat. Den vorbezeichneten Staaten schließt sich dann Elsaß-Lothringen enger an, das auch eine allgemeine Schenkungssteuer erhebt, deren Tarif aber mit den Erbschaftssteuersätzen nicht allenthalben übereinstimmt. Eine weitere Anzahl von Staaten, so Preußen, Sachsen (Königreich), Braunschweig und Sachsen-Altenburg, besteuert die Schenkung unter Lebenden nur unter der Voraussetzung, daß dieselbe beurkundet ist und zwar auch durchweg nach den für den Urkundenstempel geltenden Grundsätzen, beziehungsweise nach Maßgabe der Gesetzgebung über den Landesstempel; diesen Staaten ist auch noch Reuß jüngerer Linie anzureihen, das ebenmäßig nur eine Steuer von den beurkundeten Schenkungen erhebt, diese Steuer aber mit der Erbschaftssteuer regelt. Eine Besteuerung der Schenkungen, lediglich wenn sie beurkundet sind, daneben aber auch noch eine allgemeine Besteuerung derjenigen Schenkungen, deren Vollzug bis zum Tode des Schenkers aufgeschoben ist, findet sich in Oldenburg, Anhalt und Lippe und ist durchweg der Erbschaftssteuer angegliedert. Ausschließlich und ohne Rücksicht darauf, ob eine Beurkundung stattgefunden hat oder nicht, besteuern diejenigen Schenkungen, deren Vollzug bis zum Tode des Schenkers aufgeschoben ist, Bayern, Mecklenburg-Schwerin, Mecklenburg-Strelitz, Sachsen-Meiningen, Lübeck und Hamburg; die beiden letztgenannten Hansestädte unterwerfen daneben auch noch Schenkungen, bei denen sich der Schenker den Nießbrauch lebenslänglich vorbehalten hat, der Steuer; die bezügliche Regelung ist hier wieder durchweg in den Erbschaftssteuergesetzen enthalten. Ueberhaupt keine Besteuerung der Schenkungen unter Lebenden haben Schwarzburg-Rudolstadt, Reuß älterer Linie und Schaumburg-Lippe, denen sich dann Waldeck, das auch eine Erbschaftssteuer nicht besitzt, anschließt. Von den hier regelmäßig besonders herausgehobenen Erbschaftssteuergesetzen haben die vollständige Regelung einer Schenkungssteuer das Württ. EStG. in seinem zweiten Abschnitt Art. 26—32, das Bad. EStG. unter II §§ 46—53 und das Hess. EStG. im zweiten Abschnitt Art. 31—39. Das Bayer. EStG. bestimmt im Art. 1, daß den Schenkungen auf den Todesfall Schenkungen unter Lebenden gleichgeachtet werden sollen, deren Vollzug bis zum Ableben des Schenkgebers aufgeschoben ist. Das Preuß.

EStG. hatte im § 4 eine Vorschrift bezüglich der Schenkungen unter Lebenden, nach welcher dieselben, sofern eine schriftliche Beurkundung stattgefunden, einer Wertstempelabgabe von dem Betrage der Schenkung unterworfen wurden; dieser § 4 gilt aber, und zwar nur in modifizierter Weise, allein noch für die Hohenzollernschen Lande; für den Hauptteil der Monarchie ist er durch § 35 des Preußischen Stempelsteuergesetzes vom 31. Juli 1895 (G. S. 1895 S. 413 ff.) aufgehoben worden und war nunmehr lediglich das letztgenannte Gesetz maßgebend. Das Sächs. EStG. und das Braunschw. EStG. enthalten bezüglich der Schenkungen unter Lebenden keine Bestimmungen; die für die Beurkundung zu entrichtenden Stempelabgaben regeln das Königl. Sächsische Gesetz über den Urkundenstempel in der Fassung des Gesetzes vom 10. Juni 1898 (Ges.- u. Verord.-Blatt 1898 S. 153 ff.) und das Braunschweigische Stempelsteuergesetz vom 23. Mai 1903 Nr. 31 (Ges.- u. Verord.-Samml. 1903 S. 165 ff.).

§ 55.

Schenkungen unter Lebenden unterliegen der gleichen Steuer wie der Erwerb von Todes wegen mit der Maßgabe, daß an Stelle der Verhältnisse des Erblassers und des Erwerbers die Verhältnisse des Schenkers und des Beschenkten berücksichtigt werden.

Als ein Erwerb durch Schenkung gilt auch ein Erwerb, der infolge der Vollziehung der einer Schenkung beigefügten Auflage oder infolge der Bewirkung einer Leistung, von welcher der Schenker eine Schenkung abhängig gemacht hat, oder, sofern die Schenkung der Genehmigung einer Behörde unterliegt, infolge der Vollziehung einer Anordnung dieser Behörde erlangt wird.

Einer Schenkung unter Lebenden steht gleich das in einem Stiftungsgeschäft unter Lebenden von dem Stifter zugesicherte und auf die Stiftung übergegangene Vermögen.

Vergl. BRAusfB. § 30.

Zu Absatz 1.

1. **Der Begriff der Schenkung**, den das REStG. nicht näher erläutert, bestimmt sich wiederum lediglich nach dem bürgerlichen Recht; es sind dafür die §§ 516 und 517 des BGB. maßgebend:

„§ 516. Eine Zuwendung, durch die jemand aus seinem Vermögen „einen andern bereichert, ist Schenkung, wenn beide Teile darüber „einig sind, daß die Zuwendung unentgeltlich erfolgt.

„Ist die Zuwendung ohne den Willen des andern erfolgt, so kann „ihn der Zuwendende unter Bestimmung einer angemessenen Frist

„zur Erklärung über die Annahme auffordern. Nach dem Ablauf „der Frist gilt die Schenkung als angenommen, wenn nicht der andere „sie vorher abgelehnt hat. Im Falle der Ablehnung kann die „Herausgabe des Zugewendeten nach den Vorschriften über die Heraus„gabe einer ungerechtfertigten Bereicherung gefordert werden.

„§ 517. Eine Schenkung liegt nicht vor, wenn jemand zum Vorteil „eines anderen einen Vermögenserwerb unterläßt, oder auf ein an„gefallenes, noch nicht endgültig erworbenes Recht verzichtet oder eine „Erbschaft oder ein Vermächtnis ausschlägt."

Die Schenkung stellt sich demnach als ein Vertrag dar, dessen Voraussetzung die Einigung zwischen dem Schenker und dem Beschenkten bildet. Nur wenn der Schenkungsvertrag in rechtskräftiger Weise zum Abschluß gekommen, wenn also allen Erfordernissen, durch welche die Schenkung bedingt wird, genügt ist, kann die Steuerpflicht für die Schenkung unter Lebenden eintreten.

2. Die Schenkung muß eine Zuwendung enthalten. Eine Beschränkung auf bestimmte Arten der Zuwendung ist nicht gegeben, es kann daher jedwede Zuwendung in Frage kommen. Es ist ohne Einfluß, ob die Zuwendung ein ganzes Vermögen — soweit die Zuwendung eines solchen nicht ausgeschlossen, vergl. BGB. § 310 — oder nur einzelne Teile eines solchen umfaßt. Die Zuwendung kann im speziellen sich ebenso auf Sachen wie auf Rechte beziehen; sie kann durch Verschaffen von Eigentumsrechten, von dinglichen Rechten, von Forderungsrechten, desgleichen aber auch durch Erlaß einer Schuld, durch Befreien von Verbindlichkeiten oder Lasten, durch Ersparung von Ausgaben 2c. vollzogen werden.

3. Die Zuwendung muß aber des weiteren für den Beschenkten eine Bereicherung darstellen, d. h. durch die Zuwendung muß eine Vermehrung des Vermögens des Beschenkten bewirkt sein. Hierin liegt eine gewisse Analogie zu der Vorschrift des § 29 des RESt G., nach welcher die Erbschaftssteuer von dem Betrage, um welchen der Erwerber durch den Anfall bereichert worden ist, berechnet werden soll; die bezüglichen Ausführungen zu letzterem Paragraphen müssen entsprechend auch hier Platz greifen. Es ist danach namentlich notwendig, daß es sich bei der Zuwendung um einen wirklichen Vermögenswert handelt, der sich entsprechend in Geld abschätzen läßt; letzteres wird speziell schon dadurch bedingt, daß hier die gleichen Steuersätze wie bei der Erbschaftssteuer zur Anwendung zu bringen sind, also Prozentsätze vom Geldwert des steuerpflichtigen Objekts. Von einer Bereicherung kann besonders auch nicht in Fällen einfacher Freigebigkeit die Rede sein, wie bei Erteilung von Unterricht, von Auskunft, bei Ueberlassen von Abonnementbillets für Theater, Konzerte, Bäder 2c., desgleichen nicht bei Uebernahme einer Bürgschaft, Bestellung eines Pfandes, Leihe eines Gegenstandes 2c., weil in allen diesen Fällen eine Vermehrung des Vermögens für den Empfänger nicht gegeben ist.

4. Die Zuwendung muß aus dem Vermögen des Schenkers gemacht werden. Hierdurch wird nach Maßgabe des gebrauchten Ausdrucks „Vermögen" noch das in der vorigen Note erörterte Bedingnis, daß es sich um einen Vermögenswert bei der

Bereicherung handeln müsse, verstärkt. Ebenso wie das Vermögen des Beschenkten durch die Zuwendung vermehrt werden soll, ebenso soll das Vermögen des Schenkers durch dieselbe verringert werden. Der Schenkungsgegenstand muß ein Vermögensobjekt bilden und dem Gesamtvermögen des Schenkers entzogen werden. Es kann sich daher bei der Schenkung auf der einen Seite nur um solche Vermögensobjekte und Rechte handeln, die der Schenker bereits erworben hatte, die tatsächlich schon einen Bestandteil seines Vermögens bildeten. Damit kommen vornehmlich die Fälle, welche der oben in Note 1 angeführte § 517 des BGB. noch speziell heraushebt, außer Betracht, wie das Unterlassen eines Vermögenserwerbs, der Verzicht auf ein noch nicht endgültig erworbenes Recht, das Ausschlagen einer Erbschaft rc.; es ist dabei auch ohne Bedeutung, ob bei dem Unterlassen, dem Verzicht oder dem Ausschlagen die Absicht, einem anderen einen Vorteil zuzuwenden, obgewaltet hat oder nicht. In der gleichen Weise wie bei den vorberührten Fällen kann aber auch in dem Verjährenlassen eines Anspruchs (BGB. §§ 194 ff.), in dem Unterlassen der Anfechtung (BGB. §§ 142 ff.) in dem Unterlassen der Geltendmachung der Gewährleistung (BGB. §§ 459 ff.) und Aehnlichem eine Schenkung nicht erblickt werden. Auf der anderen Seite wird sodann übereinstimmend die unentgeltliche Leistung von Diensten nicht unter den Begriff der Schenkung fallen, gleichgültig, ob die Dienste regelmäßig als entgeltliche oder als unentgeltliche geleistet zu werden pflegen.

5. Darüber, daß die Zuwendung unentgeltlich erfolge, muß Einigkeit unter beiden Teilen herrschen. Einerseits setzt dieses voraus, daß die Zuwendung nicht auf Grund einer rechtlichen Verpflichtung des Zuwendenden gemacht ist. Eine Grenze dafür, was als rechtliche Verpflichtung anzusehen ist, wird sich nicht allgemein und prinzipiell ziehen lassen; es werden dafür immer die besonderen Umstände der einzelnen Kategorien von Fällen eventuell auch des einzelnen Spezialfalls maßgebend sein müssen. Die Erfüllung einer sittlichen oder einer Anstandspflicht wird nicht als rechtliche Verpflichtung anzusehen sein, denn wenn der § 534 des BGB. auch für die Schenkungen, durch welche einer sittlichen Pflicht oder einer auf den Anstand zu nehmenden Rücksicht entsprochen wird, die Rückforderung und den Widerruf ausschließt, so entzieht er ihnen dabei keineswegs den Charakter als Schenkungen, und, da sie als solche rechtlich bestehen bleiben, unterliegen sie auch ebenso wie jede andere Schenkung der Steuerpflicht. Dahingegen wird bei denjenigen Zuwendungen, welche nach einer weiter vorherrschenden Ueblichkeit an das Personal für häusliche oder wirtschaftliche Dienstleistungen oder auch an Angestellte in Gewerbebetrieben zu bestimmten Gelegenheiten, wie namentlich Weihnachten, gemacht zu werden pflegen, regelmäßig wohl die rechtliche Verpflichtung das überwiegende sein; man wird sie meist nicht als unentgeltliche ansehen können, weil sie in erster Linie in Rücksicht auf die geleisteten Dienste und als eine teilweise wenn auch außerordentliche Vergeltung für diese erfolgen; (vergl. auch Note 22 zu § 56). Sind dieselben im Dienstvertrage besonders wenn auch ohne feste Abgrenzung der Höhe nach mit ausbedungen, so können sie natürlich niemals als Schenkungen in Frage kommen. Aber selbst da, wo sie den Schenkungscharakter tragen, bleiben sie von der Steuer

nach Maßgabe des ersten Satzes im Abs. 2 des § 56 befreit, vergl. Note 17 und Note 20 zu § 56. Im übrigen wird man aber vielfach nur nach den besonderen Verhältnissen des Spezialfalls eine Entscheidung zu fällen haben. Letzteres wird im großen und ganzen auch bei den sogenannten remuneratorischen Schenkungen, den Schenkungen zur Vergeltung, der Fall sein. Vielfach werden dieselben mit den erstberührten Schenkungen des § 534 des BGB. identisch sein; das BGB. hat auch über die Schenkungen zur Vergeltung keine weiteren Bestimmungen. An und für sich ist der Zweck einer gewissen Vergeltung oder einer Belohnung dem Schenkungsbegriff nicht entgegengesetzt und kann als den letzteren ausschließend nicht angesehen werden. Es wird hier immer Tatfrage, die für den speziellen Fall zu entscheiden ist, bleiben, ob es sich mehr um die Bezahlung einer Schuld handelt oder ob die Schenkungsabsicht das Vorwiegende ist, und bestimmt sich danach wiederum das Nichtvorhandensein oder das Vorhandensein einer Steuerpflicht, vergl. Note 22 zu § 56. Andererseits setzt die Unentgeltlichkeit der Zuwendung aber voraus, daß der Beschenkte zu einer Gegenleistung nicht verpflichtet wird. Eine solche Verpflichtung darf weder unmittelbar noch mittelbar, namentlich aber auch nicht versteckt oder verschleiert entstehen. Eine Ausnahme bildet die Schenkung unter Auflage, bezüglich derer die folgende Note das nähere ausführt. Eine gewisse moralische Bindung, welche durch die Zuwendung für den Empfänger dem Zuwendenden gegenüber entsteht, kann als eine den Schenkungsbegriff ausschließende Verpflichtung an und für sich nicht angesehen werden; auch hier wird immer nach den Verhältnissen des einzelnen Falls zu entscheiden sein, ob eine Schenkung und damit die Steuerpflicht vorliegt.

6. Die Schenkung unter Auflage läßt das bürgerliche Recht als vollwertige Schenkung zu; sie kommt daher als solche in der gleichen Weise auch für die Steuerpflicht in Frage. Maßgebend sind im wesentlichen die §§ 525 und 526 des BGB. in folgendem Wortlaut:

„§ 525. Wer eine Schenkung unter einer Auflage macht, kann die „Vollziehung der Auflage verlangen, wenn er seinerseits geleistet hat.
„Liegt die Vollziehung der Auflage im öffentlichen Interesse, so kann „nach dem Tode des Schenkers auch die zuständige Behörde die „Vollziehung verlangen.
„§ 526. Soweit infolge eines Mangels im Rechte oder eines „Mangels der verschenkten Sache der Wert der Zuwendung die „Höhe der zur Vollziehung der Auflage erforderlichen Aufwendungen „nicht erreicht, ist der Beschenkte berechtigt, die Vollziehung der Auf„lage zu verweigern, bis der durch den Mangel entstandene Fehl„betrag ausgeglichen wird. Vollzieht der Beschenkte die Auflage „ohne Kenntnis des Mangels, so kann er von dem Schenker Ersatz „der durch die Vollziehung verursachten Aufwendungen insoweit „verlangen, als sie infolge des Mangels den Wert der Zuwendung „übersteigen."

Die Auflage besteht in der Festlegung eines Nebenzwecks, der eben dadurch erreicht werden soll, daß die Annahme der Zuwendung zu der Erfüllung desselben zwingt. Sie ist hier nicht wie beim

Testament im § 1940 des BGB. gesetzlich bestimmt (vergl. Note 4 und 5 zu § 30) und kann ebensowohl in einer geldwerten Leistung, wie z. B. Unterhaltsgewährung, Setzung eines Grabdenkmals, als auch in einer Handlung ohne Vermögenswert, z. B. Annahme eines Namens, bestehen; desgleichen kann sie sowohl zugunsten des Schenkers, wie zugunsten des Beschenkten wie auch zugunsten eines Dritten gemacht werden. Durch die Auflage wird der Wert der Schenkung in entsprechender Weise vermindert und muß dieses wiederum ebenmäßig auch Einfluß auf die Steuerpflicht haben. Nach Maßgabe des im § 30 des REStG. ausgesprochenen Grundsatzes ist die Schenkung unter Lebenden im fraglichen Falle nur insoweit steuerpflichtig, als die Bereicherung des Beschenkten den Wert der Auflage übersteigt. Besteht die Auflage in einer Handlung ohne Vermögenswert, so bleibt sie an sich unberücksichtigt; sind jedoch mit derselben gewisse Unkosten verknüpft, wie eventuell Gebühren oder Stempel bei Annahme eines Namens, so werden diese in Absatz gebracht werden können. Uebersteigen wie im Falle des § 526 des BGB. die zur Vollziehung der Auflage notwendigen Aufwendungen den Wert der Zuwendung, so fällt überhaupt die Steuerpflicht fort.

7. Ist mit einer Schenkung ein entgeltliches Geschäft verbunden, so spricht man von einer gemischten Schenkung. Ueber die letztere führen die Motive des Regierungsentwurfs das folgende aus:

„Die sogenannten gemischten Schenkungen (vgl. Entscheidungen des Reichsgerichts in Zivilsachen Bd. 29 S. 265) sind nicht besonders erwähnt. Ist ein entgeltliches Geschäft zwar ernsthaft gemeint, stehen aber Leistung und Gegenleistung in einem so auffallendem Mißverhältnisse, daß an der Absicht der Vertragschließenden, einen von ihnen zu bereichern, nicht gezweifelt werden kann, so hat die Praxis bisher auch ohne ausdrückliche Bestimmung kein Bedenken getragen, eine gemischte Schenkung anzunehmen und den den Wert der Gegenleistung übersteigenden Wert der Leistung mit dem Schenkungsstempel zu belegen."

Da diesen Ausführungen bei den Verhandlungen durch den Reichstag kein Widerspruch entgegengestellt wurde, so müssen sie als eine zu beachtende Grundlage für die Beurteilung angesehen werden. Die gemischten Schenkungen unterliegen daher, soweit sie sich als Schenkungen darstellen, der Steuerpflicht wie jede andere Schenkung. In erster Linie wird man die gemischte Schenkung in ihre beiden Teile, das entgeltliche Geschäft und die Schenkung, zu zerlegen haben und sodann lediglich die Schenkung, beziehungsweise denjenigen Teil des Geschäfts, welcher als solche anzusehen ist, der Steuerpflicht unterstellen. Erscheint nach Lage der Sache eine derartige Trennung in die beiden Geschäfte nicht möglich, so wird eine analoge Behandlung wie bei der Schenkung unter Auflage nach den Ausführungen in der vorigen Note einzutreten haben. Es ist einerseits der Wert der gesamten Zuwendung oder des gesamten Vorteils, welchen der sogenannte Beschenkte aus dem ganzen Geschäfte bezieht, und andererseis der Werth der ganzen Belastung, die dem Beschenkten aus dem Gesamtgeschäfte erwächst, festzustellen; diese beiden Werte sind miteinander auszugleichen, wobei sich als Endresultat ergeben muß, um welchen

Betrag der Beschenkte unentgeltlich aus dem Vermögen des Schenkers bereichert worden ist; letzterer Betrag ist sodann zur Steuer heranzuziehen (vergl. auch Note 22 zu § 56).

8. Eine besondere Schenkungsabsicht auf Seiten des Schenkers, animus donandi, wird zu einer gültigen Schenkung unter Lebenden nicht erfordert; es genügt vielmehr die einfache Tatsache der unentgeltlichen Bereicherung des Beschenkten aus dem Vermögen des Schenkers. Lediglich durch die letztere entsteht daher auch die Steuerpflicht für die Schenkung und wird namentlich von irgend einem Nachweis der Schenkungsabsicht nicht geredet werden können. Es unterliegen vielmehr selbst diejenigen Schenkungen der Steuerpflicht, bei denen, sei es mit mehr sei es mit weniger Offensichtlichkeit, eine solche Absicht nicht vorhanden ist, wenn der Schenker wesentlich ein eigenes Interesse daran hat, sich der Schenkungsgegenstände zu entäußern, wenn er sie seinen Gläubigern oder seinen Erben entziehen will 2c.

9. Für die Form der Schenkung ist wiederum der § 518 des BGB. maßgebend:

„Zur Gültigkeit eines Vertrags, durch den eine Leistung schenkweise „versprochen wird, ist die gerichtliche oder notarielle Beurkundung „des Versprechens erforderlich. Das gleiche gilt, wenn ein Schuld„versprechen oder ein Schuldanerkenntnis der in den §§ 780, 781 „bezeichneten Art schenkweise erteilt wird, von dem Versprechen oder „der Anerkennungserklärung.

„Der Mangel der Form wird durch die Bewirkung der versprochenen „Leistung geheilt."

Nur die obligatorische schenkweise Verpflichtung bedarf also einer besonderen Form, nicht dagegen die Realschenkung durch sofortige Ueberweisung der Schenkungsgegenstände, welcher Grundsatz auch in dem zweiten Absatz des angeführten Paragraphen zum Durchbruch kommt. Die Annahme der Schenkung kann unter allen Umständen formlos geschehen. Wegen der Verpflichtung der Gerichte und Notare von den bezüglichen Beurkundungen den Erbschaftssteuerämtern Mitteilung zu machen, vergl. den § 40 des REStG., sowie Note 7 zu § 56.

Zu Absatz 2.

10. Die Vorschrift des Absatz 2 des § 55 entspricht der gleichen bezüglich des Erwerbs von Todes wegen unter Ziff. 2 im zweiten Absatz des § 1 getroffenen Bestimmung. Es greift hier im wesentlichen das in den Noten 8 und 10 zu dem § 1 Ausgeführte Platz. Wenn ein Dritter infolge der Vollziehung der einer Schenkung beigefügten Auflage oder infolge der Bewirkung einer Leistung, von welcher der Schenker eine Schenkung abhängig gemacht hat, einen Erwerb hat und dementsprechend bereichert wird, so ist materiell eine gleiche Sachlage wie bei der Schenkung gegeben und es würde ungerecht erscheinen, den so Bereicherten steuerlich anders wie den Beschenkten zu behandeln. Das gleiche Verhältnis findet aber auch statt bei den der Genehmigung einer Behörde unterliegenden Schenkungen, wenn der Erwerb erst infolge der Anordnung der Behörde erlangt wird. Um für die fraglichen Fälle die Steuerpflicht zu begründen, bedurfte es aber wiederum einer besonderen gesetzlichen Vorschrift, wie sie im zweiten Absatz des § 55 getroffen ist.

Zu Absatz 3.

11. Wie die Begründung einer Stiftung von Todes wegen nach § 1 des Gesetzes — speziell unter der Bestimmung des § 84 des BGB., der die Stiftung für die Zuwendungen des Stifters stets als schon vor dessen Tode entstanden gelten läßt, — steuerpflichtig ist, so unterstellt der Abs. 3 des § 55 auch das Stiftungsgeschäft unter Lebenden der Steuerpflicht. Nachdem im § 80 des BGB. allgemein bestimmt worden, daß zur Entstehung einer rechtsfähigen Stiftung außer dem Stiftungsgeschäfte die Genehmigung des Bundesstaats erforderlich ist, in dessen Gebiete die Stiftung ihren Sitz haben soll, geben die §§ 81 und 82 die näheren Vorschriften bezüglich der Stiftungen unter Lebenden:

„§ 81. Das Stiftungsgeschäft unter Lebenden bedarf der schrift„lichen Form.

„Bis zur Erteilung der Genehmigung ist der Stifter zum Widerruf „berechtigt. Ist die Genehmigung bei der zuständigen Behörde nach„gesucht, so kann der Widerruf nur dieser gegenüber erklärt werden. „Der Erbe des Stifters ist zum Widerruf nicht berechtigt, wenn der „Stifter das Gesuch bei der zuständigen Behörde eingereicht oder im „Falle der gerichtlichen oder notariellen Beurkundung des Stiftungs„geschäfts das Gericht oder den Notar bei oder nach der Beurkundung „mit der Einreichung betraut hat.

„§ 82. Wird die Stiftung genehmigt, so ist der Stifter verpflichtet, „das in dem Stiftungsgeschäfte zugesicherte Vermögen auf die Stiftung „zu übertragen. Rechte, zu deren Uebertragung der Abtretungs„vertrag genügt, gehen mit der Genehmigung auf die Stiftung „über, sofern nicht aus dem Stiftungsgeschäfte sich ein anderer Wille „des Stifters ergibt."

Die Steuerpflicht für die Stiftungen unter Lebenden tritt mit der staatlichen Genehmigung der Stiftung ein, da erst mit dieser die rechtsfähige Stiftung zur Entstehung gelangt. Steuerpflichtig ist die Stiftung als solche. Die durch § 40 des REStG. begründete Verpflichtung der Gerichte und Notare zur Mitteilung der von ihnen beurkundeten Schenkungen an die Erbschaftssteuerämter bezieht sich ohne weiteres auch auf die Beurkundungen von Stiftungsgeschäften unter Lebenden, da die letzteren steuerlich als Schenkungen unter Lebenden angesehen werden.

Zu § 55 insgesamt.

12. Die Besteuerung der Schenkungen unter Lebenden ist im einzelnen nicht weiter geregelt worden; es ist vielmehr nur bestimmt, daß die Schenkungen der gleichen Steuer wie der Erwerb von Todes wegen unterliegen sollen, mit der Maßgabe, daß an Stelle der Verhältnisse des Erblassers und des Erwerbers die Verhältnisse des Schenkers und des Beschenkten berücksichtigt werden. Es kommen hier demnach in entsprechender Weise voll die Grundsätze der eigentlichen Erbschaftsbesteuerung zur Anwendung. Bezüglich der praktischen Gestaltung soll für die Hauptpunkte in den nachstehenden Noten einiges Nähere ausgeführt werden.

13. Gegenstand der Schenkungssteuer ist jeder Erwerb aus einer Schenkung unter Lebenden. Wie oben ausgeführt (vergl. speziell Note 3 und 4), bedingt die Schenkung als solche einen Vermögenswert, der in Geld schätzbar ist und eine Bereicherung des Beschenkten bedeutet, so daß nach dieser Richtung eine Einschränkung auf einen besonderen, lediglich steuerpflichtigen Erwerb nicht notwendig ist. Die besonderen Fälle, in denen ein Erwerb steuerlich wie ein aus einer Schenkung unter Lebenden herrührender zu behandeln ist, sind in den Absätzen 2 und 3 des § 55 speziell herausgehoben, vergl. Note 10 und 11 oben. Die Sonderfälle, welche die §§ 1—4 bezüglich der Erbschaftssteuer noch berühren, können für die Schenkungssteuer nicht in Frage kommen.

14. Bezüglich der räumlichen Herrschaft gelten für die Schenkungssteuer die Vorschriften der §§ 5—9 des Gesetzes in der gleichen Weise, wie für die eigentliche Erbschaftssteuer. Es ist danach zunächst zu scheiden, ob der Gegenstand der Schenkung ein Grundstück ist oder ob er zum beweglichen Vermögen gehört. Ist der Gegenstand der Schenkung ein inländisches Grundstück, so ist der Schenkungserwerb steuerpflichtig; ist er ein ausländisches Grundstück, so tritt keine Steuerpflicht ein. Handelt es sich um bewegliches Vermögen, so ist des weiteren die Staatsangehörigkeit des Schenkers von Einfluß. War der Schenker Reichsangehöriger, so ist das Vermögen steuerpflichtig ohne Rücksicht darauf, ob es sich im Inlande oder im Auslande befindet. Ist der Schenker Ausländer, so bleiben die im Auslande befindlichen Schenkungsgegenstände steuerfrei; die im Inlande befindlichen dagegen unterliegen der Steuer, wenn der Schenker seinen Wohnsitz oder gewöhnlichen Aufenthalt in einem Bundesstaate hatte, beziehungsweise auch dann, wenn der Beschenkte zur Zeit der Schenkung im Inlande seinen Wohnsitz hatte. Bezüglich der einzelnen weiteren in Frage kommenden Modalitäten, welche hier aber für die Praxis nicht die Bedeutung wie bei der Erbschaftssteuer haben werden, sind die Vorbemerkungen zu den §§ 5—9 und die Noten zu diesen einzelnen Paragraphen zu vergleichen, welche eventuell entsprechend Anwendung finden werden.

15. Der Betrag der Schenkungssteuer regelt sich nach den gleichen Steuersätzen wie die Erbschaftssteuer und ist hier lediglich der § 10 des Gesetzes maßgebend. Es findet danach zunächst die Abstufung der Steuer nach der Verwandtschaft und der Schwägerschaft statt; dabei sind nach der ausdrücklichen Vorschrift des § 55 Abs. 1 an Stelle der Verhältnisse des Erblassers und des Erwerbers die Verhältnisse des Schenkers und des Beschenkten zu berücksichtigen. Weiter greift aber auch die Staffelung der Steuer nach der Höhe des Schenkungsbetrages Platz und zwar ganz in der gleichen Weise bis zu dem $2^1/_2$fachen des einfachen Steuersatzes. Dabei sind ebenmäßig alle die weiteren Einzelheiten, welche der § 10 bietet, zur Anwendung zu bringen und ist nach dieser Richtung hin auf die weiteren Ausführungen in den Noten zu § 10 Bezug zu nehmen.

16. Die Befreiungen von der Schenkungssteuer sind im folgenden § 56 Abs. 2 besonders geregelt und werden dort in eins zur Erörterung gelangen, vgl. Note 15—22 zu § 56.

17. Der für die Höhe der Steuer maßgebende Wert des Schenkungserwerbs wird in der gleichen Weise wie bei der eigentlichen Erbschaftssteuer ermittelt und finden hierfür, was die allgemeinen Voraussetzungen anlangt, die Vorschriften der §§ 16—20 des Gesetzes entsprechend Anwendung. Zu berücksichtigen ist der Wert, welchen der Schenkungsgegenstand in dem Augenblicke hatte, in welchem die Schenkung unter Lebenden rechtswirksam wurde. Bei der Realschenkung tritt die Rechtswirksamkeit sofort mit der Uebergabe und Annahme des Schenkungsgegenstandes ein, der Zeitpunkt der letzteren ist mithin auch der für die Wertermittelung maßgebende. Das Schenkungsversprechen wird erst rechtswirksam, wenn eine gerichtliche oder notarielle Beurkundung desselben stattgefunden hat und die an keine Form gebundene Annahmeerklärung erfolgt ist, beziehungsweise ohne eine solche die Annahme nach gesetzlicher Voraussetzung als erfolgt angesehen wird, oder wenn ohne die Erfüllung der gesetzlichen Formen die versprochene Leistung bewirkt ist. Bei dem Schenkungsversprechen ist demnach der für die Wertermittelung maßgebende Zeitpunkt für die Regel je nach den besonderen Verhältnissen des Falles entweder der Zeitpunkt der Annahmeerklärung oder der Zeitpunkt, für welchen die Annahme nach gesetzlicher Voraussetzung als erfolgt gilt oder der Zeitpunkt der tatsächlichen Leistung. Sofern nicht ein dauernd land- und forstwirtschaftlichen Zwecken dienendes Grundstück in Frage kommt, ist als Wert dasjenige anzunehmen, was man für gewöhnlich etwa als gemeinen Wert bezeichnet; es ist darunter der Verkaufs- oder Verkehrswert zu verstehen, der durch den Preis bestimmt wird, welcher im gewöhnlichen Geschäftsverkehr nach der Beschaffenheit des Gegenstandes ohne Rücksicht auf andere ungewöhnliche oder lediglich persönliche Verhältnisse zu erzielen ist. Bei Grundstücken, welche dauernd land- und forstwirtschaftlichen Zwecken zu dienen bestimmt sind, einschließlich der dazu gehörenden und denselben Zwecken dienenden Gebäude und des Zubehörs wird der Ertragswert zu Grunde gelegt, als welcher wiederum das Fünfundzwanzigfache des Reinertrags, den die Grundstücke nach ihrer bisherigen wirtschaftlichen Bestimmung bei ordnungsmäßiger Bewirtschaftung nachhaltig gewähren können, gilt. Was im einzelnen für den Wert an sich und speziell den Ertragswert maßgebend ist, bestimmen die BRAusfB. näher in den §§ 13—24, welche auch bezüglich der Schenkungssteuer Platz zu greifen haben. Für die Nutzungen oder Leistungen, die auf bestimmte Zeit beschränkt sind, sowie für Leibrenten oder andere auf die Lebenszeit einer bestimmten Person beschränkte Nutzungen kommen die in den §§ 17—19 des Gesetzes gegebenen Grundsätze in Betracht; speziell findet bei den Leibrenten ꝛc. bei einem früheren Erlöschen die nachträgliche Wertermittelung nach der wirklichen Dauer und die dementsprechende anderweite Steuerregulierung statt, wie sie der § 18 Abs. 2 zuläßt. Der einjährige Betrag der Nutzung einer Geldsumme ist, wenn er nicht anderweit feststeht, zu vier vom Hundert anzunehmen. Bezüglich der speziellen Sonderheiten und der einzelnen

Modifikationen ist auch hier auf die Ausführungen in den Noten zu den genannten Gesetzesparagraphen zu verweisen.

18. Für diejenigen Fälle, in denen der Erwerb aus einer Schenkung unter Lebenden entweder von einer Bedingung abhängt — sei es, daß er an eine auflösende oder eine aufschiebende Bedingung geknüpft oder unter einer solchen Bedingung belastet ist — oder von einer Befristung, oder nach den gegebenen rechtlichen Ansprüchen ungewiß oder unsicher ist, oder ein Vermögen ohne die Nutzung in sich begreift, ist nach den Grundsätzen zu verfahren, welche in den §§ 21—27 des Gesetzes gegeben sind; es greifen wiederum die Ausführungen, welche bezüglich des einzelnen in den Noten zu diesen Paragraphen gemacht worden sind, entsprechend Platz.

19. Berechnet wird die Schenkungssteuer nach den Vorschriften der §§ 28—30 des Gesetzes. Handelt es sich um eine gemeinsame Schenkung an mehrere Beschenkte, so ist die Steuer nach dem ganzen Erwerbe jedes einzelnen Beschenkten für jeden besonders nach seinem Verhältnis zum Erblasser zu berechnen. Der Steuerbetrag ist auch bei der Schenkungssteuer stets auf volle Mark nach unten abzurunden. Steuerpflichtig ist der Erwerb aus einer Schenkung unter Lebenden nur insoweit, als er tatsächlich zu einer Bereicherung des Beschenkten, einer Vermehrung des Vermögens desselben, führt, vgl. auch oben Note 3. Ist daher die Schenkung mit einer eine finanzielle Belastung darstellenden Auflage beschwert, so ist sie nur insoweit steuerpflichtig, als ihr Wert den Wert der Belastung übersteigt. Im einzelnen finden die Ausführungen in den Noten zu den §§ 28—30, so weit sie für die Schenkungssteuer überhaupt in Frage kommen können, entsprechende Anwendung.

20. Die Pflicht zur Entrichtung der Schenkungssteuer und die Haftung für dieselbe bestimmt sich nach den §§ 31 und 32 des Gesetzes. Regelmäßig ist zur Entrichtung der Schenkungssteuer der Beschenkte verpflichtet, für dessen persönliche Verbindlichkeit nicht nur der Erwerb aus der Schenkung, sondern auch das sonstige Vermögen desselben haftet. Ist die Schenkung mit einer Auflage, welche sich als eine finanzielle Belastung darstellt, beschwert, so ist der so beschwerte Beschenkte für diese Belastung an sich nicht steuerpflichtig, es ist vielmehr, wie in der vorigen Note bemerkt, der Wert der Belastung von dem Wert des gesamten Schenkungserwerbes abzusetzen. Charakterisiert sich die Beschwerung wiederum als eine Schenkung unter Lebenden an einen Dritten, so hat dieser Dritte die entsprechende Schenkungssteuer zu entrichten. Sofern aber die als Schenkung an einen Dritten sich charakterisierende Auflage eine Zuwendung der im § 12 Abs. 1 Nr. 3 bezeichneten Art — also eine Zuwendung, die ausschließlich kirchlichen, mildtätigen oder gemeinnützigen Zwecken innerhalb des Reichs oder der deutschen Schutzgebiete gewidmet, deren Verwendung zu dem bestimmten Zweck gesichert und die nicht auf einzelne Familien oder bestimmte Personen beschränkt ist — enthält, ist nach der ausdrücklichen Vorschrift des § 31 Abs. 1, welche auch für die Schenkungen unter Lebenden entsprechend Platz greift, der mit der Zuwendung Beschwerte zur Entrichtung der Steuer verpflichtet; derselbe kann jedoch die Steuer, sofern sich nicht aus

der Anordnung des Schenkers ein anderes ergibt, auf die Zuwendung anrechnen. Die Haftung Dritter für die Schenkungssteuer wird nach der besonderen Sachlage tatsächlich weniger als bei der eigentlichen Erbschaftssteuer in Frage kommen können; soweit solches aber der Fall ist, greifen die gesetzlichen Vorschriften der genannten Paragraphen in der gleichen Weise Platz. Auch hier haben wir uns wegen der Einzelheiten auf die Ausführungen in den Noten zu den §§ 30 und 31, die entsprechend Anwendung finden, zu beziehen.

§ 56.

Auf die Erhebung und Verwaltung der Steuer finden, soweit nicht nachstehend ein anderes bestimmt ist, die Vorschriften über die Erbschaftssteuer Anwendung.

Eine Befreiung von der Steuer tritt außer in den Fällen des § 11, des § 12 Abs. 3 und des § 13 bei Schenkungen an Bedürftige zum Zwecke ihres Unterhalts oder ihrer Ausbildung oder bei dem schenkungsweise erfolgten Erlasse von Forderungen, die durch Gewährung von Mitteln für solche Zwecke begründet sind, sowie dann ein, wenn durch die Schenkung einer sittlichen Pflicht oder einer auf den Anstand zu nehmenden Rücksicht entsprochen wird. Eine Befreiung tritt ferner ein bei Schenkungen beweglicher Sachen im Werte von nicht mehr als 3000 Mark an Personen der im § 10 I bis III bezeichneten Art, sofern die Sachen dem persönlichen Gebrauche des Beschenkten oder seiner Familienangehörigen zu dienen bestimmt sind. Im übrigen wird die Steuerpflicht nicht dadurch ausgeschlossen, daß die Schenkung zur Belohnung oder unter einer Auflage gemacht oder in die Form eines lästigen Vertrags gekleidet wird.

Der Anmeldung der Schenkung (§ 36) bedarf es nicht, wenn die Schenkung gerichtlich oder notariell beurkundet ist.

Die entrichtete Steuer ist zu erstatten, soweit das Geschenk wegen eines auf Gesetz beruhenden Rückforderungsrechts hat herausgegeben werden müssen, ferner wenn die Herausgabe nach Maßgabe des § 528 Abs. 1 Satz 2 des Bürgerlichen Gesetzbuchs abgewendet worden ist oder wenn der Schenker die Erfüllung des schenkweise erteilten Versprechens auf Grund des § 519 des Bürgerlichen Gesetzbuchs verweigert hat.

Vergl. BRAusfB. §§ 30—36.

Zu Absatz 1 und 3.

1. Die Erhebung und Verwaltung der Schenkungssteuer hat sich nach der Vorschrift in Abs. 1 des § 56 in der gleichen Weise, wie die der Erbschaftssteuer zu vollziehen, soweit nicht bezüglich einiger Einzelheiten Besonderes gesetzlich festgelegt ist. Ebenso finden auch die BRAusfB., welche zunächst speziell bezüglich des Erwerbes von Todeswegen in den §§ 2—29 getroffen sind, auf die Schenkungen unter Lebenden sinngemäße Anwendung. Wir werden die bezüglichen Hauptmomente in den folgenden Noten kurz hervorheben.

2. Die Zuständigkeit der einzelnen Bundesstaaten für die Erhebung der Schenkungssteuer regelt sich nach dem § 33 des Gesetzes. Demgemäß ist allgemein für die Erhebung der Schenkungssteuer derjenige Bundesstaat zuständig, in welchem der Schenker in dem Augenblick, in welchem die Schenkung rechtswirksam wurde (vgl. Note 17 zu § 55), seinen Wohnsitz hatte. Besaß der Schenker in mehreren Staaten einen Wohnsitz, so ist derjenige Staat als zuständig anzusehen, in welchem die Schenkung rechtswirksam wurde, da das Rechtswirksamwerden der Schenkung dem Anfall der Erbschaft gleichzustellen ist. Handelt es sich bei der Schenkung um ein Grundstück, so ist derjenige Bundesstaat zuständig, in welchem sich das Grundstück befindet. Meinungsverschiedenheiten zwischen mehreren Bundesstaaten über die Zuständigkeit hat der Bundesrat zum Ausgleich zu bringen. Des weiteren sind die Ausführungen zu § 33 zu vergleichen.

3. Daß die Verwaltung der Schenkungssteuer von den gleichen Behörden wie die der Erbschaftssteuer geführt werden müsse, ist in dem Reichsgesetz nicht ausgesprochen, obwohl die ganze Tendenz des Gesetzes als darauf hinauslaufend angesehen werden kann und auch die BRAusfB. bei der Schenkungssteuer lediglich von Erbschaftssteuerämtern als den zuständigen Steuerstellen sprechen. Immerhin dürfte rechtlich die Möglichkeit gegeben sein, daß ein Bundesstaat, da ihm die Bestimmung der Steuerstellen für die Verwaltung der Steuer allein obliegt, die Schenkungssteuer getrennt von der Erbschaftssteuer verwalten läßt; nur muß für jede der beiden Steuerarten der gesetzlich vorgeschriebene Instanzenzug angeordnet sein. Tatsächlich würden allerdings wohl nur ganz besondere Umstände zu einer solchen Maßregel führen können, denn an und für sich ist es sachlich stets das Richtige, die beiden in allem wesentlichen ganz identischen Steuerarten, wie sie formell in eins durch die gesetzliche Regelung zusammengezogen sind, auch von den gleichen Steuerstellen verwalten zu lassen. Demgemäß wird auch wohl durchweg von den Bundesstaaten verfahren werden. Eine Kontrolle über die Verwaltung der Schenkungssteuer in den Bundesstaaten übt das Reich behufs einer gleichmäßigen Anwendung der getroffenen Vorschriften ebenso wie bezüglich der Erbschaftssteuer aus und ist hierfür der § 35 des Gesetzes maßgebend.

4. Der Erwerb aus einer Schenkung unter Lebenden ist ebenso wie der Erwerb von Todeswegen der zuständigen Steuerstelle schriftlich anzumelden. Die Anmeldepflicht besteht aber

nur für den steuerpflichtigen Erwerb. Die Fristen, innerhalb welcher die Anmeldung zu erfolgen hat, sind die im § 36 festgesetzten. Die Frist beginnt mit dem Augenblick zu laufen, in welchem die Schenkung rechtswirksam wurde; bezüglich dieses Zeitpunktes vgl. Note 17 zu § 55. Sofern mehrere Personen zur Anmeldung verpflichtet sind, befreit die von einem Verpflichteten bewirkte Anmeldung die übrigen Pflichtigen, wenn aus der Anmeldung auch die Schenkung an letztere erkennbar ist. Was die Anmeldung einer steuerpflichtigen Schenkung, welche mit der Angabe ihres Tages und des Wohnortes des Anmeldenden zu versehen und von diesem zu unterschreiben ist, sonst im einzelnen zu enthalten hat, ist im § 34 Abs. 1 der BRAusfB. näher angegeben; die einzelnen Angaben stimmen in der Hauptsache mit denen der Erbschaftssteueranmeldung überein. Wenn der Absatz 3 des § 56 die spezielle Bestimmung trifft, daß es der Anmeldung der Schenkung nicht bedarf, wenn die Schenkung gerichtlich oder notariell beurkundet ist, so ist damit eine vom sonstigen Verfahren abweichende Sondervorschrift für die Schenkungen nicht getroffen, sondern es ist nur dasjenige, was der zweite Absatz des § 36 für den Erwerb von Todes wegen regelt, entsprechend für die Schenkung umgestaltet; der bestehende Grundsatz ist dabei voll gewahrt.

5. Die Vorschriften über die Erbschaftssteuererklärung 2c., wie sie in den §§ 37—43 des Gesetzes gegeben sind, greifen prinzipiell in der gleichen Weise auch für die Schenkungssteuer Platz. Da aber nach Lage der Sache die Verhältnisse bei den Schenkungen unter Lebenden für den regelmäßigen Fall einfachere und leichter zu übersehende sein werden, so hat die **Steuererklärung** hier eine ungleich geringere praktische Bedeutung und wird im allgemeinen wohl nur ausnahmsweise zu fordern sein. Dem trägt auch der § 35 der BRAusfB. entsprechend Rechnung. Zunächst soll die Anleitung, welche das Erbschaftssteueramt nach § 11 der BRAusfB. bei jedem ihm bekannt werdenden steuerpflichtigen Erwerb von Todes wegen an den zur Anmeldung des Erwerbes Verpflichteten zu senden hat und welche namentlich eine Belehrung über die Pflichten des Erwerbers eines steuerpflichtigen Anfalls enthält, bei den Schenkungen unter Lebenden nur im Falle der Aufforderung zur Einreichung der Steuererklärung gleichzeitig mit dieser Aufforderung übersendet werden. Sodann kann die Zusendung der Anleitung und die Aufforderung zur Steuererklärung unterbleiben, wenn es zur Feststellung der Steuerfreiheit der Schenkung oder zur Berechnung der Steuer nur einer Auskunft über bestimmte tatsächliche Verhältnisse bedarf. Endlich ist die Abgabe der Steuererklärung nicht an ein bestimmtes Muster gebunden; es bedarf also namentlich nicht des sehr eingehenden Musters 5, welches die BRAusfB. für die Erbschaftssteuererklärung vorschreiben. Wie bezüglich der angemeldeten oder sonst zur Kenntnis gelangten Schenkungen von dem Erbschaftssteueramte weiter zu verfahren ist, regeln die §§ 32 und 33 der BRAusfB.

6. Die **Verpflichtung zur Abgabe einer Steuererklärung** besteht für den Beschenkten in dem gleichen Maße wie für den Erwerber von Todes wegen. Sie wird für den einzelnen Fall auch hier stets erst durch ein besonderes Verlangen des Erbschafts-

steueramtes begründet. Die Frist, innerhalb welcher die Erklärung abzugeben ist, bestimmt je nach der Lage des Falls das Erbschaftssteueramt, jedoch nicht unter einem Monat. Die Steuererklärung ist unter der Versicherung zu erstatten, daß die Angaben nach bestem Wissen und Gewissen gemacht sind. Dritte Personen werden bei der Schenkung für die Steuererklärung nur ausnahmsweise in Frage kommen; eine prinzipielle Verpflichtung ist aber auch für sie nach Maßgabe des § 38 des Gesetzes gegeben. Für die weiteren Einzelheiten finden die Ausführungen in den Noten zu den §§ 37 und 38 entsprechende Anwendung.

7. Die Verpflichtung der Behörden und Beamten zu Mitteilungen an die Erbschaftssteuerämter ist durch den § 40 des Gesetzes im wesentlichen auch schon für die Schenkungen unter Lebenden geregelt und sind die zu diesem Paragraph gegebenen Noten zu vergleichen, ebenfalls aber auch Note 11 zu § 55. Nach den BRAusfB. § 31 haben die Gerichte und Notare dem zuständigen Erbschaftssteueramte beglaubigte Abschriften der von ihnen beurkundeten Schenkungen unter Lebenden alsbald nach der Beurkundung zu übersenden. Auf den Urschriften ist zu vermerken, wann und an welches Erbschaftssteueramt die Uebersendung geschehen ist. Ergibt der Urkundeninhalt nicht das Verwandtschaftsverhältnis zwischen dem Schenker und dem Beschenkten und den Wert der Schenkung, so ist der Schenker hierüber zu befragen. Die erhaltenen Angaben sind dem Erbschaftssteueramt ebenfalls mitzuteilen Die Einsichtnahme der Akten haben die Gerichte und Notare den Erbschaftssteuerämtern in analoger Weise nach § 41 des Gesetzes zu gestatten. Die Verpflichtung der Gerichte und Notare wird als sich auch auf die von ihnen verlautbarten Stiftungsgeschäfte beziehend angesehen werden müssen, da die Stiftungsgeschäfte unter Lebenden als Schenkungen nach § 55 Abs. 3 gelten (vergl. Note 11 zu § 55).

8. Bei dem verhältnismäßigen Zurücktreten der Steuererklärung muß die Verpflichtung zur Auskunfterteilung nach Maßgabe des § 42 des Gesetzes eine größere praktische Bedeutung gewinnen, weil sie hier in höherem Maße die Steuererklärung ersetzen wird. Jeder Beschenkte ist zur Erteilung der von dem Erbschaftssteueramte geforderten Auskunft über die die Schenkung betreffenden tatsächlichen Verhältnisse insoweit verpflichtet, als diese für die Festsetzung der Steuer von dem an ihn selbst oder bei einer gemeinsamen Schenkung an andere Beteiligte gelangenden Erwerb erheblich sind; desgleichen hat er die sich auf die Schenkung beziehenden Urkunden zur Einsicht vorzulegen. Die Steuerstellen sind befugt, ihren fraglichen Anordnungen auch bezüglich der Schenkungen unter Lebenden durch die im § 42 Abs. 4 zugelassenen Zwangsmaßregeln — sog. Ordnungsstrafen im Einzelfall bis zu 300 Mk. oder Ausführung der erforderlichen Maßregeln auf Kosten des Säumigen — Geltung zu verschaffen. Bezüglich der dabei in Betracht kommenden Einzelheiten ist wiederum auf die Ausführungen in den Noten zu § 42 zu verweisen.

9. Das in dem § 43 geregelte Einigungsverfahren bezüglich des Wertes, welcher der Besteuerung zugrunde zu legen ist, findet bei den Schenkungen unter Lebenden in der gleichen

Weise statt und kommen daher auch die Ausführungen in den Noten zu diesem Paragraphen hier entsprechend zur Anwendung.

10. Die Pauschversteuerung ist auch bei der Schenkungssteuer zulässig, obwohl im praktischen Leben ein Bedürfnis dafür wohl seltener wie bei der Erbschaftssteuer gegeben sein wird. Kompetent die Pauschversteuerung anzuordnen sind, wie der § 44 des Gesetzes vorschreibt, die obersten Landesfinanzbehörden; das nähere bezüglich derselben regelt sich nach den oben gegebenen Ausführungen zum § 44.

11. Bezüglich der Schenkungssteuer ist in gleicher Weise wie bei der Erbschaftssteuer nach Berechnung derselben von dem Erbschaftssteueramte ein Steuerbescheid abzugeben, welcher zugleich die Anweisung zur Entrichtung der Steuer innerhalb einer zu bestimmenden Frist (mindestens von einem Monat) enthält. Nach § 36 der BRAusfB. hat die Erteilung des Steuerbescheides nach dem beigegebenen Muster 12 zu erfolgen. Gegen den Steuerbescheid stehen dem Steuerpflichtigen im Verwaltungswege die Rechtsmittel nach Maßgabe des § 46 des Gesetzes zu und zwar zunächst die Beschwerde bei der Oberbehörde und danach die weitere Beschwerde bei der obersten Landesfinanzbehörde. Für Anbringung und Einlegung, Fristen, Zulassung verspäteter Beschwerden, Abhilfeschaffung durch die mit der Beschwerde angegriffene Behörde ꝛc. gelten lediglich die Vorschriften des § 46 des Gesetzes und greifen die näheren Ausführungen, welche in den Noten zu diesem Paragraphen und dem vorhergehenden oben gemacht worden sind, entsprechend Platz.

12. Die Notwendigkeit, die Schenkungssteuer zu stunden oder ihre Entrichtung in Teilbeträgen zuzulassen, wird nach Lage der Sache wohl seltener gegeben sein, die Möglichkeit ist aber immerhin ebenso wie bei der Erbschaftssteuer vorhanden und sind dafür die Vorschriften des § 47 maßgebend. Speziell greift auch die Erleichterung der Stundung für die Schenkungen von Grundstücken nach Maßgabe des zweiten Absatzes des genannten Paragraphen Platz, ebenso wie es unzulässig ist, behuf Einziehung der Schenkungssteuer das Grundstück eines Deutschen ohne seine Zustimmung zur Zwangsversteigerung zu bringen. Wegen des näheren sind die Noten zu den §§ 47 und 48 zu vergleichen.

13. Die Versäumung der Pflicht zur Anmeldung und zur Steuererklärung wegen der Schenkungssteuer sowie das Verschweigen steuerpflichtiger Schenkungsgegenstände ꝛc. ziehen die Strafen nach §§ 49 und 50 nach sich. Zulässig ist sowohl die Defraudationsstrafe wie die Ordnungsstrafe und erfolgt auch die Einziehung der Steuer unabhängig von der Bestrafung. Das Strafverfahren bestimmt sich nach dem § 51 des Gesetzes. Eine Umwandlung nicht beizutreibender Geldstrafen in Freiheitsstrafen findet nicht statt; die Zwangsversteigerung eines Grundstücks ist in gleicher Weise wie oben (vergl. Note 12) ausgeschlossen. Im Strafverfahren werden nach den allgemeinen Vorschriften für dieses Kosten erhoben, während das sonstige Verfahren in Schenkungssteuerangelegenheiten kosten-, gebühren- und stempelfrei ist. Bezüglich der Einzelheiten finden die Ausführungen in den Noten zu den §§ 49—53 entsprechend Anwendung.

14. Die **Verjährung des Anspruchs der Staatskasse auf die Schenkungssteuer** ist gleichwie bei der Erbschaftssteuer eine zehnjährige. Die Frist beginnt mit dem Schlusse desjenigen Jahres, in welchem der Anspruch auf die Schenkungssteuer entstanden ist, im Falle einer Sicherheitsleistung für die Steuer jedoch nicht vor dem Ablaufe desjenigen Jahres, in welchem die Sicherheit erlischt. Ueber den Zeitpunkt des Entstehens des Anspruchs auf die Schenkungssteuer ist Note 17 zu dem § 55 zu vergleichen, wegen der sonstigen Einzelheiten die Noten zu dem § 54.

Zu Absatz 2.

15. Der Abs. 2 des § 56 regelt die **Befreiung von der Schenkungssteuer** in einer etwas abweichenden, der Befreiung von der Erbschaftssteuer gegenüber erweiterten Weise. Dabei ist aber der Ausdruck „Befreiung" hier in dem eigentlichen und engeren Sinn der gänzlichen Befreiung von der Steuerentrichtung gebraucht worden, in Abweichung von der Ueberschriftsbezeichnung „Befreiung" bei der Erbschaftssteuer, welche auch die Steuererleichterungen (vergl. Note 1 zu § 12) mit umfaßt. Nach der Art und Weise, in der der Abs. 2 verhandelt ist, und aus der ganzen Sachlage, nach der lediglich eine Erweiterung der Befreiungsvorschriften bei der Schenkungssteuer erfolgen sollte, ist aber mit Sicherheit anzunehmen, daß jene Steuererleichterungen des § 12 Abs. 1, 2 und 4 auch bei der Schenkungssteuer Anwendung zu finden haben. Aus dem Umstande, daß die Steuererleichterungen in dem Abs. 2 des § 56 nicht ausdrücklich mit aufgeführt sind, ist nicht zu folgern, daß man dieselben hat ausschließen wollen, denn der Ausdruck Befreiung ist hier eben in dem oben bezeichneten engeren Sinne gebraucht. Die Steuererleichterungen des § 12 haben daher für die Schenkungssteuer nach der allgemeinen Vorschrift des § 55 ganz in der gleichen Weise wie für die Erbschaftssteuer Geltung und ist hier wegen der Einzelheiten auf die bezüglichen Noten zu § 12 Bezug zu nehmen.

16. Es sind sodann zunächst die **Erbschaftssteuerbefreiungen des § 11, des § 12 Abs. 3 und des § 13** ausdrücklich als auch für die Schenkungssteuer gültig anerkannt worden. Dieselben haben ganz in der gleichen Weise wie bei der Erbschaftssteuer Platz zu greifen und regeln sich die Einzelheiten nach den Ausführungen in den Noten zu den genannten Paragraphen, auf welche hier zu verweisen ist.

17. Der § 56 Abs. 2 gibt dann noch in seinem ersten Satz eine Erweiterung der Befreiungen von der Schenkungssteuer für **Schenkungen an Bedürftige zum Zwecke ihres Unterhalts oder ihrer Ausbildung und für Schenkungen, zu denen der Schenker sittlich oder sozial verpflichtet ist.** Die Motive des Regierungsentwurfs führen hierzu folgendes an:

„Im § 61 Abs. 2 Satz 1 (jetzt § 56 Abs. 2 Satz 1) sind außer den auch für den Erwerb von Todes wegen geltenden Befreiungsgründen noch einige besondere Befreiungen vorgesehen. Die nach dem Vorgang einer Anzahl von Landesgesetzen aufgenommene Befreiung der Schenkungen an einzelne bedürftige Personen zum Zwecke ihres Unterhalts oder ihrer Ausbildung empfiehlt sich schon aus der Erwägung, daß sich in diesen Fällen der Schenker häufig scheuen wird, mit seiner Wohltätigkeit, wäre es auch nur der Behörde gegenüber, an die Oeffentlichkeit zu treten. In diesen Fällen würde daher häufig die Entrichtung der Steuer unterbleiben, ohne daß eine Benachteiligung des Fiskus in der Absicht gelegen hat.

Zu den im § 61 Abs. 2 Satz 1 (jetzt § 56 Abs. 2 Satz 1) weiter befreiten Schenkungen, durch welche einer sittlichen Pflicht oder einer auf den Anstand zu nehmenden Rücksicht entsprochen wird (vgl. auch § 534 des BGB.), sind insbesondere auch die üblichen Gelegenheitsgeschenke zu zählen."

18. Die Befreiung der Schenkungen zum Unterhalt 2c. an Bedürftige ist ganz unbeschränkt ausgesprochen. Sie tritt daher ein bei der Schenkung an jeden Bedürftigen; der Beschenkte braucht in keinerlei Zusammenhang mit dem Schenker zu stehen, namentlich ist ein Verwandtschaftsverhältnis irgend welcher Art zu demselben nicht erforderlich. Auch bezüglich der Höhe der Schenkung ist keinerlei Grenze gezogen, doch ist es selbstredende Voraussetzung, daß die Schenkung der Höhe nach im Verhältnis zu dem Zweck derselben stehen muß; soweit die Schenkung über diesen Zweck hinausgeht, kann die Befreiungsvorschrift auf dieselbe keine Anwendung finden. Wenn eine Schenkung zum Unterhalt in Frage kommt, so wird der Begriff des Unterhalts für den einzelnen Fall je nach der wirtschaftlichen Lage des Schenkers und des Beschenkten zu bestimmen sein, wesentlich aber nach der Lage des letzteren. Eine Schenkung zur Ausbildung kann alles, was irgendwie für die Ausbildung in Betracht kommt, umfassen und ist speziell nicht etwa auf das unbedingt Notwendige zu beschränken; eine Entscheidung wird auch hier nur für den einzelnen praktischen Fall je nach den Verhältnissen zu treffen sein; es liegt aber wohl im Sinne der ganzen Befreiungsvorschrift, daß bezüglich derselben keine zu enge Eingrenzung getroffen wird. Auch der Begriff der Bedürftigkeit ist hier im weitesten Sinne zu fassen; er setzt speziell irgend eine Notlage nicht voraus.

19. Die Bestimmung, daß auch der Erlaß von Forderungen, welche durch Hingabe für die fraglichen Zwecke entstanden sind, von der Schenkungssteuer befreit sein solle, ist von der Kommission des Reichstags dem Gesetze eingefügt worden, deren Bericht darüber wie überhaupt zu der Befreiung der Schenkungen zum Unterhalt 2c. folgendes angibt: „Hierher gehöre z. B. der Fall, daß jemand einen bedürftigen jungen Mann studieren lasse. Es komme nun nicht selten vor, daß der Wohltäter bona mente, um den Studenten mehr am Zügel zu behalten, demselben das zum Studieren erforderliche Geld zunächst als Darlehen gebe und es von seiner Führung abhängig sein lasse, ob er ihm später seine Schuld erlassen wolle. Trete der Erlaß ein, so entspreche es der Billigkeit, daß dieser ebenfalls steuerfrei bleibe."

20. Zu der Befreiung der Schenkung von der Steuer, wenn durch dieselbe einer sittlichen Pflicht oder einer auf den Anstand zu nehmenden Rücksicht entsprochen wird (vergl.

auch oben Note 17 a. E.), führt der Bericht der Reichstagskommission folgendes aus:

„Ob eine solche Verpflichtung vorliege, lasse sich nur von Fall zu Fall entscheiden. Es komme dabei — auch was die Höhe der Schenkung anlange — auf die betreffenden Gesellschaftskreise, auf Vermögen und Berufsstellung, sowie auf die zwischen den beteiligten Personen bestehenden persönlichen Beziehungen an. Mit Rücksicht auf letztere könnten unter Umständen selbst solche Schenkungen, die in der Unsittlichkeit ihren Grund hätten, durch Anstandspflicht geboten sein.

Zweifellos gehörten hierher Gaben zu wohltätigen Zwecken, Weihnachts-, Namenstags-, Geburtstags-, Braut-, Hochzeitsgeschenke nach der jeweiligen Verkehrssitte (wenn sie auch einen größeren Wert als 500 Mark hätten). Auch in dem von einem Kommissionsmitgliede bei Besprechung des § 60 (jetzt § 56) erwähnten Falle, daß ein Fideikommißbesitzer seinen Familienangehörigen über den Rahmen seiner rechtlichen Verpflichtung hinaus angemessene Unterstützung gewähre, müsse Steuerfreiheit eintreten; das folge aus dem Wesen und Zwecke der Fideikommisse."

21. Die fernere besondere Befreiung bei Schenkungen beweglicher Sachen zum persönlichen Gebrauch an die Verwandten und Verschwägerten der ersten drei Steuerklassen im zweiten Satz des Absatz 2 des § 56 hat wiederum die Kommission des Reichstags in das Gesetz gebracht. Zur Begründung derselben weist der Kommissionsbericht darauf hin:

„1. daß es sich hier nur um Schenkungen unter Verwandten der bezeichneten Art handele,

2. daß in dem Antrage nur von beweglichen Gegenständen, nicht von Grundstücken, die Rede sei,

3. daß die geschenkten Gegenstände nur zum Gebrauche (nicht zum Verbrauche) und zwar zum persönlichen Gebrauche des Beschenkten oder seiner Angehörigen bestimmt sein müßten; gemeint seien also z. B. Bücher, Schmucksachen, Möbel, Hunde, Pferde, nicht aber Geld oder Lebensmittel usw."

Dem ist Weiteres nicht hinzuzufügen.

22. In dem dritten Satz des § 56 Abs. 2 wird noch besonders hervorgehoben, daß die sogenannten remuneratorischen Schenkungen, die Schenkungen unter Auflage und die in die Form eines lästigen Vertrages gekleideten Schenkungen von der Steuerpflicht nicht ausgeschlossen sind. Es steht hiermit dasjenige, was wir oben in den Noten 5—7 zu § 55 ausführten, im Einklang, beziehungsweise findet dadurch noch eine spezielle gesetzliche Bestätigung. Die Motive des Regierungsentwurfs sagen hierüber folgendes:

„Bei den im § 61 Abs. 2 Satz 2 (jetzt § 56 Abs. 2 Satz 3) genannten remuneratorischen Schenkungen kann es sich auch um Schenkungen der im vorangehenden Satze genannten Art handeln. Trifft dies zu, so sind sie von der Steuer gleichfalls frei. Gratifikationen an Beamte, Privatangestellte usw. werden überhaupt nicht als Schenkungen anzusehen sein, weil es sich bei dergleichen Zuwendungen um eine nachträgliche Abgeltung der von den Remunerierten geleisteten Dienste handelt, solche Zuwendungen daher unter demselben Gesichtspunkte wie lästige Verträge beurteilt werden können".

Der Bericht der Reichstagskommission hat nachstehende Ausführungen:

„Die Berichterstatter bemerkten ferner: Nach dem Schlußsatze des Absatzes 2 sei an und für sich, d. h. wenn keiner der gesetzlichen Befreiungsgründe vorliege, die Schenkungssteuer auch zu erheben bei Schenkungen sub modo, bei verschleierten und bei remuneratorischen Schenkungen. Mit Recht zähle die Begründung der Vorlage die sogenannten Gratifikationen an Beamte, Angestellte u. dgl. nicht zu den letzteren, rechne sie überhaupt nicht zu den Schenkungen.

Die gemischten Schenkungen, d. h. solche, die mit entgeltlichen Geschäften verbunden sind und also neben diesen für den überschießenden Wert gelten sollen, seien im Entwurfe nicht besonders erwähnt; es könne aber nicht zweifelhaft sein, daß bei ihnen der den Wert der Gegenleistung übersteigende Wert der Leistung zur Schenkungssteuer heranzuziehen sei. So sei es auch auf Grund der Rechtsprechung des Reichsgerichts in der bisherigen Steuerpraxis gehalten worden."

Die in die Form eines lästigen Vertrages gekleideten Schenkungen werden sich tatsächlich stets als gemischte Schenkungen darstellen und sind dementsprechend zu behandeln, vgl. Note 7 zu § 55.

Zu Absatz 4.

23. Zu der Erstattungsvorschrift des Abs. 4 geben die Motive des Regierungsentwurfs folgende Begründung:

„Die Steuerpflichtigkeit einer Schenkung setzt deren Gültigkeit und Rechtswirksamkeit, bei schenkweise versprochenen Leistungen nach § 518 des BGB. also die gerichtliche oder notarielle Beurkundung des Versprechens, voraus. Daß im Falle der Nichtigkeit, sei es ursprünglicher oder infolge Anfechtung (§ 142 des BGB.) herbeigeführter Nichtigkeit, sowie im Falle der Unwirksamkeit der Schenkung (§§ 1446, 1641, 1804 des BGB.), Erstattung der gezahlten Steuer einzutreten hat, ist im Gesetz als sich von selbst verstehend nicht besonders erwähnt. Die Erstattung soll nach § 61 Abs. 4 (jetzt § 56 Abs. 4) aber auch ferner insoweit eintreten, als das Geschenk wegen eines auf Gesetz beruhenden Rückforderungsrechts hat herausgegeben werden müssen. Hierher gehören nach dem BGB. die Fälle des § 528 (Verarmung des Schenkers), 2287 (Schenkung zur Beeinträchtigung des Vertragserben), 2288 (schenkungsweise Veräußerung oder Belastung zur Beeinträchtigung des Vermächtnisnehmers), 2329 (Anspruch des Pflichtteilsberechtigten gegen den Beschenkten). Im Falle des § 528 Abs. 1 Satz 2 soll der Herausgabe die Abwendung der Herausgabe durch Zahlung des für den Unterhalt erforderlichen Betrags gleichstehen. Ein gleicher Grund für die Anerkennung eines Erstattungsanspruchs liegt im Falle des § 519 des BGB. (Verweigerung der Erfüllung eines schenkweise erteilten Versprechens) vor. Von dem auf Gesetz beruhenden Rückforderungsrechte ist der Fall zu unterscheiden, in dem es für die Rückforderung noch einer in der Willkür des Rückfordernden liegenden vorausgehenden Handlung (des Widerrufs) bedarf (vgl. § 530 ff. des BGB.). Die Erstattung auch hierauf auszudehnen, liegt keine Veranlassung vor."

24. Auf das Verfahren bei der Erstattung von Schenkungssteuer finden die Vorschriften des § 29 der BRAusfB. entsprechend Anwendung. Die näheren Bestimmungen über dasselbe haben die obersten Landesfinanzbehörden für die einzelnen Bundesstaaten zu treffen.

XXV. Rechtsweg.

Vorbemerkungen zu § 57.

1. Die Vorschriften über die Zulässigkeit des Rechtsweges waren in dem Regierungsentwurf in den beiden §§ 51 und 52 nach den Vorschriften über den Erbschaftssteuerbescheid, die Rechtsmittel im Verwaltungswege gegen diesen und die Stundung, also vor die Strafbestimmungen gestellt. Die Kommission des Reichstages hat denselben den jetzigen Platz hinter der Regelung der Schenkungssteuer zugewiesen; der Kommissionsbericht sagt dazu: „Die Bestimmungen über die Zulässigkeit des Rechtsweges weiter an das Ende des Gesetzes zu schieben, sei angezeigt, weil sie sich gleichmäßig auch auf die Schenkungssteuer bezögen." Letzteres trifft nun aber nicht nur bezüglich der Regelung des Rechtsweges, sondern in ganz dem gleichen Maße auch bezüglich einer ganzen Reihe anderer Vorschriften zu, und so speziell bezüglich der oben angeführten, aus deren an sich gegebenen Zusammenhang die Rechtswegregelung nunmehr herausgelöst ist. Weshalb gerade letzteres notwendig erschien, ist nicht weiter begründet und auch nicht recht erfindlich. Die Zusammenziehung aus den ursprünglich zwei Paragraphen in einen, welche die Kommission ohne dafür eine nähere Begründung zu geben weiter vorgenommen hat, ist ohne irgend eine materielle Aenderung erfolgt. Es ist lediglich eine durch die Aenderung des § 47 des Gesetzes bedingte Erweiterung des ersten Satzes im ersten Absatz des Paragraphen vorgenommen, worüber unten Note 8 das Nähere gibt.

2. Dadurch, daß der Rechtsweg bezüglich der Erbschaftssteuer in vollem Umfange zugelassen ist, ist der Steuerpflichtige in doppelter Weise bezüglich etwaiger Rechte geschützt; er kann unabhängig voneinander einmal das Beschwerdefahren im Verwaltungswege durch drei Instanzen nach Maßgabe des § 46 des Gesetzes verfolgen, und er kann des weiteren im Wege Rechtens gleicherweise durch drei Instanzen vorgehen. Wenn aus der Praxis zum Teil auch geltend gemacht ist, daß eine derartige Kumulation der Rechtsmittel über das Bedürfnis hinausgehe und bei Gefährdung der

Einheitlichkeit in den Entscheidungen der Verwaltungsinstanzen und der Gerichte zu Verwirrungen führen müsse, so ist doch andererseits durch die Theorie eine Regelung wie die fragliche gerade als das sachgemäßeste hingestellt; so bezeichnet Schäffle in seiner Steuerlehre als die einzige allgemeine Bemerkung, welche dem Steuerreklamationswesen zu widmen ist: „Die Steuerreklamation ist in beiderlei Form einzuräumen, in derjenigen der Beschwerde auf dem Verwaltungswege und derjenigen der Klage auf dem gerichtlichen Wege. Das gerichtliche Klagerecht beider, der Steuerbehörden und der Steuerpflichtigen, ist grundsätzlich heute kaum mehr bestritten“ (Schäffle, Die Steuern, Allgemeiner Teil I, Leipzig 1895, § 252, S. 389). Meist ist allerdings in der bisherigen Gesetzgebung und so speziell durchweg in der älteren der Rechtsweg wegen öffentlicher Abgaben ausgeschlossen oder doch nur in einem beschränkteren Grade zugelassen, und stellt sich demgegenüber die Regelung des REStG. als eine abweichende und neue dar. Mit Rücksicht auf die verhältnismäßig weitergehende Ausgestaltung der Erbschaftssteuer und auf die Höhe der eventuell eintretenden Steuersätze scheint aber eine tunlichste Sicherung der Steuerpflichtigen nur angebracht zu sein.

3. Von den Erbschaftssteuergesetzen der Bundesstaaten ließen den Rechtsweg bei den ordentlichen Gerichten nur das Preuß. EStG. § 42 und das Braunschw. EStG. § 37 zu; das Bayer. EStG. Art. 38, das Württ. EStG. Art. 24, das Bad. EStG. § 45 und das Hess. EStG. Art. 52 kennen eine Beschwerde an den Verwaltungsgerichtshof, das Sächs. EStG. Art. 26 auch eine solche nicht.

§ 57.

In Ansehung der nach den Vorschriften dieses Gesetzes zu entrichtenden Steuern ist der Rechtsweg zulässig; über die Frage jedoch, ob Stundung in Gemäßheit des § 47 eintreten soll, entscheidet endgültig die Steuerbehörde. Die Klage muß binnen einer Frist von sechs Monaten erhoben werden. Die Frist beginnt mit der Zahlung oder Stundung der Steuer; kann jedoch die gänzliche oder teilweise Erstattung der gezahlten oder die gänzliche oder teilweise Niederschlagung der gestundeten Steuer wegen eines nachträglich eingetretenen Ereignisses verlangt werden, so beginnt die Frist erst mit dem Eintritte dieses Ereignisses.

Auf den Lauf der im Abs. 1 bezeichneten Fristen finden die für die Verjährung geltenden Vorschriften der §§ 203, 206, 207 des Bürgerlichen Gesetzbuchs entsprechende Anwendung.

Für die Berechnung der Fristen dieses Gesetzes sind die Vorschriften der Zivilprozeßordnung maßgebend.

Zuständig für die im Abs. 1 vorgesehene Klage sind ohne Rücksicht auf den Wert des Streitgegenstandes ausschließlich die Landgerichte. Für die Revision sowie für die Beschwerde gegen Entscheidungen der Oberlandesgerichte ist das Reichsgericht zuständig.

Zu Absatz 1.

4. Im ersten Satz des Abs. 1 ist der Rechtsweg in Ansehung der nach den Vorschriften des Gesetzes zu entrichtenden Steuern, abgesehen von der Frage der Stundung (vgl. Note 8), uneingeschränkt zugelassen. Demgemäß ist nicht nur eine Klage wegen Erstattung gezahlter oder Niederschlagung gestundeter Steuer, Leistungsklage, zulässig, sondern auch eine Feststellungsklage nach Maßgabe des § 256 der ZPO., wenn die Voraussetzung derselben zutrifft, mithin der Kläger ein rechtliches Interesse daran hat, daß das Rechtsverhältnis durch richterliche Entscheidung alsbald festgestellt werde. Vorbedingung der Feststellungsklage gegen die Steuerbehörde wird es aber immer sein, daß die letztere amtlich in einer Weise tätig geworden ist, aus welcher zu schließen, daß sie von dem Vorhandensein eines steuerpflichtigen Erwerbes ausgeht. Die Klage auf Erstattung gezahlter oder auf Niederschlagung gestundeter Steuer steht in erster Linie dem Steuerpflichtigen zu, sei es, daß er selbst oder durch einen Vertreter die Steuer eingezahlt beziehungsweise Stundung für dieselbe erlangt hat, sei es, daß solches bezüglich eines Dritten geschehen ist, dem er wiederum ersatzpflichtig ist. Klagberechtigt ist daneben aber auch der Dritte, welcher die Steuer einbezahlt oder eine Stundung gegen Sicherheitsleistung oder ohne eine solche erlangt hat. Zur Anstellung der Feststellungsklage hat jeder das Recht, welcher ein rechtliches Interesse nach Maßgabe des § 256 der ZPO. nachzuweisen vermag. Zu erheben ist die Klage gegen den Steuerfiskus desjenigen Bundesstaates, dessen Steuerbehörde die Steuer eingezogen beziehungsweise gestundet hat oder das Steuerverfahren entsprechend eingeleitet hat; welcher Behörde die Vertretung des Steuerfiskus in Klagesachen obliegt, bestimmt sich nach der Landesgesetzgebung des betreffenden Bundesstaates.

5. Der Rechtsweg ist jederzeit zulässig und ist vollkommen in sich selbständig gegeben. Namentlich ist derselbe gänzlich unabhängig von den im Verwaltungswege zulässigen Schutzmitteln und bildet die Durchführung des Beschwerdeverfahrens im Verwaltungswege keine Voraussetzung für das Klagerecht. Grundsätzlich zulässig erscheint es danach, die gerichtliche Klage gleichzeitig mit der Beschwerde bei den Verwaltungsbehörden oder auch beliebig zu jedem Zeitpunkt während des Schwebens der letzteren anzustellen.

6. Für die Klage auf Erstattung beziehungsweise Niederschlagung, also die Leistungsklage, ist des weiteren maßgebend der § 812 Abs. 1 des BGB.:

„Wer durch die Leistung eines andern oder in sonstiger Weise auf „dessen Kosten etwas ohne rechtlichen Grund erlangt, ist ihm zur „Herausgabe verpflichtet. Diese Verpflichtung besteht auch dann, „wenn der rechtliche Grund später wegfällt, oder der mit einer „Leistung nach dem Inhalte des Rechtsgeschäftes bezweckte Erfolg „nicht eintritt."

Nach dem allgemeinen Grundsatz hat der Kläger zu beweisen, daß die Steuer gezahlt ist und daß für diese Zahlung entweder ein Rechtsgrund überhaupt nicht bestanden hat, oder daß der an sich vorhanden gewesene Rechtsgrund weggefallen ist. Sofern die Steuer zwangsweise eingezogen oder von dem Kläger nachweislich nur zur Abwendung einer Zwangseinziehung gezahlt ist, wird dem entsprechend Rechnung zu tragen sein, da durch die der Steuerbehörde gesetzlich eingeräumte Befugnis, die Steuer ohne weiteres einzuziehen, an der nach dem materiellen Recht zu beurteilenden Beweislast nichts geändert werden kann, vergl. Hoffmann, Preuß. EStG. Note 7 zu § 42 und die daselbst angeführten reichsgerichtlichen Entscheidungen. Macht der Kläger geltend, daß er wegen besonderer Verhältnisse, wie nähere Verwandtschaft mit dem Erblasser, Vorhandensein nicht berücksichtigter Schulden, nur einen geringeren Steuerbetrag wie den eingezahlten zu entrichten verpflichtet sei, daß wegen eines vorliegenden Befreiungsgrundes eine Steuerentrichtung überhaupt nicht in Frage kommen könne, daß eine Steuererleichterung für ihn Anwendung finden müsse, so hat er bezüglich dieser Umstände stets den Beweis zu führen.

7. Für den Erstattungsanspruch selbst kommt der § 818 Abs. 1 und 4 des BGB. in Frage:

„Die Verpflichtung zur Herausgabe erstreckt sich auf die gezogenen Nutzungen sowie auf dasjenige, was der Empfänger auf „Grund eines erlangten Rechtes oder als Ersatz für die Zerstörung, „Beschädigung oder Entziehung des erlangten Gegenstandes erwirbt. „Von dem Eintritte der Rechtshängigkeit an haftet der Empfänger „nach den allgemeinen Vorschriften."

sowie des ferneren der § 291 des BGB. mit den darin angezogenen §§ 288 Abs. 1 und 289 Satz 1:

„§ 291. Eine Geldschuld hat der Schuldner von dem Eintritte der „Rechtshängigkeit an zu verzinsen, auch wenn er nicht im Verzuge ist; wird die Schuld erst später fällig, so ist sie von der Fälligkeit „an zu verzinsen. Die Vorschriften des § 288 Abs. 1 und des § 289 „Satz 1 finden entsprechende Anwendung.

„§ 288 Abs. 1. Eine Geldschuld ist während des Verzugs mit vier „vom Hundert für das Jahr zu verzinsen.

„§ 289 Satz 1. Von Zinsen sind Verzugszinsen nicht zu entrichten."

Dementsprechend sind die zu erstattenden Steuerbeträge vom Eintritt der Rechtshängigkeit an mit vier vom Hundert zu verzinsen (vergl. Planck, Kommentar zum BGB. unter b in Note 3 zu § 818). Der Zeitpunkt der Rechtshängigkeit bestimmt sich nach § 263 Abs. 1 der ZPO.:

„Durch die Erhebung der Klage wird die Rechtshängigkeit der „Streitsache begründet."

8. Nach der ausdrücklichen Bestimmung im ersten Satz ist die Entscheidung der Steuerbehörde also eventuell die der letzten Instanz endgültig, wenn es sich um die Frage handelt, ob Stundung in Gemäßheit des § 47 eintreten soll oder nicht. Hier ist demnach die gerichtliche Klage ausgeschlossen.

Nach der ersten Fassung des angezogenen Stundungsparagraphen im Regierungsentwurf durfte dieses als schon an sich nach der Natur der Sache gegeben angesehen werden, da die Frage danach als eine rein steuerliche Verwaltungsmaßregel betreffende sich darstellt, in bezug auf welche im Gesetz dem Steuerpflichtigen ein lediglich nach dem Ermessen der Steuerbehörde sich bestimmender Anspruch beigelegt war. Nachdem aber durch die jetzige Fassung des § 47 der Steuerpflichtige die Stundung fordern, die Steuerbehörde dieselbe bei Sicherheitsleistung nicht verweigern kann, war es erforderlich, wenn man die Klage für die Stundung ausschließen wollte, eine bezügliche besondere Bestimmung zu treffen. In der Kommission des Reichstags wurde die Frage angeregt, „ob der Rechtsweg auch zulässig sei, wenn der Steuerpflichtige gegenüber der entgegenstehenden Auffassung der Steuerbehörde behaupte, einen Anspruch auf Stundung zu haben. Ein Regierungsvertreter verneinte diese Frage. Auf seine Anregung wurde demnächst der bezügliche Zusatz im ersten Satz des Paragraphen gemacht (Kommissionsbericht).

9. Wenn das Gesetz ferner vorschreibt, die Klage muß binnen einer Frist von sechs Monaten erhoben werden, so bezieht sich dieses nur auf die Klage auf Erstattung gezahlter oder Niederschlagung gestundeter Steuern, also auf die Leistungsklage, welche allerdings wohl weitaus in erster Linie hier in Betracht kommen wird; es folgt solches auch deutlich aus der nachstehenden Regelung des Fristbeginns. Auf die gleichfalls zulässige Feststellungsklage (vgl. oben Note 4) bezieht sich die Frist nicht, diese ist vielmehr nach der Natur der Sache an keine Frist gebunden. Die hier gesetzte Frist ist eine Verjährungsfrist und keine Ausschlußfrist. Es ergibt sich dieses in der Hauptsache daraus, daß es sich um einen Anspruch handelt; Ansprüche unterliegen regelmäßig der Verjährung, während Rechte, die sich nicht als Anspruch darstellen, nur durch den Ablauf einer Ausschlußfrist erlöschen können, vgl. Planck, Kommentar zum BGB. Vorbemerkung 2 zum fünften Abschnitt des ersten Buches, Allgemeiner Teil. Da eine Verjährungsfrist in Frage steht, so findet auch der § 222 Abs. 1 des BGB.:

„Nach Vollendung der Verjährung ist der Verpflichtete berechtigt, „die Leistung zu verweigern."

hinsichtlich der Wirkung analoge Anwendung. Folgeweise ist der Fristablauf nur dann zu berücksichtigen, wenn sich der beklagte Steuerfiskus darauf beruft, nicht aber ohne weiteres von Amts wegen. Dem Steuerfiskus steht an sich das Recht zu, auf den Einwand des Fristablaufs zu verzichten.

Zu Absatz 2.

10. Auf den Lauf der für die Klageerhebung gesetzten Frist sollen die §§ 203, 206 und 207 des BGB. entsprechende Anwendung finden. Diese Paragraphen lauten:

„§ 203. Die Verjährung ist gehemmt, solange der Berechtigte durch „Stillstand der Rechtspflege innerhalb der letzten sechs Monate der „Verjährungsfrist an der Rechtsverfolgung verhindert ist.

„Das gleiche gilt, wenn eine solche Verhinderung in anderer Weise „durch höhere Gewalt herbeigeführt wird.

„§ 206. Ist eine geschäftsunfähige oder in der Geschäftsfähigkeit „beschränkte Person ohne gesetzlichen Vertreter, so wird die gegen „sie laufende Verjährung nicht vor dem Ablaufe von sechs Monaten „nach dem Zeitpunkte vollendet, in welchem die Person unbeschränkt „geschäftsfähig wird oder der Mangel der Vertretung aufhört. Ist „die Verjährungsfrist kürzer als sechs Monate, so tritt der für die „Verjährung bestimmte Zeitraum an die Stelle der sechs Monate. „Diese Vorschriften finden keine Anwendung, soweit eine in der „Geschäftsfähigkeit beschränkte Person prozeßfähig ist.

„§ 207. Die Verjährung eines Anspruches, der zu einem Nachlasse „gehört oder sich gegen einen Nachlaß richtet, wird nicht vor dem „Ablauf von sechs Monaten nach dem Zeitpunkte vollendet, in „welchem die Erbschaft von dem Erben angenommen oder der Kon„kurs über den Nachlaß eröffnet wird oder von welchem an der An„spruch von einem Vertreter oder gegen einen Vertreter geltend ge„macht werden kann. Ist die Verjährungsfrist kürzer als sechs „Monate, so tritt der für die Verjährung bestimmte Zeitraum an die „Stelle der sechs Monate“

Der Lauf der Frist zur Klageerhebung wird daher nur nach Maßgabe der vorstehenden Vorschriften gehemmt, nicht aber durch weitere Ursachen und so namentlich auch nicht durch die Gerichtsferien, wenngleich nach dem § 201 der ZPO. sonst eine Fristhemmung durch dieselben begründet wird.

11. Ueber die **Unterbrechung der Frist**, welche nach Analogie des § 217 das BGB. die Wirkung haben würde, daß die bis zur Unterbrechung verstrichene Zeit nicht in Betracht kommt, trifft der § 57 keine besondere Bestimmung Nach Lage der Sache ist aber anzunehmen, daß eine solche Unterbrechung durch die ordentliche gerichtliche Geltendmachung des Klageanspruches eintritt und werden hierfür wiederum die allgemeinen Vorschriften des bürgerlichen Rechts als maßgebend angesehen werden müssen. Dementsprechend wird eine Unterbrechung des Fristlaufes erfolgen nicht nur durch die Klageerhebung selbst (Leistungsklage wie Feststellungsklage), für welche, da es sich nach Absatz 4 des Paragraphen nur um landgerichtliche Kompetenz handeln kann, lediglich der § 253 der ZPO. bestimmend ist, sondern in der gleichen Weise auch durch diejenigen Handlungen, welche nach dem bürgerlichen Recht der Erhebung der Klage gleichstehen, soweit sie hier überhaupt zur Wirkung kommen können. In letzterer Beziehung würde also der § 209 Abs. 2 des BGB. zu beachten sein, der lautet:

„Der Erhebung der Klage stehen gleich:
„1. die Zustellung eines Zahlungsbefehls im Mahnverfahren;
„2. die Anmeldung des Anspruchs im Konkurse;
„3. die Geltendmachung der Aufrechnung des Anspruchs im Prozesse;

„4. die Streitverkündigung in dem Prozesse, von dessen Ausgange
„der Anspruch abhängt;
„5. die Vornahme einer Vollstreckungshandlung und, soweit die
„Zwangsvollstreckung den Gerichten oder anderen Behörden zuge-
„wiesen ist, die Stellung des Antrags auf Zwangsvollstreckung."

Zu Absatz 3.

12. Die Berechnung der Fristen soll nach den Vorschriften der Zivilprozeßordnung erfolgen. Diese Vorschriften gibt der § 222 der ZPO.:

„Für die Berechnung der Fristen gelten die Vorschriften des Bürger-
„lichen Gesetzbuches.
„Fällt das Ende einer Frist auf einen Sonntag oder allgemeinen
„Feiertag, so endigt die Frist mit Ablauf des nächstfolgenden Werk-
„tages.
„Bei der Berechnung einer Frist, welche nach Stunden bestimmt ist,
„werden Sonntage und allgemeine Feiertage nicht mitgerechnet."

Das BGB. trifft in den §§ 187 und 188 die maßgebenden Bestimmungen, welche wir schon oben in der Note 9 zu § 18 angezogen haben; auf die dortigen Ausführungen ist hier zu verweisen.

Zu Absatz 4.

13. Der Absatz 4 regelt die Zuständigkeit, welche er ohne Rücksicht auf den Wert des Streitgegenstandes ausschließlich den Landgerichten beilegt. Dadurch ist ein Verfahren, welches lediglich bei den Amtsgerichten stattfindet, wie z. B. das Mahnverfahren (§ 689 der ZPO.) schon an sich ausgeschlossen. Die örtliche Zuständigkeit wird durch die §§ 12 und 18 der ZPO. bestimmt:

„§ 12. Das Gericht, bei welchem eine Person ihren allgemeinen
„Gerichtsstand hat, ist für alle gegen dieselbe zu erhebenden Klagen
„zuständig, sofern nicht für eine Klage ein ausschließlicher Gerichts-
„stand begründet ist.
„§ 18. Der allgemeine Gerichtsstand des Fiskus wird durch den
„Sitz der Behörde bestimmt, welche berufen ist, den Fiskus in dem
„Rechtsstreite zu vertreten."

Zuständig ist danach das Landgericht, in dessen Bezirk die nach der Landesgesetzgebung zur Vertretung des Steuerfiskus zuständige Behörde ihren Sitz hat (vgl. auch Note 4 a. E.). Der Ort der Zahlung der Steuer als solcher kommt dabei nicht weiter in Frage.

14. Als Rechtsmittel sind zunächst die Berufung und die Revision herauszuheben. Die Berufung ist in Gemäßheit des § 511 der ZPO.:

„Die Berufung findet gegen die in erster Instanz erlassenen End-
„urteile statt"

zulässig und ist für dieselbe nach § 123 Ziffer 1 des Gerichtsverfassungsgesetzes:

„Die Oberlandesgerichte sind zuständig für die Verhandlung und
„Entscheidung der Rechtsmittel:
„1. der Berufung gegen Endurteile der Landgerichte in bürger-
„lichen Rechtsstreitigkeiten; . . . . ."

das dem zuerst urteilenden Landgericht überstellte Oberlandesgericht zuständig. Die Revision ist zulässig nach Maßgabe der §§ 545 und 547 Ziffer 2 der ZPO.:

„§ 545. Die Revision findet gegen die in der Berufungsinstanz „von den Oberlandesgerichten erlassenen Endurteile statt.

„§ 547. Ohne Rücksicht auf den Wert des Beschwerdegegenstandes „findet die Revision statt:

„2. in den Rechtsstreitigkeiten über Ansprüche, für welche die Land„gerichte ohne Rücksicht auf den Wert des Streitgegenstandes aus„schließlich zuständig sind."

Die Zuständigkeit des Reichsgerichts für die fragliche Revision ist im RESt G. ausdrücklich ausgesprochen und gründet sich im ferneren auf den § 135 des Gerichtsverfassungsgesetzes:

„In bürgerlichen Rechtsstreitigkeiten ist das Reichsgericht zuständig „für die Verhandlung und Entscheidung über die Rechtsmittel:

„1. der Revision gegen die Endurteile der Oberlandesgerichte;

„2. der Beschwerde gegen Entscheidungen der Oberlandesgerichte."

Ebenmäßig anwendbar ist aber auch die Beschwerde nach Maßgabe des § 567 der ZPO.:

„Das Rechtsmittel der Beschwerde findet in den in diesem Gesetze „besonders hervorgehobenen Fällen und gegen solche eine vor„gängige mündliche Verhandlung nicht erfordernde Entscheidungen „statt, durch welche ein das Verfahren betreffendes Gesuch zurück„gewiesen ist."

Für die Beschwerde ist zunächst nach Ziffer 4 des oben angeführten § 123 des Gerichtsverfassungsgesetzes:

„4. der Beschwerde gegen Entscheidungen der Landgerichte in bürger„lichen Rechtsstreitigkeiten;"

das Oberlandesgericht und demnächst wiederum nach ausdrücklicher Bestimmung des RESt G. und des oben gleich entsprechend vollständig zum Abdruck gebrachten § 135 des Gerichtsverfassungsgesetzes das Reichsgericht zuständig.

XXVI. Zuschläge zu der Steuer. § 58.

§ 58.

Den Bundesstaaten bleibt überlassen, für eigene Rechnung Zuschläge zu der nach den Vorschriften dieses Gesetzes veranlagten Steuer zu erheben.

1. Zu dem § 58 und gleichzeitig zu dem folgenden § 59 führen die Motive zum Regierungsentwurf folgendes an:

„Nach § 2 Abs. 2 des Entwurfs eines Gesetzes, betreffend die Ordnung des Reichshaushalts und die Tilgung der Reichsschuld erhält unter den dort bezeichneten Voraussetzungen das Reich einen Teil des Rohertrags der nach dem vorliegenden Gesetze veranlagten

Steuer. Der den einzelnen Bundesstaaten hiernach verbleibende Anteil muß aber mindestens ein Drittel ihrer Roheinnahme an der Erbschaftssteuer erreichen. Letztere Begrenzung ist vorgesehen, weil den Bundesstaaten im allgemeinen ihre bisherige Einnahme an Erbschaftssteuer zuzüglich ihres natürlichen weiteren Zuwachses belassen werden soll, und dieser Zweck hinsichtlich der meisten deutschen Staaten, in denen nur geringe Erbschaftsabgaben erhoben werden, schon erreicht werden wird, wenn ihnen ein Drittel der Einnahme verbleibt.

Bei einer Anzahl Staaten, zu denen namentlich die Hansestädte und Elsaß-Lothringen gehören, trifft diese Annahme allerdings nicht zu, teils weil die Steuersätze für die im Entwurfe besteuerten Personenklassen nach den betreffenden Landesgesetzen schon jetzt höher oder doch ebenso hoch wie im Entwurfe sind, teils weil die im Entwurfe von der Steuer freigelassenen Abkömmlinge und Ehegatten in jenen Staaten, die Ehegatten wenigstens teilweise, zur Steuer herangezogen werden. Da es für diese Staaten nach Lage ihrer besonderen Verhältnisse, insbesondere ihrer sonstigen Steuerverfassung, schwierig sein wird, ohne weiteres Deckung für den künftigen Ausfall an ihrer bisherigen Einnahme aus der Erbschaftssteuer zu finden, will der Entwurf ihnen dadurch entgegenkommen, daß er sämtlichen Bundesstaaten gestattet, für eigene Rechnung Zuschläge zu der nach den Vorschriften des Gesetzes veranlagten Steuer zu erheben und die im Gesetze von dieser freigelassenen Abkömmlinge und Ehegatten unabhängig von den Vorschriften des Gesetzes ausschließlich der Landeskasse verbleibenden Abgaben vom Erwerbe von Todes wegen zu unterwerfen (§§ 62, 63, jetzt §§ 58, 59). Auf die Erhebung der Zuschläge haben im übrigen die Vorschriften des Gesetzes gleichmäßig Anwendung zu finden. Dagegen haben die Bundesstaaten in der Ausgestaltung der Steuer von Abkömmlingen und Ehegatten, insbesondere in Ansehung dessen, was als Erwerb von Todes wegen anzusehen ist, freie Hand. Es darf aber vorausgesetzt werden, daß die Landesgesetzgebungen den ihrer Regelung überlassenen Gegenstand tunlichst im Einklange mit dem vorliegenden Gesetz ordnen werden."

2. Der nach der vorstehenden Note in den Motiven des Regierungsentwurfs angezogene weitere Gesetzentwurf ist jetzt das Gesetz, betreffend die Ordnung des Reichshaushalts und die Tilgung der Reichsschuld vom 3. Juni 1906 (RGBl. 1906, S. 620 ff.). Der § 2 Abs. 2 dieses Gesetzes bestimmt:

„Von dem Rohertrage der nach Maßgabe der anliegenden Vorschriften „wegen Besteuerung der Erbschaften veranlagten Steuer erhält das „Reich zwei Drittel, den einzelnen Bundesstaaten verbleibt ein „Drittel ihrer Roheinnahme."

Demgemäß wird jetzt der Ertrag der Erbschaftssteuer zwischen dem Reich und den Bundesstaaten dauernd und fest in der Weise verteilt, daß das Reich zwei Drittel und die Bundesstaaten ein Drittel jenes Ertrages erhalten. Nach dem Entwurf der Bundesregierungen waren die Bundesstaaten eventuell günstiger gestellt; es sollte nämlich das Reich, soweit seine sonstigen Einnahmen und die durch Ueberweisungen gedeckten Matrikularbeiträge im Soll zur Deckung des ordentlichen Ausgabebedarfs nicht ausreichten, einen Teil des Rohertrags der Erbschaftssteuer erhalten, welcher je durch das Etatsgesetz festzustellen gewesen wäre; der den einzelnen Bundesstaaten hiernach verbleibende Anteil müßte aber mindestens ein Drittel ihrer Roheinnahme an Erbschaftssteuer erreichen.

3. Um aber denjenigen Bundesstaaten, welche in dem ihnen nach Maßgabe der vorberührten Verteilung verbleibenden Anteil an der nach den neuen Bestimmungen zu erhebenden Erbschaftssteuer keinen vollen Ersatz für die entsprechende Einnahme aus ihrer bisherigen Erbschaftssteuer finden können, den Uebergang in die neuen Verhältnisse ohne Störung ihres Staatshaushalts zu erleichtern und ihnen Zeit zu lassen, den Ausfall durch Erschließung anderweiter Einnahmequellen zu decken, ist durch das Gesetz, betreffend die Ordnung des Reichshaushalts und die Tilgung der Reichsschuld vom 3. Juni 1906 des weiteren in seinem § 7 für den Uebergang die folgende Bestimmung getroffen:

„Bis zum Ablaufe des Rechnungsjahres 1910 verbleibt den einzelnen „Bundesstaaten mindestens der Betrag ihrer Durchschnittseinnahme „an Erbschaftssteuer in den Rechnungsjahren 1901—1905. Bei Feststellung der Durchschnittseinnahme bleibt der Rohertrag aus der „Besteuerung des Erwerbes der Abkömmlinge und Ehegatten und, „soweit in einzelnen Staaten höhere als die in den anliegenden „Vorschriften wegen Besteuerung der Erbschaften vorgesehenen Steuer„sätze in Geltung gewesen sind, der aus dem Unterschiede der Steuer„sätze sich ergebende Mehrertrag außer Ansatz. Die näheren Anord„nungen trifft der Bundesrat."

Anordnungen der letztberührten Art hat der Bundesrat bislang noch nicht erlassen. Es gibt aber die Begründung zu dem Entwurf des angezogenen Gesetzes hierfür folgende Direktiven: „Es ist beabsichtigt, hierbei zu bestimmen, daß als Rechnungsjahr das Rechnungsjahr des betreffenden Bundesstaates zu verstehen ist. Auch soll u. a. vorgeschrieben werden, daß, soweit die beteiligten Bundesstaaten in den Uebergangsjahren noch Einnahmen aus dem nach den bisherigen Gesetzen zu beurteilenden steuerpflichtigen Erwerbe haben, diese Einnahmen auf den Durchschnittssteuerbetrag anzurechnen sind. Andernfalls würden ihnen auf Kosten der Reichskasse Mehreinnahmen gegenüber dem bisherigen Zustand erwachsen, die zu gewähren nicht in der Absicht dieses Gesetzes liegt."

4. Für die Verrechnung der Erbschaftssteuer zwischen dem Reich und den Bundesstaaten ist maßgebend, was der Bundesrat in seiner Sitzung vom 28. Juni 1906 (§ 545 der Protokolle, Session 1906) betreffend die Ergänzung und Aenderung der Bestimmungen zur Regelung der Abrechnung zwischen der Reichshauptkasse und den Landeskassen sowie der Bestimmungen über die Feststellung der Einnahmen an gemeinschaftlichen Abgaben beschlossen hat. Für die Erbschaftssteuer kommen daraus folgende Vorschriften in Betracht:

„1. Ueber sämtliche gemeinschaftlichen Abgaben einschließlich der statistischen Gebühr ist zwischen der Reichshauptkasse und den Landeskassen der einzelnen Bundesstaaten nach Maßgabe der für die Zölle und Verbrauchssteuern gegebenen Bestimmungen vom 3. April 1878 abzurechnen.

2. Von der Erbschaftssteuer sind bei den monatlichen Abrechnungen zwei Drittel der im abgelaufenen Monat aufgekommenen Steuer an die Reichskasse abzuführen.

3. Die an die Hauptbuchhalterei des Reichsschatzamts einzusendenden Reichssteuerübersichten haben sämtliche gemeinschaftlichen Abgaben zu umfassen mit Ausnahme der Wechselstempelsteuer und der statistischen Gebühr.

4. Die Feststellung sämtlicher von den Bundesregierungen an die Reichskasse abzuführenden gemeinschaftlichen Abgaben und der darauf in Anrechnung zu bringenden Ausgaben erfolgt nach Maßgabe des zweiten Absatzes des Art. 39 der Reichsverfassung.

5. Zum Zwecke dieser Feststellung sind von den Direktivbehörden der Bundesstaaten Uebersichten der Einnahme an

1. Zöllen . . . .

. . . .

13. Erbschaftssteuer . . . .

. . . .

nach Maßgabe der beiliegenden Muster

. . . .

an den Ausschuß des Bundesrats für das Rechnungswesen, zu Händen des Kaiserlichen Zoll- und Steuer-Rechnungsbureaus, einzusenden. Die Einsendung hat — abgesehen von den nur jährlich aufzustellenden Anlagen zu den Mustern 3, 7, 9 und 12 — für die ersten drei Viertel jedes Rechnungsjahres spätestens bis zum 15. Juli, 15. Oktober und 15. Januar, für das vierte Viertel spätestens bis zum 15. Mai zu erfolgen. Bis zum 1. November jedes Rechnungsjahrs sind außerdem schließliche Uebersichten für das Rechnungsjahr mit den zugehörigen Verwaltungskosten-Aufrechnungen einzureichen. Die schließlichen Uebersichten können gegebenenfalls durch die Anzeige ersetzt werden, daß die vorläufige Uebersicht für das vierte Viertel des Rechnungsjahrs einer Aenderung nicht bedarf."

Das beigegebene Muster 13 gibt das Formular für die Uebersicht der Einnahme an Erbschaftssteuer. Dasselbe enthält sechs Rubriken: 1. Laufende Nummer; 2. Hauptamtsbezirk usw.; 3. Ist-Einnahme an Erbschaftssteuer nach den Einnahmebüchern, einschließlich der Nacherhebungen und abzüglich der Erstattungen für unrichtige Erhebungen usw.; 4. Der Anteil des Bundesstaats, in dessen Gebiete die Abgabe erhoben worden ist, beträgt; 5. Mithin ist an die Reichskasse abzuführen; 6. Bemerkungen. Als Anleitung für den Gebrauch ist vorgeschrieben: 1. In den an den Ausschuß des Bundesrats für Rechnungswesen einzureichenden Ausfertigungen der Uebersichten ist die Angabe der Beträge für die einzelnen Hauptamtsbezirke nicht erforderlich, es genügt vielmehr die Angabe der Beträge für den Direktivbezirk. Ist die Direktivbehörde mehreren Bundesstaaten gemeinsam, so sind die auf die einzelnen Bundesstaaten entfallenden Beträge anzugeben. 2. Die in den Uebersichten anzusetzenden Beträge umfassen den jedesmal abgelaufenen Teil des Rechnungsjahrs, also z. B. in der Uebersicht für das 1. bis 3. Viertel die Einnahme für April bis einschließlich Dezember.

XXVII. Besondere Steuer von Abkömmlingen und Ehegatten. § 59.

§ 59.

Den Bundesstaaten bleibt ferner überlassen, in Ansehung der nach § 11 Nr. 4a bis e von der Erbschaftssteuer befreiten Personen für den Erwerb von Todes wegen sowie für Schenkungen unter Lebenden Abgaben zu erheben, von Kindern, denen die rechtliche Stellung ehelicher Kinder zukommt, und eingekindschafteten Kindern sowie von Abkömmlingen solcher Kinder jedoch nur insoweit, als die gleichen Abgaben auch von ehelichen Kindern erhoben werden.

1. Die in Note 1 zum § 58 angezogenen Ausführungen der Motive des Regierungsentwurfs beziehen sich, wie schon dort bemerkt, auch mit auf den § 59. Für letzteren Paragraphen besonders fügen die Motive noch folgendes hinzu:

„Die Vorschrift des § 63 (jetzt § 59) würde ohne den Zusatz am Schlusse des Paragraphen die Folge haben, daß die Landesgesetze, die zwar die ehelichen Kinder von der Erbschaftssteuer freilassen, dagegen die anderen im § 13 Nr. 2a (jetzt § 11, Nr. 4a) genannten Kinder der Steuer unterwerfen, in letzterer Hinsicht in Kraft bleiben würden. Dies erscheint nicht erwünscht. Durch den Zusatz wird gleichzeitig erreicht, daß es zur Aufhebung der entgegenstehenden landesgesetzlichen Vorschriften nicht erst des Erlasses besonderer Landesgesetze bedarf."

2. Wenn in der gesetzlichen Vorschrift auf den „§ 11 Nr. 4a bis e" Bezug genommen ist, so ist dabei ein Druckfehler untergelaufen, der allerdings bislang noch nicht berichtigt ist. Es muß statt dessen, wie auch in dem Kommissionsbericht des Reichstags richtig angegeben ist, heißen „§ 11 Nr. 4a bis d"; die Befreiung unter 4e kann nicht in Betracht kommen.

Dem vorstehenden Absatz war die angeführte Fassung gegeben, weil bei der von vornherein möglichst zu beschleunigenden Bearbeitung zunächst ein freundlichst zur Verfügung gestellter Korrekturabzug des Berichts der Reichstagskommission benutzt wurde. Nach diesem Korrekturabzug lautete der Bericht über die zweite Lesung des § 59 folgendermaßen: „Der Berichterstatter beantragte mit Rücksicht darauf, daß im § 13 (jetzt § 11) eine neue Ziffer 2 einzuschalten sei, im § 63 (jetzt § 59) in Zeile 2 statt 3a bis e zu sagen: 4a bis d (e war Druckfehler). Mit dieser Aenderung wurde § 63 (jetzt § 59) angenommen." Ebenmäßig war in einer weiteren Drucksache des Reichstags „Zusammenstellung des Entwurfs eines Erbschaftssteuergesetzes — Anlage 5 der Nr. 10 der Drucksachen — mit den Beschlüssen der VI. Kommission" vom 4. April 1906 an der fraglichen Stelle unter den Beschlüssen der Kommission richtig Nr. 4a—d angeführt. Da die von der Kommission festgestellte Fassung des Gesetzentwurfs durch den Reichstag angenommen war, so mußte es nach Maßgabe jener Drucksachen zweifellos erscheinen, daß auch formell der Reichstag seine Zustimmung zu der unrichtigen Fassung „4a—e" nicht erteilt habe, und daß darnach der jetzige Wortlaut des Gesetzes nur auf einem Druckfehler beruhen konnte, der eventuell unter entsprechender Mitwirkung des Bundesrats, da dieser allerdings nach Anlage II zum Protokoll vom 25. Mai 1906 (§ 410 der Protokolle des Bundesrats, Session 1906) nach dem falschen Wortlaut beschlossen hatte, zu beseitigen gewesen wäre. — Dadurch, daß man andererseits der Sache eine größere Bedeutung beigelegt hat, wurde eine Nachprüfung veranlaßt, die dann ergab, daß in dem definitiven Bericht der Reichtagskommission die oben angeführte Stelle folgendermaßen lautet: „Der Berichterstatter beantragte mit Rücksicht darauf, daß im § 13 (jetzt § 11) eine neue Ziffer 2 einzuschalten sei, im § 63 (jetzt § 59) in Zeile 2 statt „3a bis e" zu sagen „4a bis e". Mit dieser Aenderung wurde der § 63 (jetzt § 59) angenommen." Auch war in der dem Bericht eingefügten Zusammenstellung des Entwurfs des Erbschaftssteuergesetzes mit den Beschlüssen der Kommission an der fraglichen Stelle die irrtümliche Fassung „Nr. 4a—e" zum Abdruck gebracht. Dadurch verschob sich die Sache wesentlich, weil nunmehr auch die Beschlußfassung des Reichstags über das Gesetz als auf Grundlage jener irrtümlichen Fassung erfolgt anzunehmen stand und demnach eine Aenderung ohne Inanspruchnahme des Reichstags nicht wohl angängig erscheinen dürfte. Daß eine Ausdehnung der Befugnis der Bundesstaaten zur Erhebung einer Sondersteuer auf die im § 11 Ziff. 4 unter e bezeichneten Personenkategorien beziehungsweise auch von dem befreiten Erwerbe (bis 10000 Mk.) derselben weder vom Bundesrat noch vom Reichstag gewollt ist, kann aber wohl als zweifellos feststehend betrachtet werden. Bezüglich des Bundesrats geht solches ohne weiteres aus den Motiven zu dem Gesetzentwurf hervor, wie sie in der Note 1 zu § 58 und der Note 1 zu § 59 angegeben sind. Daß auch die Kommission des Reichstages — und damit dieser selbst — eine materielle Aenderung an dem jetzigen § 59 des Gesetzes nicht hat vornehmen wollen, folgt aus ihrer Verhandlung über den Paragraphen und der Verlautbarung derselben mit zweifelloser Deutlichkeit. Der Kommissionsbericht sagt zu der ersten Lesung: „Zu § 63 (jetzt § 59) schlug der Berichterstatter mit Rücksicht auf die Gestaltung, die § 13 (jetzt § 11) bei der Abstimmung erhalten habe, vor, in Zeile 2 statt „2a bis d" zu setzen: 3a bis e". Mit dieser Aenderung wurde der § 63 (jetzt § 59) angenommen." Hier ist der Fehler bezüglich der Personenkategorie unter e untergelaufen. Die Fassung des Berichts und in Uebereinstimmung damit auch die Fassung des Berichts über die zweite Lesung, wie sie oben gegeben ist, lassen mit größter Deutlichkeit ersehen, daß die vorgenommene Aenderung nur eine formelle sein sollte, wie sie sich durch die sonst beschlossene Umgestaltung des anzuziehenden Paragraphen als notwendig erweisen mußte. Durch ein äußerliches Moment wird dieses noch unterstützt, nämlich dadurch, daß in der dem Kommissionsbericht beigefügten Zusammenstellung des Entwurfs nach den Kommissionsbeschlüssen, in welcher die sämtlichen von der Kommission an dem Regierungsentwurf vorgenommenen Aenderungen durch Fettdruck hervorgehoben sind, an der hier in Betracht kommenden Stelle wohl die „Nr. 4“, aber nicht der fragliche Buchstabe „e“ im Fettdruck wiedergegeben ist, obwohl eine derartige Heraushebung sonst immer auch bei den Buchstabenbezeichnungen (vergl. daselbst z. B. § 16) durchgeführt ist. Endlich wird aber der Mangel einer bezüglichen Absicht der gesetzgebenden Faktoren auch noch einmal durch die Ueberschrift des § 59, welche nur von einer besonderen Steuer von Abkömmlingen und Ehegatten spricht, und sodann durch den Umstand gekennzeichnet, daß in der fraglichen Bestimmung des § 11 Nr. 4e lediglich wieder auf die Ziffern eines anderen Paragraphen (§ 10 I. 1, II. 1, 5, 6) Bezug genommen ist und nicht unmittelbar besondere Personenkategorien herausgehoben sind; hätten die gesetzgebenden Faktoren für die fraglichen Personenkategorien eine besondere Steuer der Bundesstaaten im § 59 zulassen wollen, so würden sie in demselben diejenigen Gesetzesstellen angezogen haben, in welchen diese Kategorien direkt bezeichnet werden, also den § 10 I. 1, II. 1, 5, 6, aber nicht den § 11 Nr. 4e, in welchem nur auf jene Personenkategorien anläßlich einer Spezialbestimmung verwiesen ist. Bei diesem unverkennbaren materiellen Mangel der Gesetzesvorschrift bezüglich der angezogenen Bestimmung unter e dürfte es wohl kaum bedenklich erscheinen, wenn man dieselbe auch ohne weiteres gleich von vornherein als nicht bestehend behandelt, wie solches auch regelmäßig geschehen zu sein scheint. Eine eingreifendere praktische Bedeutung hat dieses weniger für die Vorschrift des § 59 selbst als für den folgenden § 60; vergl. Note 3 zu § 60.

3. Eine Besteuerung des an Deszendenten fallenden Erwerbes und in gewissem beschränkten Umfang auch des an Ehegatten fallenden Erwerbes fand bislang schon in den drei Hansestädten Lübeck, Bremen und Hamburg (Erwerb der Ehegatten frei), sowie in Elsaß-Lothringen statt.

XXVIII. Uebergangsvorschriften. §§ 60, 61.

§ 60.

Die Vorschriften der Landesgesetze, welche die Erhebung einer Abgabe von dem den Gegenstand der Erbschaftssteuer bildenden Erwerbe von Todes wegen (§§ 1 bis 4) sowie von Schenkungen unter Lebenden (§ 55) oder den über solche Schenkungen ausgestellten Urkunden betreffen, treten insoweit außer Kraft, als den Bundesstaaten nicht die Erhebung besonderer Abgaben (§ 59) überlassen ist.

1. Die Motive des Regierungsentwurfs führen zum § 60 das Folgende aus:

„Mit dem Inkrafttreten des vorliegenden Gesetzes müssen die Landesgesetze, soweit sie eine Besteuerung des Erwerbes von Todes wegen im Sinne der §§ 1 bis 6 (jetzt 4) und die Besteuerung von Schenkungen unter Lebenden (§ 60, jetzt 55) oder von den über solche Schenkungen ausgestellten Urkunden enthalten, außer Wirksamkeit treten, soweit nicht den Bundesstaaten die Erhebung besonderer Abgaben (§ 63, jetzt 59) überlassen ist. Nicht berührt werden dagegen die landesgesetzlichen Urkundenstempelabgaben von letztwilligen Verfügungen, Erbrezessen u. dgl., da diese Abgaben nicht den Erwerb von Todes wegen zum Gegenstande der Besteuerung haben. Das gleiche gilt von den in den Landesgesetzen für gerichtliche oder notarielle Aufnahmen und Beglaubigungen vorgeschriebenen Stempeln (Taxen, Sporteln usw.). Ebensowenig liegt es in der Absicht des Entwurfs, die Erhebung landesgesetzlich bestehender Stempelabgaben von der Auflassung von Grundstücken und die Erhebung sonstiger Abgaben von Besitzübergängen von Grundstücken oder diesen gleichgeachteten Rechten auszuschließen, wenn sie Grundstücke oder Rechte betreffen, die den Gegenstand eines Erwerbes von Todes wegen oder einer Schenkung bilden. Die Aufnahme einer ausdrücklichen Vorschrift in das Gesetz erschien aber entbehrlich, da die Erhebung dieser Abgaben auf der Tatsache des Eigentums- oder Besitzüberganges als solchen fußt, ohne Rücksicht auf den besonderen Rechtsgrund, auf dem der Uebergang beruht.

Aus Gründen staatsrechtlicher Natur müssen auch die Vereinbarungen unberührt bleiben, die ein Bundesstaat bezüglich der Erbschaftssteuer mit einem ausländischen Staate vor dem Inkrafttreten dieses Gesetzes geschlossen hat. Indessen schien es auch hier nicht erforderlich, dies etwa in der Weise, wie es im Art. 56 des EG. z. BGB. geschehen ist, im Gesetze besonders zum Ausdrucke zu bringen."

2. Eine weitere Erläuterung über die Tragweite der verlautbarten Gesetzesvorschrift gibt der Kommissionsbericht des Reichstages (a. a. O. S. 35) in folgendem Wortlaut:

„Ein Kommissionsmitglied fragte, inwieweit durch die, die Schenkungen unter Lebenden betreffenden Bestimmungen des § 64 (jetzt 60) die entsprechenden Vorschriften der Landesgesetze beeinflußt würden und insbesondere, ob im Falle der Auflassung eines schenkungsweise veräußerten Grundstücks an den Erwerber, neben der Schenkungssteuer auf Grund des vorliegenden Gesetzes, der landesgesetzliche Auflassungsstempel zur Hebung komme.

Hierauf erwiderte ein Regierungsvertreter, zunächst sei daran festzuhalten, daß der Entwurf, da er den Erwerb durch Schenkungen unter Lebenden besteuern wolle, zur Vermeidung einer mehrfachen Besteuerung desselben Erwerbes die Landesabgaben außer Kraft setze, welche gegenwärtig, sei es von dem Akte der Schenkung selbst, sei es — für diejenigen Rechtsgebiete, in denen nur die beurkundete Schenkung steuerpflichtig ist — von der Schenkungsurkunde zu entrichten seien. Diese Außerkraftsetzung sei im § 64 (jetzt § 60) ausgesprochen. Darüber hinaus aber solle, nach der Absicht des Entwurfs, in die Landesgesetzgebung nicht eingegriffen werden. Beispielsweise würden also, wie die Begründung hervorhebe, die für die gerichtliche oder notarielle Aufnahme von Schenkungsurkunden landesgesetzlich etwa vorgeschriebenen Abgaben oder Gebühren auch fernerhin erhoben werden können. Aus dem gleichen Grunde würde auch der preußische Auflassungsstempel von der Vorschrift des § 64 (jetzt § 60) nicht berührt werden. Doch werde im Gebiete des preußischen Rechts schon auf Grund der bestehenden Landesgesetzgebung, die in dieser Beziehung auch in Zukunft allein maßgebend bleibe, die von dem Herrn Fragesteller befürchtete Doppelbesteuerung kaum eintreten. In dem preußischen Stempelsteuergesetze vom 31. Juli 1895 sei zwar im Abs. 1 der Tarifstelle 8 allgemein eine Stempelabgabe von 1 v. H. für Auflassungen von inländischen Grundstücken vorgesehen, nach Abs. 3 daselbst seien aber die Auflassungserklärung und der Umschreibungsantrag diesem Wertstempel nicht unterworfen, wenn mit der Verlautbarung oder mit der Einreichung derselben oder innerhalb einer mit dem Tage der Zustellung der Aufforderung zur Zahlung der Gerichtskosten beginnenden Frist von zwei Wochen die das Veräußerungsgeschäft enthaltende, in an sich stempelpflichtiger Form (also etwa auch in einfacher Schriftform) ausgestellte Urkunde in Urschrift, Ausfertigung oder beglaubigter Abschrift vorgelegt werde. Es bedürfe somit nur der, auch nachträglich noch zugelassenen, Vorlegung einer Urkunde über die Grundstücksschenkung, um die Zahlung des Auflassungsstempels zu vermeiden. Auch die Auflassungserklärung selbst würde als solche Urkunde anzusehen sein, wenn das Veräußerungsgeschäft, die schenkungsweise Ueberlassung des Grundstücks, darin angegeben sei. Der Vollständigkeit halber sei noch zu bemerken, daß der Umstand, ob die vorzulegende Urkunde steuerpflichtig oder steuerfrei ist, und ob sie im ersteren Falle vorschriftsmäßig versteuert worden ist oder nicht, nach dem Gesetze vom 31. Juli 1895 für die Abstandnahme von der Erhebung des Auflassungsstempels ohne Belang sei."

3. Nach dem § 60 sollen die landesgesetzlichen Vorschriften über die Erbschafts- und Schenkungssteuer insoweit außer Kraft treten, als den Bundesstaaten nicht die Erhebung besonderer Abgaben (§ 59) überlassen ist. Dadurch aber, daß das Fortbestehen der bundesstaatlichen Landesgesetzgebung in der fraglichen Weise von dem § 59 abhängig gemacht ist, kommt hier die nur auf Grund eines Irrtums oder Versehens untergelaufene erweiterte Fassung jenes Paragraphen (vergl. Note 2 zu § 59) zu einer besonderen unmittelbar praktischen Bedeutung. Nach dem § 59, wie er derzeit formell in Geltung ist, wird den Bundesstaaten die Erhebung besonderer Abgaben nicht nur von den Abkömmlingen und Ehegatten, sondern auch von den leiblichen Eltern, von den Großeltern und entfernteren Voreltern, von den unehelichen, von dem Vater anerkannten Kindern und deren Abkömmlingen, sowie von den an Kindes Statt angenommenen Personen und deren Abkömmlingen, soweit sich auf diese die Wirkungen der Annahme an Kindes Statt erstrecken, gestattet; folgeweise würde bezüglich aller dieser Personenkategorien, welche unter dem fälschlich in den § 59 eingefügten Buchstaben e der Ziffer 4 des § 11 angezogen sind, auch die bisherige Landesgesetzgebung durch das RESt G. nicht aufgehoben, sondern an sich noch nach dem 1. Juli 1906 zu Recht bestehen geblieben sein. Die hierdurch gegebene erhebliche Beeinträchtigung in der Einheitlichkeit der Erbschaftssteuergesetzgebung im Deutschen Reich kann auch unmöglich von den

gesetzgebenden Faktoren des Reiches gewollt sein, da die Erzielung einer tunlichst einheitlichen Gesetzgebung auf dem fraglichen Gebiet gerade ein wesentlicher Grundgedanke bei der Einführung der Reichserbschaftssteuer war; also noch ein weiteres Moment zur Begründung des materiellen Mangels der fraglichen Vorschrift des § 59. Von einer praktischen Bedeutung würde das Bestehenbleiben der Landesgesetzgebung einerseits da sein, wo bezüglich der betreffenden Personenkategorien die Landesgesetzgebung in ihren Steuersätzen über die nach dem RESt.G. zur Anwendung kommenden hinausgeht, wie beispielsweise bezüglich der leiblichen Eltern die von Hessen, Lübeck, Bremen, Hamburg, bezüglich der unehelichen, von dem Vater anerkannten Kinder die von Sachsen (Königreich), Schwarzburg-Sondershausen, Reuß älterer Linie, Lippe, Bremen, Elsaß-Lothringen, andererseits aber auch allgemein bezüglich des nach dem RESt.G. befreiten Erwerbs (bis 10000 Mk.) der in Frage stehenden Personenkategorien, wo dieser bislang in den einzelnen Bundesstaaten zur Steuer herangezogen ist, was in der einen oder anderen Richtung fast für sämtliche Bundesstaaten mit einer äußerst bunten Verschiedenheit in Betracht kommt. In den einschlagenden Fällen muß es zweifelhaft erscheinen, ob die früheren Sätze oder nur die des RESt.G. für die Folge Platz zu greifen haben. Eine Beseitigung dieses Zweifels würde ja dadurch möglich sein, daß durch die Landesgesetzgebung die fraglichen Vorschriften nochmals ausdrücklich aufgehoben würden; aber es dürfte doch immerhin eigenartig erscheinen, wenn die Landesgesetzgebung in Bewegung gesetzt wird, um derartige Versehen in der Reichsgesetzgebung auszugleichen. Auch hier dürfte es unbedenklich und gleichzeitig das sachgemäßeste sein, wenn man von vornherein den materiellen Mangel in der Vorschrift des § 59 voll anerkennt und ausschlaggebend gelten läßt, mithin ohne weiteres die Landesgesetzgebung als in dem von den gesetzgebenden Faktoren gewollten weiteren Umfang als aufgehoben betrachtet. In letzterer Weise ist auch wohl regelmäßig von den einzelnen Landesregierungen verfahren worden, nicht allerdings von Bayern, welches seine frühere Landesgesetzgebung als für den reichsgesetzlich befreiten Erwerb der betreffenden Personenkategorien fortbestehend behandelt (vergl. Bayer. Vollzugsvorschriften § 29). Mit Rücksicht auf die bei dem § 60 hervortretenden Zweifel wird eine entsprechende formelle Einbesserung des § 59 um so mehr als wünschenswert und notwendig erachtet werden müssen.

§ 61.

Die Steuerpflicht für einen Erwerb, der bereits zur Zeit des Inkrafttretens dieses Gesetzes begründet ist, bestimmt sich nach den bisherigen Gesetzen.

1. Zum § 61 geben die Motive des Regierungsentwurfs die folgende Begründung:

„Daß ein Erwerb, der vor dem Inkrafttreten dieses Gesetzes angefallen ist, nach den bisherigen Gesetzen zu beurteilen ist, folgt aus allgemeinen Grundsätzen. Umgekehrt würde an sich ein Erwerb, der als nach diesem Zeitpunkt angefallen anzusehen ist, dem gegenwärtigen Gesetze zu unterstellen sein, auch wenn die Veranlassung des Erwerbes, insbesondere also der Erbfall (Tod des Erblassers), vor dem bezeichneten Zeitpunkte läge. Hierher gehört u. a. der Erwerb unter einer aufschiebenden Bedingung (§ 23, jetzt 21, Abs. 1 des Gesetzes) und die Nacherbschaft (§ 29, jetzt 27, des Gesetzes und § 2139 des Bürgerlichen Gesetzbuches). Aus der Anwendung verschiedener Gesetze, besonders in dem Falle, wo die mehreren Erwerbe auf denselben, vor dem Inkrafttreten des vorliegenden Gesetzes eingetretenen Erbfall zurückgehen, ergeben sich aber unter Umständen unerwünschte Folgen. Der § 65 (jetzt 61) schreibt daher vor, daß sich die Steuerpflicht für einen Erwerb, der bereits zur Zeit des Inkrafttretens dieses Gesetzes begründet ist, stets nach den bisherigen Gesetzen bestimmen soll. Hierbei ist der Ausdruck »begründet« in dem Rechtssinne gebraucht, in dem er z. B. in § 404 des Bürgerlichen Gesetzbuchs angewendet ist (vergl. Planck, Bürgerliches Gesetzbuch 3. Auflage Band 2, Erläuterung 1 zu § 404 S. 278). Daß ein Erwerb durch Eintritt eines Lehns- oder Fideikommißfalls (§ 3 Nr. 1 des Gesetzes) in dem bezeichneten Sinne nicht früher als mit diesem Eintritte selbst als begründet angesehen werden kann, daß insbesondere die Errichtung des Lehens oder Fideikommisses nicht schon als Grund des Erwerbes in diesem Sinne gelten soll, wird nicht näherer Ausführung bedürfen."

2. Die frühere Gesetzgebung ist demnach noch überall da anwendbar, wo vor dem Inkrafttreten des RESTG. der Erbfall stattgefunden oder die Schenkung rechtswirksam geworden ist. Eine ähnliche Regelung wie die des RESTG. — wie sie tatsächlich meist in der bisherigen landesgesetzlichen Erbschaftsbesteuerung in den in Frage kommenden Beziehungen vorhanden ist — vorausgesetzt, wird die Anwendung der früheren Landesgesetzgebung noch in verhältnismäßig zahlreicheren Einzelfällen stattfinden müssen, so bei dem bedingten Erwerb, sei es bezüglich der Versteuerung eines von einer aufschiebenden Bedingung abhängenden Erwerbes, sei es bei der Steuererstattung für einen unter einer auflösenden Bedingung geschehenen Erwerb, ebenso auch bei der bedingten Belastung mag eine Steuerregulierung wegen einer aufschiebenden oder wegen einer auflösenden Bedingung notwendig werden, desgleichen bei dem Erwerb und der Belastung, welche von einem nur hinsichtlich des Zeitpunktes des Eintritts ungewissen Ereignis abhängig ist, ferner, wenn wegen ungewisser oder unsicherer Rechte nach eingetretener Klarheit über dieselben eine anderweite Steuerfestsetzung Platz greifen muß oder wenn nachträglich unbekannte Ansprüche der Masse oder an die Masse zu berücksichtigen sind, oder wenn bei einem Erwerb von Vermögen ohne die Nutzung beziehungsweise bei der in entsprechender Weise zu behandelnden Vor- und Nacherbschaft irgendwie die Versteuerung hinausgeschoben war, sowie endlich in allen Fällen, in denen aus besonderen in der Sache liegenden Gründen von einer sofortigen Besteuernng abgesehen und die Aussetzung derselben bis zu einem späteren Zeit-

punkte verfügt war. Demnach wird die ganze Organisation der bisherigen landesgesetzlichen Erbschaftssteuererhebung zunächst noch in ziemlich umfangreicher Weise in Tätigkeit bleiben müssen, wobei es natürlich der Landesgesetzgebung überlassen ist, diese Organisation unverändert neben einer neuen Organisation für die Reichserbschaftssteuer bestehen zu lassen, oder die eine an die andere in entsprechender Weise, die aber immer mit den reichsgesetzlichen Bestimmungen im Einklang stehen müßte, anzugliedern. Zeitlich wird sich die Tätigkeit der früheren Organisation, wenn auch der Umfang nach und nach ein immer geringerer werden wird, gleicherweise verhältnismäßig lange hinausziehen, da gerade bei der Erbschaftssteuer die Regulierung auf längere Zeit hinausgeschoben sein kann.

3. Die Erhebung der Steuer nach der bisherigen Landesgesetzgebung und nach dem RESt G. muß von den einzelnen Bundesstaaten jedenfalls so geregelt sein, daß die Verrechnung der alten Landessteuer und der neuen Reichssteuer eine vollständig getrennte bleibt, da die Berechtigung auf die bezüglichen Erträgnisse eine verschiedene ist. Alles, was nach der früheren Landesgesetzgebung nachträglich an Erbschaftssteuer zur Hebung gelangt, fließt ausschließlich in die Kasse des hebenden Bundesstaats, während von den nach dem RESt G. zu hebenden Beträgen zwei Drittel an die Reichskasse abzuführen sind. In der Uebergangszeit bis zu dem lediglich durch die tatsächliche Entwicklung sich bestimmenden Augenblicke, in welchem ausschließlich eine Steuer nach dem RESt G. zur Hebung kommt, werden daher die Bundesstaaten eine zweifache Erbschaftssteuer zu vereinnahmen haben, einerseits die nach der früheren Landesgesetzgebung gehobene, welche ihnen in vollem Betrage ausschließlich zukommt, und andererseits die nach dem RESt G. gehobene, an welcher sie nur zu einem Drittel berechtigt sind. Der Betrag der ersteren Einnahme, aus der früheren Landessteuer, wird, wie schon oben (vgl. Note 3 zu § 58) bemerkt, entsprechend zu berücksichtigen sein, wenn es sich darum handelt, daß dem einzelnen Bundesstaat die Durchschnittseinnahme an Erbschaftssteuer, welche er in den Rechnungsjahren 1901 bis 1905 bezogen hat, auch bis zum Ablauf des Rechnungsjahres 1910 verbleibt, wie solches nach § 9 des Gesetzes betreffend die Ordnung des Reichshaushalts und die Tilgung der Reichsschuld zugebilligt worden ist.

4. Die bisherigen Erbschaftssteuergesetze der Bundesstaaten regelten das Verhältnis zu ihrer Vorgesetzgebung durchweg so, daß der Zeitpunkt des Anfalles oder des Vermögenserwerbs das Entscheidende war, so das Preuß. ESt G. (Fassung von 1873) § 48, Bayer. ESt G. Art. 49, Sächs. ESt G. Art. 41, Württ. ESt G. Art. 40, Bad. ESt G. § 62, Hess. ESt G. Art. 63 und Braunschw. ESt G. § 45.

XXIX. Schlußvorschrift. § 62.

§ 62.

Die Ausführungsbestimmungen zu diesem Gesetze erläßt der Bundesrat.

1. Die Schlußvorschrift fand sich in dem Regierungsentwurfe nicht und ist erst durch die Kommission des Reichstags dem Gesetze eingefügt worden, ohne daß in dem Kommissionsberichte eine nähere Begründung gegeben worden ist.

2. Nach Art. 7 Ziffer 2 der Verfassung des Deutschen Reichs vom 16. April 1871 (BGBl. 1871 S. 63 ff.) hat der Bundesrat über die zur Ausführung der Reichsgesetze erforderlichen allgemeinen Verwaltungsvorschriften und Einrichtungen zu beschließen, sofern nicht durch Reichsgesetz ein Anderes bestimmt ist. Auch ohne eine bezügliche besondere Verlautbarung im Gesetz müßte danach der Bundesrat für befugt angesehen werden, Ausführungsbestimmungen zu dem Erbschaftssteuergesetze zu erlassen. Eine nochmalige ausdrückliche Einräumung der allgemeinen Befugnis zum Erlaß von Ausführungsbestimmungen ist daher in sonstigen Steuergesetzen des Reichs, ohne daß solches auf die Ausübung der fraglichen Befugnis irgendwie von Einfluß gewesen wäre, regelmäßig nicht verlautbart, so nicht in dem Salzabgabegesetz von 1867, in dem Spielkartenstempelgesetz von 1878, in dem Tabaksteuergesetz von 1879, in dem Branntweinsteuergesetz von 1895, in dem Zuckersteuergesetz von 1896, in dem Reichsstempelsteuergesetz von 1900 und in dem Schaumweinsteuergesetz von 1902; nur in dem Wechselstempelsteuergesetz vom 10. Juni 1869 (BGBl. 1869 S. 193) § 28 und in dem Brausteuergesetz vom 31. Mai 1872 (RGBl. 1872 S. 153) § 43 findet sich die gleiche allgemeine Vorschrift.

Erbschaftssteuer-Ausführungsbestimmungen.

Beschluß des Bundesrats vom 16. Juni 1906.

(Zentralblatt für das Deutsche Reich, Jahrgang XXXIV, 1906, Nr. 30, S. 829 ff.)

Vorbemerkungen,

namentlich über die Entstehung und die Anordnung der Ausführungsbestimmungen.

I. Nach seiner verfassungsmäßigen Befugnis, welche in dem § 62 des RESt G. noch eine ausdrückliche Bekräftigung erfahren, hat der Bundesrat in seiner Sitzung vom 16. Juni 1906 (§ 466 der Protokolle des Bundesrats, Session 1906) die nachstehenden Ausführungsbestimmungen zum RESt G. beschlossen. Die Vorbereitung dieser Ausführungsbestimmungen ist formell in der gleichen Weise wie regelmäßig in ähnlichen Fällen erfolgt, nur war die dazu zur Verfügung stehende Zeit eine verhältnismäßig sehr kurze, da bei der späten endgültigen Feststellung des Gesetzes durch den Reichstag zwischen dem Erlaß des Gesetzes und dem Inkrafttreten desselben nur die geringe Frist von nicht einmal einem vollen Monat lag.

Der Entwurf zu den Ausführungsbestimmungen ist zunächst im Reichsschatzamt ausgearbeitet worden und sodann vom Reichskanzler (Reichsschatzamt) bei Ueberweisung an die zuständigen Ausschüsse des Bundesrats, hier der Ausschuß III für Zoll- und Steuerwesen, der Ausschuß VI für Justizwesen und der Ausschuß VII für Rechnungswesen, behufs Beschleunigung des Verfahrens gleichzeitig auch den Bundesregierungen mitgeteilt. Vorbehalten blieben dabei zunächst weitere Bestimmungen über das Abrechnungswesen mit dem Reich und über eine zu führende Erbschaftssteuerstatistik; das Abrechnungswesen mit dem Reich ist inzwischen durch den Beschluß des Bundesrats vom 28. Juni 1906 (§ 545 der Protokolle des Bundesrats, Session 1906) geregelt worden, vgl. Note 4 zu § 58 des Gesetzes; der Erlaß von Bestimmungen über eine zu führende Erbschaftssteuerstatistik steht noch aus.

Der Entwurf der Ausführungsbestimmungen ist von den genannten Ausschüssen mit aller bei der kurzen verfügbaren Frist möglichen Sorgfalt durchgearbeitet und hat durch eine Reihe von Modifikationen und Ergänzungen, welche von den einzelnen Bundesregierungen in Antrag gebracht und von den Ausschüssen als zweckmäßig anerkannt wurden, die jetzige Gestalt gewonnen, in welcher die Ausführungsbestimmungen von dem Plenum des Bundesrats durch den oben angeführten Beschluß in Kraft gesetzt wurden.

Wenn zu diesem Beschluß, wie schon oben in der Einleitung zum Ganzen bemerkt worden, vom Bundesrat noch ausdrücklich Einverständnis darüber erklärt wurde, „daß diese und die übrigen Ausführungsbestimmungen zu den Steuergesetzen vom 3. Juni 1906 als unter besonderen Umständen der zur Zeit bestehenden Geschäftslage nur bis auf weiteres erlassen anzusehen sind und, sobald das Bedürfnis dazu hervortritt, einer Nachprüfung und Aenderung zu unterwerfen sind“, so ist daraus nicht der Schluß zu ziehen, daß diese Erklärung vorzugsweise für die Ausführungsbestimmungen zum REStG. Bedeutung habe oder Bedeutung haben solle. Die fragliche Erklärung ist vielmehr gerade zu den Ausführungsbestimmungen zum REStG. lediglich um deswillen abgegeben, weil diese unter den zahlreicheren Ausführungsregelungen, welche die neuen mit dem Gesetz über die Ordnung des Reichshaushalts und die Tilgung der Reichsschuld unter dem 3. Juni 1906 erlassenen Steuergesetze des Reichs erforderlich machten, die ersten waren, welche dem Bundesrat zur Beschlußfassung vorlagen, und es nur der Natur der Sache entsprach, die Erklärung, welche sich auf alle jene Ausführungsregelungen beziehen sollte, bei der ersten zur Beschlußfassung kommenden abzugeben. Tatsächlich wird vielleicht das Bedürfnis nach Aenderung bei der Erbschaftssteuerregelung weniger als bezüglich der sonstigen Steuern hervortreten, weil es sich hier um ein nach den verschiedensten Richtungen hin von den Landesgesetzgebungen der einzelnen Bundesstaaten bereits durchgearbeitetes Gebiet handelte und mithin für die Regelung der Ausführung auch eine umfassendere und sicherere Grundlage gegeben war. Nach Lage der Sache wird deshalb bezüglich der Ausführungsvorschriften zum REStG. trotz jener speziell zu diesen abgegebenen Erklärung wohl eine einschneidendere und weitergehende Aenderung für die nächste und vielleicht auch für absehbare Zeit nicht zu erwarten stehen, wenngleich, wie meist bei derartigen allgemeinen Neugestaltungen, untergeordnete Ergänzungen demnächst sich als erforderlich erweisen werden.

II. Die Ausführungsbestimmungen wurden, was ihre formelle Ausgestaltung anlangt, nicht etwa eng an die einzelnen Paragraphen des Gesetzes nach deren Reihenfolge angegliedert, sondern sie sind in sich selbständig systematisch geordnet worden und zwar in einem näheren Anschluß an den tatsächlichen Verlauf im praktischen Leben, wie er sich für die Durchführung der Bestimmungen des REStG. gestaltet und im einzelnen aneinander reiht, eine Ordnung, wie sie für die der Ausführung der gesetzlichen Vorschriften dienenden Bestimmungen am sachgemäßesten erscheinen dürfte.

Die wesentliche Grundlage für die tatsächliche Durchführung der Besteuerung bildet die behördliche Organisation, der Instanzenzug der Steuerbehörden, welche für die Erhebung in Frage kommen; gewissermaßen die Einleitung bildend beschäftigt sich damit der § 1 der Ausführungsbestimmungen im Anschluß an den § 34 des Gesetzes. Danach findet eine Ausscheidung nach der eigentlichen Erbschaftssteuer und der Schenkungssteuer statt; ersterer ist der erste Abschnitt mit den §§ 2—29 sowie den Mustern bzw. Anlagen 1—9, letzterer der zweite Abschnitt mit den §§ 30—36 und den Mustern 10—12 gewidmet; es sind hier über den ganzen Gang des Erhebungsverfahrens und anschließend an die einzelnen Phasen desselben, soweit erforderlich schien, nähere Bestimmungen getroffen. In einem dritten Abschnitt ist sodann die Kostenfrage behandelt; es dient hierzu lediglich der § 37, der sich wiederum an den § 53 des Gesetzes anschließt. Der vierte und letzte Abschnitt endlich befaßt sich mit der Aktenführung, der Buchführung und dem Prüfungsverfahren. Die Bestimmungen über die Akten- und Buchführung stellen sich als allgemeine Vorschriften über den behördlichen Dienst dar, die schon ihrer Natur nach sich auf spezielle Gesetzesvorschriften nicht beziehen können und zu solchen nicht getroffen sind; die Aktenführung regelt der § 38, die Buchführung der § 39, dem wiederum die Muster 13 und 14 angeschlossen sind. Auch das Prüfungsverfahren ist im Gesetze nicht berührt worden und gliedern sich daher die über dasselbe gegebenen Ausführungsbestimmungen nicht näher an irgend welche Gesetzesvorschriften an; es handelt sich hier um eine selbständige Ordnung des Bundesrats bezüglich der von den Oberbehörden der Bundesstaaten auszuübenden Kontrollen, wie sie behufs Sicherung einer strengen und sachgemäßen Durchführung der Erbschaftsbesteuerung für erforderlich zu erachten ist; derselben sind die §§ 40—42 mit dem Muster 15 bestimmt. Anschließend sind im § 43 allgemein die Aufbewahrungsfristen für Listen, Verzeichnisse und Bücher und im § 44 die Anwendung der im fraglichen Abschnitt gegebenen Ordnung auch auf die Schenkungen unter Lebenden vorgeschrieben. Nur zu dem ersten und zweiten Abschnitt sind noch nähere Erläuterungen zu geben.

III. Das Verfahren behufs Feststellung der Erbschaftssteuerverhältnisse für den einzelnen Fall beginnt mit dem Augenblicke, in welchem der zuständigen Behörde, dem Erbschaftssteueramte, der Eintritt eines Erbfalles zur Kenntnis kommt. Der besondere Abschnitt der Ausführungsbestimmungen über den Erwerb von

Todes wegen geht daher von der Einreichung der Totenlisten (§ 2, desgleichen Muster 1), sowie den Mitteilungen über Todeserklärungen (§ 3) und über Verfügungen von Todes wegen (§ 4), sich hier also unmittelbar an den § 40 des Gesetzes anschließend, aus und regelt näher das Verhältnis und den bezüglichen Geschäftsverkehr der Erbschaftssteuerämter mit den in Frage kommenden Standesämtern, Gerichten und Notaren. Gewissermaßen ergänzend dazu wird dann in dem folgenden § 5 bezüglich der Mitteilung solcher Erwerbsfälle von Todes wegen verfügt, welche der Genehmigung einer Behörde bedürfen; es schließt sich dieses an die Vorschrift des § 1 Abs. 2 Ziff. 2 des Gesetzes an.

Nunmehr wird die erste weitere Behandlung der Totenlisten und sonstigen Anzeigen, welche sich wesentlich auf die nähere Prüfung derselben, Entscheidung über Zuständigkeit u. dgl. bezieht, in den §§ 6 bis 8 mit dem Muster 2 geordnet und ist damit sachlich ein gewisser entfernterer Zusammenhang mit dem § 40 des Gesetzes gegeben. Von letzterem kann man allenfalls auch noch bei dem nächsten Stadium der Tätigkeit der Erbschaftssteuerämter, der Uebertragung der Erbfälle in die Erbschaftssteuerlisten, sprechen; aus der Gesamtmasse der Erbfälle werden jetzt diejenigen, welche in irgend einer Weise das Interesse der Steuerbehörde speziell in Anspruch nehmen müssen, für das weitere Verfahren ausgeschieden; die näheren Bestimmungen geben die §§ 9 und 10 mit dem Muster 3; im Abs. 3 des § 10 werden nebenher die §§ 21 bis 23 und 26 des Gesetzes berührt.

Nachdem so die steuerlich weiter in Frage kommenden Erbfälle ausgeschieden sind, tritt das Erbschaftssteueramt bezüglich derselben mit den eventuell Steuerpflichtigen in unmittelbare Beziehung durch die Belehrung über die Pflichten bei dem Anfall eines steuerpflichtigen Erwerbes von Todes wegen, wofür der § 11 unter Beigabe des Musters 4 für die fragliche Belehrung das Nähere vorschreibt; da die Belehrung mit der Anmeldepflicht in Verbindung gebracht ist, so wird im allgemeinen hier schon der § 36 des Gesetzes berührt, ebenmäßig wird im Abs. 2 der § 38 des Gesetzes, im Abs. 3 die §§ 36 Abs. 2 und 39 und im Abs. 4 der § 42 des Gesetzes gestreift. Der folgende § 12 verlautbart die näheren Vorschriften über die Anmeldung des Erwerbes von Todes wegen und bildet somit eine unmittelbare Ergänzung zu dem § 36 des Gesetzes, während im Abs. 2 nebenher noch die §§ 33 Abs. 1 und 3, sowie 5 Abs. 1 und im Abs. 4 der § 33 Abs. 2 des Gesetzes gestreift werden. In entsprechender Weise ist dann im § 13 über die Erbschaftssteuererklärung eine speziellere Regelung erfolgt und dabei gleichzeitig im Muster 5 für dieselbe eine besondere Form vorgeschrieben; die Bestimmungen schließen sich unmittelbar an den § 37 des Gesetzes an und wird außerdem im Abs. 1 der § 36 Abs. 2 des Gesetzes nebensächlich berührt.

Es hat sich nunmehr nach der sonstigen genüzenden Klärung der Verhältnisse die Ermittelung des Wertes der Masse folgeweise anzureihen. Der allgemeinen Ermittelung dieses Wertes, also anschließend an den § 16 Abs. 1 des Gesetzes, ist nur der verhältnismäßig kurze § 14 gewidmet. Besonders umfassende Bestimmungen sind dagegen für die Ermittelung des Ertragswertes in den §§ 15—22 getroffen, die demnach insgesamt unmittelbar den § 16 Abs. 2 des Gesetzes betreffen; die §§ 15 bis 18, welche sich weniger auf den Ertragswert als solchen wie auf die nähere Festlegung derjenigen land- und forstwirtschaftlichen Grundstücke, für welche der Ertragswert überhaupt gesetzlich in Frage kommen kann, beschäftigen, haben ebenmäßig auch zu dem § 15 des Gesetzes eine unmittelbare Beziehung. Speziell wird dann noch die Ermittelung des Kapitalwerts von Nutzungen in dem § 23 berührt, und gleichzeitig für diese Ermittelung in Anlage 6 eine Hilfstafel gegeben; die Bestimmung hat unmittelbar auf den § 17 des Gesetzes Bezug.

Nach der Wertermittelung kommt im Verlauf des regelmäßigen steuerlichen Verfahrens die Feststellung und die Einziehung der Steuer, bezüglich deren die §§ 24—26 mit den beigegebenen Mustern 7—9 die Ausführung regeln; im allgemeinen ist hierin die weitere Ergänzung zu § 45 des Gesetzes gegeben, außerdem werden aber noch in eine mehr oder weniger enge Mitleidenschaft gezogen im Abs. 3 des § 24 der § 12 Abs. 1 Nr. 3 des Gesetzes, im Abs. 4 des § 24 der § 1 Abs. 2 Nr. 2, die §§ 2 und 3 und der § 4 Abs. 2 und 3 des Gesetzes, im Abs. 1 des § 26 der § 4 Abs. 3 und die §§ 18, 21—23, 26 und 27 des Gesetzes und im Abs. 5 des § 26 der § 24 des Gesetzes. Die Stundung oder die Bewilligung von Teilzahlungen für festgestellte Erbschaftssteuer betrifft § 27, der sich damit unmittelbar an den § 47 des Gesetzes anschließt. Der nächstfolgende § 28 hat die Sicherstellung der Erbschaftssteuer zum Gegenstande; seine Regelung wird speziell für die §§ 21 bis 23 und 26 des Gesetzes in Frage kommen. Der letzte Paragraph des Abschnittes endlich § 29 ordnet das Verfahren für die Erstattung der Erbschaftssteuer; er steht zu keinem Paragraphen des Gesetzes in einer unmittelbaren Beziehung, in einer entfernteren aber zu den §§ 18, 21—25, 27 und 56.

IV. Der zweite Abschnitt, der die Schenkungen unter Lebenden behandelt, ist schon dadurch wesentlich kürzer als der erste, weil in dem ersten allgemeinen Paragraphen desselben, § 30, bestimmt ist, daß die Vorschriften des ersten Abschnitts auch auf die Schenkungen unter Lebenden sinngemäße Anwendung finden sollen; des weiteren wird nur noch Sonderbestimmung getroffen, wo die Eigenart der Verhältnisse bei den Schenkungen unter Lebenden solches bedingen; der § 30 ist demgemäß als sich an die §§ 55 und 56 des Gesetzes anschließend anzusehen. Derartige Sonderbestimmungen gibt dann zunächst der § 31 für die Mitteilungen der Gerichte und Notare über die von ihnen beurkundeten Schenkungen unter Lebenden, sich damit einerseits auf den § 56, andererseits auf den § 40 des Gesetzes beziehend. Der § 32 enthält eine besondere Bestimmung über das von den Erbschaftssteuerämtern zu führende Verzeichnis der Schenkungen unter Lebenden, für welches gleichzeitig das Muster 10 vorgeschrieben ist; wie auch die sämtlichen weiteren Paragraphen des Abschnitts (§§ 33—36), bei denen wir deshalb einen entsprechenden Hinweis nicht mehr machen werden, steht der § 32 in Beziehung zu dem § 56 des Gesetzes. Ueber die Schenkungen unter Lebenden, welche das steuerliche Interesse berühren, ist eine besondere Erbschaftssteuerliste B zu führen, bezüglich deren der § 33 die näheren Bestimmungen trifft, dabei das Muster 11 zu der fraglichen Liste gebend. Mit der Anmeldung der Schenkungen unter Lebenden befaßt sich sodann der § 34, der dadurch in mittelbarer Beziehung wiederum auch zu dem § 36 des Gesetzes steht. Die Steuererklärung ordnet in besonderer Weise der § 35 und findet hier wie vorstehend die mittelbare Beziehung zu § 37 des Gesetzes statt. Auf den Steuerbescheid endlich findet der § 36 Anwendung, welcher gleichzeitig auch das Muster 12 für diesen Bescheid gibt; hier ist ebenmäßig die mittelbare Beziehung zu § 45 des Gesetzes vorhanden.

V. Was endlich noch die **äußere Form der Ausführungsbestimmungen** anlangt, so ist in dieser Hinsicht früheren gleichartigen Regelungen gegenüber die Neuerung getroffen, daß die einzelnen Absätze der Paragraphen regelmäßig durch in Klammern vorgesetzte Ziffern besonders gekennzeichnet sind. Es muß dieses als eine beachtenswerte Verbesserung angesehen werden, da auf diese Weise bei einer Anziehung der Paragraphen nach Absätzen, welche mit Rücksicht auf die Deutlichkeit regelmäßig geboten erscheinen wird, nunmehr Irrtümer oder Unrichtigkeiten ausgeschlossen sind, wie sie sonst durch undeutlichen Druck oder falsches Zählen leicht unterlaufen konnten.

VI. Als der Bundesrat zu den in Frage stehenden Ausführungsbestimmungen in der Sitzung vom 16. Juni 1906 seine Zustimmung erteilte, hat er gleicherzeit, wie schon oben bemerkt, beschlossen, daß „über **Erlasse der Erbschaftssteuer aus Billigkeitsrücksichten** der Bundesrat zu entscheiden habe und daß solche Erlasse von ihm nur mit Zustimmung der beteiligten Landesregierung bewilligt werden sollen." Nach Lage der Sache dürfte es wohl nicht zweifelhaft sein, daß dem Bundesrat auch ohne diesen Beschluß, der ein nicht schon vorhandenes Recht zu der fraglichen Entscheidung an sich kaum begründen könnte, die Befugnis über Erlasse der Erbschaftssteuer aus Billigkeitsrücksichten Entscheidung zu treffen zusteht. Das gleiche Recht ist tatsächlich bezüglich der sonstigen indirekten Steuern des Reichs dem Bundesrat ohne eine ausdrückliche Verlautbarung in den fraglichen Gesetzen oder zu denselben stets zuerkannt und von ihm auch widerspruchslos ausgeübt worden. Dieses Recht des Bundesrats zu einem Steuererlaß lediglich aus Billigkeitsgründen im allgemeinen bildet eine notwendige Ergänzung zu den Vorschriften in den einzelnen Steuergesetzen, nach denen aus besonderen im Gesetz stets näher und formell begrenzten Fällen eine Steuererstattung stattfinden kann, über welche dann je nach der Bedeutung Direktivbehörden oder oberste Landesfinanzbehörden, also die Verwaltungsinstanzen der Einzelstaaten, die Entscheidung zu treffen haben.

Als Fälle der letztbezeichneten Art wollen wir nur herausheben den § 14 des Gesetzes betreffend die Besteuerung des Branntweins vom 8. Juli 1868, den § 16 des Gesetzes betreffend die Besteuerung des Tabaks vom 16. Juli 1879, den § 7 des Gesetzes wegen Erhebung der Brausteuer vom 31. Mai 1872. Diese Fälle, welche an sich auch auf der Billigkeit beruhen, charakterisieren sich dadurch, daß im Prinzip ein bestimmter Billigkeitsgrund von vornherein anerkannt und es vom Gesetz bereits ausgesprochen ist, beim Vorhandensein des bestimmten Grundes solle die an sich gesetzlich gegebene Steuererhebung nicht stattfinden, beziehungsweise, soweit letztere schon stattgehabt, Rückerstattung der Steuer eintreten. Die Entscheidung der zu solcher berufenen einzelstaatlichen Behörden bezieht sich im Spezialfall nur darauf, ob der fragliche Billigkeitsgrund, so wie das Gesetz verlangt, vorhanden ist und hat danach den Erlaß eintreten zu lassen. Im Erbschaftssteuergesetz sind derartige Fälle, in welchen durchgängig die Steuer zu erlassen stände, nicht gegeben; wenn das REStG. von Erstattung der Steuer spricht, so handelt es sich niemals um Fälle, in denen lediglich die Billigkeit für solche maßgebend wäre, sondern nur um solche, in denen der rechtliche Grund für die Steuererhebung infolge veränderter oder entsprechend geklärter Verhältnisse fortgefallen und deshalb ein Recht auf Erstattung begründet ist.

Nun wird man aber bei dem REStG. ebensowohl wie bei den anderen Steuergesetzen des Reichs mit der Möglichkeit zu rechnen haben, daß im praktischen Leben sich Verhältnisse zeigen, welche in dem einzelnen Fall die gesetzlich begründete Erhebung einer Steuer als eine unbillige erscheinen lassen. Für derartige Spezialfälle muß dann die allgemeine Befugnis des Bundesrats zum Erlaß aus Billigkeitsrücksichten die notwendige Abhilfe schaffen. Das Charakteristikum liegt hier darin, daß über den Billigkeitsgrund als solchen erst die Entscheidung zu treffen ist, also eine Entscheidung darüber, ob ein gegebener Umstand oder eine Sachlage einen Billigkeitsgrund für den Steuererlaß abgeben soll. Der Erlaß trifft immer nur den Spezialfall, er stellt sich deshalb auch mehr oder weniger als ein gnadenweiser dar. Nach der ganzen Charakterisierung muß aber die Entscheidung über einen derartigen Steuererlaß immer der höchsten Stelle, als welche hier nur der Bundesrat in Frage kommen kann, zustehen; die bezügliche Befugnis des Bundesrats ist, soviel bekannt, bislang auch niemals in Zweifel gezogen.

In einer beschränkten Weise hat der Bundesrat sogar die eigene Befugnis wiederum auf die obersten Landes-Finanzbehörden übertragen, indem er in der Sitzung vom 21. Dezember 1873 (§ 618 der Protokolle des Bundesrats, Session 1873) beschlossen hat, die obersten Landes-Finanzbehörden zu ermächtigen, in Fällen, in welchen überwiegende Gründe der Billigkeit für den Nachlaß einer nach dem Wortlaut des Brausteuergesetzes vom 31. Mai 1872 oder der bestehenden Branntweinsteuergesetze geschuldeten Abgabe sprechen, den Erlaß oder die Erstattung der geschuldeten Steuerbeträge auf gemeinschaftliche Rechnung zu bewilligen; um ein gleichmäßiges Verfahren zu verbürgen, sind dazu noch besondere Vorschriften getroffen, wie: daß im einzelnen Fall die Reichsbevollmächtigten ihr Einverständnis zu erklären haben, daß jährlich ein Verzeichnis der sämtlichen Nachlässe von den Direktivbehörden aufzustellen, vom Reichsbevollmächtigten zu beurkunden und dem Reichskanzler behufs Vorlage an den Bundesrat mitzuteilen sei. Ebenso wurden sodann auch bezüglich der Behandlung der Zollerlasse aus Billigkeitsrücksichten vom Bundesrat in seiner Sitzung vom 19. November 1886 (§ 558 der Protokolle des Bundesrats, Session 1886) besondere Vorschriften erlassen, welche sich in der Hauptsache an die vorberührte Regelung der Erlasse bei der Bier- und Branntweinabgabe anschlossen und diese im einzelnen nach der eigenartigen Sachlage bei den Zöllen um- und weiter ausgestalteten, Vorschriften, welche dann in der Folge unter Ziff. 32 in die Anweisung zur Ausführung des Vereinszollgesetzes vom 5. Juli 1888 (Zentralblatt für das Deutsche Reich, Jahrgang XVI, 1888, S. 489 ff.) unverändert aufgenommen wurden. Mit dem erwähnten Bundesratsbeschluß vom 21. Dezember 1873 ist übrigens ein weitergehender Vorschlag, „nach welchem der Erlaß und die Erstattung der indirekten Reichssteuern (also einschließlich der Rübenzucker-, Salz- rc. Steuern) aus Gründen der Billigkeit durch die oberste Landes-Finanzbehörde statthaft sein soll", abgelehnt; später ist hierauf nicht weiter zurückgekommen.

Dem ganzen Stande der Sache entspricht es demnach, daß der Bundesrat in seinem obenbezeichneten Beschluß die Entscheidung über Erlasse aus Billigkeitsrücksichten, welche ihm ohne weiteres zusteht, sich auch bezüglich der Erbschaftssteuer vorbehalten hat. Wenn der Bundesrat dabei des weiteren ausgesprochen, daß solche Erlasse von ihm nur mit Zustimmung der beteiligten Landesregierung bewilligt werden sollen, so ist das allerdings eine Sonderheit, die aber in der eigenen Stellung, welche die Erbschaftssteuer unter den indirekten

Steuern des Reiches einnimmt, ihren vollberechtigten Grund hat. Die Reichserbschaftssteuer wird nicht wie die übrigen Reichssteuern voll für das Reich vereinnahmt; nach § 2 des Gesetzes, betreffend die Ordnung des Reichshaushalts und die Tilgung der Reichsschuld, vom 3. Juni 1906 erhält von dem Rohertrage dieser Steuer das Reich nur zwei Drittel, während den einzelnen Bundesstaaten ein Drittel ihrer Roheinnahme verbleibt. Durch einen Erlaß aus Billigkeitsrücksichten wird bei der Erbschaftssteuer also unmittelbar auch die Einnahme der Bundesstaaten mit berührt. Demgegenüber kann es nur als gerechtfertigt erscheinen, wenn der beteiligten Landesregierung eine gewisse Mitwirkung bei dem Erlaß aus Billigkeitsrücksichten eingeräumt ist, indem der letztere nur mit Zustimmung der beteiligten Landesregierung bewilligt werden soll.

VII. Bei der nachstehenden Wiedergabe der vom Bundesrat erlassenen Ausführungsbestimmungen sind die Noten in der Hauptsache auf kurze Verweisungen beschränkt und ist dabei ein ganz gleichmäßiges Verfahren beobachtet. Unter a sind stets die Paragraphen des Gesetzes angegeben, auf welche sich die Ausführungsbestimmung im ganzen oder in ihren einzelnen Teilen, sei es unmittelbar oder sei es auch nur mittelbar in einem weiteren Sinne bezieht. Unter b ist sodann regelmäßig das Verhältnis zu den weiteren Vollzugsvorschriften der durchweg berücksichtigten Bundesstaaten Preußen (PA.), Bayern (ByA.), Sachsen (SA.), Württemberg (WA.), Baden (BdA.), Hessen (HA.) und Braunschweig (BrA.) klargelegt, jedoch auch nur kurz in der Weise, daß die ergänzenden Bestimmungen nicht inhaltlich, sondern nur nach ihrer Stellung unter Ziff. § &c. aufgeführt sind. Es sind dabei die soeben in Klammern beigefügten Abkürzungen gebraucht; die römischen Zahlen, welche nur da vorkommen, wo der einzelne Bundesstaat mehrere Regelungen zum Vollzuge des Erbschaftssteuergesetzes getroffen hat, entsprechen der Reihenfolge und Bezeichnung, unter welcher die fraglichen Einzelregelungen der betreffenden Bundesstaaten demnächst angeschlossen werden; des weiteren sind mit arabischen Zahlen die Ziffern und Paragraphen der Regelungen angegeben. Die Muster und Anlagen sind, soweit solches ohne Schaden für die Uebersichtlichkeit angängig war, im Druck enger zusammengezogen, doch ist stets durch Beifügung in Klammern die Seite der Originalvorschrift kenntlich gemacht.

Erbschaftssteuer-Ausführungsbestimmungen.

I. Erbschaftssteuerämter und Oberbehörden. § 1.

§ 1.

(1) Die zur Verwaltung des Erbschaftssteuerwesens, insbesondere zur Feststellung und Erhebung der Erbschaftssteuer befugten Steuerstellen (Erbschaftssteuerämter) und die Oberbehörden, denen sie unterstehen, werden von den Landesregierungen bestimmt und öffentlich bekannt gemacht. Soweit eine solche Bestimmung nach Maßgabe der bestehenden Erbschaftssteuergesetze bereits erfolgt ist, bedarf es einer erneuten Bekanntmachung nicht. Ein Verzeichnis der Erbschaftssteuerämter und Oberbehörden ist unter Angabe ihrer Geschäftsbezirke dem Reichskanzler zur Veröffentlichung im Zentralblatte für das Deutsche Reich mitzuteilen. Das Gleiche hat mit etwaigen späteren Veränderungen zu geschehen.

(2) Die Veröffentlichung im Zentralblatte für das Deutsche Reich kann auf das Verzeichnis der Oberbehörden beschränkt werden.

a. Der § 1 bezieht sich unmittelbar auf den § 34 des REStG., welcher die Verwaltung des Erbschaftssteuerwesens regelt.

b. Der Paragraph wird ergänzt durch PA. I unter Ziff. 1 und 12 (die bisherigen Erbschaftssteuerämter, welche den Kgl. Provinzialsteuerdirektionen, je nach der Provinz in verschiedener Zahl — meist zwei oder drei, aber auch mehr —, angegliedert sind und abgesehen von der Rheinprovinz und der Provinz Hessen-Nassau ihren Sitz regelmäßig an dem Sitz der Provinzialsteuerdirektion haben, bleiben bestehen, ebenso als Oberbehörden die Kgl. Provinzialsteuerdirektoren und für die Hohenzollernschen Lande die Kgl. Regierung in Sigmaringen), durch ByA. unter § 1 (die Rentämter haben die Geschäfte der Erbschaftssteuerämter zu versehen, die Regierungsfinanzkammern die der Oberbehörde; das Staatsministerium der Finanzen ist oberste Landesfinanzbehörde), durch SA. unter Ziff. 1 (Hauptzollämter sind zu Erbschaftssteuerämtern bestellt und führen als solche die Titulatur „Hauptzollamt als Erbschaftssteueramt“; Oberbehörde ist die Kgl. Zoll- und Steuer-

Direktion zu Dresden), durch WA. I (als Erbschaftssteuerämter sind die Kameralämter und das Hauptsteueramt Stuttgart, als Oberbehörde das Steuerkollegium Abteilung für Zölle und indirekte Steuern bestimmt), durch BdA. I § 1 und II § 1 (die Funktionen der Erbschaftssteuerämter haben die Notariate zu erfüllen, Oberbehörde ist die Großherzogl. Steuerdirektion zu Karlsruhe), durch HA. I (für das Großherzogtum besteht ein Erbschaftssteueramt zu Darmstadt, Oberbehörde ist das Großherzogl. Ministerium der Finanzen Abteilung für Steuerwesen) und durch BrA. I und II 1 (für das Herzogtum ist ein besonderes Erbschaftssteueramt gebildet und in ähnlicher Weise wie in Preußen der Herzogl. Zoll- und Steuerdirektion zu Braunschweig angegliedert, die letztere fungiert als Oberbehörde). Bezüglich der obersten Landesfinanzbehörde bedurfte es durchweg einer besonderen Bestimmung in den bundesstaatlichen Ausführungsbestimmungen nicht, da dieser Begriff allgemein ein zweifellos festliegender ist.

c. Die Veröffentlichung der Erbschaftssteuerämter und der Oberbehörden im Zentralblatt für das Deutsche Reich durch den Reichskanzler ist mit Bekanntmachung vom 11. August 1906 in Nr. 50 des Blattes S. 1103 ff. erfolgt, wie sie als Anhang zu den BRAusfB. unten gegeben ist.

Erster Abschnitt.

Erwerb von Todes wegen.

II. Totenlisten. § 2.

§ 2.

(1) Die Standesämter haben von den von ihnen beurkundeten Sterbefällen den Erbschaftssteuerämtern Mitteilung zu machen. Die Mitteilung erfolgt durch besondere Totenlisten, welche den Zeitraum eines Monats zu umfassen haben und in den ersten zehn Tagen nach Ablauf des Monats dem Erbschaftssteueramt einzureichen sind.

(2) Die oberste Landesfinanzbehörde kann die Aufstellung der Totenlisten in kürzeren oder längeren Zeiträumen anordnen. Sie kann ferner eine Vereinfachung der Totenlisten zulassen, soweit in anderer Weise dafür gesorgt ist, daß die darin vorgesehenen Mitteilungen dem Erbschaftssteueramte zugehen.

(3) Sind in dem betreffenden Zeitabschnitte keine Sterbefälle eingetreten, so ist dies dem Erbschaftssteueramte binnen gleicher Frist schriftlich anzuzeigen.

(4) In die Totenlisten sind auch die im Ausland erfolgten Sterbefälle von Deutschen sowie von solchen Ausländern, welche im Inland ihren Wohnsitz oder gewöhnlichen

Aufenthalt hatten oder welche im Inlande Vermögen hinterlassen haben, aufzunehmen, falls sie in glaubhafter Weise zur Kenntnis der Standesämter gelangt sind.

(5) Der pünktliche Eingang der Totenlisten ist durch die Erbschaftssteuerämter zu überwachen. Bei unterlassener rechtzeitiger Einsendung der Totenliste ist das Standesamt mit kurzer Frist zu mahnen. Nach fruchtlosem Ablaufe der Frist ist Beschwerde bei der vorgesetzten Aufsichtsbehörde zu führen.

(6) Den Erbschaftssteuerämtern ist ein Verzeichnis aller in ihrem Verwaltungsbereiche vorhandenen Standesämter mitzuteilen. Das Gleiche hat mit Veränderungen in der Zahl oder in dem Bezirke der Standesämter zu geschehen.

(7) Zu den Totenlisten dient das anliegende Muster 1 nach Maßgabe der vorgedruckten Anleitung. Die Standesbeamten sind verpflichtet, auch die in den Totenlisten enthaltenen Fragen, über welche das Sterberegister keine Auskunft gibt, zu beantworten, soweit sie es aus eigenem Wissen oder infolge Befragung des den Sterbefall Anmeldenden vermögen. Zur Anstellung weiterer Ermittelungen sind sie nicht verpflichtet.

Muster 1.

(8) Die zur Beurkundung der Sterbefälle von Deutschen ermächtigten diplomatischen Vertreter und Konsuln des Reichs sind zur Mitteilung der von ihnen beurkundeten Sterbefälle von Deutschen verpflichtet. Die Mitteilung ist alsbald nach der Beurkundung dem Reichskanzler (Auswärtiges Amt) oder der sonstigen Amtsstelle, die von diesem bestimmt wird, zur weiteren Veranlassung zu übersenden.

a. Der § 2 bezieht sich unmittelbar auf den § 40 Ziffer 1 des Gesetzes

b. Der Paragraph wird ergänzt durch PA. I unter den Ziffern 6 und 12 (beziehen sich auf Abs. 1 und 2), durch ByA. § 5 (bezieht sich auf Absatz 1, 2 und 6), durch SA. unter Ziffer 4 (bezieht sich auf Abs. 7), durch WA. II unter Ziffer 1 (bezieht sich auf Abs. 2 und 6), durch BdA. I § 2 (bezieht sich auf Abs. 1, 6 und 7) und II § 9 (bezieht sich auf Abs. 5 und 7), durch HA. 2 (bezieht sich auf Abs. 1), 3 (bezieht sich auf Abs. 2) und 4 (bezieht sich auf Abs. 3).

III. Todeserklärungen. § 3.

§ 3.

(1) Rücksichtlich des Nachlasses verschollener, durch richterliches Erkenntnis für tot erklärter Personen vertreten die Ur-

teile die Stelle der Totenliste. Die Amtsgerichte haben alsbald nach Erlassung des die Todeserklärung aussprechenden Urteils eine beglaubigte Abschrift des Urteils dem zuständigen Erbschaftssteueramte mitzuteilen. Der Ablauf der im § 976 der Zivilprozeßordnung bestimmten Frist ist nicht abzuwarten.

(2) In diesen wie in sonstigen Fällen, in welchen dem Erbschaftssteueramte von anderen Behörden Mitteilungen zu machen sind (§§ 4, 5, 7 Abs. 3, 12 Abs. 4, 13 Abs, 6, 30, 31) sind diese letzteren, soweit die Bestimmung im § 1 Abs. 2 zur Anwendung kommt, an die Oberbehörde zu richten.

a. Der § 3 bezieht sich unmittelbar auf den § 40 Ziffer 2 des Gesetzes und berührt in seinem zweiten Absatz speziell auch den § 1 Abs. 2 desselben.

b. Ergänzt wird der § 3 durch BpA. § 6 (zu Abs. 1) und § 7 (zu Absatz 1 und 2).

IV. Verfügungen von Todes wegen. § 4.

§ 4.

(1) Die Gerichte und die Notare haben dem zuständigen Erbschaftssteueramte die von ihnen eröffneten Verfügungen von Todes wegen in Urschrift oder beglaubigter Abschrift alsbald nach der Eröffnung zu übersenden. Hat das Gericht oder der Notar die Verfügung nach der Eröffnung an das Nachlaßgericht abgeliefert, so liegt die Uebersendung dem Nachlaßgericht ob; sie hat alsbald nach Eingang der eröffneten Verfügung bei dem Nachlaßgericht zu erfolgen.

(2) Im Falle der Eröffnung eines gemeinschaftlichen Testaments oder eines Erbvertrags ist nur Abschrift desjenigen Teiles zu übersenden, welcher verkündet worden ist.

(3) Die Gerichte und die Notare haben bei der Uebersendung diejenigen für die Erbschaftssteuererhebung erheblichen Umstände mitzuteilen, welche ihnen bei Gelegenheit der Eröffnung bekannt geworden sind. Als solche Umstände kommen in Betracht:

1. Veränderungen in der Person der Erben oder der Vermächtnisnehmer sowie der Testamentsvollstrecker, insbesondere das Ableben dieser Personen, Aenderungen des Namens, Berufs oder Wohnorts,
2. die Wohnung der zu 1 bezeichneten Personen,

3. Angaben über den Betrag des Nachlasses; wird eine Gerichtsgebühr nach dem Werte des Nachlasses berechnet, so genügt die Angabe des Wertes, welcher der Gebührenberechnung zu Grunde gelegt wird.

(4) Sind derartige Angaben in der Eröffnungsverhandlung enthalten, so kann die Mitteilung durch Uebersendung eines Auszugs aus der Eröffnungsverhandlung erfolgen. Enthält die Verhandlung Angaben, die für die Beurteilung der Rechtsgültigkeit eines eigenhändigen Testaments und, sofern nach früherem Erbrechte privatschriftlich errichtete Nachzettel eröffnet sind, für die Beurteilung der Rechtsgültigkeit dieser Nachzettel von Bedeutung sind, so ist sie insoweit auszugsweise mitzuteilen. Einer Mitteilung von Angaben, die dem Gericht oder dem Notar erst nach Abgang des Uebersendungsschreibens bekannt geworden sind, bedarf es nicht.

(5) Die Uebersendungsschreiben an die Erbschaftssteuerämter haben zu enthalten:

die Bezeichnung der Verfügung von Todes wegen,
den Namen und Stand des Erblassers,
seinen Wohnort und Sterbetag,
die Bezeichnung des Standesamts, bei welchem der Tod des Erblassers eingetragen ist, sowie die Nummer des Sterberegisters,
den Tag der Eröffnung.

a. Der § 4 bezieht sich unmittelbar auf den § 40 Ziffer 3 des Gesetzes.

b. Der § 4 wird ergänzt durch BuA. § 6 (zu Abs. 1), durch WA. II 2 und III 1 (zu Abs. 1), BdA. II § 3 (zu Abs. 1) und HA. 5 (zu Abs. 1, 2 und 4).

V. Genehmigung der zuständigen Behörden bei einem Erwerbe von Todes wegen. § 5.

§ 5.

Wenn ein Erwerb von Todes wegen der Genehmigung einer Behörde bedarf, und die Genehmigung zur Annahme von der Vollziehung einer Anordnung abhängig gemacht wird, so hat diese Behörde nach Erteilung der Genehmigung dem zuständigen Erbschaftssteueramte von der getroffenen Anordnung Mitteilung zu machen.

a. Der § 5 steht in unmittelbarer Beziehung zu dem § 1 Abs. 2 Ziff. 2 des Gesetzes.

VI. Weitere Behandlung der Totenlisten und der sonstigen Anzeigen. §§ 6—8.

§ 6.

Die Grundlage für die steuerliche Behandlung eines Erwerbes von Todes wegen bilden die Totenlisten (§ 2) und die im § 8 bezeichneten sonstigen Sterbefallsanzeigen.

a. Der § 6 steht nur in entfernterer Beziehung zu § 40 des Gesetzes.
b. Als eine Ergänzung des § 6 ist BhA. § 4 anzusehen.

§ 7.

(1) Die Totenlisten sind alsbald nach ihrem Eingange sorgfältig zu prüfen und erforderlichenfalls durch Einziehung weiterer Auskunft von den Standesämtern oder durch Anfragen bei den Orts- und Bezirksbehörden, den Gerichten, den Erbberechtigten usw. zu vervollständigen.

(2) Ergeben die Eintragungen in der Totenliste, die etwa weiter dazu angestellten Erörterungen oder die dem Erbschaftssteueramte zugegangenen Verfügungen von Todes wegen, daß nur erbschaftssteuerfreie Erwerber der im § 11 Abs. 1 Nr. 4 a bis d des Gesetzes bezeichneten Art vorhanden sind oder daß der gesamte Nachlaß oder daß der einzelne Erwerb den Betrag von 500 Mark nicht übersteigt, so ist die Sache, unter entsprechendem Vermerke zur Totenliste, als erledigt anzusehen. Die aus der Erledigung der Totenlisten entstandenen, die Steuerfreiheit ergebenden Verhandlungen — Freibelege — sind mit der Ordnungsnummer der Totenliste und ihrer laufenden Nummer zu versehen und ebenso wie die Totenlisten vierteljahrsweise in einer festzuhaltenden Reihenfolge geordnet aufzubewahren.

(3) Sind in der Totenliste Sterbefälle enthalten, die nicht zur Zuständigkeit des Erbschaftssteueramts gehören, so werden sie dem zuständigen Erbschaftssteueramt unter Uebersendung einer Abschrift aus der Totenliste überwiesen. Das zuständige Amt hat sogleich nach dem Eingange des Ueberweisungsschreibens dem überweisenden Amte eine Empfangsbestätigung zu übersenden, deren Eingang in der Totenliste zu vermerken ist.

a. Der § 7 steht nur in entfernter Beziehung zu dem § 40 des Gesetzes und berührt nebenher den § 11 Abs. 1 desselben.
b. Der § 7 wird ergänzt durch SA 4 (zu Abs. 1) und 5 (zu Abs. 2).

§ 8.

Soweit dem Erbschaftssteueramt in anderer Weise als durch die Totenlisten der in seinem Geschäftsbereiche belegenen Standesämter Sterbefälle bekannt werden — Mitteilungen der ergangenen Todeserklärungen, Ueberweisungen von Sterbefällen seitens eines nicht zuständigen Erbschaftssteueramts, Anzeigen über Sterbefälle im Ausland usw. —, so sind diese Muster 2. Fälle in das nach Anleitung des Musters 2 zu führende Verzeichnis der aus der Totenliste nicht ersichtlichen Sterbefälle (Toten-Beiliste) einzutragen. Auf die Erledigung dieser Sterbefälle finden die Bestimmungen über die Behandlung der Totenlisten entsprechende Anwendung. Das Verzeichnis ist für den Zeitraum je eines Kalenderjahrs zu führen. Die mit der laufenden Nummer des Verzeichnisses zu versehenden Belege über die steuerfrei erledigten Sterbefälle sind geordnet in einem Sammelaktenstück aufzubewahren.

a. Der § 8 steht nur in entfernterer Beziehung zu § 40 des Gesetzes.

b. Der § 8 wird ergänzt durch SA. 5.

VII. Uebertragung der Erbfälle in die Erbschaftssteuerlisten.

§§ 9, 10.

§ 9.

Das Erbschaftssteueramt trägt die in den Totenlisten und die in der Toten-Beiliste enthaltenen Erbfälle, soweit sie nicht nach Maßgabe des § 7 Abs. 2, 3 zu erledigen sind, alsbald in die Erbschaftssteuerliste unter fortlaufender Nummer ein. Die Eintragung hat auch rücksichtlich derjenigen Erbfälle zu geschehen, die zwar zunächst steuerfrei sind, aber steuerpflichtig werden können und deshalb zu überwachen sind (§ 26). Gleichzeitig ist die Spalte 15 der Totenliste und die Spalte 7 der Toten-Beiliste durch Vermerk der Nummer auszufüllen, welche der Erbfall in der Erbschaftssteuerliste erhalten hat.

a. Der § 9 steht zu einem Paragraphen des Gesetzes nicht in besonderer Beziehung.

b. Der § 9 wird ergänzt durch VyA. § 9 und durch SA. 6.

§ 10.

(1) Für jedes der beiden Halbjahre des am 1. April beginnenden Rechnungsjahrs ist je eine Erbschaftssteuer-Hauptliste und eine Erbschaftssteuer-Nachtragsliste zu führen, für welche das Muster 3 zum Vorbilde zu dienen hat. Muster 3.

(2) In die Hauptliste sind die in dem Halbjahr eingetretenen Erbfälle einzutragen, soweit sie bis zum Abschlusse der Liste dem Erbschaftssteueramte bekannt geworden sind.

(3) In die Nachtragsliste sind aufzunehmen:

a) die Erbfälle aus der Toten-Beiliste, welche dem Erbschaftssteueramte zu spät bekannt geworden sind, um in die Hauptliste des Halbjahrs, in dem der Erblasser gestorben ist, aufgenommen zu werden. Bei Todeserklärungen ist als Todestag des Erblassers der im Urteile festgestellte Zeitpunkt anzunehmen;

b) die Erbfälle, welche nicht bis zum Abschlusse der vorhergehenden Haupt- oder Nachtragsliste durch Einzahlung der Steuer, durch erwiesene Uneinbringlichkeit einzelner oder sämtlicher Steuerbeträge oder durch Sicherheitsleistung in den Fällen der §§ 21 bis 23, 26 des Gesetzes vollständig erledigt sind;

c) die Erbfälle, bei denen ein eingestelltes Steuerermittelungs- oder Erhebungsverfahren wieder aufzunehmen ist;

d) die Erbfälle, die in die Ueberwachungsliste aufgenommen worden sind, nach Wegfall des Grundes der Aussetzung der Erbschaftssteuererhebung.

(4) Die Haupt- und die Nachtragslisten sind nach Ablauf des Halbjahrs, auf das sie lauten, noch 9 Monate für die Aufnahme und Erledigung der Erbfälle offen zu halten. Die oberste Landesfinanzbehörde kann für größere Erbschaftssteuerämter die Frist für den Abschluß der Erbschaftssteuerlisten auf ein Jahr festsetzen.

(5) Nach Ablauf der Frist sind die Erbschaftssteuerlisten abzuschließen und mit einer Bescheinigung des Amtsvorstandes zu versehen, daß sämtliche in die Erbschaftssteuerliste einzutragenden Erbfälle aufgenommen und daß diejenigen der eingetragenen Erbfälle, die bis zum Abschlusse der Liste unerledigt geblieben sind, in die Nachtragsliste für das folgende Halbjahr übertragen worden sind.

(6) Zu den Erbschaftssteuerlisten ist nach dem Ermessen der obersten Landesfinanzbehörde von den Erbschaftssteuerämtern ein fortlaufendes nach der Buchstabenfolge geordnetes Namensverzeichnis zu führen.

a. Der § 10 steht zu einem Paragraphen des Gesetzes nicht in besonderer Beziehung, nebenher berührt werden die §§ 21—23 und 26.

b. Der § 10 wird ergänzt durch PA. I 7 (zu Abs. 1, 4 und 6), durch ByA. § 9 (zu Abs. 1), § 10 (zu Abs. 3) und § 11 (zu Abs. 1, 4 und 6), durch SA. 7 (zu Abs. 1) und 8 (zu Abs 6), durch WA. II 3 (zu Abs. 6), durch BdA. I § 10 (zu Abs. 6), durch HA. 6 (zu Abs. 4) und 7 (zu Abs. 6), sowie durch BrA. II 2 (zu Abs. 1), 3 (zu Abs. 4) und 4 (zu Abs. 6).

VIII. Belehrung über die Pflichten bei dem Anfall eines steuerpflichtigen Erwerbes von Todes wegen. § 11.

§ 11.

(1) Sobald dem Erbschaftssteueramt ein seiner Zuständigkeit unterliegender Erwerb von Todes wegen bekannt wird, bei dem es eine Steuerpflicht als vorliegend ansieht, übersendet es ohne Rücksicht auf die gesetzlichen Fristen dem zur Anmeldung des Erwerbes Verpflichteten einen Druckabzug einer nach Anleitung des Musters 4 zu entwerfenden Belehrung über die Pflichten des Erwerbers eines steuerpflichtigen Anfalls. Muster 4.

(2) Sind bei einem Erbfalle mehrere zur Anmeldung verpflichtete Personen vorhanden, so unterliegt es dem Ermessen des Erbschaftssteueramts, welchen von ihnen die Anleitung zuzusenden ist. Wenn mehrere steuerpflichtige Erben vorhanden sind, ist die Anleitung in der Regel nur einem der Erben zu übersenden, und zwar demjenigen, von dem angenommen werden kann, daß er mit den in Betracht kommenden Verhältnissen am besten vertraut sein wird. Die Anleitung kann auch Testamentsvollstreckern, Nachlaßpflegern und gesetzlichen Vertretern der Erwerber zugesandt werden.

(3) Im Falle des § 36 Abs. 2 des Gesetzes ist die Anleitung erst mit der Aufforderung zur Einreichung der Erbschaftssteuererklärung zu übersenden.

(4) Die Zusendung kann unterbleiben, wenn nur Auskunft über bestimmte den Erwerb betreffende tatsächliche Verhältnisse einzuholen ist.

a. Der § 11 steht insgesamt schon in einer gewissen Beziehung zu dem § 36 des Gesetzes und streift in seinem Absatz 2 die §§ 38 und 39, sowie in seinem Absatz 4 den § 42.

b. Der § 11 wird ergänzt durch BuA. § 12, durch SA. 9, durch WA. II 4, durch BdA. I §§ 3 und 6 und II §§ 11, 12 und 14, sowie durch HA. 8 (zu Abs. 2).

IX. Anmeldung des Erwerbes von Todes wegen. § 12.

§ 12.

(1) Die Anmeldung eines steuerpflichtigen Erwerbes von Todes wegen hat bei dem zuständigen Erbschaftssteueramte fristgemäß schriftlich oder zu Protokoll des Erbschaftssteueramts zu erfolgen.

(2) Zuständig ist das Erbschaftssteueramt, in dessen Bezirke sich der Wohnsitz oder Aufenthaltsort des Erblassers oder Erwerbers befindet, der nach § 33 Abs. 1, 3 des Gesetzes für die Zuständigkeit des Bundesstaats zur Erhebung der Erbschaftssteuer maßgebend ist. Hatte der Erblasser im Falle des § 5 Abs. 1 des Gesetzes keinen inländischen Wohnsitz, so ist das Erbschaftssteueramt des Bundesstaats, dem er angehörte, zuständig. Sind in diesem Bundesstaate mehrere Erbschaftssteuerämter vorhanden und befindet sich der Gegenstand des steuerpflichtigen Erwerbes oder dessen größerer Teil im Bezirk eines von ihnen, so ist dieses Erbschaftssteueramt, andernfalls das Erbschaftssteueramt der Hauptstadt des Bundesstaats zuständig.

(3) Ist die Anmeldung bei einem unzuständigen Erbschaftssteueramt eingegangen, so ist sie von diesem unter Mitteilung des Tages des Einganges an das zuständige Amt abzugeben. Der Anmeldende ist hiervon in Kenntnis zu setzen.

(4) Ist wegen eines der Besteuerung unterliegenden Grundstücks die Zuständigkeit eines weiteren Erbschaftssteueramts begründet (§ 33 Abs. 2 des Gesetzes), so bedarf es einer besonderen Anmeldung bei diesem Erbschaftssteueramte nicht. Das für die Steuererhebung im übrigen zuständige Erbschaftssteueramt hat dem Amte der belegenen Sache von der bei ihm erfolgten Anmeldung alsbald Mitteilung zu machen. In der Mitteilung ist anzugeben, binnen welcher Frist der Anmeldende zur Einreichung der Erbschaftssteuererklärung auf-

gefordert worden ist. Eine — gegebenenfalls auszugsweise — Abschrift der Anmeldung und der Verfügung von Todes wegen sowie ein Auszug aus der Totenliste ist beizufügen.

(5) Die Anmeldung soll enthalten:

Vor- und Familiennamen, Stand oder Gewerbe und Wohnort (auch Straße und Hausnummer) des Erblassers und des Erwerbers sowie Todestag und Sterbeort des Erblassers,

die Staatsangehörigkeit des Erblassers,

den Gegenstand des Erwerbes,

die Angabe, ob der Erwerb auf gesetzlicher Erbfolge, auf einer Verfügung von Todes wegen oder auf welchem anderen Rechtsgrunde beruht,

die Angabe, ob der Erwerber in einem Verwandtschaftsverhältnisse zum Erblasser steht, und in welchem,

die überschlägige Angabe des Wertes des Erwerbes,

die Angabe, ob etwa ein in einem anderen Bundesstaate belegener Grundbesitz den Gegenstand des Erwerbes bildet, unter genauer Bezeichnung des Bundesstaats und des Grundbesitzes.

(6) Die Anmeldung ist mit der Angabe ihres Tages sowie des Wohnorts (auch Straße und Hausnummer) des Anmeldenden zu versehen und von diesem zu unterschreiben.

a. Der § 12 bezieht sich unmittelbar auf den § 36 und im Anschluß daran auch auf die §§ 38 und 39 des Gesetzes; er berührt sodann nebenher in seinem Abs. 1 den § 5 Abs. 1 und den § 33 Abs. 1 und 3, sowie in seinem Abs. 4 den § 33 Abs. 2 des Gesetzes.

b. Ergänzt wird der § 12 durch ByA. § 2 (bezieht sich auf Abs. 2), durch SA. 9 (bezieht sich auf Abs. 5 und 6) und 10 (bezieht sich auf Abs. 2), durch WA. I und II 4 und 5 (beziehen sich auf Abs. 2), sowie III 3 (allgemein), durch BdA. I § 1 (bezieht sich auf Abs. 2), § 3 (bezieht sich auf Abs. 1) und § 6 sowie II § 10 (bezieht sich auf Abs. 1).

X. Erbschaftssteuererklärung. § 13.

§ 13.

(1) Der zur Anmeldung eines Erwerbes von Todes wegen Verpflichtete ist zur Einreichung der Erbschaftssteuererklärung auf Erfordern auch dann verbunden, wenn es nach § 36 Abs. 2 des Gesetzes einer Anmeldung nicht bedurft hat.

(2) Die Erbschaftssteuererklärung ist zu erfordern, sofern auf Grund der Angaben in der Anmeldung oder in der Verfügung von Todes wegen die Steuerfreiheit des Erwerbes sich nicht zweifelsfrei ergibt oder die Erbschaftssteuer sich nicht ohne weiteres berechnen läßt.

(3) Sind ein oder mehrere steuerpflichtige Erben vorhanden, so hat die Erbschaftssteuererklärung die zum Nachlasse gehörigen Gegenstände unter Angabe ihres Wertes sowie die Nachlaßverbindlichkeiten vollständig anzugeben und für jeden einzelnen der den Nachlaß betreffenden steuerpflichtigen Anfälle die für die Steuerpflicht in Betracht kommenden Verhältnisse darzulegen. Ist ein Testamentsvollstrecker ohne Beschränkung der Verwaltungsbefugnis auf einzelne Gegenstände oder ist ein Nachlaßpfleger bestellt und haben diese Personen die Verwaltung übernommen, so ist die Erbschaftssteuererklärung von ihnen, andernfalls von dem steuerpflichtigen Erben oder dessen gesetzlichem Vertreter zu erfordern. Sind mehrere steuerpflichtige Erben vorhanden, so soll die Erbschaftssteuererklärung in der Regel nur von einem von ihnen, und zwar von demjenigen erfordert werden, von dem die genaue Kenntnis des Nachlasses und der sonstigen Verhältnisse zu erwarten ist, insbesondere also von demjenigen, der sich im Besitze des Nachlasses befindet. Die Erbschaftssteuererklärung hat nach Maßgabe des anliegenden Musters 5 zu erfolgen. Muster 5.

(4) Ist ein steuerpflichtiger Erbe nicht vorhanden, so ist die Erbschaftssteuererklärung über den nicht auf Erbfolge beruhenden steuerpflichtigen Erwerb von dem einzelnen Erwerber in Ansehung des ihm angefallenen Erwerbes zu erfordern. Die Abgabe einer Erbschaftssteuererklärung in diesem beschränkten Umfange kann von ihm auch im Falle des Abs. 3 gefordert werden, wenn nur er zu einer zuverlässigen Erklärung imstande ist. Das Erbschaftssteueramt bestimmt, inwieweit die Erklärung nach Maßgabe des Musters 5 abzugeben ist.

(5) Der Einreichung der Erbschaftssteuererklärung steht die Abgabe dieser Erklärung zu Protokoll des Erbschaftssteueramts gleich.

(6) Gehören nach der Erbschaftssteuererklärung zum Nachlasse Grundstücke oder diesen gleichstehende Berechtigungen, welche in einem anderen Bundesstaate belegen sind, so ist dem in bezug auf sie zuständigen Erbschaftssteueramt alsbald Ab-

schrift der Steuererklärung und auszugsweise Abschrift des Nachlaßverzeichnisses zu übersenden. Hierbei ist die Nummer der Erbschaftssteuerliste anzugeben, unter welcher der Erbfall eingetragen ist. Der Eingang der Schriftstücke ist unter Angabe der Nummer der eigenen Erbschaftssteuerliste dem überreichenden Amte zu bescheinigen.

a. Der § 13 steht in unmittelbarer Beziehung zu dem § 37 und durch ihn speziell mit Abs. 3 auch zu § 38 des Gesetzes und berührt in seinem Abs. 1 nebenher den § 36 Abs. 2 desselben.

b. Der § 13 wird ergänzt durch ByA. § 12 (zu Abs. 2), durch WA. III 3 (allgemein), durch BdA. I § 6 und II § 27 (allgemein) und durch HA. 9.

XI. Ermittelung des Wertes der Masse. § 14.

§ 14.

Der Ermittelung des Betrags der Masse ist, soweit nicht im § 16 Abs. 2 des Gesetzes ein anderes bestimmt ist, der gemeine Wert zur Zeit des Anfalls zu Grunde zu legen. Unter dem gemeinen Werte ist der Verkaufs- oder Verkehrswert zu verstehen, der durch den Preis bestimmt wird, welcher im gewöhnlichen Geschäftsverkehre nach der Beschaffenheit des Gegenstandes ohne Rücksicht auf andere ungewöhnliche oder lediglich persönliche Verhältnisse zu erzielen ist.

a. Der § 14 bezieht sich unmittelbar auf den § 16 des Gesetzes und zwar speziell auf den Abs. 1 desselben.

b. Ergänzt wird der § 14 durch ByA § 13, durch BdA. I § 4 und II §§ 15—17 und 19—22, sowie durch HA. 10.

XII. Ermittelung des Ertragswerts. §§ 15—22.

§ 15.

Zu den landwirtschaftlichen Zwecken im Sinne der §§ 15, 16 des Gesetzes sind der Obst- und Gartenbau nur zu rechnen, sofern sie in unmittelbarer wirtschaftlicher Verbindung mit einem landwirtschaftlichen Betrieb erfolgen.

a. Der § 15 fällt ebenso wie die folgenden §§ 16—18 unter die Ueberschrift „Ermittelung des Ertragswerts" nur insofern als hier nähere Erläuterungen beziehungsweise Vorschriften bezüglich derjenigen dauernd land- und forstwirtschaftlichen Zwecken dienenden Grundstücke gegeben werden, bei deren steuerpflichtigem Erwerb einerseits der Wertermittelung der Ertragswert zugrunde zu legen ist und andererseits auch und zwar in erster Linie die Steuererleichterungen nach § 15 des Gesetzes einzutreten haben; danach beziehen sich die genannten Paragraphen unmittelbar sowohl auf den § 16 Abs. 2 des Gesetzes, welcher die Zulässigkeit der Wertermittelung nach dem Ertragswert regelt, wie auf den § 15 über die Steuererleichterungen bei steuerpflichtigem Erwerb von Grundstücken.

b. Ergänzt wird der § 15 durch PA. I 4, eine Ergänzung, die deshalb von einer besonderen Bedeutung ist, als sie eine Auslegung, welche von den beteiligten Ausschüssen des Bundesrats bei der Beratung des Paragraphen einhellig anerkannt ist, wiedergibt.

§ 16.

Grundstücke, bei denen die Ergebnisse des Wirtschaftsbetriebs dem Boden unmittelbar entnommen werden, wie Sand-, Lehm-, Tongruben-, Stein-, Schiefer-, Kalk- oder Kreidebrüche, Torfstiche usw. sind zu den Grundstücken, die land- oder forstwirtschaftlichen Zwecken zu dienen bestimmt sind, zu rechnen, sofern die Ausbeutung in unmittelbarer Verbindung mit einem Land- oder Forstwirtschaftsbetrieb erfolgt.

a. Der § 16 steht in unmittelbarer Beziehung zu den §§ 15 und 16 Abs. 2 des Gesetzes; vergl. Note a zu § 15.

§ 17.

(1) Zu den land- oder forstwirtschaftlichen Zwecken dienenden Gebäuden sind außer den dem land- oder forstwirtschaftlichen Betriebe dienenden Wohn- und Wirtschaftsgebäuden auch solche Gebäudeanlagen zu rechnen, die dem Betrieb eines land- oder forstwirtschaftlichen Nebengewerbes (Brennerei, Brauerei usw.) dienen, sofern der Betrieb des gewerblichen Unternehmens in unmittelbarer Verbindung mit dem land- oder forstwirtschaftlichen Wirtschaftsbetriebe des Landguts, zu dem sie gehören, erfolgt, insbesondere die zu verarbeitenden Rohstoffe ausschließlich oder doch in der Hauptsache jenem Wirtschaftsbetrieb entnommen oder die Erzeugnisse oder Rückstände in diesem verwendet werden.

(2) Zu dem Zubehöre sind bei einem Landgute das zum Wirtschaftsbetriebe bestimmte Gerät und Vieh, die landwirtschaftlichen Erzeugnisse, soweit sie zur Fortführung der Wirtschaft bis zu der Zeit erforderlich sind, zu welcher gleiche oder ähnliche Erzeugnisse voraussichtlich gewonnen werden, sowie der auf dem Gute vorhandene Dünger zu rechnen, bei Gebäuden, die zu einem landwirtschaftlichen Nebenbetriebe dauernd eingerichtet sind, die zu dem Betriebe bestimmten Maschinen

und sonstigen Gerätschaften, soweit sie nicht schon als Bestandteile der Gebäude in Betracht kommen.

a. Der § 17 steht in unmittelbarer Beziehung zu den §§ 15 und 16 Abs. 2 des Gesetzes; vergl. Note a zu § 15.

§ 18.

Auf land- oder forstwirtschaftlich genutzte Grundstücke, deren gemeiner Wert durch ihre Lage als Bauland bestimmt wird, finden die §§ 15, 16 des Gesetzes keine Anwendung, wenn sich nicht aus den Umständen ergibt, daß die Grundstücke dauernd land- oder forstwirtschaftlichen Zwecken zu dienen bestimmt sind.

a. Der § 18 steht in unmittelbarer Beziehung zu den §§ 15 und 16 Abs. 2 des Gesetzes; vergl. Note a zu § 15.

b. Ergänzt wird der § 18 durch BdA. II § 18 und durch HA. 11.

§ 19.

(1) Bei nicht verpachteten landwirtschaftlichen Grundstücken darf als der dem Ertragswerte zu Grunde zu legende Reinertrag der Grundstücke der Reinertrag angesehen werden, der nach dem Durchschnitte der drei letzten, dem Tode des Erblassers vorangegangenen Wirtschaftsjahre von den Grundstücken wirklich erzielt worden ist, sofern nicht nach Lage der besonderen Verhältnisse anzunehmen ist, daß die bisherige Bewirtschaftung nicht ordnungsmäßig gewesen ist, oder daß der in den bezeichneten Wirtschaftsjahren im Durchschnitte wirklich erzielte Reinertrag nicht dem Reinertrag entspricht, den die Grundstücke nachhaltig gewähren können. Das Gleiche gilt von Grundstücken, die samt Inventar verpachtet sind, sofern die Ergebnisse der Wirtschaftsführung des Pächters bekannt sind.

(2) Bei Grundstücken der im § 16 bezeichneten Art, bei denen die Ergebnisse des Wirtschaftsbetriebs dem Boden unmittelbar entnommen werden, ist bei Berechnung des Reinertrags ein der fortschreitenden Erschöpfung des Bodens entsprechender Abzug zu machen.

(3) Soweit die den Gegenstand des Erwerbes bildenden Grundstücke nebst dem Zubehöre zu einer wirtschaftlichen Einheit verbunden sind, ist der Reinertrag unter Berücksichtigung dieser Zusammengehörigkeit von den Grundstücken als einheitlichem Ganzen zu berechnen. Gehen bei Vererbung eines

Landguts dieses selbst und einzelne zu ihm gehörig gewesene Grundstücke oder gehen das Landgut und die an sich zu dessen Zubehör zu rechnenden Gegenstände an verschiedene Erwerber über und ist die Höhe des wirklich erzielten Reinertrags bei dem Landgut oder bei den einzelnen Grundstücken oder Zubehörstücken durch ihre wirtschaftliche Zusammengehörigkeit bedingt, so ist der Reinertrag zu Grunde zu legen, den das Landgut oder die Einzelgrundstücke oder Zubehörstücke ohne Rücksicht auf ihre bisherige Zusammengehörigkeit gewähren können.

a. Der § 19 steht in unmittelbarer Beziehung zu dem § 16 Abs. 2 des Gesetzes.

§ 20.

(1) Der wirkliche Reinertrag ist zu berechnen aus der gesamten Roheinnahme des Wirtschaftsjahrs unter Abzug der Wirtschaftskosten und unter Berücksichtigung des bei Beginn und am Schlusse des Wirtschaftsjahrs vorhandenen Bestandes an Vorräten.

(2) Für die Berechnung des wirklichen Reinertrages gilt folgendes:

I. In Einnahme sind zu stellen:

1. der erzielte Preis für alle gegen Barzahlung oder gegen Stundung veräußerten Erzeugnisse aus allen Wirtschaftszweigen sowie für die Verleihung von Zugkraft und anderen Wirtschaftsmitteln;
2. der Geldwert aller Erzeugnisse, welche zur Bestreitung des Haushalts des Besitzers oder des Pächters, zum Unterhalte seiner Angehörigen sowie der nicht zum Wirtschaftsbetrieb angenommenen Hausgenossen verbraucht oder sonst zu ihrem Nutzen oder ihrer Annehmlichkeit verwendet sind. Hierher gehört namentlich auch der Aufwand an Naturerzeugnissen für die Beköstigung des zur persönlichen Bedienung gehaltenen Gesindes, für die Unterhaltung von Luxuspferden und dergleichen. Bei Pachtgrundstücken ist auch in Rechnung zu stellen der Geldwert der vom Pächter neben dem Pachtpreis übernommenen Lieferungen und Leistungen, soweit sie in Erzeugnissen der Wirtschaft oder in Arbeitsleistungen des Pächters, seiner Angehörigen, Dienstleute und Wirtschaftsgespanne bestehen;

3. der Mietswert der vom Eigentümer oder vom Pächter und seinen Angehörigen selbst bewohnten oder zur Führung des Haushalts benutzten Gebäude (§ 17 Abs. 1);
4. der Geldwert des am Schlusse des Wirtschaftsjahrs vorhandenen Bestandes an Wirtschaftserzeugnissen, soweit sie zur Verwertung durch Verkauf oder zum Verbrauch im Haushalte bestimmt sind;
5. der Geldwert der Nutzung von etwaigen Gerechtsamen gegenüber anderen Grundstücken und anderen Zubehörungen.

II. Von der Einnahme sind als Bewirtschaftungskosten in Abzug zu bringen die Ausgaben:

1. für Unterhaltung — nicht auch für die Erweiterung oder den Neubau — der Wirtschaftsgebäude, Tagelöhnerwohnungen und der übrigen dem Wirtschaftsbetriebe dienenden oder ihn sichernden baulichen Anlagen (Deiche, Mauern, Zäune, Wege, Brücken, Brunnen, Wasserleitungen, Schleusen, Entwässerungsanlagen);
2. für die Erhaltung und Ergänzung — nicht auch für die Verbesserung und Vermehrung — des lebenden und toten Wirtschaftsinventars;
3. für die Versicherung der Wirtschaftsgebäude, des lebenden und toten Wirtschaftsinventars, der Vorräte an Wirtschaftserzeugnissen sowie der noch ungeernteten Feld- und Gartenfrüchte — nicht aber der Haushaltungsgegenstände — gegen Feuer-, Hagel- und anderen Schaden;
4. für Heizung und Beleuchtung der Wirtschaftsräume — nicht auch der für den Haushalt benutzten Räume;
5. für Samen, Pflanzen, Futter und Düngemittel, Rohstoffe und sonstige Vorräte, welche für den laufenden Wirtschaftsbetrieb einschließlich der etwaigen Nebenbetriebe zugekauft worden sind;
6. für Gehalt, Lohn und sonstige Dienstbezüge — soweit sie nicht den Wirtschaftserzeugnissen entnommen sind — an die zum Wirtschaftsbetriebe, nicht auch an die zum Haushalt oder zu persönlichen Dienstleistungen angenommenen Personen;
7. die gesetz- oder vertragsmäßig vom Eigentümer oder Verpächter für die zum Wirtschaftsbetrieb angenommenen Personen zu leistenden Beiträge zur Invaliden-, Kranken- usw. Versicherung usw.;

8. die im landwirtschaftlichen Betrieb oder Nebenbetriebe zu entrichtenden indirekten Abgaben (Branntwein=, Brau=steuer usw.).

Hierzu kommt

9. der Geldwert der aus dem vorausgegangenen in das folgende Wirtschaftsjahr übernommenen Bestände an Vorräten der zu I Nr. 4 bezeichneten Art.

III. Für die Abnutzung der zum Wirtschaftsbetriebe notwendigen Gebäude, Maschinen, Gerätschaften kann ein angemessener Bruchteil des Sachwerts in Abzug gebracht werden.

IV. Bei denjenigen Betrieben, in welchen der Bestand der Vorräte (I Nr. 4 und II Nr. 9) am Schlusse der einzelnen Wirtschaftsjahre wesentlichen Schwankungen nicht zu unterliegen pflegt, kann ihr Geldwert sowohl bei der Einnahme als auch bei der Ausgabe unberücksichtigt bleiben.

(a) Bei land= oder forstwirtschaftlichen Nebenbetrieben der im § 16, 17 Abs. 1 bezeichneten Art ist der gesamte Betrieb bei Ermittelung des Reinertrags als Ganzes zu behandeln. Für die aus dem einen Wirtschaftszweig in den anderen übernommenen Rohstoffe, Erzeugnisse und Rückstände sind hiernach weder bei dem ersteren Abgabepreise in Einnahme, noch bei dem letzteren Anschaffungswerte in Ausgabe zu stellen.

a. Der § 20 steht in unmittelbarer Beziehung zu § 16 Abs. 2 des Gesetzes.

§ 21.

Bei Forsten (Holzungen) ist, soweit eine ordnungsmäßige Bewirtschaftung auf Grund eines nach forstlichen Grundsätzen aufgestellten Bewirtschaftungsplans stattgefunden hat und außergewöhnliche, nicht innerhalb der regelmäßigen Nutzung liegende Abtriebe nicht vorgekommen sind, zunächst der Gesamtreinertrag während des dem Tode des Erblassers vorangegangenen, der Zahl der Jahre der Wirtschaftsperiode entsprechenden Zeitraums zu berechnen. Hierbei sind in Einnahme zu stellen der Erlös für die in dem maßgebenden Zeitraum aus dem regelmäßigen Abtriebe, den Zwischen= und Nebennutzungen erzielten Erzeugnisse, in Ausgabe die Aufwendungen für Aufsicht und Verwaltung, Schlagen, Aufbereitung, Rücken und Flößen der Hölzer, sowie für Unterhaltung der Baulichkeiten (Forsthäuser, Brücken, Wege usw.). Der Berechnung des Ertragswerts nach dem fünfundzwanzigfachen ist der Reinertrag zu Grunde zu legen, der durchschnittlich auf ein Jahr der Wirtschaftsperiode entfällt. Von der Berechnung des Ertragswerts nach dem wirklichen Reinertrage sind diejenigen Flächen auszuscheiden, hinsichtlich deren während des maßgebenden Zeitraums Neubeforstungen behufs Erweiterung des Forstbestandes oder Abtriebe zu dem Zwecke stattgefunden haben, um die Kulturart der bisherigen Waldfläche zu ändern, oder um sie als Bauplatz usw. zu verwenden.

a. Der § 21 steht in unmittelbarer Beziehung zu § 16 Abs. 2 des Gesetzes.

§ 22.

(1) Soweit nicht nach den vorstehenden Bestimmungen der tatsächlich erzielte Reinertrag zu Grunde gelegt werden kann, ist der Reinertrag, den die Grundstücke nach ihrer bisherigen wirtschaftlichen Bestimmung bei ordnungsmäßiger Bewirtschaftung nachhaltig gewähren können, durch sachverständige Schätzung zu ermitteln. Die Vorschriften in den §§ 19 Abs. 2, 3; 20 Abs. 3 finden entsprechende Anwendung.

(2) Inwieweit als Hilfsmittel für die Beurteilung der verschiedenen Bodengüte der Grundstücke die nach den Grundsteuergesetzgebungen der einzelnen Bundesstaaten festgesetzten Grundsteuerreinerträge benützt werden können, wird im Einvernehmen mit dem Reichskanzler durch die obersten Landesfinanzbehörden bestimmt.

(3) Bei verpachteten Grundstücken kann, sofern eine ordnungsmäßige Bewirtschaftung stattfindet und die Höhe des bedungenen Pachtzinses nicht durch besondere persönliche Verhältnisse beeinflußt ist, der vereinbarte Pachtzins zuzüglich des Geldwerts der vom Pächter neben dem Pachtzins übernommenen Lieferungen und Leistungen zum Anhalt genommen werden. Dabei ist indessen zu berücksichtigen, daß der selbstwirtschaftende Besitzer in den Ergebnissen des Wirtschaftsbetriebs zugleich eine angemessene Verzinsung seines Betriebskapitals und Ersatz für seine eigene Tätigkeit und die Mitarbeit seiner Angehörigen finden muß, und es ist deshalb dem Pachtzinse der Regel nach ein entsprechender Zuschlag hinzuzurechnen.

a. Der § 22 steht in unmittelbarer Beziehung zu § 16 Abs. 2 des Gesetzes.

b. Ergänzt wird der § 22 durch BayA. § 13 (bezieht sich auf Abs. 1 und 2), durch WA. II 6 (bezieht sich auf Abs. 1), durch BdA. I § 4 (bezieht sich auf Abs. 1) und durch HA. 12 (bezieht sich auf Abs. 1).

XIII. Ermittelung des Kapitalwerts von Nutzungen. § 23.

§ 23.

Der Kapitalwert der auf bestimmte Zeit beschränkten Nutzungen oder Leistungen (§ 17 Satz 1, 2 des Gesetzes) ist nach der beigefügten Hilfstafel zu ermitteln. Anlage 6.

a. Der § 23 steht in unmittelbarer Beziehung zu § 17 des Gesetzes.

XIV. Feststellung und Einziehung der Steuer. §§ 24—26.

§ 24.

(1) Nach Berechnung der Erbschaftssteuer ist ein Erbschaftssteuerbescheid nach dem Muster 7 zu erteilen und den Beteiligten (Abs. 2 ff.) zuzustellen. Die Zustellung hat nach den in dem betreffenden Bundesstaate für amtliche Zustellungen in Verwaltungssachen maßgebenden Vorschriften zu erfolgen. Muster 7.

(2) Der Steuerbescheid ist, wenn ein Testamentsvollstrecker ohne Beschränkung der Verwaltungsbefugnis auf einzelne Gegenstände oder wenn ein Nachlaßpfleger bestellt ist und diese Personen die Verwaltung übernommen haben, diesen Personen, anderenfalls dem Erben zuzustellen. Die Zustellung an den Erben erfolgt ohne Rücksicht darauf, ob er für seine Person steuerpflichtig ist. Sind mehrere Erben vorhanden und hat einer von ihnen dem Erbschaftssteueramte gegenüber die Berichtigung der Erbschaftssteuer übernommen, so hat die Zustellung an diesen, im übrigen nach Auswahl des Erbschaftssteueramts an einen von ihnen zu erfolgen.

(3) Dem Erbschaftssteueramte bleibt überlassen, hinsichtlich eines einzelnen steuerpflichtigen Erwerbes einen als solchen zu bezeichnenden Auszug aus dem Steuerbescheide nach dem Muster 8 auch dem einzelnen Erwerber — im Falle des § 12 Abs. 1 Nr. 3 des Gesetzes dem mit der Zuwendung Beschwerten — zuzustellen. War eine Erbschaftssteuererklärung abgegeben Muster 8.

und weicht der Steuerbescheid von der Erklärung ab, so ist der Steuerbescheid oder ein Auszug aus dem Steuerbescheide stets auch demjenigen zuzustellen, der die Erklärung abgegeben hat.

(4) Hinsichtlich eines steuerpflichtigen Erwerbes, der nicht aus dem Nachlaß anfällt (§ 1 Abs. 2 Nr. 2, §§ 2, 3, 4 Abs. 2, 3 des Gesetzes), ist der Steuerbescheid dem Erwerber zuzustellen.

a. Der § 24 bezieht sich unmittelbar auf den § 45 des Gesetzes und berührt nebenher in seinem Abs. 3 den § 12 Abs. 1 Nr. 3 sowie in seinem Abs. 4 § 1 Abs. 2 Nr. 2, §§ 2, 3 und 4 Abs. 2 und 3 desselben.

b. Ergänzt wird der § 24 durch ByA. § 16 (zu Abs. 1), durch SA. 11 (zu Abs. 1), durch WA. II 7 (zu Abs. 1) und 8 (zu Abs. 3), durch BdA. I § 7 (zu Abs. 1) und II §§ 26, 33, 34 (zu Abs. 1) sowie § 35 (zu Abs. 2) und §§ 39—42, ferner durch HA. 13 (zu Abs. 1).

§ 25.

(1) Die oberste Landesfinanzbehörde ist ermächtigt, anzuordnen, daß die Einziehung und Verrechnung der Steuer durch eine andere Behörde als das Erbschaftssteueramt erfolgt. Sie erläßt in diesem Falle die zur Regelung des Geschäftsverkehrs mit dieser Behörde und dem Erbschaftssteueramt erforderlichen besonderen Bestimmungen.

(2) Im Erbschaftssteuerbescheid ist die zur Empfangnahme der Zahlung zuständige Kassenstelle zu bezeichnen.

(3) Zur Niederschlagung von Erbschaftssteuer wegen Uneinbringlichkeit sind nur die Oberbehörden zuständig.

a. Der § 25 steht in unmittelbarer Beziehung zu dem § 45 des Gesetzes.

b. Ergänzt wird der § 25 durch PA. I 8 (zu Abs. 1), durch ByA. § 17 (zu Abs. 1 und 3), durch WA. II 9 (zu Abs. 1), durch BdA. I §§ 11—14 (zu Abs. 1), durch HA. 14 (zu Abs. 1) und durch BrA. II 5 (zu Abs. 1).

§ 26.

(1) Alle diejenigen Fälle, in welchen nach den Bestimmungen des § 4 Abs. 3 oder der §§ 18, 21 bis 23, 26, 27 des Gesetzes die Versteuerung auszusetzen ist oder die nachträgliche Erhebung einer Erbschaftssteuer eintreten kann, hat das Erbschaftssteueramt aus den Erbschaftssteuerlisten unter fortlaufender Nummer in eine Ueberwachungsliste zu über-

tragen, für welche das Muster 9 als Anhalt dient. Insoweit in den Fällen der §§ 18, 21 bis 23, 26 des Gesetzes nur eine Erstattung von Erbschaftssteuer in Frage kommt, hat eine Ueberwachung des Erwerbsfalls und seine Eintragung in die Ueberwachungsliste nicht zu erfolgen. Muster 9.

(2) Zur leichteren Ermittelung ist nach dem Ermessen der obersten Landesfinanzbehörde von den Erbschaftssteuerämtern ein nach der Buchstabenfolge geordnetes Namensverzeichnis zu den in die Liste aufgenommenen Erbfällen zu führen.

(3) Falls die Erbschaftssteuer nicht nach einer bestimmten Zeit fällig wird, sind nach näherer Anordnung der obersten Landesfinanzbehörde von Zeit zu Zeit Erhebungen darüber anzustellen, ob der Grund zur Ueberwachung noch fortdauert.

(4) Sobald sich die weitere Ueberwachung erübrigt, ist der Fall in die laufende Erbschaftssteuer-Nachtragsliste aufzunehmen und bis zur vollständigen Erledigung fortzuführen.

(5) Falls in besonderen Fällen ein Bedürfnis hierzu vorliegt, ist auch die Versteuerung ungewisser und unsicherer Rechte und anderer zur sofortigen Wertermittelung nicht geeigneter Gegenstände durch die Ueberwachungsliste zu überwachen.

a. Der § 26 steht in näherer Beziehung zu dem § 45 des Gesetzes und berührt in seinem Abs. 1 den § 4 Abs. 3 und die §§ 18, 21—23, 26 und 27, sowie in seinem Abs. 5 den § 24 desselben.

b. Ergänzt wird der § 26 durch PA. I 7 (zu Abs. 2), durch BayA. § 10 (zu Abs. 1) und § 11 (zu Abs. 1 und 2), durch SA. 8 (zu Abs. 2) und 12 (zu Abs. 1 und 3), durch WA. II 3 (zu Abs. 2) und 10 (zu Abs. 3), durch BdA. I § 10 (zu Abs. 2) und § 8 (zu Abs. 3), durch HA. 15 (zu Abs. 2) und 16 (zu Abs. 3), sowie durch BrA. II 4 (zu Abs. 2) und 6 (zu Abs. 3).

XV. Stundung. § 27.

§ 27.

(1) Stundung oder Bewilligung von Teilzahlungen für festgestellte Erbschaftssteuer ist in der Regel nur gegen Sicherheitsleistung zulässig. In welcher Art für gestundete Erbschaftssteuer Sicherheit zu leisten ist, wird, soweit das Gesetz nicht ein anderes vorschreibt, durch die oberste Landesfinanzbehörde bestimmt. Die letztere bestimmt ferner, inwieweit es zur Stundung ohne Sicherheitsleistung der Genehmigung der Oberbehörde oder der obersten Landesfinanzbehörde bedarf.

(2) Eine Verzinsung der gestundeten Steuerbeträge findet nicht statt.

(3) Die Gewährung von Teilzahlungen ist an die Bedingung zu knüpfen, daß bei dem Ausbleiben auch nur einer Teilzahlung die sofortige Beitreibung der ganzen noch rückständigen Steuerschuld erfolgen wird. Die Beitreibung hat jedoch erst zu geschehen, wenn eine Mahnung zur Entrichtung der fälligen Teilzahlung erfolglos geblieben ist.

(4) In dem Falle des § 47 Abs. 2 des Gesetzes ist die Gewährung von Teilzahlungen zu versagen, wenn nach den obwaltenden Verhältnissen die Annahme ausgeschlossen ist, daß die sofortige Einziehung der Steuer mit Härten verbunden sein würde. Dies wird der Regel nach z. B. bei Grundstücken, die offenkundig Spekulationszwecken dienen, sowie dann zutreffen, wenn der steuerpflichtige Erwerb neben dem Grundbesitze Barvermögen umfaßt, aus welchem die Steuer ohne irgend welche Härte gedeckt werden kann. Im Falle des Verkaufs eines Grundstücks vor Ablauf der Stundungsfrist ist die Stundungsbewilligung zurückzuziehen, falls nicht etwa die Fortgewährung billigerweise gerechtfertigt erscheint.

a. Der § 27 bezieht sich unmittelbar auf den § 47 des Gesetzes.
b. Ergänzt wird der § 27 durch PA. I 9 (zu Abs. 1) und 5 (zu Abs. 4). durch ByA. § 17 (zu Abs. 1), durch SA. 13 (zu Abs. 1), durch WA. I 11 und 13 (zu Abs. 1), durch BdA. I § 15 (zu Abs. 1) und III §§ 9—13 (zu Abs. 1), durch HA. 17 (zu Abs. 1) und durch BrA. II 7 (zu Abs. 1).

XVI. Sicherstellung der Erbschaftssteuer. § 28.

§ 28.

(1) Hat in den Fällen der §§ 21 bis 23, 26 des Gesetzes die Leistung einer Sicherheit einzutreten, so hat das Erbschaftssteueramt den sicherzustellenden Betrag zu berechnen und die Verpflichteten zu einer Erklärung aufzufordern, in welcher Weise sie die Sicherheit leisten wollen. Die Annehmbarkeit der angebotenen Sicherheit ist von dem Erbschaftssteueramte zu prüfen. Von dem Ergebnisse der Prüfung sind die Verpflichteten zu benachrichtigen. Die verlangte Sicherheit ist binnen einer bestimmten Frist zu bestellen. Wird der Aufforderung nicht Folge geleistet, so ist die zwangsweise Einziehung der Sicherheit herbeizuführen.

(2) Die kassen- und rechnungsmäßige Behandlung der hinterlegten Sicherheiten erfolgt nach den bestehenden landesrechtlichen Bestimmungen.

a. Der § 28 steht in Beziehung zu den §§ 21 bis 23 und 26 des Gesetzes.

b. Ergänzt wird der § 28 durch PA. I 8 (zu Abs. 1 und 2), durch SA. 13 (zu Abs. 1 und 2), durch WA. II 12 und 13 (zu Abs. 1 und 2), durch BdA. I § 9 (zu Abs. 1 und 2) und § 17 (zu Abs. 2), II §§ 36—38 (zu Abs. 1 und 2) und III § 16 (zu Abs. 2), sowie durch HA. 18 (zu Abs 1).

XVII. Erstattung. § 29.

§ 29.

(1) Ueber Anträge auf Erstattung zu Unrecht gezahlter Erbschaftssteuer entscheidet die Oberbehörde des Erbschaftssteueramts, welches die Erbschaftssteuer festgestellt hat.

(2) Eine Erstattung der Erbschaftssteuer kann auch von Amts wegen erfolgen, wenn sich bei Nachprüfung der Erbschaftssteuerakten offenbare Unrichtigkeiten ergeben, diese auch nicht auf andere Weise z. B. durch niedrige Wertschätzung des Gegenstandes des Erwerbes ausgeglichen erscheinen und es sich bei der Ueberhebung um einen Betrag von mindestens 3 Mark handelt.

(3) Die näheren Bestimmungen über das Verfahren bei Erstattungen trifft die oberste Landesfinanzbehörde.

a. Der § 29 berührt im besonderen keinen der einzelnen Gesetzesparagraphen, man wird ihn nur als zu dem § 45 in gewisser Beziehung stehend ansehen können und ferner, soweit es sich um gesetzliche Erstattungen zunächst rechtmäßig gezahlter Steuer handelt, zu den §§ 18, 21—25, 27 und 56.

b. Ergänzt wird der § 29 durch PA. I 8 (zu Abs. 3), durch ByA. §§ 19 und 27 (zu Abs. 3), durch SA. 14 (zu Abs. 3), durch WA. II 14 (zu Abs. 3), durch BdA. I § 16 (zu Abs. 3) und II §§ 40—42 (zu Abs. 3), durch HA. 19 (zu Abs. 3) und durch BrA. II 8 (zu Abs. 3).

Zweiter Abschnitt.

Schenkungen unter Lebenden.

XVIII. Schenkungen unter Lebenden. §§ 30—36.

§ 30.

Auf die Schenkungen unter Lebenden finden die Vorschriften des ersten Abschnitts mit der Maßgabe sinngemäße Anwendung, daß an Stelle der Verhältnisse des Erblassers und des Erwerbers die Verhältnisse des Schenkers und des Beschenkten berücksichtigt werden.

a. Der § 30 bezieht sich zunächst unmittelbar auf die §§ 55 und 56 des Gesetzes, welche die gleiche Verweisung auf die Vorschriften über die Besteuerung des Erwerbes von Todes wegen wie hier der § 30 enthalten. Demgemäß steht der § 30 indirekt auch mit allen den einzelnen Gesetzesparagraphen, welche im vorstehenden zu den §§ 2 bis 29 der Ausführungsbestimmungen angezogen worden sind, in Berührung, soweit dieselben für die Besteuerung der Schenkungen unter Lebenden überhaupt in Frage kommen können und soweit nicht in den nachstehenden Paragraphen für das Einzelne besondere Bestimmungen getroffen sind.

b. In Konsequenz von dem eben unter a Ausgeführten muß der § 30 auch durch alle diejenigen bundesstaatlichen Ausführungsbestimmungen, welche zu den einzelnen hier sinngemäße Anwendung findenden Paragraphen der bundesrätlichen Ausführungsbestimmungen (§§ 2 bis 29) im vorstehenden anzuführen waren, als ergänzt betrachtet werden, sofern jene Vorschriften an sich für die Schenkungssteuer zur Anwendung zu bringen sind, und sofern die Einzelregelungen in den nachfolgenden Paragraphen nicht entgegenstehen In den bundesstaatlichen Vollzugsordnungen findet sich eine spezielle Bezugnahme auf die Schenkungssteuer in der Regel nicht; auf die Gültigkeit der bezüglichen Ordnungen für die Schenkungssteuer hat dieses aber keinen weiteren Einfluß, da diese durch die allgemeine Vorschrift des § 30 schon ohne weiteres bedingt ist. Besonders auf den § 30 nehmen PA. I 7 (Führung eines Verzeichnisses für die Ueberwachungslisten) und 9 (bei der Regelung der Stundung), sowie ByA. § 20 (allgemein) Bezug; auch HA. 20 verlautbart ausdrücklich die Anwendbarkeit der Bestimmungen auf die Schenkungen unter Lebenden.

§ 31.

(1) Die Gerichte und die Notare haben dem zuständigen Erbschaftssteueramte beglaubigte Abschriften der von ihnen beurkundeten Schenkungen unter Lebenden alsbald nach der Beurkundung zu übersenden. Auf den Urschriften ist zu vermerken, wann und an welches Erbschaftssteueramt die Uebersendung geschehen ist.

(2) Ergibt der Urkundeninhalt nicht das Verwandtschaftsverhältnis zwischen dem Schenker und dem Beschenkten und den Wert der Schenkung, so ist der Schenker hierüber zu befragen. Dessen Angaben sind dem Erbschaftssteueramt ebenfalls mitzuteilen.

a. Der § 31 gibt für die Schenkungen unter Lebenden noch spezielle Bestimmungen bezüglich desjenigen, was für den Erwerb von Todes wegen oben in den §§ 2—4 geordnet ist und was hier sonst auch entsprechend zur Geltung zu kommen haben würde; er steht danach in näherer Beziehung zu dem § 40 des Gesetzes.

b. Nach besonderer Hervorhebung ergänzt wird der § 31 durch ByA. §§ 6 und 20 (zu Abs. 1), sowie durch BdA. II § 3 (zu Abs. 1).

§ 32.

Die dem Erbschaftssteueramte nach § 31 mitgeteilten, von den Verpflichteten angemeldeten oder sonst zu seiner Kenntnis gelangten Schenkungen sind in das nach Anleitung des Musters 10 zu führende Verzeichnis der Schenkungen unter Lebenden einzutragen. Muster 10.

a. Der § 32 steht mit dem vorgehenden § 31 in einem engeren Zusammenhang und gilt das bei a zu diesem Paragraphen Ausgeführte teilweise und entsprechend auch hier. Gleichzeitig berührt der Paragraph gewissermaßen auch dasjenige, was die §§ 6—8 für den Erwerb von Todes wegen regeln. Da die Schenkungen unter Lebenden im wesentlichen nur einzeln und nicht in einer Liste — wie die Sterbefälle in der Totenliste — zur Kenntnis des Erbschaftssteueramts gelangen, so war die Anlegung eines besonderen Verzeichnisses der Schenkungen unter Lebenden notwendig, wie sie der Paragraph anordnet.

b. Ergänzt wird der § 32 durch ByA. § 20.

§ 33.

(1) Soweit die in dem Verzeichnisse Muster 10 enthaltenen Schenkungen nicht nach Maßgabe des § 7 Abs. 2, 3 zu erledigen sind, werden sie alsbald in die Erbschaftssteuerliste B über Schenkungen unter Lebenden unter fortlaufender Nummer eingetragen.

(2) Für jedes der beiden Halbjahre des Rechnungsjahrs ist je eine Erbschaftssteuer-Hauptliste B und eine Erbschaftssteuer-Nachtragsliste B zu führen, für welche das Muster 11 als Vorbild dient. Muster 11.

(3) Maßgebend für die Aufnahme in die Hauptliste ist der Tag der Schenkung.

a. Im § 33 wird des weiteren eine besondere Regelung für die Schenkungen unter Lebenden zu demjenigen vorgenommen, was für den Erwerb von Todes wegen in dem obigen § 10 bestimmt ist; eine unmittelbare Beziehung zu einem Gesetzesparagraphen findet nicht statt.

b. Besonders ergänzt wird der § 33 durch PA. I 7 (zu Abs. 1 und 2), durch ByA. § 20 (zu Abs. 1), durch SA. 6 (zu Abs. 1) und durch BrA. II 2 (zu Abs. 1 und 2).

§ 34.

(1) Die Anmeldung einer steuerpflichtigen Schenkung soll enthalten:

Vor- und Familiennamen, Stand oder Gewerbe und Wohnort (auch Straße und Hausnummer) des Schenkers und des Beschenkten,
die Zeit der Schenkung,
die Staatsangehörigkeit des Schenkers,
den Gegenstand und den Wert der Schenkung,
die Angabe, ob der Beschenkte in einem Verwandtschaftsverhältnisse zum Schenker steht, und in welchem,
die Angabe, ob die Schenkung beurkundet ist oder nicht,
die Angabe, ob etwa ein in einem anderen Bundesstaate belegener Grundbesitz den Gegenstand der Schenkung bildet, unter genauer Bezeichnung des Bundesstaats und des Grundbesitzes.

(2) Die Anmeldung ist mit der Angabe ihres Tages sowie des Wohnorts (auch Straße und Hausnummer) des Anmeldenden zu versehen und von diesem zu unterschreiben.

a. Der § 34 enthält die Modifikationen, welche für die Schenkungen unter Lebenden an den für den Erwerb von Todes wegen in dem § 12 getroffenen Vorschriften notwendig erschienen. Es ist danach für den Paragraphen gleicherweise eine Beziehung zu § 36 des Gesetzes in Verbindung mit § 56 desselben begründet.

b. Eine besondere Ergänzung des § 34 findet sich in SA. 9 und WA. II 4.

§ 35.

(1) Die im § 11 bezeichnete Anleitung ist nur im Falle der Aufforderung zur Einreichung der Steuererklärung gleichzeitig mit der Aufforderung zu übersenden.

(2) Die Zusendung der Anleitung und die Aufforderung zur Steuererklärung kann unterbleiben, wenn es zur Feststellung der Steuerfreiheit der Schenkung oder zur Berechnung der Steuer nur einer Auskunft über bestimmte tatsächliche Verhältnisse bedarf.

(3) Die Abgabe der Steuererklärung ist nicht an ein bestimmtes Muster gebunden.

a. In demselben Verhältnis wie der vorhergehende § 34 zu dem § 12 der Ausführungsbestimmungen steht der § 35 zu dem § 13 derselben; entsprechend ist hier die Beziehung zu dem § 37 des Gesetzes gegeben.

b. Besonders ergänzt wird der § 35 durch SA. 9 und HA. 21.

§ 36.

Die Erteilung des Steuerbescheids erfolgt nach dem Muster 12. Muster 12.

a. Der § 36 gibt eine Sonderbestimmung zu dem im übrigen hier Platz greifenden und zunächst für den Erwerb von Todes wegen maßgebenden § 24 der Ausführungsbestimmungen und steht zu dem § 45 des Gesetzes in Verbindung mit dem § 56 desselben in entsprechender Beziehung.

Dritter Abschnitt.

Kosten.

XIX. Kosten. § 37.

§ 37.

(1) Das Verfahren in Erbschaftssteuerangelegenheiten ist, soweit nicht hinsichtlich der Kosten im § 42 Abs. 4 und im § 43 Abs. 2 des Gesetzes ein anderes bestimmt ist, kosten-, gebühren- und stempelfrei. Die Freiheit erstreckt sich auf das gesamte Steuerermittelungsverfahren, einschließlich des Beschwerdeverfahrens und des Verfahrens wegen Erstattung der Erbschaftssteuer.

(2) Zu den Kosten des Verfahrens ist auch die Postgebühr zu rechnen, welcher die Sendungen der Steuerbehörden an die Steuerpflichtigen unterliegen; sie fällt daher den letzteren nicht zur Last. Dagegen haben die Steuerpflichtigen die Postgebühr für die von ihnen an die Steuerbehörden zu richtenden Sendungen zu tragen.

a. Der § 37 steht in unmittelbarer Beziehung zu § 53 des Gesetzes und berührt nebenher in seinem Abs. 1 den § 42 Abs. 4 und den § 43 Abs. 2 desselben.

b. Ergänzt wird der § 37 durch BhA. § 28 (Abs. 1), durch WA. II 15 (zu Abs. 1), durch BdA. I § 18 (allgemein) und HA. 14 I (allgemein).

Vierter Abschnitt.

Aktenführung, Buchführung, Prüfungsverfahren.

XX. Aktenführung. § 38.

§ 38.

(1) Ueber jeden einzelnen in die Erbschaftssteuerlisten aufgenommenen Erbfall sind besondere Akten anzulegen, in welche alle Eingänge und die darauf erlassenen Verfügungen nach der Zeitfolge geordnet aufzunehmen sind. Die Akten sind derart zu führen, daß sich eine Nachprüfung nach ihrem Inhalt ermöglichen läßt.

(2) Nach erfolgter Erledigung und Nachprüfung sind die Akten wegzulegen und nach Halbjahren geordnet aufzubewahren.

(3) Die Akten über die in die Ueberwachungsliste aufgenommenen Erbfälle sind nach der fortlaufenden Nummer dieser Liste geordnet für sich besonders aufzubewahren.

a. Der § 38 ist allgemeinen Inhalts und bezieht sich nicht speziell auf einen besonderen Gesetzesparagraphen.

b. Ergänzt wird der § 38 durch SA. 15 (zu Abs. 1) und durch BdA. I §§ 20 und 21 (zu Abs. 1—3) und II §§ 5 und 6 (zu Abs. 1).

XXI. Buchführung. § 39.

§ 39.

(1) Ueber die Erhebung der Erbschaftssteuer für den Erwerb von Todes wegen werden zwei Bücher geführt, ein Erbschaftssteuer-Sollbuch und ein Erbschaftssteuer-Einnahmebuch. Beide Bücher umfassen den Zeitraum des Rechnungsjahres.

Muster 13.

(2) Das Sollbuch ist nach Anleitung des Musters 13 zu führen. Durch das Sollbuch ist zugleich der rechtzeitige Eingang der Steuerbeträge zu überwachen.

(3) Das Sollbuch wird am Schlusse des Rechnungsjahrs abgeschlossen. Insoweit bei diesem Abschlusse die zum Soll stehenden Steuerbeträge noch nicht oder nicht vollständig zur Erhebung gekommen sind, werden die Rückstände in den Spalten 16 und 17 vermerkt und in das Sollbuch für das folgende Rechnungsjahr übernommen. Von einem an der Kassenführung nicht beteiligten Beamten ist in dem Sollbuche zu bescheinigen, daß die in den Erbschaftssteuerlisten eingetragenen

Erbfälle und die in den Erbschaftssteuerakten festgestellten, in Abgang gebrachten oder niedergeschlagenen Steuerbeträge in das Sollbuch richtig und vollständig eingetragen, sowie daß die am Jahresschlusse rückständig gebliebenen Steuerbeträge in das Sollbuch für das folgende Rechnungsjahr übertragen worden sind.

(4) Das Einnahmebuch ist nach Anleitung des Musters 14 zu führen. Muster 14

a. Der § 39 steht nach Maßgabe seines allgemeinen Inhalts zu keinem Gesetzesparagraphen in besonderer Beziehung.

b. Ergänzt wird der § 39 durch PA. I 8 (zu Abs. 2—4) durch ByA. § 16 (zu Abs. 2) und §§ 17 und 22 (zu Abs. 4), durch SA. 16 (zu Abs. 1), durch WA. II 16 (zu Abs. 1 und 3), durch HA. 22 (zu Abs. 2 und 4) und durch BrA. II 5 (zu Abs. 2 und 4).

XXII. Prüfungsverfahren. §§ 40—42.

§ 40.

(1) Die sämtlichen in den Erbschaftssteuerlisten eingetragenen Erbfälle sind durch die Oberbehörden einer Prüfung zu unterziehen. Sobald ein Erbschaftssteuerfall durch Feststellung und Einziehung oder Sicherstellung des Steuerbetrags oder auf irgend eine andere Weise erledigt ist, sind die Akten unverzüglich der Oberbehörde zum Zwecke der Prüfung vorzulegen. Für Erbschaftssteuerämter, die sich nicht am Sitze der Oberbehörde befinden, kann die Einreichung in bestimmten Fristen vorgeschrieben werden. Nach Prüfung sind die Akten entweder mit dem Vermerke, daß sich nichts zu erinnern gefunden habe, oder mit den Prüfungserinnerungen in Urschrift dem Erbschaftssteueramte zurückzugeben. Die Erinnerungen sind ungesäumt zu erledigen und danach die Akten nochmals der Oberbehörde zur erneuten Prüfung vorzulegen.

(2) Die Akten über diejenigen Erbfälle, in denen eine Stundung der Erbschaftssteuer oder deren Entrichtung in Teilbeträgen vom Erbschaftssteueramte bewilligt worden ist, sind alsbald, gegebenenfalls nach bewirkter Sicherheitsleistung, der Oberbehörde zur vorläufigen Prüfung vorzulegen und in das Prüfungsverzeichnis (Abs. 3) einzutragen. Die endgültige Prüfung dieser Erbfälle erfolgt erst nach der vollständigen Zahlung der Steuer.

(3) Die mit der Prüfung betrauten Beamten der Oberbehörde haben für jedes Erbschaftssteueramt ein Prüfungsverzeichnis zu führen, für welche das Muster 15 als Vorbild dient und in welches die einzelnen zur Prüfung eingehenden Erbfälle unter fortlaufender Nummer einzutragen sind. Diese Nummer ist auf der Urschrift der Verfügung, mit welcher die Akten an das Erbschaftssteueramt zurückgelangen, anzugeben. In der hierfür vorgesehenen Spalte der Erbschaftssteuerliste vermerkt das Erbschaftssteueramt die erfolgte Prüfung durch Eintragung der Nummer des Prüfungsverzeichnisses. Für Erbschaftssteuerämter mit großem Bezirk ist für jedes Kalenderjahr ein neues Verzeichnis anzulegen, für kleinere Erbschaftssteuerämter kann das Verzeichnis für mehrere Jahre fortlaufend geführt werden.

uster 15.

(4) Auf besonderes Ersuchen sind dem Reichskanzler die von ihm zu bezeichnenden Akten der Erbschaftssteuerämter zu übersenden.

a. Der § 40 steht in einer gewissen mittelbaren Beziehung zu dem § 34 des Gesetzes und in seinem Abs. 4 auch zu § 35 desselben.

b. Ergänzt wird der § 40 durch WA. II 17 (zu Abs. 1) und durch BdA. I § 19 (zu Abs. 1).

c. Der Abs. 4 steht in Verbindung mit der vom Reich auszuübenden Kontrolle. Der Erlaß einer derartigen Vorschrift war schon in den Motiven zum Regierungsentwurf für das Gesetz angedeutet vergl. Note 1 zu § 35 des Gesetzes a. E.

§ 41.

(1) Die Erbschaftssteuerlisten sind innerhalb vier Wochen nach dem für ihren Abschluß bestimmten Zeitpunkt ohne die Erbschaftssteuerakten der Oberbehörde einzureichen. Hierbei ist die Erbschaftssteuer-Haupt- und Nachtragsliste des vorhergegangenen Halbjahrs zur Prüfung, ob die unerledigt gebliebenen Fälle in der Nachtragsliste Aufnahme gefunden haben, wieder beizufügen. Auf Grund des Prüfungsverzeichnisses ist ferner festzustellen, ob die der Prüfung unterliegenden Erbfälle sämtlich der Oberbehörde unterbreitet worden sind.

(2) Nach erfolgter Prüfung wird die abgeschlossene Erbschaftssteuer- (Haupt- und Nachtrags-) Liste ohne Erbchaftssteuerakten der obersten Landesfinanzbehörde überreicht behufs Auswahl und Einforderung derjenigen Erbfälle, welche zur

Nachprüfung geeignet erscheinen. Nach Wiedereingang ist die Erbschaftssteuerliste dem Erbschaftssteueramte zur Aufbewahrung zurückzugeben.

(3) Die Totenlisten, die Toten-Beilisten und die Freibelege sind nach näherer Bestimmung der obersten Landesfinanzbehörde von Zeit zu Zeit durch die Oberbehörden einer probeweisen Prüfung zu unterziehen. Der obersten Landesfinanzbehörde ist bei Einreichung der Erbschaftssteuerlisten anzuzeigen, in welchem Umfang eine solche probeweise Prüfung stattgefunden hat.

(4) Abweichungen von den vorstehenden Bestimmungen (§§ 40, 41) können von der obersten Landesfinanzbehörde angeordnet werden.

a. Auch der § 41 kann nur als in einer gewissen mittelbaren Beziehung zu dem § 34 des Gesetzes stehend angesehen werden.

b. Ergänzt wird der § 41 durch PA. I 7 (zu Abs. 1), durch ByA. § 26 (zu Abs. 1, 2 und 4), durch SA. 17 (zu Abs. 3), durch HA. 23 (zu Abs. 3) und durch BrA. II 9 (zu Abs. 3).

§ 42.

Die im § 39 bezeichneten Kassenbücher werden nach Ablauf des Rechnungsjahrs mit den dazu gehörenden Belegen an die Oberbehörde zur Prüfung eingereicht. Auf die Erledigung der Erinnerungen finden die für die Zollverwaltung in dieser Beziehung erteilten Vorschriften sinngemäße Anwendung.

a. Bezüglich des § 42 ist gleicherweise nur eine gewisse mittelbare Beziehung zu dem § 34 des Gesetzes hervorzuheben.

b. Ergänzt wird der § 42 durch ByA. § 26 und durch BdA. III § 18.

XXIII. Aufbewahrungsfristen. § 43.

§ 43.

(1) Die Aufbewahrungsfrist beträgt für die Totenlisten, die Toten-Beilisten und die Verzeichnisse des Musters 10 sowie für die Freibelege 10 Jahre, für die Erbschaftssteuerlisten, die dazu gehörenden Namenverzeichnisse, die Erbschaftssteuerakten sowie für die Kassenbücher (§ 39) 30 Jahre.

(2) Die Ueberwachungsliste und die dazu gehörenden Namenverzeichnisse sind dauernd aufzubewahren.

a. Der § 43 steht nach seinem allgemeinen Inhalt zu keinem Paragraphen des Gesetzes in einer besonderen Beziehung.

§ 44.

Die §§ 37 bis 43 finden auf Schenkungen unter Lebenden entsprechende Anwendung.

a. Der § 44 steht in Korrespondenz mit dem obigen § 30, indem er bezüglich der Schenkungen unter Lebenden das gleiche wie letzterer für den ersten Abschnitt auch für den dritten und vierten Abschnitt bestimmt.

Aktenzeichen des Erbschaftssteueramts:

Muster 1 (Seite 1).
(Ausführungsbestimmungen § 2.)

Totenliste

des

Standesamtsbezirkes

für den Zeitraum vom bis mit ....

Kreis } Postbestellbezirk:

Anleitung für die Aufstellung und Einsendung der Totenlisten.

1. Die Totenliste ist beim Beginne des Monats anzulegen. Die einzelnen Sterbefälle sind darin sofort nach ihrer Beurkundung einzutragen. Hierbei sind die in Spalte 4 bezüglich der Staatsangehörigkeit und die in den Spalten 8 bis 13 enthaltenen Fragen, über welche das Sterberegister keine Auskunft gibt, zu beantworten, soweit es der Standesbeamte aus eigenem Wissen oder infolge Befragung des den Sterbefall Anmeldenden vermag. Besondere Ermittelungen hierüber sind nicht anzustellen. Die Spalte 14 ist nur auszufüllen, soweit die Verhältnisse dem Standesbeamten bekannt sind oder der Anmeldende freiwillig darüber Auskunft gibt.

2. Die Totenliste hat alle in dem betreffenden Monat im Standesamtsbezirke vorgekommenen Sterbefälle zu umfassen. Sind keine Sterbefälle eingetreten, so ist darüber in der Totenliste eine Fehlbescheinigung auszustellen. Die Totenliste ist innen, hinter der letzten Eintragung, ebenso die Fehlbescheinigung, mit Ort, Zeitangabe und Unterschrift des Ausstellers zu versehen und in den ersten zehn Tagen nach Ablauf des Monats an das Erbschaftssteueramt einzusenden.

   Ist für einzelne Bezirke durch besondere Anordnung die Einreichung in anderen Fristen vorgeschrieben, so hat die Einsendung nach der besonderen Anordnung zu erfolgen.

3. Auf dem Titelblatte jeder Liste ist oben links — unter dem Vordrucke: Aktenzeichen des Erbschaftssteueramts — die ein für allemal feststehende, den Standesämtern bekannt zu gebende Ordnungsnummer anzugeben, welche den Totenlisten eines jeden Standesamts von dem Erbschaftssteueramt erteilt worden ist. Einlagebogen sind in den Titelbogen einzuheften.

[Fortsetzung auf S. 4 des Formulars.]

Muster 1 (Seite 2).

Laufende Nummer.	Nummer des Sterberegisters.	a) Familienname (bei Ehefrauen und Witwen außer dem Familiennamen des Mannes auch der Geburtsname), b) Vorname c) Stand oder Gewerbe (bei Ehefrauen und Witwen Stand und Gewerbe des Mannes, bei ehelichen Kindern der Stand des Vaters, bei unehelichen Kindern der Stand der Mutter)	a) Geburtsort, b) Staatsangehörigkeit	Wohnort (in den größeren Städten auch Straße und Hausnummer). Falls nicht in der Gemeinde heimisch: Angabe des Wohnsitzes, des politischen Bezirkes und des Bundesstaats	Alter Jahre	Sterbetag	a) Hat die gestorbene Person ein Testament, einen Erbvertrag, Ehevertrag, Verpflegungsvertrag oder dergleichen hinterlassen? b) Wo befindet sich diese Urkunde? c) Ist ein Testamentsvollstrecker oder Vertreter bestellt? (Angabe des Namens, Standes und Wohnorts).
		des Gestorbenen.					
1	2	3	4	5	6	7	8

Muster 1 (Seite 3).

War die gestorbene Person ledig, verheiratet, verwitwet oder geschieden?	Leben a) eheliche Kinder od. Abkömmlinge von solchen? b) uneheliche Kinder einer Erblasserin oder Abkömmlinge von solchen?	a) Bei einem gestorbenen ehelichen Kinde: leben beide leibliche Eltern? b) Bei einem gestorbenen unehelichen Kinde: lebt die Mutter?	Der Ausfüllung der Spalte 12 und — falls diese keine Erben ergibt — der Spalte 13 bedarf es nur, wenn die Fragen in Spalte 10 und 11 mit „nein" beantwortet sind.		Wieviel beträgt der ganze Nachlaß etwa und in wessen Händen befindet er sich?	Nummer der Erbschaftssteuer-Hauptliste des Erbschaftssteueramts.	Bemerkungen.
			a) Welcher Teil der Eltern lebt? b) Sind Geschwister oder Abkömmlinge von Geschwistern am Leben? (Name, Stand und Wohnort eines dieser Erben)	Welche nächste Verwandte (Großeltern oder entferntere Voreltern und Abkömmlinge solcher Verwandten) leben sonst? (Name, Stand und Wohnort eines dieser Erben.)			
9	10	11	12	13	14	15	16

Muster 1 (Seite 4).

4. Ausfüllung der einzelnen Spalten:
   a) Spalte 2 muß die Sterberegister-Nummern in ununterbrochener Reihenfolge nachweisen. Auslassung einzelner Nummern (z. B. bei Totgeburten) ist in Spalte 16 zu erläutern. Ist die Leiche eines Unbekannten aufgefunden worden, so ist der Sterbefall, unter entsprechendem Vermerk in Spalte 3, in die Liste aufzunehmen.
   b) Der Eintragung in Spalte 11 muß stets der Buchstabe a) oder b) vorangesetzt werden, je nachdem das Kind ehelich oder unehelich geboren war.
   c) Wenn ein Gestorbener aus Armenmitteln beerdigt ist, oder der Nachlaß bekanntermaßen den Betrag von 500 Mark nicht übersteigt, ist dies in Spalte 14 mit den Worten „arm" oder „Nachlaß nicht über 500 Mark" anzugeben; einer Ausfüllung der Spalten 8 bis 13 bedarf es alsdann nicht. Eine derartige Angabe setzt aber voraus, daß die Verhältnisse dem Standesbeamten aus eigener Wissenschaft bekannt sind.
   d) Bei der Ausfüllung der einzelnen Spalten sind Bezugnahmen auf Eintragungen bei vorhergehenden Fällen, wie „desgl." oder durch Strichzeichen („) zu vermeiden.

5. In die Totenliste sind auch die im Ausland erfolgten Sterbefälle von Deutschen oder von solchen Ausländern, welche im Inland ihren Wohnsitz oder gewöhnlichen Aufenthalt hatten oder welche im Inlande Vermögen hinterlassen, aufzunehmen. Sind solche Fälle nicht bekannt geworden, so ist die folgende Bescheinigung unterschriftlich zu vollziehen:

   Daß Fälle der unter Ziffer 5 der Anleitung bezeichneten Art dem unterzeichneten Standesbeamten nicht bekannt geworden sind, bescheinigt

Standesbeamter.

Muster 2 (Seite 1).
(Ausführungsbestimmungen § 8.)

Toten-Beiliste

über

die aus den Totenlisten nicht ersichtlichen Sterbefälle

für das Kalenderjahr 19......

Muster 2 (Seite 2).

Laufende Nummer.	Tag des Einganges des Schriftstücks.	Grund der Eintragung: a) Todeserklärung, b) Ueberweisung, c) Ableben im Auslande, d) sonstige Gründe.	Des Erblassers			Uebernommen zur Erbschaftssteuer Haupt- / Nachtrags- Liste		Als steuerfrei erledigt am	Bemerkungen.
			Namen, Stand.	Wohnort.	Todestag.	für Halbjahr	unter Nummer.		
1	2	3	4	5	6	7		8	9

Bezeichnung und Sitz des Erbschaftssteueramts: **Muster 3** (Seite 1).
(Ausführungsbestimmungen § 10.

Erbschaftssteuer- ....-Liste A,

betreffend

den Erwerb von Todes wegen

für das ....te Halbjahr des Rechnungsjahrs 19......

Anleitung zum Gebrauche.

1. Die Spalte 2a ist nur für die Hauptliste, die Spalte 3 nur für die Nachtragsliste bestimmt, alle übrigen Spalten für die Haupt- und Nachtragsliste.

2. Die Spalten 1 bis 7 sind sofort auszufüllen, die Spalten 8 bis 11 und 13, 14 erst nach der endgültigen Erledigung des Erbfalls und Prüfung durch die Oberbehörde.

3. Die Spalte 9 ist zu streichen, wenn der Gesamtbetrag des Nachlasses nicht zur Ermittelung gekommen ist.

4. Die Spalte 10 ist mit dem Vermerke „steuerfrei" auszufüllen, wenn sich auf Grund der Ermittelungen die Steuerfreiheit ergeben hat. Sie ist zu streichen, wenn ein steuerpflichtiger Erwerb zunächst nicht vorliegt und eine Ueberwachung des Erbfalls stattfindet.

5. Im Falle der Pauschversteuerung unterbleibt die Ausfüllung der Spalte 9. In Spalte 15 ist ein entsprechender Vermerk unter Bezeichnung der Entscheidung der obersten Landesfinanzbehörde zu machen, durch welche die Pauschversteuerung genehmigt worden ist.

6. Beim Abschlusse der Haupt- und Nachtragsliste sind hinsichtlich der unerledigten Erbfälle nur die Spalten 12 und 15 auszufüllen.

Muster 3 (Seite 2).

Laufende Nummer	Nummer der Totenliste. a.	Nummer der Toten-Beiliste. b.	Nummer der vorhergehenden Erbschaftssteuer- Haupt-Liste.	Nummer der vorhergehenden Erbschaftssteuer- Nachtrags-Liste.	Des Erblassers Familien- und Vorname.	Des Erblassers Stand oder Gewerbe.	Des Erblassers Wohnort.	Des Erblassers Todestag und Jahr.
1	2		3		4	5	6	7
1								
2								
3								
4								
5								

Muster 3 (Seite 3).

Angabe, ob gesetzliche Erbfolge stattfindet oder ob der Erwerb auf einer Verfügung von Todes wegen beruht, unter näherer Bezeichnung der letzteren.	Gesamtbetrag des ermittelten Nachlasses. Mark	Pf.	Gesamtbetrag der gezahlten Erbschaftssteuer. Mark	Pf.	Der Erbfall wird in der Ueberwachungsliste weitergeführt unter Nr.	Der Erbfall ist in die nächste Nachtragsliste übernommen unter Nr.	Der Steuerbetrag ist eingetragen in das Sollbuch unter Nr.	Nr. des Prüfungsverzeichnisses der Oberbehörde.	Grund, warum der Erbfall noch nicht vollständig erledigt ist. Hinweis auf etwaige Erinnerungen. Sonstige Bemerkungen.
8	9		10		11	12	13	14	15

Muster 4 (Seite 1).
(Ausführungsbestimmungen § 11.)

Bis zur Abwickelung der Sache etwaiger Rückfragen wegen aufzubewahren!

(Bezeichnung und Sitz
des Erbschaftssteueramts.)

Bei Eingaben ist das auf der äußeren Aufschrift befindliche Aktenzeichen anzugeben.

Anlaß der Uebersendung: ....

Anleitung

zur Anmeldung und weiteren Behandlung eines steuerpflichtigen Erwerbes von Todes wegen und einer steuerpflichtigen Schenkung unter Lebenden.

Erster Abschnitt.

Erwerb von Todes wegen.

I. Anmeldung.

1. Nach § 36 des Erbschaftssteuergesetzes vom 3. Juni 1906 (Reichs-Gesetzbl. S. 654 ff.) ist jeder, dem ein steuerpflichtiger Erwerb von Todes wegen anfällt, verpflichtet, ihn binnen einer Frist von 3 Monaten oder, wenn er sich beim Beginne der Frist im Auslande aufhält, binnen einer Frist von 6 Monaten nach erlangter Kenntnis von dem Anfalle dem zuständigen Erbschaftssteueramte schriftlich oder zu Protokoll anzumelden.

Einer Anmeldung bedarf es nicht, wenn der Erwerb auf einer von einem deutschen Gericht oder einem deutschen Notar eröffneten Verfügung von Todes wegen beruht.

Sind mehrere Personen zur Erstattung der Anmeldung verpflichtet, so kann eine von ihnen die Anmeldung für die übrigen mitbewirken, doch muß in diesem Falle der den übrigen Personen angefallene Erwerb aus der Anmeldung erkennbar sein.

Für Personen, die unter elterlicher Gewalt, Vormundschaft oder Pflegschaft stehen, sowie für juristische Personen ist die Anmeldung von den gesetzlichen Vertretern zu bewirken.

Noch Muster 4 (Seite 1).

Testamentsvollstrecker und Nachlaßpfleger sind in Ansehung der ihrer Verwaltung unterliegenden Gegenstände zur Anmeldung verpflichtet, doch beginnt für sie die Frist hierzu erst mit der Uebernahme der Verwaltung.

2. Die Anmeldung ist dem zuständigen Erbschaftssteueramt einzureichen. In der Regel wird das Erbschaftssteueramt, von welchem diese Anleitung abgesandt worden ist, das zuständige Erbschaftssteueramt sein.

3. Die Anmeldung eines steuerpflichtigen Erwerbes von Todes wegen soll enthalten:

Vor- und Familiennamen, Stand oder Gewerbe und Wohnort (auch Straße und Hausnummer) des Erblassers und des Erwerbers sowie den Todestag und Sterbeort des Erblassers,
die Staatsangehörigkeit des Erblassers,
den Gegenstand des Erwerbes von Todes wegen,

Muster 4 (Seite 2).

die Angabe, ob der Erwerb auf gesetzlicher Erbfolge, auf einer Verfügung von Todes wegen oder auf welchem anderen Rechtsgrund er beruht,
die Angabe, ob der Erwerber in einem Verwandtschaftsverhältnisse zum Erblasser steht, und in welchem,
die überschlägige Angabe des Wertes des Erwerbes,
die Angabe, ob etwa ein in einem anderen Bundesstaate belegener Grundbesitz den Gegenstand des Erwerbes bildet, unter genauer Bezeichnung des Bundesstaats und des Grundbesitzes.

Die Anmeldung ist mit der Angabe des Tages, des Wohnorts (auch Straße und Hausnummer) zu versehen und vom Anmeldenden zu unterschreiben.

II. Steuerbefreiungen.

Ein steuerpflichtiger Erwerb liegt insbesondere nicht vor,

1. wenn der einzelne Erwerb den Betrag von 500 Mark nicht übersteigt,
2. wenn der Erwerb anfällt

a) ehelichen Kindern und solchen Kindern, welchen die rechtliche Stellung ehelicher Kinder zukommt — jedoch mit Ausschluß der an Kindesstatt angenommenen Personen —, sowie eingekindschafteten Kindern,
b) unehelichen Kindern aus dem Vermögen der Mutter oder der mütterlichen Voreltern,
c) Abkömmlingen der zu a, b bezeichneten Kinder,
d) Ehegatten,

} zu a bis d, ohne Rücksicht auf den Wert des Erwerbes;

e) Eltern, Großeltern und entfernteren Voreltern,
f) unehelichen, von dem Vater anerkannten Kindern und deren Abkömmlingen,
g) an Kindesstatt angenommenen Personen und deren Abkömmlingen, soweit sich auf diese die Wirkungen der Annahme an Kindesstatt erstrecken,

} zu e bis g, sofern der Wert des Erwerbes den Betrag von 10 000 Mark nicht übersteigt;

Noch Muster 4 (Seite 2).

h) voll- und halbbürtigen Geschwistern sowie Abkömmlingen ersten Grades von Geschwistern, i) Schwieger- und Stiefeltern, k) Schwieger- und Stiefkindern,	zu h bis k, sofern der Erwerb in Kleidungsstücken, Betten, Wäsche, Haus- und Küchengerät besteht, diese Gegenstände nicht zum Gewerbebetrieb oder zum Verkaufe bestimmt waren und der Wert des Erwerbes dieser Art den Betrag von 5000 Mark nicht übersteigt;
l) leiblichen Eltern, Großeltern und entfernteren Voreltern,	soweit der Erwerb in Sachen besteht, die sie ihren Abkömmlingen durch Schenkung oder Uebergabevertrag zugewandt hatten;
m) Personen, die in einem Dienst- oder Arbeitsverhältnisse zum Erblasser gestanden haben,	sofern der Wert des Erwerbes den Betrag von 3000 Mark nicht übersteigt;

Muster 4 (Seite 3).

n) inländischen Kirchen, o) inländischen Stiftungen, Gesellschaften, Vereinen oder Anstalten, die ausschließlich kirchliche, mildtätige oder gemeinnützige Zwecke verfolgen, sofern ihnen die Rechte juristischer Personen zustehen, ferner wenn der Erwerb in Zuwendungen besteht, die den gleichen Zwecken innerhalb des deutschen Reichs oder der deutschen Schutzgebiete gewidmet sind, sofern die Verwendung zu dem bestimmten Zwecke gesichert und die Zuwendung nicht auf einzelne Familien oder bestimmte Personen beschränkt ist, p) Kassen oder Anstalten, welche die Unterstützung der zu dem Erblasser in einem Dienst- oder Arbeitsverhältnisse stehenden Personen sowie ihrer Familienangehörigen bezwecken, q) Kassen oder Anstalten, welche die Unterstützung von Personen und deren Familienangehörigen bezwecken, die zu einem wirtschaftlichen Unternehmen, bei dem der Erblasser beteiligt war, in einem Dienst- oder Arbeitsverhältnisse stehen.	zu n bis q. sofern der Wert des Erwerbes nicht mehr als 5000 Mark beträgt.

Nicht steuerpflichtig ist ferner ein in land- oder forstwirtschaftlichen Grundstücken bestehender Erwerb, der Eltern, voll- oder halbbürtigen Geschwistern oder Abkömmlingen ersten Grades von Geschwistern anfällt, wenn diese Grundstücke im Laufe der dem Anfalle vorhergehenden fünf Jahre bereits Gegenstand eines nach dem gegenwärtigen Gesetze steuerpflichtigen Erwerbes waren. Sind innerhalb dieses Zeitraums die Grundstücke gegen Entgelt an Personen veräußert worden, welche nicht dem Veräußerer gegenüber in einem die Befreiung von der Erbschaftssteuer begründenden Verhältnisse stehen, so tritt Befreiung von der Erbschaftssteuer nicht ein.

Noch Muster 4 (Seite 3).

III. Erbschaftssteuererklärung.

Nach § 37 Abs. 1 des Gesetzes hat jeder zur Anmeldung eines steuerpflichtigen Erwerbes von Todes wegen Verpflichtete auf Verlangen des Erbschaftssteueramts und innerhalb einer von diesem zu bestimmenden Frist dem Amte eine Erbschaftssteuererklärung einzureichen. Für die Abgabe der Steuererklärung ist ein Muster vorgeschrieben, das in jedem einzelnen Falle den Steuerpflichtigen von dem Erbschaftssteueramte zugesandt wird. Der Einreichung der Steuererklärung steht die Abgabe dieser Erklärung zu Protokoll des Erbschaftssteueramts gleich. Die Steuererklärung muß, wenn steuerpflichtige Erben vorhanden sind, ein vollständiges Verzeichnis der zu der steuerpflichtigen Masse gehörenden Gegenstände unter Angabe ihres Wertes und der in Abzug zu bringenden Verbindlichkeiten oder Lasten sowie eine Darlegung der für die Steuerpflicht in Betracht kommenden Verhältnisse enthalten. Kommen bei einem Erwerbe von Todes wegen neben steuerfreien Erben nur steuerpflichtige Vermächtnisse, Schenkungen von Todes wegen u. dgl. in Betracht, so kann die Steuererklärung auf die den steuerpflichtigen Erwerb betreffenden Gegenstände und Verhältnisse beschränkt werden.

Die Steuererklärung ist mit Zeitangabe und Unterschrift zu versehen und unter der Versicherung zu erstatten, daß die Angaben nach bestem Wissen und Gewissen gemacht sind.

A. Nachlaßverzeichnis.

Bei der Aufstellung des Nachlaßverzeichnisses ist folgendes zu beachten:

1. Die einzelnen Nachlaßgegenstände sind unter Angabe ihres Wertes gemäß dem Vordrucke des Musters in den entsprechenden Abteilungen des Verzeichnisses aufzuführen. Soweit der hierzu vorgesehene Raum nicht ausreicht, ist ein besonderes nach denselben Abteilungen geordnetes Verzeichnis beizufügen.
2. Bei Grundstücken, die dauernd land- oder forstwirtschaftlichen Zwecken zu dienen bestimmt sind, einschließlich der dazu gehörenden denselben Zwecken dienenden Gebäude und des Zubehörs, ist der Ertragswert zu Grunde zu legen. Als Ertragswert gilt das fünfundzwanzigfache des Reinertrags, den die Grundstücke nach ihrer bisherigen wirtschaftlichen Bestimmung bei ordnungsmäßiger Bewirtschaftung nachhaltig gewähren können.
3. a) Bei allen übrigen Grundstücken ist der gemeine Wert, den sie zur Zeit des Anfalls hatten, anzugeben. Ferner sind der letzte Erwerbspreis und das Jahr des Erwerbes sowie Umfang und Größe der Grundstücke, die Feuerversicherungssumme, der jährliche Pacht- und Mietertrag und der etwaige amtliche Grundsteuerreinertrag und Gebäudesteuernutzungswert mitzuteilen.

Muster 4 (Seite 4).

b) Ist eine Schätzung aus neuerer Zeit vorhanden, so ist sie vorzulegen; andernfalls empfiehlt es sich, eine Bescheinigung der Ortsbehörde oder von Sachverständigen über den wirklichen Wert beizufügen.

Noch Muster 4 (Seite 4).

c) Sind Grundstücke von den Erben nach dem Tode des Erblassers bereits verkauft worden, so ist der erzielte Preis unter Vorlegung des etwa abgeschlossenen Kaufvertrags nachzuweisen. Steht der Verkauf in Aussicht, so ist dies mitzuteilen.

4. Das bare Geld, die Lebensversicherungs- und Sterbekassengelder sind ohne Abzug der nach dem Tode des Erblassers daraus etwa geleisteten Zahlungen anzugeben. Ausländisches Geld und ausländische Noten sind zum Kurse kurzer Wechsel umzurechnen.

5. Wertpapiere sind unter Angabe des Nennwerts zum Kurswerte, den sie am Todestage des Erblassers hatten, mit den Zinsen bis dahin und der etwaigen Dividende zur Berechnung zu bringen. Ist zur Zeit des Anfalls an der Börse kein Kurs festgestellt, so ist der Wert nach dem letzten festgestellten Kurse zu berechnen. Die Wertpapiere sind so genau zu bezeichnen, daß die Berechnung nach den Kursblättern geprüft werden kann. Bei Wertpapieren, für die kein Kurs notiert ist, ist tunlichst die Bescheinigung eines Bankiers über den Wert beizubringen.

6. Bei Forderungen bedarf es der Angabe, zu welchem Satze sie verzinslich und bis zu welchem Tage die Zinsen bei Lebzeiten des Erblassers gezahlt sind. Pacht oder Miete kommt, falls sie nicht im voraus gezahlt wird, bis zum Todestag in Ansatz. Bezog der Erblasser einen Auszug oder Nießbrauch, so sind etwaige Rückstände als zum Nachlasse gehörig nachzuweisen.

Unsichere Forderungen sind in das Verzeichnis zum vollen Betrag aufzunehmen, zugleich ist ihr mutmaßlicher Wert in Vorschlag zu bringen.

7. Im Interesse der Steuerpflichtigen ist es gestattet, den übrigen beweglichen Nachlaß mit seinem Werte abteilungsweise summarisch anzugeben, wenn dem Amte die Richtigkeit dieser Angaben durch Vorlegung der Feuerversicherungspolicen, Kaufverträge, Versteigerungsverhandlungen oder sonstwie glaubwürdig nachgewiesen wird.

Soweit auf diesen Nachlaß die Steuerbefreiungen unter II h bis l der Anleitung Anwendung finden, ist eine Aufzeichnung der dort aufgeführten Gegenstände überhaupt nicht erforderlich, es genügt vielmehr die summarische Wertangabe.

8 a) Von der steuerpflichtigen Masse kommen nach § 29 des Gesetzes behufs Berechnung der von einem Erben zu entrichtenden Erbschaftssteuer die Nachlaßverbindlichkeiten in Abzug, insbesondere auch die Kosten der Beerdigung des Erblassers einschließlich der Kosten der landesüblichen, kirchlichen und bürgerlichen Leichenfeierlichkeiten und der Kosten eines angemessenen Grabdenkmals, die gerichtlichen und außergerichtlichen Kosten der Regelung des Nachlasses und der für die Masse geführten Rechtsstreite. Die abzugsfähigen Beträge sind unter Angabe des Schuldgrundes und der Gläubiger einzeln aufzuführen.

b) Bei verzinslichen Schulden ist der Zinsfuß und der Zeitpunkt anzugeben, bis zu welchem die Zinsen bei Lebzeiten des Erblassers gezahlt sind. Bei Pfandbriefschulden ist der Anteil am Tilgungs-

Noch Muster 4 (Seite 4).

bestand anzugeben. Bei den durch Zinsenzuschläge zu tilgenden Darlehnshypotheken ist anzugeben, in welcher Höhe die Schuld beim Ableben des Erblassers bereits getilgt war.

c) Die Kosten der letzten Krankheit kommen als Nachlaßschuld nur dann in Abzug, wenn sie nach dem Tode des Erblassers aus dem Nachlasse zu berichtigen, oder falls ein Dritter sie ausgelegt hat, diesem zu ersetzen sind. Fallen diese Kosten gesetzlich oder vertragsmäßig einem Dritten zur Last, z. B. dem Ehemanne, der Ehefrau, den Eltern, dem Dienstherrn, dem Auszugsverpflichteten usw., so bilden sie keine Nachlaßschuld.

d) Falls Wohnungsmiete über den Todestag hinaus zum Ansatze kommt, ist anzugeben, ob die Wohnung während der bezahlten Mietzeit leer steht, oder ob und zu welchem Wertbetrage die Erben einen Nutzen daraus ziehen.

B. Darlegung der für die Steuerpflicht in Betracht kommenden Verhältnisse.

1. Die im Abschnitte B der Erbschaftssteuererklärung gestellten Fragen sind genau zu beantworten. Insoweit es aus eigenem Wissen nicht geschehen kann, hat der zur Steuererklärung Aufgeforderte bei den Erben, Vermächtnisnehmern oder in sonst geeigneter Weise Erkundigungen hierüber einzuziehen.

Muster 4 (Seite 5).

2. Die einzelnen Erben und Vermächtnisnehmer sind nach Namen, Stand, Wohnort und ihrem Verwandtschaftsverhältnisse zum Erblasser zu bezeichnen. Die Verwandtschaftsbezeichnung muß die Abstammung oder Verschwägerung deutlich erkennen lassen. Die üblichen Ausdrücke, «Onkel», «Tante», «Neffe», «Nichte», «Cousine», «Schwager» und dergleichen sind ungenügend; es muß vielmehr lauten «Vaterbruder», «Mutterschwester», «Brudersohn», «Schwestertochter», «Mutterbrudertochter», «Ehemann der Schwester» und dergleichen. — Die Bezeichnungen «Geschwisterkinder» und «Stiefgeschwister» sind ebenfalls zu vermeiden, da sie verschiedene Deutung zulassen. Es ist vielmehr ersichtlich zu machen, ob Kinder von Geschwistern des Erblassers oder Kinder von Geschwistern der Eltern des Erblassers gemeint sind, ob es sich um halbbürtige Geschwister, also Kinder von demselben Vater oder von derselben Mutter, aber aus verschiedenen Ehen handelt, oder um Kinder, die von zwei Eheleuten aus ihren früheren Ehen zusammengebracht sind.

3. Erhalten Personen einen Zinsgenuß, Nießbrauch, Auszug oder ein sonstiges Nutzungsrecht oder hängt von ihrer Lebenszeit die Dauer eines solchen ab, so ist anzugeben, wann sie geboren sind, da nach Maßgabe ihres Alters und des nachzuweisenden Jahreswerts der Nutzung der Gesamtwert bemessen wird.

4. Im Falle des Eintritts einer Ersatzerbfolge sind die Ersatzerben namhaft zu machen und es ist zugleich anzugeben, wann der zunächst zur Erbschaft Berufene gestorben ist, namentlich ob vor oder nach dem Erblasser. Das gleiche gilt von Vermächtnissen.

Noch Muster 4 (Seite 5).

5. Gelangt in gesetzlicher Erbfolge neben Verwandten der zweiten Ordnung (Eltern und deren Abkömmlinge) oder neben Großeltern des Erblassers dessen Ehegatte zur Erbschaft, so gebühren ihm als Voraus die zum ehelichen Haushalte gehörenden Gegenstände, soweit sie nicht Zubehör eines Grundstücks sind, und die Hochzeitsgeschenke. Werden solche Gegenstände im voraus beansprucht, so sind sie besonders zu bezeichnen.
6. Wird von den zum Hausstande des Erblassers gehörigen Familienangehörigen der Anspruch auf Fortgewährung des Unterhalts in den ersten dreißig Tagen nach dem Eintritte des Erbfalls dem Erben gegenüber geltend gemacht, so ist dies unter Angabe des Wertes der Leistung, der Berechtigten und ihres Verhältnisses zum Erblasser ersichtlich zu machen.

IV. Haftung für die Erbschaftssteuer.

Wegen der in den §§ 31 und 32 des Gesetzes ausgesprochenen Haftung der Erben, ihrer gesetzlichen Vertreter und Bevollmächtigten, sowie der Testamentsvollstrecker, Nachlaßpfleger und Verwahrer von Vermögensstücken des Erblassers für die gesamten aus der Nachlaßmasse zu entrichtenden Steuerbeträge empfiehlt es sich im Interesse der Beteiligten, die Anmeldung eines steuerpflichtigen Erwerbes und die Einreichung der Steuererklärung tunlichst bald und jedenfalls vor der Verteilung des Nachlasses und der Auszahlung der Vermächtnisse zu bewirken.

Zweiter Abschnitt.

Schenkungen unter Lebenden.

1. Schenkungen unter Lebenden unterliegen der gleichen Steuer wie der Erwerb von Todes wegen. Die Steuerpflichtigkeit einer Schenkung ist, auch wenn eine gerichtliche oder notarielle Beurkundung nicht stattgefunden hat, dann vorhanden, wenn die Leistung tatsächlich bewirkt worden ist.
2. Die steuerpflichtige Schenkung ist von dem Beschenkten binnen einer Frist von 3 Monaten dem zuständigen Erbschaftssteueramte schriftlich oder zu Protokoll anzumelden. Ist die Schenkung gerichtlich oder notariell beurkundet, so bedarf es einer Anmeldung nicht.
3. Die Anmeldung einer steuerpflichtigen Schenkung soll enthalten:
   Vor- und Familiennamen, Stand oder Gewerbe und Wohnort (auch Straße und Hausnummer) des Schenkers und des Beschenkten,
   die Zeitangabe der Schenkung,
   die Staatsangehörigkeit des Schenkers,
   den Gegenstand und den Wert der Schenkung,

Muster 4 (Seite 6).

   die Angabe, ob der Beschenkte in einem Verwandtschaftsverhältnisse zum Schenker steht, und in welchem,
   die Angabe, ob die Schenkung beurkundet ist oder nicht,
   die Angabe, ob etwa ein in einem anderen Bundesstaate belegener Grundbesitz den Gegenstand der Schenkung bildet, unter genauer Bezeichnung des Bundesstaats und des Grundbesitzes.

Noch Muster 4 (Seite 6).

Die Anmeldung ist mit der Angabe des Tages, des Wohnorts (auch Straße und Hausnummer) zu versehen und vom Anmeldenden zu unterschreiben.

4. Eine Befreiung von der Steuer tritt ein:
   a) in den sämtlichen Fällen, in denen, wenn nicht Schenkung, sondern Erwerb von Todes wegen vorläge, eine Erbschaftssteuer nicht zu entrichten sein würde (s. oben Erster Abschnitt unter Nr. II);
   b) bei Schenkungen an Bedürftige zum Zwecke ihres Unterhalts oder ihrer Ausbildung, oder bei dem schenkungsweisen Erlasse von Forderungen, die durch Gewährung von Mitteln für solche Zwecke begründet sind;
   c) bei Schenkungen, durch die einer sittlichen Pflicht oder einer auf den Anstand zu nehmenden Rücksicht entsprochen wird (z. B. Unterstützung bedürftiger Verwandter, Gaben bei Unglücksfällen und dergleichen, ferner Weihnachts-, Namenstags-, Geburtstags-, Braut-, Hochzeits- und die üblichen Gelegenheitsgeschenke);
   d) bei Schenkungen beweglicher Sachen im Werte von nicht mehr als 3000 Mark an die vorstehend im Ersten Abschnitt unter Nr. II e bis k bezeichneten Personen sowie an Abkömmlinge zweiten Grades von Geschwistern, Geschwister der Eltern und Verschwägerte im zweiten Grade der Seitenlinie, sofern die Sachen dem persönlichen Gebrauche (nicht zum Verbrauche) des Beschenkten oder seiner Familienangehörigen zu dienen bestimmt sind. Hierher gehören z. B. Bücher, Schmucksachen, Möbel, Hunde, Pferde usw., nicht aber Geld.
5. Die Steuererklärung — Abschnitt III der Anleitung — ist auf besondere Aufforderung dem Erbschaftssteueramt einzureichen.

Strafbestimmungen.

Nach § 42 Abs. 4 des Gesetzes ist das Erbschaftssteueramt berechtigt, die Säumigen zur Erledigung seiner Anordnungen durch Festsetzung von Ordnungsstrafen anzuhalten und Ermittelungen auf deren Kosten anzustellen.

Nach § 49 des Gesetzes unterliegt derjenige, welcher die gesetzliche Verpflichtung zur Einreichung der Erbschaftssteueranmeldung oder der Erbschaftssteuererklärung innerhalb der vorgeschriebenen Frist nicht erfüllt, einer Geldstrafe im zwei- bis vierfachen Betrage der Erbschaftssteuer von dem betreffenden Erwerb oder, wenn der Betrag der Steuer nicht ermittelt werden kann, einer Geldstrafe bis zu 20000 Mark. Statt dieser Geldstrafe tritt nur eine Ordnungsstrafe bis zu 150 Mark ein, wenn nach den obwaltenden Umständen anzunehmen ist, daß die rechtzeitige Erfüllung der Verpflichtung nicht in der Absicht, die Erbschaftssteuer zu hinterziehen, unterlassen worden ist.

Die Vorschriften des § 49 finden Anwendung auf denjenigen, welcher wissentlich zu einem steuerpflichtigen Erwerbe gehörende Gegenstände, zu deren Angabe er verpflichtet ist, verschweigt oder über die Tatsachen, welche die Steuerpflichtigkeit, die Höhe des Steuersatzes oder des Steuerbetrags bestimmen, wissentlich unrichtige Angaben macht. Eine Bestrafung findet jedoch nicht statt, wenn der Verpflichtete vor erfolgter Strafanzeige oder bevor eine Untersuchung gegen ihn eingeleitet ist, aus freien Stücken seine Angaben berichtigt.

Aktenzeichen des Erbschaftssteueramts: **Muster 5** (Seite 1).

(Ausführungsbestimmungen § 13.)

Erbschaftssteuererklärung

zum Zwecke der Versteuerung des Nachlasses d........ am ....ten.................... 19...... in .... gestorbenen (Stand und Namen) ....

A. Verzeichnis

der zu der steuerpflichtigen Masse gehörenden Gegenstände. (Nachlaßverzeichnis.)

Soweit der Raum in den einzelnen Abteilungen für die aufzuführenden Gegenstände nicht ausreicht, sind die Angaben in einem besonderen, der Erbschaftssteuererklärung beizufügenden Verzeichnisse zu machen. In dem nachstehenden Vermögensverzeichnisse bedarf es dann nur der Angabe der Endsummen der einzelnen Abteilungen des besonderen Nachlaßverzeichnisses.

Laufende Nr.	Gegenstand. (Bei Grundstücken ist auch der Bundesstaat anzugeben, in welchem sie liegen.)	Wert Mark.	Wert Pf.	Bemerkungen, insbesondere ob sich die Gegenstände im Ausland oder einem deutschen Schutzgebiete befinden
1	2	3		4
	Abteilung 1. Grundstücke und diesen gleichstehende Berechtigungen. a) Grundstücke, die dauernd land- oder forstwirtschaftlichen Zwecken zu dienen bestimmt sind, einschließlich der dazu gehörenden, denselben Zwecken dienenden Gebäude und des Zubehörs. Hier ist anzugeben: In Spalte 2a der Reinertrag, den die Grundstücke nach ihrer bisherigen wirtschaftlichen Bestimmung bei ordnungsmäßiger Bewirtschaftung nachhaltig gewähren können, und in Spalte 3 der Ertragswert, das ist das Fünfundzwanzigfache des Reinertrags. 2a: Reinertrag ℳ. ₰. Seite			

Muster 5 (Seite 2).

Laufende Nr.	Gegenstand. (Bei Grundstücken ist auch der Bundesstaat anzugeben, in welchem sie liegen.)	Wert Mark.	Wert Pf.	Bemerkungen, insbesondere ob sich die Gegenstände im Ausland oder einem deutschen Schutzgebiete befinden.
1	2	3		4
	Uebertrag			
	b) Sonstige Grundstücke. Hier ist in Spalte 3 der gemeine Wert zur Zeit des Anfalls des Erwerbes anzugeben.			
	zusammen			
	Abteilung 2. Geld mit Einschluß des Papiergeldes, Banknoten.			
	zusammen			
	Abteilung 3. Wertpapiere.			
	zusammen			
	Abteilung 4. Forderungen mit Einschluß der Hypotheken-, Grundschuld- und Rentenschuldforderungen.			
	zusammen			

Muster 5 (Seite 3).

	Abteilung 5. Gegenstände aus Edelmetall, Juwelen und sonstige Kostbarkeiten.			
	zusammen			
	Abteilung 6. Kunstgegenstände.			
	zusammen			

Noch Muster 5 (Seite 3).

Laufende Nr.	Gegenstand.	Wert Mark.	Wert Pf.	Bemerkungen, insbesondere ob sich die Gegenstände im Ausland oder einem deutschen Schutzgebiete befinden.
1	2	3		4
	Abteilung 7. Kleidungsstücke und Leibwäsche.			
	zusammen . . .			
	Abteilung 8. Betten und Wäsche.			
	zusammen			
	Abteilung 9. Haus- und Küchengerät. (Möbel usw.)			
	zusammen			

Muster 5 (Seite 4).

	Abteilung 10. Bücher, Landkarten, Schriften.			
	zusammen			
	Abteilung 11. Instrumente, Waffen.			
	zusammen			
	Abteilung 12. Handwerkzeug, Maschinen und sonstige zu gewerblichem Betriebe bestimmte Geräte.			
	zusammen			
	Abteilung 13. Fahrzeuge u. Geschirre.			
	zusammen			

Noch Muster 5 (Seite 4).

Laufende Nr.	Gegenstand.	Wert Mark.	Wert Pf.	Bemerkungen, insbesondere ob sich die Gegenstände im Ausland oder einem deutschen Schutzgebiete befinden.
1	2	3		4
	Abteilung 14. Tiere.			
	zusammen			

Muster 5 (Seite 5).

Laufende Nr.	Gegenstand.	Wert Mark.	Wert Pf.	Bemerkungen
	Abteilung 15. Vorräte zum Verbrauch in der Hauswirtschaft.			
	zusammen . .			
	Abteilung 16. Warenvorräte, gewerbliche Vorräte, land- und forstwirtschaftliche Vorräte, soweit sie nicht Zubehör der Grundstücke sind.			
	zusammen . . .			
	Abteilung 17. Sonstige Sachen und Rechte.			
	zusammen			
	Abteilung 18. Verbindlichkeiten.			
1.	Eingetragene Hypotheken, Grundschulden, Rentenschulden und sonstige Lasten, soweit sie zur Zeit des Anfalls noch zu Recht bestehen,			
	a) auf den in Abteilung 1 unter a aufgeführten land- und forstwirtschaftlichen Grundstücken.			
	b) auf den in Abteilung 1 unter b aufgeführten sonstigen Grundstücken.			
	Seite . .			

Muster 5 (Seite 6).

Laufende Nr.	Gegenstand.	Wert Mark.	Wert Pf.	Bemerkungen, insbesondere ob sich die Gegenstände im Ausland oder einem deutschen Schutzgebiete befinden.
1	2	3		4
	Uebertrag			
2.	Beerdigungskosten.			
3.	Kosten der gerichtlichen und außergerichtlichen Regelung des Nachlasses und der für die Masse geführten Rechtsstreite.			
4.	Sonstige Nachlaßverbindlichkeiten.			
	zusammen			
	Zusammenstellung.			
	Abteilung 1 . .			
	" 2 . .			
	" 3 . .			
	" 4 . .			
	" 5 . .			
	" 6 . .			
	" 7 . .			
	" 8 . .			
	" 9 . .			
	" 10 . .			
	" 11 . .			
	" 12 . .			
	" 13 . .			
	" 14 . .			
	" 15 . .			
	" 16 . .			
	" 17 . .			
	zusammen . . .			
	Hiervon kommt in Abzug Abteilung 18 . .			
	verbleibt **steuerpflichtige Masse** . .			

Muster 5 (Seite 7).

B.

Darlegung

der für die Steuerpflicht in Betracht kommenden Verhältnisse.

1. Beruht der Erwerb:
   a) auf gesetzlicher Erbfolge? (ja oder nein): ....
   b) auf einer Verfügung von Todes wegen? (Testament, gemeinschaftliches Testament, Erbvertrag, Schenkung von Todes wegen und dergleichen): .... vom ..... ten .... 1.........., eröffnet am...... ten .... 19........... durch ....
   c) auf welchem anderweiten Rechtsgrunde? ....

2. Erfolgt die Regelung des Nachlasses:
   a) außergerichtlich? (ja oder nein, und durch wen): ....
   b) gerichtlich? (ja oder nein, Bezeichnung der Behörde und Aktenzeichen): ....
   c) durch einen Notar? (ja oder nein, Name und Wohnort): ....

3. War der Erblasser:
   a) ein Deutscher: ...., und welchem Bundesstaate gehörte er an? ....
   b) ein Reichsangehöriger (im deutschen Schutzgebiete) und ohne Staatsangehörigkeit? ....
   c) ein Ausländer: .... und welchem Staate angehörig? ....

4. Hatte der Erblasser seinen Wohnsitz .... oder in Ermangelung eines solchen seinen gewöhnlichen Aufenthalt ....
   a) in Deutschland? .... Ort: .... Bundesstaat: ....
   b) im deutschen Schutzgebiete? ....
   c) im Auslande? ....

5. Befindet sich der Nachlaß — ganz oder teilweise — in Deutschland? ...., im Auslande? ...., in einem deutschen Schutzgebiete? ....

6. Gehören zum Nachlasse Grundstücke in Deutschland? .... und in welchem Bundesstaate liegen sie? ....

   An welcher Stelle sind diese Grundstücke in dem Nachlaßverzeichnis aufgeführt?

   In Abteilung 1..............., laufende Nummer ....

7. Angabe der etwa streitigen Erwerbsanfälle: ....

Muster 5 (Seite 8).

8. Sind die im Nachlaßverzeichnis in Abteilung 1 unter a aufgeführten land- oder forstwirtschaftlichen Grundstücke nach dem 1. Juli 1906 und innerhalb der dem Anfalle vorhergehenden fünf oder zehn Jahre Gegenstand eines steuerpflichtigen Erwerbes gewesen? (Nur zu beantworten, wenn der gegenwärtige Anfall dieser Grundstücke an leibliche Eltern, voll- und halbbürtige Geschwister, sowie an Abkömmlinge ersten Grades von Geschwistern erfolgt) — ja oder nein —: ...., — innerhalb fünf oder zehn Jahren —: ....

Bezeichnung des damaligen Erblassers nach Namen, Stand, Wohnort, Sterbetag und Jahr, sowie Aktenzeichen des Erbschaftssteueramts, welches seinerzeit die Erbschaftssteuer festgestellt hat:

....

Sind diese Grundstücke etwa in dem bezeichneten Zeitraum gegen Entgelt veräußert worden? ja oder nein: ....

Wann und an wen hat die Veräußerung stattgefunden, steht der Erwerber etwa dem Veräußerer gegenüber in einem die Befreiung von der Erbschaftssteuer begründenden Verhältnis und in welchem?

....

9. Angabe der beanspruchten sonstigen gesetzlichen Steuervergünstigungen unter Darlegung der Gründe: ....

10. Hat der Erblasser nach dem 1. Juli 1906 innerhalb fünf Jahre ein und demselben Erwerber mehrere Vermögensvorteile zugewendet? (Namen und Stand des Erwerbers, Verwandtschaftsverhältnis zum Erblasser, Gegenstand und Wert der Zuwendung, Zeit des Erwerbes): ....

Von dem Nachlasse haben zu erhalten:

Soweit der Raum für die aufzuführenden Erwerber nicht ausreicht, sind die Angaben auf einem besonderen, der Erbschaftssteuererklärung beizufügenden Blatte fortzusetzen.

Laufende Nummer.	Familienname, Vorname, Stand und Wohnort des Erwerbers.	Verwandtschaftsverhältnis des Erwerbers zum Erblasser.	Bezeichnung des Erwerbes (Erbteil, gesetzliches Vorausteil, Vermächtnis, Pflichtteil usw.).	Bei Erbteilen. Größe in Bruchteilen.	Betrag der einzelnen Erwerbsanfälle. ℳ | ₰	Erläuterungen. Bei Zuwendungen unter einer Auflage: Wert der aufgetragenen Leistung. Bei Nutzungsberechtigten: Angabe d. Geburtstags u. -jahrs. Bei Erwerb von Vermögen ohne Nutzung: Angabe, ob die Aussetzung der Versteuerung bis zum Erlöschen des Nutzungsrechts beantragt wird. Bei ungewissen und unsicheren Rechten: in Vorschlag gebrachter mutmaßlicher Wert. Sonstige Erläuterungen.
1	2	3	4	5	6	7

Ich versichere hiemit, die vorstehenden Angaben nach bestem Wissen und Gewissen gemacht zu haben.

...., den ......ten .... 19.........

....

Anlage 6.
(Ausführungsbestimmungen § 23.)

Hilfstafel

über

den gegenwärtigen Kapitalwert einer Rente oder Nutzung im Werte von 1 Mark auf eine bestimmte Anzahl von Jahren behufs Berechnung der davon zu entrichtenden Erbschaftssteuer.

(Zu § 17 Satz 1 und 2 des Gesetzes.)

Anzahl der Jahre.	Kapitalwert		Anzahl der Jahre.	Kapitalwert		Anzahl der Jahre.	Kapitalwert	
	Mark.	Pf.		Mark.	Pf.		Mark.	Pf.
1	1	0,0	29	17	66,3	57	23	22,0
2	1	96,2	30	17	98,4	58	23	32,7
3	2	88,6	31	18	29,0	59	23	43,0
4	3	77,5	32	18	58,9	60	23	52,8
5	4	63,0	33	18	87,4	61	23	62,4
6	5	45,1	34	19	14,8	62	23	71,5
7	6	24,2	35	19	41,1	63	23	80,3
8	7	00,2	36	19	66,5	64	23	88,7
9	7	73,3	37	19	90,8	65	23	96,9
10	8	43,5	38	20	14,3	66	24	04,7
11	9	11,1	39	20	36,8	67	24	12,2
12	9	76,0	40	20	58,5	68	24	19,4
13	10	38,5	41	20	79,3	69	24	26,4
14	10	98,6	42	20	99,3	70	24	33,0
15	11	56,3	43	21	18,6	71	24	39,5
16	12	11,8	44	21	37,1	72	24	45,6
17	12	65,2	45	21	54,9	73	24	51,6
18	13	16,6	46	21	72,0	74	24	57,3
19	13	65,9	47	21	88,5	75	24	62,8
20	14	13,4	48	22	04,3	76	24	68,0
21	14	59,0	49	22	19,5	77	24	73,1
22	15	02,9	50	22	34,2	78	24	78,0
23	15	45,1	51	22	48,2	79	24	82,7
24	15	85,7	52	22	61,8	80	24	87,2
25	16	24,7	53	22	74,8	81	24	91,5
26	16	62,2	54	22	87,3	82	24	95,7
27	16	98,3	55	22	99,3	83	24	99,7
28	17	33,0	56	23	10,9	84 u. mehr.	25	00,0

Bezeichnung des Erbschaftssteueramts:

Muster 7 (Seite 1).
(Ausführungsbestimmungen § 24.

........................., den ......ten .... 19......

Nr. .... der Erbschaftssteuer-...................-Liste A
für das ...... Halbjahr 19......

Erbschaftssteuerbescheid.

In der Erbschaftssteuersache de.... am ten 19
zu gestorbenen .... wird die Erbschaftssteuer auf den innen berechneten Betrag von .... Mark Pf. hiermit festgesetzt.

Dieser Betrag ist an ....
spätestens bis zum ......ten .... 19 zu zahlen, und zwar entweder unter Vorlegung dieses Bescheids oder durch porto- und abtragfreie Einsendung mit der Post unter Angabe der obigen Nummer.

Die Verzögerung der Auseinandersetzung der Erben darf die Entrichtung der Steuer nicht aufhalten, soweit diese aus dem Nachlaß entnommen werden kann.

Gegen diesen Steuerbescheid ist die Beschwerde binnen einer Frist von 2 Monaten, beginnend mit dem Tage der Zustellung, zulässig. Die Beschwerde kann bei dem unterzeichneten Erbschaftssteueramt oder eingelegt werden.

Durch die Einlegung der Beschwerde wird die Zahlung der Steuer nicht aufgehalten.

An

in

Muster 7 (Seite 2).

Laufende Nummer.	Familien- und Vorname der Erwerber.	Verhältnis der Erwerber zum Erblasser.	Betrag des steuerpflichtigen Erwerbes im einzelnen Mark.	Pf.	im ganzen Mark.	Pf.
1	2	3	4		5	

Muster 7 (Seite 3).

Steuersatz nach § 10 Abs. 1 des Gesetzes Prozent.	Nach § 10 Abs. 2 des Gesetzes wird erhoben das fache des Steuersatzes in Spalte 6	Es sind mithin im ganzen zu erheben Prozent.	Steuerbetrag Mark.	Pf.	Bemerkungen.
6	7	8	9		10
					Die steuerpflichtige Masse ist auf den Betrag von .... Mk. Pf. festgestellt worden. Der Steuerbescheid weicht in folgenden Punkten von der eingereichten Steuererklärung ab:

Bezeichnung des Erbschaftssteueramts: **Muster 8** (Seite 1).

(Ausführungsbestimmungen § 24.)

, den ten 19

Nr. .... der Erbschaftssteuer- .... -Liste A

für das ...... Halbjahr 19

Auszug aus dem Erbschaftssteuerbescheide.

In der Erbschaftssteuersache de am ...... ten 19

zu .... gestorbenen .... erhalten Sie umstehend einen Auszug aus dem Erbschaftssteuerbescheide.

D ist zur Zahlung des innen berechneten Betrags von .... Mark .... Pf. an

bis spätestens den

aufgefordert worden. Sollte die Zahlung nicht erfolgen, so wird dieser Betrag von Ihnen erfordert werden.

Die Verzögerung der Auseinandersetzung der Erben darf die Entrichtung der Steuer nicht aufhalten, soweit diese aus dem Nachlaß entnommen werden kann.

Gegen diesen Steuerbescheid ist die Beschwerde binnen einer Frist von 2 Monaten, beginnend mit dem Tage der Zustellung, zulässig. Die Beschwerde kann bei dem unterzeichneten Erbschaftssteueramt oder

eingelegt werden.

Durch die Einlegung der Beschwerde wird die Zahlung der Steuer nicht aufgehalten.

An

in

Muster 8 (Seite 2).

Laufende Nummer.	Familien- und Vorname der Erwerber.	Verhältnis der Erwerber zum Erblasser.	Betrag des steuerpflichtigen Erwerbes im einzelnen Mark.	Pf.	im ganzen Mark.	Pf.
1	2	3	4		5	

Muster 8 (Seite 3).

Steuersatz nach § 10 Abs. 1 des Gesetzes Prozent.	Nach § 10 Abs. 2 des Gesetzes wird erhoben das fache des Steuersatzes in Spalte 6.	Es sind mithin im ganzen zu erheben Prozent.	Steuerbetrag Mark.	Pf.	Bemerkungen.
6	7	8	9		10
					Der Steuerbescheid weicht in folgenden Punkten von der eingereichten Steuererklärung ab:

Muster 9 (Seite 1).

(Ausführungsbestimmungen § 26.)

Ueberwachungsliste,

betreffend

den Erwerb von Todes wegen und Schenkungen unter Lebenden.

Muster 9 (Seite 2).

Fortlaufende Nummer.	Der Erbfall ist übernommen aus der Haupt- oder Nachtragsliste für das te Halbjahr 19 .	Nr.	Bei einem Erwerbe von Todes wegen: Namen, Stand und Wohnort des Erblassers. Bei Schenkungen unter Lebenden: Namen, Stand und Wohnort a) des Schenkers, b) des Beschenkten.	Todestag. Tag der Schenkung.
1	2		3	4

Muster 9 (Seite 3).

Angabe, aus welchem Grunde und zu welchem Zwecke die Ueberwachung des Erbfalls erfolgt.	Bezeichnung der Sicherheit. Angabe, bei welcher Behörde und unter welchen Buchungsnummern die Sicherheit hinterlegt ist.	Nach Wegfall des Ueberwachungsgrundes ist der Erbfall übertragen in die Nachtragsliste ..... für das te Halbjahr 19	unter Nr.	Bemerkungen.
5	6	7		8

Muster 10 (Seite 1).
(Ausführungsbestimmungen § 32.)

Verzeichnis

der

Schenkungen unter Lebenden

für das Kalenderjahr 19

Muster 10 (Seite 2).

Laufende Nr.	Tag des Einganges der Schenkungs-urkunde.	Tag des Einganges der Anmeldung.	Name, Stand a) des Schenkers, b) des Beschenkten.	Wohnort a) des Schenkers, b) des Beschenkten.	Tag der Schenkung.	Übernommen zur Erbschaftssteuer-Haupt/Nachtrags-Liste B für das Halbjahr.	Übernommen zur Erbschaftssteuer-Haupt/Nachtrags-Liste B unter Nummer.	Als steuerfrei erledigt am	Bemerkungen.
1	2		3	4	5	6		7	8

Bezeichnung und Sitz des Erbschaftssteueramts

Muster 11 (Seite 1).
(Ausführungsbestimmungen § 33.)

Erbschaftssteuer- -Liste B,

betreffend

Schenkungen unter Lebenden

für das ......te Halbjahr des Rechnungsjahrs 19

Vorschriften für den Gebrauch.

1. Die Spalten 1 bis 7 sind sofort auszufüllen, die Spalten 8 bis 10 und 12, 13 erst nach der endgültigen Erledigung und Prüfung durch die Oberbehörde.
2. Die Spalte 10 ist mit dem Vermerke „steuerfrei" auszufüllen, wenn sich Steuerfreiheit ergeben hat. Sie ist durchzustreichen, wenn eine steuerpflichtige Schenkung zunächst nicht vorliegt und die Ueberwachung der Schenkung erfolgt.
3. Bei Abschluß der Haupt- und Nachtragsliste sind hinsichtlich der unerledigten Schenkungen nur die Spalten 11 und 14 auszufüllen.

Muster 11 (Seite 2).

Laufende Nummer.	Nummer des Verzeichnisses der Schenkungen unter Lebenden.	Nummer der vorhergehenden Erbschaftssteuer- Haupt- Liste B.	Nach- trags-	Familien- und Vorname	Stand oder Gewerbe	Wohnort	Tag der Schenkung.
				a) des Schenkers, b) des Beschenkten.			
1	2	3		4	5	6	7

Muster 11 (Seite 3).

Gesamtbetrag der Schenkung Mark.	Pf.	Gesamtbetrag der gezahlten Steuer Mark.	Pf.	Die Schenkung wird in der Ueberwachungsliste weitergeführt unter Nr.	Die Schenkung ist in die nächste Nachtragsliste B übernommen unter Nr.	Der Steuerbetrag ist eingetragen in das Sollbuch unter Nr.	Nummer des Prüfungsverzeichnisses der Oberbehörde.	Grund, warum die Schenkung noch nicht vollständig erledigt ist. Hinweis auf etwaige Erinnerungen. Sonstige Bemerkungen.
8		9		10	11	12	13	14

Bezeichnung des Erbschaftssteueramts:

Muster 12 (Seite 1).
(Ausführungsbestimmungen § 36.)

, den ...... ten .... 19......

Nr. der Erbschaftssteuer-Liste B
für das Halbjahr 19.....

Steuerbescheid.

Für die am ten 19 an Sie erfolgte Schenkung be wird die Steuer auf den innen berechneten Betrag von Mark .... Pf. hiermit festgesetzt.

Dieser Betrag ist an spätestens bis zum ten 19 zu zahlen, und zwar entweder unter Vorlegung dieses Bescheids oder durch porto- und abtragfreie Einsendung mit der Post unter Angabe der obigen Nummer.

Gegen diesen Steuerbescheid ist die Beschwerde binnen einer Frist von 2 Monaten, beginnend mit dem Tage der Zustellung, zulässig. Die Beschwerde kann bei dem unterzeichneten Erbschaftssteueramt oder eingelegt werden.

Durch die Einlegung der Beschwerde wird die Zahlung der Steuer nicht aufgehalten.

An

in

Muster 12 (Seite 2).

Laufende Nr.	Familien- und Vorname des Beschenkten.	Verhältnis des Beschenkten zum Schenker.	Betrag der steuerpflichtigen Schenkung im einzelnen Mark.	Pf	im ganzen Mark.	Pf.
1	2	3	4		5	

Muster 12 (Seite 3).

Steuersatz nach § 10 Abs. 1 des Gesetzes Prozent.	Nach § 10 Abs. 2 des Gesetzes wird erhoben das .. fache des Steuersatzes in Spalte 6.	Es sind mithin im ganzen zu erheben Prozent.	Steuerbetrag Mark.	Pf.	Bemerkungen.
6	7	8	9		10
					Der steuerpflichtige Wert der Schenkung ist auf den Betrag von ..... Mark ... Pf. festgestellt worden. Der Steuerbescheid weicht in folgenden Punkten von der eingereichten Steuererklärung ab:

Muster 13 (Seite 1).
(Ausführungsbestimmungen § 39.)

Erbschaftssteuer-Sollbuch.

d

.... in

für das Rechnungsjahr 19............

Dieses Buch enthält .... Blätter, welche von einer mit dem Siegel des Unterzeichneten belegten Schnur durchzogen sind.

, den ten 19......

(Name) ....

(Dienststellung) ....

Geführt von

(Name) ....

(Dienststellung) ....

Anleitung zum Gebrauche.

1. Die Erbschaftssteuer ist nach erfolgter Feststellung sofort durch Ausfüllung der Spalten 1 bis 7 und 11 einzutragen; die Spalten 13 bis 15 sind nach Zahlung der Steuer auszufüllen.
2. Die Herabsetzung des Solles kommt in den Spalten 8 und 9 zur Darstellung In die Spalte 8 sind diejenigen Beträge einzutragen, welche lediglich infolge anderweiter Feststellung der Erbschaftssteuer in Abgang kommen. In die Spalte 9 kommen die Beträge zum Ansatze, welche niedergeschlagen worden sind.
3. Zwischen den einzelnen laufenden Nummern ist ein entsprechender Raum für etwaige weitere Eintragungen in den Spalten 8 und 9 (bei mehrfacher Herabsetzung des Steuersolls) und 13 bis 15 (bei Teilzahlungen) zu lassen.

Muster 13 (Seite 2).

Laufende Nummer.	Tag der Eintragung.	Tag des Erbschaftssteuerbescheids.	Der Erbschaftssteuer-Haupt- oder Nachtrags-Liste		a) Name des Erblassers oder des Schenkers; b) Name, Stand und Wohnort des Zahlungspflichtigen.	Betrag der Steuer				Davon Abgang			
						für den Erwerb von Todes wegen		für Schenkungen unter Lebenden		infolge anderweiter Festsetzung		durch Niederschlagung	
			Halbjahr.	Nr.		Mk.	Pf.	Mk.	Pf.	Mk.	Pf.	Mk.	Pf.
1	2	3	4		5	6		7		8		9	
					Seite . . .								

Muster 13 (Seite 3).

Bleibt berichtigtes Soll		Die im Erbschaftssteuerbescheide gestellte Zahlungsfrist läuft ab am	Angabe der Bedingungen, unter welchen vom Erbschaftssteueramte Stundung oder Teilzahlungen gewährt worden sind. Fälligkeit u. Höhe der Teilbeiträge. Angabe der Buchungsnummern, unter welchen die bestellte Sicherheit gebucht worden ist.	Die Erbschaftssteuer							Bemerkungen.
				ist eingezahlt und gebucht				ist rückständig geblieben.			
				am	unter Nr.	mit		mit		und übertragen in das Sollbuch des folgenden Rechnungsjahrs unter Nummer.	
Mk.	Pf.					Mk.	Pf.	Mk.	Pf.		
10		11	12	13	14	15		16		17	18

Muster 14 (Seite 1).

(Ausführungsbestimmungen § 39.)

Einnahmebuch

de

in

über Erbschaftssteuer

für das Rechnungsjahr 19.......

Dieses Buch enthält .... Blätter, welche von einer mit dem Siegel des Unterzeichneten belegten Schnur durchzogen sind.

......................, den ....ten 19

(Name)

(Dienststellung)

Geführt von

(Name)

(Dienststellung)

Vorschriften für den Gebrauch.

1. Die Einzahlungen werden unter bis zum Jahresschlusse fortlaufender Nummer eingetragen.
2. Das Buch wird monatlich abgeschlossen, aber fortlaufend bis zum Vierteljahrsschluß aufgerechnet. Die Summen der vier Vierteljahre werden am Jahresabschlusse wiederholt und aufgerechnet.

Muster 14 (Seite 2).

Laufende Nummer.	Tag der Einzahlung.	Nummer des Sollbuchs.	Name a) des Erblassers oder des Schenkers, b) des Zahlungspflichtigen.	Tag des Erbschaftssteuerbescheids.
1	2	3	4	5
			a.	
			b.	
			a.	
			b.	
			a.	
			b.	
			usw.	

Muster 14 (Seite 3).

Der Erbschaftssteuer-Haupt- oder Nachtrags-Liste		Betrag der eingezahlten Erbschaftssteuer				Tagessumme		Bemerkungen.
		für den Erwerb von Todes wegen		für Schenkungen unter Lebenden				
Halbjahr.	Nr.	Mark.	Pf.	Mark.	Pf.	Mark.	Pf.	
6		7		8		9		10
	Seite							

Muster 15.
(Ausführungsbestimmungen § 40.)

Prüfungsverzeichnis.

Laufende Nummer.	Nummer und Halbjahr der Erbschaftssteuerliste A. für den Erwerb von Todes wegen.	B. für Schenkungen unter Lebenden.	Name des Erblassers oder des Schenkers.	Tag des Einganges der Erbschaftssteuerakten.	der Rückgabe	Bemerkungen, insbesondere: a) wenn eine Wiedervorlage zu erfolgen hat, b) wenn die Prüfung nur eine vorläufige war.
1	2	3	4	5		6

Anhang zu den Erbschaftssteuer=Ausführungsbestimmungen.

Verzeichnis der Erbschaftssteuerämter und Oberbehörden unter Angabe ihrer Geschäftsbezirke.

Durch den Reichskanzler gemäß § 1 der Ausführungsbestimmungen zum Erbschaftssteuergesetze vom 8. Juni 1906 unter dem 11. August 1906 im Zentralblatt für das Deutsche Reich, XXXIV. Jahrgang 1906 Nr. 50 S. 1103 ff. bekannt gemacht.

Laufende Nr.	Der Erbschaftssteuerämter: Bezeichnung	Der Erbschaftssteuerämter: Sitz	Der Erbschaftssteuerämter: Geschäftsbezirk.	Der Oberbehörden: Bezeichnung	Der Oberbehörden: Sitz	Der Oberbehörden: Verwaltungsbezirk.
1	2	3	4	5	6	7
			I. Königreich Preußen.			
1	Stempel- und Erbschaftssteueramt I	Königsberg i. Pr.	Von der Provinz Ostpreußen: der Regierungsbezirk Allenstein, vom Regierungsbezirke Königsberg i. Pr. die Kreise Rastenburg, Friedland, Pr. Eylau, Heiligenbeil, Braunsberg, Heilsberg, Mohrungen, Pr. Holland von der Stadt Königsberg die Erbfälle mit den Anfangsbuchstaben A bis K	Provinzialsteuerdirektor	Königsberg i. Pr.	Provinz Ostpreußen
2	Stempel- und Erbschaftssteueramt II	Königsberg i. Pr.	Von der Provinz Ostpreußen: der Regierungsbezirk Gumbinnen, vom Regierungsbezirke Königsberg i. Pr. die Kreise Memel, Labiau, Wehlau, Gerdauen, Königsberg Land, Fischhausen, von der Stadt Königsberg die Erbfälle mit den Anfangsbuchstaben L bis Z			
3	Stempel- und Erbschaftssteueramt I	Danzig	Von der Provinz Westpreußen der rechts der Weichsel gelegene Teil, soweit er nicht zum Bezirke des Landgerichts zu Danzig gehört, mit Einschluß des auf dem linken Weichselufer gelegenen Teiles des Kreises Thorn	Provinzialsteuerdirektor	Danzig	Provinz Westpreußen

4	Stempel- und Erbschaftssteueramt II	Danzig	Der übrige Teil der Provinz Westpreußen			
5	Stempel- und Erbschaftssteueramt (Abteilung I, II, III, IV, V, VI und VII)	Berlin	Der Stadtkreis Berlin und die Provinz Brandenburg	Provinzialsteuerdirektor	Berlin	Provinz Brandenburg
6	Stempel- und Erbschaftssteueramt I	Stettin	Der rechts der Oder gelegene Teil der Provinz Pommern mit Einschluß der Inseln Usedom und Wollin	Provinzialsteuerdirektor	Stettin	Provinz Pommern
7	Stempel- und Erbschaftssteueramt II	Stettin	Der übrige Teil der Provinz Pommern mit Einschluß von Stettin und Alt-Damm			
8	Stempel- und Erbschaftssteueramt I	Posen	Von der Provinz Posen der Regierungsbezirk Posen mit Ausnahme der Kreise Obornik, Birnbaum und Schwerin a. W.	Provinzialsteuerdirektor	Posen	Provinz Posen
9	Stempel- und Erbschaftssteueramt II	Posen	Der übrige Teil der Provinz Posen			
10	Stempel- und Erbschaftssteueramt (Abteilung I, II, III und IV)	Breslau	Die Provinz Schlesien	Provinzialsteuerdirektor	Breslau	Provinz Schlesien
11	Stempel- und Erbschaftssteueramt (Abteilung I, II und III)	Magdeburg	Die Provinz Sachsen, der Kreis Ilfeld in der Provinz Hannover und der Kreis Schmalkalden in der Provinz Hessen-Nassau	Provinzialsteuerdirektor	Magdeburg	Prov. Sachsen, der Kreis Ilfeld in der Prov. Hannover u. d. Kr. Schmalkalden i. d. Prov. Hess.-Nassau.

Laufende Nr.	Der Erbschaftssteuerämter: Bezeichnung	Sitz	Geschäftsbezirk.	Der Oberbehörden: Bezeichnung	Sitz	Verwaltungsbezirk.
1	2	3	4	5	6	7
12	Stempel- und Erbschaftssteueramt (Abteilung I und II)	Altona	Die Provinz Schleswig-Holstein, einschließlich der Insel Helgoland	Provinzialsteuerdirektor	Altona	Provinz Schleswig-Holstein
13	Stempel- und Erbschaftssteueramt I	Hannover	Von der Provinz Hannover: der Regierungsbezirk Hannover, der Regierungsbezirk Osnabrück, vom Regierungsbezirke Hildesheim die Kreise Osterode a. H., Duderstadt, Göttingen, (Stadt- und Landkreis), Münden, Uslar, Einbeck, Northeim und Zellerfeld	Provinzialsteuerdirektor	Hannover	Provinz Hannover mit Ausnahme des Kreises Ilfeld (vergl. Nr. 11)
14	Stempel- und Erbschaftssteueramt II	Hannover	Von der Provinz Hannover: der Regierungsbezirk Lüneburg, der Regierungsbezirk Stade, der Regierungsbezirk Aurich, vom Regierungsbezirke Hildesheim die Kreise Peine, Hildesheim (Stadt- und Landkreis), Marienburg, Gronau, Alfeld und Goslar			
15	Stempel- und Erbschaftssteueramt (Abteilung I, II, III und IV)	Münster	Die Provinz Westfalen und der Kreis Rinteln in der Provinz Hessen-Nassau	Provinzialsteuerdirektor	Münster	Provinz Westfalen und Kreis Rinteln der Provinz Hessen-Nassau

16	Stempel- und Erbschaftssteueramt (Abteilung I und II)	Cassel	Von der Provinz Hessen-Nassau: der Regierungsbezirk Kassel mit Ausschluß der Kreise Schmalkalden (vergl. Nr. 11), Rinteln (vergl. Nr. 15) und der Kreise Hanau (Stadt- und Landkreis), Gelnhausen und Schlüchtern (vergl. Nr. 17), der Regierungsbezirk Wiesbaden mit Ausnahme des Stadt- und Landkreises Frankfurt a. M. und der Kreise Homburg v. d. H., Höchst und Usingen (vergl Note 17), der Kreis Wetzlar in der Rheinprovinz	Provinzialsteuerdirektor	Cassel	Provinz Hessen-Nassau mit Ausschluß der Kreise Schmalkalden und Rinteln, und Kreis Wetzlar in der Rheinprovinz (vergl. Nr. 11, 15)
17	Stempel- und Erbschaftssteueramt	Frankfurt am Main	Von der Provinz Hessen-Nassau der Stadt- und Landkreis Frankfurt a. M., und die Kreise Homburg v. d. H., Höchst, Usingen, Hanau, (Stadt- und Landkreis), Gelnhausen und Schlüchtern			
18	Stempel- und Erbschaftssteueramt	Aachen	Von der Rheinprovinz: der Regierungsbezirk Aachen, vom Regierungsbezirke Düsseldorf die Kreise München-Gladbach (Stadt- und Landkreis), Grevenbroich und Kempen			
19	Stempel- und Erbschaftssteueramt	Coblenz	Der Regierungsbezirk Coblenz in der Rheinprovinz mit Ausschluß des Kreises Wetzlar (vergl. Nr. 16)			
20	Stempel- und Erbschaftssteueramt	Cöln	Vom Regierungsbezirke Cöln in der Rheinprovinz die Kreise Cöln (Stadt- und Landkreis), Bergheim, Bonn (Stadt- und Landkreis), Euskirchen, Mühlheim a. Rhein, Rheinbach und Sieg-Kreis			

Laufende Nr.	Der Erbschaftssteuerämter: Bezeichnung	Sitz	Geschäftsbezirk	Der Oberbehörden: Bezeichnung	Sitz	Verwaltungsbezirk
1	2	3	4	5	6	7
21	Stempel- und Erbschaftssteueramt	Düsseldorf	Vom Regierungsbezirke Düsseldorf in der Rheinprovinz die Stadtkreise Crefeld, Düsseldorf und Duisburg, die Landkreise Crefeld und Düsseldorf, die Kreise Cleve, Geldern, Mörs, Neuß, Rees und Ruhrort, sowie der preußische Gerichtsbezirk der ehemaligen Festung Mainz	Provinzialsteuerdirektor	Cöln	Provinz Rheinland mit Ausschluß des Kreises Wetzlar (vgl. Nr. 16)
22	Stempel- und Erbschaftssteueramt	Elberfeld	Vom Regierungsbezirke Düsseldorf in der Rheinprovinz die Stadtkreise Barmen, Elberfeld, Essen, Remscheid und Solingen, die Landkreise Essen und Solingen, die Kreise Lennep, Mettmann und Mühlheim a. d. Ruhr vom Regierungsbezirke Cöln in der Rheinprovinz die Kreise Gummersbach, Waldbröl und Wipperfürth			
23	Stempel- und Erbschaftssteueramt	Trier	Der Regierungsbezirk Trier in der Rheinprovinz			
24	Erbschaftssteueramt	Sigmaringen	Die Hohenzollernschen Lande	Regierung	Sigmaringen	Hohenzollernsche Lande

II. Königreich Bayern.

1	Rentamt	Aibling	Amtsgerichtsbezirk Aibling			
2	Rentamt	Aichach	Amtsgerichtsbezirk Aichach			
3	Rentamt	Berchtesgaden	Amtsgerichtsbezirke Berchtesgaden u. Reichenhall			
4	Rentamt	Bruck	Amtsgerichtsbezirk Bruck			

5	Rentamt	Burghausen	Amtsgerichtsbezirke Burghausen und Altötting	Regierung von Oberbayern, Kammer der Finanzen	München	Regierungsbezirk Oberbayern
6	Rentamt	Dachau	Amtsgerichtsbezirk Dachau			
7	Rentamt	Ebersberg	Amtsgerichtsbezirk Ebersberg			
8	Rentamt	Erding	Amtsgerichtsbezirke Erding und Dorfen			
9	Rentamt	Freising	Amtsgerichtsbezirk Freising			
10	Rentamt	Friedberg	Amtsgerichtsbezirk Friedberg			
11	Rentamt	Garmisch	Amtsgerichtsbezirk Garmisch			
12	Rentamt	Ingolstadt	Amtsgerichtsbezirk Ingolstadt			
13	Rentamt	Landsberg	Amtsgerichtsbezirk Landsberg			
14	Rentamt	Laufen	Amtsgerichtsbezirke Laufen und Tittmoning			
15	Rentamt	Miesbach	Amtsgerichtsbezirke Miesbach und Tegernsee			
16	Rentamt	Moosburg	Amtsgerichtsbezirk Moosburg			
17	Rentamt	Mühldorf	Amtsgerichtsbezirke Mühldorf u. Neumarkt a. R.			
18	Stadtrentamt	München II	Amtsgerichtsbezirk München I			
19	Landrentamt	München	Amtsgerichtsbezirk München II			
20	Rentamt	Pfaffenhofen	Amtsgerichtsbezirke Pfaffenhofen und Geisenfeld			
21	Rentamt	Rosenheim	Amtsgerichtsbezirke Rosenheim und Prien			
22	Rentamt	Schongau	Amtsgerichtsbezirk Schongau			
23	Rentamt	Schrobenhausen	Amtsgerichtsbezirk Schrobenhausen			
24	Rentamt	Starnberg	Amtsgerichtsbezirk Starnberg			
25	Rentamt	Tölz	Amtsgerichtsbezirk Tölz			
26	Rentamt	Traunstein	Amtsgerichtsbezirk Traunstein			
27	Rentamt	Trostberg	Amtsgerichtsbezirk Trostberg			
28	Rentamt	Wasserburg	Amtsgerichtsbezirke Wasserburg und Haag			
29	Rentamt	Weilheim	Amtsgerichtsbezirk Weilheim			
30	Rentamt	Wolfratshausen	Amtsgerichtsbezirk Wolfratshausen			
31	Rentamt	Deggendorf	Amtsgerichtsbezirke Deggendorf u. Hengersberg			
32	Rentamt	Dingolfing	Amtsgerichtsbezirk Dingolfing			
33	Rentamt	Eggenfelden	Amtsgerichtsbezirke Eggenfelden und Arnstorf			
34	Rentamt	Freyung	Amtsgerichtsbezirke Freyung und Waldkirchen			

Laufende Nr.	Der Erbschaftssteuerämter: Bezeichnung	Sitz	Geschäftsbezirk.	Der Oberbehörden: Bezeichnung	Sitz	Verwaltungsbezirk.
1	2	3	4	5	6	7
35	Rentamt	Griesbach	Amtsgerichtsbezirke Griesbach und Rotthalmünster	Regierung von Niederbayern, Kammer der Finanzen	Landshut	Regierungsbezirk Niederbayern
36	Rentamt	Kelheim	Amtsgerichtsbezirk Kehlheim			
37	Rentamt	Kötzting	Amtsgerichtsbezirke Kötzting und Neukirchen			
38	Rentamt	Landau a. Isar	Amtsgerichtsbezirk Landau a. Isar			
39	Rentamt	Landshut	Amtsgerichtsbezirk Landshut			
40	Rentamt	Mallersdorf	Amtsgerichtsbezirke Mallersdorf u. Rottenburg			
41	Rentamt	Mitterfels	Amtsgerichtsbezirke Mitterfels und Bogen			
42	Rentamt	Neustadt a. D.	Amtsgerichtsbezirke Abensberg und Mainburg			
43	Rentamt	Obernzell	Amtsgerichtsbezirk Wegscheid			
44	Rentamt	Passau	Amtsgerichtsbezirk Passau			
45	Rentamt	Pfarrkirchen	Amtsgerichtsbezirk Pfarrkirchen			
46	Rentamt	Schönberg	Amtsgerichtsbezirk Grafenau			
47	Rentamt	Simbach	Amtsgerichtsbezirk Simbach			
48	Rentamt	Straubing	Amtsgerichtsbezirk Straubing			
49	Rentamt	Viechtach	Amtsgerichtsbezirk Viechtach			
50	Rentamt	Vilsbiburg	Amtsgerichtsbezirk Vilsbiburg			
51	Rentamt	Vilshofen	Amtsgerichtsbezirke Vilshofen und Osterhofen			
52	Rentamt	Zwiesel	Amtsgerichtsbezirk Regen			
53	Rentamt	Annweiler	Amtsgerichtsbezirk Annweiler			
54	Rentamt	Bergzabern	Amtsgerichtsbezirk Bergzabern			
55	Rentamt	Blieskastel	Amtsgerichtsbezirk Blieskastel			
56	Rentamt	Dahn	Amtsgerichtsbezirk Dahn			
57	Rentamt	Dürkheim	Amtsgerichtsbezirk Dürkheim			

58	Rentamt	Edenkoben	Amtsgerichtsbezirk Edenkoben	Regierung der Pfalz, Kammer der Finanzen	Speyer	Regierungsbezirk der Pfalz
59	Rentamt	Frankenthal	Amtsgerichtsbezirk Frankenthal			
60	Rentamt	Germersheim	Amtsgerichtsbezirk Germersheim			
61	Rentamt	Grünstadt	Amtsgerichtsbezirk Grünstadt			
62	Rentamt	Homburg	Amtsgerichtsbezirke Homburg und Waldmohr			
63	Rentamt	St. Ingbert	Amtsgerichtsbezirk St. Ingbert			
64	Rentamt	Kaiserslautern	Amtsgerichtsbezirke Kaiserslautern u. Otterberg			
65	Rentamt	Kandel	Amtsgerichtsbezirk Kandel			
66	Rentamt	Kirchheimbolanden	Amtsgerichtsbezirk Kirchheimbolanden			
67	Rentamt	Kusel	Amtsgerichtsbezirk Kusel			
68	Rentamt	Landau	Amtsgerichtsbezirk Landau			
69	Rentamt	Landstuhl	Amtsgerichtsbezirk Landstuhl			
70	Rentamt	Lauterecken	Amtsgerichtsbezirke Lauterecken und Wolfstein			
71	Rentamt	Ludwigshafen	Amtsgerichtsbezirk Ludwigshafen			
72	Rentamt	Neustadt a. Haardt	Amtsgerichtsbezirk Neustadt a. Haardt			
73	Rentamt	Obermoschel	Amtsgerichtsbezirke Obermoschel und Rockenhausen			
74	Rentamt	Pirmasens	Amtsgerichtsbezirke Pirmasens u. Waldfischbach			
75	Rentamt	Speyer	Amtsgerichtsbezirk Speyer			
76	Rentamt	Winnweiler	Amtsgerichtsbezirk Winnweiler			
77	Rentamt	Zweibrücken	Amtsgerichtsbezirk Zweibrücken			
78	Rentamt	Amberg	Amtsgerichtsbezirke Amberg und Bilseck			
79	Rentamt	Auerbach	Amtsgerichtsbezirk Auerbach			
80	Rentamt	Beilngries	Amtsgerichtsbezirk Beilngries			
81	Rentamt	Burglengenfeld	Amtsgerichtsbezirke Burglengenfeld und Schwandorf			
82	Rentamt	Cham	Amtsgerichtsbezirke Cham und Furth			
83	Rentamt	Eschenbach	Amtsgerichtsbezirk Eschenbach			
84	Rentamt	Hemau	Amtsgerichtsbezirk Hemau			
85	Rentamt	Kastl	Amtsgerichtsbezirk Kastl			

Laufende Nr.	Der Erbschaftssteuerämter			Der Oberbehörden		
	Bezeichnung	Sitz	Geschäftsbezirk.	Bezeichnung	Sitz	Verwaltungsbezirk.
1	2	3	4	5	6	7
86	Rentamt	Kemnath	Amtsgerichtsbezirke Kemnath und Erbendorf	Regierung der Oberpfalz und von Regensburg, Kammer der Finanzen	Regensburg	Regierungsbezirk der Oberpfalz
87	Rentamt	Nabburg	Amtsgerichtsbezirk Nabburg			
88	Rentamt	Neumarkt	Amtsgerichtsbezirk Neumarkt			
89	Rentamt	Neunburg v. W.	Amtsgerichtsbezirke Neunburg v. W. und Oberviechtach			
90	Rentamt	Regensburg I	Amtsgerichtsbezirke Regensburg (Stadtbezirk), Regenstauf und Stadtamhof			
91	Rentamt	Regensburg II	Amtsgerichtsbezirke Regensburg (Landbezirk) und Wörth			
92	Rentamt	Riedenburg	Amtsgerichtsbezirk Riedenburg			
93	Rentamt	Sulzbach	Amtsgerichtsbezirk Sulzbach			
94	Rentamt	Tirschenreuth	Amtsgerichtsbezirk Tirschenreuth			
95	Rentamt	Velburg	Amtsgerichtsbezirk Parsberg			
96	Rentamt	Vohenstrauß	Amtsgerichtsbezirk Vohenstrauß			
97	Rentamt	Walderbach	Amtsgerichtsbezirke Nittenau und Roding			
98	Rentamt	Waldmünchen	Amtsgerichtsbezirk Waldmünchen			
99	Rentamt	Waldsassen	Amtsgerichtsbezirk Waldsassen			
100	Rentamt	Weiden	Amtsgerichtsbezirke Weiden und Neustadt a. W. N.			
101	Stadtrentamt	Bamberg	Amtsgerichtsbezirk Bamberg (Stadtbezirk)			
102	Landrentamt	Bamberg	Amtsgerichtsbezirk Bamberg (Landbezirk)			
103	Rentamt	Bayreuth	Amtsgerichtsbezirke Bayreuth und Weidenberg			
104	Rentamt	Burgwindheim	Amtsgerichtsbezirk Burgebrach			
105	Rentamt	Ebermannstadt	Amtsgerichtsbezirk Ebermannstadt			
106	Rentamt	Forchheim	Amtsgerichtsbezirk Forchheim			

107	Rentamt	Herzogenaurach	Amtsgerichtsbezirk Herzogenaurach	Regierung von Oberfranken, Kammer der Finanzen	Bayreuth	Regierungsbezirk Oberfranken
108	Rentamt	Höchstadt a. A.	Amtsgerichtsbezirk Höchstadt a. A.			
109	Rentamt	Hof	Amtsgerichtsbezirke Hof und Rehau			
110	Rentamt	Kronach	Amtsgerichtsbezirk Kronach			
111	Rentamt	Kulmbach	Amtsgerichtsbezirk Kulmbach			
112	Rentamt	Lichtenberg	Amtsgerichtsbezirk Naila und vom Amtsgerichtsbezirke Nordhalben die Gemeinden Dürrenwaid, Heinersberg. Langenbach und Steinbach			
113	Rentamt	Lichtenfels	Amtsgerichtsbezirk Lichtenfels			
114	Rentamt	Marktschorgast	Amtsgerichtsbezirk Berneck			
115	Rentamt	Münchberg	Amtsgerichtsbezirk Münchberg			
116	Rentamt	Neunkirchen a. Br	Amtsgerichtsbezirk Gräfenberg			
117	Rentamt	Pegnitz	Amtsgerichtsbezirk Pegnitz			
118	Rentamt	Pottenstein	Amtsgerichtsbezirk Pottenstein			
119	Rentamt	Rothenkirchen	Amtsgerichtsbezirk Ludwigsstadt und Amtsgerichtsbezirk Nordhalben mit Ausnahme der Gemeinden Dürrenwaid, Heinersberg, Langenbach und Steinbach (vgl. Nr. 112)			
120	Rentamt	Scheßlitz	Amtsgerichtsbezirk Scheßlitz			
121	Rentamt	Selb	Amtsgerichtsbezirk Selb			
122	Rentamt	Stadtsteinach	Amtsgerichtsbezirk Stadtsteinach			
123	Rentamt	Staffelstein	Amtsgerichtsbezirke Staffelstein und Seßlach			
124	Rentamt	Thurnau	Amtsgerichtsbezirke Thurnau und vom Amtsgerichtsbezirke Weismain die Gemeinde Fesselsdorf			
125	Rentamt	Waischenfeld	Amtsgerichtsbezirk Hollfeld			
126	Rentamt	Weismain	Amtsgerichtsbezirk Weismain mit Ausnahme der Gemeinde Fesselsdorf (vgl. Nr. 124)			

Laufende Nr.	Der Erbschaftssteuerämter: Bezeichnung	Sitz	Geschäftsbezirk.	Der Oberbehörden: Bezeichnung	Sitz	Verwaltungsbezirk.
1	2	3	4	5	6	7
127	Rentamt	Wunsiedel	Amtsgerichtsbezirke Wunsiedel, Kirchenlamitz und Thiersheim			
128	Rentamt	Altdorf	Amtsgerichtsbezirk Altdorf	Regierung von Mittelfranken, Kammer der Finanzen	Ansbach	Regierungsbezirk Mittelfranken
129	Rentamt	Ansbach	Amtsgerichtsbezirk Ansbach			
130	Rentamt	Cadolzburg	Amtsgerichtsbezirk Cadolzburg			
131	Rentamt	Dinkelsbühl	Amtsgerichtsbezirk Dinkelsbühl			
132	Rentamt	Eichstätt	Amtsgerichtsbezirk Eichstätt			
133	Rentamt	Erlangen	Amtsgerichtsbezirk Erlangen			
134	Rentamt	Feuchtwangen	Amtsgerichtsbezirk Feuchtwangen			
135	Rentamt	Fürth	Amtsgerichtsbezirk Fürth			
136	Rentamt	Greding	Amtsgerichtsbezirk Greding			
137	Rentamt	Gunzenhausen	Amtsgerichtsbezirk Gunzenhausen			
138	Rentamt	Heidenheim	Amtsgerichtsbezirk Heidenheim			
139	Rentamt	Heilsbronn	Amtsgerichtsbezirk Heilsbronn			
140	Rentamt	Herrieden	Amtsgerichtsbezirk Herrieden			
141	Rentamt	Hersbruck	Amtsgerichtsbezirke Hersbruck und Lauf			
142	Rentamt	Hilpoltstein	Amtsgerichtsbezirk Hilpoltstein			
143	Rentamt	Kipfenberg	Amtsgerichtsbezirk Kipfenberg			
144	Rentamt	Markt-Bibart	Amtsgerichtsbezirk Scheinfeld			
145	Rentamt	Markt-Erlbach	Amtsgerichtsbezirk Markt-Erlbach			
146	Rentamt	Neustadt a. A.	Amtsgerichtsbezirk Neustadt a. A.			
147	Rentamt	Nürnberg II	Amtsgerichtsbezirk Nürnberg			
148	Rentamt	Rothenburg o. T.	Amtsgerichtsbezirke Rothenburg o. T. und Schillingsfürst			

149	Rentamt	Schwabach	Amtsgerichtsbezirk Schwabach			
150	Rentamt	Spalt	Amtsgerichtsbezirk Roth			
151	Rentamt	Uffenheim	Amtsgerichtsbezirk Uffenheim			
152	Rentamt	Wassertrüdingen	Amtsgerichtsbezirk Wassertrüdingen			
153	Rentamt	Weißenburg i. B.	Amtsgerichtsbezirke Weißenburg i. B., Ellingen und Pappenheim			
154	Rentamt	Windsheim	Amtsgerichtsbezirk Windsheim			
155	Rentamt	Amorbach	Amtsgerichtsbezirke Amorbach und Miltenberg	Regierung von Unterfranken und Aschaffenburg. Kammer der Finanzen	Würzburg	Regierungsbezirk Unterfranken
156	Rentamt	Arnstein	Amtsgerichtsbezirk Arnstein			
157	Rentamt	Aschaffenburg I	Amtsgerichtsbezirk Aschaffenburg			
158	Rentamt	Aschaffenburg II	Amtsgerichtsbezirke Alzenau, Obernburg und Schöllkrippen			
159	Rentamt	Brückenau	Amtsgerichtsbezirk Brückenau			
160	Rentamt	Dettelbach	Amtsgerichtsbezirk Dettelbach			
161	Rentamt	Ebern	Amtsgerichtsbezirke Ebern und Baunach			
162	Rentamt	Gemünden	Amtsgerichtsbezirk Gemünden			
163	Rentamt	Gerolzhofen	Amtsgerichtsbezirke Gerolzhofen und Wiesentheid			
164	Rentamt	Hammelburg	Amtsgerichtsbezirke Hammelburg und Euerdorf			
165	Rentamt	Hofheim	Amtsgerichtsbezirk Hofheim			
166	Rentamt	Karlstadt	Amtsgerichtsbezirk Karlstadt			
167	Rentamt	Kissingen	Amtsgerichtsbezirk Kissingen			
168	Rentamt	Kitzingen	Amtsgerichtsbezirk Kitzingen			
169	Rentamt	Klingenberg	Amtsgerichtsbezirke Klingenberg und Stadtprozelten			
170	Rentamt	Königshofen	Amtsgerichtsbezirk Königshofen			
171	Rentamt	Lengfurt	Amtsgerichtsbezirk Marktheidenfeld			
172	Rentamt	Lohr	Amtsgerichtsbezirk Lohr			
173	Rentamt	Mellrichstadt	Amtsgerichtsbezirk Mellrichstadt			
174	Rentamt	Münnerstadt	Amtsgerichtsbezirk Münnerstadt			

Laufende Nr	Der Erbschaftssteuerämter			Der Oberbehörden		
	Bezeichnung	Sitz	Geschäftsbezirk.	Bezeichnung	Sitz	Verwaltungsbezirk.
1	2	3	4	5	6	7
175	Rentamt	Neustadt a. S.	Amtsgerichtsbezirke Neustadt a. S. und Bischofsheim			
176	Rentamt	Ochsenfurt	Amtsgerichtsbezirke Ochsenfurt und Marktbreit			
177	Rentamt	Röttingen	Amtsgerichtsbezirk Aub			
178	Rentamt	Schweinfurt	Amtsgerichtsbezirk Schweinfurt			
179	Rentamt	Volkach	Amtsgerichtsbezirk Volkach			
180	Rentamt	Werneck	Amtsgerichtsbezirk Werneck			
181	Stadtrentamt	Würzburg	Amtsgerichtsbezirk Würzburg (Stadtbezirk)			
182	Landrentamt	Würzburg	Amtsgerichtsbezirk Würzburg (Landbezirk)			
183	Rentamt	Zeil	Amtsgerichtsbezirke Eltmann und Haßfurt			
184	Stadtrentamt	Augsburg	Amtsgerichtsbezirk Augsburg (Stadtbezirk)			
185	Landrentamt	Augsburg	Amtsgerichtsbezirk Augsburg (Landbezirk)			
186	Rentamt	Buchloe	Amtsgerichtsbezirk Buchloe			
187	Rentamt	Burgau	Amtsgerichtsbezirk Burgau			
188	Rentamt	Dillingen	Amtsgerichtsbezirk Dillingen			
189	Rentamt	Donauwörth	Amtsgerichtsbezirk Donauwörth			
190	Rentamt	Füssen	Amtsgerichtsbezirk Füssen			
191	Rentamt	Günzburg	Amtsgerichtsbezirk Günzburg			
192	Rentamt	Höchstädt a. D.	Amtsgerichtsbezirk Höchstädt a. D.			
193	Rentamt	Illertissen	Amtsgerichtsbezirke Illertissen u. Babenhausen			
194	Rentamt	Immenstadt	Amtsgerichtsbezirke Immenstadt u. Sonthofen			
195	Rentamt	Kaufbeuren	Amtsgerichtsbezirk Kaufbeuren			
196	Rentamt	Kempten	Amtsgerichtsbezirk Kempten			
197	Rentamt	Krumbach	Amtsgerichtsbezirk Krumbach			

198	Rentamt	Lauingen	Amtsgerichtsbezirk Lauingen	Regierung von Schwaben und Neuburg, Kammer der Finanzen	Augsburg	Regierungsbezirk Schwaben
199	Rentamt	Lindau	Amtsgerichtsbezirke Lindau und Weiler			
200	Rentamt	Memmingen	Amtsgerichtsbezirk Memmingen			
201	Rentamt	Mindelheim	Amtsgerichtsbezirk Mindelheim			
202	Rentamt	Monheim	Amtsgerichtsbezirk Monheim			
203	Rentamt	Neuburg a. D.	Amtsgerichtsbezirk Neuburg a. D.			
204	Rentamt	Neu=Ulm	Amtsgerichtsbezirk Neu=Ulm			
205	Rentamt	Nördlingen	Amtsgerichtsbezirk Nördlingen			
206	Rentamt	Oberdorf	Amtsgerichtsbezirke Oberdorf und Obergünzburg			
207	Rentamt	Oettingen	Amtsgerichtsbezirk Oettingen			
208	Rentamt	Ottobeuren	Amtsgerichtsbezirk Ottobeuren			
209	Rentamt	Rain	Amtsgerichtsbezirk Rain			
210	Rentamt	Schwabmünchen	Amtsgerichtsbezirk Schwabmünchen			
211	Rentamt	Türkheim	Amtsgerichtsbezirk Türkheim			
212	Rentamt	Weißenhorn	Amtsgerichtsbezirk Weißenhorn			
213	Rentamt	Wertingen	Amtsgerichtsbezirk Wertingen			
214	Rentamt	Zusmarshausen	Amtsgerichtsbezirk Zusmarshausen			

III. Königreich Sachsen.

1	Hauptzollamt	Chemnitz	Bezirke der Amtsgerichte Annaberg, Augustusburg, Brand, Burgstädt, Chemnitz, Ehrenfriedersdorf, Frankenberg, Frauenstein, Freiberg, Hainichen, Hohenstein=Ernstthal, Jöhstadt, Lengefeld, Limbach, Marienberg, Mittweida, Nossen, Oberwiesenthal, Oederau, Olbernhau, Penig, Roßwein, Sayda, Scheibenberg, Stollberg, Waldenburg, Wolkenstein, Zöblitz und Zschopau			

Laufende Nr.	Der Erbschaftssteuerämter: Bezeichnung	Sitz	Geschäftsbezirk.	Der Oberbehörden: Bezeichnung	Sitz	Verwaltungsbezirk.
1	2	3	4	5	6	7
2	Hauptzollamt	Dresden II	Bezirke der Amtsgerichte Altenberg, Dippoldiswalde, Döhlen, Dresden, Großenhain, Königsbrück, Königstein, Lauenstein, Lommatzsch, Meißen, Mügeln, Neustadt, Oschatz, Pirna, Radeberg, Radeburg, Riesa, Schandau, Sebnitz, Stolpen, Tharandt und Wilsdruff	Zoll- und Steuerdirektion	Dresden	Königreich Sachsen
3	Hauptzollamt	Leipzig II	Bezirke der Amtsgerichte Borna, Colditz, Döbeln, Frohburg, Geithain, Grimma, Lausigk, Leipzig, Leisnig, Markranstädt, Pegau, Rochlitz, Taucha, Waldheim, Wurzen und Zwenkau			
4	Hauptzollamt	Plauen	Bezirke der Amtsgerichte Adorf, Aue, Auerbach, Crimmitschau, Eibenstock, Elsterberg, Falkenstein, Glauchau, Hartenstein, Johanngeorgenstadt, Kirchberg, Klingenthal, Lengenfeld, Lichtenstein, Lößnitz, Markneukirchen, Meerane, Oelsnitz, Pausa, Plauen, Reichenbach, Schneeberg, Schwarzenberg, Treuen, Werdau, Wildenfels und Zwickau			
5	Hauptzollamt	Zittau	Bezirke der Amtsgerichte Bautzen, Bernstadt, Bischofswerda, Ebersbach, Großschönau, Herrnhut, Kamenz, Löbau, Neusalza, Ostritz, Pulsnitz, Reichenau, Schirgiswalde und Zittau			

IV. Königreich Württemberg.

1	Kameralamt	Aalen	Oberamtsbezirk Aalen		
2	Kameralamt	Altensteig	Oberamtsbezirk Nagold		
3	Kameralamt	Backnang	Oberamtsbezirk Backnang		
4	Kameralamt	Balingen	Oberamtsbezirk Balingen		
5	Kameralamt	Biberach	Oberamtsbezirk Biberach		
6	Kameralamt	Bietigheim	Oberamtsbezirk Besigheim		
7	Kameralamt	Blaubeuren	Oberamtsbezirk Blaubeuren		
8	Kameralamt	Cannstadt	Oberamtsbezirk Cannstadt, sowie Steuerbezirk II Stuttgart (Markungen Cannstadt und Untertürkheim)		
9	Kameralamt	Crailsheim	Oberamtsbezirk Crailsheim		
10	Kameralamt	Ehingen	Oberamtsbezirk Ehingen		
11	Kameralamt	Ellwangen	Oberamtsbezirk Ellwangen		
12	Kameralamt	Eßlingen	Oberamtsbezirk Eßlingen		
13	Kameralamt	Freudenstadt	Oberamtsbezirk Freudenstadt		
14	Kameralamt	Gaildorf	Oberamtsbezirk Gaildorf		
15	Kameralamt	Geislingen	Oberamtsbezirk Geislingen		
16	Kameralamt	Gmünd	Oberamtsbezirk Gmünd		
17	Kameralamt	Göppingen	Oberamtsbezirk Göppingen		
18	Kameralamt	Großbottwar	Oberamtsbezirk Marbach		
19	Kameralamt	Güglingen	Oberamtsbezirk Brackenheim		
20	Kameralamt	Hall	Oberamtsbezirk Hall		
21	Kameralamt	Heidenheim	Oberamtsbezirk Heidenheim		
22	Kameralamt	Heilbronn	Oberamtsbezirk Heilbronn		
23	Kameralamt	Heiligkreuzthal	Oberamtsbezirk Riedlingen		
24	Kameralamt	Herrenberg	Oberamtsbezirk Herrenberg		
25	Kameralamt	Hirsau	Oberamtsbezirk Calw		
26	Kameralamt	Horb	Oberamtsbezirk Horb		

Laufende Nr.	Der Erbschaftssteuerämter			Der Oberbehörden		
	Bezeichnung	Sitz	Geschäftsbezirk.	Bezeichnung	Sitz	Verwaltungsbezirk.
1	2	3	4	5	6	7
27	Kameralamt	Kapfenburg	Oberamtsbezirk Neresheim	Steuerkollegium, Abteilung für Zölle u. indirekte Steuern	Stuttgart	Königreich Württemberg
28	Kameralamt	Kirchheim	Oberamtsbezirk Kirchheim			
29	Kameralamt	Leonberg	Oberamtsbezirk Leonberg			
30	Kameralamt	Leutkirch	Oberamtsbezirk Leutkirch			
31	Kameralamt	Lorch	Oberamtsbezirk Welzheim			
32	Kameralamt	Ludwigsburg	Oberamtsbezirk Ludwigsburg			
33	Kameralamt	Maulbronn	Oberamtsbezirk Maulbronn			
34	Kameralamt	Mergentheim	Oberamtsbezirk Mergentheim			
35	Kameralamt	Münsingen	Oberamtsbezirk Münsingen			
36	Kameralamt	Neuenbürg	Oberamtsbezirk Neuenbürg			
37	Kameralamt	Neuenstadt	Oberamtsbezirk Neckarsulm			
38	Kameralamt	Neuffen	Oberamtsbezirk Nürtingen			
39	Kameralamt	Oberndorf	Oberamtsbezirk Oberndorf			
40	Kameralamt	Oehringen	Oberamtsbezirk Oehringen			
41	Kameralamt	Reutlingen	Oberamtsbezirk Reutlingen			
42	Kameralamt	Rot am See	Oberamtsbezirk Gerabronn			
43	Kameralamt	Rottenburg	Oberamtsbezirk Rottenburg			
44	Kameralamt	Rottweil	Oberamtsbezirk Rottweil			
45	Kameralamt	Saulgau	Oberamtsbezirk Saulgau			
46	Kameralamt	Schöntal	Oberamtsbezirk Künzelsau			
47	Kameralamt	Schorndorf	Oberamtsbezirk Schorndorf			
48	Kameralamt	Sindelfingen	Oberamtsbezirk Böblingen			
49	Kameralamt	Spaichingen	Oberamtsbezirk Spaichingen			

50	Hauptsteueramt	Stuttgart	Steuerbezirk I Stuttgart (Markungen Stuttgart und Wangen			
51	Kameralamt	Stuttgart	Amtsoberamtsbezirk Stuttgart			
52	Kameralamt	Sulz	Oberamtsbezirk Sulz			
53	Kameralamt	Tettnang	Oberamtsbezirk Tettnang			
54	Kameralamt	Tübingen	Oberamtsbezirk Tübingen			
55	Kameralamt	Tuttlingen	Oberamtsbezirk Tuttlingen			
56	Kameralamt	Ulm	Oberamtsbezirk Ulm			
57	Kameralamt	Urach	Oberamtsbezirk Urach			
58	Kameralamt	Vaihingen	Oberamtsbezirk Vaihingen			
59	Kameralamt	Waiblingen	Oberamtsbezirk Waiblingen			
60	Kameralamt	Waldsee	Oberamtsbezirk Waldsee			
61	Kameralamt	Wangen	Oberamtsbezirk Wangen			
62	Kameralamt	Weingarten	Oberamtsbezirk Ravensburg			
63	Kameralamt	Weinsberg	Oberamtsbezirk Weinsberg			
64	Kameralamt	Wiblingen	Oberamtsbezirk Laupheim			

V. Großherzogtum Baden.

Mit der Festsetzung der Erbschaftssteuer sind 163 Großherzogliche Notariate betraut.[1])	Steuerdirektion	Karlsruhe	Großherzogtum Baden

VI. Großherzogtum Hessen.

1	Erbschaftssteueramt	Darmstadt	Großherzogtum Hessen	Abteilung für Steuerwesen des Großherzoglichen Ministeriums der Finanzen	Darmstadt	Großherzogtum Hessen

[1]) Vgl. § 1 Abs. 2 und § 3 Abs. 2 der Ausführungsbestimmungen. Mitteilungen für die Notariate (Erbschaftssteuerämter) sind an die Oberbehörde zu richten.

Laufende Nr.	Der Erbschaftssteuerämter: Bezeichnung	Der Erbschaftssteuerämter: Sitz	Der Erbschaftssteuerämter: Geschäftsbezirk.	Der Oberbehörden: Bezeichnung	Der Oberbehörden: Sitz	Der Oberbehörden: Verwaltungsbezirk.
1	2	3	4	5	6	7
			VII. Großherzogtum Mecklenburg-Schwerin.			
1	Erbschaftssteueramt	Rostock	Großherzogtum Mecklenburg-Schwerin	Landessteuerdirektion	Rostock	Großherzogt. Mecklenburg-Schwerin
			VIII. Großherzogtum Sachsen.			
1	Erbschaftssteueramt	Weimar	Großherzogtum Sachsen	Generaldirektor des Thüringischen Zoll- und Steuervereins (für das Amt Allstedt mit Oldisleben und für den Bezirk d. Vordergerichts Ostheim als Großherzoglicher General-Zolldirektor).	Erfurt	Großherzogtum Sachsen
			IX. Großherzogtum Mecklenburg-Strelitz.			
1	Erbschaftssteueramt	Neubrandenburg	Herzogtum Strelitz	Zentralsteuerdirektion	Neubrandenbrg.	Herzogtum Strelitz
2	Erbschaftssteueramt	Schönberg	Fürstentum Ratzeburg	Landvogtei des Fürstentums Ratzeburg	Schönberg	Fürstentum Ratzeburg

X. Großherzogtum Oldenburg.

1	Amt Oldenburg	Oldenburg	Der Amtsbezirk und die Stadt Oldenburg	Oberbehörde für Erbschaftssteuersachen	Oldenburg	Herzogtum Oldenburg
2	Amt Westerstede	Westerstede	Der Amtsbezirk			
3	Amt Varel	Varel	Der Amtsbezirk und die Stadt Varel			
4	Amt Jever	Jever	Der Amtsbezirk und die Stadt Jever			
5	Amt Rüstringen	Bant	Der Amtsbezirk			
6	Amt Butjadingen	Ellwürden	Der Amtsbezirk			
7	Amt Brake.	Brake	Der Amtsbezirk			
8	Amt Elsfleth	Elsfleth	Der Amtsbezirk			
9	Amt Delmenhorst	Delmenhorst	Der Amtsbezirk und die Stadt Delmenhorst			
10	Amt Wildeshausen	Wildeshausen	Der Amtsbezirk			
11	Amt Vechta	Vechta	Der Amtsbezirk			
12	Amt Cloppenburg	Cloppenburg	Der Amtsbezirk			
13	Amt Friesoythe	Friesoythe	Der Amtsbezirk			
14	Erbschaftssteueramt	Eutin	Fürstentum Lübeck	Regiergs.-präsident	Eutin	Fürstentum Lübeck
15	Erbschaftssteueramt	Birkenfeld	Fürstentum Birkenfeld	Regierungspräsident	Birkenfeld	Fürstentum Birkenfeld

XI. Herzogtum Braunschweig.

1	Erbschaftssteueramt	Braunschweig	Herzogtum Braunschweig	Zoll- und Steuerdirektion	Braunschweig	Herzogtum Braunschweig

XII. Herzogtum Sachsen-Meiningen.

1	Steueramt	Meiningen	Amtsgerichtsbezirk Meiningen			
2	Steueramt	Sonneberg	Amtsgerichtsbezirk Sonneberg			
3	Steueramt	Salzungen	Amtsgerichtsbezirk Salzungen			
4	Steueramt	Wasungen	Amtsgerichtsbezirk Wasungen			

Laufende Nr.	Der Erbschaftssteuerämter: Bezeichnung	Sitz	Geschäftsbezirk.	Der Oberbehörden: Bezeichnung	Sitz	Verwaltungsbezirk.
1	2	3	4	5	6	7
5	Steueramt	Hildburghausen	Amtsgerichtsbezirk Hildburghausen	Generaldirektor des Thüringischen Zoll- und Steuervereins	Erfurt	Herzogtum Sachsen-Meiningen
6	Steueramt	Römhild	Amtsgerichtsbezirk Römhild			
7	Steueramt	Themar	Amtsgerichtsbezirk Themar			
8	Steueramt	Heldburg	Amtsgerichtsbezirk Heldburg			
9	Steueramt	Eisfeld	Amtsgerichtsbezirk Eisfeld			
10	Steueramt	Schalkau	Amtsgerichtsbezirk Schalkau			
11	Steueramt	Steinach	Amtsgerichtsbezirk Steinach			
12	Steueramt	Gräfenthal	Amtsgerichtsbezirk Gräfenthal			
13	Steueramt	Saalfeld	Amtsgerichtsbezirk Saalfeld			
14	Steueramt	Pößneck	Amtsgerichtsbezirk Pößneck			
15	Steueramt	Camburg	Amtsgerichtsbezirk Camburg			

XIII. Herzogtum Sachsen-Altenburg.

1	Steuer- und Rentamt	Altenburg	Herzogtum Sachsen-Altenburg	Generaldirektor des Thüringischen Zoll- und Steuervereins	Erfurt	Herzogtum Sachsen-Altenburg

XIV. Herzogtum Sachsen-Coburg und Gotha.

1	Staats- und Domänenkasse	Coburg	Herzogtum Coburg	Generaldirektor des Thüringischen Zoll- und Steuervereins	Erfurt	Herzogtum Sachsen-Coburg und Gotha
2	Steueramt	Gotha	Herzogtum Gotha			

XV. Herzogtum Anhalt.

1	Erbschaftssteuer-amt	Dessau	Herzogtum Anhalt	Finanz-direktion	Dessau	Herzogtum Anhalt

XVI. Fürstentum Schwarzburg-Sondershausen.

1	Erbschaftssteuer-amt	Sondershausen	Die Orte Sondershausen, Badra, Bebra, Bendeleben, Berka, Großfurra, Hachelbich, Hohenebra, Jecha, Jechaburg, Oberspier, Stockhausen und Thalebra	Generaldirektor des Thüringischen Zoll- und Steuervereins	Erfurt	Fürstentum Schwarzburg-Sondershausen
2	Erbschaftssteuer-amt	Greußen	Die Orte Clingen, Greußen, Bliederstedt, Feldengel, Großenehrich, Holzengel, Kirchengel, Niederbösa, Niederspier, Otterstedt Rhonstedt, Thüringenhausen, Trebra, Wasserthalleben, Wenigenehrich, Westerengel, Westgreußen und Wolferschwenda			
3	Erbschaftssteuer-amt	Ebeleben	Die Orte Abtsbessingen, Allmenhausen, Bellstedt, Billeben, Ebeleben, Großbrüchter, Großmehlra, Gundersleben, Himmelsberg, Holzsußra, Holzthaleben, Keula, Kleinbrüchter, Rockensußra, Rockstedt, Schernberg, Toba, Urbach und Wiedermuth			
4	Erbschaftssteuer-amt	Arnstadt	Der Verwaltungsbezirk Arnstadt			
5	Erbschaftssteuer-amt	Gehren	Der Verwaltungsbezirk Gehren			

XVII. Fürstentum Schwarzburg-Rudolstadt.

1	Erbschaftssteuer-amt	Rudolstadt	Fürstentum Schwarzburg-Rudolstadt	Generaldirektor des Thüringischen Zoll- und Steuervereins	Erfurt	Fürstent. Schwarzb.-Rudolstadt

Laufende Nr.	Der Erbschaftssteuerämter: Bezeichnung	Sitz	Geschäftsbezirk	Der Oberbehörden: Bezeichnung	Sitz	Verwaltungsbezirk
1	2	3	4	5	6	7
			XVIII. Fürstentum Waldeck und Pyrmont.			
1	Königlich Preußisches Stempel- und Erbschaftssteueramt II	Münster	Fürstentum Waldeck und Pyrmont	Königlich Preußischer Provinzialsteuerdirektor	Münster	Fürstentum Waldeck u. Pyrmont
			XIX. Fürstentum Reuß älterer Linie.			
1	Erbschaftssteueramt	Greiz	Amtsgerichtsbezirk Greiz	Generaldirektor des Thüringischen Zoll- und Steuervereins	Erfurt	Fürstentum Reuß älter. Linie
2	Erbschaftssteueramt	Zeulenroda	Amtsgerichtsbezirk Zeulenroda			
3	Erbschaftssteueramt	Burgk	Amtsgerichtsbezirk Burgk			
			XX. Fürstentum Reuß jüngerer Linie.			
1	Erbschaftssteueramt	Gera	Fürstentum Reuß jüngerer Linie	Generaldirektor des Thüringischen Zoll- und Steuervereins	Erfurt	Fürstent. Reuß jüng. Linie
			XXI. Fürstentum Schaumburg-Lippe.			
1	Landratsamt	Bückeburg	Stadt und Kreis Bückeburg	Ministerialabteilung für Gewerbe- u. Gemeindeangelegenheiten	Bückeburg	Fürstentum Schaumburg-Lippe
2	Landratsamt	Stadthagen	Stadt und Kreis Stadthagen			

XXII. Fürstentum Lippe.

1	Magistrat	Barntrup	Stadt Barntrup	Regierung	Detmold	Fürstentum Lippe
2	Magistrat	Blomberg	Stadt Blomberg			
3	Magistrat	Detmold	Stadt Detmold			
4	Magistrat	Horn	Stadt Horn			
5	Magistrat	Lage	Stadt Lage			
6	Magistrat	Lemgo	Stadt Lemgo			
7	Magistrat	Salzuflen	Stadt Salzuflen			
8	Magistrat	Schwalenberg	Flecken Schwalenberg			
9	Fürstliches Verwaltungsamt	Blomberg	Die Aemter Blomberg, Schieder u. Schwalenberg			
10	Fürstliches Verwaltungsamt	Brake	Die Aemter Brake, Hohenhausen, Varenholz und Sternberg-Barntrup			
11	Fürstliches Verwaltungsamt	Detmold	Die Aemter Detmold, Horn und Lage			
12	Fürstliches Verwaltungsamt	Schötmar	Die Aemter Schötmar und Oerlinghausen			
13	Fürstliches Verwaltungsamt	Stift Cappel	Amt Lipperode-Cappel			

XXIII. Freie und Hansestadt Lübeck.

1	Erbschaftssteueramt	Lübeck	Freie und Hansestadt Lübeck	Steuerbehörde (beauftragt mit der Erhebung der Erbschafts- und der Einkommensteuer, sowie der Stempel- und Schiffahrtsabgaben)	Lübeck	Freie und Hansestadt Lübeck

Laufende Nr.	Der Erbschaftssteuerämter: Bezeichnung	Sitz	Geschäftsbezirk.	Der Oberbehörden: Bezeichnung	Sitz	Verwaltungsbezirk.
1	2	3	4	5	6	7
			XXIV. Freie Hansestadt Bremen.			
1	Generalsteueramt	Bremen	Freie Hansestadt Bremen	Oberzolldirektor	Bremen	Freie Hansestadt Bremen
			XXV. Freie und Hansestadt Hamburg.			
1	Erbschaftssteueramt	Hamburg	Das Hamburgische Staatsgebiet mit Ausnahme der Landherrenschaft Ritzebüttel	Aufsichtsbehörde f. die Erbschaftssteuerverwaltung	Hamburg	Freie und Hansestadt Hamburg
2	Erbschaftssteueramt	Ritzebüttel	Landherrenschaft Ritzebüttel			
			XXVI. Elsaß-Lothringen.			
1	Verkehrssteueramt	Altkirch	Amtsbezirk			
2	Verkehrssteueramt	Colmar I	Amtsbezirk			
3	Verkehrssteueramt	Dammerkirch	Amtsbezirk			
4	Verkehrssteueramt	Ensisheim	Amtsbezirk			
5	Verkehrssteueramt	Gebweiler	Amtsbezirk			
6	Verkehrssteueramt	Habsheim	Amtsbezirk			
7	Verkehrssteueramt	Hirsingen	Amtsbezirk			
8	Verkehrssteueramt	Hüningen	Amtsbezirk			
9	Verkehrssteueramt	Kaysersberg	Amtsbezirk			
10	Verkehrssteueramt	Markirch	Amtsbezirk			
11	Verkehrssteueramt	Masmünster	Amtsbezirk			
12	Verkehrssteueramt	Mühlhausen I	Amtsbezirk			

13	Verkehrssteueramt	Münster	Amtsbezirk
14	Verkehrssteueramt	Neubreisach	Amtsbezirk
15	Verkehrssteueramt	Pfirt	Amtsbezirk
16	Verkehrssteueramt	Rappolts-weiler	Amtsbezirk
17	Verkehrssteueramt	Rufach	Amtsbezirk
18	Verkehrssteueramt	St. Amarin	Amtsbezirk
19	Verkehrssteueramt	Schnierlach	Amtsbezirk
20	Verkehrssteueramt	Sennheim	Amtsbezirk
21	Verkehrssteueramt	Sierenz	Amtsbezirk
22	Verkehrssteueramt	Sulz O. E.	Amtsbezirk
23	Verkehrssteueramt	Thann	Amtsbezirk
24	Verkehrssteueramt	Winzenheim	Amtsbezirk
25	Verkehrssteueramt	Barr	Amtsbezirk
26	Verkehrssteueramt	Benfeld	Amtsbezirk
27	Verkehrssteueramt	Bischweiler	Amtsbezirk
28	Verkehrssteueramt	Brumath	Amtsbezirk
29	Verkehrssteueramt	Buchsweiler	Amtsbezirk
30	Verkehrssteueramt	Drulingen	Amtsbezirk
31	Verkehrssteueramt	Erstein	Amtsbezirk
32	Verkehrssteueramt	Hagenau	Amtsbezirk
33	Verkehrssteueramt	Hochfelden	Amtsbezirk
34	Verkehrssteueramt	Illkirch-Grafenstaden	Amtsbezirk
35	Verkehrssteueramt	Lauterburg	Amtsbezirk
36	Verkehrssteueramt	Lützelstein	Amtsbezirk
37	Verkehrssteueramt	Markolsheim	Amtsbezirk
38	Verkehrssteueramt	Molsheim	Amtsbezirk
39	Verkehrssteueramt	Niederbronn	Amtsbezirk
40	Verkehrssteueramt	Oberehnheim	Amtsbezirk

Laufende Nr.	Der Erbschaftssteuerämter: Bezeichnung	Sitz	Geschäftsbezirk.	Der Oberbehörden: Bezeichnung	Sitz	Verwaltungsbezirk.
1	2	3	4	5	6	7
41	Verkehrssteueramt	Rosheim	Amtsbezirk	Direktor der Verkehrssteuern in Elsaß-Lothringen	Straßburg	Elsaß-Lothringen
42	Verkehrssteueramt	Saarunion	Amtsbezirk			
43	Verkehrssteueramt	Schiltigheim	Amtsbezirk			
44	Verkehrssteueramt	Schirmeck	Amtsbezirk			
45	Verkehrssteueramt	Schlettstadt	Amtsbezirk			
46	Verkehrssteueramt	Straßburg I	Amtsbezirk			
47	Verkehrssteueramt	Sulz u. W.	Amtsbezirk			
48	Verkehrssteueramt	Truchtersheim	Amtsbezirk			
49	Verkehrssteueramt	Wasselnheim	Amtsbezirk			
50	Verkehrssteueramt	Weiler	Amtsbezirk			
51	Verkehrssteueramt	Weißenburg	Amtsbezirk			
52	Verkehrssteueramt	Wörth	Amtsbezirk			
53	Verkehrssteueramt	Zabern I	Amtsbezirk			
54	Verkehrssteueramt	Albesdorf	Amtsbezirk			
55	Verkehrssteueramt	Ars a. M.	Amtsbezirk			
56	Verkehrssteueramt	Bitsch	Amtsbezirk			
57	Verkehrssteueramt	Polchen	Amtsbezirk			
58	Verkehrssteueramt	Busendorf	Amtsbezirk			
59	Verkehrssteueramt	Château-Salins	Amtsbezirk			
60	Verkehrssteueramt	Delme	Amtsbezirk			
61	Verkehrssteueramt	Deutsch-Oth	Amtsbezirk			
62	Verkehrssteueramt	Diedenhofen I	Amtsbezirk			
63	Verkehrssteueramt	Dieuze	Amtsbezirk			

64	Verkehrssteueramt	Falkenberg	Amtsbezirk
65	Verkehrssteueramt	Finstingen	Amtsbezirk
66	Verkehrssteueramt	Forbach	Amtsbezirk
67	Verkehrssteueramt	Großtänchen	Amtsbezirk
68	Verkehrssteueramt	Hayingen	Amtsbezirk
69	Verkehrssteueramt	Lörchingen	Amtsbezirk
70	Verkehrssteueramt	Metz I	Amtsbezirk
71	Verkehrssteueramt	Metzerwiese	Amtsbezirk
72	Verkehrssteueramt	Pfalzburg	Amtsbezirk
73	Verkehrssteueramt	Remilly	Amtsbezirk
74	Verkehrssteueramt	Rohrbach	Amtsbezirk
75	Verkehrssteueramt	Rombach	Amtsbezirk
76	Verkehrssteueramt	Saaralben	Amtsbezirk
77	Verkehrssteueramt	Saarburg	Amtsbezirk
78	Verkehrssteueramt	Saargemünd I	Amtsbezirk
79	Verkehrssteueramt	St. Avold	Amtsbezirk
80	Verkehrssteueramt	Sierck	Amtsbezirk
81	Verkehrssteueramt	Verny	Amtsbezirk
82	Verkehrssteueramt	Vic	Amtsbezirk
83	Verkehrssteueramt	Vigy	Amtsbezirk

Vollzugsordnungen zum Reichs-Erbschaftssteuergesetz

des Königreichs Preußen, des Königreichs Bayern, des Königreichs Sachsen, des Königreichs Württemberg, des Großherzogtums Baden, des Großherzogtums Hessen und des Herzogtums Braunschweig.

Vorbemerkung.

Die einzelnen Bundesstaaten des Deutschen Reichs haben wohl durchweg besondere Vollzugsordnungen zu dem Reichserbschaftssteuergesetz erlassen, einerseits um über diejenigen Punkte, bezüglich derer ihnen vom Gesetz oder den dazu vom Bundesrat gegebenen Ausführungsbestimmungen die Regelung vorbehalten war, die nötige Entscheidung zu treffen, andererseits um das neue Steuergesetz des Reiches in seinen Einzelheiten entsprechend in die ganze Verwaltungsorganisation des eigenen Staates einzufügen. Alle diese Vollzugsordnungen hier wiederzugeben, erschien mit Rücksicht auf Rahmen und Umfang des Werkes ausgeschlossen; die Aufnahme ist daher wiederum auf diejenigen Staaten beschränkt, deren frühere Gesetzgebung in dem Kommentar zum Gesetz regelmäßig speziell berücksichtigt wurde.

Schon diese sieben Bundesstaaten weisen aber in ihren Vollzugsordnungen, wenn man solche als Ganzes betrachtet, nicht unerhebliche Verschiedenheiten auf. Aeußerlich tritt eine solche gleich insofern hervor, als einige Staaten, wie Bayern, Sachsen und Hessen, die gesamten Vollzugsvorschriften in eine besondere Regelung zusammengefaßt haben, während andere, wie Preußen und Braunschweig, deren zwei, Württemberg und Baden sogar deren drei erlassen haben, wobei die Ausscheidung in Einzelregelungen auch keineswegs sich auf einer gleichen Grundlage bewegt. Bezüglich ihres ganzen Umfangs und der darauf begründeten geringeren oder größeren Ausführlichkeit gehen die einzelnen Ordnungen sodann ebenfalls in einem höheren Maße auseinander. Am meisten eingeschränkt haben die Vollzugsvorschriften wohl Sachsen und Braunschweig, etwas weiter gehen darin schon

Preußen und Württemberg, welche dann stärker wieder Bayern und Hessen übertreffen; Baden endlich hat die breiteste und eingehendste Regelung, zu einer solchen wesentlich durch seine weiter dezentralisierte Organisation der bezüglichen Steuererhebung veranlaßt.

In den Einzelheiten treten naturgemäß die Abweichungen namentlich auch die äußeren noch erheblich verstärkt in Erscheinung, was sich schon aus der Verschiedenheit in der Zahl der berücksichtigten Einzelheiten ergeben dürfte. Bis zu einem gewissen Grade war aber doch auch eine Uebereinstimmung insofern bedingt, als eine Anzahl gleicher Punkte von allen den einzelnen Ordnungen zu regeln stand, wobei die Regelung selbst natürlich wiederum eine verschiedenartige sein konnte.

Näher textlich, sei es im ganzen, sei es getrennt in Noten, zu den bezüglichen Bestimmungen zu erörtern, inwiefern bezüglich der Einzelheiten zwischen den einzelnen Ordnungen eine Gleichmäßigkeit herrscht, inwiefern auf der anderen Seite Abweichungen und Sonderheiten sich zeigen, mußte wiederum mit Rücksicht auf den gesetzten Umfang des Werkes, welcher hier möglichste Einschränkung heischte, ausgeschlossen erscheinen. Es konnte deshalb nach dieser Richtung hin nur zu den einzelnen Paragraphen und Nummern der Vollzugsordnungen durch kurze lediglich formelle Heraushebung auf diejenigen Stellen der Vollzugsordnungen der anderen Staaten verwiesen werden, an welchen derselbe Gegenstand, sei es überhaupt, sei es auch in ähnlicher oder gleicher Weise eine Regelung gefunden hat. Diese Verweisungen sind überall ohne weitere Erklärung in einer vollkommen übereinstimmenden Form gegeben; aus denselben geht aber doch im allgemeinen hervor, inwieweit die einzelnen Vollzugsordnungen untereinander in einer inneren Beziehung stehen; es ist durch dieselben die Möglichkeit gegeben, sich leicht über die Art und Weise, in welcher ein und dieselbe Frage in den einzelnen Bundesstaaten geordnet ist, zu unterrichten.

Die Verweisungen sind nun aber immer nur zu den einzelnen Paragraphen oder Nummern — ausnahmsweise auch für einzelne Absätze derselben — in eins gegeben und ziehen in gleicher Weise stets nur die einzelnen Paragraphen und Nummern der anderen Vollzugsordnung an. Sie sind aber überall auch da gegeben, wo sie nur in beschränkter Weise oder bezüglich einer Einzelheit tatsächlich zutrafen, wenn also nur in beschränkter Weise oder bezüglich einer Einzelheit das gleiche sich geordnet fand; ohne besondere textliche Erläuterungen, die im Interesse der Kürze ausgeschlossen sein sollten, konnte letzteres nicht speziell bezeichnet werden Bei der Benutzung der Verweisung ist dem entsprechend Rechnung zu tragen. Wenn zu einem einzelnen Paragraphen bzw. Nummer ein Paragraph bzw. Nummer einer anderen Vollzugsordnung angezogen ist, so hat dieses demnach nicht die Bedeutung, daß beide Paragraphen oder Nummern bezüglich ihres ganzen Inhalts irgendwie übereinstimmen, sondern vielfach nur die, daß sie bezüglich eines Teiles, selbst eines nur untergeordneteren Teiles ihrer Regelung übereinstimmen, ein Umstand, der allerdings nicht weiter ersichtlich zu machen war.

Abgesehen von diesen Verweisungen auf die etwa entsprechenden Bestimmungen der Vollzugsordnungen der anderen Bundesstaaten ist dann regelmäßig nur noch herausgehoben, ob und wie die einzelnen Paragraphen und Nummern sich wiederum auch auf die Paragraphen des Erbschaftssteuergesetzes und der Ausführungsbestimmungen des Bundesrats dazu beziehen. Die von den Bundesstaaten mit den Vollzugsordnungen vorgeschriebenen besonderen Formulare und Muster sind gleichfalls mit zum Abdruck gebracht.

Königreich Preußen.

I. Allgemeine Verfügung des Finanzministers vom 25. Juni 1906 Nr. III 10180, betreffend die Ausführung des Erbschaftssteuergesetzes vom 3. Juni 1906.

(Zentralblatt der Abgaben-Gesetzgebung und Verwaltung in den Königl. Preuß. Staaten, 1906, Nr. 15, S. 1158 ff.)

An sämtliche Herren Provinzialsteuerdirektoren und die Kgl. Regierung zu Sigmaringen.

Der Bundesrat hat in der Sitzung vom 16. ds. Mts. Ausführungsbestimmungen zum Erbschaftssteuergesetz vom 3. Juni 1906 („Erbschaftssteuer-Ausführungsbestimmungen") beschlossen, die in der von dem Reichsschatzamt herauszugebenden und Ew. Hochwohlgeboren in einer Anzahl von Exemplaren demnächst zugehenden Handausgabe des Erbschaftssteuergesetzes (vgl. Verfügung vom 13. Juni ds. Jrs. — III 9066 —) zum Abdruck kommen werden. Ew. Hochwohlgeboren wollen nach diesen Bestimmungen verfahren lassen.

Dabei bemerke ich noch folgendes:

1. Unter Oberbehörden im Sinne des § 34 des Gesetzes sind die Provinzialsteuerdirektoren, für die Hohenzollernschen Lande die Königliche Regierung in Sigmaringen zu verstehen.

> Zu § 34 des Gesetzes und § 1 der BRAusfB. Dasselbe ist geordnet in ByA. § 1; SA. 1; WA. I BdA. I § 1; HA 1; BrA. I u. II 1.

2. Nach der Begründung zu § 60 des Gesetzes (§ 64 des Entwurfs) müssen aus Gründen staatsrechtlicher Natur auch die Ver-

einbarungen unberührt bleiben, die ein Bundesstaat bezüglich der Erbschaftssteuer mit einem ausländischen Staate vor dem Inkrafttreten des Gesetzes geschlossen hat. Im Verhältnis zu Oesterreich ist daher auch ferner nach den bisherigen Grundsätzen (vgl. den Erlaß des Kaiserlich Oesterreichischen Justizministeriums vom 17. September 1875 — JBl. S. 195 — sowie die von hier aus erlassene Verfügung vom 29. Juni 1891 — JBl. S. 199 —) zu verfahren.

Zu § 60 des Gesetzes.

3. Nach § 61 des Gesetzes bestimmt sich die Steuerpflicht für einen Erwerb, der bereits zur Zeit des Inkrafttretens des Gesetzes begründet ist, nach den bisherigen Gesetzen. In der dem Reichstage vorgelegten Begründung des Entwurfs zum Erbschaftssteuergesetze (§ 65) heißt es wörtlich wie folgt:

„Daß ein Erwerb, der vor dem Inkrafttreten dieses Gesetzes angefallen ist, nach den bisherigen Gesetzen zu beurteilen ist, folgt aus allgemeinen Rechtsgrundsätzen. Umgekehrt würde an sich ein Erwerb, der als nach diesem Zeitpunkt angefallen anzusehen ist, dem gegenwärtigen Gesetze zu unterstellen sein, auch wenn die Veranlassung des Erwerbes, insbesondere also der Erbfall (Tod des Erblassers), vor dem bezeichneten Zeitpunkt läge. Hierher gehört u. a. der Erwerb unter einer aufschiebenden Bedingung (§ 23 Abs. 1 des Gesetzes) und die Nacherbschaft (§ 29 des Gesetzes und § 2139 des BGB.). Aus der Anwendung verschiedener Gesetze, besonders in dem Falle, wo die mehreren Erwerbe auf denselben, vor dem Inkrafttreten des vorliegenden Gesetzes eingetretenen Erbfall zurückgehen, ergeben sich aber unter Umständen unerwünschte Folgen. Der § 65 schreibt daher vor, daß sich die Steuerpflicht für einen Erwerb, der bereits zur Zeit des Inkrafttretens dieses Gesetzes begründet ist, stets nach den bisherigen Gesetzen bestimmen soll. Hierbei ist der Ausdruck „begründet" in dem Rechtssinne gebraucht, in dem er z. B. in § 404 des BGB. angewendet ist (vgl. Planck, BGB. 3. Auflage Bd. 2, Erläuterung 1 zu § 404 S. 278). Daß ein Erwerb durch Eintritt eines Lehens- oder Fideikommißfalls (§ 3 Nr. 1 des Gesetzes) in dem bezeichneten Sinne nicht früher als mit diesem Eintritte selbst als begründet angesehen werden kann, daß insbesondere die Errichtung des Lehens oder Fideikommisses nicht schon als Grund des Erwerbes in diesem Sinne gelten soll, wird nicht näherer Ausführung bedürfen."

Gegen diese Ausführungen ist bei der Beratung im Reichstage von keiner Seite Widerspruch erhoben; die Erledigung dieser Fälle einschließlich der Aufstellung und Einreichung der Erbschaftssteuertabellen sowie des Prüfungsverfahrens, hat daher nach den bisherigen Vorschriften zu erfolgen mit der Maßgabe, daß wegen des Inkrafttretens des Reichserbschaftssteuergesetzes am 1. Juli ds. Js. die Erbschaftssteuer-Haupttabelle nicht einen halbjährigen, sondern den Zeitraum vom 1. April bis 1. Juli ds. Js. umfaßt.

Zu § 61 des Gesetzes. — Dasselbe ist geordnet in ByA. § 29; BdA. II § 57; HA. 24.

4. In § 15 der Ausführungsbestimmungen heißt es:

„Zu den landwirtschaftlichen Zwecken im Sinne der §§ 15, 16 des Gesetzes sind der Obst- und Gartenbau nur zu rechnen, sofern sie in unmittelbarer wirtschaftlicher Verbindung mit einem landwirtschaftlichen Betrieb erfolgen."

Bei der Beratung über diesen Paragraphen in den beteiligten Ausschüssen des Bundesrats herrschte Einverständnis darüber, daß Obst- und Gartenbauanlagen auch dann nach den §§ 15 und 16 des Gesetzes zu behandeln seien, wenn sie schon an sich als ein landwirtschaftlicher Betrieb sich darstellen.

Zu §§ 15 und 16 des Gesetzes und § 15 der BRAusfB.

5. Bei der Beratung über § 47 des Gesetzes (§ 50 des Entwurfs) in der Kommission des Reichstags (Sitzung vom 4. April ds. Js.) ist von dem Herrn Staatssekretär des Reichsschatzamtes folgende Erklärung abgegeben:

„Im Hinblick auf die besonderen Verhältnisse des Grundbesitzes geht die Regierung von der Auffassung aus, daß bei einem erbschaftlichen Erwerbe von Grundstücken oder von Berechtigungen, für welche die sich auf Grundstücke beziehenden Vorschriften gelten, der Fall des § 47 Abs. 1 der Regel nach, ohne daß es noch eines besonderen Nachweises der dort bezeichneten tatsächlichen Voraussetzung bedarf, als gegeben anzusehen ist. Die Regierung wird daher dem § 47 die Auslegung geben, daß bei einem erbschaftssteuerpflichtigen Erwerbe der vorbezeichneten Art die Erbschaftssteuerbehörden der Regel nach ohne weiteres gehalten sind, einem Antrag auf Stundung und auf Gestattung der Abführung der Steuer in Jahresteilbeträgen gegen Bestellung ausreichender Sicherheit stattzugeben. Es bestehen regierungsseitig auch keine Bedenken, daß die Entrichtung der Jahresteilbeträge bei vorhandenem Bedürfnisse bis auf einen Zeitraum von 10 Jahren erstreckt werden dürfe. Die Gestattung von Teilzahlungen zu versagen, muß aber allerdings für Fälle vorbehalten werden, wo nach den besonderen Verhältnissen die Annahme, daß die sofortige Einziehung der Steuer mit Härten verbunden sein würde, als ausgeschlossen angesehen werden muß. Dies könnte z. B. zutreffen bei Grundstücken, die offenkundig Spekulationszwecken dienen oder auch in dem Falle, daß der steuerpflichtige Erwerb neben dem Grundbesitz erhebliches Barvermögen umfaßt. Ebenso muß vorbehalten bleiben, die Stundungsbewilligung im Falle eines Verkaufs des Grundstücks vor Ablauf der Stundungsfrist zurückzuziehen. Doch würde auch von einer solchen Zurückziehung nur Gebrauch gemacht werden, wenn die Fortgewährung billigerweise nicht gerechtfertigt erscheint."

Zu § 47 des Gesetzes und § 27 Abs. 4 der BRAusfB.

6. Die Einsendung der Totenlisten seitens der Standesämter an die Erbschaftssteuerämter hat in den bisherigen Zeiträumen zu erfolgen. Der Herr Minister des Innern ist von mir ersucht worden, den Standesämtern hiernach Mitteilung machen und sie mit den neuen Formularen zu den Totenlisten versehen zu lassen.

Zu § 40 Ziff. 1 des Gesetzes und § 2 Abs. 1 und 2 der BRAusfB. Dasselbe geordnet in ByA. § 5; WA. II 1; HA. 2.

7. Die erste Erbschaftssteuer-Hauptliste A und die erste Erbschaftssteuer-Hauptliste B ist für das Vierteljahr vom 1. Juli bis 1. Oktober ds. Js. aufzustellen, von letzterem Zeitpunkte ab noch 9 Monate für die Aufnahme und Erledigung der Erb- und Schenkungsfälle offen zu halten und alsdann abzuschließen und einzureichen (§ 41 der Ausführungsbestimmungen). Für diejenigen Verwaltungsbezirke, in denen die Frist für den Abschluß der Tabellen über preußische Erbschaftssteuer auf ein Jahr festgesetzt ist, findet diese erweiterte Frist allgemein auch auf den Abschluß der Erbschaftssteuer-Hauptlisten und Erbschaftssteuer-Nachtragslisten Anwendung. Demnächst hat die Aufstellung der Erbschaftssteuer-Hauptlisten regelmäßig für einen halbjährlichen Zeitraum zu erfolgen.

Zu den Erbschaftssteuerlisten ist ein fortlaufendes nach der Buchstabenfolge geordnetes Namensverzeichnis zu führen, dessen Einrichtung den Erbschaftssteuerämtern überlassen bleibt.

Ein gleiches Verzeichnis ist auch für die in die Ueberwachungsliste aufgenommenen Fälle anzulegen, dessen Einrichtung den Erbschaftssteuerämtern ebenfalls überlassen bleibt (§ 26 Abs. 2 und § 30 der Ausführungsbestimmungen).

Absatz 1 und 2: Zu den §§ 10, 33 und 41 der BRAusfB. Dasselbe ist bzw. auch in ähnlicher Weise geordnet in ByA. §§ 11, 20 und 26; SA. 7; HA. 6; BrA. II 2 und 3.

Absatz 3 und 4: Zu § 26 Abs. 2 und § 30 der BRAusfB. Eine gleiche Ordnung findet sich in ByA. § 11; SA. 8; WA. II 3; BdA. I § 10; HA. 7 und 15; BrA. II 4.

8. Die Einziehung und Verrechnung der Steuer erfolgt, wie bei der Landeserbschaftssteuer, durch die Hauptzoll- und Hauptsteuerämter, denen die festgestellten Steuerbeträge, nach Uebernahme als Sollposten in das nach dem bisherigen Muster neu anzulegende Einnahmeregister für die Reichserbschaftssteuer, von den Erbschaftssteuerämtern mittelst Auszügen aus den erlassenen Steuerbescheiden zu überweisen sind. Die auf Unterämter gestellten Einziehungsaufträge sind zunächst an die zuständigen Bezirkshauptämter zu senden und von diesen weiterzugeben. Die Unterämter haben die eingezogenen Beträge als Deposita zu behandeln und an die vorgesetzten Hauptämter abzuführen.

Unterämter wie Hauptämter haben über die bei ihnen erfolgte Einzahlung dem Einzahler entweder auf dem von ihm vorgelegten Steuerbescheid oder besonders Quittung unter Beifügung der Buchungsnummern des Einnahme- und Sollbuchs (bei Unterämtern des Kassenbuchs) zu erteilen, bei Einzahlungen mittelst Postanweisung oder Geldbriefes oder durch Ueberweisung im Giroverkehr jedoch nur dann, wenn eine Empfangsbescheinigung ausdrücklich verlangt wird. Derartige Quittungen sind an auswärtige

Zahlungspflichtige unfrankiert unter der Aufschrift „Portopflichtige Dienstsache“ abzusenden.

Die im § 39 bezeichneten Kassenbücher sind von den Hauptämtern nach den vorgeschriebenen Mustern neben den noch weiter beizubehaltenden entsprechenden Registern für die Landeserbschaftssteuer zu führen. Die am Schlusse des Etatsjahres verbleibenden Rückstände bei den zum Soll gestellten Beträgen an Reichserbschafts- und Schenkungssteuer werden ausschließlich im Sollbuche festgehalten und sind nicht, wie die Reste bei der Landeserbschaftssteuer, in das Hauptmanual, den Verwaltungsabschluß und die Jahresrechnung zu übernehmen. In den hauptamtlichen Kassenbüchern und den Rechnungen ist überall nur die Isteinnahme an Reichserbschaftssteuer ꝛc. nach dem Einnahmebuche (Muster 14) nachzuweisen. Bei der Landeserbschaftssteuer hat die Behandlung der vorhandenen und noch weiter entstehenden Rückstände nach wie vor nach Maßgabe der Verfügung vom 2. Oktober 1899 — III 10214 — Abschnitt II Nr. 1 bis 5 (ZBl. S. 235 ff.) zu erfolgen.

Die nach § 39 Abs. 3 abzugebende Bescheinigung des abgeschlossenen Sollbuchs hat den bestehenden Verhältnissen entsprechend dahin zu lauten, daß die „nach den Mitteilungen der Erbschaftssteuerämter“ festgestellten, in Abgang gebrachten oder niedergeschlagenen Steuerbeträge usw. bis „eingetragen worden sind.“ Die Bescheinigung ist, soweit nicht anderes bestimmt worden ist, vom Kassenkurator zu erteilen. Die dem Hauptamte zugehenden Mitteilungen der Erbschaftssteuerämter über die Feststellung des Steuersolls, seine Abtragung und Aenderung bilden die Belege zum Sollbuche. Es ist von den Erbschaftssteuerämtern besonders darauf zu achten, daß den Hauptämtern die erforderlichen Belege über die erfolgte Niederschlagung von Steuerbeträgen vollständig zugefertigt werden.

Geht eine Zahlung in der dafür festgesetzten Frist nicht ein, so hat das Hauptamt dem zuständigen Erbschaftssteueramte hiervon Nachricht zu geben und dessen etwaigem Ersuchen um zwangsweise Beitreibung des geschuldeten Betrages zu entsprechen.

Von den erfolgten Einzahlungen an Reichserbschafts- und Schenkungssteuer ist den Erbschaftssteuerämtern in der für die Landeserbschaftssteuer angeordneten Weise ebenfalls und unter Benutzung des vorgeschriebenen Formulars Mitteilung zu machen. Dasselbe wird zur Erleichterung des Verfahrens, wie alle anderen vorerst auch für Zwecke der Reichssteuer weiter zu brauchenden Vordrucke für die Landessteuer, auf der Schauseite mit dem lateinischen Buchstaben „R“ zu versehen sein.

Bei der Bestellung von Sicherheit (§ 28), wegen deren Niederlegung und Aufbewahrung von den Hauptämtern nach den sonst dafür bestehenden Vorschriften zu verfahren ist, haben diese Amtsstellen den Erbschaftssteuerämtern die Nummern mitzuteilen, unter denen die hinterlegten Faustpfänder im Dokumentenjournal und Dokumentenmanual oder im Depositenmanual eingetragen sind.

Das Verfahren bei Erstattungen (§ 29 Abs. 3) richtet sich nach den für die Landeserbschaftssteuer erlassenen Vorschriften.

Die Einnahmen an Reichserbschafts- und Schenkungssteuer sind in den Manualen, Abschlüssen und Rechnungen hinter den Reichsstempelabgaben nachzuweisen. Wegen der Verrechnung des der preußischen Staatskasse zustehenden Anteils an der Roheinnahme bleibt weitere Verfügung vorbehalten. Die gemäß § 61 des REStG. noch weiter auf Grund des preußischen Erbschaftssteuergesetzes einzuziehenden Steuerbeträge fallen ausschließlich der preußischen Staatskasse zu und sind demgemäß in das fortzuführende preußische Erbschaftssteuereinnahmebuch zu übernehmen.

Absatz 1, 2, 5 und 6: Zu § 45 des Gesetzes und § 25 Abs. 1 der BRAusfB. Dasselbe geordnet in ByA. § 17; BdA. I §§ 11—14; HA. 14; BrA. II 5.

Absatz 3 und 4: Zu § 39 der BRAusfB. Dasselbe geordnet in ByA. § 22; WA. II 16; HA. 22; BrA. II 5.

Absatz 7: Zu den §§ 21—23 und 26 des Gesetzes sowie zu § 28 der BRAusfB. Dasselbe geordnet in SA. 13; WA. II 12; BdA. I § 9, II §§ 36—38 und III § 16; HA. 18; BrA. II 7.

Absatz 8: Zu den §§ 18, 21—25, 27, 45 und 56 des Gesetzes sowie zu § 29 der BRAusfB Dasselbe geordnet ByA. §§ 19 und 27; SA. 14; WA. II 14; BdA. I §§ 16 und 17, II §§ 40—42; HA. 19; BrA. II 8.

Absatz 9: Zu § 61 des Gesetzes. Dasselbe ist geordnet in ByA. § 30; BdA. II § 58 und III § 19; HA. 24; BrA. II 5.

9. Die Bestimmung darüber, inwieweit es zur Stundung festgesetzter Steuerbeträge ohne Sicherheitsleistung der Genehmigung der Oberbehörde bedarf, wird den Provinzialsteuerbehörden überlassen. Die Erbschaftssteuerämter sind in dieser Beziehung mit entsprechender Anweisung zu versehen. Sollten in dem einen oder dem anderen Falle gegen eine Stundung ohne Sicherheitsleistung Bedenken obwalten, so ist an mich zu berichten.

Hinsichtlich der Art der Sicherheit kommen die für die Sicherstellung gestundeter preußischer Erbschaftssteuer im allgemeinen geltenden Bestimmungen, insbesondere die Allgemeine Verfügung vom 16. März 1881 — ZBl. S. 86 —, auch für die Sicherstellung von Reichserbschaftssteuer- und Schenkungssteuerbeträgen zur Anwendung.

Zu §§ 47, 55 und 56 des Gesetzes sowie zu §§ 27 und 30 der BRAusfB. Dasselbe geordnet in ByA. § 17; SA. 13; WA. II 11; BdA. I § 15, III §§ 9—13; HA. 17; BrA. II 7.

10. Die den Ausführungsbestimmungen beigegebenen Muster 2, 3, 4, 5, 7, 8, 9, 10, 11, 12, 13 und 14 wird das Hauptstempelmagazin drucken lassen und den Erbschaftssteuerämtern bzw. den Hauptämtern auf Verschreibung liefern.

Für die Ueberweisung der Erbschaftssteuer- und der Schenkungssteuerbeträge seitens der Erbschaftssteuerämter an die Hauptämter sind entsprechende Formulare (Muster 7a und 12a) vorgesehen, die von dem Hauptstempelmagazin gleichfalls bezogen werden können.

Die bei Bearbeitung der Landes-Erbschaftssteuersachen im Gebrauch befindlichen Formulare

zum Einnahme-Register (Muster L 5 des Drucksachenverzeichnisses),
zum Strafregister (Muster L 6),
zu Bescheinigungen über eingezahlte Erbschaftssteuer (Muster L 12),
zu Uebersendungsschreiben mit Auszug aus der Totenliste (Muster L 13),
zu Bescheinigungen über Erbfallüberweisungen (Muster L 14)

sollen zunächst auch für Reichserbschaftssteuer, bzw. Schenkungssteuersachen verwendet werden, bis die vorhandenen Bestände annähernd aufgebraucht sein werden. Die etwa erforderlichen Aenderungen sind mit der Feder vorzunehmen. Bei einem Neudruck dieser Formulare werden die neuen Bestimmungen Berücksichtigung finden.

Im übrigen kommen wegen der Bezeichnung der zur Empfangnahme der Zahlung zuständigen preußischen Kassenstellen sowie wegen der Führung des Einnahme-Registers und des Strafregisters der Erbschaftssteuerämter die für die preußische Erbschaftssteuer erlassenen Vorschriften auch für die Reichserbschafts- und die Schenkungssteuer zur Anwendung (vgl. auch die Allgemeinen Verfügungen vom 4. Dezember 1877 — ZBl. 1878 S. 18 — und vom 6. Februar 1879 — ZBl. S. 86 —).

Zu den §§ 8, 10, 11, 13, 24, 26, 32, 33, 36 und 39 der BRAusfB.

11. Die Erbschaftssteuerämter sind auch ferner berechtigt, bei einzuleitenden Strafsachen die Führung der Untersuchung den Hauptzoll- und Hauptsteuerämtern (in den Hohenzollernschen Landen den Steuerämtern) zu übertragen, die nach ergangener Entscheidung der Erbschaftssteuerämter oder der Oberbehörden auch die Verrechnung der Einnahmen und Ausgaben in der Strafsache zu übernehmen und im Strafgelderauszuge, zusammen mit den ihnen zur Verrechnung überwiesenen, von den Erbschaftssteuerämtern in Angelegenheiten der Reichs- und preußischen Erbschaftssteuer sonst verhängten Strafen nachzuweisen haben.

Gemäß der vorgenannten Gesetzesbestimmung steht (an Stelle der Hauptamtsleiter) den Vorständen der Erbschaftssteuerämter die Befugnis zu, vor Erlaß des Strafbescheides auf Grund der Ziff. 3 der Allgemeinen Verfügung vom 6. Oktober 1897 — III 12757 — (ZBl. 1897 S. 408), Zuwiderhandlungen gegen das Reichserbschaftssteuergesetz, die lediglich Ordnungsstrafen nach sich ziehen, und sonstige Zuwiderhandlungen dieser Art, bei denen die in Frage kommenden Abgaben drei Mark nicht übersteigen, im Wege der Nachsicht straffrei zu lassen.

Zu § 51 des Gesetzes. Dasselbe geordnet in BrA. II 11.

Ew. Hochwohlgeboren ersuche ich, hiernach das Erforderliche anzuordnen.

Der Bedarf an Abdrücken dieser Verfügung ist anzuzeigen.

Zusatz für Altona:

12. Die Insel Helgoland wird vom 1. Juli d. Js. ab dem Geschäftsbezirk der Abteilung I des dortigen Erbschaftssteueramts zugewiesen. Der Herr Minister des Innern ist von mir ersucht worden, das Standesamt auf Helgoland mit den Mustern zu den Totenlisten versehen und auf die ihm nach § 2 der Ausführungsbestimmungen obliegenden Pflichten aufmerksam machen zu lassen. Die Aufstellung der Totenlisten wird in vierteljährlichen Abschnitten und die Einsendung an das dortige Erbschaftssteueramt in den ersten zehn Tagen der Monate Oktober, Januar, April und Juli erfolgen.

Zu § 31 des Gesetzes und § 2 der BRAusfB.

II. Allgemeine Verfügung des Finanzministers und des Justizministers vom 26. Juni 1906, betreffend die Erbschaftssteuer und die von Schenkungen zu entrichtenden Abgaben.

(Zentralblatt der Abgaben-Gesetzgebung und Verwaltung in den Königl. Preuß. Staaten, 1906, Nr. 16, S. 1207 ff.)

Den Provinzialbehörden der Verwaltung der indirekten Steuern mitgeteilt durch Verfügung des Finanzministers vom 4. Juli 1906. Nr. III 10797.

1. Durch das Erbschaftssteuergesetz vom 3. Juni 1906 (Reichs-Gesetzbl. S. 654) ist das preußische Erbschaftssteuergesetz, insoweit es sich nicht um einen Erwerb der unter Nr. 2 bezeichneten Art handelt, außer Kraft getreten; außerdem sind die Vorschriften über die Erhebung von Abgaben von Schenkungen unter Lebenden oder der über solche Schenkungen ausgestellten Urkunden außer Kraft getreten. Der im § 60 des Gesetzes für die Fälle des § 59 gemachte Vorbehalt ist für Preußen ohne Bedeutung, da von den dort bezeichneten Personen in Preußen Erbschaftssteuer oder eine Abgabe von Schenkungen nicht erhoben wird. Es wird demnach der in Tarifstelle 56 des Stempelsteuergesetzes vorgeschriebene Stempel für Schenkungen nicht mehr erhoben, soweit sich nicht aus Nr. 2 ein Anderes ergibt. Als eine in Wegfall kommende Abgabe von Schenkungen ist auch die nach Art. 2 § 2 des Gesetzes vom 22. Juni 1875, betreffend das Sportel-, Stempel- und Taxwesen in den Hohenzollernschen Landen (Gesetz-Samml. S. 235), im Falle der Auflassung auf Grund einer Schenkung unter Lebenden zu erhebende Abgabe anzusehen. Dagegen ist der Stempel für Familien-

stiftungen (Tarifstellen 23, 24 des Stempelsteuergesetzes) unberührt geblieben, da das Stiftungsgeschäft nur insoweit dem Erbschaftssteuergesetz unterliegt, als es sich um die Zuwendung des Stiftungsvermögens an die Stiftung handelt (vgl. § 55 Abs. 3 des EStG.

Zu §§ 59 und 60 des Gesetzes. Dasselbe geordnet in ByA. § 29.

2. Die Steuerpflicht für einen vor dem 1. Juli 1906 begründeten Erwerb bestimmt sich nach dem bisherigen Gesetze (§ 61 des RESt.G.). Als begründet ist auch ein Erwerb anzusehen, der noch von einer aufschiebenden Bedingung abhängt. Soweit es sich um einen Erwerb von Todes wegen handelt, sind die alten Vorschriften maßgebend, sofern der Erbfall vor dem 1. Juli 1906 eingetreten ist; nach den bisherigen Vorschriften ist die Nacherbfolge auch dann zu behandeln, wenn der Erbfall vor dem 1. Juli 1906, dagegen der Fall der Nacherbfolge später eingetreten ist. Bei Schenkungen unter Lebenden kommt es darauf an, ob die Vollziehung oder, wenn der Vollziehung ein rechtswirksames Schenkungsversprechen vorhergegangen ist, die Beurkundung des Versprechens vor dem 1. Juli 1906 erfolgt ist. Ist ein Schenkungsversprechen vor dem 1. Juli 1906 nur privatschriftlich beurkundet, ohne daß der Mangel der Form vor diesem Zeitpunkte durch Bewirkung der versprochenen Leistung geheilt wäre (§ 518 BGB.), so sind die landesgesetzlichen Abgaben nicht zu erheben und, wenn sie bereits erhoben sein sollten, zu erstatten.

Zu § 61 des Gesetzes. Dasselbe geordnet in ByA. § 29; BdA. I § 23, II §§ 57 und 58, III § 19; HA. 24; BrA. II 5.

3. Für die von den Gerichten und den Notaren den Erbschaftssteuerämtern zu machenden Mitteilungen sind die in der Anlage 1 abgedruckten Vorschriften der §§ 3, 4, 31 der Ausführungsbestimmungen des Bundesrats zum Erbschaftssteuergesetze maßgebend.

Die Erbschaftssteuerämter sind angewiesen, den von ihnen ermittelten Betrag des Nachlasses den Gerichten mitzuteilen, wenn dieser Betrag den bei der Errichtung oder Eröffnung der Verfügung angenommenen Wert so erheblich übersteigt, daß die Nachforderung eines namhaften Gerichtskostenbetrags begründet ist. Um die Erbschaftssteuerämter in die Lage zu setzen, diese Mitteilungen zu machen, ist bei Uebersendung der beglaubigten Abschriften der Verfügungen von Todes wegen in dem Uebersendungsschreiben zu bemerken, nach welchem Werte die Gebühren für die Errichtung und Eröffnung berechnet sind. Ist die Verfügung nicht gerichtlich errichtet, so ist der Wert anzugeben, nach dem die Gebühren für die Eröffnung und, wenn die Verfügung in besondere amtliche Verwahrung gebracht war, für die Aufbewahrung berechnet sind. Hat zur Zeit der Uebersendung der Abschrift der Verfügung von Todes wegen die Berechnung der Gebühren noch nicht stattgefunden, so ist dies in dem Uebersendungsschreiben zu bemerken und demnächst nach erfolgter Berechnung der Gebühr dem Erbschaftssteueramte hierüber eine besondere Mitteilung zu machen.

Der vom Erbschaftssteueramt ermittelte Wert des Nachlasses ist für die Berechnung der Gebühren für die Errichtung und Aufbewahrung der Verfügungen von Todes wegen, welche sich nach dem Werte des Vermögens zur Zeit der Errichtung oder Uebergabe zur Aufbewahrung richten, nicht ohne weiteres maßgebend: ist aber der Wert des Nachlasses erheblich höher, so wird sich hieraus Veranlassung zur Anstellung von Ermittelungen ergeben, ob nicht auch das Vermögen zur Zeit der Fälligkeit der Gebühren den angegebenen Betrag überstiegen hat.

Die Mitteilungen des Erbschaftssteueramts erfolgen in allen Fällen an das Nachlaßgericht. Soweit die Gebühr, deren Nachforderung in Frage kommt, bei einem anderen Gericht angesetzt ist, hat das Nachlaßgericht diesem Gerichte von der Mitteilung des Erbschaftssteueramts Kenntnis zu geben.

Für das Schreiben, mit welchem die Gerichte den Erbschaftssteuerämtern beglaubigte Abschriften der von ihnen eröffneten Verfügungen von Todes wegen übersenden, ist das in Anlage 2 abgedruckte Formular zu verwenden.

Die Vorschriften der Allgemeinen Verfügungen des Justizministers vom 17. Oktober 1899 und 9. September 1901 (Just.-Minist.-Bl. S. 293 und 229) treten außer Kraft, soweit es sich nicht um Erbfälle handelt, die vor dem 1. Juli 1906 eingetreten sind.

Zu § 40 des Gesetzes und den §§ 3, 4 und 31 der BRAusfB. Dasselbe ist in ähnlicher Weise geordnet in HA. 5.

4. Wird eine Schenkung notariell beurkundet, so ist der in der Tarifstelle 45 bestimmte Stempel von 1,50 Mark zu erheben; dagegen sind gerichtliche Beurkundungen einer Schenkung nach Tarifstelle 53 Abs. 2 stempelfrei, da die Schenkung nicht mehr zu den im Tarife zum Stempelsteuergesetze besteuerten Verhandlungen gehört.

5. Auflassungen auf Grund einer Schenkung unterliegen dem Auflassungsstempel, der Auflassungsstempel bleibt aber nach Maßgabe der Tarifstelle 8 Abs. 3, 4 unerhoben, wenn in der vorgeschriebenen Frist eine in an sich stempelpflichtiger Form ausgestellte Urkunde über die Schenkung vorgelegt wird. Als eine an sich stempelpflichtige Form ist bei Urkunden über Schenkungen entsprechend der bisher in Tarifstelle 56 getroffenen Bestimmung auch eine die Erklärung des Schenkers enthaltende Privatschrift anzusehen.

Eine Anrechnung des Auflassungsstempels auf die Schenkungssteuer findet nicht statt, da eine der Tarifstelle 8 Abs. 5 entsprechende Bestimmung im Reichsgesetze nicht getroffen ist. Den Parteien ist daher in allen Fällen, in denen der Auflassung eine Schenkung zugrunde liegt, zu empfehlen, eine Urkunde über die Schenkung einzureichen, da die Schenkungssteuer, soweit sie zu erheben ist, auch dann fällig wird, wenn die Beurkundung unterbleibt und die Nichteinreichung einer Urkunde zur Folge hat, daß neben der etwaigen Schenkungssteuer der Auflassungsstempel zu erheben ist. Die Beteiligten sind hierüber bei der Auflassung zu belehren. In dem Formular I zur Allgemeinen Verfügung vom 29. Februar 1896 über das gerichtliche Stempelwesen (Just.-Minist.-Bl. S. 63) werden im vorletzten Satze die Worte „sowie bei Schenkungen zwischen Eltern und Kindern oder zwischen Ehegatten" gestrichen. Dies Formular erhält folgenden Zusatz:

„Bei Schenkungen ist die Erhebung der Schenkungssteuer nach Maßgabe des Erbschaftssteuergesetzes vom 3. Juni 1906 (Reichs-Gesetzbl. S. 654) unabhängig von der Beurkundung der Schenkung, während die Vorlegung einer Urkunde über die Schenkung den Wegfall des Auflassungsstempels zur Folge hat. Es empfiehlt sich daher in allen Fällen, in denen der Auflassung eine Schenkung zu Grunde liegt, eine Urkunde über die Schenkung vorzulegen. Es genügt eine privatschriftliche Erklärung des Schenkers."

6. Wird behufs Ausschließung des Auflassungsstempels eine privatschriftliche Schenkungsurkunde vorgelegt, so hat das Grundbuchamt eine beglaubigte Abschrift dieser Urkunde dem Erbschaftssteueramte zu übersenden.

7. Die Vorschriften der Nr. 5, 6 finden entsprechende Anwendung auf Anträge auf Eintragung einer Hypothek oder Grundschuld oder einer wiederkehrenden Geldleistung sowie auf Eintragung der Verpfändung oder Abtretung einer Hypothek oder Grundschuld (Tarifstellen 58 III und 2 Abs. 4 bis 8 des Stempelsteuergesetzes).

8. Für diejenigen Fälle, in denen der auf Schenkung beruhende Erwerb vor dem 1. Juli 1906 begründet ist, kommen statt der Nr. 5 bis 7 die bisherigen Bestimmungen zur Anwendung.

Ziffer 4—8: Zu § 61 des Gesetzes.

Anlage 1 enthält lediglich einen Abdruck der §§ 1, 3, 4 und 31 der BRAusfB.

Anlage 2.

Amtsgericht.

In der Anlage übersenden wir beglaubigte Abschrift des — Testaments — Erbvertrags — vom ....
sowie de.... weitere.... Testament — Erbvertrag — vom .... de.... nach der Sterbeurkunde des Standesamts in .... (Sterberegister Nr......) am .... 190.... verstorbenen ....
aus ....

Die Eröffnung hat am .... 190... stattgefunden.

Die Gebühr für die — Errichtung — Aufbewahrung — ist berechnet nach einem Werte von .... Mk.

Die Gebühr für die Eröffnung ist — berechnet nach einem Werte von .... Mark — noch nicht berechnet.

Ueber Veränderungen in der Person der Erben, Vermächtnisnehmer oder Testamentsvollstrecker oder über die Wohnung dieser Personen ist — nichts — folgendes — das aus dem anliegenden Auszug aus dem Eröffnungsprotokoll Ersichtliche — bekannt geworden ....

Der anliegende Auszug aus dem Eröffnungsprotokoll enthält Angaben zur Beurteilung der Rechtsgültigkeit de... privatschriftlichen Testament..... vom ....

An
das Erbschaftssteueramt
in
....

Königreich Bayern.

Bekanntmachung der K. Staatsministerien der Justiz, des Innern und der Finanzen vom 10. August 1906, den Vollzug des Erbschaftssteuergesetzes vom 3. Juni 1906 betreffend.

(Gesetz- und Verordnungsblatt für das Königreich Bayern, 1906, Nr. 48, S. 509 ff.)

Zum Vollzuge des Erbschaftssteuergesetzes vom 3. Juni 1906 — RGBl. S. 654 — werden mit Bezug auf die zu diesem Gesetze ergangenen Ausführungsbestimmungen des Bundesrats — Gesetz- und Verordnungsblatt 1906 S. 236 — nachstehende Anordnungen erlassen:

I. Erbschaftssteuerämter und Oberbehörden. Zuständigkeit.

§ 1. Die Verwaltung des Erbschaftssteuerwesens, insbesondere die Feststellung und Erhebung der Erbschaftssteuer obliegt den Rentämtern unter der Leitung der Regierungsfinanzkammern und unter der Oberaufsicht des Staatsministeriums der Finanzen (Art. 28 des Gesetzes über die Erbschaftssteuer vom 18. August 1879 in der Fassung der Bekanntmachung vom 11. November 1899, §§ 1, 2 der Kgl. Verordnung vom 10. Mai 1903, die Neuorganisation der Rentämter betreffend — Gesetz- und Verordnungsblatt S. 315 —, § 4 der Geschäftsanweisung für die Rentämter vom 4. Juni 1903 — Fin.-Min.-Bl. S. 248 —, § 1 Abs. 1 der Ausführungsbestimmungen des Bundesrats).

Zu § 34 des Gesetzes und § 1 der BRAusfB. Dasselbe ist geordnet in PA. I, 1; SA. 1; WA. I; BdA. I § 1; HA. 1; BrA. I u. II 1.

§ 2. Zuständig ist das Rentamt, in dessen Bezirk sich der Wohnsitz oder Aufenthaltsort des Erblassers oder Erwerbers befindet, der nach § 33 Abs. 1, 3 des Erbschaftssteuergesetzes für die Zuständigkeit Bayerns zur Erhebung der Erbschaftssteuer maßgebend ist.

Gründet sich die Steuerpflicht in Bayern lediglich darauf, daß in Bayern gelegener Grundbesitz (§ 7 Abs. 1, 3 des Erbschaftssteuergesetzes) den Gegenstand des Anfalls bildet, so ist das Rentamt zuständig, in dessen Bezirk der Grundbesitz oder dessen größerer Teil gelegen ist.

Hatte der Erblasser keinen Wohnsitz im Deutschen Reich, war er aber zur Zeit seines Todes oder sofern der Erwerb bei seinen

Lebzeiten anfällt, zur Zeit des Anfalls an den Erwerber, bayerischer Staatsangehöriger, so ist das Rentamt, in dessen Bezirk sich der Gegenstand des steuerpflichtigen Erwerbs oder dessen größerer Teil befindet, andernfalls das Stadtrentamt München II zuständig.

Sind mehrere Rentämter zuständig und kommt eine Einigung wegen Uebernahme der Steuerbehandlung nicht zustande, so wird das Rentamt, welches die Erbschaftssteuer festzustellen und einzuheben hat, von der vorgesetzten Regierungsfinanzkammer und wenn die Rentämter in verschiedenen Regierungsbezirken sich befinden, vom Staatsministerium der Finanzen bestimmt.

Zu § 33 des Gesetzes und § 12 der BRAusfB. Aehnliche Ordnung (Abs. 3) in WA. I; BdA. I § 1.

§ 3. Ergeben sich bei einem Rentamte Zweifel, ob die Erbschaftssteuer von ihm oder von dem Erbschaftssteueramt eines anderen Bundesstaates zu erheben ist, so hat das Rentamt unter Vorlage der Akten an die vorgesetzte Regierungsfinanzkammer zu berichten. Erkennt die Regierungsfinanzkammer die Zuständigkeit des anderen Bundesstaats zur Erhebung der Erbschaftssteuer an, so erteilt sie dem Rentamte die entsprechende Weisung; andernfalls legt sie die Akten dem Staatsministerium der Finanzen vor, damit erforderlichenfalls die Entscheidung des Bundesrats (§ 33 Abs. 4 des Erbschaftssteuergesetzes) eingeholt wird.

Zu § 33 des Gesetzes.

II. Verfahren bis zur Erlassung des Erbschaftssteuerbescheides.

§ 4. Die Tätigkeit der Rentämter wird in der Regel mit der Entgegennahme der Mitteilungen beginnen, die nach § 40 des Erbschaftssteuergesetzes und § 5 der Ausführungsbestimmungen des Bundesrats von den Standesämtern, den Gerichten, den Notaren und den Verwaltungsbehörden den Erbschaftssteuerämtern zu machen sind.

Zu § 40 des Gesetzes und § 6 der BRAusfB.

§ 5. Die Totenlisten der Standesämter sind nach den Ausführungsbestimmungen des Bundesrats für den Zeitraum eines Monats anzulegen und in den ersten zehn Tagen nach Ablauf des Monats dem Rentamte zu übersenden. Auf Grund der im § 2 Abs. 2 der Ausführungsbestimmungen des Bundesrats erteilten Ermächtigung wird jedoch für Bayern bestimmt, daß die Totenlisten in Gemeinden von mehr als 10 000 Einwohnern allmonatlich dreimal und zwar am 10., 20. und letzten des Monats abzuschließen und in den nächstfolgenden drei Tagen dem Rentamte zu übergeben sind.

Die Totenlisten sind von den Standesämtern stets demjenigen Rentamte zu übersenden, zu dessen Bezirk der Standesamtsbezirk gehört. Sind in den Totenlisten Sterbfälle enthalten, die zur Zuständigkeit eines anderen Rentamts oder eines Erbschaftssteueramts eines anderen Bundesstaats gehören, so hat das Rentamt sie dem zuständigen Rentamt oder nichtbayerischen Erbschaftssteueramt unter Uebersendung eines Auszugs aus der Totenliste mitzuteilen.

Das im § 2 Abs. 6 der Ausführungsbestimmungen des Bundesrats erwähnte Verzeichnis der Standesämter wird den Rentämtern durch die Distriktsverwaltungsbehörden mitgeteilt.

Zu § 40, 1 des Gesetzes und § 2 der BRAusfB. Dasselbe ist geordnet in PA. I 6; WA. II 1; HA. 2.

§ 6. Wegen der Verpflichtung der Gerichte und Notare zur Mitteilung der Ausschlußurteile, durch welche eine Todeserklärung ausgesprochen wird, und zur Mitteilung der von ihnen beurkundeten Schenkungen wird auf die §§ 3, 31 der Ausführungsbestimmungen des Bundesrats verwiesen.

In Ansehung der im § 40 des Erbschaftssteuergesetzes und im § 4 der Ausführungsbestimmungen des Bundesrats vorgeschriebenen Mitteilung von Verfügungen von Todes wegen wird folgendes bestimmt:

1. Die bayerischen Amtsgerichte haben die Mitteilung der Verfügungen von Todes wegen in der Regel dadurch zu machen, daß sie nach der Eröffnung der Verfügung die Nachlaßakten dem Rentamte übersenden; zu dem Uebersendungsschreiben ist das anliegende Formular I zu verwenden. Es hängt von den Umständen des Falles ab, ob, wenn Beteiligte, die im Eröffnungstermine nicht anwesend waren, noch vernommen werden müssen, die Uebersendung der Nachlaßakten vor oder nach der Vernehmung der Beteiligten erfolgt; zu beachten ist dabei, daß es einerseits für das Rentamt häufig von Wert ist, die Aeußerung aller Beteiligten zu kennen, andererseits naturgemäß die Verfügung dem Rentamte rechtzeitig mitzuteilen ist.

2. Wenn die Mitteilung durch Uebersendung der Nachlaßakten aus besonderen Gründen untunlich ist, hat die Mitteilung durch Uebersendung einer beglaubigten Abschrift zu erfolgen.

Ist die Mitteilung einem nichtbayerischen Erbschaftssteueramte zu machen, so hat sie stets durch Uebersendung einer beglaubigten Abschrift zu erfolgen.

Zu dem Schreiben, mit dem die beglaubigte Abschrift übersendet wird, ist das anliegende Formular II zu verwenden.

3. Die Urschrift einer Verfügung von Todes wegen darf von den bayerischen Amtsgerichten ohne die Nachlaßakten nicht an ein Rentamt oder ein nichtbayerisches Erbschaftssteueramt übersendet werden.

4. Die bayerischen Notare haben, vom Falle des Abs. 2 abgesehen, den Rentämtern oder nichtbayerischen Erbschaftssteuerämtern von Verfügungen von Todes wegen keine Mitteilung zu machen; die Mitteilung der von bayerischen Notaren eröffneten Verfügungen liegt mit Rücksicht auf § 4 Abs. 1 Satz 2 der Ausführungsbestimmungen des Bundesrats und § 40 der Nachlaßordnung vom 20. März 1903 (J.-M.-Bl. S. 111) den Amtsgerichten

ob; hat der Notar im Falle der Eröffnung eines gemeinschaftlichen Testaments oder eines Erbvertrags nach § 40 Abs. 1 Satz 2 der Nachlaßordnung dem Amtsgericht eine beglaubigte Abschrift des verkündeten Teiles der Verfügung zu übersenden, so hat er die Abschrift in zwei Exemplaren zu übersenden; eines von ihnen verwendet das Amtsgericht für die Mitteilung an das Rentamt oder nichtbayerische Erbschaftssteueramt.

Hat der Notar die Verfügung von Todes wegen eines Ausländers eröffnet und liefert er sie nicht an ein deutsches Gericht ab, so hat er dem Rentamt oder nichtbayerischen Erbschaftssteueramt eine beglaubigte Abschrift unter entsprechender Benützung des Formulars II zu übersenden.

Erhält das Rentamt die Mitteilung von der Verfügung von Todes wegen dadurch, daß ihm die Nachlaßakten übersendet werden oder wird ihm von einem nichtbayerischen Gericht oder Notar die Verfügung von Todes wegen in Urschrift übersendet, so hat das Rentamt von der Verfügung von Todes wegen eine Abschrift zu den Erbschaftssteuerakten zu fertigen und die übersendeten Nachlaßakten oder die in Urschrift mitgeteilte Verfügung von Todes wegen dem Gericht oder Notar baldmöglichst zurückzugeben.

Von der Anfertigung von Abschriften der Verfügungen von Todes wegen kann Umgang genommen werden, wenn und soweit es sich nur um Zuwendungen an erbschaftssteuerfreie Erwerber der im § 11 Abs. 1 Nr. 4a bis d des Erbschaftssteuergesetzes bezeichneten Art oder um Anfälle handelt, die den Betrag von 500 Mark nicht übersteigen. In solchen Fällen genügt die Vormerkung zum Steuerakt, daß insoweit Abschriften nicht angefertigt wurden, lediglich Erwerber und Anfälle der erwähnten Art in Frage stehen.

Zu § 40, 2 u. 3 des Gesetzes und den §§ 3, 4 u. 31 der BRAusfB. Dasselbe ist geordnet in WA. II 2.

§ 7. Da von dem Vorbehalt im § 1 Abs. 2 der Ausführungsbestimmungen des Bundesrats für Bayern kein Gebrauch gemacht ist, sind die Mitteilungen der Todeserklärungs-Urteile sowie die im § 3 Abs. 2 der Ausführungsbestimmungen des Bundesrats bezeichneten Mitteilungen an die Rentämter zu richten.

Zu § 40, 2 des Gesetzes und § 3 der BRAusfB.

§ 8. Das weitere rentamtliche Verfahren insbesondere die Behandlung der eingekommenen Totenlisten und sonstigen Mitteilungen, die Anlage und Führung der Erbschaftssteuerlisten und der Ueberwachungslisten, die Entgegennahme der Erbfallsanmeldung und der Erbschaftssteuererklärung sowie die Ermittelung des Wertes der steuerpflichtigen Masse hat sich nach den Vorschriften in den §§ 6 bis 23, § 26 der Ausführungsbestimmungen des Bundesrats zu bemessen.

Zu den §§ 6 bis 23 und 26 der BRAusfB.

§ 9. Die Erbschaftssteuerlisten (Hauptlisten und Nachtragslisten) dienen nicht, wie die bisherigen bayerischen Erbschaftssteuerhauptlisten, zur Sollstellung der Erbschaftssteuerbeträge; sie sind vielmehr lediglich dazu bestimmt, die in den Totenlisten oder Totenbeilisten enthaltenen Fälle, in denen nicht ohne weiteres feststeht, daß nur erbschaftssteuerfreie Erwerber der im § 11 Abs. 1 Nr. 4 a bis d des Erbschaftssteuergesetzes bezeichneten Art oder nur Anfälle von nicht mehr als 500 Mark in Frage stehen, festzuhalten. Die Fortführung dieser Fälle in den Erbschaftssteuerlisten endigt nicht schon dann, wenn die Erbschaftssteuer festgestellt und in das Sollbuch (§ 39 der Ausführungsbestimmungen des Bundesrats) eingetragen ist, sondern vielmehr erst dann, wenn entweder das Steuerermittelungsverfahren wegen Nichtinbetrachtkommens einer Erbschaftssteuer endgültig eingestellt oder die Erbfälle durch Einzahlung der Steuer, durch erwiesene Uneinbringlichkeit der Steuerbeträge oder durch Sicherheitsleistung in den Fällen der §§ 21 bis 23, 26 des Erbschaftssteuergesetzes vollständig erledigt sind.

Zu §§ 9 und 10 der BRAusfB.

§ 10. Ergibt sich in einem in den Erbschaftssteuerlisten eingetragenen Falle, daß der Anfall zwar zunächst steuerfrei ist, aber steuerpflichtig werden kann (§ 4 Abs. 3, §§ 18, 21 bis 23, 26, 27 des Erbschaftssteuergesetzes) so ist der Fall in die Ueberwachungsliste überzutragen. Eine weitere Fortführung des Falles in den Erbschaftssteuerlisten findet alsdann nicht mehr statt. Erst nach Wegfall des Grundes der Aussetzung der Erbschaftssteuererhebung ist der Fall unter entsprechendem Vermerk in der Ueberwachungsliste wieder in die Erbschaftssteuerliste (Nachtragsliste) überzutragen.

Hinsichtlich der in der Ueberwachungsliste festgehaltenen Fälle sind von den Rentämtern, falls die Erbschaftssteuer nicht nach einer bestimmten Zeit fällig wird, alljährlich Erhebungen darüber anzustellen, ob der Grund der Ueberwachung noch fortdauert.

Zu §§ 10 und 26 der BRAusB. Dasselbe ist geordnet in SA. 12; WA. II 10; BdA. I § 8; HA. 16; BrA. II 6.

§ 11. Die Erbschaftssteuerlisten sind nach § 10 der Ausführungsbestimmungen des Bundesrats für jedes der beiden Halbjahre des am 1. April beginnenden Rechnungsjahres anzulegen und nach Umfluß des Zeitraums, für den sie lauten, noch 9 Monate zur Aufnahme und Erledigung der Anfälle offen zu halten. Die erstmalige Anlage hat für die Monate Juli, August und September 1906 zu erfolgen.

Die Ueberwachungslisten sind für eine größere Anzahl von Jahren anzulegen.

Zu den Erbschaftssteuerlisten und den Ueberwachungslisten sind fortlaufend nach der Buchstabenfolge geordnete Namensverzeichnisse zu führen. Die Führung solcher Namensverzeichnisse kann jedoch Rentämtern, bei denen mit Rücksicht auf die geringe Zahl der vorkommenden Anfälle ein Bedürfnis hiezu nicht besteht, von der vorgesetzten Regierungsfinanzkammer erlassen werden.

Zu §§ 10 und 26 der BRAusfB. Dasselbe wie im Absatz 1 ist geordnet in HA. 6; BrA. II 3. Die gleiche

Ordnung wie im Absatz 3 erster Satz findet sich in PA. I 7; SA. 7 und 8; WA. II 3; BdA. I § 10; HA. 7 und 15; BrA. II 2 und 4.

§ 12. Zur Belehrung über die Obliegenheiten wegen der Anmeldung des Erwerbs (§ 36 des Erbschaftssteuergesetzes) hat das Rentamt nach § 11 der Ausführungsbestimmungen des Bundesrats, sobald ihm ein seiner Zuständigkeit unterliegender Erwerb von Todes wegen bekannt wird, bei dem es eine Steuerpflicht als vorliegend ansieht, dem zur Anmeldung Verpflichteten eine Anleitung zur Erbfalls-Anmeldung (§ 36 des Erbschaftssteuergesetzes) zu übersenden. Die Zusendung einer solchen Anleitung kann in einfach gelagerten Fällen unterbleiben, wenn nur Auskunft über bestimmte, den Erwerb betreffende tatsächliche Verhältnisse einzuholen ist. Beruht der Erwerb auf einer von einem deutschen Gericht oder einem deutschen Notar eröffneten Verfügung von Todes wegen, so ist, da in diesem Falle eine Verpflichtung zur Anmeldung nicht besteht (§ 36 Abs. 2 des Erbschaftssteuergesetzes), die Anleitung nur dann und erst dann zu übersenden, wenn Anlaß zur Einholung einer Erbschaftssteuererklärung (§ 37 des Erbschaftssteuergesetzes) besteht.

Eine Erbschaftssteuererklärung (§ 37 des Erbschaftssteuergesetzes) ist einzufordern, sofern auf Grund der Angaben in der Anmeldung oder in der Verfügung von Todes wegen die Steuerfreiheit des Erwerbs sich nicht zweifelsfrei ergibt oder die Erbschaftssteuer sich nicht ohne weiteres berechnen läßt. (§ 13 Abs. 2 der Ausführungsbestimmungen des Bundesrats.)

Zur Herbeischaffung der für die Festsetzung der Erbschaftssteuer erforderlichen Unterlagen sind die Rentämter ferner befugt, von allen auf den Nachlaß eines Erblassers bezüglichen Verhandlungen der Gerichte und Notare Einsicht zu nehmen (§ 41 des Erbschaftssteuergesetzes) sowie nach Maßgabe des § 42 des Erbschaftssteuergesetzes von den dort erwähnten Personen Auskunft über die den Erwerb betreffenden tatsächlichen Verhältnisse zu fordern.

Die Auflage eidesstattlicher Versicherungen oder eidliche Einvernahmen sind nach dem Erbschaftssteuergesetz nicht zulässig.

Zu §§ 36, 37, 41 und 42 des Gesetzes und den §§ 11 und 13 der BRAusfB.

§ 13. Für die Berechnung der Erbschaftssteuer ist der gemeine Wert (Verkaufswert, Verkehrswert) der Masse zur Zeit des Anfalls maßgebend. Soweit jedoch Grundstücke, die dauernd land- oder forstwirtschaftlichen Zwecken zu dienen bestimmt sind, einschließlich der dazu gehörenden, denselben Zwecken dienenden Gebäude und des Zubehörs, den Gegenstand des Erwerbes bilden, wird der Berechnung der Erbschaftssteuer der Ertragswert zu Grunde gelegt (§ 16 des Erbschaftssteuergesetzes).

Als Ertragswert gilt das Fünfundzwanzigfache des Reinertrags, den die Grundstücke nach ihrer bisherigen wirtschaftlichen Bestimmung bei ordnungsgemäßer Bewirtschaftung nachhaltig gewähren können (§ 16 Abs. 2 des Erbschaftssteuergesetzes). Hinsichtlich der Berechnung des wirklichen Reinertrags sind in den §§ 20,

21 der Ausführungsbestimmungen des Bundesrats die näheren Vorschriften getroffen. Insoweit die Anwendung dieser Vorschriften nicht möglich ist, kann der Reinertrag, den die land- und forstwirtschaftlichen Zwecken dienenden Grundstücke nach ihrer bisherigen wirtschaftlichen Bestimmung bei ordnungsgemäßer Bewirtschaftung zu gewähren vermögen, durch sachverständige Schätzung ermittelt werden (§ 22 Abs. 1 der Ausführungsbestimmungen des Bundesrats).

Nach § 22 Abs. 2 der Ausführungsbestimmungen des Bundesrats kann gestattet werden, daß als Hilfsmittel für die Beurteilung der verschiedenen Bodengüte der Grundstücke, die nach der Grundsteuergesetzgebung festgesetzten Grundsteuerreinerträge benützt werden. Es ist in Aussicht genommen, für Bayern von dieser Befugnis Gebrauch zu machen. Die hiewegen im Einvernehmen mit dem Reichskanzler zu erlassenden Vorschriften werden später bekannt gegeben werden.

Zu dem § 16 des Gesetzes und den §§ 14 sowie 20 bis 22 der BRAusfB.

§ 14. Werden die Wertsangaben der Beteiligten vom Rentamte nicht als dem wahren Werte entsprechend erachtet, so hat das Rentamt nach § 43 des Erbschaftssteuergesetzes zu verfahren. Den Pflichtigen bleibt es überlassen, falls sie sich durch die Anforderung der nach § 43 des Erbschaftssteuergesetzes festgesetzten Erbschaftssteuer für beschwert erachten, gegen den ergangenen Steuerbescheid gemäß § 46 des Erbschaftssteuergesetzes Beschwerde zu erheben oder den Rechtsweg (§ 57 des Erbschaftssteuergesetzes) zu betreten.

Zu § 43 des Gesetzes.

§ 15. Anträge auf Gestattung der Pauschversteuerung sind vom zuständigen Rentamte zu instruieren und sodann mit gutachtlichem Bericht der vorgesetzten Regierungsfinanzkammer behufs Einbeförderung an das Staatsministerium der Finanzen in Vorlage zu bringen.

Zu § 44 des Gesetzes. Dasselbe ist geordnet in WA. II 19; BdA. II § 50.

III. Erbschaftssteuerbescheid, Einhebung und Beitreibung der Erbschaftssteuer.

§ 16. Sobald die Erbschaftssteuer berechnet ist, erläßt das Rentamt den Erbschaftssteuerbescheid, der die im § 45 des Erbschaftssteuergesetzes und im § 25 Abs. 2 der Ausführungsbestimmungen des Bundesrats bezeichneten Angaben zu enthalten hat.

Hinsichtlich der Zustellung des Erbschaftssteuerbescheides finden die Bestimmungen im § 6 der Vollzugsvorschriften vom 25. Januar 1901 zum Gesetze vom 8. August 1878 betreffend die Errichtung eines Verwaltungsgerichtshofes und das Verfahren in Verwaltungsrechtssachen — Ges.- u. V.-Bl. 1901 S. 41 — entsprechende Anwendung mit der Maßgabe, daß die Bezeichnung der zuzustellenden Schriftstücke als „Verwaltungsrechtssache" in Wegfall zu kommen hat.

Gleichzeitig mit der Erlassung des Erbschaftssteuerbescheides hat das Rentamt die festgesetzten Erbschaftssteuerbeträge im Sollbuch (§ 39 der Ausführungsbestimmungen des Bundesrats) zu Soll zu stellen.

Zu § 45 des Gesetzes und den §§ 24 und 39 der BRAusfB. Dasselbe ist geordnet in SA. 11; WA. II 7; BdA. I § 7; HA. 13.

§ 17. Nach Umfluß der im Erbschaftssteuerbescheid für die Entrichtung der Steuer bestimmten Frist (§ 45 Abs. 1 des Erbschaftssteuergesetzes) erfolgt die Einziehung der Steuer nach Maßgabe der für die Einhebung und Beitreibung der Staatsgefälle geltenden Vorschriften vorbehaltlich jedoch des § 48 des Erbschaftssteuergesetzes, wonach, wenn der Steuerpflichtige ein Deutscher ist, zum Zwecke der Einziehung der Erbschaftssteuer die Zwangsversteigerung eines Grundstücks ohne seine Zustimmung nicht stattfinden darf. Die Einlegung der Beschwerde und der weiteren Beschwerde sowie die Beschreitung des Rechtswegs durch einen Pflichtigen (§§ 46, 57 des Erbschaftssteuergesetzes) hat keine aufschiebende Wirkung.

Zur Bewilligung von Stundungen und Teilzahlungen (§ 47 des Erbschaftssteuergesetzes und § 27 der Ausführungsbestimmungen des Bundesrats) sind, falls die Bewilligung sich auf nicht mehr als drei Monate erstreckt, die Rentämter, im übrigen die Reichsfinanzkammern zuständig. Die bewilligende Behörde oder Stelle entscheidet, soweit das Gesetz nicht ein anderes bestimmt (§ 47 Abs. 2 Satz 3 und 4 des Erbschaftssteuergesetzes), zugleich auch darüber, ob und in welcher Art die Sicherheit zu leisten ist.

Die Zurücknahme einer erteilten Stundungsbewilligung (§ 47 Abs. 2 Satz 2 des Erbschaftssteuergesetzes) erfolgt durch die Behörde oder die Stelle, welche die Bewilligung erteilt hat. Werden einem Rentamte Gründe bekannt, welche die Zurücknahme einer von der Regierungsfinanzkammer bewilligten Stundung rechtfertigen, so hat das Rentamt der Regierungsfinanzkammer Anzeige zu erstatten.

Die einnahmliche Buchung der eingegangenen Erbschaftssteuerbeträge findet im Einnahmebuch (§ 39 der Ausführungsbestimmungen des Bundesrats) statt.

Zur Niederschlagung von Erbschaftssteuerbeträgen wegen Uneinbringlichkeit sind die Regierungsfinanzkammern zuständig (§ 25 Abs. 3 der Ausführungsbestimmungen des Bundesrats).

Zu den §§ 45—48 und 57 des Gesetzes sowie den §§ 25 und 27 der BRAusfB. Dasselbe wie im Abs. 1 ist geordnet in PA. I 8; BdA. I § 11—14; HA. 14; wie im Abs. 2 und Abs. 3 in PA. I 9; SA. 13; WA. II 11; BdA. I § 15, III §§ 9—13; HA. 17; BrA. II 7.

IV. Beschwerdeverfahren, Rechtsweg, Erstattungen.

§ 18. Binnen der im § 46 des Erbschaftssteuergesetzes festgesetzten Fristen findet gegen den Erbschaftssteuerbescheid Beschwerde zur vorgesetzten Regierungsfinanzkammer und gegen die Entscheidung der Regierungsfinanzkammer weitere Beschwerde zum Staatsministerium der Finanzen statt. Außerdem ist wegen der nach dem Erbschaftssteuergesetze zu entrichtenden Erbschaftssteuern auch die Beschreitung des Rechtswegs nach näherer Maßgabe des § 57 des Erbschaftssteuergesetzes zulässig.

Die Einlegung der Beschwerde kann bei dem Rentamte, das den Steuerbescheid erlassen hat oder bei der vorgesetzten Regierungsfinanzkammer, die Einlegung der weiteren Beschwerde kann beim Rentamte, das den Steuerbescheid erlassen hat, bei der vorgesetzten Regierungsfinanzkammer oder beim Staatsministerium der Finanzen erfolgen. Auf den einkommenden Beschwerden und weiteren Beschwerden ist sofort der Tag des Einlaufs vorzumerken.

Bei den Rentämtern kann die Einlegung der Beschwerden und weiteren Beschwerden auch mündlich erfolgen; in diesem Falle sind die Erklärungen und Anträge der Beschwerdeführer unter Angabe des Datums zu Protokoll zu nehmen.

Die bei den Rentämtern eingelegten Beschwerden, sowie die bei den Rentämtern oder den Regierungsfinanzkammern eingelegten weiteren Beschwerden sind, sofern nicht das Rentamt bzw. die Regierungsfinanzkammer Abhilfe eintreten läßt (§ 46 Abs. 1, 3 des Erbschaftssteuergesetzes) alsbald samt den Akten der zur Entscheidung berufenen Stelle in Vorlage zu bringen.

Auf die Zustellung des Beschwerdebescheides findet der § 16 Abs. 2 gleichmäßig Anwendung.

Zu den §§ 46 und 57 des Gesetzes. Dasselbe ist geordnet in BdA. II §§ 43—48.

§ 19. Insoweit Anträge auf Erstattung einer zu Unrecht gezahlten Erbschaftssteuer auf dem Wege der Anfechtung des Erbschaftssteuerbescheides geltend gemacht werden, bemißt sich das Verfahren nach § 46 des Erbschaftssteuergesetzes.

Erbschaftssteuererstattungen können aber auch außerhalb des im § 46 des Erbschaftssteuergesetzes geregelten Beschwerdeverfahrens sich ergeben. Die Rentämter sind befugt, Erstattungen, die nach den §§ 18, 21 bis 25, 27 und 56 des Erbschaftssteuergesetzes unzweifelhaft begründet sind oder die auf einer offensichtlichen Unrichtigkeit beruhen, in eigener Zuständigkeit zu verfügen. Im übrigen hat die vorgesetzte Regierungsfinanzkammer die Entscheidung zu treffen (§ 29 der Ausführungsbestimmungen des Bundesrats).

Zu den §§ 18, 21—25, 27, 45, 46 und 56 des Gesetzes und dem § 29 der BRAusfB. Dasselbe ist geordnet in PA. I 8; SA. 14; WA. II 14; BdA. I §§ 16 und 17, II §§ 40—42; HA. 19; BrA. II 8.

V. Schenkungen unter Lebenden.

§ 20. Schenkungen unter Lebenden unterliegen nach § 55 des Erbschaftssteuergesetzes der gleichen Steuer wie der Erwerb von Todes wegen, jedoch mit der Maßgabe, daß an Stelle der Verhältnisse des Erblassers und des Erwerbers die Verhältnisse des Schenkers und des Beschenkten berücksichtigt werden. Auf die Erhebung und Verwaltung der Steuer finden die Vorschriften über die Erbschaftssteuer Anwendung (§ 56 des Erbschaftssteuergesetzes).

Insoweit Schenkungen unter Lebenden gerichtlich oder notariell beurkundet werden, sind die Gerichte und die Notare verpflichtet dem zuständigen Rentamt oder nichtbayerischen Erbschaftssteueramt Abschriften der betreffenden Urkunden zu übersenden (§ 40 Ziff. 3 des Erbschaftssteuergesetzes, § 31 der Ausführungsbestimmungen des Bundesrats). Im übrigen ist der Beschenkte verpflichtet, die Schenkung beim zuständigen Rentamt oder nichtbayerischen Erbschaftssteueramt anzumelden (§ 36 des Erbschaftssteuergesetzes).

Die von den Gerichten und Notaren mitgeteilten sowie die von den Beschenkten angemeldeten oder die sonst zur Kenntnis des Rentamts gebrachten Schenkungen werden in das Verzeichnis der Schenkungen unter Lebenden eingetragen. Soweit sich alsdann nicht ohne weiteres ergibt, daß eine Steuerpflicht nicht in Betracht kommt (z. B. weil nur steuerfreie Personen oder steuerfreie Anfälle unter 500 Mark in Frage stehen) erfolgt der Uebertrag der Schenkungen in die für Schenkungen unter Lebenden bestimmte Erbschaftssteuerhauptliste B bzw. in die Erbschaftssteuernachtragsliste B, in welchen Listen die Fälle bis zur vollständigen Erledigung festgehalten werden.

Sobald die Steuer festgestellt ist, wird sie zur Ueberwachung der Einhebung in das zugleich auch für die übrigen Erbschaftssteuern bestimmte Sollbuch eingetragen. Die wirklich eingegangenen Steuerbeträge werden in dem Einnahmebuch, in dem auch die Erbschaftssteuern vom Erwerbe von Todes wegen zur Vereinnahmung gelangen, gebucht.

> Zu den §§ 40, 55 und 56 des Gesetzes und den §§ 30—33 der BRAusfB. Dasselbe ist geordnet in PA. I 7; BrA. II 2.

§ 21. Der Erhebung und Verwaltung der Erbschaftssteuer von Schenkungen unter Lebenden haben die Rentämter bei der Schwierigkeit des Gegenstandes besondere Sorgfalt zuzuwenden. Insbesondere ist zu beachten, daß die Steuerpflicht der Schenkungen unter Lebenden nicht dadurch ausgeschlossen wird, daß die Schenkung zur Belohnung oder unter einer Auflage gemacht oder in die Form eines lästigen Vertrags gekleidet wird.

Geeignete Kontrolle ist namentlich in allen denjenigen Fällen zu üben, in denen eine bisher versteuerte Kapitalrente unter Berufung auf eine Kapitalshingabe an andere Personen von der Kapitalrentensteuer abgemeldet wird. Auch ist anläßlich der örtlichen Gebührenrevisionen bei den Notaren und Gerichten seitens der treffenden Prüfungskommissäre darüber zu wachen, ob alle für die Erhebung der Erbschaftssteuer von Schenkungen unter Lebenden in Betracht kommenden Beurkundungen von den Notaren und Gerichten den zuständigen Rentämtern oder nichtbayerischen Erbschaftssteuerämtern mitgeteilt wurden.

Zu § 56 des Gesetzes.

VI. Kassenbücher.

§ 22. Die Paraphierung der Sollbücher und Einnahmebücher geschieht nach Maßgabe der für die Paraphierung der rentamtlichen Kassenbücher bestehenden Vorschriften.

Die im § 39 Abs. 3 der Ausführungsbestimmungen des Bundesrats vorgeschriebene Bestätigung im Sollbuche erfolgt gelegentlich der im § 26 Abs. 2 unten erwähnten örtlichen Erbschaftssteuerprüfung durch den von der Regierungsfinanzkammer abgeordneten Prüfungskommissär.

Zu § 39 der BRAusfB. Dasselbe ist geordnet in PA. I 8; WA. II 16; HA. 22; BrA. II 5.

VII. Verrechnung und Ablieferung.

§ 23. Die Grundlage für die Verrechnung der Erbschaftssteuer bildet das Einnahmebuch (§ 39 der Ausführungsbestimmungen des Bundesrats). Das Einnahmebuch ist am letzten eines jeden Monats abzuschließen. Auf Grund dieses Abschlusses haben die Rentämter eine Deklaration über die Isteinnahme an Erbschaftssteuer in dem treffenden Monat nach dem anruhenden Muster III anzufertigen, wobei als Anteil Bayerns (Rubr. 4) ein Drittel und als Anteil des Reichs (Rubr. 5) der Betrag von zwei Dritteilen der in Rubrik 3 ausgewiesenen Einnahme vorzutragen ist. Diese Deklarationen bringen die Rentämter bis zum 4. des folgenden Monats der vorgesetzten Regierungsfinanzkammer in Vorlage. Die Regierungsfinanzkammern stellen auf Grund der rentamtlichen Deklarationen eine Deklaration nach gleichem Muster für den Regierungsbezirk her. Hierin sind die Einnahmen lediglich summarisch ohne Ausscheidung auf die einzelnen Rentämter vorzutragen. In den Deklarationen der Regierungsfinanzkammern für die Monate Juni, September und Dezember ist auch der Gesamtbetrag der bis dahin seit Beginn des Rechnungsjahres angefallenen Einnahmen sowie der Anteil Bayerns und des Reichs hieran auszuweisen. Von diesen Deklarationen senden die Regierungsfinanzkammern bis spätestens 10. eines jeden Monats je ein Exemplar an die Hauptbuchhalterei des Reichschatzamts, an das Staatsministerium der Finanzen und die Zentralstaatskasse ein. Ein Exemplar ist auch der einschlägigen Kreiskasse mitzuteilen.

§ 24. Am Schlusse eines jeden Rechnungsvierteljahrs haben ferner die Rentämter eine Uebersicht der Einnahmen an Erbschaftssteuer nach dem anruhenden Muster IV anzufertigen. Hierin sind die gesamten Einnahmen an Erbschaftssteuern für den jedesmal abgelaufenen Teil des Rechnungsjahrs, also z. B. in der Uebersicht für das 1. bis 3. Vierteljahr die Einnahmen für April bis einschließlich Dezember auszuweisen: als Anteil Bayerns (Rubr. 4) ist ein Dritteil, als Anteil des Reichs (Rubr. 5) der Betrag von zwei Dritteilen der in Rubrik 3 ausgewiesenen Einnahme einzustellen. Diese Uebersichten werden bis zum 4. Juli, 4. Oktober, 4. Januar und 4. Mai jeden Jahres der vorgesetzten Regierungsfinanzkammer in Vorlage gebracht. Die Regierungsfinanzkammern weisen den in Rubrik 4 der Uebersichten ausgewiesenen Betrag der Bayern verbleibenden Einnahme zur einnahmlichen Verrechnung in den Staatsfondsrechnungen der einzelnen Rentämter ein und stellen sodann eine Uebersicht nach dem anruhenden Muster 13 zu dem Bundesratsbeschluß vom 28. Juni 1906 — § 545 der Protokolle — für den Regierungsbezirk auf. Je ein Exemplar dieser Uebersicht ist bis spätestens 15. Juli, 15. Oktober, 15. Januar und 15. Mai jeden Jahres an den Ausschuß des Bundesrats für das Rechnungswesen zu Händen des Kaiserlichen Zoll- und Steuer-Rechnungsbureaus in Berlin, an das Staatsministerium der Finanzen und die Zentralstaatskasse zu übersenden. Ein Exemplar der Uebersicht ist auch der Kreiskasse mitzuteilen.

Dem Staatsministerium der Finanzen ist bis zum 20. Oktober eines jeden Jahres anzuzeigen, ob die von den Regierungsfinanzkammern für das 1. bis 4. Viertel des abgelaufenen Rechnungsjahres aufgestellte Uebersicht infolge der Revision und Superrevision einer Vervollständigung oder Berichtigung bedarf. Bedarf die Uebersicht einer Berichtigung, so ist eine schließliche Uebersicht nach dem Muster 13 zum Bundesratsbeschluß vom 28. Juni 1906 anzufertigen und bis längstens 1. November an den Ausschuß des Bundesrats für das Rechnungswesen zu Händen des Kaiserlichen Zoll- und Steuer-Rechnungsbureaus und an das Staatsministerium der Finanzen einzusenden. Gleichzeitig sind die abrechnenden Kassen behufs Berichtigung ihrer Abrechnungen mit der Zentralstaatskasse sowie die Zentralstaatskasse behufs Berichtigung ihrer Abrechnung mit der Reichshauptkasse durch Mitteilung eines Exemplars der schließlichen Uebersicht zu verständigen.

§ 25. Gleichzeitig mit der Einsendung der den Regierungsfinanzkammern zum 4. Juli, 4. Oktober, 4. Januar und 4. April jeden Jahres vorzulegenden Deklarationen liefern die Rentämter den an das Reich abzuführenden Teil der im verflossenen Vierteljahre aufgekommenen Erbschaftssteuereinnahme an die Kreiskasse ab. Von den Kreiskassen werden sodann die dem Reiche gebührenden zwei Dritteile der Erbschaftssteuereinnahme des Regierungsbezirks bis 10. Juli, 10. Oktober, 10. Januar und 10. April jeden Jahres an die Zentralstaatskasse geliefert.

Die Ablieferung an die Reichshauptkasse und die Abrechnung mit dieser wird von der Zentralstaatskasse nach Maßgabe der hiefür bestehenden Vorschriften bewirkt.

Die buchmäßige Behandlung der Ablieferungen erfolgt bei den Kreiskassen und Rentämtern in den Staatsfondskassebüchern.

Die §§ 23—25 enthalten eine spezielle Landesordnung über die Verrechnung und Ablieferung (auch an das Reich) der Erbschaftssteuer, welche unmittelbar in keiner Beziehung zu einem besonderen Paragraphen des Gesetzes oder der BRAusfB. steht.

VIII. Prüfungsverfahren.

§ 26. Hinsichtlich der Prüfung der Erbschaftssteuerlisten und Kassenbücher (Sollbücher, Einnahmebücher) hat es bei den im § 41 Abs. 1 Satz 1 und 2, § 41 Abs. 2 und § 42 der Ausführungsbestimmungen des Bundesrats getroffenen Anordnungen zu bewenden, wonach diese Behelfe innerhalb 4 Wochen nach dem für ihren Abschluß bestimmten Zeitpunkt beziehungsweise nach Ablauf des Rechnungsjahres zur Prüfung an die Regierungsfinanzkammern einzusenden sind.

Dagegen wird auf Grund des § 41 Abs. 4 der Ausführungsbestimmungen des Bundesrats verfügt, daß die Durchsicht der Totenlisten und Totenbeilisten, die Durchsicht der Verzeichnisse über die Schenkungen unter Lebenden, dann die Prüfung der auf das Erbschaftssteuerwesen bezüglichen Akten in Bayern nach Maßgabe der über die örtliche Prüfung des Gebührenwesens bestehenden Vorschriften am Sitz der Rentämter durch abgeordnete Kommissäre der Regierungsfinanzkammern erfolgt.

Bei der Prüfung der Kassebücher (§ 42 der Ausführungsbestimmungen des Bundesrats) ist ein besonderes Augenmerk darauf zu richten, ob die von den Rentämtern während des Rechnungsjahres erstatteten Deklarationen und Vierteljahrsübersichten mit den bezüglichen Abschlüssen des Einnahmebuchs sich in Uebereinstimmung befinden.

Mit den Kassebüchern sind alljährlich auch die Ueberwachungslisten samt Belegen den Regierungsfinanzkammern zur Prüfung in Vorlage zu bringen.

Zu den §§ 41 und 42 der BRAusfB. Dasselbe ist geordnet in PA I 7; SA. 17; HA. 23; BrA. II 9.

§ 27. Ergeben sich aus Anlaß der Prüfungsverhandlungen Nachholungen an Erbschaftssteuern, so sind die Nachholungsbeträge im Sollbuche zu Soll zu stellen und nach Einzahlung im Einnahmebuche zu verbuchen. Rückvergütungen (Erstattungen) sind im Sollbuch (Rubrik 8) in Abgang zu bringen und in ein mit dem Rubrikenbau des Einnahmebuchs zu versehendes Rückvergütungsregister einzustellen. Das Rückvergütungsregister wird allmonatlich abgeschlossen und die Summe der Rückvergütungen beim jeweiligen Monatsabschlusse des Einnahmebuchs an der Summe der Einnahmen gekürzt.

Zu § 29 der BRAusfB. Dasselbe ist geordnet in PA. I 8; SA. 14; WA. II 14; BdA. I §§ 16 und 17, II §§ 40—42; HA. 19; BrA. II 8.

IX. Kosten.

§ 28. Die Kosten des amtlichen Verfahrens in Erbschaftssteuersachen fallen, insoweit nicht im § 42 Abs. 4 und im § 43 Abs. 2 des Erbschaftssteuergesetzes ein anderes bestimmt ist, der Staatskasse zur Last. (§ 53 des Erbschaftssteuergesetzes, § 37 der Ausführungsbestimmungen des Bundesrats).

Die Staatskasse trägt auch die Kosten für die in den Ausführungsbestimmungen des Bundesrats sowie in gegenwärtiger Bekanntmachung angeordneten Formulare mit Ausnahme jedoch der Kosten für die Formulare zu den von den Standesämtern einzusendenden Totenlisten sowie mit Ausnahme der Kosten für die von den Notaren zu ihren Mitteilungen zu benützenden Formulare.

Die Kosten für die Formulare zu den gerichtlichen Mitteilungen werden bei den Gerichten aus den gerichtlichen Regiemitteln beziehungsweise aus den Regieaversen der Gerichtsvorstände bestritten. Die übrigen von der Staatskasse zu tragenden Kosten für Formulare werden bei den Rentämtern samt den der Staatskasse zur Last fallenden Kosten des amtlichen Verfahrens (Abs. 1) in ein Verzeichnis eingestellt, das gleichzeitig mit den zum 4. Juli 4. Oktober, 4. Januar und 4. Mai jeden Jahres zu erstattenden Uebersichten (§ 24) der Regierungsfinanzkammer zur Prüfung und Einweisung in Vorlage zu bringen ist. Die Einweisung erfolgt auf Sächliche Ausgaben auf die Erbschaftssteuern (T. II Abt. III Abschn. II Ziff. III Kap. 1 § 2 der Staatsfonds-Rechnung).

Zu § 53 des Gesetzes und § 37 der BRAusfB. Dasselbe ist geordnet in WA. II 15; BdA. I § 18; HA. 14.

X. Schluß- und Uebergangsbestimmungen.

§ 29. Nach § 60 des Erbschaftssteuergesetzes vom 3. Juni 1906 treten die Vorschriften der Landesgesetze, welche die Erhebung einer Abgabe von dem den Gegenstand der Erbschaftssteuer bildenden Erwerbe von Todes wegen sowie von Schenkungen unter Lebenden oder den über solche Schenkungen ausgestellten Urkunden betreffen, insoweit außer Kraft als den Bundesstaaten nicht die Erhebung besonderer Abgaben (§ 59 des Erbschaftssteuergesetzes) überlassen ist. Nach § 61 des gleichen Gesetzes bestimmt sich ferner die Steuerpflicht für einen Erwerb, der bereits zur Zeit des Inkrafttretens des Erbschaftssteuergesetzes begründet ist, noch nach den bisherigen Gesetzen.

Hiernach sind mit dem 1. Juli 1906 außer Kraft getreten:

1. Das bayerische Gesetz über die Erbschaftssteuer vom 18. August 1879 in der Fassung der Bekanntmachung vom 11. November 1899, soweit es sich nicht handelt:

a) um Erwerbe, welche bereits zur Zeit des Inkrafttretens des Erbschaftssteuergesetzes vom 3. Juni 1906 (1. Juli 1906) begründet waren. Hierunter fällt der Erwerb durch den Eintritt einer Nacherbfolge oder einer aufschiebenden Bedingung auch dann, wenn zwar der Eintritt der Nacherbfolge oder der aufschiebenden Bedingung erst nach dem Inkrafttreten des Erbschaftssteuergesetzes vom 3. Juni 1906, der Tod des Erblassers aber noch unter der Herrschaft des bayerischen Erbschaftssteuergesetzes stattgefunden hat. Dagegen kann ein Erwerb durch den Eintritt eines Lehens- oder Fideikommißfalles nicht früher als mit dem Eintritt des Lehens- oder Fideikommißfalles als begründet angesehen werden, da die Errichtung des Lehens oder Fideikommisses nicht schon als Grund des Erwerbs im Sinne des § 61 des Erbschaftssteuergesetzes vom 3. Juni 1906 gilt;

b) um nach dem 30. Juni 1906 begründete Erwerbe, bei denen der Anfall an leibliche Eltern, Großeltern und entferntere Voreltern gelangt und den Betrag von 10000 Mark nicht übersteigt. Soweit jedoch der Anfall in Sachen besteht, die die leiblichen Eltern, Großeltern und entfernteren Voreltern ihren Abkömmlingen durch Schenkung oder Uebergabevertrag zugewandt hatten (§ 11 Nr. 4g des Erbschaftssteuergesetzes vom 3. Juni 1906) unterliegt er dem bayerischen Erbschaftssteuergesetze nicht.

2. Die Gesetze vom 9. Juli 1904 und vom 24. Dezember 1905 (Ges.- u. V.-Bl. 1904 S. 235, 1905 S. 699) soweit nach diesen Gesetzen zu der Erbschaftssteuer ein Zuschlag erhoben wird. Unberührt bleibt jedoch die Erhebung des Zuschlags in denjenigen Fällen, in denen nach Ziffer 1 vorstehend das bayerische Erbschaftssteuergesetz vom 18. August 1879 in der Fassung der Bekanntmachung vom 11. November 1899 anzuwenden ist.

3. Der Art. 145 des Gesetzes über das Gebührenwesen in der Fassung der Bekanntmachung vom 11. November 1899 soweit es sich um Notariatsurkunden über steuerpflichtige Schenkungen unter Lebenden handelt. Wird mithin eine steuerpflichtige Schenkung unter Lebenden notariell beurkundet, so wird für das Schenkungsversprechen eine Staatsgebühr nicht mehr erhoben.

Dagegen bleiben insbesondere unberührt:

1. Die Vorschriften des Gebührengesetzes über die Gebühren für die Errichtung, Beurkundung, Uebernahme und Eröffnung der Verfügungen von Todes wegen (vergl. insbesondere Art. 111, 163, 164, 166 des Gebührengesetzes in der Fassung der Bekanntmachung vom 11. November 1899).

2. Die Vorschriften des Gebührengesetzes über die Gebühren für dingliche Rechtsänderungen, auch wenn die Rechtsänderung auf einer Verfügung von Todes wegen oder einem Schenkungsversprechen beruht. Insbesondere sind also die Auflassung, durch welche einem Miterben im Vollzug einer Erbteilung ein Nachlaßgrundstück übereignet wird (vergl. Art. 118, 146, 147 des Gebührengesetzes) oder durch welche der Schenker dem Beschenkten das geschenkte Grundstück übereignet, ferner die Zuweisung einer zum Nachlasse gehörenden Hypothek an einen Miterben, die Bestellung bezw. Eintragung einer Hypothek, Grundschuld oder einer wiederkehrenden Geldleistung oder die Verpfändung oder Abtretung einer Hypothek oder Grundschuld auf Grund einer Schenkung (vgl. ins-

besondere Art. 119 des Gebührengesetzes) auch künftighin mit den im Gebührengesetze vorgeschriebenen Gebühren zu belegen.

3. Die Vorschriften über die Gebühren für die Auseinandersetzung eines Nachlasses oder des Gesamtguts einer ehelichen oder fortgesetzten Gütergemeinschaft.

4. Die Besitzveränderungsgebühren (Art. 249, 250 des Gebührengesetzes) insbesondere die von der Erbengemeinschaft geschuldeten.

In den in Abs. 2 Ziff. 1a vorstehend bezeichneten Fällen bleiben auch die bisherigen Vollzugsvorschriften zum bayerischen Erbschaftssteuergesetze (Min.-Bekanntmachung vom 27. Dezember 1899 — Fin.-Min.-Bl. S. 341 und ff. —) in Kraft.

Zu den §§ 60 und 61 des Gesetzes. Dasselbe ist geordnet in PA. I 3, II 1; BdA. II § 57; HA. 24.

§ 30. Die Erbschaftssteuerbeträge, die auf Grund der Vorschriften in den §§ 60, 61 des Erbschaftssteuergesetzes vom 3. Juni 1906 nach dem Inkrafttreten dieses Gesetzes noch nach Maßgabe der bisherigen bayerischen Gesetzesbestimmungen veranlagt werden (vergl. § 29 Abs. 2 Ziff. 1a, b), sind ebenso wie auch die in diesen Fällen nach den Gesetzen vom 9. Juli 1904 und vom 24. Dezember 1905 noch zur Erhebung gelangenden Zuschläge (vergl. § 29 Abs. 2 Ziff. 2) nicht in die für die Erbschaftssteuer nach dem Gesetze vom 3. Juli 1906 vorgeschriebenen Einnahmebücher sowie in die in den §§ 23, 24 vorstehend erwähnten Deklarationen und Uebersichten einzustellen, sondern in Anwendung der §§ 15 bis 17 und des § 24 Abs. 1 der bisherigen Vollzugsvorschriften zum bayerischen Erbschaftssteuergesetze (Min.-Bekanntmachung vom 27. Dezember 1899) gesondert nachzuweisen und für die bayerische Staatskasse zu verrechnen.

Zu den §§ 60 und 61 des Gesetzes. Dasselbe ist geordnet in PA. I 8; BdA. II § 58, III § 19; HA. 24; BrA. II 5.

Formular I.

St. N. .... / 19....

K. Amtsgericht

....

An das Rentamt

Betreff:
Nachlaß de..........

Mit Akten.

......................, den .... 19....

Hiemit folgen die Akten, betreffend den Nachlaß de am 19... verstorbenen .... aus .... , zur Kenntnisnahme der von ihm hinterlassenen Verfügung von Todes wegen.

Ueber Veränderungen in der Person der Erben, Vermächtnisnehmer, Auflagenempfänger und der Testamentsvollstrecker oder über die Wohnung dieser Personen ist nichts — außer dem in den Akten Enthaltenen folgendes — bekannt geworden..........

....

Für die Beurteilung der Gültigkeit der Verfügung von Todes wegen ist — außer den in den Akten enthaltenen Angaben — zu bemerken ....

....

Ich ersuche um möglichst baldige Zurückgabe der Nachlaßakten.

Formular II. (Seite 1.)

St. N. ...... / 19....

K. Amtsgericht

....

An das Rentamt

....

Betreff:
Nachlaß de..........

....

Mit ... Beilage.

........................., den .... 19....

In der Anlage folgt eine beglaubigte Abschrift des — Testaments — Erbvertrags vom .... sowie de ... weitere .... Testaments — Erbvertrags — vom .... de ... nach der Todesanzeige des Standesamts in .... (Sterberegister Nr. ......) am .... 19...... verstorbenen .... aus ....

Die Eröffnung hat am 19 stattgefunden.

Ueber Veränderungen in der Person der Erben, Vermächtnisnehmer, Auflagenempfänger oder Testamentsvollstrecker oder über die Wohnung dieser Personen ist — nichts — folgendes — das aus dem anliegenden Auszug aus dem Eröffnungsprotokoll Ersichtliche — bekannt geworden

Formular II (noch Seite 1).

Für die Beurteilung der Gültigkeit der Verfügung von Todes wegen ist — außer den Angaben, die der mitfolgende Auszug aus dem Eröffnungsprotokoll enthält, — zu bemerken ....

....

Formular II (Seite 2).

Wegen der Höhe des Nachlasses wird auf den anliegenden Auszug aus dem Eröffnungsprotokolle Bezug genommen. — Ueber die Höhe des Nachlasses kann eine Angabe nicht gemacht werden. — Der Nachlaß beträgt ....

....

Muster III.

Bundesstaat: **Bayern.**

Deklaration

der

Ist-Einnahme an Erbschaftssteuern nach dem Erbschaftssteuergesetze vom 3. Juni 1906 für den Monat .... 19.....

Laufende Nummer	Bezirk	Ist-Einnahme an Erbschaftssteuer nach den Einnahmebüchern, einschließlich der Nacherhebungen und abzüglich der Erstattungen für unrichtige Erhebungen usw.	Der Anteil des Bundesstaats, in dessen Gebiet die Abgabe erhoben worden ist, beträgt	Mithin sind an die Reichskasse abzuführen	Bemerkungen
1	2	3	4	5	6
		ℳ	ℳ	ℳ	

Muster IV (Seite 1).

Bundesstaat: **Bayern.**

Uebersicht

der

Einnahme an Erbschaftssteuer.

1. bis Viertel des Rechnungsjahres 19

Anleitung zum Gebrauch:

Die in den Uebersichten anzusetzenden Beträge umfassen den jedesmal abgelaufenen Teil des Rechnungsjahrs, also z. B. in der Uebersicht für das 1. bis 3. Viertel des Rechnungsjahrs die Einnahme für April bis einschließlich Dezember.

Muster IV (Seite 2).

Laufende Nummer	Bezirk	Ist-Einnahme an Erbschaftssteuer nach den Einnahmebüchern, einschließlich der Nacherhebungen und abzüglich der Erstattungen für unrichtige Erhebungen usw.	Der Anteil des Bundesstaats, in dessen Gebiet die Abgabe erhoben worden ist, beträgt	Mithin sind an die Reichskasse abzuführen	Bemerkungen
1	2	3	4	5	6
		M.	M.	M.	

(Anlage V.)

Bundesstaat:

Muster 13 (Seite 1).

zu dem Beschluß des Bundesrats vom 28. Juni 1906.

§ 545 der Protokolle.

Verwaltungsbezirk:

An
den Ausschuß des Bundesrats
für Rechnungswesen
zu Händen des Kaiserlichen Zoll- und Steuer-Rechnungsbureaus
Berlin W. 66, Wilhelmplatz 2.

Einreichungstage:
15. Juli
15. Oktober
15. Januar
15. Mai.

Uebersicht
der
Einnahme an Erbschaftssteuer.

1. bis Viertel des Rechnungsjahres 19

Anleitung zum Gebrauch:

1. In den an den Ausschuß des Bundesrats für Rechnungswesen einzureichenden Ausfertigungen der Uebersichten ist die Angabe der Beträge für die einzelnen Hauptamtsbezirke nicht erforderlich, es genügt vielmehr die Angabe der Beträge für den Direktivbezirk. Ist die Direktivbehörde mehreren Bundesstaaten gemeinsam, so sind die auf die einzelnen Bundesstaaten entfallenden Beträge anzugeben.

2. Die in den Uebersichten anzusetzenden Beträge umfassen den jedesmal abgelaufenen Teil des Rechnungsjahrs, also z. B. in der Uebersicht für das 1. bis 3. Viertel die Einnahme für April bis einschließlich Dezember.

Muster 13 (Seite 2).

Laufende Nummer	Hauptamtsbezirk	Ist-Einnahme an Erbschaftssteuer nach den Einnahmebüchern einschließlich der Nacherhebungen und abzüglich der Erstattungen für unrichtige Erhebungen usw.	Der Anteil des Bundesstaats, in dessen Gebiet die Abgabe erhoben worden ist, beträgt	Mithin sind an die Reichskasse abzuführen	Bemerkungen
1	2	3	4	5	6
		M.	M.	M.	

Königreich Sachsen.

Generalverordnung der Kgl. Zoll- und Steuerdirektion vom 30. Juni 1906, Vorschriften zum Vollzuge des Erbschaftssteuergesetzes vom 3. Juni 1906 betreffend, Nr. 1397 D a.

(Verordnungsblatt der Kgl. Sächsischen Zoll- und Steuerdirektion, Jahrgang 1906, 30. Stück, S. 1409 ff.)

Mit Genehmigung des Kgl. Finanzministeriums wird zur Durchführung des Erbschaftssteuergesetzes vom 3. Juni 1906 sowie zur Ergänzung der Erbschaftssteuer-Ausführungsbestimmungen des Bundesrats folgendes bestimmt.

1. Amtliche Ausfertigungen in Erbschaftssteuersachen sind von den zu Erbschaftssteuerämtern bestellten Hauptzollämtern mit der Unterschrift „Hauptzollamt als Erbschaftssteueramt" zu vollziehen.

Zu § 34 des Gesetzes und § 1 der BRAusfB. Dasselbe ist geordnet in PA. I 1; BayA. § 1; WA. I; BdA. I § 1; HA. 1; BrA. I u. II 1.

2. Bei Ermittelung des Werts steuerpflichtiger Erwerbe ist zwar einerseits im Auge zu behalten, daß das fiskalische Interesse eine möglichst zutreffende Wertsermittelung erheischt; andererseits ist aber auch der Rücksicht auf die Steuerpflichtigen tunlichst Rechnung zu tragen. In Fällen, in denen die Erbschaftssteuerämter sich mit der Wertangabe der Beteiligten nicht begnügen zu können meinen, ist nach folgenden Grundsätzen zu verfahren.

Sind die in Frage kommenden Vermögensbestandteile früher schon aus einem anderen Anlasse von einem zuverlässigen Sachverständigen abgeschätzt worden, so wird es in der Regel unbedenklich sein, den hierbei ermittelten Wert, gegebenenfalls unter Berücksichtigung der inzwischen etwa eingetretenen Umstände, die eine Erhöhung oder Verminderung herbeigeführt haben, auch der Steuerfestsetzung zugrunde zu legen. Bei Grundstücken wird der aus den Grundakten zu ermittelnde letzte Kaufpreis öfters einen brauchbaren Anhalt für die Wertsermittelung bieten. Ist jedoch eine besondere Abschätzung von Vermögensbestandteilen unter Zuziehung von Sachverständigen im Steuerinteresse unerläßlich, so ist sie auf dem einfachsten und mindest kostspieligen Wege und ohne formale Weitläufigkeiten auszuführen. Insbesondere werden übertrieben ausführliche und technisch ins Einzelne gegliederte Gutachten, bei Grundstücken auch die vielfach üblichen eingehenden Beschreibungen fast in allen Fällen entbehrt werden können.

Zu § 43 Abs. 1 des Gesetzes.

3. Die Vorstände der Erbschaftssteuerämter haben das Recht zur straffreien Erledigung von Zuwiderhandlungen innerhalb der für diese Befugnis in Zollstrafsachen gezogenen Grenzen.
Eingebrachte Strafbeträge sind in sächsischen Urkundenstempelmarken zu den Akten zu verwenden.

Zu § 51 des Gesetzes.

4. Die in Spalte 4 (unter b) und in den Spalten 8, 10 bis 14 der Totenlisten enthaltenen Angaben der Standesämter sind nicht unter allen Umständen als maßgebend anzusehen. Die in § 7 Abs. 1 der Ausführungsbestimmungen vorgeschriebene Prüfung hat sich deshalb nicht nur auf die Vervollständigung der Totenlisten in Ansehung der von den Standesämtern nicht beantworteten Fragen, sondern gegebenenfalls auch auf die Richtigstellung solcher von den Standesämtern eingetragener Angaben der Beteiligten zu erstrecken, die dem Erbschaftssteueramte nicht ohne weiteres als zuverlässig, glaubwürdig und erschöpfend erscheinen.
Die Standesämter sind nur um solche Auskünfte zu ersuchen, die sie aus den Standesregistern zu erteilen vermögen. Um die Vornahme von Befragungen oder sonstigen Erörterungen sind die Standesämter auch dann nicht anzugehen, wenn sie der Vorschrift in § 2 Abs. 7 Satz 2 der Ausführungsbestimmungen nicht oder nicht genügend nachgekommen sind.

Zu § 40 Abs. 1 des Gesetzes sowie zu § 2 Abs. 7 und zu § 7 Abs. 1 der BRAusfB.

5. Die Totenlisten sind vierteljahrsweise, die Totenbeilisten jahrsweise je mit den zugehörigen Freibelegen in der vorgeschriebenen Reihenfolge in Sammelakten einzuheften.

Zu § 7 Abs. 2 und § 8 der BRAusfB.

6. Die Eintragung eines Erbfalls oder einer Schenkung in die Erbschaftssteuerliste hat, wenn nicht der Fall bis dahin nach § 7 Abs. 2, 3 der Ausführungsbestimmungen erledigt ist, spätestens einen Monat nach dem Tage zu erfolgen, an dem die Anzeige beim Erbschaftssteueramte eingegangen ist.

Zu § 9 und zu § 33 Abs. 1 der BRAusfB.

7. Rechnungsjahr für das Erbschaftssteuerwesen ist das Reichsrechnungsjahr.
Die ersten Erbschaftssteuerlisten umfassen den Zeitraum vom 1. Juli bis 30. September 1906.

Zu § 10 Abs. 1 der BRAusfB. Eine ähnliche bzw. gleiche Ordnung findet sich in PA. I 7; BayA. § 11; BrA. II 2.

8. Zu den Erbschaftssteuerlisten und Ueberwachungslisten sind nach der Buchstabenfolge geordnete Namensverzeichnisse mit der Feder anzulegen, die die Angaben in den Spalten 1, 4—7 der Erbschaftssteuerlisten bzw. in den Spalten 1, 3, 4 der Ueberwachungslisten zu enthalten haben.

Zu § 10 Abs. 6 der BRAusfB. Die gleiche Ordnung haben PA. I 7; ByA. § 11; WA. II 3; BdA. I § 10; HA. 7 und 15; BrA. II 4.

Muster A. B.

9. Für die Anmeldung steuerpflichtiger Erwerbsfälle sind den Beteiligten auf Verlangen Vordrucke nach den unter A und B beigefügten Mustern unentgeltlich zur Verfügung zu stellen.

In geeigneten Fällen haben die Erbschaftssteuerämter bei Hinausgabe von Anleitungen nach Muster 4 der Ausführungsbestimmungen und bei Erlaß von Aufforderungen zur Abgabe von Steuererklärungen die entsprechenden Vordrucke zur Benutzung durch die Beteiligten beizufügen.

Zu § 11, § 12 Abs. 5 u. 6, § 34 u. § 35 der BRAusfB. Das Gleiche ist geordnet in WA. II 4.

10. Hatte der Erblasser in Sachsen mehrere Wohnsitze, und entstehen aus diesem oder einem anderen Grunde Meinungsverschiedenheiten zwischen verschiedenen sächsischen Erbschaftssteuerämtern über die Zuständigkeit für die Erhebung der Erbschaftssteuer, so wird das zuständige Erbschaftssteueramt von der Zoll- und Steuerdirektion bestimmt.

Zu § 36 des Gesetzes und § 12 Abs. 2 der BRAusfB.

11. Die Zustellung der Erbschaftssteuerbescheide hat nach den für die Post bestehenden Bestimmungen über die Behändigung von Briefen mit Postzustellungsurkunde im Wege der vereinfachten Zustellung zu erfolgen.

Zu § 45 des Gesetzes und § 24 Abs. 1 der BRAusfB. Dasselbe ist geordnet in ByA. § 16; WA. II 7; BdA. I § 7; HA. 13.

12. Die Ueberwachungsliste ist fortlaufend zu führen.

Die Erhebungen darüber, ob die Gründe für die Ueberwachung der eingetragenen Erwerbsfälle noch fortdauern, sind in jedem Jahre einmal anzustellen, und zwar sind die Erörterungen, sofern dazu nicht schon zeitiger Anlaß gegeben war, jährlich spätestens zu Anfang des Monats einzuleiten, in dem die Erwerbsfälle in die Liste aufgenommen worden sind.

Zu § 26 Abs. 1 u. 3 der BRAusfB. Dasselbe ist geordnet ByA. § 10; WA. II 10; BdA. I § 8; HA. 16; BrA. II 6.

13. Auf Sicherheitsleistungen in Erbschaftssteuersachen finden, soweit sich nicht aus dem Erbschaftssteuergesetze und den Ausführungsbestimmungen Abweichendes ergibt, die auf die Sicherheitsleistung bezüglichen Bestimmungen des Abschnitts I der Stundungsordnung für Zölle und Reichssteuern vom 21. Oktober 1902 — ZBBl. S. 285 — nebst den dazu ergangenen Ausführungsvorschriften sowie abändernden und ergänzenden Bestimmungen entsprechende Anwendung.

Zur Stundung von Erbschaftssteuern ohne Sicherheitsleistung bedarf es der Genehmigung des Kgl. Finanzministeriums.

Zu § 47 des Gesetzes sowie zu § 27 Abs. 1 und § 28 der BRAusfB. Dasselbe wie im Abs. 1 ist geordnet in PA. I 8; WA. II 12; BdA. I §§ 9 u. 17, II §§ 36—38; III § 16; HA 18. Dasselbe wie im Abs. 2 ist geordnet in PA. I 9; ByA. § 17; WA. II 11; BdA. I § 15, III §§ 9—13; HA. 17; BrA. II 7.

14. Für das Verfahren bei der Erstattung von Erbschaftssteuern finden, soweit sich nicht aus dem Erbschaftssteuergesetze Abweichendes ergibt, die Vorschriften über das Verfahren bei der Erstattung der anderen für Reichsrechnung erhobenen Abgaben entsprechende Anwendung.

Zu den §§ 18, 21—25, 27, 45 und 56 des Gesetzes und zu § 29 Abs. 3 der BRAusfB. Dasselbe ist geordnet PA. I 8; ByA. §§ 19 u. 27; WA. II 14; BdA. I §§ 16 u. 17, II §§ 40—42; HA. 19; BrA. II 8.

15. Ueber das Akten- und Registerwesen der Erbschaftssteuerämter wird folgendes bestimmt.

Alle Benachrichtigungen über Sterbefälle und über Schenkungen sind zunächst in die allgemeine hauptzollamtliche Registrande einzutragen und dann unverzüglich daraufhin zu prüfen, ob die angezeigten Fälle ohne weiteres nach § 7 Abs. 2, 3 der Ausführungsbestimmungen erledigt werden können. Soweit dies zutrifft, ist die zu fassende und kurz zu begründende Entschließung auf der Benachrichtigung selbst niederzuschreiben. Für die übrigen Fälle ist — für jeden besonders — ein Aktenbogen anzulegen, der mit dem Hinweise auf die Benachrichtigung zu beginnen und deren wesentlichen Inhalt nachrichtlich wiederzugeben hat. Soweit dem Falle eine in die Totenbeiliste einzutragende Benachrichtigung zugrunde liegt und diese nur einen Erbschaftssteuerfall betrifft, ist die Benachrichtigung selbst als Aktenbogen zu verwenden. Hierauf sind diese Steuerfälle in eine besondere Registrande, das Erbschaftssteuerregister, nach der Zeit ihres Eingangs fortlaufend numeriert, einzutragen. Alle weiteren Eingänge, Beschlüsse und Abgänge in diesen Sachen sind nicht mehr in der Hauptregistrande, sondern im Erbschaftssteuerregister und zwar hinter dem ersten jede Sache betreffenden Eintrage, wieder in sich fortlaufend numeriert, in derselben Art nachzuweisen, wie es hinsichtlich der Prozeßvorgänge im Prozeßregister geschieht.

Das Erbschaftssteuerregister ist für das Reichsrechnungsjahr zu führen. Ein Abschluß des Registers am Jahresende ist nicht erforderlich; das Register bleibt für unerledigte Sachen ohne zeitliche Beschränkung offen.

Im übrigen ergibt sich die Art und Weise der Führung des Erbschaftssteuerregisters aus den Vordrucken dazu, die nächstens erscheinen werden, und die auf dem geordneten Wege zu beziehen sind.

Aus den Buchstaben E R, der Registernummer und dem Jahre des Eintrags in das Register ist für jeden eingetragenen Erbschaftssteuerfall ein Aktenzeichen zu bilden, das links oben auf dem ersten Aktenblatte anzubringen ist. Darunter sind mit roter Tinte die Eintragungen der Sache in die nach den Ausführungsbestimmungen zu führenden Listen und Register abgekürzt zu vermerken.

Soweit die Eingänge, Beschlüsse und Abgänge der Erbschaftssteuerämter nicht im Erbschaftssteuerregister nachzuweisen sind, haben sie Aufnahme in der Hauptregistrande zu finden.

Zu § 38 Abs. 1 der BRAusfB. Dasselbe ist geordnet in BdA. I §§ 20 u. 21, II §§ 5 u. 6.

16. Das Anmeldungsbuch hat tunlichst der Hauptzollamtskontrolleur, das Einnahmebuch in der Regel der Hauptzollamtsrendant zu führen.

Zu § 39 Abs. 1 der BRAusfB. Dasselbe ist geordnet in WA. II 16; HA. 14 c.

17. Die Prüfung der Totenlisten, Totenbeilisten und Freibelege erfolgt jährlich mindestens einmal durch die Oberbehörde.

Zu § 41 Abs. 3 der BRAusfB. Dasselbe ist geordnet in ByA. § 26; HA. 23; BrA. II 9.

18. In den Reichssteuerübersichten ist bis zum Drucke neuer Muster die Erbschaftssteuer hinter den Reichsstempelabgaben nachzuweisen und mit Ziffer 10 zu bezeichnen.

In derselben Folge ist die Erbschaftssteuer auch in den Kassenbüchern der Erbschaftssteuerämter, den Verwaltungsabschlüssen und im Anhange zur Staatshaushaltsrechnung nachzuweisen.

Die Erbschaftssteuer ist von den Erbschaftssteuerämtern kassenmäßig so zu behandeln, als ob sie ihrem vollen Ertrage nach eine Reichseinnahme wäre.

Muster A (1.) (Seite 1).
(Ausführungsbestimmungen § 12 Abs. 5.)

A.

Anmeldung,

betreffend

Erwerb von Todes wegen.

D Unterzeichnete ... melde hiermit dem Erbschaftssteueramte in .... den innenverzeichneten Erwerb an, der d ..... (des Erwerbers Vor- und Familiennamen) .... (Stand oder Gewerbe) in (Wohnort, Straße und Hausnummer) .... von d am .... 19...... in verstorbenen (des Erblassers Vor- und Familiennamen) (Stand oder Gewerbe) .... (Staatsangehörigkeit) in (Wohnort, Straße und Hausnummer) .... angefallen ist.

..............................., am 19.....

(des Anmeldenden Unterschrift)
(Wohnort, Straße und Hausnummer)

Muster A (Seite 2).

Gegenstand des Erwerbs.	Der Erwerb beruht			Angabe, ob der Erwerber in einem Verwandtschaftsverhältnisse z. Erblasser steht u. in welchem.
	auf gesetzlicher Erbfolge.	auf einer Verfügung von Todes wegen, deren Datum und Aufbewahrungsort anzugeben sind.	auf einem anderen Rechtsgrunde und welchem.	
1.	2.			3.

Muster A (Seite 3).

Ueberschlägige Angabe des Wertes des Erwerbes.	Angabe, ob etwa ein in einem anderen Bundesstaate belegener Grundbesitz den Gegenstand des Erwerbes bildet, unter genauer Bezeichnung des Bundesstaats und des Grundbesitzes.	Bemerkungen.
4.	5.	6.

Muster B (2.) (Seite 1).
(Ausführungsbestimmungen § 34 Abs. 1.)

B.

Anmeldung,

betreffend

eine Schenkung unter Lebenden.

D...... Unterzeichnete ... melde ... hiemit dem Erbschaftssteueramte in .... die innenverzeichnete Schenkung an, die (des Beschenkten Vor- und Familiennamen) ....
(des Beschenkten Stand oder Gewerbe) .... in
(des Beschenkten Wohnort, Straße und Hausnummer) ....
von (des Schenkers Vor- und Familiennamen) ....
(Stand oder Gewerbe) .... (Staatsangehörigkeit) ....
.... in (Wohnort, Straße und Hausnummer) ....
(Zeit der Schenkung) am .... erhalten hat.

.............................., am .... 19......

(des Anmeldenden Unterschrift) ....
(Wohnort, Straße und Hausnummer) ....

Muster B (Seite 2).

Gegenstand der Schenkung.	Wert der Schenkung.	Angabe, ob der Beschenkte in einem Verwandtschaftsverhältnisse zum Schenker steht, und in welchem.
1.	2.	3.

Muster B (Seite 3).

Angabe, ob die Schenkung beurkundet ist oder nicht, ersterenfalls weiter Angabe des Datums und des Aufbewahrungsorts der Schenkungsurkunde.	Angabe, ob etwa ein in einem anderen Bundesstaate belegener Grundbesitz den Gegenstand der Schenkung bildet, unter genauer Bezeichnung des Bundesstaats und des Grundbesitzes.	Bemerkungen.
4.	5.	6.

Königreich Württemberg.

I. Bekanntmachung des Finanzministeriums vom 27. Juni 1906, betreffend die Verwaltung des Erbschaftssteuerwesens.

(Staatsanzeiger für Württemberg, 1906, Nr. 149, S. 1069 und Amtsblatt des Königl. Württembergischen Steuerkollegiums, Jahrgang 1906, Nr. 25, S. 289.)

Gemäß § 1 der vom Bundesrat am 16. Juni 1906 beschlossenen Ausführungsbestimmungen zum Erbschaftssteuergesetz vom 3. Juni 1906 (Reichsgesf.Bl. S. 654) wird zur allgemeinen Kenntnis gebracht, daß für Württemberg als Erbschaftssteuerämter im Sinne von § 34 des Erbschaftssteuergesetzes die Kameralämter und das Hauptsteueramt Stuttgart und als Oberbehörde, welcher diese Erbschaftssteuerämter unterstehen, das Steuerkollegium Abteilung für Zölle und indirekte Steuern bestimmt worden sind, und daß als Erbschaftssteueramt der Hauptstadt im Sinne von § 12 Abs. 2 Satz 3 der Ausführungsbestimmungen des Bundesrats das Hauptsteueramt Stuttgart zu gelten hat.

Zu § 34 des Gesetzes und den §§ 1 und 12 Abs. 2 der BRAusfB. Dasselbe wie in dem allgemeinen Satz zu Anfang ist geordnet in PA. I 1; ByA. § 1; SA. 1; BdA. I § 1; HA. 1; BrA. I und II 1, wie im speziellen in dem Schlußsatz in ByA. § 2; BdA. I § 1.

II. Anweisung des Steuerkollegiums Abteilung für Zölle und indirekte Steuern vom 27. Juni 1906, betreffend den Vollzug des Erbschaftssteuergesetzes vom 3. Juni 1906.

(Amtsblatt des Königl. Württembergischen Steuerkollegiums, Jahrgang 1906, Nr. 25, S. 289 ff.)

Unter Bezugnahme auf das Erbschaftssteuergesetz vom 3. Juni 1906 (Reichsgesf.Bl. S. 654) und die Ausführungsbestimmungen des Bundesrats vom 16. Juni 1906 (Zentr.Bl. f. d. D. R. S. 829) wird mit Genehmigung des K. Finanzministeriums nachstehende Vollzugsanweisung erteilt:

1. Die Standesämter in den Gemeinden dritter Klasse haben die Totenlisten vierteljährlich einzureichen. Von dieser Anordnung sind die Standesämter bei der Angabe der Ordnungsnummer, welche den Totenlisten dieser Aemter von dem Erbschaftssteueramt erteilt worden ist (Ziff. 3 der „Anleitung" auf Muster 1, Totenliste) in Kenntnis zu setzen.

Um die Mitteilung eines Verzeichnisses der in dem Bezirke des Erbschaftssteueramts vorhandenen Standesämter ist das Amtsgericht unter gleichzeitiger Bezugnahme auf § 2 Abs. 6 Satz 2 der Ausführungsbestimmungen zu ersuchen.

Zu § 40 Ziffer 1 des Gesetzes und § 2 Abs. 2 und 6 der BRAusfB. Dasselbe ist geordnet PA. I 6; BqA. § 5; HA. 2.

2. Werden die von den Gerichten oder den Notaren eröffneten Verfügungen von Todes wegen dem Erbschaftssteueramt in Urschrift übersandt, so ist eine Abschrift oder ein Auszug von den für den Steueransatz erheblichen Bestimmungen dieser Urkunden zu den Akten zu bringen.

Zu § 40 Ziffer 3 des Gesetzes und § 2 Abs. 1 der BRAusfB. Dasselbe ist geordnet in ByA. § 6.

3. Zu den Erbschaftssteuerlisten und zu den in die Ueberwachungsliste aufgenommenen Erbfällen ist je ein fortlaufendes Namensverzeichnis zu führen. Die Vordrucke sind von der Materialienverwaltung zu beziehen. Anlage A u.

Zu § 10 Abs. 6 und § 26 Abs. 2 der BRAusfB. Die gleiche Ordnung findet sich in PA. I 7; ByA. § 11; SA. 8; BdA. I § 10; HA. 7 und 15; BrA. II 4.

4. Die Vordrucke zu den Anmeldungen sind regelmäßig mit der gedruckten Anleitung zur Anmeldung und weiteren Behandlung eines steuerpflichtigen Erwerbs zu übersenden. Anlage C u.

Zu § 36 des Gesetzes und § 11, § 12 und § 34 der BRAusfB. Aehnliches ist geordnet in SA. 9.

5. Oertlich zuständig ist das Erbschaftssteueramt, in dessen Bezirk der Erblasser zur Zeit seines Todes oder, sofern der Erwerb bei seinen Lebzeiten anfällt, zur Zeit des Anfalls an den Erwerber seinen Wohnsitz gehabt hat.

Hatte der Erblasser keinen Wohnsitz im Deutschen Reich, war er aber zur Zeit seines Todes oder, sofern die Erbschaft bei seinen Lebzeiten anfällt, zur Zeit des Anfalls an den Erwerber, württembergischer Staatsangehöriger, so ist das Erbschaftssteueramt, in dessen Bezirk sich der Gegenstand des steuerpflichtigen Erwerbs oder dessen größerer Teil befindet, andernfalls das Hauptsteueramt Stuttgart zuständig.

War der Erblasser ein Ausländer oder ein Deutscher, der einem Bundesstaate nicht angehörte, so ist, wenn er zur Zeit seines Todes oder, sofern der Erwerb bei seinen Lebzeiten anfällt, zur Zeit des Anfalls an den Erwerber seinen gewöhnlichen Aufenthalt in Württemberg gehabt hat, das Erbschaftssteueramt zuständig, in dessen Bezirk sich der Erblasser aufgehalten hat. Im Falle des § 6 Abs. 2 des Erbschaftssteuergesetzes ist dasjenige Erbschaftssteueramt zuständig, in dessen Bezirk der Erwerber zur Zeit des

Anfalls seinen Wohnsitz oder in Ermangelung eines solchen seinen gewöhnlichen Aufenthalt gehabt hat.

Zu den §§ 33 und 36 des Gesetzes sowie dem § 12 Abs. 2 der BRAusfB.

6. Wird eine Schätzung des Reinertrags von Grundstücken nach Abs. 1 dieses Paragraphen erforderlich, so bleibt die Auswahl der Sachverständigen für die einzelnen Fälle dem Erbschaftssteueramt überlassen.

Zu § 16 Abs. 2 des Gesetzes und § 22 Abs. 1 der BRAusfB. Dasselbe ist geordnet Bd. A. I § 4.

7. Die Zustellung einer Ausfertigung des Steuerbescheids kann sowohl durch Unterbeamte der Steuerverwaltung als durch Vermittlung der Ortsvorsteher oder der Post bewirkt werden.

Das zuzustellende Schriftstück muß vor der Uebergabe an den Unterbeamten bzw. den Ortsvorsteher oder die Post in einen zu verschließenden, mit Stempel oder Dienstsiegel sowie der Adresse der Person, an welche die Zustellung erfolgen soll, zu versehenden Briefumschlag gebracht werden.

Zustellungen am Sitz des Erbschaftssteueramtes erfolgen regelmäßig durch Unterbeamte dieses Amts. Zustellungen innerhalb des übrigen Steuerbezirks regelmäßig durch Vermittlung der Ortsvorsteher.

Die mit der Zustellung beauftragte Person (Amtsdiener 2c.) hat die erfolgte Uebergabe sowie den Tag der Uebergabe zu beurkunden. Diese Beurkundung ist für die Zustellung maßgebend.

In betreff der Personen, an welche die Zustellung wirksam geschehen kann, und in Ansehung des Orts, an welchem sie zulässig ist, gelten die Vorschriften der §§ 180 Abs. 1, 181, 183 und 184 Abs. 1 der Zivilprozeßordnung. Im einzelnen wird hiezu noch folgendes bestimmt:

a) Die Zustellung für nicht geschäftsfähige Personen erfolgt an die gesetzlichen Vertreter derselben. Wer im Einzelfall gesetzlicher Vertreter ist, richtet sich nach den Vorschriften des bürgerlichen Rechts. Im allgemeinen hat hienach die Zustellung für Minderjährige an den Vater, nach dessen Ableben an die Mutter oder den Vormund, die Zustellung für entmündigte Geisteskranke oder sonst aus irgend einem Grund unter Vormundschaft stehende Personen an den Vormund zu geschehen.

b) Bei juristischen Personen erfolgt die Zustellung an den Vertreter; bei mehreren Vertretern genügt die Zustellung an einen derselben.

c) Wenn seitens eines Steuerpflichtigen ein Bevollmächtigter bestellt worden ist, so hat die Zustellung an Stelle des Steuerpflichtigen an dessen Bevollmächtigten zu erfolgen.

d) Die Zustellung hat, unbeschadet der Bestimmung des § 180 Abs. 1 der Zivilprozeßordnung wenn irgend möglich in der Wohnung oder in dem Geschäftslokal des Betreffenden zu erfolgen.

Auf die Zustellung durch Vermittlung der Post finden die §§ 211 und 212 der Zivilprozeßordnung entsprechende Anwendung.

Diese Zustellungsart ist regelmäßig dann zu wählen, wenn die Zustellung an außerhalb des Steuerbezirks wohnhafte Steuerpflichtige erfolgen soll; doch ist die Zustellung durch die Post auch an die im Steuerbezirk wohnenden Personen dann statthaft, wenn eine Zustellung durch Vermittlung des Ortsvorstehers nur schwer ausführbar oder aus anderen Gründen nicht tunlich erscheint.

Die Zustellung gilt — sowohl bei Vermittlung durch die Unterbeamten und Ortsvorsteher, als bei Vermittlung durch die Post — auch dann als vollzogen, wenn die Annahme des zuzustellenden Schriftstücks verweigert wird. Wird die Annahme verweigert, so ist das zu übergebende Schriftstück am Ort der Zustellung zurückzulassen.

Zur Nachtzeit, sowie an Sonntagen und allgemeinen (bürgerlichen) Feiertagen darf eine Zustellung nicht vorgenommen werden. Wegen Berechnung der Nachtzeit vergl. § 188 der Zivilprozeßordnung.

Die außerhalb Württembergs zu bewirkenden Zustellungen können auch durch Postsendungen mittelst eingeschriebener Briefe erfolgen; die Zustellung gilt mit der Aufgabe zur Post als vollzogen.

Sind Wohnsitz und Aufenthalt des Steuerpflichtigen unbekannt, so kann die Zustellung an ihn durch Anheften des zuzustellenden Schriftstücks an der zu Aushängen der Gemeinde mit dem Sitz des Erbschaftssteueramts bestimmten Stelle erfolgen; der Tag des Aushangs ist auf dem zuzustellenden Schriftstück zu vermerken; die Zustellung gilt als bewirkt, wenn seit der Anheftung zwei Wochen verstrichen sind.

Zu §§ 45 und 46 des Gesetzes und § 24 Abs. 1 der BRAusfB.

8. Die Zustellung von Auszügen aus dem Steuerbescheide an die einzelnen Erwerber bzw. deren Bevollmächtigte oder Vertreter wird insbesondere dann geboten erscheinen, wenn nicht in sichere Aussicht zu nehmen ist, daß von dem einen zur Zahlung aufgeforderten Erben der gesamte Steuerbetrag entrichtet werden wird.

Zu § 45 des Gesetzes und § 24 Abs. 3 der BRAusfB.

9. Sofern der Wohn- oder Aufenthaltsort des Zahlungspflichtigen sich nicht am Sitze des Erbschaftssteueramts befindet, kann das letztere die Erbschaftssteuer dem Ortssteuerbeamten des Wohn- oder Aufenthaltsorts zum Einzug überweisen, was in der Regel unter Benützung des hiefür aufgestellten Vordrucks zu geschehen hat. Anlage E.

Zu § 45 des Gesetzes und § 25 Abs. 1 der BRAusfB.

10. In den Fällen des § 26 Abs. 3 der Ausführungsbestimmungen ist der Eintritt der für den endgültigen Erbschaftssteueransatz maßgebenden Bedingungen oder des maßgebenden Zeitpunkts von den Erbschaftssteuerämtern zu überwachen; dieselben haben alljährlich hierüber entweder von den beteiligten Personen selbst oder von dritten Personen oder Behörden glaubhafte Nachweise

beizubringen, daß eine Aenderung in den Verhältnissen nicht eingetreten ist, sofern sie dies nicht aus eigener Kenntnis bestätigen können. Das Ergebnis der Ermittelungen, bzw. die amtliche Bestätigung, ist in Spalte 8 der Ueberwachungsliste einzutragen; dieser Eintrag muß für jedes Rechnungsjahr auf 15. März erfolgt sein.

Zu § 26 Abs. 3 der BRAusfB. Dasselbe ist geordnet in ByA. § 10; SA. 12; BdA. I § 8; HA. 16; BrA. II 6.

11. Die Stundung oder Bewilligung von Teilzahlungen für festgestellte Erbschaftssteuer hat im Falle des § 47 Abs. 1 des Erbschaftssteuergesetzes in der Regel nur gegen Sicherheitsleistung zu erfolgen. Für die bewilligte Stundung ist volle Sicherheit zu leisten. Für eine Frist bis zu drei Monaten kann jedoch auf Antrag die Abgabe auch ohne Sicherheitsbestellung gestundet werden, falls nicht Gründe vorliegen, welche den Eingang gefährdet erscheinen lassen. Gesuche um weitergehende Stundung ohne Sicherheitsleistung sind dem Steuerkollegium Abteilung für Zölle und indirekte Steuern zur Entscheidung vorzulegen. Die Stundungsbewilligung kann jederzeit zurückgenommen werden, sobald die Voraussetzungen für dieselbe nicht mehr vorliegen.

Die Sicherheit kann, soweit nicht die besonderen Bestimmungen des § 47 Abs. 2 des Erbschaftssteuergesetzes Platz greifen, durch Hypothek, durch Verpfändung von Forderungen, durch Wechsel und durch Bürgschaft geleistet werden. Hinsichtlich der zulässigen Sicherheiten finden die §§ 24—27, § 30 Abs. 1, 2 und 4 (zweiter Fall) und § 31 der Vorschriften für die Stundung der Zölle und Reichssteuern vom 15. Januar 1900 (ABl. d. StK. S. 73), sowie die §§ 17, 18, 21 und 22 der Dienstanweisung vom 19. Januar 1900 zum Vollzuge dieser Vorschriften (ABl. d. StK. S. 97) entsprechende Anwendung. Die Vordrucke für die über die Verpfändung von Forderungen und die Bürgschaftsleistung auszustellenden Urkunden sind von der Materialienverwaltung zu beziehen.

Zu § 47 des Gesetzes und § 27 Abs. 1 der BRAusfB. Dasselbe ist geordnet in PA. I 9; ByA. § 17, SA. 13; BdA. I § 15, III §§ 9—13; HA. 17; BrA. II 7.

12. Die Entscheidung der Frage, ob in den von dem Gesetze bezeichneten Fällen Sicherheitsleistung zu verlangen ist, bleibt dem pflichtmäßigen Ermessen des Erbschaftssteueramts überlassen, welches in jedem einzelnen in Betracht kommenden Falle Beschluß hierüber zu fassen hat.

Bezüglich der Bewirkung der Sicherheitsleistung kommen die Vorschriften des §§ 232 ff. des BGB. zur Anwendung.

Haben die Beteiligten die Sicherheit binnen der ihnen zu bestimmenden Frist nicht geleistet, so hat das Erbschaftssteueramt die Sicherheitsleistung gemäß den Vorschriften, betreffend die Zwangsvollstreckung wegen öffentlich-rechtlicher Ansprüche (Art. 10, 12 und 13 des Ges. v. 18. August 1879, RegBl. S. 202), herbeizuführen.

Die auf die Sicherheitsleistungen bezüglichen Urkunden, sowie Wertpapiere sind bei dem Erbschaftssteueramt zu hinterlegen, welches die hinterlegten Gegenstände in der Amtskasse sicher zu verwahren hat. Wenn die verpfändeten Wertpapiere den Betrag von 5000 Mark übersteigen, so sind die mit den Wertpapieren zu hinterlegenden Zinsscheine ꝛc. einer Bank zur Aufbewahrung zu übergeben.

Hinsichtlich der Ausstellung des Hinterlegungsscheins, der Verzinsung des hinterlegten in das Eigentum des Staats übergehenden Geldes, der Ausfolge der Hinterlegungsgegenstände gegen Rückgabe des Hinterlegungsscheins und gegen Quittung finden die Vorschriften der Verfügung der Ministerien der Justiz und der Finanzen, betr. das Hinterlegungswesen, vom 1. Dezember 1899, RegBl. S. 995, entsprechende Anwendung.

Hinterlegtes in das Eigentum des Staates übergehendes Geld ist in der Wirtschaftsabgabenrechnung unter der Rubrik „sonstige fremde Gelder“ bei der Einzahlung in Einnahme, bei der Rückzahlung in Ausgabe zu verrechnen. Die fällig gewordenen Zinsen sind in das unten (Ziff. 15) vorgeschriebene Kostenverzeichnis aufzunehmen.

Zu den §§ 21—23 und 26 des Gesetzes sowie § 28 der BRAusfB. Dasselbe ist geordnet in PA. I 8; SA. 13; BdA. I § 9, II §§ 36—38, III § 16; HA. 18.

13. Von sämtlichen Sicherheitsleistungen ist in dem besonders zu führenden Verzeichnis der auf die Erbschaftssteuer bezüglichen Sicherheitsleistungen Eintrag zu machen. In dem Verzeichnisse sind die Gegenstände der Hinterlegung genau zu bezeichnen; bei Wertpapieren sind die zu denselben gehörigen Zins-, Dividenden- und Erneuerungsscheine anzugeben. Auf einem Blatt darf nicht mehr als eine Sicherheitsleistung vorgetragen werden. Ueber jede in der Sicherheitsleistung eingetretene Aenderung ist in dem Verzeichnisse vollständiger Nachweis zu geben. Anlage F.

Bezüglich der weiteren Behandlung der eingelegten Sicherheiten ist der Erlaß der Oberrechnungskammer vom 11. Juli 1888, betreffend die Verwahrung von Sicherheitsleistungen und hinterlegten Inhaberpapieren (ABl. d. Oberfinanzkammer S. 205) maßgebend.

Anläßlich der Jahreskassenrevision ist das Augenmerk zugleich darauf zu richten, ob hinsichtlich der geleisteten Sicherheiten nicht eine derartige Wertsverminderung eingetreten ist, daß die Ergänzung der Sicherheit geboten ist. Ueber den Vollzug dieser Prüfung ist ein besonderes Protokoll aufzunehmen.

Zu den §§ 21—23, 26 und 47 des Gesetzes sowie den §§ 28 u. 29 der BRAusfB. Dasselbe ist geordnet in BdA. I § 17.

14. Die Erbschaftssteuerämter sind befugt, in eigener Zuständigkeit Erstattungen, welche nach den §§ 18, 21 bis 25, 27 und 56 des Erbschaftssteuergesetzes unzweifelhaft begründet sind, zu verfügen. Im übrigen hat das Steuerkollegium Abt. für Zölle und indirekte Steuern die Entscheidung zu treffen.

Zu den §§ 18, 21—25, 27, 45 und 56 des Gesetzes sowie § 29 Abs. 3 der BRAusfB. Dasselbe ist geordnet in PA. I 8; ByA. §§ 19 u. 27; SA. 14; BdA. I §§ 16 u. 17, II §§ 40—42; HA. 19; Br. II 8.

15. Die durch die Verwaltung der Erbschaftssteuer entstehenden, in der Wirtschaftsabgabenrechnung zu verrechnenden Kosten sind in besonderen Verzeichnissen zusammenzustellen, welche vierteljährlich — vom Hauptsteueramt Stuttgart monatlich — mit den Erbschaftssteuerakten an das Steuerkollegium Abt. für Zölle und indirekte Steuern zur Prüfung und Genehmigung einzusenden sind.

Diejenigen Kosten, welche den Steuerpflichtigen zur Last fallen, sind in einer besonderen Abteilung des Kostenverzeichnisses aufzuführen.

Zu den §§ 42 ff. und 53 des Gesetzes und § 37 Abs. 1 der BRAusfB. Dasselbe ist geordnet in ByA. § 28; BdA. I § 18; HA. 14 m.

16. Das Erbschaftssteuer-Sollbuch und das Erbschaftssteuer-Einnahmebuch hat der Kassenbeamte des Kameralamts bezw. des Hauptsteueramts zu führen. Die im Absatz 3 letzter Satz vorgeschriebene Bescheinigung hat der Kassenkontrolleur abzugeben.

Zu § 39 der BRAusfB. Dasselbe ist geordnet in PA. I 8; ByA. § 22; SA. 16; HA. 14 c und 22; BrA. II 5.

17. Die Akten über die erledigten Erbschaftssteuerfälle sind von dem Hauptsteueramt Stuttgart in den ersten zehn Tagen jedes Monats, von den übrigen Erbschaftssteuerämtern in den ersten zehn Tagen der Monate Juli, Oktober, Januar und April zur Prüfung vorzulegen.

Zu § 40 Abs. 1 der BRAusfB. Dasselbe ist geordnet BdA. I § 19.

18. Die Festsetzung der Ordnungsstrafe erfolgt, wenn der Verpflichtete schuldhafterweise der Anordnung nicht nachkommt, durch Beschluß des Erbschaftssteueramts. Gegen den Beschluß findet die Beschwerde an das Steuerkollegium Abt. für Zölle und indirekte Steuern statt.

Die Ordnungsstrafe kann, solange der Steuerpflichtige der Anordnung nicht entspricht, wiederholt erkannt werden.

Zu § 42 Abs. 4 des Gesetzes.

19. Anträge auf Pauschversteuerung sind dem Steuerkollegium Abt. für Zölle und indirekte Steuern mit näher begründetem Antrag vorzulegen.

Zu § 44 des Gesetzes. Dasselbe ist geordnet ByA. § 15; BdA. II § 50.

Den Erbschaftssteuerämtern wird nachstehend die Verfügung des Kgl. Justizministeriums vom 27. Juni l. J., in welcher über die Mitwirkung der Gerichte, Grundbuchämter und Notare bei der Verwaltung des Erbschaftssteuerwesens eine nähere Anordnung getroffen worden ist, zur Kenntnis gebracht.

III. Verfügung des Justizministeriums vom 27. Juni 1906, betreffend den Vollzug des Erbschaftssteuergesetzes vom 3. Juni 1906.

(Amtsblatt des Kgl. Württembergischen Steuerkollegiums, Jahrgang 1906, Nr. 25, S. 294 ff.)

Mit dem 1. Juli ds. Js. tritt gemäß § 1 Nr. 4, § 8 des Reichsgesetzes vom 3. Juni 1906, betreffend die Ordnung des Reichshaushalts und die Tilgung der Reichsschuld (ReichsgesBl. S. 620), das Erbschaftssteuergesetz vom gleichen Tage (ReichsgesBl. S. 654) nebst den vom Bundesrat hiezu erlassenen Ausführungsbestimmungen vom 16. Juni 1906 (ZentrBl. f. d. D. R. S. 829) in Kraft. Gemäß § 60 des Erbschaftssteuergesetzes werden hiedurch die Vorschriften des württembergischen Gesetzes, betreffend die Erbschafts- und Schenkungssteuer, in der Fassung der Bekanntmachung der Ministerien der Justiz und der Finanzen vom 26. Dezember 1899 (RegBl. S. 1296) sowie der dazu ergangenen Vollzugsverfügungen, insbesondere der Verfügung der genannten Ministerien vom 27. Dezember 1899 (RegBl. S. 1318) außer Wirksamkeit gesetzt; nach § 61 des Erbschaftssteuergesetzes bestimmt sich jedoch die Steuerpflicht für einen Erwerb, der bereits zurzeit des Inkrafttretens dieses Gesetzes begründet ist, noch nach den bisherigen Gesetzen.

Zu den §§ 60 und 61 des Gesetzes.

Wenngleich demzufolge vom 1. Juli ds. Js. an, soweit es sich nicht um einen zu diesem Zeitpunkt bereits begründeten Erwerb handelt, die Verrichtungen, welche nach dem bisherigen Recht einzelnen unter der Dienstaufsicht des Justizministeriums stehenden Behörden sowie den Notaren in Erbschafts- und Schenkungssteuersachen obliegen, als solche in Wegfall kommen, so hat doch auch künftighin eine Mitwirkung mehrerer der Aufsicht des Justizministeriums unterstellter Behörden und der Notare bei dem Vollzug des Erbschaftssteuergesetzes stattzufinden. In dieser Hinsicht kommen insbesondere in Betracht:

für die Standesämter die Vorschriften in § 40 Nr. 1 des Gesetzes und in § 2 der Erbschaftssteuer-Ausführungsbestimmungen;

für die Gerichte die Vorschriften in § 40 Nr. 2 des Gesetzes und in § 3 der Ausführungsbestimmungen;

für die Gerichte und Notare die Vorschriften in § 40 Nr. 3, § 41 des Gesetzes und in §§ 4, 31 der Ausführungsbestimmungen;

für die Gerichte und Verwaltungsbehörden die Vorschriften in § 40 Nr. 4 des Gesetzes.

Zu den §§ 40 und 41 des Gesetzes sowie zu den §§ 2—4 und 31 der BRAusfB.

Im Einvernehmen mit dem Kgl. Finanzministerium wird des weiteren im Wege der Dienstaufsicht nachstehendes verfügt:

1. Findet eine amtliche Inventarisation des Nachlasses oder eine Auseinandersetzung desselben durch das ordentliche Nachlaßgericht statt, so hat der Vorsitzende des Nachlaßgerichts alsbald nach Erledigung des Geschäfts die Akten dem zuständigen Erbschaftssteueramt zur Einsichtnahme mitzuteilen.

Zu § 40 des Gesetzes und den §§ 4 und 31 der BRAusfB.

2. Gelangen im Fall der öffentlichen Auseinandersetzung eines Nachlasses Tatsachen, welche den Einzug der Steuer als gefährdet erscheinen lassen, zur Kenntnis des Nachlaßgerichts, so hat der Vorsitzende desselben hievon unverweilt dem zuständigen Erbschaftssteueramt Mitteilung zu machen; eine entsprechende Mitteilung wird gegebenenfalls den Vorsitzenden der Nachlaßgerichte auch dann anheimgestellt, wenn sie von solchen Tatsachen, ohne daß eine öffentliche Auseinandersetzung des Nachlasses stattfindet, Kenntnis erlangen.

Zu den §§ 40 und 41 des Gesetzes.

3. Wenn auch in dem Reichsgesetz eine Mitwirkung des Vorsitzenden des Nachlaßgerichts bei der Anmeldung eines steuerpflichtigen Erwerbs und bei der Erbschaftssteuererklärung, wie sie nach dem bisherigen Landesgesetz bei der Erfüllung der Auskunftspflicht stattfindet, nicht vorgeschrieben ist, so wird doch den Vorsitzenden der Nachlaßgerichte, namentlich soweit eine amtliche Inventarisation des Nachlasses oder eine Auseinandersetzung desselben durch das ordentliche Nachlaßgericht erfolgt, im Interesse der Steuerpflichtigen empfohlen, den Beteiligten geeignetenfalls auf Wunsch — übrigens natürlich unbeschadet der eigenen Verantwortung der letzteren — bei der Anmeldung eines steuerpflichtigen Erwerbs und bei der Abgabe der Erbschaftssteuererklärung beizustehen (vergl. § 5 Abs. 2 der Verfügung des Justizministeriums vom 6. November 1899, betreffend die Abgrenzung der amtlichen Geschäfte der Bezirksnotare und sonstigen Beamten der freiwilligen Gerichtsbarkeit, Amtsbl. S. 407).

Zu den §§ 36 u. 37 des Gesetzes sowie den §§ 12 u. 13 der BRAusfB. Aehnliche Ordnung hat BdA. I § 3.

4. Die Amtsgerichte haben, wenn bei ihnen eine Nachlaßsache gemäß Art. 78 des Ausführungsgesetzes zum Bürgerlichen Gesetzbuch oder infolge Todesfalls ein Verfahren nach Art. 93 dieses Ausführungsgesetzes anhängig wird, das Erbschaftssteueramt von dem Anfall der Angelegenheit in Kenntnis zu setzen.

5. Die Grundbuchämter haben von den Eintragungen in das Grundbuch, welche den Uebergang des Eigentums an Grundstücken einer bei ihrem Tod außerhalb des Deutschen Reichs wohnhaft gewesenen Person auf die Rechtsnachfolger betreffen, demjenigen Erbschaftssteueramt, in dessen Bezirk die Grundstücke gelegen sind, Mitteilung zu machen.

In der Anlage wird ferner die Anweisung des Kgl. Steuerkollegiums Abteilung für Zölle und indirekte Steuern vom 27. Juni 1906, betreffend den Vollzug des Erbschaftssteuergesetzes vom 3. Juni 1906, mit dem Anfügen zur Kenntnis gebracht, daß für Württemberg als Erbschaftssteuerämter im Sinne von § 34 des Erbschaftssteuergesetzes die Kameralämter und das Hauptsteueramt Stuttgart und als Oberbehörde, welcher diese Erbschaftssteuerämter unterstehen, das Steuerkollegium Abteilung für Zölle und indirekte Steuern bestimmt worden sind und daß als Erbschaftssteueramt der Hauptstadt im Sinne von § 12 Abs. 2 Satz 3 der Ausführungsbestimmungen des Bundesrats das Hauptsteueramt Stuttgart zu gelten hat (vergl. Bekanntmachung des Kgl. Finanzministeriums vom 27. Juni 1906 in Nr. 149 des Staatsanzeigers für Württemberg von 1906 S. 1069 und RegBl. S. 158).

Anlage A. (1.)

Erbschaftssteueramt ....

Namensverzeichnis

zu den

Erbschaftssteuerlisten A und B.

Buchstabe

Des Erblassers			Erbschaftssteuerliste A		Erbschaftssteuerliste B		Bemerkungen.
Vor- und Zuname.	Stand.	Wohnort.	für das Rechnungsjahr.	Nummer.	für das Rechnungsjahr.	Nummer.	
1.			2.	3.	4.	5.	6.
a.	b.	c.					

Anlage B. (2.)

Erbschaftssteueramt ....

Namensverzeichnis

zu der

Ueberwachungsliste.

Des Erblassers			Ueberwachungsliste Nummer.	Bemerkungen.
Vor- und Zuname.	Stand.	Wohnort.		
1.			2.	3.
a.	b.	c.		

Anlage C. (3.) (Seite 1).

Anmeldung
des
steuerpflichtigen Erwerbs von Todes wegen
in der Nachlaßsache de..... am 19
in .... gestorbenen

Anlage C (Seite 2).

Nummer.	Des Erblassers					Des Erwerbers		
	Familien- und Vornamen.	Stand oder Gewerbe.	Wohnort (in Städten auch Straße und Hausnummer).	Todestag und Sterbeort.	Staatsangehörigkeit.	Familien- und Vornamen.	Stand oder Gewerbe.	Wohnort (in Städten auch Straße und Hausnummer).
1.	2.	3.	4.	5.	6.	7.	8.	9.

Anlage C (Seite 3)

Gegenstand des Erwerbs.	Angabe, ob der Erwerb auf gesetzlicher Erbfolge, auf einer Verfügung von Todes wegen oder auf welchem anderen Rechtsgrund beruht.	Angabe, ob der Erwerber in einem Verwandtschaftsverhältnisse zum Erblasser steht und in welchem.	Die überschlägige Angabe des Wertes des Erwerbes.	Angabe, ob etwa ein in einem anderen Bundesstaate belegener Grundbesitz den Gegenstand des Erwerbes bildet, unter genauer Bezeichnung des Bundesstaats und des Grundbesitzes.	Bemerkungen.
10.	11.	12.	13.	14.	15.

............................, den .... 19......

Vor- und Zunamen

Stand oder Gewerbe ....

Straße und Hausnummer..

Anlage D. (4.) (Seite 1).

Anmeldung

von

steuerpflichtigen Schenkungen unter Lebenden.

Anlage D (Seite 2).

Nummer.	Des Schenkers				Des Beschenkten		
	Familien- und Vornamen.	Stand oder Gewerbe.	Wohnort (in Städten auch Straße und Hausnummer).	Staatsangehörigkeit.	Familien- und Vornamen.	Stand oder Gewerbe.	Wohnort (in Städten auch Straße und Hausnummer).
1.	2.	3.	4.	5.	6.	7.	8.

Anlage D (Seite 3).

Zeit der Schenkung.	Gegenstand und Wert der Schenkung.	Angabe, ob der Beschenkte in einem Verwandtschaftsverhältnisse zum Schenker steht und in welchem.	Angabe, ob die Schenkung beurkundet ist oder nicht.	Angabe, ob etwa ein in einem anderen Bundesstaate belegener Grundbesitz den Gegenstand der Schenkung bildet unter genauer Bezeichnung des Bundesstaats und des Grundbesitzes.	Bemerkungen.
9.	10.	11.	12.	13.	14.

den .... 19 .... .

Vor- und Zunamen ....

Stand oder Gewerbe ....

Straße und Hausnummer............................

Anlage E. (5.)

Erbschaftssteueramt

Das K. Ortssteueramt

wird angewiesen, die unten aufgeführten, in Anwendung des Erbschaftssteuergesetzes angesetzten Steuerbeträge und die beigesetzten Kosten innerhalb ...... Tagen von den Steuerpflichtigen einzuziehen und unter Anschluß des gegenwärtigen Einzugsregisters, in welchem der Tag der Zahlung einzusetzen ist, hieher abzuliefern.

..............................., den 190.. .

Erbschaftssteueramt.

Fortlaufende Nummern.	Erbschaftssteuer-Sollbuch		Des Steuerpflichtigen Name, Stand, Wohnort.	Betrag der einzuziehenden						Zahlung			Bemerkungen.
				Steuer		Kosten		Zusammen			Betrag		
	Jahrgang.	Nr.		M.	₰	M.	₰	M.	₰	Tag.	M.	₰	

Anlage F. (6.) (Seite 1).

Erbschaftssteueramt

Verzeichnis

der

auf die Erbschaftssteuer bezüglichen Sicherheitsleistungen.

Anlage F (Seite 2).

Erbschaftssteuer-Sollbuch. Rechnungsjahr.	Erbschaftssteuer-Sollbuch. Nr.	Überwachungsliste Nr.	Name, Stand, Wohnort derjenigen Person, welche die Sicherheit geleistet hat.	Grund der Sicherheitsleistung.	Sicherzustellende Summe. Mark.	Sicherzustellende Summe. Pf.

Anlage F (Seite 3).

Gegenstand (spezielle Bezeichnung) der Sicherheit.	Betrag der Sicherheit. Mark.	Betrag der Sicherheit. Pf.	Bei Hinterlegung von Geld: Seite der Wirtschaftsabgabenrechnung, auf welcher die Verrechnung erfolgt ist.	Tag und Nachweisung der Uebernahme der Sicherheitsobjekte.	Tag und Nachweisung der Rückgabe der Sicherheitsobjekte.	Bemerkungen.	Aktennachweisung.

Großherzogtum Baden.

I. Verordnung des Großherzoglichen Ministeriums der Finanzen vom 21. Juni 1906, den Vollzug des Reichserbschaftssteuergesetzes betreffend.

(Gesetzes- und Verordnungsblatt, 1906, S. 124 ff., desgleichen Verordnungsblatt der Großherzoglich Badischen Steuerdirektion, 1906, Nr. 8, S. 35 ff.)

Zum Vollzug des Reichsgesetzes vom 3. Juni d. J. (RGBl. S. 654) und der hierzu erlassenen bundesrätlichen Ausführungsbestimmungen wird im Einverständnis mit Großherzoglichem Ministerium der Justiz, des Kultus und Unterrichts nachstehendes verordnet:

§ 1. 1. Die Festsetzung der Erbschafts- und Schenkungssteuer liegt den Notariaten als Erbschaftssteuerämtern ob. Auch sind die Notariate zur Erkennung der Ordnungsstrafen nach § 42 Abs. 4 des Gesetzes zuständig. Der Einzug der Steuer und die Erkennung von Steuerstrafen nach § 49 des Gesetzes bleibt, wie bisher, den Bezirksfinanzbehörden bestimmt.

2. Als Erbschaftssteueramt der Hauptstadt im Sinne des § 12 Abs. 2 Satz 3 der bundesrätlichen Ausführungsbestimmungen wird das Notariat I in Karlsruhe vorbehalten.

3. Oberbehörde im Sinne des § 34 des Gesetzes ist die Steuerdirektion.

Zu den §§ 34, 42 und 49 des Gesetzes sowie zu den §§ 1 und 12 Abs. 2 der BRAusfB. Dasselbe wie im Abs. 1 und 3 ist geordnet in PA. I 1; ByA. § 1; SA. 1; WA. I; HA. 1; BrA. I u. II 1. Eine ähnliche Ordnung wie im Abs. 2 findet sich in ByA. § 2; WA. I.

§ 2. 1. Erstreckt sich ein Standesamtsbezirk über mehrere Notariatsdistrikte, so ist für jedes Notariat eine besondere Totenliste aufzustellen.

2. In die Totenliste für das einzelne Notariat sind aufzunehmen:

a) die Erblasser, die im Distrikt des Notariats ihre Wohnung hatten,

b) soweit diese Voraussetzung nicht vorliegt oder die Wohnung nicht festgestellt werden kann, wer im Notariatsdistrikt gestorben ist.

3. Bei den Sterbfällen, die nicht in die Distriktsliste aufzunehmen sind, ist gleichwohl die Sterberegisternummer in Spalte 2 der Totenliste einzutragen. Im übrigen genügt es, wenn in

Spalte 3 das Notariat bezeichnet wird, in dessen Totenliste der Sterbefall aufgenommen ist.

4. Die Totenlisten erhalten auf dem Titelblatt — unter dem Vordruck: Aktenzeichen des Erbschaftssteueramts — die Ordnungsnummer, die dem Standesamt nach der alphabetischen Reihenfolge der Gemeinden des Notariatsdistrikts entspricht. Das Notariat hat dem Standesamt die ihm hiernach zukommende Nummer bekannt zu geben.

5. Die Vordrucke für die Totenlisten werden von der Steuerverwaltung geliefert.

Zu § 40 Abs. 1 des Gesetzes und § 2 Abs. 1, 6 und 7 der BRAusfB.

§ 3. 1. Das Notariat hat die zur Anmeldung eines steuerpflichtigen Erwerbs Verpflichteten über ihre steuerlichen Verpflichtungen auf ihr Verlangen näher — auch mündlich — zu belehren und ihnen bei den Anmeldungen und Steuererklärungen sowie bei der Aufstellung des Nachlaßverzeichnisses behilflich zu sein.

2. Wird die Steuererklärung zu Protokoll abgegeben, so hat das Notariat auf Verlangen das Nachlaßverzeichnis kostenfrei aufzustellen. Für die Richtigkeit und Vollständigkeit des Verzeichnisses bleibt der zur Anmeldung Verpflichtete haftbar.

3. Bei der Uebersendung der Anleitung (§ 11 A.B.) hat das Notariat den Anmeldepflichtigen darauf aufmerksam zu machen, daß, wenn er die ordnungsmäßige Anmeldung oder Erbschaftssteuererklärung nicht innerhalb der bestimmten Frist schriftlich einreichen wolle oder nicht ordnungsmäßig einreichen könne, er innerhalb der gleichen Frist die kostenfreie Aufnahme des Nachlaßverzeichnisses durch das Notariat beantragen könne. Das Notariat soll bei der Uebersendung außerdem dem Anmeldepflichtigen einen Termin bestimmen, in dem er zur Abgabe seiner Erklärungen erscheinen kann.

4. Wenn notarielle Verhandlungen zur privatrechtlichen Nachlaßregelung stattfinden, so sind die beiden Termine zu verbinden. Der Uebersendung einer Anleitung bedarf es in diesem Fall nicht.

5. Fehlen die Voraussetzungen einer solchen Verbindung, so soll der Termin im Sinne des Abs. 3 gleichwohl an dem in § 136 der Rechtspolizeiordnung bezeichneten Orte abgehalten werden, wenn der Anmeldepflichtige es beantragt und überwiegende Gründe der Zweckmäßigkeit dafür sprechen. Jedoch ist auch in diesem Falle auf Kostenersparung Bedacht zu nehmen, und deshalb der Termin in der Regel auf einen Amtstag oder Grundbuchtag (§ 36 der Rechtspolizeiordnung, § 14 der Grundbuchvollzugsverordnung) zu bestimmen.

Zu § 36 des Gesetzes und den §§ 11 und 12 der BRAusfB. Eine ähnliche Ordnung hat WA. III 3.

§ 4. Zur Ermittelung des Werts von Gegenständen, die zur steuerpflichtigen Masse gehören, hat das Notariat die Schätzung der nach § 48 Abs. 2 und 4 des Rechtspolizeigesetzes öffentlich bestellten oder besonders zuzuziehenden Sachverständigen einzuholen. Das bei der Schätzung einzuhaltende Verfahren richtet sich nach den für die Schätzung in Nachlaßsachen geltenden Vorschriften.

Zu § 16 des Gesetzes und den §§ 14 und 16 Abs. 2 der VRAusfV. Dasselbe ist geordnet in WA. II 6.

§ 5. Sonstige für die Festsetzung der Steuer in Betracht kommende Verhältnisse wie das Verwandtschaftsverhältnis zwischen dem Erblasser und Erwerber, Vorhandensein von Steuerbefreiungs- oder Ermäßigungsgründen u. a. hat das Notariat, soweit nötig, durch Verhandlungeu mit den Anmeldepflichtigen, Erkundigungen bei den Ortsgerichten oder auf sonstige geeignete Weise festzustellen.

Zu den §§ 37 und 42 des Gesetzes sowie den §§ 11 bis 13 der VRAusfV.

§ 6. Die Steuerkommissäre und Bezirksfinanzbehörden haben den Notariaten über Verhältnisse, die für die Festsetzung der Erbschafts- und Schenkungssteuer von Bedeutung sind, Auskunft zu erteilen und ihnen auf Verlangen bei Ermittelungen Beistand zu leisten.

Zu § 40 des Gesetzes.

§ 7. 1. Die Zustellung der Steuerbescheide hat nach den für die Zustellungen in Rechtspolizeisachen geltenden Vorschriften zu erfolgen. Der Zustellung bedarf es nicht, wenn der Bescheid zu Protokoll eröffnet wird; in diesem Fall ist dem Pflichtigen eine Bescheidsausfertigung zu behändigen.

2. Andere Mitteilungen an Beteiligte sind nach den für Behändigungen gegebenen Vorschriften zu übersenden.

Zu § 45 des Gesetzes und § 24 Abs. 1 der VRAusfV. Dasselbe ist geordnet in ByA. § 16; SA. 11; WA. II 7; HA. 13.

§ 8. Ist die Versteuerung auf unbestimmte Zeit ausgesetzt, so hat sich das Notariat darüber, ob der Grund zur Ueberwachung noch fortbesteht, nach Ablauf von je fünf Jahren oder schon früher zu verlässigen, wenn nach den Umständen des Falles schon vor Ablauf der fünf Jahre der Eintritt der Steuerpflicht zu erwarten ist.

Zu § 26 Abs. 3 der VRAusfV. Dasselbe ist geordnet in ByA. § 10; SA. 12; WA. II 10; HA. 16; BrA. II 6.

§ 9. 1. In den Fällen der §§ 21 bis 23 und 26 des Gesetzes hat das Notariat über die Annehmbarkeit der vom Steuerpflichtigen angebotenen Sicherheit Entschließung zu treffen. Die Sicherheit ist bei der Bezirksfinanzbehörde zu leisten, in deren Bezirk der Steuerpflichtige wohnt, oder falls er außerhalb des Großherzogtums wohnt, bei derjenigen, in deren Bezirk das Notariat seinen Sitz hat. Das Notariat hat dem Steuerpflichtigen den sicherzustellenden Betrag, die Art der Sicherheitsleistung und die zur Annahme der Sicherheitsleistung zuständige Bezirksfinanzbehörde zu bezeichnen und eine Frist zu bestimmen, innerhalb deren die Sicherheit zu leisten ist. Eine die gleichen Angaben enthaltende Mitteilung hat das Notariat der Bezirksfinanzbehörde, der die Sicherheit zu leisten ist, zu machen unter Beifügung des Namens des Steuerpflichtigen und des Erblassers (Schenkers) sowie des Halbjahrs und der Nummer der Erbschaftssteuerliste, unter welcher der Steuerfall eingetragen ist. Die Bezirksfinanzbehörde hat von der erfolgten Sicherheitsleistung das Notariat sofort zu benachrichtigen. Geht dem Notariat eine solche Nachricht der Bezirksfinanzbehörde innerhalb einer Woche nach Ablauf der dem Pflichtigen zur Sicherheitsleistung bestimmten oder etwa vom Notariat verlängerten Frist nicht zu, so hat es die Bezirksfinanzbehörde um die zwangsweise Einziehung der Sicherheit zu ersuchen.

2. Die Bezirksfinanzbehörde hat die Sicherheit durch Einleitung der Zwangsvollstreckung in die Gegenstände einzuziehen, die als Sicherheit zu stellen sind. Die Zwangsvollstreckung hat nach den für Betreibung von Steuerforderungen geltenden Vorschriften zu erfolgen.

Zu den §§ 21—23 und 26 des Gesetzes sowie § 28 der BRAusfB. Dasselbe ist geordnet in PA. I 8; SA. 13; WA. II 12; HA. 18.

§ 10. Namensverzeichnisse zu den Erbschaftssteuerlisten und den Ueberwachungslisten (§ 10 Abs. 6 und § 26 Abs. 2 der bundesrätlichen Ausführungsbestimmungen) sind nur auf besondere Anweisung der Steuerdirektion zu führen.

Zu §§ 10 Abs. 6 und 26 Abs. 2 der BRAusfB. Eine entsprechende Ordnung findet sich in PA. I 7; ByA. § 11; SA. 8; WA. II 3; HA. 7 u. 15; BrA. II 4.

§ 11. 1. Der Einzug der vom Notariat festgesetzten Steuer erfolgt durch die Bezirksfinanzbehörde, in deren Bezirk das Notariat seinen Sitz hat.

2. Das Notariat hat der Bezirksfinanzbehörde alsbald nach der Bekanntgabe des Erbschaftssteuerbescheids an den Pflichtigen eine Erhebungsanweisung nach anl. Muster zuzusenden. Die Anweisung muß vom Notar oder seinem Stellvertreter unterzeichnet und mit Dienstsiegel versehen werden.

3. Die Bezirksfinanzbehörde hat die bei ihr eingehenden Steuerbeträge auf der Erhebungsanweisung zu vermerken und in dem von ihr zu führenden Einnahmebuch (§ 39 der A.B.) zu buchen.

4. Am Schluß eines jeden Monats fertigt die Bezirksfinanzbehörde einen Auszug aus dem Einnahmebuch, der die Einträge über die bei ihr im Lauf des Monats eingegangenen Beträge enthält, und übersendet ihn dem Notariat. Der Auszug muß vom Dienstvorstand der Bezirksfinanzbehörde oder von seinem Stellvertreter unterzeichnet sein.

5. Das Notariat trägt die im Auszug angegebenen Zahlungen in dem Sollbuche ein.

§ 12. 1. Geht der zu erhebende Betrag in der vom Notariat dem Steuerpflichtigen bestimmten Frist nicht ein, so hat die Bezirksfinanzbehörde den Pflichtigen durch ein verschlossen zu übersendendes Schreiben zu mahnen.

2. Erfolgt auf die Mahnung nicht innerhalb acht Tagen die Zahlung, so leitet die Bezirksfinanzbehörde die Zwangsvollstreckung nach den für die Betreibung von Steuerforderungen bestehenden Vorschriften ein.

3. Der Mahnung bedarf es nicht, wenn Gefahr in Verzug vorliegt.

§ 13. 1. Erweist sich ein zu erhebender Betrag als uneinbringlich, so legt die Bezirksfinanzbehörde die Betreibungsakten der Steuerdirektion unter Angabe der Nummer des Sollbuches, unter welcher der zur Erhebung angewiesene Betrag eingetragen ist, vor.

2. Die Steuerdirektion verfügt, wenn sie nicht weitere Betreibungsmaßnahmen der Bezirksfinanzbehörde anordnet, die Niederschlagung des uneinbringlichen Betrages und benachrichtigt hiervon das Notariat mit der Angabe der Nummer, unter welcher der Betrag im Sollbuch erscheint.

§ 14. 1. Auf Antrag des Steuerpflichtigen kann das Notariat im Steuerbescheid eine andere inländische Steuerstelle als die in § 11 bezeichnete Bezirksfinanzbehörde, insbesondere die Steuereinnehmerei des Wohnorts des Pflichtigen, als Einzahlungsstelle bestimmen. Diese Stelle ist in der Erhebungsanweisung, die auch in solchem Falle der in § 11 bezeichneten Bezirksfinanzbehörde zuzufertigen ist, besonders anzugeben. Die Bezirksfinanzbehörde erteilt sofort der Einzahlungsstelle Annahmeweisung mit dem Ersuchen oder Auftrag, den bei ihr eingehenden Betrag alsbald abzuführen.

2. Die Einzahlungsstelle hat, auch wenn ihr eine Annahmeweisung der Bezirksfinanzbehörde noch nicht zugegangen ist, den vom Steuerpflichtigen übergebenen oder zugesandten Steuerbetrag anzunehmen und der Bezirksfinanzbehörde (§ 11) unter Darlegung des Sachverhalts abzuführen.

3. Eine erforderlich werdende Betreibung hat die in § 11 bezeichnete Bezirksfinanzbehörde einzuleiten.

Für die §§ 11—14:

Zu § 45 des Gesetzes und § 25 Abs. 1 der BRAusfB. Dasselbe ist geordnet in PA. I 8; ByA. § 17; HA. 14; BrA. II 5.

§ 15. Die Stundung von Steuerbeträgen kann nach Maßgabe des § 46 der Betreibungsordnung vom 30. November 1899 (Gesetzes- und Verordnungsblatt S. 775) von der mit der Erhebung der Steuer befaßten Bezirksfinanzbehörde bewilligt werden.

Zu § 47 des Gesetzes und § 27 Abs. 1 der BRAusfB. Dasselbe ist geordnet in PA. I 9; ByA. § 17; SA. 13; WA. II 11; HA. 17; BrA. II 7.

§ 16. 1. Anträge auf Erstattung zu Unrecht gezahlter Erbschafts- (Schenkungs-) Steuer sind unter Angabe der Gründe, auf die der Anspruch gestützt wird, bei dem Notariat, das die Steuer festgesetzt hat, zu stellen. Der Antragsteller hat den Grund seines Anspruchs, sofern er nicht beim Notariat offenkundig ist, nachzuweisen. Nach Abschluß der etwa erforderlichen tatsächlichen Feststellungen hat das Notariat das Gesuch mit gutächtlicher Aeußerung der Steuerdirektion vorzulegen. Erachtet die Steuerdirektion den Erstattungsanspruch nicht für begründet, so hat sie die Entschließung mit Gründen dem Gesuchsteller durch Vermittelung des Notariats zustellen zu lassen.

2. Ist das Gesuch begründet, so weist die Steuerdirektion die Bezirksfinanzbehörde an, den zu viel erhobenen Betrag zurückzuerstatten und benachrichtigt hiervon das Notariat, das den Gesuchsteller in Kenntnis setzt.

Zu den §§ 18, 21–25, 27, 45 und 56 des Gesetzes sowie zu § 29 Abs. 3 der BRAusfB. Dasselbe ist geordnet in PA. I 8; BaA. §§ 19 u. 27; SA. 14; WA. II 14; HA. 19; BrA. II 8.

§ 17. Das Verfahren der Bezirksfinanzbehörden bei Erhebung, Sicherstellung, Rückerstattung und Buchung der Steuer richtet sich im übrigen nach den von der Steuerdirektion zu erlassenden Vorschriften.

Zu den §§ 28 und 29 der BRAusfB. Dasselbe ist geordnet in PA. I 8; BaA. §§ 19 u. 27; SA. 13 u. 14; WA. II 13 u. 14; HA. 18 u. 19; BrA. II 8.

§ 18. Die vom Notariat gemäß § 42 Abs. 4 des Gesetzes erkannten Ordnungsstrafen sowie die von Steuerpflichtigen gemäß § 42 Abs. 4 und § 43 Abs. 2 des Gesetzes zu tragenden Kosten sind zum Zweck der Erhebung für die Staatskasse ins Kostenregister des Notariats einzutragen.

Zu § 42 Abs. 4 und § 43 Abs. 2 des Gesetzes. Dasselbe ist geordnet BaA. § 28; WA. II 15; HA. 14 k und l; BrA. II 10.

§ 19. Die Notariate mit dem Sitz außerhalb Karlsruhe haben die Akten über die Erbschaftssteuerfälle, die durch Feststellung und Einziehung oder Sicherstellung des Steuerbetrags oder in anderer Weise ihre Erledigung gefunden, auf Schluß des Kalendervierteljahres der Steuerdirektion zur Prüfung vorzulegen.

Zu § 40 Abs. 1 der BRAusfB. Dasselbe ist geordnet WA. II 17.

§ 20. 1. Die Erbschaftssteuerakten sind von den sonstigen Akten des Notariats getrennt zu führen. Dabei kann auf die in etwaigen rechtspolizeilichen Akten enthaltenen Unterlagen des Erbschaftssteuerbescheids verwiesen werden.

2. Abschriften oder Auszüge aus den rechtspolizeilichen Akten sind nur, soweit unerläßlich, zu den steuerrechtlichen zu bringen

3. Verfügungen von Todes wegen, die dem Notariat gemäß § 4 A.B. zugehen, sind nach Gebrauch dem Amtsgericht zurückzugeben. Zu den Steuerakten ist eine beglaubigte Abschrift zu nehmen. Die rechtspolizeilichen Vorschriften über die Behandlung von Testamenten bleiben unberührt.

§ 21. 1. Die Steuerakten sind nach vollständiger Erledigung und oberbehördlicher Prüfung an das Amtsgericht zur Verwahrung abzugeben. Die Abgabe erfolgt gegen besondere Bescheinigung, die als Anlage zur Erbschaftssteuerliste zu nehmen ist.

2. Die Erbschaftssteuerlisten verbleiben beim Notariat. Die übrigen Listen, insbesondere auch die Totenlisten nebst Beilisten und Freibelegen, sind zur Verwahrung ans Amtsgericht abzugeben, wenn sie beim Notariat nicht mehr benötigt werden.

Für die §§ 20 und 21:

Zu § 38 der BRAusfB. Dasselbe ist geordnet SA. 15.

§ 22. 1. Die Ausübung der Dienstpolizei über die Notare steht auch hinsichtlich ihrer Tätigkeit als Beamte der Steuerverwaltung den Landgerichten und dem Justizministerium zu.

2. Die Steuerdirektion hat die in § 1 Abs. 2 der Verordnung des Staatsministeriums vom 7. August 1890 (Ges. u. VBl. S. 517) bezeichneten Befugnisse.

Von den wegen Säumnis ausgesprochenen Geldstrafen und von den verhängten Ordnungsstrafen ist dem mit der allgemeinen Dienstaufsicht betrauten Landgericht und dem Justizministerium Kenntnis zu geben.

Zu § 34 des Gesetzes.

§ 23. Für das Verfahren in den Steuerfällen, auf welche noch das badische Erbschaftssteuergesetz vom 14. Juni 1899 Anwendung findet, bleiben die bisherigen Vorschriften maßgebend.

Zu § 61 des Gesetzes. Dasselbe ist geordnet in PA. II 2; HA. 24; Br. II 5.

Großh. Notariat
Sollbuch Nr.

Muster. (1.)
Anweisung zur Erhebung einer
Erbschafts-Schenkungssteuer.

An das Hauptsteuer — Finanz — Amt in

Nach dem Erbschaftssteuerbescheid vom 190
Erbschaftssteuer — Haupt — Nachtragsliste Halbjahr Nr. ....
schuldet auf Ableben des

auf Grund der Schenkung des

Herr (Frau)

für den Erwerb von Todes wegen
Schenkung unter Lebenden

den Steuerbetrag von .... M.
in Worten .... M.

Die im Erbschaftssteuerbescheid gestellte Zahlungsfrist läuft ab am

Bedingungen 2c. (wie im Sollbuch Spalte 12).

Das Großherzogliche Hauptsteuer — Finanz — Amt wird ersucht, den obigen Steuerbetrag einzuziehen.

Als Einzahlungsstelle ist im Erbschafssteuerbescheid die .... in bestimmt worden.

K. ...., den ....

(Dienstsiegel.) (Unterschrift des Dienstvorstandes.)

Einnahmebuch Nr. .... Obiger Steuerbetrag von .... M.
ist am bezahlt.
von der übersandt worden.

Großherzogliches Hauptsteuer — Finanz — Amt

Unterschrift.

II. Anweisung der Großherzoglichen Steuerdirektion vom 25. Juni 1906 zum Erbschaftssteuergesetz vom 3. Juni 1906 für die Notariate als Erbschaftssteuerämter.

(Verordnungsblatt der Großherzoglich Badischen Steuerdirektion, 1906, Nr. 8, S. 42 ff.)

Allgemeine Bestimmungen.

§ 1. Das im Zentralblatt für das Deutsche Reich erscheinende Verzeichnis der Erbschaftssteuerämter und Oberbehörden, an welche die nach § 7 Abs. 3, 12 Abs. 3, 13 Abs. 6 und 30 der Ausführungsbestimmungen zu machenden Mitteilungen zu richten sind, wird den Notariaten in besonderem Abdruck zugehen.

Soweit Mitteilungen badischer Behörden an Notariate als badische Erbschaftssteuerämter zu gelangen haben, sind sie an diese direkt zu richten.

Zu § 35 des Gesetzes und § 1 der BRAusfB.

§ 2. Bestehen Meinungsverschiedenheiten oder Zweifel über die örtliche Zuständigkeit des Notariats (als Erbschaftssteueramt) so ist die Entscheidung der Steuerdirektion einzuholen.

§ 3. Ist ein Notariat selbst das nach § 4 und 31 der A.B. zu benachrichtigende Erbschaftssteueramt, so genügt es, wenn statt des besonderen Benachrichtigungsschreibens die mitzuteilenden Tatsachen auf den zu den Erbschaftssteuerakten zu fertigenden Abschriften oder Auszügen aus den Verfügungen von Todes wegen 2c. vermerkt werden. Der Vermerk ist vom Notariat zu unterzeichnen.

Zu § 40 Abs. 3 des Gesetzes und den §§ 4 und 31 der BRAusfB.

§ 4. Die Schreiben an Beteiligte sind nicht als portopflichtige Dienstsachen, sondern gemäß § 7 Abs. 2 Buchstabe a der Verordnung vom 7. Dezember 1904, das Versendungswesen der Staatsbehörden betr. (Ges. u. V.Bl. S. 451) mit dem Porto-Ablösungsstempel und Dienstsiegel des Notariats versehen abzusenden.

§ 5. Die Totenlisten sind vierteljahrsweise nach der alphabetischen Reihenfolge der Standesamtsbezirke geordnet in einer Mappe oder in einem Umschlag zu verwahren.

Die Freibelege sind nach der Zeitfolge, in welcher die sie betreffenden Sachen ihre Erledigung finden, einem für den Notariatsdistrikt anzulegenden Aktenheft anzuheften.

§ 6. Die Akten über die einzelnen Steuerfälle sind mit einer Aktendecke aus grünem steifen Papier zu versehen.

Zu den Akten über die einzelnen Steuerfälle sind außer den Anmeldungen, Steuererklärungen und Steuerbescheiden auch die Mitteilungen anderer Behörden, die sich auf den Steuerfall beziehen, wie insbesondere Entscheidungen der Oberbehörden über

Beschwerden, Gerichtsentscheidungen, Entschließungen der Steuerdirektion über Niederschlagung von Steuerbeträgen usw. zu nehmen.

Für die §§ 5 und 6:

Zu § 38 der BRAusfB. Dasselbe ist geordnet in SA. 15.

§ 7. Die zu den Steuergeschäften zu verwendenden Vordrucke einschließlich der Vordrucke für die Totenlisten und Aktendecken, wie auch die an Beteiligte abzugebenden Drucksachen werden den Notariaten auf Rechnung der Steuerverwaltung geliefert.

Die Notariate haben ihren Bedarf sowie den der zu ihrem Bezirk gehörenden Standesämter halbjährlich oder jährlich bei den ihnen bezeichneten Geschäften zu bestellen und denselben den Empfang der gelieferten Vordrucke und Drucksachen zu bescheinigen.

Die für die Standesämter bestellten Vordrucke zu den Totenlisten sind den Standesämtern zu übermitteln.

Die Standesämter in Karlsruhe, Freiburg, Pforzheim, Heidelberg und Mannheim haben die benötigten Vordrucke unmittelbar bei der bezeichneten Druckerei zu bestellen.

§ 8. Der Notar kann mit der Führung der Steuerlisten und des Sollbuches einen Kanzleibeamten beauftragen, die Geschäftsführung desselben hat er zu beaufsichtigen.

Verfahren zur Feststellung der für die Steuerfestsetzung erheblichen Verhältnisse.

§ 9. Die Notariate haben bei der großen Bedeutung, die den Totenlisten für die Steuerfestsetzung zukommt, besonders darauf zu achten und soweit erforderlich durch Belehrung darauf hinzuwirken, daß in den Totenlisten die Angaben möglichst vollständig und richtig gemacht werden.

Werden weitere Erhebungen (insbesondere Ermittelungen der anmeldepflichtigen Erben) nötig, so ist nach der noch ergehenden Weisung des Großh. Justizministeriums zu verfahren.

Zu § 40 Abs. 1 des Gesetzes und § 2 Abs. 5 und 7 der BRAusfB.

§ 10. Die Anmeldung und eine Steuererklärung kann nur von demjenigen verlangt werden, dem ein steuerpflichtiger Erwerb zufällt, ferner vom Testamentsvollstrecker, Nachlaßpfleger oder gesetzlichen Vertreter eines steuerpflichtigen Erben, nicht aber von jemanden, der nur steuerfreies Vermögen wie z. B. als Bruder des Erblassers nur steuerfreien Hausrat (§ 11 Ziff. 4 f des Gesetzes) erwirbt.

Zur Auskunftserteilung kann dagegen jeder Erbbeteiligte angehalten werden, soweit es sich um Feststellung von Tatsachen handelt, die für die Festsetzung der Steuer von dem ihm oder einem anderen Erbbeteiligten zukommenden Vermögen erheblich sind.

Zu den §§ 36, 37, 38 und 42 des Gesetzes und den §§ 12 und 13 der BRAusfB.

§ 11. Wem von mehreren anmeldepflichtigen Beteiligten als dem mit den Verhältnissen am besten Vertrauten eine Anleitung (§ 11 der A.B.) zu übersenden sei, wird das Notariat nach dem Stand und Beruf der Erbbeteiligten oder nach sonstigen bekannten Umständen zu beurteilen haben.

Die Mitteilung einer Anleitung ist außer dem in § 11 Abs. 4 der A.B. angeführten Fall regelmäßig dann entbehrlich, wenn das Notariat aus irgend einem Anlaß wie z. B. bei Eröffnung einer Verfügung von Todes wegen, bei Ausstellung eines Erbscheins, bei einem Antrag auf nachlaßgerichtliche Vermittelung einer Erbschaftsauseinandersetzung, Gelegenheit hat, mit einem Beteiligten zu verhandeln und ihn hierbei über seine Verpflichtung zur Anmeldung usw. zu belehren.

Zu § 11 der BRAusfB.

§ 12. Ist zu erwarten, daß die Beteiligten, auch wenn ihnen die Anleitung übersandt würde, die Anmeldung oder die verlangte Steuererklärung nicht ordnungsmäßig einreichen werden und daß noch weitere Verhandlungen nötig sein würden, so empfiehlt es sich, einen der Beteiligten (außerhalb des Notariatssitzes Wohnhafte zu einem Grundbuch- oder Amtstag) einzubestellen, um ihn über seine Verpflichtung zur Anmeldung und zur Abgabe einer Steuererklärung zu belehren und seine Anmeldung und Steuererklärung entgegenzunehmen.

Die Einbestellung eines Beteiligten wird namentlich dann angebracht sein, wenn der Erblasser bis zu seinem Tode verheiratet war und zur Feststellung der steuerpflichtigen Masse zunächst zu ermitteln ist, wieweit der überlebende Ehegatte Ansprüche an die vorhandene Masse zu machen hat oder an sie ersatzpflichtig ist.

Zu § 11 der BRAusfB.

§ 13. Nimmt das Notariat auf Ansuchen des Anmeldenden den steuerpflichtigen Nachlaß auf, so hat es dabei die Erläuterung der Anleitung III A (Anl. 4 zu den A.B.) zu beachten.

Wird vom Notariat aus einem rechtspolizeilichen Grund die steuerpflichtige Masse verzeichnet, so ist zu den Steuerakten ein Auszug aus dem Nachlaßverzeichnis zu fertigen, der eine summarische Zusammenstellung der Bestandteile des Nachlasses und ihres Wertes enthält.

§ 14. Zur Feststellung der Verwandtschaftsverhältnisse der Erwerber zu dem Erblasser bedarf es regelmäßig nicht der Erhebung von Standesregisterauszügen; es genügen die Angaben der Anmeldenden, sofern gegen ihre Glaubwürdigkeit kein Bedenken besteht, und die Eintragungen in den Totenlisten.

Zu § 11 der BRAusfB.

Feststellung der steuerpflichtigen Masse insbesondere.

§ 15. Werden die zum Nachlaß gehörenden Fahrnisse nicht einzeln, sondern summarisch in den Abteilungen des vorgeschriebenen Formulars (Muster 5 der A.B.) angeführt, so ist darauf zu achten, ob der angegebene Wert in angemessenem Verhältnis zu dem Anschlag in der Feuerversicherungspolice oder zu den Verhältnissen des Erblassers steht.

§ 16. Forderungen sind regelmäßig nach dem Betrag, auf den sie lauten, unter Hinzurechnung der bis zum Todestag des Erblassers laufenden Zinsen und wenn sie auf einen anderen Gegenstand als Geld gerichtet sind, nach dem Wert des Gegenstands zu berechnen.

Findet über den mutmaßlichen Wert unsicherer Forderungen eine vorbehaltslose Einigung zwischen dem Steuerpflichtigen und dem Notariat statt, so ist dieser Wert in Ansatz zu bringen. Eine spätere Berichtigung des Wertanschlags nach dem tatsächlichen Eingang des Forderungsbetrags hat dann nicht mehr stattzufinden.

Findet keine Einigung statt, so ist nach § 24 Satz 2 des Gesetzes zu verfahren.

§ 17. Wertpapiere, die einen Kurs haben, sind nach dem Kurs am Todestag oder an dem diesem vorausgegangenen Tag zu berechnen, wie er aus der Frankfurter Zeitung oder einem anderen die Kurse angebenden Blatt zu entnehmen ist. Bei Schuldverschreibungen sind die bis zum Todestag laufenden Zinsen, bei Dividenden tragenden Papieren zu den noch nicht abgehobenen Dividenden 4% vom Nennbetrag der Aktien (bzw. der Einzahlung) für die Zeit vom Jahresbeginn bis zum Todestag hinzuzurechnen, soweit nicht nach der Handelsübung eine andere Berechnung stattzufinden hat.

Bei Wertpapieren, die keinen Börsenkurs haben, ist erforderlichenfalls der Wert durch Anfrage bei einer Bank zu ermitteln.

Für die §§ 15—17:

> Zu § 16 des Gesetzes und § 14 der BRAusfB. Eine ähnliche Ordnung wie im § 17 findet sich HA. 10.

§ 18. Die Berechnung des Ertragswertes von landwirtschaftlichen Grundstücken nach § 16 des Gesetzes setzt voraus, daß die Grundstücke und Gebäude auch in der Hand der Erben oder sonstigen Erwerber dauernd dem landwirtschaftlichen Zwecke dienen werden. Auf die Lage der Grundstücke in Stadt oder Land kommt es nicht an; wie in der Stadt ein landwirtschaftlicher Betrieb möglich ist, so dienen hin und wieder auch ländliche Grundstücke z. B. Landhäuser nicht landwirtschaftlichen Zwecken.

Bei den von Beteiligten gelieferten Ertragsberechnungen wird es sich unter Umständen empfehlen, sich zu verlässigen, wie hoch der Erblasser mit seinem landwirtschaftlichen Einkommen zur Einkommensteuer veranlagt war. Ist eine Schätzung des Ertragswerts einzuholen, so hat der Notar den Schätzer in geeigneter Weise zu belehren.

> Zu den §§ 15 und 16 des Gesetzes und § 18 der BRAusfB.

§ 19. Ruht auf einem Anfall die Last eines oder mehrerer alljährlich abzuhaltender Seelenämter oder Messen (Anniversarien,

Jahrestagsstiftungen), so ist der Wert der Last nach der den Notariaten noch besonders zugehenden Anweisung zu berechnen.

In besonderen Fällen ist der Wert der Last im Benehmen mit der zuständigen Kirchenbehörde zu ermitteln, sofern nicht die Angaben der Beteiligten als genügend erscheinen.

§ 20. Vergütungen, die von Erbbeteiligten oder dritten Personen für den Erblasser geleistete Dienste (Verpflegung während seiner letzten Krankheit usw.) und für gemachte Aufwendungen verlangt werden, sind nur insoweit als Nachlaßschulden zu berücksichtigen, als das Bestehen eines Rechtsanspruchs glaubhaft gemacht ist, nicht aber, wenn nach den Umständen anzunehmen ist, daß die Leistungen ohne einen Anspruch auf Entgelt bezw. nur in der Erwartung einer letztwilligen Zuwendung des Erblassers geschehen sind.

§ 21. Der Wert einer unter Zusicherung der Steuerfreiheit gemachten Zuwendung besteht in der Summe, die nach Abzug der zu berechnenden Steuer den zugewendeten Betrag ergibt. Diese Summe wird dadurch gefunden, daß der zugewendete Betrag vervielfältigt wird mit einem Bruch, dessen Zähler 100 und dessen Nenner die Differenz zwischen 100 und dem zur Anwendung kommenden Steuersatz ist,

z. B. $\frac{100}{90}$ $\left(\frac{10}{9}\right)$; $\frac{100}{92}$ $\left(\frac{25}{23}\right)$; $\frac{100}{94}$ $\left(\frac{50}{47}\right)$ usw.

Für die §§ 19—21:

Zu § 16 des Gesetzes und § 14 der BRAusfB.

§ 22. Beim Anfall eines Lehens oder Fideikommisses sowie bei Bezügen aus Familienstiftungen ist der Berechnung der nach § 17 ff. des Gesetzes zu ermittelnde Wert der anfallenden Nutzungen oder Bezüge zugrund zu legen.

Zu den §§ 16 und 17 des Gesetzes und § 14 der BRAusfB.

§ 23. Das im Ausland befindliche Vermögen eines Ausländers ist nicht steuerpflichtig, auch wenn der Erblasser im Inland seinen letzten Wohnsitz oder dauernden Aufenthalt gehabt hat.

Forderungen des Nachlasses gelten nach § 8 des Gesetzes und § 23 ZPO. als im Inland befindlich, wenn der Schuldner zur Zeit des Todes des Erblassers seinen Wohnsitz im (Reichs-) Inland hatte oder wenn sich eine für die Forderung als Sicherheit haftende Sache z. B. ein hypothekarisch haftendes Grundstück im (Reichs-) Inland befindet. Wertpapiere stehen körperlichen Sachen gleich. Zubehörstücke und Früchte der Grundstücke sind wie die Grundstücke zu behandeln.

Zu den §§ 6 und 8 des Gesetzes.

§ 24. Sind Schulden deshalb, weil der Nachlaß nur zum Teil der Besteuerung unterliegt, nur teilweise zu berücksichtigen, so gelten Hypothekenschulden in erster Linie als Lasten der für sie haftenden Grundstücke, im Falle der gesamthypothekarischen Haftung nach dem in §§ 2167, 2168 BGB. bestimmten Verhältnis.

Für die Verteilung der übrigen Schulden (auch der Faustpfandschulden) auf den steuerfreien und steuerpflichtigen Nachlaß kommt der Wert der Grundstücke nur insoweit in Betracht, als er den Betrag der sie belastenden Hypothekenschulden übersteigt.

Zu § 9 des Gesetzes.

§ 25. Zum Erwerb von Todes wegen gehört auch, was vergleichsweise zur Befriedigung eines zweifelhaften oder bestrittenen Anspruchs auf einen Erwerb von Todes wegen gewährt wird. Es wird daher, wenn zwischen Erbbeteiligten ein Vergleich über bestrittene Ansprüche zustandekommt, regelmäßig das der Steuerberechnung zugrund zu legen sein, was die Beteiligten nach dem Vergleich aus der steuerpflichtigen Masse oder an deren Stelle erlangen.

Dies gilt jedoch nicht, soweit der Vergleich nur eine Abfindung eines am Nachlaß nutznießungs- oder nießbrauchsberechtigten Beteiligten für den Verzicht auf dieses unbestrittene Recht darstellt.

Zu § 1 des Gesetzes.

§ 26. Solange ein Streit über die Erbbeteiligung nicht durch ein rechtskräftiges Urteil oder einen Vergleich erledigt ist, wird das Notariat den Besitzer des Nachlasses als den Erbberechtigten behandeln können, sofern nicht nach den Umständen des Falles ein anderer als der Besserberechtigte erscheint.

Ist ein baldiger Ausgang des Rechtsstreits zu erwarten und keine Gefahr im Verzug für die Beibringung der Steuer, so kann mit der Steuerfestsetzung bis zur Erledigung des Streits zugewartet werden.

Auf Erwerber, deren Ansprüche durch einen Nachlaßstreit nicht berührt werden, ist die Steuer, sobald die Festsetzung möglich ist, anzusetzen.

Zu § 45 des Gesetzes und § 24 der BRAusfB.

§ 27. Das Notariat wird, wie bisher, darauf hinzuwirken haben, daß die Beteiligten bei den Anmeldungen und Steuererklärungen die zur steuerpflichtigen Masse gehörenden Gegenstände und ihren Wert sowie die sonstigen für die Steuerfestsetzung erheblichen Verhältnisse richtig und vollständig angeben.

Soweit es erforderlich erscheint, haben sich die Notariate an die Steuerkommissäre zu wenden, um über die für die Steuerfestsetzung erheblichen Vermögensverhältnisse des Erblassers Auskunft zu erhalten.

Insbesondere können die Steuerkommissäre darüber befragt werden, wie hoch zum Nachlaß gehörende Grundstücke auf Grund des Gesetzes vom 9. August 1900 eingeschätzt worden sind.

Zu den §§ 36 und 37 des Gesetzes und den §§ 12 und 13 der BRAusfB.

Berechnung der Steuer.

§ 28. Was ein Steuerpflichtiger als gesetzlicher, Testaments- oder Vertragserbe, Vermächtnisnehmer usw. im Gesamten aus einem Nachlaß oder an Stelle desselben erhält, gilt regelmäßig als ein einheitlicher Erwerb von Todes wegen.

Steuerpflichtig ist der Erwerb nur insoweit, als dessen Gesamtwert nach Abzug der auf ihm ruhenden Lasten die Grenzen der Steuerbefreiungen übersteigt.

Zuwendungen an verschiedene juristische Personen sind als verschiedene Erwerbungen zu behandeln, auch wenn die Bedachten unter einer Leitung stehen und gleichartige Zwecke verfolgen.

Zu den §§ 28 bis 30 des Gesetzes.

§ 29. In den Fällen des § 15 des Gesetzes richtet sich der Steuersatz nach dem Wert des Erwerbs bei Annahme des vollen Ertragswerts der zum Nachlaß gehörenden Liegenschaften. Es tritt nur eine Kürzung der Steuer ein.

Es würde also, wenn z. B. der Bruder des Erblassers ein landwirtschaftliches Grundstück im Wert von 90000 Mark und daneben andere Vermögenswerte im Betrag von 60000 Mark erbt, die Erbschaftssteuer nach Höhe von $4 \times \frac{15}{10} = 6$ vom Hundert von 150000 Mark also mit 9000 Mark zu berechnen sein. Von dem hiernach auf das Grundstück entfallenden 3/5 des Steuerbetrags, mithin von 5400 Mark würde ein Viertel oder 1350 Mark unerhoben bleiben.

Zu § 15 des Gesetzes.

§ 30. Für die Berechnung des auf die landwirtschaftlichen Grundstücke entfallenden Teils der Steuer, an welchem die Kürzung nach § 15 des Gesetzes einzutreten hat, kommt gemäß § 15 Abs. 3 des Gesetzes der Ertragswert der Grundstücke nur insoweit in Betracht, als er die auf die Grundstücke entfallenden Schulden übersteigt. Der auf die Grundstücke fallende Schuldenteil berechnet sich entsprechend den in § 24 aufgeführten Grundsätzen.

Besteht z. B. der Nachlaß aus:

Grundstücken mit Zubehör im Wert von . .		25000 Mark
sonstigen Gegenständen im Wert von . . .		10000 „
	zusammen	35000 Mark
worauf Hypothekenschulden	10000 Mark	
sonstige Schulden . . .	5000 „ =	15000 „
lasten,	reiner Nachlaß	20000 Mark,

so entfallen auf die Liegenschaften die Hypothekenschulden mit 10000 Mark und von den übrigen Schulden 3/5 = 3000 Mark. Die Steuer ist somit nur insoweit zu kürzen, als sie aus dem Betrag von 25000 Mark — (10000 + 3000 Mark) = 12000 Mark zu berechnen ist.

Zu § 15 des Gesetzes.

§ 31. Ist eine Ermäßigung der Steuer nach § 10 letzter Absatz des Gesetzes in Frage, so ist die Steuer nach dem dem Wert des Anfalls entsprechenden und nach dem nächstniedrigeren Steuersatz zu berechnen. Eine Kürzung der nach dem höheren Satz berechneten Steuer hat insoweit zu erfolgen, als sich der Unterschied zwischen den berechneten Steuerbeträgen auf mehr als die Hälfte des Betrags beläuft, um welchen der Anfall die für die beiden Steuersätze maßgebende Wertgrenze übersteigt.

Erbt z. B. der Bruder des Erblassers 50800 Mark, so ist nicht die Steuer in Höhe von 5,2 % aus diesem Betrag = 2641 Mark, sondern nur eine Steuer in Höhe von 4 % aus 50800 Mark = 2032 Mark zuzüglich 400 Mark = 2432 Mark festzusetzen.

		Mark
Das 11/10 fache des Steuersatzes von 5 %	kommt bei Erwerbungen von	20202
" " " " " 6 %	" " " "	20242
" " " " " 8 %	" " " "	20326
" " " " " 10 %	" " " "	20408

und mehr ungekürzt zum Ansatz.

Zu § 10 Abs. 4 des Gesetzes.

§ 32. In den Fällen des § 11 Nr. 1, 4 e, f, h und § 12 Abs. 3 des Gesetzes ist nach § 14 Abs. 2 der aus dem Erwerb zu berechnende Steuerbetrag insoweit zu kürzen, als er sich auf mehr als die Hälfte des Betrags beläuft, um den der Wert des Erwerbs den die Freigrenze bestimmenden Betrag übersteigt.

Wenn z. B. ein mit dem Erblasser nicht verwandter Dienstbote desselben 3400 Mark erbt, so ist nicht der Betrag von 340 Mark sondern nur 200 Mark zu erheben.

Bei Zuwendungen zu gemeinnützigen oder kirchlichen Zwecken ist die Steuer im vollen Betrag zu berechnen, wenn die Zuwendung den Betrag von 5554 Mark übersteigt.

Zu § 11, § 12 Abs. 3 und § 14 Abs. 2 des Gesetzes.

Erbschaftssteuerbescheid.

§ 33. Der Steuerbescheid ist zu erlassen, wenn auf Grund der festgestellten Masse die Steuer festgesetzt werden kann. Eine Aussetzung der Steuerfestsetzung kann abgesehen von den Fällen der §§ 4 Abs. 3, 18, 21—23, 26 und 27 des Gesetzes dann geboten sein, wenn über die Erwerbung des Nachlasses usw. ein Rechtsstreit unter mehreren Erbbeteiligten besteht und nicht sicher steht, wer als der Erbschaftsbesitzer zu betrachten ist und in welchem Umfang die Streitteile an den Nachlaß Ansprüche in Wirklichkeit besitzen. Die Beendigung der Auseinandersetzung der Erben untereinander und der Erben mit dem überlebenden Ehegatten ist nicht abzuwarten.

Zu § 45 des Gesetzes und § 24 Abs. 1 der BRAusfB.

§ 34. In dem Bescheid ist die Steuer für jeden steuerpflichtigen Erwerber besonders berechnet anzugeben. Die für die Entrichtung der Steuer festzusetzende Frist soll regelmäßig 6 Wochen von der Eröffnung oder Zustellung des Bescheids an gerechnet nicht übersteigen.

Zu § 45 des Gesetzes und § 24 Abs. 1 der BRAusfB.

§ 35. Der Steuerbescheid ist nach § 24 Abs. 2 der A.B., soweit sich nicht aus den übrigen Bestimmungen ein anderes ergibt, nur einem von mehreren Beteiligten zuzustellen und zwar demjenigen, der die Steuererklärung abgegeben oder die Entrichtung des für alle Erwerber berechneten Steuerbetrags übernommen hat.

Zu § 45 des Gesetzes und § 24 Abs. 2 der BRAusfB.

§ 36. Die Sicherheit, deren Leistung in den Fällen der §§ 21—23 und 26 des Gesetzes aufgegeben wird, soll durch zur steuerpflichtigen Masse gehörende Gegenstände geleistet werden, sofern die Beteiligten nicht in anderer Weise, wie z. B. durch Verpfändung von zur Masse nicht gehörenden Wertpapieren, Sicherheit leisten.

Bei der Bestimmung der Art der Sicherheitsleistung ist hierauf Rücksicht zu nehmen wie auch darauf zu achten, daß der Bezirkssteuerbehörde durch die ihr aus der Annahme der Sicherheiten erwachsenden Verpflichtungen (Verwahrung der Pfandgegenstände usw.) und bei der Verwirklichung der mit der Sicherheitsleistung eingeräumten Rechte nicht unnötige Schwierigkeiten erwachsen.

In erster Linie ist daher die Hinterlegung vorhandenen baren Geldes und die Verpfändung von zur Masse gehörenden Wertpapieren, oder Sparkassenguthaben, in Ermangelung solcher die Bestellung einer Sicherungshypothek an zur Masse gehörenden Grundstücken, nötigenfalls auch die Bestellung eines Pfandrechts in sonstige Nachlaßgegenstände aufzugeben.

Ist die Bestellung einer Sicherungshypothek auf mehrere Grundstücke erforderlich, so ist die Hypothek als Gesamthypothek zu bestellen.

Es empfiehlt sich die zur Annahme der Sicherheit zuständige Bezirksfinanzbehörde vor der Anordnung der Sicherheitsleistung zu hören.

§ 37. Von der Auflage einer Sicherheitsleistung kann abgesehen werden, wenn die Möglichkeit des Eintritts einer aufschiebenden Bedingung, von welcher der steuerpflichtige Erwerb oder der Wegfall von Lasten abhängt, eine sehr entfernte ist oder wenn nach den Umständen des Falles, insbesondere nach den Verhältnissen der Beteiligten, darauf gerechnet werden kann, daß die Steuer auch ohne Sicherheitsleistung wird entrichtet werden.

In Fällen, in welchen die Bestellung einer Sicherheit in geeigneter Weise nicht wohl möglich ist, kann eine Versteuerung nach § 44 des Gesetzes in Frage kommen.

§ 38. Ist der Grund zur Sicherheitsleistung weggefallen, so ist der Bezirksfinanzbehörde, die die Sicherheit angenommen hat, davon Nachricht zu geben, daß die geleistete Sicherheit zurückgegeben werden kann.

Für die §§ 36—38:

Zu den §§ 21—23 und 26 des Gesetzes sowie § 28 der BRAusfB. Dasselbe ist geordnet in PA. I 8; SA. 13; WA. II 12; HA. 18.

§ 39. Nach der Zustellung oder Eröffnung des Steuerbescheids darf der mit dem Bescheid übereinstimmende Steuerbetrag in der Steuerliste A nicht mehr geändert werden.

Sonstige zulässige Aenderungen sind so anzubringen, daß die ursprüngliche Eintragung ersichtlich bleibt; der Grund der Aenderung ist kurz zu vermerken. Auskratzungen dürfen nicht vorgenommen werden.

Zu § 45 des Gesetzes und den §§ 24 sowie 29 Abs. 3 der BRAusfB.

§ 40. Ist die Steuerfestsetzung nachträglich zu berichtigen, so ist der zu den Akten des Steuerfalls zu beurkundende Beschluß des Notariats dem Steuerpflichtigen zu eröffnen oder zuzustellen. Bei einer Ermäßigung oder Aufhebung des Steueransatzes genügt eine formlose Mitteilung des Beschlusses.

Ist der Erhebungsstelle schon eine Erhebungsanweisung zugegangen, so ist dieser auch eine Ausfertigung des Beschlusses über die Aenderung der Steuerfestsetzung mitzuteilen; andernfalls ist in der Erhebungsanweisung die Berichtigung des ursprünglichen Steuerbescheids zu vermerken.

§ 41. Eine Herabsetzung der Steuer oder Aufhebung der Steuerfestsetzung hat das Notariat nicht mehr zu verfügen, wenn die im Steuerbescheid festgesetzte Steuer schon bezahlt ist und die Erstattung des bezahlten Betrags beantragt wird, da über den Antrag die Steuerdirektion zu entscheiden hat.

Damit die Bezirksfinanzbehörden ihre Berechtigung, auf die ihnen zugehenden Mitteilungen der Notariate Steuerbeträge zurückzuerstatten, prüfen können, haben die Notariate in den Fällen einer Berichtigung von Amts wegen dem die Weisung zur Rückerstattung enthaltenden Schreiben beizusetzen: „Berichtigung von Amts wegen.“

§ 42. In dem einen Steuernachtrag festsetzenden Bescheid ist wie in dem ursprünglich erlassenen Bescheid eine angemessene Zahlungsfrist zu setzen. Der Fall ist in die Nachtragsliste gemäß § 10 Abs. 2c der A.B. einzutragen.

Bei Ermäßigung oder Aufhebung des Steueransatzes ist der in Abgang genommene Betrag in Spalte 8 des Sollbuchs einzutragen.

Für die §§ 40—42:

Zu § 45 des Gesetzes und den §§ 24 sowie 29 Abs. 3 der BRAusfB. Dasselbe ist geordnet in PA. I 8; ByA. §§ 19 u. 27; SA. 14; WA. II 14; HA. 19; BrA. II 8.

Verfahren bei Beschwerden usw.

§ 43. Wird beim Notariat eine Beschwerde gegen die Steuerfestsetzung eingereicht, so hat sich das Notariat über die Richtigkeit der zur Begründung der Beschwerde vorgebrachten Behauptungen durch geeignete Erhebungen zu verlässigen und zu prüfen, ob der Beschwerde stattzugeben sei.

Ist die Beschwerde verspätet eingelegt oder nicht begründet, oder ist die Steuer, gegen die sich die Beschwerde richtet, schon bezahlt, so hat das Notariat die Beschwerdeschrift mit den auf den Steueransatz bezüglichen Akten der Steuerdirektion vorzulegen und sich über die Ausführungen des Beschwerdeführers in der Beschwerdeschrift und über die Ergebnisse der gemachten Erhebungen gutachtlich zu äußern.

Ist mit der Beschwerde eine der Steuerfestsetzung zu Grund gelegte Schätzung eines zur steuerpflichtigen Masse gehörenden Gegenstandes angefochten, so ist die Entscheidung über die Beschwerde der Steuerdirektion zu überlassen.

§ 44. Wird beim Notariat eine gegen die Entscheidung der Steuerdirektion gerichtete weitere Beschwerde eingereicht, so hat das Notariat die Akten der Steuerdirektion vorzulegen und sich dabei über die in der weiteren Beschwerde enthaltenen neuen Behauptungen, wenn nötig nach angestellten Erhebungen über die Richtigkeit derselben, zu äußern.

§ 45. Die Entscheidungen der Steuerdirektion und des Finanzministeriums werden dem Notariat zur Bekanntgabe an die Beschwerdeführer mitgeteilt. Die Ausfertigungen der Entscheidungen sind den Beschwerdeführern zu behändigen, wenn der Beschwerde ganz stattgegeben worden ist, andernfalls zuzustellen oder zu eröffnen.

§ 46. Soweit der Beschwerde stattgegeben wird, hat das Notariat der Bezirksfinanzbehörde von der Aenderung der Steuerfestsetzung Nachricht zu geben und nach § 43 letzter Absatz zu verfahren.

Sind dem Beschwerdeführer nach § 43 des Gesetzes die Kosten einer Wertsermittelung zurückzuerstatten, so ist hierwegen der Bezirksfinanzbehörde, die die Kosten vereinnahmt hat, Anweisung zu geben.

§ 47. Die Beschwerde und die weitere Beschwerde haben keine aufschiebende Wirkung. Es bleibt dem Beschwerdeführer überlassen, bei der mit dem Einzug der Steuer betrauten Bezirksfinanzbehörde um Befristung nachzusuchen.

Für die §§ 43—47:

Zu § 46 des Gesetzes. Dasselbe ist geordnet in BvA. § 18.

§ 48. Wenn Klagen gegen die Steuerfestsetzung, die die Beteiligten gegen die Steuerdirektion, als die zur Vertretung des Fiskus berufene Behörde, zu richten haben (landesherrliche Verordnung vom 18. März 1865 Reg.Bl. S. 121), dem Notariat zugestellt werden, so sind sie der Steuerdirektion vorzulegen. Wird durch rechtskräftiges Urteil eines Gerichts der Steueransatz abgeändert oder aufgehoben, so ist nach § 46 zu verfahren.

Zu § 57 des Gesetzes. Dasselbe ist geordnet in ByA. § 18.

§ 49. Gesuche um gnadenweisen Nachlaß einer Steuer sind der Steuerdirektion mit gutächtlicher Aeußerung unter Anschluß der Akten vorzulegen, wenn auch zur gnadenweisen Erlassung der Steuer nur der Bundesrat zuständig ist.

Pauschversteuerung.

§ 50. Wird von einem Pflichtigen nach § 44 des Gesetzes eine Pauschversteuerung beantragt, so ist der Antrag unter Anschluß der Akten und mit einer gutächtlichen Aeußerung der Steuerdirektion vorzulegen.

Bis zum Eintreffen der auf den Antrag ergehenden Entscheidung kann von der Auflage, ein Verzeichnis der steuerpflichtigen Masse mit einer Steuererklärung vorzulegen, abgesehen werden.

Zu § 44 des Gesetzes. Dasselbe ist geordnet in ByA. § 15; WA. II 19.

Einziehung der Steuer.

§ 51. Das Notariat hat nur auf besonderes Verlangen des Steuerpflichtigen eine andere Stelle als die im allgemeinen mit der Erhebung der Steuer beauftragte Bezirksfinanzbehörde als Einzahlungsstelle zu bestimmen. Die Stundungsbewilligungen der Bezirksfinanzbehörde sind im Sollbuch zu vermerken.

Den Bezirksfinanzbehörden ist bei der Einziehung der Steuer Beistand zu leisten durch Erteilung von Auskunft über dem Notariat bekannte zugreifbare Vermögensstücke des Zahlungspflichtigen.

§ 52. Ist der zu erhebende Betrag bei dem in der Erhebungsanweisung angegebenen Zahlungspflichtigen nicht beizubringen, so hat das Notariat auf Anfrage der Bezirksfinanzbehörde die für die Steuer haftbaren Personen zu bezeichnen, auch erforderlichenfalls anzugeben, inwieweit die Betreibung gegen diese Personen erfolgen kann.

§ 53. Die eingehenden Auszüge aus dem von der Bezirksfinanzbehörde geführten Einnahmebuch sind als Beilagen zu dem Sollbuch nach der Zeitfolge des Eingangs zu heften.

Für die §§ 51—53:

Zu § 45 des Gesetzes.

Ordnungsstrafen und Kosten.

§ 54. Entschließungen der Notariate, durch welche Ordnungsstrafen nach § 42 Abs. 4 des Gesetzes ausgesprochen oder den Beteiligten die Tragung von Kosten auferlegt werden, sind den Beteiligten zu behändigen oder zu eröffnen.

Den Beteiligten steht gegen die Entscheidung die Beschwerde an die Steuerdirektion zu.

Bezüglich der Behandlung der Schätzungskosten sind im übrigen die vom Großh. Justizministerium erlassenen Vorschriften zu beachten.

Zu § 42 Abs. 4 des Gesetzes.

§ 55. Bestehen nach den dem Notariat aus den Ermittelungen bekannt gewordenen oder sonst bekannten Tatsachen dringende Verdachtsgründe dafür, daß ein Steuerpflichtiger mit der Absicht, die Steuer zu hinterziehen, unwahre Angaben gemacht hat, so hat das Notariat den Sachverhalt der zuständigen Bezirksfinanzbehörde zur etwaigen Einleitung eines Strafverfahrens mitzuteilen. Die Erlassung eines Steuerbescheids ist auszusetzen, wenn nicht eine zutreffende Steuerfestsetzung möglich erscheint.

Lehnt die Bezirksfinanzbehörde die Einleitung des Strafverfahrens ab oder stellt sie das Verfahren ein, so ist der Steuerbescheid nach Aktenlage zu erlassen oder weitere Weisung bei der Steuerdirektion einzuholen.

Zu § 49 des Gesetzes.

Schenkungssteuer.

§ 56. Die vorstehenden Vorschriften finden für die Festsetzung der Steuer aus Schenkungen unter Lebenden entsprechende Anwendung.

Zu § 55 des Gesetzes.

Verfahren bei den noch nach dem badischen Erbschaftssteuergesetz zu erledigenden Fällen.

§ 57. Das badische Erbschaftssteuergesetz findet noch Anwendung auf Erwerbungen von Todes wegen, wenn der Erblasser vor dem 1. Juli 1906 gestorben ist, und auf Schenkungen unter Lebenden, wenn der Schenkungsvertrag vor diesem Tag zustande gekommen ist.

Dies gilt auch für bedingte und betagte Erwerbungen, wenn auch die Bedingung oder der Endtermin erst nach dem 1. Juli 1906 eintritt, wie für Erwerbungen von Nacherbschaften, falls der Erblasser den 30. Juni 1906 nicht überlebt hat.

Der Besteuerung nach dem badischen Gesetz unterliegen jedoch nicht mehr die nach dem 30. Juni 1906 auf den Tod des Versicherungsnehmers anerfallenden Versicherungssummen, auch wenn schon vor dem 1. Juli 1906 im Versicherungsvertrag oder in einer besonderen Mitteilung an die Versicherungsgesellschaft der Bezugsberechtigte bezeichnet worden ist.

Zu § 61 des Gesetzes. Dasselbe ist geordnet in PA. I 3, II 2; ByA. § 29; HA. 24; BrA. II 5.

§ 58. Bei den nach dem Badischen Gesetz zu besteuernden Erwerbungen ist noch nach den bisherigen Vorschriften zu verfahren.

Zu § 61 des Gesetzes. Dasselbe ist geordnet in PA. I 3 und 8, II 2; ByA. § 30; HA. 24; BrA. II 5.

III. Anweisung der Großherzoglichen Steuerdirektion vom 25. Juni 1906 zum Erbschaftssteuergesetz für die Bezirksfinanzbehörden.

(Verordnungsblatt der Großherzoglichen Steuerdirektion, 1906, Nr. 8, S. 54 ff.).

§ 1. Die nach dem Reichsgesetz vom 3. Juni 1906 zu erhebende Erbschaftssteuer kommt bei dem Pflichtigen durch die vom Notariat als Erbschaftssteueramt bewirkte Bekanntgabe (Zustellung oder Eröffnung) des Erbschaftssteuerbescheids zur Anforderung. Die Ausfertigung und Zustellung eines Forderungszettels durch die Bezirksfinanzbehörde hat daher zu unterbleiben.

§ 2. Die Bezirksfinanzbehörde hat die vom Notariat festgesetzte Steuer auf Grund der ihr zugehenden Erhebungsanweisung des Notariats einzuziehen. Auf der Erhebungsanweisung ist der Tag des Eingangs zu vermerken, sodann ist ein Eintrag in dem nach beifolgendem Muster zu führenden Erbschaftssteuerbuch zu fertigen. Muster.

§ 3. Das Erbschaftssteuerbuch ist für je ein Kalenderjahr (für das Jahr 1906 für die Zeit vom 1. Juli bis Ende Dezember) zu führen. Die am Ende des Jahres, d. h. beim Abschluß des Steuerkassenbuchs, noch nicht erledigten Fälle sind unter entsprechendem Vermerk in Spalte 14/15 in das Erbschaftssteuerbuch des folgenden Jahres zu übertragen.

§ 4. Die eingehenden Zahlungen sind in dem von der Bezirksfinanzbehörde nach Muster 14 zu den Ausführungsbestimmungen zu führenden Einnahmebuch einzutragen. Das Einnahmebuch ist ein Hilfskassenbuch im Sinne des § 79 KRO., es ist monatlich abzuschließen und mit den Monatssummen in das Steuerkassen- und Hauptbuch zu übertragen.

§ 5. Die vom Pflichtigen geleistete Zahlung ist, wenn der Erbschaftssteuerbescheid vom Zahlenden vorgelegt wird, auf diesem, sonst auf einem besonderen Blatt zu bescheinigen.

Auch ist der eingehende Betrag in dem Erbschaftssteuerbuch einzutragen.

Am Schluß des Kalendermonats ist dem Notariat ein Auszug aus dem Einnahmebuch über die im Lauf des Monats eingegangenen Steuerbeträge zuzusenden.

Wird ein Erbschaftssteuerbetrag eingezahlt, bevor der Bezirksfinanzbehörde eine Erhebungsanweisung zugegangen ist, so ist der Betrag in das Vorsportelverzeichnis aufzunehmen. Geht der Bezirksfinanzbehörde innerhalb 8 Tagen nach der eingegangenen Zahlung eine Erhebungsanweisung nicht zu, so ist das Notariat alsbald um Uebersendung der Anweisung oder um Aufklärung zu ersuchen.

§ 6. Ist in der der Bezirksfinanzbehörde zugehenden Erhebungsanweisung nicht die Bezirksfinanzbehörde, sondern eine andere Bezirksfinanzstelle, oder eine Steuereinnehmerei als Einzahlungsstelle angegeben, so ist diese Stelle um die Annahme des Steuerbetrags und Aufrechnung zu ersuchen oder mit derselben zu beauftragen. Ist die Einzahlungsstelle eine Steuereinnehmerei, so hat sie den bei ihr eingehenden Erbschaftssteuerbetrag ihrer vorgesetzten Finanzbehörde sofort als erhaltenen Zuschuß aufzurechnen. Diese Bezirksfinanzbehörde hat, wenn sie nicht selbst die Steuerbehörde des Erbfalls (§ 11 der Vollzugsverordnung) ist, an letztere die Steuer im Kontokorrentweg abzuführen; in gleicher Weise ist zu verfahren, wenn eine andere Bezirksfinanzbehörde als Einzahlungsstelle bezeichnet ist.

§ 7. Die Buchung der Erbschaftssteuer hat in der Vorschußrechnung des Steuerhauptbuchs zu geschehen. Zu diesem Zwecke wird unter Rechnungsabteilung III, VI ein besonderer Unterabschnitt „Reichserbschaftssteuer" eröffnet, unter welchem, getrennt von den übrigen Unterabschnitten der Vorschußrechnung, an erster Stelle die Einnahmen an Erbschaftssteuer nach Ausweis des Einnahmebuchs in Einnahme und die vorkommenden baren Rückerstattungen in Ausgabe gebucht werden. Die Vorschrift des § 107 b KRO. findet auf diesen Unterabschnitt keine Anwendung. Die Ausgleichung wird vielmehr beim Hauptsteueramt Karlsruhe erfolgen. Wie im Hauptbuch, so muß auch im Rechnungsauszug der Unterabschnitt der Reichserbschaftssteuer für sich getrennt aufgeführt werden.

In der laufenden Rechnung sind die Erbschaftssteuer und die Rückerstattungen unter III, VI pos. 9a in Einnahme und Ausgabe vorzutragen; zu diesem Zwecke ist die nötige Anzahl Blätter dem Hauptbuch einzufügen. Die Einnahmeposition 16 der Etatrechnung bleibt für die Anteile der badischen Staatskasse an der Erbschaftssteuer beibehalten.

Die Rückerstattungsanweisungen sind den Rechnungsbelegen in der Reihenfolge ihrer Buchung anzuschließen.

Für die §§ 1—7:

Zu den §§ 24 ff. und § 39 der BRAusfB.

§ 8. Die Zwangsvollstreckung, die einzuleiten ist, wenn die Zahlung innerhalb der vom Notariat im Steuerbescheid gesetzten Frist nicht erfolgt, hat nach den für die Steuerforderungen geltenden Betreibungsvorschriften zu geschehen. Eine Zwangsversteigerung von Grundstücken des Pflichtigen ist ohne dessen Zustimmung nach § 48 des Gesetzes unzulässig.

Zu § 48 des Gesetzes und § 24 der BRAusfB.

§ 9. Stundung der Steuer kann die Bezirksfinanzbehörde nach Maßgabe der Betreibungsordnung § 46 und nach der allgemeinen Verfügung vom 7. März 1900 Nr. 5247 (VBl. S. 67) bewilligen. Eine Verzinsung der Steuer soll nicht ausbedungen werden. Für die Annahme von Sicherheitsleistungen, die bei Stundungsgesuchen verlangt wird, sind die Vorschriften über die Annahme von Sicherheiten usw. maßgebend.

Von der Stundungsbewilligung ist unter Angabe der Termine oder der Zahlungsfrist das Notariat in Kenntnis zu setzen.

Die Stundung ist in dem Erbschaftssteuerbuch in Spalte 17 zu vermerken.

§ 10. Nach § 47 Abs. 1 des Gesetzes ist die Stundung regelmäßig nur dann zu bewilligen, wenn und solange die sofortige Einziehung der Steuer mit erheblichen Härten für den Steuerpflichtigen verbunden sein würde. Erhebliche Härten werden dann nicht oder nicht mehr anzunehmen sein, wenn der Steuerpflichtige in der Lage ist, aus dem ihm anerfallenen oder aus seinem sonstigen Vermögen den Steuerbetrag aufzubringen ohne bei einer notwendig werdenden Veräußerung von Gegenständen namhafte Verluste zu erleiden.

§ 11. Bei einem erbschaftssteuerpflichtigen Erwerb von Grundstücken und zwar auch solchen Grundstücken, die nicht den Zwecken der Land- oder Forstwirtschaft dienen, sowie von Gebäuden und den Grundstücken gleichbehandelten Berechtigungen kann der Steuerpflichtige nach § 47 Abs. 2 des Gesetzes auch dann die Bewilligung von Zahlungsterminen verlangen, wenn die Steuer nicht ohne Härten einbezogen werden könnte.

Ein solches Verlangen ist jedoch unbegründet, wenn der Pflichtige neben dem erworbenen Grundbesitz auch erhebliches Barvermögen erworben hat oder wenn das erworbene Grundstück offenbar Spekulationszwecken dient.

§ 12. Bedarf es nach § 47 der Betreibungsordnung zur Bewilligung der nachgesuchten Stundung in den Fällen § 47 Abs. 1 und 2 des Gesetzes der Genehmigung der Steuerdirektion, so hat die Bezirksfinanzbehörde das Stundungsgesuch des Pflichtigen nach Erhebung der Steuerakten des Notariats und nach etwa nötigen Erkundigungen über die Behauptungen des Gesuchstellers mit gutachtlicher Aeußerung der Steuerdirektion vorzulegen.

Mit der Betreibung des Steuerbetrags ist, sofern keine Gefahr für die Steuerkasse vorliegt, bis zum Eingang der auf das Gesuch ergehenden Entscheidung der Steuerdirektion zuzuwarten.

§ 13. Vor der Vorlage des Stundungsgesuchs hat die Bezirksfinanzbehörde regelmäßig mit dem Pflichtigen wegen der von diesem zu leistenden Sicherheit zu verhandeln. Bietet der Gesuchsteller die Bestellung einer Sicherungshypothek nach § 47 Abs. 2 Satz 3 des Gesetzes an, so sind die zu belastenden Grundstücke entsprechend dem Grundbucheintrag, deren Verkehrswert und die auf ihnen eingetragenen Hypotheken oder sonstigen Lasten im Bericht anzugeben. Die Sicherungshypothek auf mehrere Grundstücke ist regelmäßig als Gesamthypothek zu bestellen, sofern nicht eine beschränktere Bestellung der Sicherungshypothek als ausreichende Sicherheit zu betrachten ist.

Für die §§ 9—13:

Zu § 47 des Gesetzes und § 27 der BRAusfB. Dasselbe ist geordnet in PA. I 9; BhA. § 17; SA. 13; WA. II 11; HA. 17; BrA. II 7.

§ 14. Kann die Steuer bei der in der Erhebungsanweisung angegebenen Person nicht beigebracht werden, so ist beim Notariat anzufragen, ob und welche andere Personen für die Steuer aufzukommen haben und inwieweit eine Betreibung derselben auf bestimmte (zum steuerpflichtigen Nachlaß gehörende) Vermögensstücke beschränkt ist.

Die Betreibung hat sodann gegen die hiernach namhaft gemachten Personen zu erfolgen, wenn sie auf eine an sie zu richtende Zahlungsaufforderung nicht binnen 8 Tagen Zahlung leisten.

§ 15. Erweist sich ein Steuerbetrag als unbeibringlich, so hat die Bezirksfinanzbehörde unter Vorlage der Betreibungsakten bei der Steuerdirektion Antrag auf Abgangweisung (Niederschlagung) zu stellen. Der in Abgang gewiesene Betrag ist in Spalte 9 des Erbschaftssteuerbuchs einzutragen.

§ 16. Geht der Bezirksfinanzbehörde eine Mitteilung des Notariats zu, wonach eine Sicherheitsleistung wegen Aussetzung der Versteuerung gemäß §§ 21—23, 26 des Gesetzes angeordnet ist, so hat die Bezirksfinanzbehörde die vom Pflichtigen angebotene Sicherheitsleistung, sofern sie der Anordnung des Notariats entspricht, anzunehmen und das Notariat von der erfolgten Sicherheitsbestellung sofort zu benachrichtigen.

Die zur Bestellung der Sicherheit erforderlichen Vereinbarungen sind, soweit tunlich, gemäß den Vorschriften über die Annahme von Sicherheiten mit dem zur Sicherheitsleistung Verpflichteten zu treffen.

Zu den §§ 21—23 und 26 des Gesetzes sowie zu § 28 der BRAusfB. Dasselbe ist geordnet in PA. I 8; SA. 13; WA. II 12; HA. 18.

§ 17. Die Erhebungsanweisungen sind nach den Einträgen im Erbschaftssteuerbuch zu numerieren und dem letzteren anzuschließen.

Verfügungen der Notariate und der Steuerdirektion, wonach angesetzte Steuerbeträge herabgesetzt oder ganz in Abgang genommen oder als unbeibringlich niedergeschlagen werden, sind unter entsprechender Bezifferung den zugehörigen Erhebungsanweisungen als Unterbeilagen anzuschließen.

Das berichtigte Soll in Spalte 10 des Erbschaftssteuerbuchs stellt den endgültig zu erhebenden Betrag dar und wird aus den Beträgen in Spalte 6 bzw. 7 nach Abzug der Beträge Spalte 8 und 9 gebildet.

§ 18. Das Erbschaftssteuerbuch ist am Ende des Jahres mit dem Steuerkassenbuch abzuschließen; es bildet eine Beilage zur Jahresrechnung und ist nebst den Beilagen mit dieser zur Abhör vorzulegen.

Für das Einnahmebuch sind die Vorschriften des § 42 der A.B. maßgebend.

Im Uebrigen sind die bestehenden Kassen- und Rechnungsvorschriften zu beachten.

Zu § 42 der BRAusfB.

§ 19. Die Erhebung und Verrechnung der noch auf Grund des badischen Erbschaftssteuergesetzes angesetzten Steuerbeträge hat nach den bisherigen Vorschriften zu geschehen.

Zu § 61 des Gesetzes. Dasselbe ist geordnet in PA. II 2 und 8; ByA. § 30; HA. 24; BrA. II 5.

amt .... **Muster** (1.) (Seite 1).

Erbschaftssteuerbuch

für

das Rechnungsjahr 19.............

Dieses Buch enthält .... Blätter, welche von einer mit dem Siegel des Unterzeichneten belegten Schnur durchzogen sind.

......., den 19

(Name) ....

(Dienststellung)

Geführt von

(Name)

(Dienststellung)

Anleitung zum Gebrauch.

1. Die Einträge erfolgen unter bis zum Jahresschluß fortlaufender Nummer.
2. Die Erbschaftssteuer ist nach Empfang der Erhebungsanweisung sofort durch Ausfüllung der Spalten 1—7 und 11 einzutragen; die Spalten 12—14 sind nach Zahlung der Steuer auszufüllen.
3. Die Herabsetzung des Solls kommt in den Spalten 8 und 9 zur Darstellung. In die Spalte 8 sind diejenigen Beträge einzutragen, die lediglich infolge anderweiter Feststellung der Erbschaftssteuer in Abgang kommen. In Spalte 9 kommen die wegen Unbeibringlichkeit abgehenden Beträge zum Eintrag.
4. Zwischen den laufenden Nummern ist entsprechender Raum für etwaige weitere Einträge in den Spalten 8 und 9 (bei mehrfacher Herabsetzung des Solls) und 12—14 (bei Teilzahlungen) zu lassen.

Muster (Seite 2).

1	2	3	4		5	6		7		8		9	
Laufende Nr.	Tag der Eintragung	Tag des Erbschaftssteuerbescheids	Der Erbschaftssteuer Haupt- od. Nachtragsliste		Name, Stand und Wohnort des Zahlungspflichtigen	Betrag der Steuer				Davon Abgang			
						für den Erwerb von Todes wegen		für Schenkungen unter Lebenden		infolge anderweitiger Festsetzung		wegen Unbeibringlichkeit (Niederschlagung)	
			Halbjahr	Nr.		M.	₰	M.	₰	M.	₰	M.	₰

Muster (Seite 3).

10		11	12	13	14		15			16	17
Bleibt berichtigtes Soll		Die Zahlungsfrist läuft ab am	Die Erbschaftssteuer								Bemerkungen (Stundung, Teilzahlungen d. B. d. Hinterlegungsbuchs der gestellten Sicherheit u. a.)
			ist eingezahlt am	und gebucht im Einnahmebuch			ist rückständig geblieben				
				unter Nr.	mit		mit			und übertragen in das Erbschaftssteuerbuch des folgenden Jahres unter Nr.	
M.	₰				M.	₰	M	₰			

Großherzogtum Hessen.

Vorschriften des Großherzoglichen Ministeriums der Finanzen, Abteilung für Steuerwesen vom 13. August 1906 zum Vollzug der Ausführungsbestimmungen des Bundesrats zum Reichserbschaftssteuergesetz vom 3. Juni 1906.

(Amtsblatt des Großherzoglichen Ministeriums der Finanzen Abteilung für Steuerwesen, Jahrgang 1906, Nr. 57, S. 881 ff.).

Unter Bezugnahme auf das Reichserbschaftssteuergesetz vom 3. Juni d. J. (Reichs-Gesetzblatt S. 654) und die dazu ergangenen Ausführungsbestimmungen des Bundesrats vom 16. Juni 1906 (Zentralblatt für das Deutsche Reich S. 829) werden — soweit erforderlich mit Genehmigung Großh. Ministeriums der Finanzen und mit Zustimmung Großh. Ministeriums der Justiz — die nachfolgenden Vollzugsvorschriften erlassen:

1. Die bisherige Organisation der die Verwaltung der (Landes-) Erbschaftssteuer führenden Behörden wird auch für das Gebiet der Reichserbschaftssteuer nach Maßgabe der nachfolgenden Bestimmungen aufrecht erhalten.

Zur Feststellung der Reichserbschaftssteuer ist für den Umfang des Großherzogtums das Erbschaftssteueramt zu Darmstadt zuständig. Die Einziehung und Verrechnung der Steuer und etwaiger Kosten und Strafen erfolgt unter Ausschluß der Untererhebstellen durch die in dieser Beziehung als Hilfsbehörden des Erbschaftssteueramts anzusehenden staatlichen Kassestellen (Großh. Bezirkskassen und Hauptstaatskasse).

Oberbehörde im Sinne des § 34 des Reichserbschaftssteuergesetzes sowie der Ausführungs- und Vollzugsbestimmungen ist Großh. Ministerium der Finanzen, Abteilung für Steuerwesen.

Zu § 34 des Gesetzes und § 1 der BRAusfB. Dasselbe beziehungsweise auch in ähnlicher Weise ist geordnet in PA. I 1; BỵA. § 1; SA. 1; WA. I; BdA. II § 1; BrA. I u. II 1.

2. Die Formulare für die Totenliste und die zu erstattende Fehlanzeige (vgl. Vollzugsvorschrift zu § 2 Abs. 3) werden von dem Erbschaftssteueramt in entsprechender Anzahl an die Großh. Amtsgerichte verabfolgt und sind durch die Standesämter von diesen nach Bedarf zu beziehen.

Die Standesämter haben die Totenlisten nach Maßgabe der diesen vorgedruckten Anleitung jeweils für den Zeitraum eines

Monats aufzustellen und in den ersten 10 Tagen nach Ablauf des Monats dem Erbschaftssteueramt einzureichen.

Zu § 40 Ziff. 1 des Gesetzes und § 2 Abs. 1 der BRAusfB. Dasselbe ist geordnet in PA. I 6; ByA. § 5; WA. II 1.

3. Wenn nach Ansicht des Standesbeamten eine Gefahr für den Eingang der möglicherweise zu erhebenden Steuer vorhanden ist (z. B. bei ausländischen oder abwesenden Erben, bei bevorstehendem Wegzug derselben, bei Nachlaßkonkursen usw.), ist die Anzeige sofort und unabhängig von der Totenliste zu erstatten, der betreffende Sterbfall aber demnächst dennoch unter Bezugnahme auf die vorläufige Anzeige an der nach der Zeitfolge gegebenen Stelle der Totenliste aufzunehmen.

Zu § 40 Ziff. 1 des Gesetzes und § 2 Abs. 2 der BRAusfB.

4. Sind in dem betreffenden Monat im Standesamtsbezirk keine Sterbefälle eingetreten und auch dem Standesbeamten im Ausland erfolgte, nach Ziff. 5 der (der Totenliste vorgedruckten) Anleitung zur Aufstellung und Einsendung der Totenlisten in diese aufzunehmende Todesfälle nicht bekannt geworden, so ist unter Verwendung des Formulars Anlage 1 eine Fehlbescheinigung auszustellen und in den ersten 10 Tagen nach Ablauf des Monats an das Erbschaftssteueramt einzusenden. Anlage 1.

Zu § 40 Ziff. 1 des Gesetzes und § 2 Abs. 3 der BRAusfB.

5. Ausfertigungen und Abschriften, welche die Gerichte dem Erbschaftssteueramt mitzuteilen haben, erfolgen stempelfrei.

Das Erbschaftssteueramt hat den von ihm ermittelten Betrag des Nachlasses dem Nachlaßgericht mitzuteilen, wenn sich ergibt, daß der Berechnung des zu dem Testament, Erbvertrag rc. erhobenen Stempelbetrags ein zu geringer Wert zugrunde gelegt worden ist (§ 68 Ziff. 6 der Geschäftsordnung für die Gerichtsschreibereien der Amtsgerichte vom 20. März 1900).

Zu § 40 Ziff. 3 des Gesetzes und § 4 Abs. 1, 2 und 4 der BRAusfB. Eine ähnliche Ordnung findet sich in PA. II 3.

6. Die Erbschaftssteuerlisten sind nach Ablauf des Halbjahrs, auf das sie lauten, noch ein Jahr für die Aufnahme und Erledigung der Erbfälle offen zu halten.

Zu § 10 Abs. 4 der BRAusfB. Dasselbe ist geordnet in PA. I 7; ByA. § 11; BrA. II 3.

7. Zu den Erbschaftssteuerlisten ist ein fortlaufendes Namensverzeichnis nach Muster Anlage 2 zu führen. Anlage 2.

Zu § 10 Abs. 6 der BRAusfB. Eine gleiche Ordnung findet sich in PA. I 7; ByA. § 11; SA. 8; WA. II 3; BdA. I § 10; BrA. II 4.

8. Ist für einen Nachlaß ein Testamentsvollstrecker oder Nachlaßpfleger bestellt, so ist in der Regel diesem die Anleitung zur Anmeldung des Erwerbs zu übersenden.

Zu § 11 Abs. 2 der BRAusfB.

Anlage 3. 9. Erachtet das Erbschaftssteueramt den Ansatz einer Ordnungsstrafe gemäß § 42 Abs. 4 des Gesetzes für notwendig, so hat es diese in der Form der in Anlage 3 beigefügten Verfügung auszusprechen.

Zu § 42 Abs. 4 des Gesetzes und § 13 der BRAusfB.

10. Die Feststellung des gemeinen Werts der Masse hat — soweit erforderlich, unter Benehmen mit dem zuständigen Steuerkommissariat — nach Maßgabe des Art. 15 des Vermögenssteuergesetzes vom 12. August 1899 und der §§ 19 ff. der hierzu erlassenen Anweisung vom 5. Juni 1900 — zu erfolgen. Bei Forderungen und Wertpapieren sind die bis zum Todestag laufenden Zinsen, bei Dividenden tragenden Papieren zu den noch nicht abgehobenen Dividenden 4% vom Nennbetrag der Aktien (bezw. der Einzahlung) für die Zeit vom Jahresbeginn bis zum Todestag hinzuzurechnen, soweit nicht nach der Handelsübung eine andere Berechnung stattzufinden hat.

Die Steuerkommissariate werden angewiesen, über sämtliche Verhältnisse, die für die Steuerfestsetzung von Bedeutung sind, dem Erbschaftssteueramt Auskunft zu erteilen und ihm auf Verlangen bei Ermittelungen Beistand zu leisten.

Das Erbschaftssteueramt hat umgekehrt den Steuerkommissariaten zur geeigneten Benutzung bei Veranlagung der Steuerpflichtigen zur Einkommen- und Vermögenssteuer nach Ablauf der Monate Juni und Dezember je ein Kalenderhalbjahr umfassende Verzeichnisse der Vermögensanfälle aus Erbschaften rc. und Schenkungen mitzuteilen, aus denen die Nummer der Erbschaftssteuerliste, der Name und Wohnort des Erblassers, des Erben, Vermächtnisnehmers, Beschenkten usw. sowie der Betrag des Anfalls hervorgehen.

Zu § 16 des Gesetzes und § 14 der BRAusfB. Eine ähnliche Ordnung wie im Absatz 1 findet sich BdA. II § 17.

11. Darüber, ob land- oder forstwirtschaftlich genutzte Grundstücke auch dauernd land- oder forstwirtschaftlichen Zwecken zu dienen bestimmt oder als Bauland anzusehen sind, ist regelmäßig die Auskunft des zuständigen Steuerkommissariats einzuholen.

Zu § 15 und 16 Abs. 2 des Gesetzes und § 18 der BRAusfB.

12. Bei Feststellung des Reinertrags von Grundstücken hat sich das Erbschaftssteueramt mit den Vorsitzenden der zuständigen Veranlagungskommissionen für die Staatseinkommensteuer im Einvernehmen zu halten.

Zu § 16 Abs. 2 des Gesetzes und § 22 der BRAusfB.

13. Der Erbschaftssteuerbescheid ist nach Maßgabe des Formulars Anlage 4 zu erlassen und durch die Post im Sinne der §§ 208 bis 213 der Reichszivilprozeßordnung zuzustellen mit der Maßgabe, daß an die Stelle des Gerichtsschreibers das Erbschaftssteueramt tritt, das die unmittelbare Zustellung durch die Post zu veranlassen hat. Anlage 4.

Zu § 45 des Gesetzes und § 24 Abs. 1 der BRAusfB. Dasselbe beziehungsweise ein Gleiches ist geordnet in BayA. § 16; SA. 11; WA. II 7; BdA. I § 7.

14. Die Erhebung und Beitreibung der Reichserbschaftssteuer, deren Entrichtung durch Beschreitung des Beschwerdewegs (§ 46 des Gesetzes) nicht aufgeschoben wird, erfolgt auf Grund des Erbschaftssteuerbescheids ausschließlich durch die als Hilfsbehörden des Erbschaftssteueramts anzusehenden Großh. Bezirkskassen nach Maßgabe der für diese erlassenen allgemeinen Anordnungen und der nachfolgenden besonderen Vorschriften.

a) Das Erbschaftssteueramt überweist sofort nach Rückkunft der Zustellungsurkunde zum Erbschaftssteuerbescheid unter Benutzung des Formulars Anlage 5 (Hebregister) die festgestellten Steuerbeträge derjenigen Bezirkskasse zur Erhebung und Ablieferung, die nach der bestehenden Organisation der Kassebehörden hierfür zuständig ist; gleichzeitig teilt es die erfolgte Ueberweisung der Großh. Steuerkontrolle nach Maßgabe des Formulars Anlage 6 mit. Die Ueberweisung hat immer für den Monat zu erfolgen, in dem die in dem Steuerbescheid angegebene Zahlungsfrist abläuft. Bei den am Ende des Rechnungsjahrs stattfindenden Ueberweisungen hat jedoch in denjenigen Fällen, in denen zwar die Zahlungsfrist erst im neuen Rechnungsjahr abläuft, die Zahlung der Steuer aber noch im laufenden Rechnungsjahr erfolgen kann, die Angabe des Monats, für den die Steuer überwiesen wird, vorläufig zu unterbleiben und ist auf Ersuchen der Bezirkskasse durch das Erbschaftssteueramt erst nach Ablauf des Rechnungsjahres nachzuholen; ist in diesen Fällen die Steuer im alten Rechnungsjahr nicht bezahlt worden, so ist nachträglich die Ueberweisung für den Monat auszustellen, in dem die Zahlungsfrist abläuft, andernfalls für den Monat, in dem die Zahlung erfolgte. Anlage 5. Anlage 6.

b) Da die Anforderung der Steuer bereits in dem Steuerbescheid des Erbschaftssteueramts enthalten ist, hat eine besondere Anforderung durch die Bezirkskasse nicht mehr stattzufinden. Es ist daher, sobald die Steuer nicht bis zum Ablauf der in dem Steuerbescheid festgesetzten und im Hebregister angegebenen Zahlungsfrist an die Bezirkskasse abgeführt wurde, von dieser nach Maßgabe der Vorschriften für das Verfahren der Zwangsvollstreckung im Verwaltungswege die Mahnung und erforderlichenfalls die zwangsweise Beitreibung anzuordnen. Die Zwangsvollstreckung in ein Grundstück (§ 866 Reichszivilprozeßordnung) kann, wenn der Steuerpflichtige ein Deutscher ist, ohne seine Zustimmung nur durch Eintragung einer Sicherungshypothek für die Steuerforderung oder durch Zwangsverwaltung, nicht aber durch Zwangsversteigerung erfolgen (§ 48 des Gesetzes).

Die Bezirkskasse ist verpflichtet, den ihr angebotenen Steuerbetrag auch dann, wenn sie sich noch nicht im Besitze des Hebregisters befindet, anzunehmen, falls ihr bei der Zahlung der Steuerbescheid vorgelegt oder bei Einzahlungen durch die Post die Nummer und der Jahrgang des Sollbuchs angegeben wird.

c) Jede Bezirkskasse hat für das Rechnungsjahr ein Einnahmebuch (§ 39 der Ausführungsbestimmungen) als Hilfstagebuch zu führen und die darin vereinnahmten Beträge an Reichs-Erbschaftssteuer am Schlusse eines jeden Monats sowie unmittelbar vor jeder Ablieferung an die Großh. Hauptstaatskasse in das Allgemeine Tagebuch zu übertragen. Das Einnahmebuch ist nach Ablauf des Rechnungsjahrs und zwar bis längstens zum 31. Mai an die Oberbehörde (Großh. Ministerium der Finanzen, Abteilung für Steuerwesen) einzusenden, damit diese eine Prüfung der Einträge sowie eine Vergleichung mit den Hebregistern und den vom Erbschaftssteueramt geführten Büchern durch die Großh. Steuerkontrolle vornehmen lassen kann.

d) Die nach den Hebregistern vom Erbschaftssteueramt überwiesenen Beträge an Reichs-Erbschaftssteuer sind im Handbuch unmittelbar nach den besonderen Erhebungen für die Großh. Hauptstaatskasse unter einer neuen mit „Reichs-Erbschaftssteuer" zu bezeichnenden Abteilung, unter näherer Angabe des Hebregisters in die Soll-, und die nach dem Allgemeinen Tagebuch bezw. Einnahmebuch eingegangenen Beträge in die Abstattungsspalte einzutragen. Die bei Ablauf eines Rechnungsjahrs noch rückständigen Beträge sind sämtlich alsbald ohne Rücksicht darauf, daß etwa einzelne derselben in Kürze eingehen werden, in das Handbuch des nächsten Rechnungsjahres zu übertragen.

e) Am Schlusse eines jeden Monats hat die Bezirkskasse auf Grund des Einnahmebuchs und der ihr zugegangenen Hebregister eine Nachweisung nach Muster Anlage 7 aufzustellen und bis zum 3. des folgenden Monats an das Erbschaftssteueramt einzusenden. Diese Nachweisung ist sofort von dem Erbschaftssteueramt mit dem von ihm zu führenden Soll-Buch zu vergleichen, erforderlichenfalls zu berichtigen oder zu vervollständigen und sodann, mit Prüfungsvermerk versehen, in einem besonderen Umschlag aufzuheben.

Anlage 7.

f) Gleichzeitig hat die Bezirkskasse das Einnahmebuch abzuschließen und einen Register-Auszug nach Muster Anlage 8 zu fertigen, der bis längstens zum 3. des nächstfolgenden Monats bei der Großh. Steuerkontrolle einzureichen ist. Auf Grund dieses Auszugs stellt die Steuerkontrolle die Gesamteinnahme und die Lieferungsschuldigkeit an das Reich fest und nimmt diese in die zu fertigenden Uebersichten auf. Falls in einem Monat bei einer Bezirkskasse Ueberweisungen und Vereinnahmungen von Reichserbschaftssteuer nicht stattgefunden haben, hat die Bezirkskasse an die Steuerkontrolle bis zum 3. des folgenden Monats entsprechende Fehlanzeigen zu erstatten.

Anlage 8.

g) Ueber die bei Ablauf eines Rechnungsjahres rückständig gebliebenen Steuerbeträge ist ein Verzeichnis nach Muster Anlage 9 aufzustellen und bis zum 30. Juni jeden Jahres in doppelter Ausfertigung an die Oberbehörde (vgl. oben Ziff. 1 Abs. 3) zur Prüfung einzureichen. Soweit die Rückstände bis zur Aufstellung des Verzeichnisses noch nicht eingegangen und in Beitreibung zu nehmen waren, ist durch Belege urkundlich nachzuweisen, welche Hindernisse der Beitreibung entgegenstanden und weshalb solche nicht zu beseitigen waren (vgl. § 108 der Instruktion für die Großh. Distriktseinnehmer von 1898). Gleichzeitig sind die Hebregister des abgelaufenen Rechnungsjahrs an die Großh. Steuerkontrolle einzusenden. Anlage 9.

h) Die Ablieferung der vereinnahmten Reichserbschaftssteuer an die Großh. Hauptstaatskasse erfolgt gleichzeitig mit der Ablieferung bezüglich der sonstigen Einnahmen und Ausgaben. Als spätester Zeitpunkt für die Einsendung der Jahresabrechnung wird der 31. Mai festgesetzt.

i) Die auf Grund des § 42 Abs. 4 des Gesetzes von dem Erbschaftssteueramt angesetzten Ordnungsstrafen werden nach Formular Anlage 10 zur Erhebung und Beitreibung überwiesen. Anlage 10.

k) Die auf Grund der §§ 49 und 50 des Gesetzes vom Erbschaftssteueramt verhängten Strafen werden nach den Bestimmungen der Instruktion für das Verwaltungsstrafverfahren und den Erlaß des Verwaltungsstrafbescheids bei Zuwiderhandlungen gegen die Vorschriften der Zoll- und Steuergesetze vom 17. Dezember 1891 (Reg.-Blatt Nr. 40 von 1891) angefordert und mit Formular Anlage 11 der Steuerkontrolle zur Kontrollierung überwiesen. Anlage 11.

l) Hinsichtlich der Ueberweisung, Kontrollierung und Verrechnung der nach den hessischen Erbschaftssteuergesetzen erfallenen und ausschließlich für Rechnung des hessischen Fiskus zu erhebenden Erbschafts- und Schenkungssteuer verbleibt es bei den durch die Instruktion vom 28. März 1885 erlassenen Vorschriften.

m) Die gleichen Vorschriften finden Anwendung bei Einziehung von Kosten, welche dem Steuerpflichtigen zur Last fallen.

> Zu § 42 Abs. 4, § 45, §§ 49 u. 50, § 61 des Gesetzes und den §§ 25, 37 und 39 der BRAusfB. Dasselbe ist geordnet in PA. I 8; BhA. §§ 17 u. 22; SA. 16; WA. II 15 u. 16; BdA. I §§ 11—14 u. 18; BrA. II 5.

15. Zu den in die Ueberwachungsliste aufgenommenen Erbfällen ist ein nach der Buchstabenfolge geordnetes Namensverzeichnis nach Muster Anlage 12 zu führen. Anlage 12.

> Zu § 26 Abs. 2 der BRAusfB. Die gleiche Ordnung findet sich in PA. I 7; BhA. § 11; SA. 8; WA. II 3; BdA. I § 10; BrA. II 4.

16. Falls die Steuer nicht nach einer bestimmten Zeit fällig wird, sind von Zeit zu Zeit Erhebungen darüber anzustellen, ob der Grund der Ueberwachung noch fortdauert. Zu diesem Zweck ist vom Großh. Erbschaftssteueramt dafür zu sorgen, daß die betreffenden Akten regelmäßig innerhalb eines entsprechenden, niemals aber länger als auf zwei Jahre zu bemessenden Zeitraums in Vorlage gebracht werden.

Anlage 13. Außerdem ist den Standesämtern ein Notizbogen nach Muster Anlage 13 über diejenigen Posten mitzuteilen, deren Fälligkeit von einem in dem Bezirk des betreffenden Standesamts vermutlich eintretenden oder doch voraussichtlich zu dessen Kenntnis gelangenden Ereignisse abhängt. Die Standesbeamten haben diese Notizbogen sofern nicht nach Lage der Verhältnisse eine alsbaldige Rückgabe mit sachgemäßer Auskunft möglich ist, nach den Namen der in Betracht kommenden Personen alphabetisch geordnet, in einem besonderen Umschlage zu sammeln und sorgfältig aufzubewahren Sobald der Standesbeamte von dem Eintritte des in dem Notizbogen angegebenen Ereignisses Kenntnis erhält, hat er den Notizbogen entsprechend auszufüllen und an Groß. Erbschaftssteueramt zurückzusenden. Insbesondere hat der Standesbeamte bei jeder Beurkundung eines Sterbfalls oder einer Eheschließung zu prüfen, ob nicht ein Notizbogen vorliegt, der auf den Sterbfall oder die Eheschließung Bezug hat, und zutreffenden Falles ohne Verzug den betreffenden Notizbogen nach gehöriger Ausfüllung an das Großh. Erbschaftssteueramt abzusenden. Läßt sich der Eintritt des im Notizbogen angegebenen Ereignisses infolge veränderter Umstände (z. B. infolge Wegzugs der in Betracht kommenden Personen) von dem Standesbeamten nicht mehr überwachen, so hat er den Notizbogen mit entsprechendem Vermerk an das Groß. Erbschaftssteueramt zurückzusenden; im Falle des Wegzugs der in Betracht kommenden Personen hat der Standesbeamte, wenn möglich, den Ort anzugeben, an den die Person verzogen ist.

Für die sachgemäße Erledigung eines Notizbogens, mit Ausnahme der Fälle, in welchen ein Notizbogen wegen der Unmöglichkeit der weiteren Ueberwachung (z. B. infolge Wegzugs der in Betracht kommenden Person) zurückgegeben wird, hat der Standesbeamte eine Gebühr von 50 Pfennig aus der Staatskasse zu beanspruchen. Die Anweisung der Gebühr erfolgt durch die Oberbehörde (Großh. Ministerium der Finanzen, Abteilung für Steuerwesen) auf Grund einer von dem Standesbeamten bei der Rückgabe des erledigten Notizbogens dem Erbschaftssteueramt mit einzusendenden Kostenrechnung.

Zu § 26 Abs. 3 der BRAusfB. Dasselbe ist geordnet in ByA. § 10; SA. 12; WA. II 10; BdA. I § 8; BrA. II 6.

17. Die Entscheidung über Gesuche um Stundung oder Bewilligung von Teilzahlungen bleibt der Oberbehörde (Großh. Ministerium der Finanzen, Abteilung für Steuerwesen) vorbehalten; ihr sind alle derartigen etwa bei dem Erbschaftssteueramt oder bei den Bezirkskassen eingehenden Vorstellungen nach Einziehung des Eingabestempels mit eingehender gutächtlicher Aeußerung vorzulegen.

Die Beitreibung bewilligter, rückständiger Teilzahlungen darf seitens der Bezirkskassen regelmäßig erst dann stattfinden, wenn eine Mahnung erfolglos geblieben ist.

Zu § 47 des Gesetzes und § 27 Abs. 1 der BRAusfB. Dasselbe ist geordnet in PA. I 9; BhA. § 17; SA. 13; WA. II 11; BdA. I § 15, III §§ 9—13; BrA. II 7.

18. Bevor das Erbschaftssteueramt eine angebotene Sicherheit annimmt oder die Stellung einer solchen unter Vorbestimmung einer Frist verlangt, hat es der Oberbehörde (Großh. Ministerium der Finanzen, Abteilung für Steuerwesen) unter Aktenvorlage Bericht zu erstatten.

Die zwangsweise Einziehung der Sicherheit geschieht nach den Vorschriften über das Verfahren der Zwangsvollstreckung im Verwaltungswege.

Hinterlegungen erfolgen auf Anweisung des Erbschaftssteueramts bei der Hauptstaatskasse.

Zu den §§ 21—23 u. 26 des Gesetzes sowie § 28 Abs. 1 der BRAusfB. Dasselbe ist geordnet in PA. I 8; SA. 13; WA. II 12; BdA. I §§ 9 u. 17, II §§ 36 bis 38, III § 16.

19. Gehen bei dem Erbschaftssteueramt Gesuche auf Erstattung angeblich zu Unrecht gezahlter Erbschaftssteuer ein, so sind diese unter Angabe der Nummer und des Jahrgangs des Sollbuchs (§ 39 der Ausführungsbestimmungen), Bezeichnung der Bezirkskasse, der die Steuer überwiesen war, sowie der Nummer und des Jahrgangs des Einnahmebuchs der letzteren der Oberbehörde mit gutächtlicher Aeußerung vorzulegen.

Zu § 29 der BRAusfB. Dasselbe ist geordnet in PA. I 8; BhA. §§ 19 u. 27; SA. 14; WA. II 14; BdA. I §§ 16 u. 17, II §§ 40—42; BrA. II 8.

20. Auf die Schenkungen unter Lebenden finden die vorausgegangenen Bestimmungen sinngemäße Anwendung.

Zu § 30 der BRAusfB.

21. Im Falle der Uebersendung der Anleitung ist auf den zweiten Abschnitt derselben ausdrücklich hinzuweisen.

Zu § 35 der BRAusfB.

22. Das Soll-Buch ist nach Formular Anlage 14 von dem Erbschaftssteueramt, das Einnahme-Buch von den Bezirkskassen nach Maßgabe der Vollzugsvorschriften zu § 25 zu führen. Anlage 14.

Die nach Abs. 3 vorzunehmende Bescheinigung wird durch die Großh. Steuerkontrolle erteilt.

Zu § 39 der BRAusfB. Dasselbe ist geordnet in PA. I 8; BhA. § 22; WA. II 16; BrA. II 5.

23. Die Prüfung der Totenlisten, Toten-Beilisten und der Freibelege hat in der Weise stattzufinden, daß im Verlauf von

8 Jahren von jedem Standesamt Totenlisten ꝛc. einer Durchsicht unterzogen sind. Ueber diese Prüfung sind besondere Verzeichnisse anzulegen.

Zu § 41 Abs. 3 der BRAusfB Dasselbe ist geordnet in BhA. § 26; SA. 17; BrA. II 9.

24. Die hessischen Erbschaftssteuergesetze und die hierzu erlassenen Ausführungsbestimmungen finden noch Anwendung auf Erwerbungen von Todes wegen, wenn der Erblasser vor dem 1. Juli 1906 gestorben ist, und auf Schenkungen, wenn der Schenkungsvertrag vor diesem Tag zustande gekommen ist.

Dies gilt auch für bedingte und betagte Erwerbungen, wenn auch die Bedingung oder der Endtermin erst nach dem 1. Juli 1906 eintritt, wie für Erwerbungen von Nacherbschaften, falls der Erblasser den 30. Juni 1906 nicht überlebt hat.

Insoweit hiernach die seitherigen landesgesetzlichen Bestimmungen in Kraft bleiben, finden jedoch auch die Vollzugsvorschriften zu § 26 Abs. 3 der Ausführungsbestimmungen zum Reichserbschaftssteuergesetz entsprechende Anwendung.

Zu § 61 des Gesetzes. Dasselbe ist geordnet in PA. I 3 u. 8, II 2; BhA. §§ 29 u. 30; BdA. I § 23, II §§ 57 u. 58, III § 19; BrA. II 5.

Anlage 1.

Aktenzeichen des Erbschaftssteueramts

Standesamtsbezirk:

Fehlbescheinigung.

Im Monat .... 19 .... sind Todesfälle in obigem Standesamtsbezirk nicht vorgekommen. Im Ausland erfolgte Sterbefälle von Deutschen oder von solchen Ausländern, die im Inland ihren Wohnsitz oder gewöhnlichen Aufenthalt hatten, oder welche im Inlande Vermögen hinterlassen, sind dem unterzeichneten Standesbeamten nicht bekannt geworden.

..................................., den 19

Kreis

Standesbeamter.

Anlage 2.

Erbschaftssteueramt Darmstadt.

Namens-Verzeichnis

zu den

Erbschaftssteuerlisten A und B.

Buchstabe

Des Erblassers			Erbschaftssteuerliste A.		Erbschaftssteuerliste B.		Bemerkungen.
Zu- und Vorname	Stand	Wohnort	für das Rechnungsjahr	Nr.	für das Rechnungsjahr	Nr.	
1.	2.	3.	4.	5.	6.	7.	8.

Anlage 3.

Erbschaftssteueramt.

Darmstadt, den ten 190......

No.

Monat 190

In der **Erbschaftssteuersache,** betreffend den Nachlaß de am ten ....190 zu verstorbenen wird hiermit gegen Sie in Gemäßheit unserer Verfügung vom ten 190 auf Grund des § 42 Abs. 4 des Reichserbschaftssteuergesetzes vom 3. Juni 1906 (R.-G.-Bl. Nr. 31 von 1906) eine Ordnungsstrafe von Mark, buchstäblich Mark festgesetzt, weil Sie unserer Aufforderung nicht nachgekommen sind.

Die Strafe ist binnen 10 Tagen (vom Tage des Anforderns der Bezirkskasse gerechnet) zur Vermeidung der Zwangsvollstreckung an die Großherzogliche Bezirkskasse zu bezahlen.

Gleichzeitig werden Sie aufgefordert, unsere Auflage vom .....ten 190 binnen .....Tagen zu erledigen, widrigenfalls wir Sie in eine weitere Ordnungsstrafe von Mark verurteilen werden.

Großherzogliches Erbschaftssteueramt.

An

zu

Zuzustellen.

Nr. .... des Sollbuchs für 19 **Anlage 4** (Seite 1).

Großh. Erbschaftssteueramt Darmstadt. (Ausführungsbestimmungen § 24).

Darmstadt, den ten 19

Nr. ... der Erbschaftssteuer- Liste A

für das Halbjahr 19......

Erbschaftssteuerbescheid.

In der Erbschaftssteuersache de.... am ten 19 zu .. .. gestorbenen ...... wird die Erbschaftssteuer auf den innen berechneten Betrag von .... Mark Pf. hiermit festgesetzt.

Dieser Betrag ist an Großh. Bezirkskasse .... innerhalb eines Monats vom Tage der Zustellung dieses Bescheids an ohne besondere Aufforderung zu zahlen, und zwar entweder unter Vorlegung dieses Bescheids oder durch porto- und abtragfreie (bestellgeldfreie) Einsendung mit der Post unter Angabe der obigen Nummer und des Jahrgangs des Sollbuchs.

Die Verzögerung der Auseinandersetzung der Erben darf die Entrichtung der Steuer nicht aufhalten, soweit diese aus dem Nachlaß entnommen werden kann.

Gegen diesen Steuerbescheid ist die Beschwerde binnen einer Frist von 2 Monaten, beginnend mit dem Tage der Zustellung, zulässig. Die Beschwerde kann bei dem unterzeichneten Erbschaftssteueramt oder bei Großh. Ministerium der Finanzen, Abteilung für Steuerwesen, zu Darmstadt eingelegt werden.

Durch die Einlegung der Beschwerde wird die Zahlung der Steuer nicht aufgehalten.

An

in

Anlage 4 (Seite 2).

Laufende Nummer.	Familien- und Vorname der Erwerber.	Verhältnis der Erwerber zum Erblasser.	Betrag des steuerpflichtigen Erwerbes im einzelnen Mark.	Pf.	im ganzen Mark.	Pf.
1	2	3	4		5	

Anlage 4 (Seite 3).

Steuersatz nach § 10 Abs. 1 des Gesetzes Prozent.	Nach § 10 Abs. 2 des Gesetzes wird erhoben das ...... fache des Steuersatzes in Spalte 6.	Es sind mithin im ganzen zu erheben Prozent.	Steuerbetrag Mark.	Pf.	Bemerkungen.
6	7	8	9		10
					Die steuerpflichtige Masse ist auf den Betrag von .... Mk. ...... Pf. festgestellt worden. Der Steuerbescheid weicht in folgenden Punkten von der eingereichten Steuererklärung ab:

Anlage 5 (Seite 1).

Zu Nr.
des Erbschaftssteuer-Sollbuchs
für 19 ....

Bezirkskasse

Hebregister

über

Reichserbschaftssteuer

für den Monat 19

Die Beitreibung der rückständigen Beträge ist von der Bezirkskasse nach Maßgabe der Dienstvorschriften für das Verfahren der Zwangsvollstreckung im Verwaltungswege zu veranlassen. — Dieses Hebregister wird für vollstreckbar erklärt.

Darmstadt, den .... ten 19

Großherzogliches Erbschaftssteueramt.

B. K. Hdb. 19 . . . .
Seite

Anlage 5 (Seite 2).

Ord.-Nr	Erbschaftssteuer-Haupt- oder Nachtragsliste		Namen und Wohnort der Schuldner	Name und Wohnort des Erblassers oder des Schenkers	Datum des Erbschaftssteuerbescheids			Die im Erbschaftssteuerbescheid festgesetzte Zahlungsfrist läuft ab am
	Halbjahr	Nr.			Jahr	Monat	Tag	
1.	2.	3.	4.	5.	6.	7.	8.	9.

Anlage 5 (Seite 3).

Zu erhebender Betrag		Erledigung							Rest	Die Erledigung wurde dem Erbschaftssteueramt angezeigt durch Nachweisung vom	Bemerkungen.
		Nr. des Erbschaftssteuereinnahmebuchs	Empfang durch								
			Zahlung		Erlaß		Uneinbringlichkeit				
Mk.	Pf.		Mk.	Pf.	Mk.	Pf.	Mk.	Pf.			
10.		11.	12.		13.		14.		15.	16.	17.

Anlage 6.

Das Großherzogliche Erbschaftssteueramt benachrichtigt hierdurch Großherzogliche Steuerkontrolle, daß heute die nachverzeichneten Beträge an Reichserbschaftssteuer der Bezirkskasse zur Erhebung überwiesen worden sind.

Darmstadt, den ten 190

Ord.-Nr.	Die Steuer wurde überwiesen:	Nr. des Sollbuchs	Betrag Mark.	Betrag Pf.	Bemerkungen.
	a) für den Monat				
	b) für den Monat				

Anlage 7.

Bezirkskasse: **Einsendungstermin an das Erbschaftssteueramt: Am 3. jeden Monats.**

Nachweisung

der Großherzoglichen Bezirkskasse ....

über

die für den Monat .... 19 auf Grund des Reichserbschaftssteuergesetzes überwiesenen und die in diesem Monat eingegangenen Beträge.

Ord.-Nr.	Nr. des Sollbuchs	Erbschaftssteuer-Haupt- oder Nachtragsliste		Ueberwiesener Betrag		Die Erbschaftssteuer ist eingezahlt und gebucht im Einnahmebuch				Die Erbschaftssteuer ist rückständig geblieben mit	
		Halbjahr	Nr.	Mark	Pf.	am	unter Nr.	mit Mark	mit Pf.	Mark	Pf.

Aufgestellt .... den .... 19 .....

Großherzogliche Bezirkskasse.

Anmerkung: Diese Nachweisung ist sofort nach Ablauf des Monats, für welchen sie lautet, aufzustellen und bis zum 3. des folgenden Monats an Großh. Erbschaftssteueramt einzusenden.
Haben sich Einnahmen an Reichserbschaftssteuer nicht ergeben, so ist dies ersichtlich zu machen.
In die Nachweisung sind unter a) sämtliche im abgelaufenen Monat überwiesenen, unter b) die in früheren Monaten überwiesenen, im abgelaufenen Monat eingegangenen und unter c) die noch nicht überwiesenen, aber im abgelaufenen Monat bereits vereinnahmten Posten aufzunehmen.

Anlage 8.

Bezirkskasse: **Einsendungstermin an die Steuerkontrolle:**
Am 3. jeden Monats.

Auszug

aus

den Hebregistern und dem Einnahmebuch über die Reichserbschaftssteuer

für den Monat 19 .

Ord.-Nr.		Schuldigkeit		Davon sind							
				als eingegangen bereits nachgewiesen		im laufenden Monat eingezahlt		gestundet		sonst rückständig	
		Mk.	Pf.	Mk.	Pf.	Mk.	Pf.	Mk.	Pf.	Mk.	Pf.
1	2	3		4		5		6		7	
	I. An Steuer für den Erwerb von Todes wegen wurde überwiesen:										
	a) für die früheren Monate des Rechnungsjahres 19										
	b) für den laufenden Monat										
	Summe										
	II. An Steuer für Schenkungen unter Lebenden wurde überwiesen:										
	a) für die früheren Monate des Rechnungsjahres 19										
	b) für den laufenden Monat										
	Summe										
	III. Nicht überwiesene, aber bereits vereinnahmte Beträge										

Die Uebereinstimmung mit dem Abschluß des Einnahme-Buchs bescheinigt

.... den .... 19 ..... .

Großherzogliche Bezirkskasse.

Anmerkung: Sind in einem Monat Erbschaftssteuerbeträge vereinnahmt und in der Spalte 5 enthalten, welche noch nicht überwiesen sind, so sind dieselben vorstehend unter näherer Bezeichnung des Erblassers oder des Schenkers mit ihren Einzelbeträgen unter III. notizlich aufzuführen.

Anlage 9 (Seite 1).

Bezirkskasse

Verzeichnis

der

zu Ende des Rechnungsjahrs 19 im Rückstand verblieben Reichserbschaftssteuer.

Anlage 9 (Seite 2).

Ord.-Nr.	Nr. der Belege	Nr. des Erbschaftssteuer-Sollbuchs	Erbschaftssteuer-Haupt- oder Nachtragsliste		Name und Wohnort des Schuldners	Ueberwiesene Steuerschuld	
			Halbjahr	Nr.		Mark.	Pf.
					Aus dem Jahre 19		
					Aus dem Jahre 19		

Anlage 9 (Seite 3).

Hiervon wurden bezahlt bzw. niedergeschlagen		Bleibt Rückstand		Ursache des Ausstandes	Anmerkungen.
Mark.	Pf.	Mark.	Pf.		

Anlage 10 (Seite 1)

Beleg Nummer zu Art.

Nr. .... der Hauptkontrolle Bezirkskasse
für das Rechnungsjahr 19

Das Großherzogliche Erbschaftssteueramt benachrichtigt die Großherzogliche Steuer-Kontrolle, daß die in dem nachstehenden Register verzeichneten Ordnungsstrafen durch die Bezirkskasse
von den bezeichneten Schuldnern zu erheben sind,
und daß sich die Summe dieses Registers auf Mark Pfg.
schreibe Mark Pfg.
abschließt.

Darmstadt, den ....ten.............. 19 .

Großherzogliches Erbschaftssteueramt:

Eingetragen bei der Steuer-Kontrolle und der Bezirkskasse
zur Erhebung und Verrechnung für den
Monat zugesandt.

Darmstadt, den ....ten.............................. 19.....

Die Bescheinigung über den Empfang dieser Urkunde an Großherzogliches Erbschaftssteueramt übersendet.

Empfangen am ....ten.............................. 19....., eingetragen im Handbuch Seite

Großherzogliche Bezirkskasse.

Anlage 10 (Seite 2).

Ordnungs-Nummer.	Beschluß.					Namen und Wohnort der Schuldner.	Nähere Bezeichnung des Grundes der Ordnungsstrafen.
	E. St. Haupt- oder Nachtragsliste		Jahr.	Monat.	Tag.		
	Halbjahr.	Nr.					

Anlage 10 (Seite 3).

Zu erhebender Betrag der Strafe.		Erledigung.							Rest.		Bezeichnung des Erblassers bzw. des Schenkers.
		Nummer des Tagebuchs.	Empfang durch								
			Barzahlung.		Erlaß.		Uneinbringlichkeit.				
Mk.	Pf.		Mk.	Pf.	Mk.	Pf.	Mk.	Pf.	Mk.	Pf.	

Anlage 11 (Seite 1).

Beleg Nummer zu Art.

Nr. .... der Hauptkontrolle Bezirkskasse
für das Rechnungsjahr 19.......

Das Großherzogliche Erbschaftssteueramt benachrichtigt die Großherzogliche Steuer-Kontrolle, daß die in dem nachstehenden Register verzeichneten Geldstrafen durch die Bezirkskasse ....
von den bezeichneten Schuldnern zu erheben sind, und daß sich die Summe dieses Registers auf ....Mark ....Pf.,
schreibe .... Mark .... Pf.
abschließt.

Darmstadt, den ten 19

Großherzogliches Erbschaftssteueramt:

Eingetragen bei der Steuer-Kontrolle und der Bezirkskasse
.... zur Erhebung und Verrechnung für den Monat .... zugesandt.

Darmstadt, den ....ten .... 19.....

Die Bescheinigung über den Empfang dieser Urkunde an Großh. Erbschaftssteueramt übersendet.

Empfangen am ....ten.................... 19......, eingetragen im Handbuch Seite ....

Großherzogliche Bezirkskasse.

Anlage 11 (Seite 2).

Ordnungs-Nummer.	Beschluß					Namen und Wohnort der Schuldner.	Nähere Bezeichnung des Grundes der Geldstrafen.
	E. St. Haupt- oder Nachtragsliste		Jahr.	Monat.	Tag.		
	Halbjahr.	Nr.					

Anlage 11 (Seite 3).

Zu erhebender Betrag der Strafe.		Erledigung.							Rest.		Bezeichnung des Erblassers bzw. des Schenkers.
		Nummer des Tagebuchs.	Empfang durch								
			Barzahlung.		Erlaß.		Uneinbringlichkeit.				
Mk.	Pf.		Mk.	Pf.	Mk.	Pf.	Mk.	Pf.	Mk.	Pf.	

Erbschaftssteueramt Darmstadt. **Anlage 12.**

Namensverzeichnis
zu der Ueberwachungsliste.

Des Erblassers			Ueber-wachungs-liste Nummer	Bemerkungen.
Zu- und Vorname	Stand	Wohnort		
1.	2.	3.	4.	5.

Anlage 13.

Großh. Erbschaftssteueramt Darmstadt. Standesamt:

Betr.: Nachlaß*) — Schenkung*) — de

Notizbogen

über Personen, von deren Ableben — Wieder-Verheiratung*) — oder Wegzug dem Großh. Erbschaftssteueramt Mitteilung zu machen ist.

Vor- und Zuname, Stand, Wohnort (Straße und Hausnummer)	Zeitpunkt des Ablebens, des Wegzugs oder der Wieder-Verheiratung*)	Bemerkungen
1	2	3
	Verstorben zu .... am .... Verzogen nach .... am .... — Wieder-Verheiratet*) — am .... mit	Unter Bezugnahme auf den Eintrag in Spalte 2 dem Großh. Erbschaftssteueramt ergebenst zurückgereicht. .... den .... 19 **Großh. Standesamt**

Nach dem Amtsblatt Großherzoglichen Ministeriums der Justiz Nr. 17 vom 24. Juli 1906 hat das Großh. Standesamt sofort nach Empfang dieses Bogens festzustellen, ob die oben angegebene Person in seinem Bezirke noch wohnhaft ist. Im übrigen ist der Bogen samt etwa weiter einlangenden in besonderem Umschlag aufzubewahren und, sobald das Ableben — die Wiederverheiratung*) — oder der Wegzug der Person erfolgt ist, mit Notiz (in Spalte 2 und 3) an das unterzeichnete Erbschaftssteueramt zurückzusenden.

Darmstadt, den .... ten .... 19 ......

Großh. Erbschaftssteueramt.

*) **Bemerkung:** Nichtzutreffendes ist von dem Erbschaftssteueramt durchzustreichen.

Anlage 14 (Seite 1).
(Ausführungsbestimmungen § 39.)

Erbschaftssteuer-Sollbuch

des

Erbschaftssteueramts in Darmstadt

für das Rechnungsjahr 19

Dieses Buch enthält .... Blätter, welche von einer mit dem Siegel des Unterzeichneten belegten Schnur durchzogen sind.

........, den .... ten 19

(Name) ....

(Dienststellung) ....

Geführt von

(Name)

(Dienststellung) ....

Anleitung zum Gebrauche.

1. Die Erbschaftssteuer ist nach erfolgter Feststellung sofort durch Ausfüllung der Spalten 1 bis 7 und 11 einzutragen; die Spalten 13 bis 16 sind nach Zahlung der Steuer auszufüllen.
2. Die Herabsetzung des Solles kommt in den Spalten 8 und 9 zur Darstellung In die Spalte 8 sind diejenigen Beträge einzutragen, welche lediglich infolge anderweiter Feststellung der Erbschaftssteuer in Abgang kommen. In der Spalte 9 kommen die Beträge zum Ansatze, welche niedergeschlagen worden sind.
3. Zwischen den einzelnen laufenden Nummern ist ein entsprechender Raum für etwaige weitere Eintragungen in den Spalten 8 und 9 (bei mehrfacher Herabsetzung des Steuersolls) und 13 bis 16 (bei Teilzahlungen) zu lassen.

Anlage 14 (Seite 2).

Laufende Nummer.	Tag der Eintragung.	Tag des Erbschaftssteuerbescheids.	Erbschaftssteuer-Haupt- oder Nachtrags-Liste		a) Name des Erblassers oder des Schenkers; b) Name, Stand und Wohnort des Zahlungspflichtigen.	Betrag der Steuer				Davon Abgang			
						für den Erwerb von Todes wegen		für Schenkungen unter Lebenden		infolge anderweiter Festsetzung		durch Niederschlagung	
			Halbjahr	Nr.		Mk.	Pf.	Mk.	Pf.	Mk.	Pf.	Mk.	Pf.
1	2	3	4		5	6		7		8		9	
					Seite ...								

Anlage 14 (Seite 3).

Bleibt berichtigtes Soll		Die im Erbschaftssteuerbescheide gestellte Zahlungsfrist läuft ab am	Angabe der Bedingungen, unter welchen Stundung oder Teilzahlungen gewährt worden sind. Fälligkeit u. Höhe der Teilbeträge. Angabe der Buchungsnummern, unter welchen die bestellte Sicherheit gebucht worden ist.	Die Erbschaftssteuer ist eingezahlt und gebucht					ist rückständig geblieben			Bemerkungen.
				bei der Bezirkskasse	am	im Einnahmebuch			mit		und übertragen in das Sollbuch des folgenden Rechnungsjahrs unter Nummer.	
						unter Nr.	mit					
Mk.	Pf.						Mk.	Pf.	Mk.	Pf.		
10		11	12	13	14	15	16		17		18	19

Herzogtum Braunschweig.

I. Verordnung, betreffend die Errichtung eines Herzoglich Braunschweigischen Erbschaftssteueramts vom 24. Juni 1906.

(Gesetz- und Verordnungs-Sammlung, 1906, Nr. 48, S. 373 ff.)

Von Gottes Gnaden, Wir, Albrecht, Prinz von Preußen 2c. Regent des Herzogtums Braunschweig,

verordnen auf Grund des § 34 des mit dem Reichsgesetze, betreffend die Ordnung des Reichshaushalts und die Tilgung der Reichsschuld, vom 3. Juni 1906 erlassenen Erbschaftssteuergesetzes, was folgt:

Artikel I. Zur Führung der Verwaltung des Erbschaftssteuerwesens wird für das Herzogtum eine mit einem ordentlichen stimmführenden Mitgliede des Herzoglichen Finanzkollegiums oder der Herzoglichen Steuerdirektion besetzte Steuerstelle gebildet, welche den Namen

Herzoglich Braunschweigisches Erbschaftssteueramt

führt und ihren Sitz in Braunschweig hat.

Das Herzogliche Erbschaftssteueramt untersteht der Herzoglichen Zoll- und Steuerdirektion als der Oberbehörde.

Artikel II. Die für das Herzogliche Erbschaftssteueramt erforderlichen Hülfsbeamten werden demselben von unserm Herzoglichen Staatsministerium zugewiesen. Bei Behinderung des mit der Verwaltung des Herzoglichen Erbschaftssteueramtes betrauten Beamten bestimmt dessen Vertretung aus der Zahl der ordentlichen stimmführenden Mitglieder der in Artikel I genannten Finanzbehörden der Vorstand dieser Behörden.

Zu § 34 des Gesetzes und § 1 der BRAusfB. Dasselbe ist beziehentlich auch in ähnlicher Weise geordnet in PA. I 1; ByA. § 1; SA. 1; WA. I; BdA. I § 1; HA. 1.

II. Bestimmungen des Herzoglichen Staatsministeriums vom 25. Juli 1906 zum Vollzuge des Erbschaftssteuergesetzes vom 3. Juni 1906 und der dazu vom Bundesrate am 16. Juni 1906 beschlossenen Ausführungsbestimmungen.

(Veröffentlicht in dem Amtsblatt der Herzogl. Zoll- und Steuer-Direktion vom 5. August 1906, Nr. 13, S. 51 ff.)

1. Durch die Höchste Verordnung vom 24. Juni 1906 (Ges.- und Verordnungs-Sammlung Nr. 48 von 1906) ist die Errichtung eines Herzoglichen Erbschaftssteueramtes in Braunschweig, dem die Herzogliche Zoll- und Steuerdirektion als Oberbehörde vorgesetzt ist, verfügt.

Zu § 34 des Gesetzes und § 1 der BRAusfB. Dasselbe ist beziehentlich auch in ähnlicher Weise geordnet in PA. I 1; ByA. § 1; SA. 1; WA. I; BdA. I § 1; HA. 1.

2. Die Erbschaftssteuer-Hauptlisten und die Erbschaftssteuer-Nachtragslisten sind nach den Mustern 3 und 11 der Ausführungsbestimmungen zu führen.

Die ersten Erbschaftssteuer-Hauptlisten (A und B) sind für das Vierteljahr vom 1. Juli bis 1. Oktober d. Js. aufzustellen. Demnächst hat die Aufstellung der Erbschaftssteuerlisten regelmäßig für einen halbjährlichen Zeitraum zu erfolgen.

Zu § 10 Abs. 1 und § 33 Abs. 1 und 2 der BRAusfB. Dasselbe ist beziehentlich auch in ähnlicher oder gleicher Weise geordnet in PA. I 7; ByA. §§ 11 u. 20; SA. 7.

3. Die Frist für den Abschluß der Erbschaftssteuerlisten wird auf ein Jahr festgesetzt.

Zu § 10 Abs. 4 der BRAusfB. Dasselbe ist beziehentlich auch in ähnlicher Weise geordnet in PA. I 7; ByA. § 11; SA. 7; HA. 6.

4. Zu den Erbschaftssteuerlisten ist ein fortlaufendes, nach der Buchstabenfolge geordnetes Namensverzeichnis zu führen. Ein gleiches Verzeichnis ist auch für die in die Ueberwachungsliste aufgenommenen Fälle anzulegen.

Zu § 10 Abs. 6 und § 26 Abs. 2 der BRAusfB. Eine gleiche Ordnung findet sich in PA. I 7; ByA. § 11; SA. 8; WA. II 3; BdA. I § 10; HA. 7 u. 15.

5. Die Erhebung und Verrechnung der Steuer erfolgt durch die Herzoglichen Hauptsteuerämter, Steuerämter und Steuerrezepturen.

Zu dem Zwecke haben diese Hebestellen ein Erbschaftssteuer-Einnahmebuch nach Muster 14 der Ausführungsbestimmungen, jedoch nicht in jährlichen, sondern in vierteljährlichen Zeitabschnitten zu führen. Das Einnahmebuch ist in gleicher Weise wie die Einnahmebücher für Zölle und die indirekten Reichssteuern abzuschließen und mit diesen abzuliefern.

Vom Erbschaftssteueramte, bei welchem das Erbschaftssteuersollbuch nach Muster 13 der Ausführungsbestimmungen zu führen ist, sind den Hebestellen die festgesetzten Steuerbeträge alsbald nach deren Feststellung mittels eines nach dem anliegenden Muster zu fertigenden Auszuges aus dem Sollbuche zur Erhebung zu überweisen. Der Auszug wird Beleg zum Einnahmebuche. Muster 1.

Nach erfolgter Einzahlung ist dem Einzahler entweder auf dem von ihm vorgelegten Steuerbescheide oder besonders Quittung unter Beifügung der Buchungsnummer des Einnahmebuches zu erteilen, bei Einzahlungen mittels Postanweisung oder Geldbriefs oder durch Ueberweisung im Giroverkehr jedoch nur dann, wenn eine Empfangsbescheinigung ausdrücklich verlangt wird. Derartige Quittungen sind an auswärtige Einzahler portofrei abzusenden.

Ferner ist nach erfolgter Einzahlung das dem Auszuge aus dem Sollbuche angefügte Rückschreiben abzutrennen und, mit der Buchungsbescheinigung versehen, dem Erbschaftssteueramte zurückzusenden. Erfolgt die Einzahlung des Betrages nicht innerhalb der festgesetzten Frist, so hat die Hebestelle das vorbezeichnete Rückschreiben mit dem Vermerk über die Nichteinzahlung dem Erbschaftssteueramte zuzustellen. Das letztere veranlaßt alsdann gegebenenfalls die zwangsweise Beitreibung.

Bezüglich der künftig noch zu erhebenden Landeserbschaftssteuer ist in bisheriger Weise zu verfahren. Die fraglichen Beträge sind bei den Hebestellen — wie bisher — in dem Einnahmejournal über Stempel und Erbschaftssteuer zu verrechnen.

Zu den §§ 45 und 61 des Gesetzes sowie § 25 Abs. 1 u. § 39 der BRAusfB. Dasselbe wie in den Absätzen 1—5 ist geordnet in PA. I 8; ByA. § 22; WA. II 16; BdA. I §§ 11—14; HA. 14 u. 22, wie im Abs. 6 in PA. I 8, II 2; ByA. § 30; BdA. I § 23, II §§ 57 u. 58, III § 19; HA. 24.

6. Die Erhebungen wegen Ueberwachung der nach unbestimmter Zeit fällig werdenden Steuer sind alljährlich vorzunehmen.

Zu § 26 Abs. 3 der BRAusfB. Dasselbe ist geordnet in ByA. § 10; SA. 12; WA. II 10; BdA. I § 8; HA. 16.

7. Stundungen oder Bewilligungen von Teilzahlungen für festgesetzte Erbschaftssteuer können gegen Sicherheitsbestellung vom Erbschaftssteueramte zugestanden werden. Wegen der Art der Sicherheitsbestellung finden die Bestimmungen der Bekanntmachung betreffend das bei der Stundung von Eingangsabgaben und indirekten Reichssteuern zu beobachtende Verfahren, vom 5. Januar

1898 (Gesetz- und Verordnungssammlung Nr. 8 von 1898) sinngemäße Anwendung.

Die Wertgegenstände sind auf Veranlassung des Erbschaftssteueramtes bei dem zuständigen Hauptsteueramte zu hinterlegen.

Stundungen ohne Sicherheitsbestellungen können von der Herzoglichen Zoll- und Steuerdirektion zugestanden werden, jedoch bleibt es dieser Behörde überlassen, in Zweifelsfällen die Entscheidung des Herzoglichen Staatsministeriums einzuholen.

Zu § 45 des Gesetzes und § 27 Abs. 1 der BRAusfB. Dasselbe ist geordnet in PA. I 8 u. 9; ByA. § 17; SA. 13; WA. II 11; BdA. I § 15, III §§ 9—13; HA. 17.

8. Die Rückzahlung zu Unrecht gezahlter Erbschaftssteuer erfolgt durch die Hauptsteuerämter auf Anweisung der Zoll- und Steuerdirektion.

Zu den §§ 18, 21—25, 27, 45 und 56 des Gesetzes sowie § 29 Abs. 3 der BRAusfB. Dasselbe ist geordnet in PA. I 8; ByA. §§ 19 u. 27; SA. 14; WA. II 14; BdA. I §§ 16 u. 17, II §§ 40—42; HA. 19.

9. Die probeweise Nachprüfung der Totenlisten, der Totenbeilisten und der Freibelege erfolgt jährlich mindestens einmal durch die Zoll- und Steuerdirektion.

Zu § 41 Abs. 3 der BRAusfB. Dasselbe ist beziehentlich in gleicher Weise geordnet in ByA. § 26; SA. 17; HA. 23.

10. Ordnungsstrafen, welche das Erbschaftssteueramt auf Grund des § 42 des Gesetzes festgesetzt hat, werden unter Uebersendung einer beglaubigten Abschrift der Strafverfügung dem betreffenden Hauptsteueramte überwiesen, welches dieselben in dem Anhange zur Strafsachennachweisung aufzuführen und in seinem Strafgelderauszuge — und zwar gesondert am Schlusse — zu verrechnen hat. (§§ 5 und 20 der durch Ministerialerlaß vom 31. Mai 1904 Nr. 1387 A genehmigten Anweisung zur Buchführung in Strafsachen.)

Zu § 42 Abs. 4 der BRAusfB. Dasselbe ist geordnet in BdA. II § 18.

11. Bezüglich der auf Grund der §§ 49 und 50 des Gesetzes einzuleitenden Strafverfolgungen ist das Erbschaftssteueramt berechtigt, die Führung und Untersuchung einem der beiden Hauptsteuerämter zu übertragen.

Das Strafverfahren sowie die Einziehung und Verrechnung der Strafe regelt sich nach dem Gesetze betreffend das Verwaltungsstrafverfahren bei Zuwiderhandlungen gegen die Zollgesetze 2c. vom 16. August 1903 nebst den dazu erlassenen Ausführungsvorschriften.

Zu § 51 des Gesetzes.

Muster 1.

Eingegangen: ....

Auszug

aus dem

Erbschaftssteuer-Sollbuch des Herzoglichen Erbschaftssteueramts in Braunschweig

für das Rechnungsjahr 19

Nr. des Sollbuchs	Tag des Erbschaftssteuerbescheids	Der Erbschaftssteuer-Haupt- oder Nachtragsliste		a) Name des Erblassers oder des Schenkers b) Name, Stand und Wohnort des Zahlungspflichtigen	Betrag der Steuer für		Die Zahlungsfrist läuft ab am	Die Erbschaftssteuer ist eingezahlt und gebucht im Einnahmebuch		
		Halbjahr	Nr.		den Erwerb von Todes wegen ℳ	Schenkungen unter Lebenden ℳ		am	unter Nr.	mit ℳ
...	...	...	...		...	...	...	...	...	...
...	...	...	...		...	...	...	...	...	...
...	...	...	...		...	...	...	...	...	...
	...	...	...		...	...	...	...	...	...

R. Hd. an Herzogl. ....

Obiger Betrag mit Mark ist zu vereinnahmen.

Nach erfolgter Zahlung oder nach Ablauf der Frist ist die untenstehende Mitteilung abzutrennen und einzusenden.

Braunschweig, den .... 19....

Herzogliches Erbschaftssteueramt.

....

R. Hd. an Herzogliches Erbschaftssteueramt Braunschweig.

Der unter Nr...... des Sollbuchs überwiesene Betrag von ....Mk. ist:

a) am .... 19..... eingezahlt und im Einnahmebuch unter Nr......... gebucht.

b) nicht eingezahlt.

.................., den 19.....

Herzogl.

Sachregister.

Die großen Arabischen Zahlen ohne weitere Vorbezeichnung (z. B. 6) beziehen sich auf die Paragraphen des Gesetzes, die mit denselben verbundenen kleinen Zahlen (z. B. 6, 3) auf die betreffenden Noten zu den Paragraphen des Gesetzes, die Römischen Zahlen ohne Vorstellung eines Buchstaben (z. B. II) auf die Abteilungen der Einleitung zum Gesetz, die den letzteren angeschlossenen kleinen Arabischen Zahlen (z. B. II, 3) auf die in gleicher Weise im Texte bezeichneten Unterabschnitte der Einleitung; die durch „u.“ oder „–“ zusammengefaßten großen Arabischen Zahlen in Verbindung mit kleineren (z. B. 26 u. 27, 1 oder 33—35, 2) beziehen sich auf die Vorbemerkungen zu den entsprechenden Gesetzesparagraphen und die betreffenden Notenzahlen. Handelt es sich um Paragraphen der Ausführungsbestimmungen des Bundesrats, so ist den großen Arabischen Zahlen ein A vorgesetzt (z. B. A 5). Die berücksichtigten bundesstaatlichen Vollzugsvorschriften sind durch Anfangsbuchstaben der betreffenden Staaten gekennzeichnet, und zwar Preußen durch P, Bayern durch By, Sachsen durch S, Württemberg durch W, Baden durch Bd, Hessen durch H und Braunschweig durch Br; hinter den Anfangsbuchstaben weisen die Römischen Zahlen auf die einzelne Regelung hin, sofern von dem betreffenden Bundesstaat mehrere Vollzugsordnungen erlassen sind, die Arabischen Ziffern auf die Abschnittsziffer beziehungsweise den Paragraphen in der bezüglichen einzelnen Regelung (z. B. P I 2 oder By 7). Auf die den Ausführungsbestimmungen des Bundesrats und den Vollzugsordnungen der Bundesstaaten beigegebenen Muster ist durch ein *M* verwiesen, das der sonstigen Bezeichnung der Ausführungsbestimmungen (A) oder der bundesstaatlichen Vollzugsordnungen (P, By usw.) hinzugesetzt ist; die daneben stehende Arabische Zahl gibt die Ziffer des Musters in der Regelung an, die eventuell noch vorhandene Römische Zahl die Ziffer der betreffenden Regelung eines Bundesstaats (z. B. A *M* 10 oder By *M* 3 oder W II *M* 3).

A.

E.

F.

H.

M.

N.

S.

3.

MIX

Papier | Fördert gute Waldnutzung

FSC® C083411

Kolibri 360 GmbH
Ferdinand-Jühlke-Straße 7
99095 Erfurt, Deutschland
produktsicherheit@kolibri360.de